河南专门史大型学术文化工程丛书

主编　谷建全

执行主编　张新斌

河南古都史

张新斌　张玉霞　李晓燕　著

中原出版传媒集团
中原传媒股份公司

大象出版社
·郑州·

图书在版编目(CIP)数据

河南古都史 / 张新斌, 张玉霞, 李晓燕著. — 郑州 : 大象出版社, 2021. 3
(河南专门史大型学术文化工程丛书 / 谷建全主编)
ISBN 978-7-5711-0622-5

Ⅰ. ①河… Ⅱ. ①张… ②张… ③李… Ⅲ. ①河南-地方史-古代 Ⅳ. ①K296. 1

中国版本图书馆 CIP 数据核字(2021)第 025764 号

河南专门史大型学术文化工程丛书

河南古都史

HENAN GUDU SHI

张新斌　张玉霞　李晓燕　著

出 版 人　汪林中
选题策划　王刘纯　张前进
项目统筹　李建平
责任编辑　王军敏
责任校对　安德华　万冬辉　牛志远
装帧设计　张　帆

出版发行　大象出版社(郑州市郑东新区祥盛街 27 号　邮政编码 450016)
　　　　　发行科　0371-63863551　总编室　0371-65597936
网　　址　www.daxiang.cn
印　　刷　北京汇林印务有限公司
经　　销　各地新华书店经销
开　　本　720 mm×1020 mm　1/16
印　　张　32. 75
字　　数　533 千字
版　　次　2021 年 5 月第 1 版　2021 年 5 月第 1 次印刷
定　　价　145. 00 元
若发现印、装质量问题,影响阅读,请与承印厂联系调换。
印厂地址　北京市大兴区黄村镇南六环磁各庄立交桥南 200 米(中轴路东侧)
邮政编码　102600　　　　　电话　010-61264834

河南专门史总论

张新斌

河南专门史研究,是河南历史的细化研究,是河南历史的全面研究,是河南历史的深入研究,也是河南历史的综合研究。河南历史研究,不仅是地方史研究,也是中国史研究,是中国史的核心研究,是中国史的主干研究,更是中国史的精华研究。

一、河南称谓的区域变迁及价值

(一)河南:由地理到政治概念的演变

河南是一个地理概念。河南概念的核心是"河",以黄河为指向形成地理方位概念,如河南、河东、河西、河内、河外等。《史记·殷本纪》:"盘庚渡河南,复居成汤之故居。"又,《战国策·齐策》:"兼魏之河南,绝赵之东阳。"魏惠王徙都大梁(今开封),而河南地区为魏之重要区域。《史记·项羽本纪》:"彭越渡河,击楚东阿,杀楚将军薛公。项王乃自东击彭越。汉王得淮阴侯兵,欲渡河南。"这里的"河南"明显不是一个政区概念,而是一个地理概念。

河南也是一个政治概念。《史记·货殖列传》所云"三河"地区为王都之地。"昔唐人都河东,殷人都河内,周人都河南。夫三河在天下之中,若鼎足,王者所更居也。"可见河南为周之王畿之地。又,《史记·周本纪》:"子威烈王午立。考王封其弟于河南,是为桓公。"《史记·项羽本纪》:"故立申阳为河南王,都洛阳。"这也从一个侧面反映出河南在战国、秦汉之际与王都连在一起,无疑应为政治中心。《通志·都邑略》对河南有一个重要评价："故中原依大河以为固，吴越依大江以为固。中原无事则居河之南，中原多事则居江之南。自开辟以来皆河南建都，虽黄帝之都、尧舜禹之都于今皆为河北，在昔皆为河南。"

（二）河南：以洛阳为中心的政区概念

1. 河南郡。汉代始设，至隋唐之前设置。《汉书·地理志》云，河南郡，辖县22，有洛阳、荥阳、偃师、京、平阴、中牟、平、阳武、河南、缑氏、卷、原武、巩、谷成、故市、密、新成、开封、成皋、苑陵、梁、新郑。以上地区包括今洛阳市区周边，含今新安、孟津、伊川、偃师，今郑州市的全部，今开封市区，以及今原阳县，今汝州市。据《晋书·地理志》，河南郡领河南、巩、安、河阴、新安、成皋、缑氏、新城、阳城、陆浑。西晋时，汉河南郡东部析置荥阳郡，而西晋时的河南郡大致包括今洛阳市区及嵩县、新安、偃师、伊川等，以及巩义、登封、新密，还有荥阳的一部分和今汝州市。《宋书·州郡志》：南朝宋司州有三郡，包括河南郡，领河南、洛阳、巩、缑氏、新城、梁、河阴、陆浑、东垣、新安、西东垣等，其范围与西晋河南郡差不多。《魏书·地形志》说河南郡仅领县一个，其区划郡县叠加。《隋书·地理志》记述隋设河南郡，统领18个县，为河南、洛阳、桃林、阌乡、陕、熊耳、渑池、新安、偃师、巩、宜阳、寿安、陆浑、伊阙、兴泰、缑氏、嵩阳、阳城，涉及今三门峡市区及灵宝、渑池、义马等，今洛阳市区及新安、偃师、嵩县、宜阳等，今郑州所辖巩义、登封等。

2. 河南尹。东汉时洛阳为都，在都城设河南尹。《后汉书·郡国志》：河南尹，辖洛阳、河南、梁、荥阳、卷、原武、阳武、中牟、开封、苑陵、平阴、缑氏、巩、成皋、京、密、新城、偃师、新郑、平。其所辖范围与西汉河南郡基本相当。三国魏时亦有"河南尹"，如《三国志·魏志》：夏侯惇曾"转领河南尹"，司马芝于"黄初中，入为河南尹"。

3. 河南县。西汉时设县，沿至东汉、西晋、刘宋、北魏、隋、唐、宋等，金代已无河南县，洛阳的"河南""洛阳"双城结构正式瓦解。

4. 河南府。唐代始设，沿至宋、金、元，但元代已称之为路。据《旧唐书·地理志》，河南府辖河南、洛阳、偃师、巩、缑氏、告成、登封、陆浑、伊阙、伊阳、寿安、新安、福昌、渑池、永宁、长水、密、河清、颍阳、河阳、汜水、温、河阴、阳翟、济源、王屋。《新唐书·地理志》载，河南府共辖20县，有河南、洛阳、偃师、巩、缑氏、阳城、登封、陆浑、伊阙、新安、渑池、福昌、长水、永宁、寿安、密、河清、颍阳、伊阳、王屋。由此可以看出,其地含今洛阳绝大部分,今郑州的巩义、登封,甚至今豫西北的济源。《宋史·地理志》有河南府,辖河南、洛阳、永安、偃师、颍阳、巩、密、新安、福昌、伊阙、渑池、永宁、长水、寿安、河清、登封共16县。《金史·地理志》载,金时河南府仅辖9个县,即洛阳、渑池、登封、孟津、芝田、新安、偃师、宜阳、巩。以上县名与今县名比较接近,主要分布在今洛阳周边。《元史·地理志》载,在河南行省下有"河南府路",实相当于河南府,相关县有洛阳、宜阳、永宁、登封、巩县、孟津、新安、偃师,以及陕州的陕县、灵宝、阌乡、渑池,相当于今三门峡市一部分、洛阳市一部分及郑州市一部分。《明史·地理志》记录的河南省下有河南府,属地有洛阳、偃师、孟津、宜阳、永宁、新安、渑池、登封、嵩县、卢氏及陕州的灵宝、阌乡2县。其地较元代河南府稍大。

5. 河南道。仅在唐代、五代时实行。据《旧唐书·地理志》载,"河南道"辖河南府、孟州、郑州、陕州、虢州、汝州、许州、汴州、蔡州、滑州、陈州、亳州、颍州、宋州、曹州、濮州等,其范围"约当今河南、山东两省黄河故道以南(唐河、白河流域除外),江苏、安徽两省淮河以北地区"[①]。《新唐书·地理志》也讲到"河南道",相当于古豫、兖、青、徐四州之域。据《旧五代史·郡县志》载,五代时有"河南道",含河南府、滑州、许州、陕州、青州、兖州、宋州、陈州、曹州、亳州、郑州、汝州、单州、济州、滨州、密州、颍州、濮州、蔡州等,可见其范围是极大的。

(三)河南:以开封为中心的政区概念

自元代开始,"省"成为地方最高级行政建制。元代正式设立"河南江北等处行中书省"。《元史·地理志》云,河南行省辖路12、府7、州1、属州34、属县182。其中,汴梁路,领录事司1(县17,开封一带),还领郑、许、陈、钧、睢等5州21县。河南府路,领录事司1(县8,洛阳一带),还领陕州及4县。南阳府,领南阳、镇平2县及邓、唐、嵩、汝、裕5州11县。汝宁府,领汝阳、上蔡、西平、确山、遂平5县及颍、息、光、信阳4州10县。归德府,领睢阳、永城、下邑、宁陵4县及徐、宿、邳、亳4州8县。襄阳路,领录事司1县6,还领均、房2州4县。蕲州

① 复旦大学历史地理研究所《中国历史地名辞典》编委会:《中国历史地名辞典》,江西教育出版社1988年版,第538页。

路,领录事司1县5。黄州路,领录事司1县3。以上仅为“河南江北道肃政廉访司”,所领范围已包括今河南省黄河以南部分,以及今湖北省江北部分地区,今苏北、皖北部分地区。

明代正式称河南行省(承宣布政使司),《明史·地理志》记录河南省辖府8、直隶州1、属州11、县96。府有开封府、河南府、归德府、汝宁府、南阳府、怀庆府、卫辉府、彰德府,以及直隶州汝州。总的来看,明代的河南省已经与现在的河南省大体范围相当,成为一个跨越黄河南北的省。

清代沿袭了相关的行政建制。需要注意的是,其治所在开封。直到民国及新中国成立初期,开封一直为省会所在。

从以上的史料罗列中可以看出,“河南”是一个重要的概念。先秦时期,河南是一个重要的地理概念,而这个概念中实际上包含了非常深刻的政治含义,河南实际上是天下政治中心的具体体现。从西汉开始到清代,河南成为一个非常重要的行政建制名称。隋唐之前是河南郡(尹),隋唐之后则为河南府(路)。元代之前,河南郡、府、道、尹、县的治所,以及地理概念、政治概念的核心,均在今洛阳。可以说,河南的范围时有变化,作为河南中心的洛阳地位始终是不变的,洛阳甚至是河南的代名词。元代以后行省设立,开封成为行省治所(省会)所在,数以百年。虽然如此,但河南的根源、灵魂在洛阳。

二、河南历史的高度与灵魂

(一)河南历史的高度:河南史的实质就是中国史

河南是个大概念,不仅涉及地理、政区,也涉及政治,研究中国历史是绕不开以洛阳为中心的河南的。《元和郡县志》卷六对“河南”有一个解读:“《禹贡》豫州之域,在天地之中,故三代皆为都邑。”这里对夏至唐的洛阳为都有一个清晰的勾勒,如禹都阳翟、汤都西亳、成王都成周,东汉、曹魏、西晋、北魏等均都洛阳,隋炀帝号为东京,唐代号称东都或东京,“则天改为神都”,到了北宋则成为西京。可以说,一部王朝史,绕不开以洛阳为中心的河南。《说苑·辨物》载“八荒之内有四海,四海之内有九州,天子处中州而制八方耳”,而这个“中州”就是河南。

对于河南的认识,其战略地位的重要性不言而喻,还有另外一个角度的分析。《读史方舆纪要》卷四十六:“河南,古所称四战之地也。当取天下之日,河南在所必争;及天下既定,而守在河南,则岌岌焉有必亡之势矣。周之东也,以河南而衰;汉之东也,以河南而弱;拓跋魏之南也,以河南而丧乱。朱温篡窃于汴梁,延及五季,皆以河南为归重之地。以宋太祖之雄略,而不能改其辙也,从而都汴。都汴而肩背之虑实在河北,识者早已忧之矣。”在这里,作者将洛阳的战略地位定性为“四战之地”,讲到得天下者首先要得河南,反映了作者的敏锐性。但是,将洛阳定位于岌岌可危之地则有所不妥。河南对关中的承接,实际上反映了中国古代的两大政治中心相互补充完善的作用。中国历史上的统一王朝,基本上都经历了定都于关中长安和河洛洛阳两个阶段。所以,从某种意义上讲,河南历史既是河南地方的历史,也是中国古代的历史;从区域角度来看,可以说河南区域史是极为精练的中国史,是影响甚至决定王朝走向的关键历史;从中国历史的大视野考察,具备这种关键作用的区域,在中国这种大格局中,也就是那么一两个地区,而河南无疑是其中之一。

(二)天地之中:中国历史最具灵魂的思维探寻

中国古代都城的选择是与中国人特定的宇宙观联系在一起的。在中国人的观念中,“中”具有极为特殊的意义。中国古代历史上最具影响力的都城中,最能体现这种观念的非洛阳莫属。①

周灭商之后,周公受命探寻“天地之中”。《太平寰宇记》卷之三云:“按《博物志》云:‘周在中枢,三河之分,风雷所起,四险之国也。昔周武王克殷还,顾瞻河、洛而叹曰:“我南望三涂,北望岳鄙,顾瞻有河,粤瞻雒、伊,毋远天室。”遂定鼎郏鄏,以为东都。’《周书》又曰:‘周公将致政,乃作大邑,南系于洛水,北因于郏山,以为天下之大凑也。’皇甫谧《帝王世纪》云:‘周公相成王,以丰、镐偏在西方,职贡不均,乃使召公卜居涧水东、瀍水之阳,以即中土。而为洛邑,而为成周王都。’”周朝建立后,最大的问题是“择中而居”。选择“天下之中”与“天地之中”,关键是“中”。《路史》卷三十:“古之王者,择天下之中而立国,择国之中而立官,择官之中而立庙。”又,《周礼订义》卷十五:“夫天不足西北,地不足东南,有余不足皆非天地之中,惟得天地之中,然后天地于此乎合土播于四时,所

① 张新斌:《“天地之中”与“天下之中”初论》,《中州学刊》2018 年第 4 期。

以生长收藏万物一时之气,不至则偏而为害。惟得天地之中,然后四时于此而交,通风以散之,雨以润之,偏于阳则多风,偏于阴则多雨。惟得天地之中,然后阴阳和而风雨以序,而至独阴不生,独阳不成。阴阳之和不成则反伤夫形。”这里论述了天地之中的阴阳秩序。但从众多文献看,天地之合、四时之交、风雨之会、阴阳之和是个立体的概念。“天地之中”刻意强调了思想观念上的特殊性,着重关注了本质文化上的特质性,重点强化了政治统治上的正当性,具有综合意义。

“天地之中”所在地,以洛阳(洛、洛地、洛师、洛邑、洛之邑、洛河之邑、洛水之涯、洛邑之地、河洛等)之说为绝对主流观点;与“天地之中”对应的“天下之中”,则更多强调了位置适中,交通便利,其地方文献也多以洛阳为主。《河南通志》卷七:“河南居天下之中,嵩岳表其峻,大河、淮、济萦流境内。”这里所说的河南实则是大河南,河南的本质是洛阳。所以,洛阳为都的观念思想特征的探寻,反映了中国古代的思维方式与思维特点,其理论的深刻性极大丰富了中国古代的思想宝库,也是中国古都历史的灵魂所在。

三、河南历史:既是地方史也是区域史

河南地方史同时还是河南区域史,这是我们对河南专门史进行研究时时常要注意的关键性问题。我们应该如何对待我们的研究?

(一)作为地方史的河南专门史

地方是相对中央而言的。每一个王朝,都有中央与地方。中央就是皇帝,以及三省六部;地方则是郡县、省府县。对中央而言,省及以下建置都是地方。地方史就是研究一定行政建制内的历史,比如县的历史、市的历史、省的历史。

关于地方史,有人认为“所谓地方史研究,就是专门考察、分析某一地区历史变迁的史学工作”①,或认为“地方史的书写往往是一种以国家宏大历史叙事为背景,又兼具本土地方特色的历史书写”,“地方历史的建构既是对国家宏大

① 叶舟:《地方文献与地方史研究》,载《上海地方志》编辑部编《2017年地方志与地方史理论研讨会论文汇编》,第199~203页。

历史叙事的补充,也是新时期国家与地方共同致力于民族地方形象、软实力及文化生态打造的努力”。[①] 一般而言,地方史是与一定级别的行政建置有关联的。河南长期为地方行政建置,从河南郡与河南县,到河南尹与河南县,到河南府与河南县,到河南路与河南县,再到河南省,作为省级建置也有七百余年的历史。相对王朝而言,河南的历史理所当然地就是地方史。换句话说,河南地方史就是研究河南地方的历史,就是研究在省的建置下河南这一特定范围内所发生的历史。河南地方史,就是对河南特定行政建置(省)内所有历史大事、历史人物、历史规制、历史机构、历史社会、历史文化等总的汇集、总的提炼、总的评价,是一部中国特定地方的小通史,是中国通史的河南卷。河南专门史,则是河南地方历史的细化,是河南专门历史的汇集,是作为地方的河南的历史的总的盘点。

河南地方史的研究,在河南是个“偏科”。河南史学界研究中国史,研究世界史,研究考古学,研究史学理论,当然,大家的研究无疑必然会触及河南,因为在中国史的研究范畴中,如果回避了河南,中国史肯定就不是完整的中国史。一方面,从夏到北宋,河南是王朝的政治中心所在,从某种意义上讲,这期间河南史中的重大事件无疑也是中国史中的重大事件,河南的历史也是中国的核心历史、中国的精英历史。另一方面,关键是要从河南的角度来研究中国的历史,从历史纵的时间轴来研究河南史,从历史横的空间区域比较中研究河南历史。所以,对于研究中国史的学者而言,河南地方史既是熟悉的,又是陌生的。

(二)作为区域史的河南专门史

区域是相对总体而言的。区域可以是一个地方行政建置,如河南、郑州、新郑,也可以是一个地区,如豫北、河朔、齐鲁、三秦、华北。当然,区域也可以是永恒的,对全球而言,中国、东亚、远东,都是区域。在全球史的背景下,区域史是个很时尚的东西,研究中国史与世界史(世界各国的历史),实质上研究的都是区域史。

学界有关区域史的讨论,是非常复杂的。例如,将地方史等同于区域史就

① 杨旭东:《近年来地方史研究评述》,《中原文化研究》2016 年第 1 期。

是一种常见的声音,如:“地方史,或称区域史,是历史学科的一个重要分支。”① 有的直接将区域史的研究范式等同于地方史的研究范式;②也有的将区域史作为地方史的支脉,“地方史内部也演化出了新的支系”③。尽管区域史和地方史有一定的契合点,但两者还不能完全画等号。区域史研究一般多关注区域的特殊性,但是,“区域史研究的意义不仅仅在于认识作为个案的区域本身,而且有助于对国家整体史的认识。于是,区域史研究的一个重要归宿还在于对中华帝国整体史的理解和把握,并不是局限于孤零零的区域个案,也非仅凭借一两个新线索的发现来填补漏洞、空白,而是从局部、微观、特殊性中找到一些带有普遍性的反映整体的现象和规则”④。区域史,就是由诸地理要素所构成的特定地理空间,有较长时段的经济交流与政治联系,以及内部所共生的以文化为纽带的规律性问题的研究。区域史更多关注点在基层社会,是对特定的人群、组织架构、民间信仰,以及形成的民风进行的研究。除利用正史、正志之外,区域史也要更多关注地方文献,如家谱、文书、契约、方志等,只有这样,区域史才会更加丰满。

河南历史,就河南而言,其起点是地理概念。从历代史志可以看出,行政区划的河南是立足于地理概念河南之上而设置的,在中国古代由特定地理概念而产生的政区并不多见,仅从这一点而言,河南历史既可以是地方史,又可以成为区域史,甚至由于以洛阳为核心的河南在历史上特殊的政治地位,河南史在某些时段可以上升为中国史。这就是河南历史的特殊价值所在。

四、河南历史的研究现状与努力目标

(一)河南历史的主要研究成果

改革开放以来,河南省社会科学院及全省学界陆续推出了一系列河南历史

① 叶舟:《地方文献与地方史研究》,载《上海地方志》编辑部编《2017 年地方志与地方史理论研讨会论文汇编》,第 199~203 页。

② 段建宏:《地方史研究的思考》,《忻州师范学院学报》2007 年第 1 期。

③ 姚乐:《如何理解地方史与区域史?——以〈江苏通史·魏晋南北朝卷〉为例的分析》,《南京晓庄学院学报》2014 年第 3 期。

④ 孙竟昊、孙杰:《中国古代区域史中的国家史》,《中国史研究》2014 年第 4 期。

的研究成果：

一是通史类。如《简明河南史》(张文彬主编,1996)、《河南通史》(4 卷本,程有为、王天奖主编,2005)。以上成果有首创意义,但分量不足,不足以反映河南历史文化的厚重与辉煌。

二是专门史类。如《河南航运史》(河南省交通厅史志编审委员会,1989)、《河南少数民族史稿》(马迎洲等,1990)、《河南陶瓷史》(赵青云,1993)、《河南新闻事业简史》(陈承铮,1994)、《河南考试史》(李春祥、侯福禄主编,1994)、《河南文学史·古代卷》(王永宽、白本松主编,2002)、《河南文化史》(申畅、申少春主编,2002)、《河南教育通史》(王日新、蒋笃运主编,2004)、《河南农业发展史》(胡廷积主编,2005)、《河南经济通史》(程民生主编,2012)、《河南生态文化史纲》(刘有富、刘道兴主编,2013)、《中原科学技术史》(王星光主编,2016),以及即将出版的《中原文化通史》(8 卷本,程有为主编,2019)等。总体来讲,质量参差不齐,形成不了河南专门史体系类的成果。

三是市县通史类。如《驻马店通史》(郭超、刘海峰、余全有主编,2000)、《商丘通史(上编)》(李可亭等,2000)、《洛阳通史》(李振刚、郑贞富,2001)、《南阳通史》(李保铨,2002)、《安阳通史》(王迎喜,2003)、《嵩县通史》(嵩县地方史志编纂委员会,2016),以及我们即将完稿的《郑州通史》(张新斌、任伟主编,2020)等。

(二)河南历史的研究机构与研究重点

河南历史研究以河南省社会科学院历史与考古研究所为核心。河南省社会科学院历史与考古研究所是专门从事河南历史研究的权威机构,该所前身为成立于 1958 年的河南省历史研究所。1979 年河南省社会科学院成立之际,河南省历史研究所正式成为河南省社会科学院历史研究所,以后又成立了河南省社会科学院考古研究所,2007 年正式合并为河南省社会科学院历史与考古研究所。该所现有工作人员 19 人,其中研究员 4 人、副研究员 10 人,博士或在读博士 7 人,其研究涉及中国历史的各个方面,尤以中国古代史研究实力最为雄厚,在省级社科院中位列前茅。该所主编的“河南历史与考古研究丛书”已出版第一辑(9 本)、第二辑(6 本),在中原文化、河洛文化、姓氏文化研究方面均有标志性成果。郑州大学的历史研究在以刘庆柱研究员领衔的中原历史文化重点学科、王星光教授为代表的中原科技史方向、吴宏亮教授为代表的河南与近现代中国方向、陈隆文教授为代表的河南史地方向等方面成果卓著。河南大学以黄河文明研究作为主轴,李玉洁教授的河南先秦史研究、程民生教授为代表的以汴京为核心的宋史研究等较为突出。河南师范大学、新乡学院立足新乡,开展牧野文化研究。安阳师范学院则形成了以甲骨文、殷商史为代表的特色学科。河南理工大学立足于焦作,研究太行文化、太行发展。河南科技大学、洛阳师范学院、洛阳理工学院及文物部门的徐金星、蔡运章、薛瑞泽、毛阳光、扈耕田等先生立足于洛阳,开展河洛文化和洛阳学研究。商丘师范学院立足于商丘,对三商文化与商起源的研究颇有建树。许昌学院对汉魏许都的研究、黄淮学院对天中文化的研究、南阳师范学院对东汉文化的研究则各具特色。信阳师范学院以尹全海教授为代表的根亲文化研究、以金荣灿教授为代表的淮河文化研究及三门峡职业技术学院李久昌教授的崤函文化研究等均独树一帜。这些都已经成为河南历史研究的重要力量,也总体反映出河南历史研究的特色。

(三)河南专门史大型学术文化工程运作的过程与目标

2007年以来,为了进一步整合力量,推出标志性成果,我们在已完成的《河南通史》等研究成果的基础上,提出加大对河南历史研究的力度,并以“河南专门史”作为深化河南历史研究的重要抓手。河南专门史的研究工作得到了河南省社会科学院历任领导的重视。早在2008年,河南省社会科学院副院长赵保佑研究员就积极支持专门史研究的工作构想,积极推动该项工作的落实。2010年,院长张锐研究员、副院长谷建全研究员,专门带历史与考古研究所的相关人员到北京社科院进行调研,向他们学习北京专史集成研究的工作经验。2015年,院党委书记魏一明、院长张占仓研究员、副院长丁同民研究员积极推动,将河南专门史正式纳入河南省社会科学院重大专项工作,并于年底召开了河南专门史的正式启动会。在河南专门史创研期间,院领导积极关注工作进展,副院长袁凯声研究员统筹协调,有力地推动了后续工作。2019年,院领导班子对河南专门史工作给予了大力支持,尤其是院长谷建全研究员更是将专门史作为院哲学社会科学创新工程的标志性成果,院办公室、科研处等相关部门为本套书的出版做了大量的后勤保障工作,使河南专门史第一批成果能够按时高质量地出版。河南省社会科学院历史与考古研究所在承担繁重的创研工作的同时,也承担了大量的学术组织工作,张新斌、唐金培、李乔、陈建魁多次在一起商议工程的组织与推动,唐金培在学术组织工作方面,在上下联动、督促、组织上付出了大量的艰辛。大家只有一个想法:尽快拿出一批高质量的学术成果。

为了有效推动河南专门史大型学术文化工程,我们在工作之初便编辑了《河南专门史研究编写实施方案》《河南专门史大型学术文化工程第一批实施方案》《河南专门史大型学术文化工程工作方案》《关于征集河南专门史重大专项书稿的函》等文件,成立了以魏一明、张占仓为组长的"河南专门史大型学术文化工程"领导小组,工程实行首席专家制,由河南省社会科学院历史与考古研究所所长张新斌研究员为首席专家。整个工程坚持"三为主、三兼顾"的原则,即以河南省社科院科研人员为主,兼顾河南史学界;以在职科研人员为主,兼顾退休科研人员;以团队合作为主,兼顾个人独著。在写作上,采用"三结合"的方法,即史实考证与理论提高相结合、学术价值与当代意义相结合、学术性与可读性相结合。

在第一批书稿创研中,我们结合各自的研究基础,自动组成团队,不但河南省社会科学院历史与考古研究所全体科研人员参与了该项工程,文学研究所、哲学与宗教研究所等单位的科研人员也都承担了相关的任务。河南大学、河南师范大学、河南农业大学、华北水利水电大学、郑州市委党校等同行均参与了创研。最终确定了第一批 15 本书稿的创研目标:《河南考古史》《河南水利史》《河南移民史》《河南园林史》《河南哲学史》《河南水文化史》《河南道教史》《河南城镇史》《河南行政区划史》《河南基督教史》《河南古都史》《河南家族史》《河南书院史》《河南诗歌史》《河南史学史》。我们的总体目标是推出 100 部具有学术意义的河南专门史成果。

从第一批 15 部书稿中我们归纳出以下几个特点:一是极大丰富了河南历史研究的内容。这些书稿所涉及的门类有大有小,其研究不仅梳理了相关门类的历史脉络,也丰富了通史类成果无法容纳的分量。如考古史、基督教史时段较短但内容更为丰满,有的甚至可以形成重大事件的编年。二是从更高的视角研究河南。现代考古学在河南的发展对中国考古学的分期具有标志性意义,实际上我们是从中国考古史的角度来研究河南考古史的。正因为这样,我们对河南考古学在中国考古学中的地位有了更为清晰的看法。三是从史料梳理中探寻发展规律。对于每一个专题的研究者,我们更多地要求大家在对史实进行研究的基础上,要探寻相关门类发展的规律,寻找兴衰的规律,以及决定这种兴衰规律的内在因素。我认为在这批成果中,有的已经超越了地方史的范畴,而进入区域史的研究探索之中。当然,研究是一个永无止境的过程,我们期待着河南专门史在以后的创研过程中不断有更多的学术精品问世。

2019 年 8 月

目　录

绪论

都,就城邑而言,是一种高规格的聚落。所谓高规格,首先表现为居住者的身份高,都的主人一般均为一个具有独立主导权的君主;其次表现为都的规模较一般城邑要大,都的建筑也比普通城邑更为华丽。因此,古都就是历史时期存在的以君主为主人的高等级聚落。中国古都学其实就是研究历史时期所存在过的历代王朝都城演变规律的学问,中国古都史也就是历史时期都城的发展历史。河南古都史研究的就是历史时期河南这一特定区域的都城的发展历史。河南古都史之所以和其他地方的古都史有着较大区别,就是因为在河南这一特定区域所分布的都城很大程度上也是中国古代的主要都城,也就是说,研究中国古都史其实离不开河南古都史的研究,研究河南古都史某种程度上也就是研究中国古都史。对于河南古都史的研究,我们一定要放在中国古代文明持续发展的大背景中去进行考量和分析。

一、中国古代都城历史背景下的河南古都史

(一)关于中国古都源头的中原印记

中国古都历史的起点,直到目前学术界还没有明确的答案。当然一般而言,古都都是和王朝相关联的,如果我们将夏王朝作为中国历史上的第一个王朝,夏王朝标志着文明的形成,那么夏代第一个王所居住的聚落应该就是我们通常意义上最早的都城。上古时代,有所谓"三皇五帝"之说,根据司马迁所著《史记》的观点,其首卷是《五帝本纪》,这五帝是黄帝、颛顼、帝喾、尧、舜。第二卷就是《夏本纪》,"夏禹,名曰文命"。夏的历史,就是从夏禹,尤其是大禹治水开始的。所以禹之所都之地,应该就是中国古代第一个都城了。《史记·夏本

纪》云:“禹辞辟舜之子商均于阳城……禹于是遂即天子位。”《史记·夏本纪·集解》皇甫谧曰:“都平阳,或在安邑,或在晋阳。”《帝王世纪》也有禹“都平阳,或都安邑”的记载。但是,《古本竹书纪年》有“禹都阳城”之说,《世本·居篇》既云“禹都阳城,在大梁之南”,又云“禹都咸阳,及后乃徙安邑”。夏代的初都文献有多种说法,但是在1977年河南登封发现了东周时期的阳城,在东周阳城附近的颍河与五渡河交汇处发现了龙山晚期城址,由此拉开了学术界对夏都与夏文化研究的热情,后来在龙山晚期城址的外围,又发现了同时期大城。大城套小城的结构,使得禹都阳城在登封的观点在学术界得到了完全的肯定。从1959年开始的对河南偃师二里头遗址的发掘,经过数十年的全面揭露,宫殿、作坊、陵墓、道路等内涵极为丰富,二里头遗址为夏代中晚期的都城似也得到肯定。至于“帝宁居原”以及“老丘”,虽然没有全面揭露,但夏代都城的总体分布与大体面貌基本可以勾勒出大致的轮廓。

但在文献中也有比夏朝更早的以都而名的地点。《史记·五帝本纪》云:“黄帝居轩辕之丘。”而在后世文献中,《帝王世纪》也讲到黄帝“受国于有熊,居轩辕之丘,故因以为名,又以为号。……或言故有熊氏之墟,黄帝之所都也。郑氏徙居之,故曰新郑矣”。虽然这里用了“或言”,但“有熊氏之墟”“轩辕之丘”,与新郑的联系较之其他地方还是为多。关于黄帝之都,《世本·居篇》有“黄帝都涿鹿,涿鹿在彭(彭城)南”。《帝王世纪》也引“《世本》云,涿鹿在彭城,今上谷有涿鹿县及蚩尤城,阪泉地又有黄帝祠,皆黄帝战蚩尤之处也”。一般而言,此涿鹿在今河北,但是作为都的基础是城,这个涿鹿相当于黄帝时期的城并没有考古发现,但在新郑以北,发现的西山仰韶城址或许从一个侧面反映了中原地区早期聚落的发达。至于伏羲与炎帝,《帝王世纪》也有“宓羲为天子,都陈,在《禹贡》豫州之域。西望外方,东及明绪。于周,陈胡公所封,故《春秋传》曰:陈,太昊之墟也。于汉属淮阳,今陈国是也。神农氏亦都陈,又营曲阜,故《春秋》称,鲁大庭氏之库”。因此,伏羲之都与炎帝之都均在陈,也即今河南周口淮阳区。依上古帝系,“陈”实则是部落联盟之中心所在地,是与后世都城性质相类似的聚落,应该说在上古时期,具有都城性质的聚落在中原已经打上了深深的印记。

（二）关于中国古都流变过程中的中原印记

1. 夏、商、西周

这个时期的古都核心在中原，以中原为中心向四周分散。夏都的核心是禹都阳城，即今河南登封；太康、桀居之斟鄩，也就是中国社会科学院考古研究所长期发掘的二里头遗址。上述这个核心区就是嵩洛地区，启居之黄台，也在这个地区。相居之帝丘（今河南濮阳）、斟灌（今河南清丰），帝宁居之原（今河南济源）、老丘（今河南开封），胤甲居之西河多谓在晋陕之界，但豫北也有西河之说。这些地区都距嵩洛地区不远。商汤都亳，虽有多种说法，但郑州商城为“郑亳”的观点，已有考古发现作依据。仲丁迁隞，其地多认为是郑州北郊的小双桥遗址。河亶甲居相，其地在河南安阳一带。盘庚迁殷后，商代后期都城再也没有变化，这个地点就是现在的安阳殷墟，殷墟发现了大量的王陵、宫殿基址与祭祀遗址，尤其是青铜器、甲骨片的大量发现，反映出这里当年的辉煌。虽然商代政治中心由嵩山东侧向豫北转移，但基本还是呈中心开花的态势。西周时则维系了这种模式，只是中心地区又回到了嵩山西侧。西周建立后，依武王遗愿周公寻找“天下之中”与“天地之中”，并在这个中心点营建雒邑，成为西周又一个中心“成周”。西周都在宗周（今陕西西安附近），但成周有时则为实际的都城。卫都朝歌（在今河南淇县）、宋都商丘、许都许昌、陈都淮阳，以及蔡、管、江、申、吕、虢、潘、苏、黄、蒋等大批小国之都分布在成周周围，形成了中原特有的三级都城体系。

2. 东西两都交替前期

中国古代都城有一个非常值得注意的现象，就是以西安和洛阳为中心的都城交替现象。实际上从西周开始，在关中地区和河洛地区，形成了中国古代都城有规律的东西交替。西周时都宗周（今陕西西安），东周时都王城（今河南洛阳）；西汉时都长安（今陕西西安），东汉时都雒阳（今河南洛阳）；曹魏、西晋、北魏直接以洛阳为都；隋唐两代虽然都长安，但有时皇帝带王公大臣直接来洛阳办公，武则天时在洛阳办公，并将其命名为“神都”。在统一王朝时期，以西安为政治中心时，都是王朝开拓进取时期；以洛阳为政治中心时，均为王朝中兴成熟时期。应该说二者各有千秋，各有辉煌。值得注意的是，以西安为都时，一般都以洛阳为陪都或辅都，称之为东都。而在洛阳为都时，西安的政治地位则受到了极大的削弱。从当时的政治版图而言,显而易见洛阳的地理位置是其他地方无可代替的。

3. 东西两都交替后期

以黄河为东西横线,由西安、洛阳到开封形成了中国古代都城的东西位移。东西两都交替后期,则是在洛阳与开封之间展开的。五代时期,对洛阳、开封的选择处于尝试阶段。后梁先都开封,迁洛阳,再迁开封;后唐时,以洛阳为都城;后晋先以洛阳为都,后迁都开封;后汉和后周仍都开封。北宋王朝建立后,终于以开封为都,称之为“东京”,则洛阳为“西京”。如果我们从历史的大视角来看,在中国古都以黄河流域为中心的东西轴线上,西安、洛阳和开封东西呈一条横线,中心的位置是洛阳,洛阳是中国古都轴线的轴心。如果再结合第一个时期,则洛阳的地位尤其重要,其他大古都甚至超大古都无法与之相比拟。我们对洛阳的定位,就是洛阳是中华文化圣城。就中国古都的轴心而言,洛阳是当之无愧的。

(三)关于中国古都构造的中原印记

1. 城郭构造

即大城套小城的结构。《管子》有“内为之城,城外为之郭”的说法。《初学记》引《吴越春秋》:“鲧筑城以卫君,造郭以守民,此城郭之始也。”这里讲到古代都城的结构为城与郭,城为内城,以护卫君王,郭为外城,以守护百姓,而源头在禹之父鲧。1977 年登封王城岗遗址发掘现场会上,有专家认为当时发掘的王城岗遗址,有可能就是禹都阳城。但是由于王城岗城堡的面积比较小,部分学者对这一观点持怀疑态度。随着 20 世纪 90 年代以来登封王城岗遗址的大面积揭露,尤其是大城的发现,这里作为禹都阳城已基本取得学术界的共识。而大家认为小城,也就是早期发现的 1 万平方米的王城岗城址,有可能就是鲧作之城。就中原地区的龙山晚期城址的总体发现而言,这些城址面积都比较小,应该是城的原型。学界一般认为先有城后有郭,尤其在龙山晚期,甚至夏商时期,城与郭的结构并不完善。但是随着王城岗遗址和郑州商城的外郭城的发现,也可能在城(小城)的起源的同时或稍后郭(大城)也成为都城的一部分。

2. 平面方形的都城布局

中国古代都城的平面布局多为方形,但这种方形则为因地而宜的方形、长方形,以及长方形增减而成的准方形平面。史前聚落时期,这种构造已基本形成。总体而言,黄河流域的都城多分布在平原,以及盆地的开阔地带,所以都城的布局以方形或长方形为主体,这种方形平面为棋盘式街道格局的形成奠定了基础。

3. 夯土城垣的围护结构

中国古都大多有高大的夯土城垣,并在城外有壕沟存在。这种沟垣组合,实际是当地地理环境选择的结果。因为黄土冲积平原地区,最有效的建筑材料就是黄土。早在仰韶时代的郑州西山遗址,就出现了带有城垣的聚落。在龙山时代,中原地区所发现的重要遗址,最为常见的就是这种城堡式的聚落。但在一些遗址中,还有以城壕环绕为代表的环壕聚落的存在。当然,在夏商时期的重要城址中,二里头遗址、殷墟遗址似乎都没有见到这种高大的城垣。但在登封王城岗遗址、淮阳平粮台遗址、郑州商城遗址等大量的高等级聚落,还是有着与其身份相等的高大城垣的。到了西周以后,这种夯土城垣为代表的城市,已经成为城市的标志性符号。汉长安城、汉魏洛阳故城、隋唐长安城以及隋唐洛阳城无不保持着构筑夯土城垣的传统风格。明代开始,古代都城大量使用砖墙,所谓砖墙也不过是在夯土城垣的外边砌上一层砖皮,而砖只不过是黄土的另一种形态而已。

4. 宫殿布局与宗庙礼制建筑

作为夏都的偃师二里头遗址,发现了一、二号宫殿基址。这些宫城遗址带有夯土围墙,有面积广大的庭院,还有带回廊的围墙,以及歇山式重阿形顶的廊式宫殿建筑。郑州商城内城北部均为夯土基台的宫殿建筑。安阳殷墟不但有宗庙基址,也有大量的祭祀区。在秦都雍城内也有朝寝宫殿建筑群与宗庙建筑群。在东汉雒阳城的南郊,则分布有灵台、明堂、辟雍等礼制建筑,以及以太学为代表的古代最高教育机构的遗址。在古代都城的西北部多分布有夯土高台建筑,应为都城威仪的象征。

二、中国古代都城背景下的河南古都研究

（一）中国古都的研讨活动

中国的古都研究在1983年之前是分散研究。1983年，中国古都学会在西安宣告成立，史念海、朱士光、萧正洪相继担任会长。学会先后在北京、南京、洛阳、开封、杭州、安阳、大同、银川、江陵、曲阜、偃师、新郑、徐州、莒县、赤峰、成都、太原、郑州、广州、邯郸、淄博、临漳、大理、商丘等地召开全国性学术年会35次，编辑出版《中国古都研究》共35期，发表了大量的古都研究成果。中国古都学会在洛阳、开封举办的年会，扩大了两大古都的影响。1988年，在安阳召开的第六届年会上，正式将安阳列为第七大古都。1998年，在新郑召开的第十五届年会上，正式明确新郑为黄帝故里故都。2000年，在鹤壁召开的鹤壁赵都与赵文化研讨会上，明确鹤壁为赵都中牟。在郑州召开的2004年年会上，则将郑州列为第八大古都。2013年，在开封召开的中国古都学会年会上，将夏都老丘列为开封之一都，即开封为八朝古都。《三门峡职业技术学院学报》专门开设了《古都名城研究》栏目，已刊登数百篇相关论文，现已有《多维视角下的古都名城研究》等正式出版。

（二）中国古都研究的代表性专著

叶骁军的《中国都城发展史》，其内容包括都城的规制、萌芽时期的都城、雏形时期的都城、发展时期的都城、成熟时期的都城以及边疆民族政权的都城、辛亥革命以后的都城等。该书是在改革开放后，较早完成并出版的中国都城方面的专著，由陕西人民出版社于1988年出版。丘菊贤、杨东晨的《中华都城要览》，由河南大学出版社于1989年出版。曲英杰的《史记都城考》，对《史记》中所涉及的早期都城，如夏都、商都、周都、秦都、汉都以及东周列国的都城，逐一进行考证，其最新版是商务印书馆2007年版。最有影响的当数史念海的《中国古都和文化》，这部书对于总体架构中国古都的评价体系具有标志性意义，其内容涉及古都学、古都概论、古都形成的因素、古都建立的地理因素、古都和文化、

古都的萧条与破坏、唐代长安和洛阳两都的研究等。这部书虽是一部文集，实际上是对古都所涉及的相关问题逐一进行研究，尤其是在古都的标准方面建立了一个基本的架构，这个架构对于大古都和古都的确立无不具有学术意义。刘庆柱的《古代都城与帝陵考古学研究》，则是作者对古都研究多年的论文汇编，其中涉及中国古代都城考古学研究、中国古代宫城考古学研究、秦都咸阳与汉都长安的研究等。该书于2000年由科学出版社出版。马世之的《中国史前古城》，也涉及早期都城，这些城址涉及中原地区、海岱地区、江汉地区、江浙地区、巴蜀地区、河套地区等。其还对古城的历史与文化、古城在文明起源过程中的作用、古城的特征与地位进行了专门的论述，应该说这部书对于寻找古都的源头具有重要的参考价值。该书于2003年由湖北教育出版社出版。朱士光的《中国古都学的研究历程》，全面反映了作者对古都研究的进展变化，于2008年由中国社会科学出版社出版。

关于河南古都的综合性研究，到目前为止还没有专门的著作和成果。但是由于大量考古资料的积累，也形成了有关特定古都厚重材料的汇编。如杜金鹏、许宏主编的《偃师二里头遗址研究》，汇集了与二里头有关的历年来的考古发掘简报以及相关的古都考古的研究论文。杜金鹏、王学荣主编的《偃师商城遗址研究》，其结构与《偃师二里头遗址研究》相似。两书都是由科学出版社出版。杜金鹏、钱国祥主编的《汉魏洛阳城遗址研究》，也收入了历年来对汉魏洛阳城遗址研究的论文以及田野报告，于2007年由科学出版社出版。李久昌的《国家、空间与社会——古代洛阳都城空间演变研究》，是国内学者最有分量的一部古都洛阳的研究专著，从区位、宫城、里坊、市场等方面对洛阳都城的空间演变进行了分析研究，提出其发展趋势为：都城空间逐步规范化、制度化，都城空间的国家化运作强化，经济功能影响都城的空间有逐步增强的趋势，并提出了古都的“洛阳模式”。该书于2007年由三秦出版社出版。“洛阳都城史话”丛书也以时代为序，分为夏商西周卷、东周卷、东汉卷、魏晋卷、北魏卷、隋唐卷、五代卷，以事件、人物、风尚、典籍为主线，讲述三千年洛阳古都史。这部书由河南人民出版社于2016年出版。徐金星等的《天下洛阳》，则从价值、事件、名人、典故、名胜等方面对洛阳文化进行梳理。这部书由大象出版社于2017年出版。在开封研究方面，单远慕的《开封史话》（中华书局1983年版），吴涛的《北宋都城东京》（河南人民出版社1984年版），周宝珠的《宋代东京研究》（河南大学出版社 1992 年版)，程子良、李清银的《开封城市史》(社会科学文献出版社 1993 年版)，程遂营的《唐宋开封生态环境研究》(中国社会科学出版社 2002 年版)，刘春迎的《北宋东京城研究》(科学出版社 2004 年版)，张劲的《两宋开封临安皇城宫苑研究》(齐鲁书社 2008 年版)，日本久保田和男的《宋代开封研究》(上海古籍出版社 2010 年版)，李路珂的《古都开封与杭州》(清华大学出版社 2012 年版)，以及程民生的《中华文明中的汴京元素》(人民出版社 2018 年版)，均为研究北宋都城开封的重要成果。其中，程民生对北宋汴京的研究，更强调汴京文化对后世的影响，如都城构造对杭州、北京的影响，戏剧、影戏、《清明上河图》对后世的影响，《水浒传》《三侠五义》《金瓶梅》中的汴京元素，金石、成语、火药中的汴京元素，节日、饮食、园林中的汴京元素，汴京名人及外迁移民的影响等。他将汴京元素归结为“市井元素”与“娱乐元素”，认为其具有极强的创新能力与传播能力，可以称之为中国古都史上的“城市革命”。在郑州研究方面，出版了《古都郑州》大型文集，汇录了新中国成立以来郑州都城考古的重要论文，该书由中州古籍出版社于 2004 年出版。“郑州历史文明遗产丛书”，共有《郑州古代遗址》《郑州古代城池》《郑州古代建筑》《郑州古代寺庙》《中州古代名塔》《郑州名人故里》《郑州名人墓祠》《郑州古代王陵》《郑州古代碑刻》《郑州古代民居》《郑州文物精粹》《郑州画像砖》，由河南人民出版社于 2015 年出版。阎铁成的《重读郑州——一座由考古发现的中国创世王都》，编排新颖，观点鲜明，对郑州的历史价值重新进行了解读，这本书由科学出版社于 2015 年出版。此前“古都·郑州”丛书包括《文明之光》《物华天宝》《山川形胜》等 12 册，由大象出版社于 2004 年出版。顾万发编著的《文明之光——古都郑州探索与研究》，由科学出版社于 2016 年出版。

(三)中国古都研究的代表性论文

古都与古都学研究已经历了数十年的过程。史念海的《中国古都学刍议》(《浙江学刊》1986 年第 Z1 期)，是中国古都学研究的开篇之作，对建立中国古都学的基础、必要性，中国古都学的意义、范畴以及研究方法提出了系统的观点。史念海的《中国古都的变迁与文化融通》(《陕西师范大学学报(哲学社会科学版)》1994 年第 4 期)，特别强调古都虽有变迁，但文化一脉相承并未中断，而且继续发扬光大。朱士光在《中国古都与中华文化关系研究》(《陕西师范大学学报(哲学社会科学版)》2004年第1期)中指出,古都文化是历史上王朝文化的缩影和精华,要重点研究古都文化的源流、内涵、特征和影响。朱士光的《中国古都学的形成与当前研究的几个重点问题》(《三门峡职业技术学院学报》2007年第1期),特别提到了中国古都学的起源问题,关于大古都问题,关于古都发展与地理环境变迁关系问题,关于古都文化研究问题,关于古都学理论基本建设问题。吴宏岐、郝红暖的《中国都城地理学若干问题刍议》(《陕西师范大学学报(哲学社会科学版)》2009年第3期),认为都城的历史地理、都城体系、都城空间都应该成为都城地理学的研究内容。朱士光的《试论中国古都学当前研究的新态势与有待着力研究的几个重大领域》(《淮阴师范学院学报(哲学社会科学版)》2017年第4期)指出,要关注历史早期古都之深入探索研究,中原王朝政治重心区域外围地区古都之深入探寻研究,古都文化与古都学理论的深入探讨研究。何一民的《学科构建与视野开拓:推进中国古都学研究的思考》(《四川大学学报》(哲学社会科学版)2018年第5期),提出要完善学科建设,拓展研究视野,强化中国整体观下的古都研究。此外,有些综述性文章也很有影响,如华林甫的《20世纪的中国古都研究》(《中国历史地理论丛》2005年第1期),日本木田知生的《中国历史地理研究述论——以近三十年中国古都研究为中心》(《江海学刊》2013年第4期),王嘉川、狄三峰的《1949年以来中国大陆历史城市地理研究之发展》(《保定学院学报》2012年第5期),毛曦的《20世纪50年代前的中国大古都问题——有关大古都研究学术史的补充》(《中国历史地理论丛》2017年第1期),毛曦的《中国大古都标准问题的百年回顾与当代思考》(《天津师范大学学报(社会科学版)》2017年第2期)等,实际上是古都学术史的综合性回顾的评论性论文。

关于洛阳大古都研究,有关洛阳名称研究、二里头性质与内涵研究、西周雒邑与东都王城研究、汉魏与隋唐洛阳城的研究,学术界已发表了大量的论文。除此之外,还有豫乔的《正确看待洛阳在中国古都中的地位》(《河南大学学报(社会科学版)》1993年第4期),王军的《中国古都建设与自然的变迁——长安、洛阳的兴衰》(《新建筑》2002年第6期),李久昌的《20世纪50年代以来的洛阳古都研究》(《河南大学学报(社会科学版)》2007年第4期),张战军、胡慧霞、郭全美的《中国古都的城市形象——以洛阳为例》(《洛阳师范学院学报》2008年第3期),蔡运章、赵晓军的《"中国""河南"诸名称与古都洛阳》(《河南科技大学学报(社会科学版)》2011 年第 6 期),吴小平的《"洛阳"意象的多元化解读——浅析中国古诗词中的洛阳古都》(《群文天地》2012 年第 2 期),郭荣臻的《中国古代都城城墙建筑技术的考古学观察——以古都洛阳城为例》(《史志学刊》2016 年第 6 期)等。其他如博硕论文,有李久昌的《古代洛阳都城空间演变研究》(2005 年),谢美婧的《北魏洛阳城的营建》(2009 年),李卓妍的《权力的空间:隋唐都城规划理念研究——以长安、洛阳为例》(2018 年)等,反映出在河南古都研究中,洛阳仍然是个重点。

关于郑州大古都研究,有阎铁城、张巍的《试论郑州在中国古都史上的地位》(《中原文物》1997 年第 4 期),李令福的《古都郑州的特殊历史地位及其现代发展战略》(《黄河科技大学学报》2006 年第 4 期),张慧茹的《论郑州"大古都"》(《甘肃农业》2006 年第 10 期)等。考古界在长达数十年的考古发掘整理与研究过程中,对郑州商城的内涵性质进行了大量的研究,取得了丰硕的成果。

关于安阳大古都研究,主要是持续 100 余年的对安阳殷墟的研究,极大地丰富了人们对殷商历史与文化的认识,而这也是安阳作为大古都的关键。早在 20 世纪六七十年代,谭其骧便对安阳大古都的性质有专门的认识,而这也正是学术界在 80 年代认定安阳为大古都的学术基础。此外,还有郭青萍的《安阳古都研究述略》(《殷都学刊》1989 年第 1 期),葛剑雄的《论中国的大古都的等级及其量化分析——兼答安阳能否列为"七大古都"》(《中国历史地理论丛》1995 年第 1 期),邹逸麟的《也谈安阳是否够格列为中国历史上的大古都》(《陕西师范大学学报(哲学社会科学版)》1994 年第 1 期)等,围绕安阳作为大古都的标准,学术界进行了一定的讨论,这个讨论对于大古都的认定,具有一定的学术价值。

关于其他古都,还有张新斌等人对鹤壁赵都中牟的研究。关于开封古都的研究,更多地集中在北宋开封的研究上,数量也不在少数。关于商丘古都的研究,发表的文章数量很少,只有王颖的《试论商丘在中原古都群中的发展定位》(《商丘师范学院学报》2013 年第 8 期)等。

三、中国古代都城背景下的河南古都的范围与重点

（一）河南大古都研究的范围

关于中国的大古都研究，早在20世纪20年代就有五大古都的说法，这五大古都包括西安、洛阳、北京、南京和开封，其中河南就占据了两席。虽然将杭州列为大古都早在20世纪30年代便被提出，但真正流行则是在20世纪80年代。1982年，谭其骧首次将安阳列为第七大古都，1988年得到中国古都学会的正式认定。这样在中国七大古都中，河南占据了三席。1996年开始的夏商周断代工程，对商代纪年有了基本的说法，郑州商城为商汤亳都的观点得到了主流学界的认可。作为商代亳都与隞都的郑州，有着180年的统一王朝时期都城的历史，加上战国时的郑韩之都，累积为都时间长达355年。在学界多年的呼吁之下，2004年，中国古都学会正式将郑州列为大古都，中国始有八大古都之称。在中国大古都的行列里，河南占据了半壁江山。

洛阳大古都。包括夏商时的洛之都，西周的雒邑，东周的王城，秦汉之际的洛阳，东汉时的雒阳，曹魏时的洛阳，西晋时的洛阳，北魏时的洛阳，隋都洛阳，隋唐之际的洛阳，唐都洛阳，武则天时的神都，五代后梁、后唐、后晋时的洛阳，北宋时的西京。

开封大古都。有夏都老丘，战国魏都汴梁，五代后梁、后晋、后汉、后周之都开封，北宋东京开封，金都开封。

安阳大古都。商代后期都城，后赵、前燕、冉魏、东魏、北齐之邺都。

郑州大古都。商代前期亳都、隞都，东周郑都与韩都。

（二）河南古都研究的对象

位于今淇县的卫都朝歌。位于今濮阳市西南的卫都帝丘。位于今鹤壁市西的赵都中牟。地属今周口淮阳区的东周陈都、张楚陈都。位于今沁阳的卫都野王。位于今禹州的韩都阳翟。位于今许昌市东的许国之都。位于今商丘市南的宋国之都。夏商西周时还有一些小国，如黄国（在今潢川县西北）、蒋国（在

今淮滨县东南)、息国(在今息县西南)、江国(在今正阳县东南)、蓼国(今固始县东北)、申国(在今南阳市北)、吕国(在今南阳市西)、柏国(在今西平县西)、沈国(今平舆县)、蔡国(今上蔡县)、葛国(在今宁陵县西北)、杞国(今杞县)、胡国(在今漯河市郾城区西南)、应国(在今平顶山市西)、项国(今沈丘县)、华国(在今新郑市北)、郐国(在今新密市东)、毛国(在今宜阳县东北)、巩国(今巩义市孝义镇一带)、单国(今济源市东南)、邘国(在今沁阳市西北)、温国(今温县)、雍国(在今焦作市西南)、共国(在今辉县市)、凡国(在今辉县市西南)、鄘国(在今新乡县西南)、邶国(汤阴县东南)、卫国(都今河南淇县)、暴国(在今原阳县西南)、封父国(在今封丘县西)、南燕(在今延津县东北)、胙国(在今延津县东北)、管国(都城在今郑州市)、祭国(在今荥阳市东北)、东虢国(在今三门峡市东北)、焦国(在今三门峡市陕州区老城东北侧)等,这些城邦之国,有时也称之为城邑。

(三)河南古都研究的文献基础

除正史、史地、方志类外,大量的文献专书对研究河南大古都具有重要意义。涉及古都洛阳的有西晋陆机的《洛阳记》、北魏杨衒之的《洛阳伽蓝记》、北宋李格非的《洛阳名园记》、北宋欧阳修的《洛阳牧丹记》、清刘喜海的《洛阳存古录》等。涉及开封的重要文献有宋孟元老的《东京梦华录》、明无名氏的《如梦录》、明李濂的《汴京遗迹志》和《汴京匃异记》、清周成的《宋东京考》等,这些都对研究古都开封具有重要帮助。

总而言之,中国古都史背景下的河南古都发展历程重点是讲述以黄河流域为中心的古都发展历史。这里需要强调的是,在中国古都诞生的前古都时代,也就是中原史前聚落时代的发展演变历程,更要关注以城垣为标志的高级聚落形态的发展,关注龙山时代的城址的发展,并寻求与上古三皇五帝传说的关系的协调。本书包含夏商时期的大古都的线索、两周时期诸侯国都的贡献、汉唐宋主陪(辅)都变迁的规律、城市空间的演变、城市生活的描述、城市文化的繁荣等内容。我们希冀《河南古都史》不仅是第一部河南古都历史的综合性论述,同时也希望这是一部有研究深度的论著,至少在一定时期内是一部具有一定高度的河南古都历史方面的代表之作。

第一章 夏代都城与中国早期文明

约公元前21世纪至前17世纪末，是中国历史上的第一个王朝夏王朝的存在时间。① 夏人活动的中心地区，《史记·孙子吴起列传》载其为“夏桀之居，左河济，右泰华，伊阙在其南，羊肠在其北”，约当今河南省西部，以嵩山为中心的伊河、洛河、颍河、汝河之间的河谷平原一带。据文献记载，夏自禹至桀，共十七君，曾都于阳城、夏邑、斟鄩、商丘、斟灌、原、老丘、西河等多地。考古发现的夏代都城性质的遗址，早期有禹都阳城即登封王城岗遗址，晚期有偃师二里头遗址。二里头文化的年代范围是公元前19世纪中叶至前16世纪中叶，约300年，是夏文化最为重要的研究对象。二里头遗址被学界一致确认为都城遗址，是夏代都城的代表。

第一节　夏文化的探索与夏代都城

历史文献中有许多关于夏禹及其他夏王、夏王世系、夏人居地、夏代都邑、夏商关系等夏代历史的记载。甲骨文的发现和殷墟的发掘使商王朝的历史成为信史。因为夏文化与商文化有密切关联又早于商文化，随后考古学界便提出寻找夏文化的重要课题，旨在以科学发掘的实物资料为基础证明夏王朝的存在，并结合文献记载复原夏代的社会生活面貌。夏文化的探索取得了令人瞩目的成就，夏文化的主体得以确立，夏文化的序列基本建立，二里头文化与周边同

---

① 夏商周断代工程专家组：《夏商周断代工程1996—2000年阶段成果报告：简本》，世界图书出版公司2000年版，第82页。

时期文化的地域分布及相互关系大致廓清，夏商文化的界定也取得了基本共识，夏文化的探索日趋明朗。王城岗遗址、二里头遗址基本可以确定为夏代的都城遗址。

一、历史上的夏王朝

（一）文献中的夏王朝

先秦文献中，《尚书》中的《甘誓》《汤誓》《召诰》《多士》《多方》《立政》以及《诗经·大雅·荡》等篇所记载的基本史实被学界公认为是可信的，其中有许多关于夏禹及其他夏王、夏商关系的记载。《古本竹书纪年》《世本》《诗经·商颂》《尚书·禹贡》《左传》《国语》《论语》《孟子》《逸周书》《战国策》《墨子》等其他先秦文献，也有许多关于夏禹及其他夏王、夏王世系、夏人居地、夏代都邑、夏商关系等夏代历史的记载。《史记》《汉书》《后汉书》《礼记》《大戴礼记》《路史》《吕氏春秋》《楚辞》《韩非子》《管子》《荀子》《庄子》《山海经》《太平御览》等文献中也记载有诸位夏王及相关历史。

夏传子，家天下。大禹是历史上一位著名的帝王，《尚书·吕刑》说大禹最重大的贡献是“平水土，主名山川”。禹带领部族防治水患，发展生产，取得了巨大成绩，在强化公共权力的同时，也加强了个人的威信和权力。禹时设有六卿，建有军队，可以随时征伐他认为的“不享、不庭、无道之民”。《大戴礼记·五帝德》引孔子曰：“（禹）举皋陶与益以赞其身，举干戈以征不享、不庭、无道之民，四海之内，舟车所至，莫不宾服。”禹曾南征有苗，西伐共工，统一了嵩山周边伊河、洛河、颍河、汝河之间的河谷平原地区。禹时已经设立刑罚，传说禹的“狱官之长”皋陶，立狱制罪，悬赏设罚，异是非，明好恶，检奸邪，消佚乱，使民知畏法。禹时已开始收取贡赋，《尚书·禹贡》序首句即言：“禹别九州，随山浚川，任土作贡。”禹去世之后，其子启以暴力手段取代禹的继任者益，是为夏后帝启，建立了中国历史上第一个广域王权国家。

夏代的纪年，史学界普遍采用的是约公元前21世纪至前17世纪末。关于夏王朝的世系，王国维通过二重证据法证明《史记·殷本纪》记载的商王世系基本可靠,并据此认为《史记·夏本纪》记载的夏王世系也是可靠的。“由殷周世系之确实,因之推想夏后氏世系之确实,此又当然之事也。”①夏朝世系其他文献也多有记载,但夏王朝的确切纪年至今尚无定论,有学者做过系统整理,详细见下表。

表 1.1 文献中的夏代纪年②

	《古本竹书纪年》	《今本竹书纪年》	《孟子·尽心上》	《史记·夏本纪》	《易纬·稽览图》	《汉书·律历志》引《世经》	《太平御览》	《古今刀剑录》	《册府元龟》	《皇极经世书》	《资治通鉴外纪》	《编年通载》	《绍运图》	《皇王大纪》	《通志》	《资治通鉴前编》	《文献通考》	《路史》	《路史》注引《帝王本纪》	《路史》注引《年代历》
总年	471	431			431	432	432		432	459	432	432	432	440	432	440	459	483		
禹	45	8	7	10			9		9	27	9	10	15	8	10	8	27	15		
启	39	16					9	10	9	9	9	10	9	9	9	9	9	16		16
太康		4					29	29	29	29	29	29	29	29	29	29	29	19		
中康		7							13	13	13	13	13	13	13	13	13	18		28
相	7+?	28							28	28	28	28	40	27	28	28	28	30		28
后羿									40	少	8	2		少	8	少				
寒浞		40								康	32	10		康	32	康	41	43		40
少康		21							21	61	21	49	49	62	21	61	22	46		
予		17					17		17	17	17	17	17	17	17	17	17	27		
槐	44	44					26		26	26	26	26	16	26	26	26	26	26		
芒	58	58							18	18	18	18	18	18	18	18	18	18	13	
泄	21+?	25					16		16	16	16	16	16	16	16	16	16	26		16
不降	69	59							59	59	59	59	63	59	59	59	59	59		59
扃		18					21		21	21	21	21	21	22	21	21	21	21		21
胤甲		8					20		20	21	20	20	22	21	20	21	21	20		
孔甲		9						31	31	31	31	31	31	31	31	31	31	40		31
皋	3	3							11	11	11	11	11	11	11	11	11	11		
发	1+?	7							11	19	13	10	10	19	13	19	19	12	11	
桀		31							53	53	51	52	53	52	51	53	53	43		52

① 王国维:《古史新证——王国维最后的讲义》,清华大学出版社 1994 年版,第 52 页。

② 程平山:《夏商周历史与考古》,人民出版社 2005 年版,第 2 页。(有改动)

夏王朝统治的核心区即禹划之九州，前辈学者多认为是《左传》中司马侯所说的九州，与《逸周书·度邑解》和《史记·孙子吴起列传》所载相印证，夏人活动的中心地区在今河南省西部，以嵩山为中心的伊河、洛河、颍河、汝河之间的河谷平原一带。夏的疆域要广阔得多，至少包括了有扈氏、有男氏、斟鄩氏等其他十一个姒姓方国统治的地域。商人对夏王朝的领土范围也有描述，《史记·殷本纪》载："古禹、皋陶久劳于外，其有功乎民，民乃有安。东为江，北为济，西为河，南为淮，四渎已修，万民乃有居。"也就是说，夏代的统治范围大致是东达豫东平原，南至淮河沿岸，西起华山以东，北至济水以南，幅员千里。

夏王朝存续了近5个世纪，文献中有许多关于夏代兴亡的记载。《尚书·甘誓》记载了启征伐有扈氏，启晚年发生了其子五观叛乱，启子太康继位后迁都斟鄩。《左传·襄公四年》记载了后羿代夏、太康失国的经过，《左传·哀公元年》记有少康复国的经过。经历少康中兴，夏王朝的统治逐渐巩固。《国语·周语下》《左传·昭公二十九年》等均认为自孔甲开始夏王朝走向没落，四世之后而亡。诸多先秦文献均有关于夏桀无道以及商汤灭夏的记载。

（二）文献中的夏代诸都

文献记载中夏代最早的都城是禹都阳城，禹子启居夏邑，太康至桀都斟鄩。在某些非常时期，夏王也居于别处，如后羿代夏期间，帝相居商丘、斟灌。此外，少康之子予曾居于原、老丘，胤甲曾居于西河等。

禹都阳城为先秦文献如《古本竹书纪年》《世本》等所共述。最早把禹与阳城联系起来的是孟子。《孟子·万章上》载："昔者，舜荐禹于天，十有七年，舜崩，三年之丧毕，禹避舜之子于阳城，天下之民从之，若尧崩之后不从尧之子而从舜也。"这里说的是"禹避舜之子于阳城"。明确记载禹都阳城的是《孟子》之后的战国文献《古本竹书纪年》和《世本》。《礼记·缁衣·正义》载《世本》及《汲冢古文》都说禹都阳城。关于禹都阳城的地望，自汉代以来，历代学者做了不少考证研究。颍川阳城说，诸如《史记·夏本纪·集解》引汉刘熙曰、《孟子·万章上》赵岐注、《国语·周语上》韦昭注以及《水经注》等文献均有记载，不仅时代较早，而且证据较多，也得到金景芳、严耕望等史学家的论证支持。登封王城岗遗址的考古调查和发掘，一直以来都受到学界的热切关注，小城、大城的相继发现使得"禹都阳城"颍川说即"禹都阳城"在今河南登封的观点得到越来越多学者的支持。

启居夏邑，史籍多有记载，如《竹书纪年》载帝启"元年癸亥，帝即位于夏邑，大飨诸侯于钧台"。夏邑所在，《竹书纪年》注引《统笺》说："《郡国志》颍川阳翟……启即位居此，故曰夏邑。"夏邑的地望，一般认为在今河南禹州。顾颉刚认为"阳翟……说不定为夏之第一都城，后称之曰夏邑"①。陈显泗也认为"启都夏邑在今禹县"②。在今禹州市颍水岸边的瓦店遗址，规模较大，规格较高，很有可能是启居夏邑。③ 也有学者认为夏启故居在今郑州、新郑、新密一带，如丁山认为在"今河南省新郑、密县间"④，史念海认为"在今河南郑州市和密县之间"⑤。在今河南新密的新砦遗址，始建年代在夏代早期年代范围之内，总面积逾100万平方米，是同时期最大的古城址之一，"很可能就是夏启之居所在地"⑥。

斟鄩是夏王朝中后期太康至桀时的都城。《水经注·巨洋水》引臣瓒曰："《汲冢古文》云……'太康居斟鄩，羿亦居之，桀又居之。'"《史记·夏本纪·正义》《汉书·地理志注》所引与此类同。斟鄩的地望，众多先秦文献均认为在伊洛一带。如《逸周书·度邑解》载："自洛汭延于伊汭，居阳无固，其有夏之居。"《国语·周语上》载："昔伊洛竭而夏亡，河竭而商亡。"《战国策·魏策一》中吴起对曰："夫夏桀之国，左天门之阴，而右天溪之阳，庐罼在其北，伊洛出其南。"《史记》中也有多处记载有夏之居在伊洛之间。后世文献或推测斟鄩为汉河南城，如《汉书·地理志》载："有夏之居，即河南是也。"或推测斟鄩为巩义西南五十八里之鄩城，如《括地志》载："故鄩城在洛州巩县西南五十八里，盖桀所居也。"考古发现的偃师二里头遗址，是一处遗存丰富、布局严谨的大型都邑，一般认为即是夏王朝中晚期的都城遗址，很可能是夏都斟鄩。

后羿代夏期间，中康之子帝相居商丘、斟灌。《古本竹书纪年》载："帝相即位，处商丘。"宋王应麟《通鉴地理通释》卷四注曰："'商丘'当作'帝丘'。"清朱

---

① 王煦华：《顾颉刚关于夏史的论述》，《夏文化研究论集》，中华书局1996年版。

② 陈显泗：《关于夏王朝在河南统治和活动的地域》，《夏史论丛》，齐鲁书社1985年版。

③ 河南省文物考古研究所：《禹州瓦店》，世界图书出版公司2004年版。

④ 丁山：《由三代都邑论其民族文化》，《中央研究院历史语言研究所集刊》第五本第一分，商务印书馆1935年版。

⑤ 史念海：《中国古都和文化》，中华书局1998年版，第43页。

⑥ 赵春青：《新密新砦城址与夏启之居》，《中原文物》2004年第3期。

右曾《汲冢纪年存真》也说："'商'当为'帝'。"《左传·僖公三十一年》杜预注："相，夏后启之孙，居帝丘。"又曰："帝丘，今东郡濮阳县。故帝颛顼之虚，故曰帝丘。"相居之商丘在今河南濮阳一带。相又曾居斟灌。《古本竹书纪年》载："相居斟灌。"斟灌所在，或认为在今河南洛水沿岸，如《国语·楚语上》韦昭注"观，洛汭之地"；或认为在东郡观县或观城县，"其地在今河南、山东交界处"[①]，如《水经注·巨洋水》引薛瓒《汉书集注》云："相居斟灌，东郡灌是也。"

少康之子予（也称宁）曾居于原、老丘，胤甲曾居于西河。《古本竹书纪年》载："帝宁居原，自（原）迁于老丘。"原之所在，《左传·隐公十一年》杜预注："在沁水县西。"《史记·赵世家·正义》引《括地志》云："故原城在怀州济源县西北二里。"即今河南济源县原村。在今济源市西北约 2 千米处发现的庙街遗址，很有可能是夏代原城。[②] 老丘之所在，《左传·定公十五年》杜预注："老丘，宋地也。"《大清一统志·开封府·古迹》引《寰宇记》云：老丘城"在陈留县北四十五里"，即在今河南开封境内。《古本竹书纪年》载："胤甲即位，居西河。"西河之所在，说法较多，其中《礼记·檀弓》郑玄注："西河：龙门至华阴之地。"范文澜在《中国通史简编》中认为河南洛阳至陕西华阴通称西河。郑杰祥也认为西河在"今豫西和陕西东部一带"[③]。

二、夏文化探索中都城研究的重要作用

（一）夏文化探索的成果

夏文化作为考古学的概念，最早对其进行探讨的是徐旭生[④]，之后夏鼐[⑤]、殷

---

① 张国硕：《夏王朝都城新探》，《东南文化》2007 年第 3 期。

② 杨肇清：《原城考》，《河南文物考古论集》，河南人民出版社 1996 年版。

③ 郑杰祥：《夏史初探》，中州古籍出版社 1988 年版，第 84 页。

④ 徐旭生：《1959 年夏豫西调查"夏墟"的初步报告》，《考古》1959 年第 11 期。

⑤ 夏鼐：《谈谈探讨夏文化的几个问题——在〈登封告成遗址发掘现场会〉闭幕式上的讲话》，《河南文博通讯》1978 年第 1 期。

玮璋[①]、田昌五[②]、郑杰祥[③]等学者也各有不同的表述，这里采用高炜等学者的定义："'夏文化'是指夏代在其王朝统辖地域内以夏族为主体创造的物质文化和精神文化遗存，核心内容是关于夏王朝（国家）的史迹。"[④]而夏王朝建立前及灭亡后的夏族考古学文化分别称为先夏文化和夏遗民文化。

学界公认的探索夏文化的途径是以考古学为基础，结合文献记载共同研究。探索夏文化的基本方法主要有三种。第一种是使用时间最久、使用者最多的相互对证法，即在探索夏文化时，相关考古学文化要在地域、年代、文化特征、社会状况、重大历史事件等方面与文献记载相对证。第二种是文化因素分析法，即在认定商文化的前提下，分析二里头文化中商文化因素出现的时间，倒推夏文化。第三种是都城界定法，即先确定商代第一个都城商汤亳都之所在，并以此确定商文化上限，再倒推夏文化。其他的方法大体也均能归入其中。学者在研究中往往是将三者结合使用以互为补充。[⑤]

20 世纪 50 年代在河南发现的二里岗文化和二里头文化两种新型的考古学文化对于夏文化的探索具有重要意义。而有目的、有计划的夏文化探索，则始于 1959 年徐旭生率队在豫西六县进行的"夏墟"调查。此次调查踏查了 1957 年发现的二里头遗址，并推测该遗址"为商汤都城的可能性很不小"[⑥]。20 世纪 60 年代，夏鼐提议正式命名了"二里头文化"。经过长期的发掘研究，二里头遗址有四期堆积，具有都邑性质，已是学界共识。二里头遗址和二里头文化遂成为学界公认的探索夏文化最为重要的研究对象。

至 20 世纪 80 年代初，豫西、晋南开展了大规模的田野工作，发现了临汝煤山、登封王城岗、禹州瓦店、巩义稍柴、新密新砦、夏县东下冯、襄汾陶寺等数以百计的龙山文化、二里头文化时期的遗址，尤其是河南境内的考古发掘取得了重要成果。王城岗遗址和瓦店遗址的考古发现，为探索夏代早期文化和都邑提

① 殷玮璋：《有关夏文化探索的几个问题》，《文物》1984 年第 2 期。

② 田昌五：《夏文化探索》，《文物》1981 年第 5 期。

③ 郑杰祥：《夏史初探》，中州古籍出版社 1988 年版，第 130~308 页。

④ 高炜、杨锡璋、王巍、杜金鹏：《偃师商城与夏商文化分界》，《考古》1998 年第 10 期。

⑤ 中国社会科学院考古研究所：《中国考古学·夏商卷》，中国社会科学出版社 2003 年版，第 35~36 页。

⑥ 徐旭生：《1959 年夏豫西调查"夏墟"的初步报告》，《考古》1959 年第 11 期。

供了重要线索。1977年,在河南登封王城岗遗址召开"河南登封告成遗址发掘现场会"的讨论会,会议以夏文化为主题,围绕夏文化研究的理论、方法,王城岗古城的年代、性质,以及河南龙山文化、二里头文化与夏文化的关系,夏商文化界定等问题展开讨论,会后与会专家发表了一批成果,掀起了夏文化探索的热潮。偃师商城的发掘(1983年始)与研究,使得夏文化探索中围绕偃师二里头、郑州商城年代与性质的讨论,扩展为围绕偃师二里头、郑州商城、偃师商城三城年代与性质的讨论。

20世纪90年代后半叶以来,国家"九五"科技攻关重大项目"夏商周断代工程"、国家科技攻关计划"中华文明探源工程预研究"以及国家"十五"重点科技攻关计划"中华文明探源工程(一)"的相继进行,多学科多层面综合研究的实施,推动诸多领域尤其是早期夏文化、夏商文化界定等方面取得了重要进展,夏文化探索和研究逐步深入。

据不完全统计,目前为止调查到的包括王湾三期文化晚期和二里头文化在内的与夏文化探索关系密切的遗址有200余处,已发掘的重要遗址有偃师二里头、登封王城岗、新密新砦、禹州瓦店、巩义稍柴、临汝煤山、夏县东下冯、襄汾陶寺等。此外,山东、河北、安徽、湖北、陕西等周边地区同时期考古学文化遗址的调查和发掘,对于研究夏文化的界定、播迁影响等均有重要价值。考古发现基础上的夏文化研究取得了众多成果,已发表的有关夏文化研究的论文数以百计。有关夏文化研究的论文集、著作已出版多部,如《夏文化论文选集》《夏商周考古学论文集》《夏商周考古学论文集(续集)》《夏史初探》《夏商史稿》等。专门的夏文化学术研讨会已在河南登封、郑州、洛阳以及香港等地召开多次。

随着考古资料的丰富和研究的深入,在夏文化探索的许多重要课题上,学界的认识渐趋一致:二里头文化以及与探索夏文化关系密切的龙山文化、早商文化的考古编年序列已经建立,各自的分布状况也基本确认;二里头文化与周边地区同时期考古学文化的分布及相互关系的基本格局大致厘清;王城岗遗址是夏代早期都城遗址、二里头遗址是夏代晚期都城遗址得到确认。关于夏文化的内涵,目前学术界主流的认识有两种:一种观点认为"二里头文化一至四期就是彻头彻尾的夏文化",早于二里头文化的文化遗存如新砦期文化,以及晚于二里头文化的文化遗存,均不是夏文化;另一种观点认为"二里头文化的主体是夏文化",早于二里头文化的文化遗存如新砦期文化、王湾三期文化晚期遗存是早期夏文化,而二里头文化四期至少四期晚段则是夏遗民文化。[①] 在夏文化探索上依然有许多问题存在分歧,比如考古学文化与文献记载的诸多方面究竟该如何对证,考古学文化性质异同判定的标准与尺度等;也有许多问题有待考古资料的进一步丰富,比如至今尚未有文字类遗物的发现等。但不可否认,夏文化探索成绩斐然,也日趋明朗化。

(二)都城研究在夏文化探索中的重要作用

都城界定法是探索夏文化的三种基本方法之一,都城研究在夏文化的探索中发挥了极为重要的作用。郑州商城、偃师二里头、登封王城岗、偃师商城等河南境内夏商时期都城遗址的发现与研究,贯穿了夏文化探索的历程,一直是夏文化探索中人们关注的重点。

甲骨文的发现和安阳殷墟的发掘证实了《史记·殷本纪》所记商王世系之后,人们也普遍认为《史记·夏本纪》所记夏代世系的可信性。伴随着现代考古学的诞生,学界也开始了夏文化的探索。徐中舒提出的仰韶文化为夏文化说[②]在20世纪整个三四十年代"在我国一直处于主导地位","少有提出异议者"。[③]范文澜在《中国通史简编》中最先提出龙山文化为夏文化说,安志敏进一步指出豫西地区的龙山文化"常使我们联想起我国传说上的'夏'文化"[④]。

20世纪50年代,在郑州发现了早于殷墟文化的商代前期文化二里岗文化及商代前期都邑性的遗址郑州商城,大大缩短了认识夏文化的距离。郑州西郊洛达庙遗址的发掘,发现了晚于河南龙山文化又早于二里岗文化的二里头文化(此时被称为洛达庙文化类型),之后便一直是探索夏文化的主要研究对象。二里岗文化和二里头文化这两种新型的考古学文化的发现,引起了学界对于探索夏文化的进一步重视。于是有了1959年徐旭生的豫西"夏墟"调查,开启了以田野考古为主要手段、有目的且有计划地探索夏文化的大幕,对于夏文化的探索具有重要意义。

---

① 中国社会科学院考古研究所:《中国考古学·夏商卷》,中国社会科学出版社2003年版,第29页。

② 徐中舒:《再论小屯与仰韶》,《安阳发掘报告》,南天书局有限公司1931年版。

③ 郑杰祥:《夏史初探》,中州古籍出版社1988年版,第131页。

④ 黄河水库考古工作队:《黄河三门峡水库考古调查简报》,《考古通讯》1956年第5期。

20 世纪 60 年代，偃师二里头遗址开始了大规模的发掘，根据夏鼐的提议，二里头文化被正式定名。相关发掘简报提出二里头遗址很可能是商汤所都之西亳。[①] 许顺湛则认为二里头遗址的早中期遗存是夏文化。[②] 随着 70 年代二里头遗址的持续发掘，完整的四期文化得到确认，李民、张文彬随之提出二里头一期为夏文化，二至四期为商文化。[③]

1977 年，登封王城岗遗址发掘出河南龙山文化晚期城址。因与文献记载的禹都阳城地望相近，王城岗遗址受到学界关注，并在王城岗遗址召开"河南登封告成遗址发掘现场会"讨论夏文化相关问题。会上介绍了探索夏文化重点发掘的王城岗遗址、二里头遗址、山西夏县东下冯遗址的发掘进展，围绕王城岗城址的性质问题，以及河南龙山文化、二里头文化与夏文化的关系等问题展开讨论，夏鼐在会议总结中明确了夏文化的概念。[④] 会后与会专家发表了一批成果，围绕河南龙山文化、二里头文化、二里岗文化的性质，以及夏商文化界定等问题继续展开讨论，掀起了夏文化探索的热潮。安金槐最早提出王城岗城址很可能是禹都阳城[⑤]，得到众多学者响应。殷玮璋[⑥]利用文化因素分析法，认为二里头文化一、二期属夏代后期文化，三、四期属早商文化，安金槐[⑦]等均持此说。邹衡提出了著名的汤都郑亳说，认为"郑州商城就是成汤所居的亳都。亳都地望的确定，就为我们研究早商文化（成汤灭夏以后）、先商文化（成汤灭夏以前）并进一步论证二里头文化是夏文化打下了坚实的基础"[⑧]。在此基础上，邹衡认为二里

---

① 中国科学院考古研究所洛阳发掘队：《1959 年河南偃师二里头试掘简报》，《考古》1961 年第 2 期。中国科学院考古研究所洛阳发掘队：《河南偃师二里头遗址发掘简报》，《考古》1965 年第 5 期。

② 许顺湛：《夏代文化探索》，《史学月刊》1964 年第 7 期。

③ 李民、文兵：《从偃师二里头文化遗址看中国古代国家的形成和发展》，《郑州大学学报（哲学社会科学版）》1975 年第 4 期。

④ 夏鼐：《谈谈探讨夏文化的几个问题——在〈登封告成遗址发掘现场会〉闭幕式上的讲话》，《河南文博通讯》1978 年第 1 期。

⑤ 安金槐：《近年来河南夏商文化考古的新收获——为中国考古学会第四次年会而作》，《文物》1983 年第 3 期。安金槐：《试论登封王城岗龙山文化城址与夏代阳城》，《中国考古学会第四次年会论文集》，文物出版社 1985 年版。安金槐：《河南夏商考古综述》，《华夏考古》1987 年第 1 期。

⑥ 殷玮璋：《二里头文化探讨》，《考古》1978 年第 1 期。

⑦ 安金槐：《豫西夏代文化初探》，《中原文物》1978 年第 2 期。

⑧ 邹衡：《郑州商城即汤都亳说》，《文物》1978 年第 2 期。

头文化一至四期是夏文化，而河南龙山文化是夏文化的主要来源之一，但并不是夏文化；二里岗文化是由南关外类型直接发展而来，南关外类型就是先商文化。[①] 邹衡逐渐形成了关于夏商文化的完整理论体系，影响深远。附议者众，也有石加[②]、孙华[③]等提出异议。但学界还是逐渐形成共识：河南龙山文化晚期、二里头文化是探索夏文化的主要对象。

1983年偃师商城发现以来，原来围绕偃师二里头、郑州商城年代与性质的讨论，扩展为偃师二里头、郑州商城、偃师商城三城年代与性质的讨论。关于偃师商城的性质，主要有两种意见：一是原"西亳说"的观点，认为偃师商城的始建年代早于郑州商城，是早商汤都之西亳[④]；二是原"郑亳说"的观点，认为偃师商城与郑州商城同时并存，是太甲桐宫[⑤]或商初别都[⑥]。两种观点都认为偃师商城是商代早期的都城遗址，是随着成汤灭夏而在夏王朝腹心地区建立的都城。基于这样的认识，有学者主张以偃师商城的始建作为夏、商王朝更替的标志，并以此为出发点，进一步去解决早商文化与夏文化、先商文化的界定问题。[⑦] 这种观点在1996年启动的国家"九五"科技攻关重大项目"夏商周断代工程"中得到应用，拥有众多拥趸，但也有学者提出异议[⑧]。

21世纪初，随着国家科技攻关计划"中华文明探源工程预研究"（2001年启动）和国家"十五"重点科技攻关计划"中华文明探源工程（一）"（2004年启动）相继实施，在因很可能是"禹都阳城"而在华夏文明演进过程中具有独特地位，且自发现以来就受到学界热切关注的王城岗城址，又发现了河南龙山文化晚期

① 邹衡：《关于探讨夏文化的几个问题》，《文物》1979年第3期。

② 石加：《"郑亳说"商榷》，《考古》1980年第3期。

③ 孙华：《关于二里头文化》，《考古》1980年第6期。

④ 这种观点最初由偃师商城的勘探者、发掘者在1984年发表的简报中提出，之后又多次著文重申。

⑤ 邹衡：《偃师商城即太甲桐宫说》，《北京大学学报（哲学社会科学版）》1984年第4期。文中首先提出此观点。

⑥ 郑杰祥：《关于偃师商城的年代和性质问题》，《中原文物》1984年第4期。

⑦ 高炜、杨锡璋、王巍、杜金鹏：《偃师商城与夏商文化分界》，《考古》1998年第10期。

⑧ 殷玮璋：《夏文化探索中的方法问题——"夏商周断代工程"结题后的反思（二）》，《河北学刊》2006年第4期。

的王城岗城址大城和城壕。[1] 在论证小城与大城关系的基础上，王城岗为"禹都阳城"的观点有了进一步发展，即王城岗小城有可能为"鲧作城"，而王城岗大城有可能即是"禹都阳城"。同时，河南境内还发现了迄今为止河南省面积最大的一处龙山文化城址新砦城址。[2] 这两处城址的新发现，对于确定夏文化的上限、探索夏文明的诞生等一系列重大学术问题具有重要意义。

三、考古发现的夏代都城遗址

（一）城与文明起源

城是人类社会发展到一定阶段的产物，只有社会发展到一定水平才有可能进行这种大规模永久性防御设施的建设。城的概念，《说文解字》解释为："城，以盛民也。"段玉裁注曰："言盛者，如黍稷之在器中也。""郭"往往与"城"并称，《管子·度地》记载："内为之城，城外为之郭。"《释名》曰："城，盛也，盛受国都也；郭，廓也，廓落在城外也。"关于城的职能，历代文献多有记载。《墨子·七患》载："城者，所以自守也。"《管子·权修》载："地之守在城。"《左传·襄公七年》载："民保于城，城保于德。"《穀梁传·隐公七年》载："城为保民为之也。"《吴越春秋》载："造郭以守民。"清人孙承泽说得较为详细："人君者观坎之象知险不可陵也，故设为城郭沟池以守其国，以保其民人，传记谓其制自黄帝始。历代建国，必有高城深隍，上以保障宗社朝廷，下以卫捍百官万姓，其所系甚重，其为功不少。"[3]也就是说，城的基本职能就在于防御和自守，上卫君下守民。

普遍认为，城的出现预示着一个与过去迥然不同的新时代的来临，正如恩格斯在《家庭、私有制和国家的起源》中所指出的："在新的设防城市的周围屹立

---

① 北京大学考古文博学院、河南省文物考古研究所：《登封王城岗考古发现与研究（2002～2005）》，大象出版社2007年版，第64～73页。

② 赵春青等：《河南新密新砦遗址发现城墙和大型建筑》，《中国文物报》2004年3月3日。北京大学震旦古代文明研究中心、郑州市文物考古研究院：《新密新砦：1999～2000年田野考古发掘报告》，文物出版社2008年版。

③ 〔清〕孙承泽：《春明梦余录》卷三十九《正祀典》，文渊阁《四库全书》版。

着高峻的墙壁并非无故：它们的深壕宽堑成了氏族制度的墓穴，而它们的城楼已经高耸入文明时代了。”①城的出现是文明产生的重要标志之一。近年，关于中国文明起源的研究取得了重大进展，中国文明最早发生于中原地区的观点影响最大，以夏鼐②、安志敏③、邹衡④等为代表。

城在中国出现的时间，据文献记载可以追溯到黄帝时代。《史记·封禅书》记载：“黄帝时为五城十二楼。”《汉书·食货志》晁错引神农之教的话：“有石城十仞，汤池百步。”《氾胜之书》也说：“神农之教，虽有石城汤池，带甲百万，而无粟者，弗能守也。”宋人高承《事物纪原》引《轩辕本纪》云：“黄帝筑邑造五城。”又引《黄帝内传》云：“帝既杀蚩尤，因之筑城。”文献中也有许多属于尧舜时代的鲧造城的记载。《世本·作篇》载：“鲧作城郭。”《吕氏春秋·君守》亦载：“夏鲧作城。”《淮南子·原道训》曰：“昔者夏鲧作三仞之城，诸侯背之，海外有狡心。”又《吴越春秋》说：“鲧筑城以卫君，造郭以守民，此城郭之始也。”《通志》也有记载：“尧封鲧为崇伯，使之治水，鲧乃兴徒役，而作九仞之城。”还有文献说夏禹才是始作城郭者。《太平御览》卷一百九十二引《博物志》载：“处士东里隗责禹乱天下事，禹退作三城，强者攻，弱者守，敌者战，城郭盖禹始也。”禹是夏代的建立者，文献记载鲧为禹的父亲，因此鲧生活的时代当为新石器时代晚期，黄帝时代则时间更早。

考古发现的年代最早的一批城址均属新石器时代晚期，如距今约 6000 年的大溪文化早期的湖南城头山城址⑤，距今约 6000 年左右的大汶口文化晚期的山东西康留、王家庄城址⑥，距今 5300 至 4800 年的仰韶文化晚期的郑州西山城址⑦等。其中，郑州西山城址尤为引人注目。城址平面形状近于圆形，版筑城墙外侧取土而成的深沟即成环绕城墙的城壕，面积达 34500 多平方米。发现有形

① 中共中央马克思、恩格斯、列宁、斯大林著作编译局：《马克思恩格斯选集》第四卷，人民出版社 1995 年版，第 164 页。

② 夏鼐：《中国文明的起源》，《文物》1985 年第 8 期。

③ 安志敏：《试论文明的起源》，《考古》1987 年第 5 期。安志敏：《谈谈中国文明的起源》，《河南师范大学学报（哲学社会科学版）》1991 年第 3 期。

④ 邹衡：《中国文明的诞生》，《文物》1987 年第 12 期。

⑤ 蒋迎春：《城头山为中国已知时代最早古城址》，《中国文物报》1997 年 8 月 10 日。

⑥ 张学海：《试论山东地区的龙山文化城》，《文物》1996 年第 12 期。

⑦ 张玉石等：《郑州西山仰韶时代晚期遗址面世》，《中国文物报》1995 年 9 月 10 日。

制、结构均不同的北门和西门，以及南北向道路遗迹。西门内东侧是一座扇面状的大型夯土建筑基址，北侧是一个面积约400平方米的广场。城内发掘出大量的房基、窖穴、灰坑、墓葬、瓮棺及祭祀遗迹。文献记载，黄帝、鲧、禹活动的中心区域均在中原地区，西山周边文化积淀十分丰厚，也是黄帝部族的活动范围，有学者甚至认为西山城址即是黄帝城[①]。考古资料显示，公元前3500年左右，曾经涵盖整个陕晋豫地区、持续繁荣达千余年的庙底沟文化开始发生严重裂变，关中地区、豫晋邻境、豫北冀南、郑洛地区、汝颍流域、汉水上游等各地具有鲜明地域特征的考古学文化纷纷崛起，延续了西山古城出现以后长达多年的龙山时代。

河南境内龙山时代城址已发现淮阳平粮台、安阳后冈、温县徐堡等十数座，基本沿太行山东麓及属于秦岭山系的伏牛山、外方山东麓一线南北分布[②]，这些城址的主要性质应是军事城堡[③]。龙山时代（约前3000—前2000），同一文化内部的冲突及不同文化间的争夺加剧，弱肉强食的兼并战争剧烈，一尊统治的局面尚未形成，万邦林立乃是当时历史的真实。与之相应，作为保卫氏族内部财产及防御外敌入侵的围墙环护的城堡型聚落大批崛起，数量上较之仰韶时期大大增加，规模上亦取得新的突破，平面布局完成了从圆形环壕聚落经仰韶晚期的近圆形城池到方形城池的转变，且研究显示，大多城址经过统一规划、精心设计和严格监督施工。龙山时代城址被视为环壕聚落和三代时期城邑之间的过渡形态。[④]“龙山时代城址的普及与城乡格局的初现，或者说无论是物化文明要素的聚合还是早期城市与国家的存在，基本都说明了一个新时代的到来。”[⑤]龙山时代的激变终于将处于争夺旋涡中的中原地区率先推进到文明社会的门槛，促使早期国家政权在中原地区率先诞生。

---

① 许顺湛：《郑州西山发现黄帝时代古城》，《中原文物》1996年第1期。

② 张玉石：《史前城址与中原地区中国古代文明中心地位的形成》，《华夏考古》2001年第1期。

③ 河南省文物研究所、禹县文管会：《河南禹县颍河两岸考古调查与试掘》，《考古》1991年第2期。

④ 严文明：《中国环濠聚落的演变》，《国学研究》（第二卷），北京大学出版社1994年版。

⑤ 钱耀鹏：《史前城址在文明起源与形成过程中的作用——兼论文明要素与文明形成的标准问题》，《文博》1999年第6期。

（二）夏代的城址与都城遗址

夏商周断代工程将夏代的基本年代估定为公元前 2070 至前 1600 年[①]，二里头遗址的年代范围在公元前 19 世纪中叶至前 16 世纪中叶，当前学术界一般认为二里头文化可能只是夏代中晚期的文化，早期夏文化应当是与二里头文化有清晰传承关系且处于夏代纪年范围内的龙山时代王湾三期文化和新砦期遗存。王湾三期文化发现的城址有登封王城岗、新密古城寨、郾城郝家台等 3 座，新砦期发现的城址有新密新砦、郑州东赵两座，二里头文化发现的城址有偃师二里头、新郑望京楼、郑州东赵和大师姑、辉县孟庄、平顶山蒲城店等 6 座。

"都"与"城"的区别，《左传·庄公二十八年》载："凡邑，有宗庙先君之主曰都，无曰邑。"《说文解字》也有同样的记载："有先君之旧宗庙曰都。"《广韵》则载："天子所宫曰都。"《释名》亦载："都者，国君所居，人所都会也。"也就是说，"都"是君主所在且设有宗庙的城。中国古代的都城是王朝统治的中心，同时是政治、经济、文化和军事的中心，都城可以说是王朝统治的缩影，正如王国维在《殷周制度论》中所说："都邑者，政治与文化之标征也。"[②]都城的这些特点，也相应地表现在都城遗址上，使得都城遗址具有有别于一般城址的一些基本特征：第一，都城遗址面积一般都大于同时期其他城址，且有相对独立的宫庙区，其中有大型的建筑基址。第二，有祭祀遗迹或出土有青铜、玉石等重器或礼器。第三，宫城周边有铸铜、陶器、玉石器等手工业作坊遗址，有贵族及平民居住区。第四，有城墙、城壕等防御设施。第五，城周边有陵墓区。

王湾三期文化城址的平面布局及主要发现大致如下：登封王城岗大城复原面积为 34.8 万平方米，城墙外 5～10 米处环绕着城壕。小城东西两城并列，东城的西墙就是西城的东墙，城内面积近 1 万平方米。发现多处建筑基址、祭祀遗迹及玉石琮和白陶器等礼器。[③] 新密古城寨城址平面呈长方形，有南北相对

---

① 夏商周断代工程专家组：《夏商周断代工程 1996—2000 年阶段成果报告：简本》，世界图书出版公司 2000 年版，第 81～82 页。

② 王国维：《王国维遗书·观堂集林卷十》，上海古籍书店 1983 年版。

③ 河南省文物研究所、中国历史博物馆考古部：《登封王城岗与阳城》，文物出版社 1992 年版，第 35～41 页。北京大学考古文博学院、河南省文物考古研究所：《登封王城岗考古发现与研究（2002～2005）》，大象出版社 2007 年版，第 64～73 页。

的两个城门,城内面积近 18 万平方米。城西是溱水,南、北、东三面都有护城河。城址内发现有大型建筑基址,可能是一座由宫殿、廊庑、中庭组成的完整建筑组合。[①] 郾城郝家台城址平面呈长方形,东墙中部有城门遗迹,城垣内面积 3 万余平方米,城墙外有护城壕遗迹。城内发现有排列有序的排房建筑。郝家台的军事功能十分突出,二期时箭镞占出土工具总数的 50.9%,三期时箭镞、矛占出土工具总数的 55.2%,四期时箭镞、矛占出土工具总数的 52.3%,五期时箭镞、矛占出土工具总数的 44.3%。[②]

新砦期城址的平面布局及主要发现大致如下:新砦城址平面基本为方形,南以双洎河为自然屏障,其余三面均有城墙及贴近城墙下部的护城河,城址总面积逾 100 万平方米。城址西南部地势较高,四周设有内壕,西内壕中部有城门遗迹,圈内面积在 6 万平方米以上,应为城址中心区。中心区中部偏北处发现有大型浅穴式建筑基址及祭祀遗迹,发现有铜容器残片、玉琮、卜骨等重要遗物。[③] 郑州东赵城是嵩山以北发现的第一座确认的新砦期城址,平面基本呈方形,面积 2.2 万平方米,城垣外有城壕。[④]

二里头文化城址的平面布局及主要发现大致如下:偃师二里头遗址面积达 300 万平方米,发现有四面带城垣、面积约 10.8 万平方米的宫城遗址,宫城内发现有大型宫殿建筑基址。宫城南面有铸铜作坊遗址和绿松石废料坑,东部和北部有制骨作坊遗址,北部和东北部有祭祀遗迹,宫城周围密集地分布着多处中小型夯土建筑基址。遗址的西部和北部区域是一般居住区。二里头遗址历年来出土了一批高规格遗物,如爵、斝等青铜礼器和玉钺、璋、绿松石龙形器等玉

---

① 河南省文物考古研究所、新密市炎黄历史文化研究会:《河南新密市古城寨龙山文化城址发掘简报》,《华夏考古》2002 年第 2 期。

② 河南省文物研究所、郾城县许慎纪念馆:《郾城郝家台遗址的发掘》,《华夏考古》1992 年第 3 期。

③ 赵春青等:《河南新密新砦遗址发现城墙和大型建筑》,《中国文物报》2004 年 3 月 3 日。赵春青等:《河南新密新砦城址发掘城墙西北角与浅穴式大型建筑》,《中国文物报》2006 年 6 月 30 日。中国社会科学院考古研究所、郑州市文物考古研究所:《河南新密市新砦城址中心区发现大型浅穴式建筑》,《考古》2006 年第 1 期。

④ 郑州市文物考古研究院、北京大学考古文博学院:《夏商周考古的又一重大收获》,《中国文物报》2015 年 2 月 27 日。

礼器。[①] 新郑望京楼城址平面近方形，城墙在二里岗文化城墙的外侧，面积比二里岗文化城址37万平方米的面积还要大，墙外是护城河。外围300米处发现另一重城墙和护城河。发现有铜爵等铜礼器和玉戈等玉器。[②] 郑州东赵城平面呈梯形，面积7.2万平方米，新砦期小城位于其东北部。发现有多条环壕，东墙中部有城门。城内中部、北部发现有较为集中的祭祀遗存，南部发现有小型房址和大量生活遗存。[③] 郑州大师姑城址呈东西长、南北窄的扁长方形，被今索河河道分为东西两部分，城垣外侧与之平行有城壕，城壕的复原周长达2900米，总面积约51万平方米。[④] 辉县孟庄城址是一座龙山、二里头、殷墟三个时期相续使用的"三叠城"。平面略呈方形，东城墙中部发现有城门。城墙是从内外取土夯筑而成，外侧取土沟即成护城河，靠近城墙一侧的河岸陡峭，城址内面积约12.7万平方米。[⑤] 平顶山蒲城店城址大致呈东西向长方形，面积约5.2万平方米。城墙外环绕有城壕，城内发现有成排的房址等遗迹。[⑥]

上述城址中，新砦城址规模巨大，具有某些都城遗址的特征，有学者推测很可能是夏启时的都城。[⑦] 望京楼城址也具有某些都城遗址的特征，有学者推测很可能是夏代昆吾[⑧]或葛国[⑨]。学界公认的夏代都城遗址有两处：登封王城岗城址一般认为是禹都阳城，二里头城址一般认为是夏都斟鄩。

---

① 中国社会科学院考古研究所：《偃师二里头：1959年~1978年考古发掘报告》，中国大百科全书出版社1999年版。中国社会科学院考古研究所：《二里头（1999~2006）》，文物出版社2014年版。

② 新郑县文化馆：《河南新郑县望京楼出土的铜器和玉器》，《考古》1981年第6期。郑州市文物考古研究院：《新郑望京楼：2010~2012年田野考古发掘报告》，科学出版社2016年版。

③ 郑州市文物考古研究院、北京大学考古文博学院：《夏商周考古的又一重大收获》，《中国文物报》2015年2月27日。

④ 郑州市文物考古研究所：《郑州大师姑（2002~2003）》，科学出版社2004年版，第27页。

⑤ 河南省文物考古研究所：《辉县孟庄》，中州古籍出版社2003年版，第87页。

⑥ 河南省文物考古研究所、平顶山市文物局：《河南平顶山蒲城店遗址发掘简报》，《文物》2008年第5期。

⑦ 赵春青：《新密新砦城址与夏启之居》，《中原文物》2004年第3期。马世之：《新砦遗址与夏代早期都城》，《中原文物》2004年第4期。

⑧ 张国硕：《望京楼夏代城址与昆吾之居》，《苏州大学学报（哲学社会科学版）》2012年第1期。

⑨ 秦文生：《新郑望京楼城址性质初探》，《华夏考古》2012年第4期。

第二节　禹都阳城与登封王城岗遗址

"禹都阳城"为先秦文献如《古本竹书纪年》《世本》等所共述。阳城的地望,《史记·夏本纪》集解引汉刘熙曰、《孟子·万章上》赵岐注、《国语·周语上》韦昭注以及《水经注》等文献均持颍川阳城说。此说也得到金景芳、严耕望等史学家的论证支持。登封王城岗遗址是周边数十千米范围内同时期规模最大、等级最高的聚落遗址,是当时该地区的中心,一直以来都受到学界的热切关注。根据地望、年代、等级,以及与二里头文化的关系,"禹都阳城"颍川说即"禹都阳城"在今河南登封的观点得到越来越多学者的支持。对王城岗遗址及周边同时期遗址的深入研究,使得夏代早期生态环境、居住方式、生产生活状况等文化面貌逐渐清晰。以王城岗为中心的夏代早期文化是二里头文化及夏商青铜文明的源泉。

一、"禹都阳城"的文献依据

(一)"禹都阳城"颍川说的文献依据

传世文献中关于"禹都阳城"的记载众多。最早把禹与阳城联系起来的是孟子。《孟子·万章上》云:"昔者,舜荐禹于天,十有七年,舜崩,三年之丧毕,禹避舜之子于阳城,天下之民从之,若尧崩之后不从尧之子而从舜也。"这里说的是"禹避舜之子于阳城"。明确记载禹都阳城的是之后的战国文献《古本竹书纪年》和《世本》。《礼记·缁衣·正义》云:"《世本》及《汲冢古文》并云禹都阳城。"《史记·封禅书·正义》引《世本》载:"夏禹都阳城,避商均也。"《汉书·地理志上》注引臣瓒曰:"《世本》禹都阳城,《汲冢古文》亦云居之。"

其他时代相同或者略晚的文献还指出了禹都阳城的地望。如:《国语·周语上》载:“昔夏之兴也,融降于崇山。”韦昭注:“崇,崇高山也。夏居阳城,崇高所近。”《史记·夏本纪·集解》:“禹居阳城,今颍川阳城是也。”《史记·周本纪·集解》引韦昭注:“禹都阳城,伊洛所近也。”《孟子·万章上》载:“禹避舜之子于阳城。”赵岐注:“阳城在嵩山下。”《太平御览》卷三十九嵩山条下也引韦昭注曰:“崇、嵩字古通用,夏都阳城,嵩山在焉。”上述提到的夏居阳城、夏都阳城和禹都阳城、禹居阳城,实际上都是禹都阳城的意思。

“禹都阳城”之“阳城”究竟在何处?嵩山周围是我国古代夏部族活动的主要地域,文献中也曾把夏部族的首领鲧和禹称为“崇伯鲧”和“崇禹”。文献记载说明阳城在嵩山脚下。具体在嵩山脚下的什么地方呢?战国阳城或许可为“禹都阳城”所在提供线索。

战国阳城地理位置险要,向称为九州之险地。阳城是春秋时郑国和战国时韩国的一座著名军事重镇,春秋战国时期多个著名战事就发生在这里,文献多有记载。如《史记·郑世家》:“郑君乙立……十一年,韩伐郑,取阳城。”《史记·韩世家》有:“文侯二年,伐郑,取阳城。”《史记·六国年表》也有韩文侯二年(前385)“伐郑,取阳城”的记载。阳城之名经历汉、魏、晋、南北朝至隋没有变化,直到武周万岁登封元年(696),武则天于嵩山举行封禅大典,于是将阳城改为告成县,取大功告成之意。战国阳城所在文献多有记载,如《史记·夏本纪·正义》引《括地志》:“阳城县在箕山北十三里”,“阳城县在嵩山南二十三里”。《汉书·地理志》载阳城在颍川郡。顾祖禹《读史方舆纪要·登封县》曰:“(登封)古阳城也。”记载最为详尽的《水经注·颍水》曰:“颍水出颍川阳城县少室山。”注曰:“颍水经其(阳城)县故城南。昔禹避商均,伯益避启,并于此也。亦周公以土圭测日景处……县南对箕山。”

登封阳城遗址位于登封告成镇的颍河与五渡河交汇处,南面为颍河,隔河与箕山相望,北倚与中岳嵩山相连的王岭尖,西傍五渡河,溯五渡河而上可通轘辕关直达洛阳腹地,顺颍河下行出石羊关可直通豫东平原。登封阳城遗址因“禹居阳城”的记载而成为探索夏文化的注目点,更因其左近王城岗龙山时代城址的发现地及其与夏都阳城的关系而使这一地区备受瞩目。城内出土的战国时期的陶豆盘和豆柄上,印有“阳城仓器”的方形戳记,在城外的铸铁遗址中,出土了带有“阳城”戳记的陶量,从而确认这座城址就是屡见于记载的春秋战国时期的“阳城”故址。①

“禹都阳城”在今河南登封，近代以来也得到金景芳、严耕望等众多史学家的论证支持。金景芳认为：“崇山即今嵩山，在河南省登封县境内，阳城应是今登封县告成镇古名，阳翟则是与登封相连的河南禹县，几地毗邻，夹颍水而连属，其为鲧、禹所在的崇部落的所在地和发祥地，确然无疑。”②严耕望认为：“禹居阳城，在今河南登封东南告成镇。”③张光直④、范文澜⑤等也持此说。

关于“禹都阳城”的地望，文献记载中还有浚仪即今河南开封、泽州即今山西晋城等观点。浚仪说见于《太平御览》、《世本》宋衷注、张澍稡《世本集补注》等，泽州说见于《路史》卷十二注。有学者认为登封禹居阳城是旧阳城，晋南泽州阳城是新阳城。⑥ 有学者提出了禹都阳城的濮阳说，并从多个角度进行论证⑦，又有学者专文驳斥濮阳说难以成立。⑧ 学者们还提出了禹都阳城的平舆说⑨、冀城说⑩、河东说⑪、临汾说⑫等不同意见。上述几种说法，虽各有所据，但是相对于登封说，论据都显得薄弱，且鲜有支持者。“禹都阳城”在河南登封仍是文献记载中论据最为充分的观点。

（二）王城岗城址性质的讨论

王城岗小城发现时，就已经引起了学界热切关注，国家文物局曾于 1977 年

---

① 河南省文物研究所、中国历史博物馆考古部：《登封王城岗与阳城》，文物出版社 1992 年版。

② 金景芳：《中国奴隶社会史》，上海人民出版社 1983 年版，第 29 页。

③ 严耕望：《夏代都居与二里头文化》，原载《大陆杂志》卷 61，1980 年第 5 期。见郑杰祥：《夏文化论集》（下），文物出版社 2002 年版。

④ 张光直：《中国青铜时代（二集）》，三联书店 1990 年版。

⑤ 范文澜：《中国通史》第一册，人民出版社 1978 年版。

⑥ 李民、张国硕：《夏商周三族源流探索》，河南人民出版社 1998 年版，第 74~75 页。

⑦ 沈长云：《禹都阳城即濮阳说》，《中国史研究》1997 年第 2 期。沈长云：《夏族兴起于古河济之间的考古学考察》，《历史研究》2007 年第 6 期。

⑧ 王朝辉：《以古洪水为视角论“禹都阳城”非濮阳所在》，《洛阳考古》2016 年第 1 期。

⑨ 张耀征、张留坡：《禹都阳城新考》，《天中学刊》2011 年第 6 期。

⑩ 丁山：《由三代都邑论其民族文化》，《中央研究院历史语言研究所集刊》第五本第一分，商务印书馆 1935 年版。

⑪ 王玉哲：《夏文化研究中的几个问题》，《夏史论丛》，齐鲁书社 1985 年版。李宗俊：《秦汉夏阳为禹都阳城论》，《陕西师范大学学报（哲学社会科学版）》2015 年第 1 期。

⑫ 黄石林：《陶寺遗址乃尧至禹都论》，《文物世界》2001 年第 6 期。

专门召开名为“河南登封告成遗址发掘现场会”的讨论会。以安金槐为代表的一派主张王城岗古城很可能是夏初禹都之阳城，另外不少人则以城堡面积太小为主要理由对“禹都阳城”说提出质疑。夏鼐在会议闭幕讲话中对王城岗龙山文化城址的性质未作明确表态，但对东周阳城则认为“没有问题”，而且认为“它的发现为寻找禹都提供旁证和线索”①。之后，学者们就王城岗城址的规模、性质展开讨论，安金槐最早提出王城岗是禹都阳城②，随后出版的考古报告也认为王城岗小城很可能是夏代“禹都阳城”或“禹居阳城”的阳城遗址。③ 这个推测也得到李伯谦④、严文明⑤、李先登⑥、京浦⑦、方酉生⑧、裴明相⑨等众多学者支持。孙作云进而认为：王城岗“不但可能是禹所都的城，也可能就是鲧所修的城”⑩。杨宝成⑪、许顺湛⑫等则分别撰文针对报告中推测的论点逐一讨论，进而对此推测提出质疑。马世之⑬、董琦⑭、郑杰祥⑮等学者认为王城岗小城不大可能是阳城，但可以认为是夏部族建国之前的建筑或夏部族首领所建城。林沄认

---

① 夏鼐：《谈谈探讨夏文化的几个问题——在〈登封告成遗址发掘现场会〉闭幕式上的讲话》，《河南文博通讯》1978 年第 1 期。

② 安金槐：《近年来河南夏商文化考古的新收获——为中国考古学会第四次年会而作》，《文物》1983 年第 3 期。安金槐：《试论登封王城岗龙山文化城址与夏代阳城》，《中国考古学会第四次年会论文集》，文物出版社 1985 年版。安金槐：《河南夏商考古综述》，《华夏考古》1987 年第 1 期。

③ 河南省文物研究所、中国历史博物馆考古部：《登封王城岗与阳城》，文物出版社 1992 年版。

④ 李伯谦：《关于早期夏文化——从夏商周王朝更迭与考古学文化变迁的关系谈起》，《中原文物》2000 年第 1 期。

⑤ 严文明：《重建早期中国的历史》，《早期中国——中华文明起源》，文物出版社 2009 年版。

⑥ 李先登：《夏文化与中国古代文明起源》，《中原文物》2001 年第 3 期。

⑦ 京浦：《禹居阳城与王城岗遗址》，《文物》1984 年第 2 期。

⑧ 方酉生：《论登封告成王城岗遗址为禹都阳城说——兼与〈禹都阳城即濮阳说〉一文商榷》，《考古与文物》2001 年第 4 期。

⑨ 裴明相：《试论王城岗城堡和平粮台古城》，《华夏考古》1996 年第 2 期。

⑩ 孙作云：《关于夏初史》，《河南文博通讯》1979 年第 1 期。

⑪ 杨宝成：《登封王城岗与“禹都阳城”》，《文物》1984 年第 2 期。

⑫ 许顺湛：《登封王城岗小城堡质疑》，《中州学刊》1984 年第 4 期。

⑬ 马世之：《河南淮阳平粮台龙山文化古城试析——兼论登封王城岗遗址非夏都阳城》，《史前研究》1984 年第 2 期。马世之：《王城岗遗址的再探讨》，《中原文物》1995 年第 3 期。

⑭ 董琦：《王城岗城堡遗址分析》，《文物》1984 年第 11 期。董琦：《王城岗城堡遗址再分析》，《中国历史文物》2002 年第 3 期。

⑮ 郑杰祥：《关于王城岗城堡的性质问题》，《中州学刊》1986 年第 2 期。

为王城岗古城可能只是为了保护中心邑内的一群重要祭祀建筑,而这样的中心邑是形成国的核心,具有“都”的雏形。①

这一时期,限于资料,学者对很多问题未能充分展开探讨,基本就是两种意见:一种意见认为王城岗城堡是夏代初期的重要城址,并进一步认为它是夏代阳城的可能性极大;另一种认为从其规模和性质来分析,王城岗遗址只是一座筑有防御设施的一般的聚落遗址,认为它是夏王朝政治、经济、文化中心的都城,是缺乏说服力的。

21 世纪初,在小城的外围发现了王城岗龙山城址的大城和城壕。复原面积达 34.8 万平方米,发现有大面积夯土基址和祭祀遗迹,以及玉石琮、白陶器等高规格遗物。王城岗大城发现后,在论证小城与大城关系的基础上,王城岗为“禹都阳城”的观点有了进一步发展,发掘者认为:“王城岗小城有可能为‘鲧作城’,而王城岗大城有可能即是‘禹都阳城’。”②之后出版的发掘报告持相同观点③。这种观点得到了李伯谦的支持:“以王城岗龙山晚期大城始建开始至二里头文化四期二里头遗址作为夏王朝晚期都邑废弃为止,以伊洛平原为中心的河南龙山文化和二里头文化俱为夏王朝时期的夏文化便成了有大量考古材料佐证、有 ^{14}C 年代测年结果支持、考古材料和文献材料能相互印证的科学结论。”④周书灿⑤、陈隆文⑥、张兆兴⑦、曹定云⑧、杨育彬⑨、杜勇⑩、郑杰祥⑪等也先后撰文

---

① 林沄:《关于中国早期国家形式的几个问题》,《吉林大学学报(社会科学版)》,1986 年第 6 期。

② 方燕明:《登封王城岗城址的年代及相关问题探讨》,《考古》2006 年第 9 期。此外,方燕明在《登封王城岗遗址聚落形态再考察》(《中原文物》2007 年第 5 期)和《对〈三析王城岗城堡遗址〉相关问题的讨论》(《中国历史文物》2010 年第 5 期)中均持相同看法。

③ 北京大学考古文博学院、河南省文物考古研究所:《河南登封市王城岗遗址 2002、2004 年发掘简报》,《考古》2006 年第 9 期。北京大学考古文博学院、河南省文物考古研究所:《登封王城岗考古发现与研究(2002~2005)》,大象出版社 2007 年版。

④ 李伯谦:《考古学文化的族属问题》,《考古学研究(七)》,科学出版社 2008 年版。

⑤ 周书灿:《走出夏史研究的误区——评沈长云的夏史研究》,《社会科学评论》2008 年第 2 期。

⑥ 陈隆文:《夏族起源、活动区域与禹都阳城探索》,《殷都学刊》2010 年第 4 期。

⑦ 张兆兴:《“禹都阳城”文献资料考索》,《郑州航空工业管理学院学报(社会科学版)》2009 年第 2 期。

⑧ 曹定云:《论中华历史第一都——禹都阳城》,《登封与大禹文化》,大象出版社 2016 年版。

⑨ 杨育彬:《关于“禹都阳城”几个问题的学术思考》,《登封与大禹文化》,大象出版社 2016 年版。

⑩ 杜勇、孔华:《禹都阳城辨疑》,《登封与大禹文化》,大象出版社 2016 年版。

⑪ 郑杰祥:《“禹都阳城”与大禹精神传承探讨》,《登封与大禹文化》,大象出版社 2016 年版。

支持。马世之、杨肇清虽然也认为大城是禹都阳城,但观点稍有不同。马世之推测小城大约是鲧作之城和禹所避居的阳城,大城则应为夏建国后禹所都的阳城。[①] 杨肇清支持王城岗的古城址是禹居阳城或禹都阳城的遗存,但认为大城和小城是同时期的建筑,小城原是大城内的宗庙建筑遗迹。[②] 有的学者如董琦则对禹都阳城的新观点提出质疑,认为考古发掘资料很难说是对禹都阳城之说的有力支持。[③] 有的学者如程平山认为王城岗遗址与禹都阳城无关,大城应为鲧都阳城,[④]禹不都阳城都平阳,平阳即今陶寺遗址。[⑤] 总之,"禹都阳城"的说法有比较可靠的文献依据,"禹都阳城"在河南登封也得到了较多文献的印证,多数学者认为王城岗城址就是"禹都阳城"之所在。

二、王城岗遗址的考古发现

(一)王城岗城址布局

王城岗遗址处于豫西低山丘陵环抱、河流纵横的河谷盆地中。该盆地东西长约3000米,南北宽约2000米,北、东为丘陵高地。遗址的具体位置位于今河南省登封市告成镇西北约500米、八方村东北约500米的岗地上。南距淮河支流颍河约400米,隔颍河与伏牛山余脉箕山和大、小熊山相望,西望中岳嵩山之少室山,西北距嵩山之太室山前的王岭尖约300米。东部的五渡河,在遗址的东南汇入颍河。王城岗地势较周围地面高1~2米,遗址东面已被五渡河水冲刷成断崖,西面较为平坦。

王城岗小城由东西并列的两城组成,东城的西墙就是西城的东墙。东城被五渡河冲毁,仅存西南角,包括南墙的西段和西墙的南段,南墙与西墙以88°的

① 马世之:《五帝时代的城址与中原早期文明》,《中州学刊》2006年第3期。马世之:《登封王城岗城址与禹都阳城》,《中原文物》2008年第2期。

② 杨肇清:《略论登封王城岗遗址大城与小城的关系及其性质》,《中原文物》2005年第2期。

③ 董琦:《三析王城岗城堡遗址》,《中国历史文物》2010年第2期。董琦:《四析王城岗城堡遗址》,《中国历史文物》2010年第5期。

④ 程平山:《登封王城岗遗址性质分析》,《考古与文物》2009年第5期。

⑤ 程平山:《论陶寺古城的发展阶段与性质》,《江汉考古》2005年第3期。

角度相交,角的内侧略呈凹弧形,角的外侧呈凸弧形。东城的方向以西墙测知为北偏东15°,整个东城大小因残损过甚已无法测知。西城保存较好,东墙即是东城西墙,北段已不存,北墙的东段也已无存,南墙、西墙和北墙的西段都还有迹可循。西墙与南墙、北墙均约垂直相交,城角内角均呈凹弧形,外角均呈凸圆形,西城的方向由西墙测知为北偏西5°。南墙长82.4米,西墙长92米,由此可知,西城约为边长90多米的正方形,城内面积近1万平方米。西城内的中西部和东北部,发现多处与城墙同时修筑的夯土基址、奠基坑等遗存,大的夯土建筑基址面积约有150平方米。①

大城在小城外围,平面为长方形,夯土城墙外5~10米处环绕着城壕,西北部保存较好,东南部被毁严重。保存较好的北城墙复原长度600米,西城墙复原长度580米。北城壕保存完整,长620米,向东通往五渡河,西城壕残长130余米,向南似通往颍河,复原长度600米。东面利用自然河道五渡河,南面利用自然河道颍河。整个大城复原面积为34.8万平方米。城内中部偏北发现有几处大面积夯土基址。城内发现有祭祀坑、玉石琮和白陶器等遗物。②

大城与小城的方向大体一致,小城位于大城的东北部,大城北城壕打破小城西城西北拐角处的城墙。依据地层叠压关系和陶器的类型学排比得出的考古学分期,小城始建于一期偏晚,城墙在二期已废弃,城内仍保留着丰富的第二、三期遗存。大城始建于二期,三期晚段衰落。也就是说,小城、大城的建造时间有先后,大城在使用时,小城城墙虽然被废弃,但仍与大城同时在使用。城的绝对年代,取经树轮校正和用贝叶斯统计数据拟合软件OXCa13.10拟合的高精度^{14}C年代的中值,小城的年代中值约为公元前2122年,大城城墙的年代中值约为公元前2055年。与文献推定的夏代始年约为公元前2070年的结论相比较,小城的绝对年代显然偏早,大城则基本相符。

大城在选址、施工技术等方面均表现出了较高的对水的认识和利用水平。城址位于五渡河和颍河交汇处,东面紧邻五渡河,但小城东城直到春秋晚期才

---

① 河南省文物研究所、中国历史博物馆考古部:《登封王城岗与阳城》,文物出版社1992年版,第35~41页。

② 方燕明:《河南登封王城岗遗址发现龙山晚期大型城址》,《中国文物报》2005年1月28日。北京大学考古文博学院、河南省文物考古研究所:《登封王城岗考古发现与研究(2002~2005)》,大象出版社2007年版,第64~73页。

被五渡河水冲毁。西北王岭尖上下来的雨水山洪,或向东通过竹园沟入五渡河,或向南通过箩筐沟入颍河,不会对城址造成威胁。五渡河和颍河还分别充当了城址东面和南面的城壕。这样的选址足以说明当时人们对河水的深刻认识。大城地势西北高东南低,北部西高东低,经实测,北城壕西部 190 米的长度两端距地面高差 4.346 米,而城壕底部高差不足 0.4 米。实测显示,城壕五渡河水口的水平高度高于城壕颍河水口的水平高度,即城壕很可能是利用城址西北高东南低的特点,从五渡河引水入北城壕,经西城壕入颍河,并与南面的颍河、东面的五渡河共同构成大城的护城河系统。如果没有一定的测量技术,这是难以实现的。

城址内从城出现前的裴李岗文化、仰韶文化至城废弃后的二里头文化、二里岗文化,不同时期遗存的分布状况,从另一个侧面反映了王城岗遗址发生发展的过程。裴李岗文化时期的遗存,主要分布于小城的西部,面积仅有几百平方米。仰韶文化时期的遗存,主要分布于城址外的八方村东南地,面积扩大至约 2 万平方米。龙山文化一期偏晚时出现小城,遗存以小城为代表。龙山文化二期出现大城及城壕,面积达 30 余万平方米,遗存以大城为代表。龙山文化三期,大城废弃,但遗存分布面积仍有扩大,遗迹、遗物仍十分丰富。据调查,大城遗址是周围数十千米范围内同时期规模最大、等级最高的聚落遗址。二里头文化时期,遗存分布与龙山文化时期相似,发现有壕沟和较丰富的遗迹、遗物。二里岗文化时期,遗存分布与二里头文化时期大体相似,至殷墟文化时期,遗存分布面积缩小,仅主要见于小城。可以看出,"在文明演进的不同时期,王城岗遗址的性质发生着不断变化,在裴李岗、仰韶时期还是小聚落,到最为辉煌的龙山文化时期,以龙山文化晚期小城、大城为代表的遗存,成为嵩山东南部颍河中上游最为重要的中心聚落"。二里头文化时,王城岗仍是颍河中上游较为重要的聚落。"二里岗文化和殷墟文化时期,王城岗遗址又成为普通聚落。"①

(二)王城岗的环境及生业状况

王城岗所在的中原地区在龙山时代的气候状况,据竺可桢研究,处在一个较现代温暖湿润的时期。中原地区属华北暖湿林区,当时全省的森林覆盖率高

① 方燕明:《登封王城岗遗址聚落形态再考察》,《中原文物》2007 年第 5 期。

达63%[①]。中原地区降雨主要受东亚季风的影响,具有明显的季节性。颍河中上游地区嵩箕山脉的东南部,面向东南季风,降雨量充沛。尤其是一面开口向东南平原地区、其余三面环山的河谷地带,相对更加温暖湿润。[②] 王城岗遗址周边在龙山时代的小气候,通过近年采集到的植物样品的分析研究,分布着大量栎树等阔叶树种,有相当数量的莎草科、泽泻科等水生植物,有一定数量的水稻,木本与草本植物的比例超过15%,属于温暖湿润的亚热带疏林草原气候,降水量充足,且周边存在着一定面积的水域。至二里头文化时期,王城岗周边木本与草本植物的比例降低为9.2%,莎草科、泽泻科等水生植物基本消失,气候开始变得干燥。

龙山文化晚期开始,以王城岗为中心的颍河中上游地区的居民对动物资源的开发利用程度急剧增强,获取肉食的方式很可能已经进入成熟的开发型阶段。通过对王城岗、瓦店、胡楼、石道等遗址采集的动物遗骸的研究,被开发利用的动物资源包括野生动物和家畜。野生动物主要是水生动物、鸟类和哺乳动物三类。水生动物的种类仰韶至龙山时期都有鱼、螺、蚌、蟹等。哺乳动物,在仰韶时代有鼠、鹿,龙山时代晚期有兔、獾、鹿、豪猪和熊。家畜,在仰韶时代仅见有猪;至龙山文化晚期见有猪、狗、黄牛、水牛和绵羊等多种,其中猪的数量约占60%,狗占20%,黄牛和绵羊各占10%左右。龙山文化晚期家畜的比例远高于野生动物,占哺乳动物总数的81%。显然,在龙山文化晚期,饲养家畜的种类显著增多,获取肉食的主要来源是饲养家畜,渔猎的各种动物则是获取肉食的重要补充。家猪有较多的发现,祭祀遗迹中发现的幼年个体猪则说明饲养家畜已开始用于祭祀等特殊用途。二里头文化时期人们仍广泛利用动物资源,除水生动物数量明显减少、不见水牛之外,其余与龙山时代基本相同,这时期仍以家畜为主,约占哺乳动物总数的76%。家畜中猪的数量有所减少,黄牛和绵羊的数量有明显的增加趋势,狗、猪、黄牛和绵羊各占约25%。[③]

王城岗遗址出土植物遗存的相关研究,使我们得以认识到龙山文化晚期王

---

① 凌大燮:《我国森林资源的变迁》,《中国农史》1983年第2期。

② 张海:《公元前4000至前1500年中原腹地的文化演进与社会复杂化》,北京大学2007年博士学位论文。

③ 北京大学考古文博学院、河南省文物考古研究所:《登封王城岗考古发现与研究(2002~2005)》,大象出版社2007年版,第574~602页。

城岗居民在农作物种植制度等农业经济方面的状况。灰坑中龙山文化时期的孢粉分析表明,栽培禾木的花粉含量很高,有的甚至高达45%,蒲公英、苋菜、车前草等伴人杂草的花粉也很丰富,反映了人类广泛的植物种植活动。对植硅体、碳化植物遗存等的分析表明,野生植物有酸枣、桃、野葡萄、山楂等。粮食作物品种较多,占主要地位的是粟,数量比例约占所有出土农作物籽粒总数的93%。其次是黍,占6%。粟、黍两种谷物合计在农作物籽粒总数中所占比例为99%。还有一定数量的稻和豆。稻的数量比较少,占0.3%,是一种相对稀有的作物。大豆仅占0.03%。但随着时间的推移,粟的主导地位不变,黍的数量急剧增加,其他谷物的比例也略有增加。至二里头文化时期,粟约占80%,黍占8%,两种谷物合计在农作物籽粒总数中所占比例为88%。稻谷占2%,大豆占1%,小麦占10%。[①] 龙山文化晚期遗存中就发现有麦类植硅体,至二里头文化时期发现有小麦,说明早在二里头时期甚至龙山文化晚期小麦已经传入中原腹地。多品种农作物种植制度的实施,表明了龙山文化晚期王城岗周边地区农业发展水平的提高,人们的食谱已趋多样。

农作物遗存状态的不同在一定程度上反映了农业生产组织方式的变化。仰韶时期王城岗遗址的作物遗存以脱壳废弃物为主,表明谷物是在被脱壳之后再储存。龙山文化时期以扬场废弃物为主,表明谷物在收获之后未经过脱壳等精加工即被储存。龙山文化时期,以王城岗为中心的颍河中上游地区人口数量、聚落规模及数量同步增加,粮食种植面积也相应大幅增加,但在集中的收获时节内,劳动力更多地集中在收获粮食阶段,没有足够的劳动力对谷物进行精加工即进入储存阶段,当然也可能是劳动组织规模较小,导致在之后的日常生活中必须不断重复谷物加工的各个步骤。王城岗龙山文化时期的灰坑中发现有脱壳加工的副产品堆积,说明城内有脱壳加工活动。生产组织方式的变化反映了社会结构的转变,王城岗的社会结构很可能是以小规模的核心家庭为主,出现了社会地位和财富的分化。从王城岗遗址的日用陶器、高档陶器、生产工具、手工业标志物的分布模式以及聚落形态等方面分析,王城岗在龙山文化晚期的家庭结构主流是单个扩展家庭,多数家庭都从事农业生产活动,也普遍从

---

① 赵志军:《公元前2500年~公元前1500年中原地区农业经济研究》,《科技考古》(第二辑),科学出版社2007年版。

事一定规模的手工业生产,并且纺织手工业率先表现出了专业化生产的迹象,家庭财富存在一定程度的分化,但等级分化并不十分明显,也没有城乡差异的证据。整体上来说,“王城岗的家户似乎普遍占有财富较多,其社会层级应该还是要远高于居住在寻常农耕聚落的社群”①。

社会地位的分化和公共权力的形成,王城岗城址修建本身也可作证。使用石质生产工具修建30万平方米的王城岗大城,模拟实验的结果,需要1000名壮劳力每天劳作8小时,连续工作1年零2个月。这仅是筑城,尚未将庞大的后勤保障所需功限计算在内。王城岗城址很可能是使用了以王城岗遗址为中心的整个聚落群的力量共同完成的一项集体工程。② 类似的集体工程的实施,无论是中心聚落对周边聚落强制劳役的结果,还是整个聚落群为了共同的需要通力合作的结果,都显示了公共权力的存在。刘莉博士认为登封王城岗城址可能代表了一个多中心对抗型的酋邦体系的遗存,中国早期国家的起源即与此抗争型的酋邦社会有关。③

三、夏代早期文化

(一)夏代早期文化的面貌与分布

夏王朝建立前后的文化指“分布在夏王朝中心统辖区内、处于夏代纪年范围、与二里头文化有清楚传承关系的王湾三期文化和‘新砦期’遗存”④。由于夏王朝建立后的夏代早期文化与建立前的先夏文化尚无法准确区分,这里所用的夏代早期文化包括王湾三期文化和“新砦期”遗存,不可避免地包含了一部分夏王朝建立前的先夏文化。依据王城岗遗址的测年,王湾三期文化的年代下限

---

① 付永敢:《嵩山东南地区龙山时代的聚落与社会》,山东大学2016年博士学位论文。

② 北京大学考古文博学院、河南省文物考古研究所:《登封王城岗考古发现与研究(2002~2005)》,大象出版社2007年版,第790页。

③ 刘莉:《中国新石器时代黄河中下游酋邦社会的发展——龙山文化聚落形态研究》,《考古学的历史·理论·实践》,中州古籍出版社1996年版。

④ 中国社会科学院考古研究所:《中国考古学·夏商卷》,中国社会科学出版社2003年版,第45~46页。

约在公元前 21 世纪，即王湾三期文化的晚期已经进入夏代纪年。

王湾三期文化的分布以嵩山周边及郑洛地区为核心，东至郑州，南抵栾川，西至渑池，北达济源。同时期周边的考古学文化主要有关中地区的客省庄二期文化、晋南临汾盆地的陶寺文化以及豫北冀南鲁西的后冈二期文化。王湾三期文化按照文化面貌的不同，大致以熊耳山、嵩山为界，分为嵩山北以洛阳盆地为中心的王湾类型和嵩山南以颍河汝河上游地区为中心的煤山类型。经发掘的主要遗址，王湾类型以洛阳王湾为代表，重要遗址有洛阳矬李、孟津小潘沟、郑州站马屯、济源庙街等，分布在伊河、洛河、涧河及黄河沿岸地区，尚未发现城址。煤山类型以汝州煤山为代表，重要遗址有登封王城岗、禹州瓦店、新密古城寨、郾城郝家台等，分布在淮河水系的颍河、汝河、双洎河沿岸地区，发现有登封王城岗、新密古城寨、郾城郝家台等城址。

王湾三期文化两种类型——王湾类型和煤山类型的文化差异还是十分明显的。从陶器群的种类构成来看虽颇为接近，但不同器类数量及在陶器群中所占比例却有很大差别。陶器群中最为普遍的炊器，王湾类型以夹砂深腹罐为主，辅以釜形斝等，鼎较少，磨光黑陶占有相当比例；煤山类型则以鼎为主，辅以侈口鼓腹罐。盛贮器，王湾类型多带双耳的小口广肩罐，常见双腹盆和敞口大平底盆；煤山类型的小口广肩罐则多无双耳，常见深弧腹盆。煤山类型陶器中有制作精美的觚形器和封顶盉。陶器群在外来成分的构成上，饮食器中的鬼脸式足鼎、有领肥袋足鬶、高柄杯等都受到山东龙山文化同类器的影响，但两种文化类型也有比较明显的差别。王湾类型与三里桥文化、后冈二期文化紧邻，陶器群中可见三里桥文化的鬲、敛口斝和后冈二期文化的甗、深腹罐式斝等。煤山类型邻近石家河文化分布区，陶器群中可见宽扁式足鼎、筒形刻槽盆、敞口束腰瘦袋足鬶等石家河文化因素。[①] 陶器群之外的其他文化现象，两种文化类型也有比较大的差别，王湾类型的房屋以圆形为主，全为单间，有部分半地穴式，墙壁以草拌泥为主，灰坑多呈圆形袋状；而煤山类型的房屋不见圆形，均为方形或长方形，有多间房屋建筑，墙壁为木骨泥墙，“房屋均为地面式，灰坑多呈口小

---

① 王立新：《从嵩山南北的文化整合看夏王朝的出现》，《二里头遗址与二里头文化研究》，科学出版社 2006 年版。

底大状”①。王湾三期文化晚期经由新砦期发展为二里头文化。

新砦期遗存以新密新砦和临汝煤山遗址为代表，主要集中分布在“环嵩山地区的东半部，即现今的郑州市、巩义、新密、荥阳、新郑一带”②。新砦期遗存是在继承王湾三期文化的基础上，融合诸多文化因素而形成的，这在陶器组合上有较为清晰的反映。构成新砦期的基本陶器组合可分为五组。第一组以夹砂深腹罐为主，包括碗、鬶、盉、钵等。这组器物数量最多，且在王湾类型和煤山类型中均可见到，是王湾三期文化同类器的继承和发展。第二组以鼎为主，包括带双耳的小口广肩罐（瓮）、杯等。这组器物是煤山类型的代表性器类。第三组以敞口大平底盆为代表，此类陶器多见于王湾类型。第四组以子母口器鼎、瓮为主，包括折壁器盖等。这组器物显然是受到东方龙山文化影响，并成为新砦期的标型器。第五组包括折肩罐、尊形瓮、子母口鼎、扁三角按窝纹鼎足、碗形刻槽盆等。这组器物数量不多，但却是新砦期遗存据已有器形而新创生的器类。

新砦期遗存是王湾三期文化两种文化类型——王湾类型与煤山类型相互碰撞、整合的结果。新砦期遗存中，王湾类型的斝消失，罐的数量骤减，煤山类型的鼎类器数量骤增，不带耳的小口广肩罐（瓮）也有增多的趋势，同时新出现有浓厚东方龙山文化风格的子母口罐、瓮等器类。目前发现的新砦期早段遗存仅存在于煤山类型与王湾类型的边界地区，且煤山类型的文化因素更浓，至新砦期晚段遗存已沿嵩山东麓北上，经由郑州左近地区而进入王湾类型的腹地洛阳盆地东端。这与煤山类型不断向北推进影响王湾类型的趋势一致。也就是说，在王湾三期两种文化类型的整合过程中，在新砦期遗存形成的过程中，煤山文化的地位可能更为主动，扮演着更为重要的角色。至新砦期遗存发展为二里头文化，王湾三期两种文化类型的整合最终完成，二里头文化的主体陶器群是在继承王湾三期两种文化类型的基础上发展而来，二里头文化一期的分布以嵩山为中心，分布的核心区与王湾三期文化的分布范围基本重合。

---

① 韩建业、杨新改：《王湾三期文化研究》，《考古学报》1997 年第 1 期。

② 北京大学震旦古代文明研究中心、郑州市文物考古研究院：《新密新砦——1999～2000 年田野考古发掘报告》，文物出版社 2008 年版，第 531 页。

（二）夏代早期的社会文化面貌

夏代早期，中原地区属华北暖湿林区，气候温暖湿润，气温和降水量均比现在要高。各区域因为复杂地形的影响，气候也有较大差异。王湾三期文化王湾类型的核心分布区洛阳盆地，在仰韶文化至二里头文化时期，气候变化十分显著。仰韶文化中晚期至龙山文化早期的千年间，洛阳盆地内气候温暖湿润，很可能分布着大片湖泊沼泽。龙山文化早期至二里头文化初期，洛阳盆地内的气候开始转凉，大片湖泊沼泽逐渐消失，开阔宽广的伊洛河冲积平原出现，人类活动日渐频繁。洛阳盆地四面环山，不易受季风影响，降水量少，容易出现干旱。现代气象学的研究成果显示洛阳盆地的年均降水量比沙汝河流域低约 350 毫米。[①] 王湾三期文化煤山类型的核心分布区颍河、沙汝河中上游地区，相比洛阳盆地降雨量充沛，相对更加温暖湿润，直至二里头文化时期才开始变得干燥。郑州地区的气候波动却十分显著，降水量大，湖泊沼泽面积广大，如荥泽、圃田泽等直至汉代依然被广泛记载。加之黄河自龙山文化以来频繁改道，加剧了郑州地区生态环境的不稳定，聚落变迁频繁。[②]

人们对动物资源的开发利用已经进入成熟的开发型阶段，以家养动物为获取肉食的主要方式，随着时间的推移，家养动物的比重逐渐增大。家养动物以猪为主，同时起源于西亚的黄牛、绵羊等也已经由西北进入中原地区。比如瓦店遗址，第一期时家养动物约占哺乳动物总数的 64%，其中猪约占总数的 78%，狗和黄牛各约占 11%；第二期时家养动物约占哺乳动物总数的 67%，其中猪约占总数的 69%，狗和绵羊各约占 13%，黄牛约占 6%；第三期时家养动物约占哺乳动物总数的 73%，其中猪和绵羊各约占 24%，狗约占 35%，黄牛约占 18%。猪一直都占据着多数，但有逐渐减少的趋势，绵羊在第二、三期逐渐增多，黄牛、狗的数量不稳定。[③] 又比如新砦遗址，王湾三期文化时期家养动物约占哺乳动物

---

① 李克煌：《论豫西山地区的水分平衡和气候干燥度》，《河南大学学报(自然科学版)》1985 年第 1 期。

② 张海：《公元前 4000 至前 1500 年中原腹地的文化演进与社会复杂化》，北京大学 2007 年博士学位论文。

③ 北京大学考古文博学院、河南省文物考古研究所：《登封王城岗考古发现与研究(2002～2005)》，大象出版社 2007 年版，第 815～901 页。

总数的88%，其中猪约占83%，狗占8%，黄牛占6%，绵羊占4%；新砦期时家养动物约占哺乳动物总数的76%，其中猪约占71%，狗占6%，黄牛占9%，绵羊占14%；二里头文化时期家养动物约占哺乳动物总数的76%，其中猪约占46%，狗和黄牛各占12%左右，绵羊占30%。跟瓦店遗址一样，猪一直都占据着多数，但有逐渐减少的趋势，绵羊、黄牛逐渐增多，狗的数量不稳定。①

人们已经有了广泛的农作物种植活动，多品种农作物的存在显示了农业发展水平的提高和人们食谱的多样性。粮食作物中，粟占主要地位，但至迟至新砦期，起源于西亚的小麦等已经由西北进入中原地区。比如瓦店遗址的植物考古学研究结果显示，瓦店遗址有五种农作物，其中粟的籽粒数量占所有出土农作物总数的52%，稻占26%，豆占13%，黍占9%，小麦占0.2%。② 新密古城寨遗址王湾三期文化的农作物中也是粟占主要地位，黍、藜的比例远低于粟，是典型的早期旱作农业。③ 新砦遗址新砦期遗存植物考古学研究成果尚未见到，从二里头文化时期的研究结果可以看出也是以粟为主要农作物，约占所有出土农作物籽粒总数的67%，其他还有黍占13%，稻谷占12%，小麦占4%，大豆约占3%。④ 东赵遗址新砦期的农业经济很可能也是旱作农业。植物考古学研究显示，粟占据绝对优势的地位，粟的籽粒数量占所有出土农作物总数的93%，黍占7%。且主要农作物的出土概率和绝对数量均远远高于杂草种子，说明此时已存在一定的田间管理。⑤

农业生产工具的发展是促进农业发展不可或缺的重要因素。王湾三期文化的农业生产工具在种类、形制和数量上较之龙山文化早期均出现变化，而与二里头文化相比变化并不明显。⑥ 王城岗大城是禹都阳城，王城岗的农业生产

---

① 北京大学震旦古代文明研究中心、郑州市文物考古研究院：《新密新砦——1999～2000年田野考古发掘报告》，文物出版社2008年版，第466～483页。

② 刘昶、方燕明：《河南禹州瓦店遗址出土植物遗存分析》，《南方文物》2014年第4期。

③ 陈微微、张居中、蔡全法：《河南新密古城寨城址出土植物遗存分析》，《华夏考古》2012年第1期。

④ 赵志军：《公元前2500年～公元前1500年中原地区农业经济研究》，《科技考古》（第二辑），科学出版社2007年版。

⑤ 杨玉璋等：《郑州东赵遗址炭化植物遗存记录的夏商时期农业特征及其发展过程》，《人类学学报》2017年第1期。

⑥ 王小庆、钱益汇、蔡明：《中华文明形成时期黄河流域生产工具的考古学研究》，《科技考古》（第三辑），科学出版社2011年版。

工具基本上反映了夏代早期农业生产工具的状况。农业生产工具的构成,包括石斧、石锛、蚌锛等砍伐工具,石铲、骨铲、蚌铲、木耒、木耜等土作工具,石刀、骨刀、蚌刀、石镰、蚌镰等收割工具,还有锥、凿、矛、镞、杵等。石质工具制作技术先进,一般刃部均较薄,器身常见钻孔。钻孔多是一面钻孔,显示了高超的钻孔技术。出土数量最多的石铲、石耜、石镰,有许多器物遗留有柄磨槽痕、绳磨痕迹,能够推断出装柄方式和使用方法。这些工具尽管种类较少,装柄方式却多样,便可以成为多种用途的工具。① 并且,生产工具的生产出现了一定的专业化倾向,通过瓦店遗址石铲制作技术的研究,"石铲制作属于粗放、松散的专业化生产,但是这种专业化生产的程度随时间而加强"②。王城岗已发现铜容器残片,煤山遗址出土有熔铜坩埚残片,新砦期遗存出土有铜容器残件、铜刀及铜渣,但均未发现铜农具。夏代早期的各种农业生产工具仍完全是由石、骨、蚌等非金属材料制作而成。此外,矬李、煤山等遗址发现有水井,孟津小潘沟遗址发现有用于农田灌溉的渠道遗迹,水井、水渠的开凿和使用也推动了农业的发展。

在精神生活领域,各遗址均出土有以人、兽为牺牲的祭祀遗迹。瓦店遗址集中发现有卜骨,新砦遗址也在小范围内集中出土卜骨,说明占卜很可能是少数上层群体或家庭的特权,由专人控制。这时期的卜骨以牛或羊的肩胛骨为原料,稍加整治,只灼不钻。高规格遗物,王城岗大城出土有玉石琮、白陶器,瓦店遗址出土有精美的陶酒器、薄胎黑陶器、刻纹陶器以及玉铲、玉鸟等玉器,新砦期遗存出土陶器中有兽面纹、夔龙纹、云雷纹等精美图案和"日"等刻画符号,玉器发现有玉琮、玉圭。新砦遗址新砦期遗存还发现一种与周代的陶量颇为类似的圆形筒状陶器,容积分别为1700立方厘米、6500立方厘米、11000立方厘米,很可能与粮食的贡纳有关,"意味着新砦聚落新砦期时可能具有非同寻常的地位"③。

---

① 李京华:《登封王城岗夏文化城址出土的部分石质生产工具试析》,《农业考古》1991年第1期。

② 逄博、张海、方燕明:《河南禹州瓦店遗址出土石铲制品的初步研究——嵩山地区夏商时期石铲生产工业管窥》,《华夏考古》2013年第2期。

③ 付永敢:《嵩山东南地区龙山时代的聚落与社会》,山东大学2016年博士学位论文。

第三节　夏都斟鄩与二里头遗址

夏都斟鄩为《古本竹书纪年》所载,并为《史记》《汉书》《水经注》等文献所共述。斟鄩的地望,众多文献均认为在伊洛一带。伊洛一带历来被认为是有夏之居,且为三代及后世多朝建都之所。考古发现的偃师二里头遗址,发现有城壕,有规模宏大的宫殿建筑基址群,有较为集中的祭祀遗存,有大型青铜冶铸、骨器制作等作坊遗址,有一定分布规律的墓葬,出土有成组的青铜容器、玉礼器,是一处遗存丰富、布局严谨的大型都邑性遗址。二里头遗址作为一代王都,已为学界所公认。遗址位于洛阳盆地东部洛、伊两河的夹河滩上,北有洛河,南临洛河故道,南距伊河 3 千米,东距伊洛交汇处 7.5 千米,与斟鄩之地望相符,很可能是夏都斟鄩。铸铜遗址及成组青铜容器的出土无可置疑地证明二里头文化已经进入青铜时代,对二里头遗址及周边同时期遗址的深入研究,使得生态环境、居住方式、生产生活状况等夏代中晚期文化面貌逐渐清晰。

一、夏代都城布局与主要发现

(一)二里头遗址的发掘与整体布局

二里头遗址发现于 1957 年冬。遗址所在的洛阳盆地河山拱戴,形胜甲于天下,北依邙山,南望中岳嵩山,东有成皋轘辕之险,西有降谷崤函之固,自古以来就是立邦建都的“首善之区”。1959 年夏,徐旭生在豫西调查“夏墟”时再次踏查发现了二里头遗址,并推测该遗址“如果乡人所说不虚,那在当时实为一大都会,为商汤都城的可能性很不小”①。这引起了学术界对二里头遗址的极大关

---

① 徐旭生:《1959 年夏豫西调查“夏墟”的初步报告》,《考古》1959 年第 11 期。

注。遗址在较为平坦的地势上形成凸起的高地，高出周围 0.5～1.5 米。遗址范围内的海拔多为 119～121 米，东南部和东部最高。遗址以东、以南外围的海拔则为 117～118 米。遗址范围北至洛河河滩，东缘在圪垱头村东一线，南缘到四角楼村南，西达北许村，“略呈西北—东南向，东西最长约 2400 米，南北最宽约 1900 米，现存面积约 300 万平方米”①。

二里头遗址的正式发掘自 1959 年秋开始，至今已 60 年。共发掘了 60 余次，累计发掘面积达数万平方米。尽管发掘面积与遗址规模相比十分有限，但纵观多年来的发掘概况，也能观其兴衰演变的大概。二里头一期遗存分布的范围大约为 100 万平方米，聚落规模较大。二期至四期遗存遍布遗址各区域，其中三期遗存的内涵最为丰富，应是二里头遗址的鼎盛期，四期晚段时出现衰败迹象。早商文化遗存仅分布于遗址中心区。二里头遗址至今尚未发现外城城墙，城壕也仅有零星发现。在宫殿建筑、祭祀遗迹、青铜冶铸等作坊遗址、墓葬、灰坑等各方面，多年来的考古研究工作取得了一系列重要成果。②

宫殿区主要位于二里头遗址的东南部，即第Ⅴ发掘区以及第Ⅴ与第Ⅲ、Ⅵ区的相邻地带，面积不小于 12 万平方米。宫殿区外围有垂直相交的 4 条大路。宫城平面呈纵长方形，城垣沿着大路内侧修筑，面积约 10.8 万平方米。宫城内有 1 号、2 号等多处具有中轴线布局的成组排列的大型夯土建筑基址群（400 平方米以上）。目前发现的大型夯土建筑基址也仅存在于这一区域。还发现有多座出土精美文物的贵族墓葬。宫城的相对年代是二里头文化二、三期之交，废弃年代在四期偏晚。中型建筑基址分布于宫殿区北部的第Ⅲ、Ⅵ、Ⅸ区，小型建筑在宫城的东面、东北、西北、西面、南面均曾有发现。

祭祀活动区位于宫城北部和西北部的第Ⅵ、Ⅸ区南部，东西约有二三百米。发现有圆形的地面建筑和长方形半地穴式建筑及其附属墓葬。

铸铜作坊区位于宫殿区南 200 余米处，即遗址的第Ⅳ发掘区，面积在 1 万平方米以上。其南部发现有深约 3 米、宽 16 米余的壕沟遗迹，已知长度超过 100 米。发现有与青铜冶铸有关的遗迹及陶范、熔炉残片等遗物。此外，在遗址

① 许宏、陈国梁、赵海涛：《二里头遗址聚落形态的初步考察》，《考古》2004 年第 11 期。

② 中国社会科学院考古研究所：《偃师二里头：1959 年～1978 年考古发掘报告》，中国大百科全书出版社 1999 年版。中国社会科学院考古研究所：《二里头（1999—2006）》，文物出版社 2014 年版。

的第Ⅲ、Ⅴ、Ⅵ发掘区，也曾发现与青铜冶铸有关的熔炉残片等遗物。陶窑分布分散，至今尚未发现成片的陶窑遗址。制骨遗迹也在多个地点都有发现，其中宫城的东部和北部即遗址的第Ⅲ和第Ⅵ发掘区分布较为集中。第Ⅵ发掘区曾发现一处大骨料坑，出土许多骨器半成品、磨制骨器的砺石和废骨料。与绿松石器制作有关的遗迹，在宫殿区南20米处发现有一处绿松石废料坑。

二里头遗址的中小型墓葬，据已发表的材料达数百座，但未发现集中分布的成片墓地。一般与居住区无严格区分，常见于居住区内的路土之间、建筑的近旁、庭院内以及房屋内。带有木质葬具，随葬有铜器、玉器、漆器及其他奢侈品的中型墓葬，与贵族聚居区夯土基址的分布大体一致，集中在宫殿区周围，宫城的东北部和北部，即第Ⅱ、Ⅲ、Ⅵ、Ⅶ发掘区。①

二里头遗址先后出土了相当数量且工艺复杂的青铜器，有刀、锥、凿、锛、鱼钩等工具，戈、镞、戚等武器，爵、斝、鼎等容器，还有铃、牌饰等。出土的青铜容器是迄今我国发现的最早的成组青铜容器。出土有成批的玉器，不仅数量较大、品种繁多，而且大多都制作得较为精致。器类有琮、璧、钺、璋、圭等礼器，铲、戈、刀、斧、凿、锛、镞、纺轮等工具和武器，璜、环、坠、管等各种形状的装饰品。还有大量作为镶嵌装饰的绿松石片、珠等，曾出土一件完整的大型绿松石龙形器，引人注目。石器仍然是主要的生产工具和武器，有锛、铲、斧、锤、凿、镰、刀、镞等。也有大量的骨器、蚌器。陶器发现得最多，也是当时人们使用的主要器具，有深腹罐、圆腹罐、鼎、甑和甗等炊器，盆、罐、刻槽盆、罍和汲水罐等盛器，尊、瓮、缸等大型储器，三足盘、四足盘、圈足盘、簋、豆、钵、碗、碟等食器，壶、觚、爵、盉等酒器。此外，二里头遗址多处发现有漆器痕迹，多为朱红色，器形有觚、钵、鼓、盒、豆等。时至今日，考古勘探和发掘工作仍在继续，且不断有新发现问世。

（二）二里头夏代宫殿区布局

二里头宫城是目前发现的我国最早的宫城遗迹，宫城有城垣，城垣外有垂

---

① 郑若葵：《论二里头文化类型墓葬》，《华夏考古》1994年第4期。中国社会科学院考古研究所：《偃师二里头：1959年～1978年考古发掘报告》，中国大百科全书出版社1999年版。中国社会科学院考古研究所：《二里头（1999—2006）》，文物出版社2014年版。

直相交的 4 条大路。目前发现的 400 平方米以上的大型夯土建筑基址群均位于宫城内。二里头二期时有三号、五号宫殿。至二里头二、三期之间,在早期宫殿的废墟上新建以一号、二号宫殿为核心的宫殿建筑群,宫城城墙也同时建起。宫城东墙的一段即是二号宫殿基址的东围墙。宫城南墙的西段和西墙的南段均各有一座宫殿建筑基址,与城墙相接,跨建于城墙的建筑轴线上,且与城墙方向一致。大型夯土建筑基址群已完全具备后世宫殿建筑体制,结构严谨、规模宏大,分布具有沿中轴线布局的特征,开创了后代都城宫殿建筑的一种重要模式。

三号、五号宫殿建筑基址东西并列,位于宫殿区的东中部,其间以宽约 3 米的通道相隔。三号宫殿建筑基址东西宽约 50 米,南北长 150 余米,由至少三进院落及西庑组成。北院内有积水迹象的大型坑。中院主殿台基宽 6 米余,主殿带前廊,被间隔为多间。中院和南院发现有同时期的成排中型贵族墓葬,出土有铜器、玉器、绿松石器、漆器、白陶器、成组蚌饰、海贝等较高规格的器物。那件著名的大型绿松石龙形器便是出土于南院内的墓葬中。五号宫殿建筑基址坐北朝南,方向约为南偏东 4.5°。东西宽约 48 米,南缘超出发掘范围,总面积超过 2100 平方米。由至少三进院落及东围墙组成,每进院落均有以窄墙间隔成大小不同房间的主殿。中院、南院均有东回廊,南院还有北回廊。北院、中院发现有同时期的贵族墓葬,出土有绿松石器、漆器、白陶器等较高规格的器物。①三号、五号建筑基址的营建和使用时间约在二里头文化二期。

一号宫殿建筑基址位于遗址的中部,方向为北偏西 8°。平面略呈正方形(东北部有一个南北长 47.8 米、东西宽 20.8 米的长方形凹角),周长 392 米,面积 9585 平方米。由主殿、南大门、四周回廊及东面、北面侧门等组成。主殿位于夯土台基的北部中央,北距台基北边约 20 米,东、西距台基边各约 30 米。主殿平面为长方形,长 36 米,宽 25 米,面积 900 平方米,四周带有回廊。主殿很可能是木骨泥墙,四面坡式顶。主殿西墙外侧有 2 口水井,周围发现有 5 座奠基墓。基址四周有围墙环护,交角约为直角。北、东、南三面围墙内、外两侧及西围墙内侧均有廊庑建筑,共同组成了宫殿四周的回廊式建筑。位于南面回廊中

---

① 中国社会科学院考古研究所:《二里头遗址宫殿区 2010~2011 年度勘探与发掘新收获》,《中国文物报》2011 年 11 月 4 日。

间的南大门是宫殿正门，建在长 28 米、宽 13 米的基座上，由回廊、3 条门道和 4 座屋室建筑组成。北围墙东部和东围墙的北部，各有一个宽 2.9 米的单门道宫殿侧门。东围墙北段中部内侧，差不多与主殿南墙平行的位置，有一处木骨泥墙的房屋建筑，似为厨房。一号宫殿基址的年代是二里头文化三期，是我国迄今发现的年代最早、规模较大、保存较好的宫殿建筑基址。①

七号宫殿建筑基址位于一号宫殿建筑南大门的正前方，跨建于宫城南墙西段，长 31.5 米，宽 10.5～11 米。八号宫殿建筑基址位于一号宫殿建筑基址的西南，跨建于宫城西墙南段。两座建筑基址与宫城城墙年代相同，均建于二、三期之交，于四期偏晚时废弃。② 七号、八号宫殿建筑基址的年代与一号宫殿建筑基址一样，且与其拥有统一的建筑中轴线，共同构成一组有明确中轴线的大型建筑基址群。

二号宫殿建筑基址西南距一号宫殿建筑基址约 150 米，方向为北偏西 6°。平面略呈南北长 72.8 米、东西宽 57.5～58 米的长方形。由主殿、南大门、四面围墙、东西内侧回廊及南面双侧回廊等组成。主殿位于夯土台基的北部中央，东、西距两侧回廊 6.5～6.6 米。主殿平面略呈长方形，东边长 12.4 米，南边长 32.6 米，西边长 12.75 米，北边长 32.75 米，四周带有回廊，面积约是一号宫殿建筑主体殿堂的一半。主殿面阔 3 间，正中一间面阔 8.1 米，西间面阔 7.7 米，东间面阔 7.4 米，进深 5.55～5.6 米。主殿南侧发现有台阶。主殿北面偏东处发现有一座带有夯土井坑的水井。③ 基址四周有围墙环护，交角约为直角。西围墙内侧有回廊。北围墙无回廊，在中段偏西处南侧有一个长 13 米、宽 2.4～2.6 米的短廊建筑基址，东南角一部分压在大墓 M1 的西北角。东围墙是宫城城墙的一段，共发现有宽 1.15～2.1 米不等的 4 个缺口。东围墙内侧有回廊。中部有一座南北长 6.1 米、东西宽 3.5 米的房址。房址西墙偏南处开门，北墙的东端正对着东围墙的北起第二个缺口，此缺口既通东回廊又通房址。南围墙

---

① 中国社会科学院考古研究所：《偃师二里头：1959 年～1978 年考古发掘报告》，中国大百科全书出版社 1999 年版。许宏、陈国梁、赵海涛：《二里头遗址聚落形态的初步考察》，《考古》2004 年第 11 期。

② 中国社会科学院考古研究所二里头工作队：《河南偃师市二里头遗址宫城及宫殿区外围道路的勘察与发掘》，《考古》2004 年第 11 期。中国社会科学院考古研究所二里头工作队：《河南偃师市二里头遗址中心区的考古新发现》，《考古》2005 年第 7 期。

③ 许宏：《二里头遗址“1 号大墓”学案综理》，《中原文物》2017 年第 5 期。

内外两侧均有回廊。外回廊东西两端各有一间独立的房址。南围墙中部偏东处为南大门。南大门面阔 3 间,东西两间略呈正方形,南北长 3.15 米,东西宽 3.2 米,中间一间东西长 5.4 米,南北宽 3.2 米,门道宽 2.9 米。南大门四面均有墙,南北两面有回廊。二号宫殿建筑基址的年代是二里头文化的三期,废弃年代在四期之后。①

四号宫殿建筑基址位于二号宫殿建筑基址的正前方,北距二号宫殿南回廊约 12~14 米,呈东西长 36.4 米、南北宽 12.6~13.1 米的圆角长方形,面积 460 余平方米。发现有主殿和东回廊,主殿东西缘均距二号宫殿东西墙延长线约 10 米。四号宫殿建筑基址的年代与二号宫殿建筑基址一样,且与其拥有统一的建筑中轴线,共同构成一组有明确中轴线的大型建筑基址群。② 六号宫殿建筑基址位于二号宫殿建筑基址的北墙外,西墙与二号宫殿建筑基址西墙大体在同一直线上,年代为二里头文化四期,可能是二号宫殿建筑基址后期增建的建筑。

宫城形制规整方正,平面略呈长方形,保存完好的东北角呈直角。二期时只有大型宫殿建筑,没有围墙。二、三期之交,在维持宫城区总体布局不变的状况下,新建了一大批夯土建筑基址,并在宫殿区周围新筑宫城城墙。大型宫殿建筑没有持续使用,如二号、四号宫殿建筑基址建于三号宫殿建筑基址的废墟之上,院落布局也有多重院落与单体建筑复数纵向排列的不同。

二、夏文化的特征与分布

(一)二里头文化的发现与命名

二里头文化的发现,源自学界对夏代、夏墟的探索,希望通过考古学来确定

① 中国社会科学院考古研究所二里头队:《河南偃师二里头二号宫殿遗址》,《考古》1983 年第 3 期。中国社会科学院考古研究所:《偃师二里头:1959 年~1978 年考古发掘报告》,中国大百科全书出版社 1999 年版。中国社会科学院考古研究所二里头工作队:《河南偃师市二里头遗址宫城及宫殿区外围道路的勘察与发掘》,《考古》2004 年第 11 期。

② 中国社会科学院考古研究所二里头工作队:《河南偃师市二里头遗址 4 号夯土基址发掘简报》,《考古》2004 年第 11 期。杜金鹏:《偃师二里头遗址 4 号宫殿基址研究》,《文物》2005 年第 6 期。

"夏代"的遗迹。最早被识别出来的二里头文化遗址,是1953年河南省文化局文物工作队清理的登封玉村遗址。① 发掘者认识到二里头文化与郑州二里岗和安阳殷墟文化不同,且具有一定的分布范围。1956年,郑州洛达庙发现内涵丰富的类似遗存,并被命名为"洛达庙类型"。② 偃师二里头遗址发现于1957年,1959年秋,中国科学院考古研究所洛阳发掘队和河南省文物局文物工作队分别试掘二里头遗址。这一时期,考古工作者在洛阳东干沟、郑州上街、许昌冢刘、三门峡鹿寺等多处遗址的发掘中发现类似遗存。其中,二里头遗址比洛达庙遗址更有代表性和典型性,遗址规模更大,内涵更为丰富,1962年,夏鼐将此类遗存更名为"二里头类型"。③ 随着此类遗存的大量发现和研究的不断深入,1977年,夏鼐正式将其命名为"二里头文化"。④ 二里头文化的内涵包括但又远超"洛达庙类型"的范畴,指二里头遗址一至四期所代表的一类考古学文化遗存,以洛阳盆地为中心,核心分布区是洛阳、郑州和晋西南地区,主体年代介于龙山文化晚期和二里岗早商文化之间。

二里头文化的基本特征,首先表现在出土数量最多、器类最为丰富、演化序列较为清晰的陶器群上。二里头文化以二里头遗址为代表,以文化堆积的层位关系为依据,结合陶器群的演变序列分为四期。二里头文化一至四期的相对年代已经明确。二里头文化的上限晚于新砦期遗存的年代,新砦、煤山等遗址均有新砦期遗存早于二里头文化一期而晚于王湾三期文化的层位学证据。二里头文化的下限早于早商文化的年代,二里头、大师姑、夏县东下冯等遗址均有二里头晚期文化早于早商文化的层位学证据。而早商文化与二里头晚期文化的对比研究则表明,二里头文化末期与早商文化初期在时间上有交叉,二里头文化四期晚段与早商文化早段的时间相当。二里头文化的绝对年代,根据^{14}C测年曾被定为"应不早于公元前1900年,不晚于公元前1500年,前后延续300多

---

① 韩维周、丁伯泉、张永杰、孙宝德:《河南登封县玉村古文化遗址概况》,《文物参考资料》1954年第6期。

② 中国科学院考古研究所:《新中国的考古收获》,文物出版社1961年版,第43~44页。

③ 夏鼐:《新中国的考古学》,《考古》1962年第9期。中国科学院考古研究所洛阳发掘队:《河南偃师二里头遗址发掘简报》,《考古》1965年第5期。

④ 夏鼐:《碳-14测定年代和中国史前考古学》,《考古》1977年第4期。

年或将近400年”①。夏商周断代工程拟合后的二里头文化年代是在公元前1880至前1521年。有学者则进一步将二里头遗址二里头文化的下限推定在公元前16世纪中叶,上限推定为公元前19世纪中叶,即二里头文化一至四期前后延续约300多年。②

二里头文化一至四期的陶器群面貌前后有清晰的传承发展脉络,但也有明显差异。从陶色、陶质等陶系看,二里头文化陶器以灰陶为主,且颜色逐渐变浅,比例逐渐增多,兼有黑陶、白陶、褐陶、红陶。一期、二期时陶色较深重,常见黑陶、白陶,三期、四期时陶色变浅,黑陶、白陶愈发少见。陶质比例是夹砂陶越来越多,泥质陶越来越少。陶器纹饰以绳纹为主,逐渐由细变粗,且绳纹所占比例越来越大。一期、二期时绳纹、篮纹并重,兼有方格纹,绳纹较细,直而规整,三期、四期时以绳纹为主,多中绳纹和粗绳纹,篮纹、方格纹越来越少直至基本消失。

陶器组合中的炊具以深腹罐、圆腹罐等罐类为主,兼有甑、鼎和少量甗,三期、四期时另有少量鬲。食器以豆为主,兼有三足器,一期、二期时还有圈足盘,三期、四期时簋取代豆和三足器成为主要食器。酒器以觚、爵为主,三期时盉取代鬶变得流行。盛储器以大口尊、小口尊等尊类及折沿盆、卷沿盆等盆类为主,兼有缸、瓮等,二期晚段出现卷沿盆、大口尊,并逐渐盛行。同类器器形随着时间的推移也有所变化。以出土数量大又有一定演变规律的深腹罐、圆腹罐、爵等器类为例。深腹罐,一至三期无肩、颈,口沿圆唇、方唇并存,至第四期出现凸肩、高领、浅盘状口和尖唇,腹部明显内收,腹径与器高之比相对变大,二期开始即流行圜底。圆腹罐,一至三期无肩、溜肩,至第四期为圆肩、凸肩,腹部渐鼓近圆形,三期开始出现凹圜底与平底并行。爵腹由明显内收为直腹,爵流形状在二期时出现管状与槽状兼行,后仅流行槽状,流、尾均逐渐变长。深腹盆、刻槽盆,一期、二期时流行折沿盆,平底、圜底并行,三期、四期时流行卷沿盆,下腹部内收逐渐明显,由陡深变得斜浅,圜底。典型的大口尊出现于二期,口径由小于肩径至等于、稍大于肩径,肩部逐渐突出,由圆肩至斜肩、窄肩,腹部逐渐内收,

---

① 仇士华、蔡莲珍、冼自强、薄官成:《有关所谓“夏文化”的碳十四年代测定的初步报告》,《考古》1983年第10期。

② 中国社会科学院考古研究所:《中国考古学·夏商卷》,中国社会科学出版社2003年版,第81页。

由平底、圜底并行至仅有圜底。整体上看,一期、二期时流行折沿、平底器,三期、四期时流行卷沿、圜底器,下腹部内收逐渐明显。

以二里头遗址为代表的二里头文化的基本特征,除陶器群之外,还表现在多个方面。二里头遗址出土了鼎、爵、斝、盉等迄今中国发现的最早的成组青铜容器,以及多种青铜工具、武器和装饰品。合金类型既有铜锡合金又有铜、锡、铅合金,还发现有规模巨大的铸铜作坊遗址。这些都证明二里头文化已经进入青铜时代。二里头遗址出土有被视为王权象征的琮、钺、璋、圭等玉礼器。二里头遗址发现有壮观的宫殿建筑群及迄今中国发现的最早的宫城遗迹,还发现极有可能是坛、墠之类的祭祀遗存。二里头遗址的内涵极为丰富,被学界一致认为是都城遗址,而二里头文化则毫无疑问已经进入文明社会。二里头文化与周边诸多考古学文化有着广泛的交流,并对周边文化产生了强烈影响,"以二里头文化为中心的文化交流是该时期中国大地上最主要的文化关系"①。二里头文化有力推动了中国青铜文明的发展。

(二)二里头文化的分布与类型

二里头文化的核心分布区,以洛阳盆地为中心,包括洛阳、郑州和晋西南地区。据不完全统计,遗址总数超过200处,正式发掘的不足百处。洛阳、郑州地区的遗址数量众多,发掘的遗址主要有:巩义稍柴,荥阳西史村、阎河、竖河、大师姑,郑州洛达庙、大河村、上街、岔河,新密新砦、黄寨、曲梁,登封王城岗、程窑,洛阳东干沟、东马沟、矬李,汝州煤山,伊川南寨,偃师二里头、灰嘴等。晋西南地区发掘的遗址主要有夏县东下冯、垣曲商城等。

二里头文化分布的北界,"大致在中条山—沁河—黄河一线"②,郑州以东二里头文化的北界是黄河,黄河以南是二里头文化的分布区;郑州以西,二里头文化的北界越过黄河以沁河为界,沁河以西、以南是二里头文化的分布区③,发掘的遗址主要有济源白沟、留庄等。东界至开封杞县、周口太康一线,发掘的遗

---

① 段天璟:《二里头文化时期的文化格局》,吉林大学2005年博士学位论文。

② 段天璟:《二里头文化时期的文化格局》,吉林大学2005年博士学位论文。

③ 刘绪:《论卫怀地区的夏商文化》,《纪念北京大学考古专业三十周年论文集(1952—1982)》,文物出版社1990年版。

址主要有杞县朱岗、段岗、牛角岗。南界至豫鄂交界,“约以大别山和桐柏山为界”①,发掘的遗址主要有淅川下王岗。西可至关中东部,发掘的遗址主要有华县南沙村、商州东龙山等。西北至晋西南的临汾盆地北缘,发掘的遗址主要有襄汾大柴、翼城感军等。

二里头文化的分布区域,随着时间的推移而发生变化。二里头文化一期时,主要分布在以嵩山为中心的地区。嵩山北主要沿伊洛河及其支流分布:洛河沿线的遗址主要有偃师二里头、灰嘴,巩义稍柴等,洛河支流涧河沿线的遗址主要有洛阳东干沟、东马沟等,西至渑池有郑窑、鹿寺等遗址;伊河及其支流沿线的遗址南至伊川,有南寨、白元等。嵩山南麓主要沿颍河、沙河、汝河等淮河支流分布,遗址主要有登封王城岗、临汝煤山等,东至漯河,有郾城郝家台等遗址。二里头文化一期主要分布在嵩山周围豫中南部及豫西一带,范围较小,遗址数量也比较少。

二里头文化二期时,原分布区内的遗址数量进一步增加,分布范围在一期的基础上显著扩大。洛阳盆地向东的荥阳、郑州一带,如荥阳西史村、阎河,郑州洛达庙、大师姑等遗址均发现有丰富的二里头文化遗存,东至开封杞县,有朱岗、段岗、牛角岗等遗址。南至驻马店,有南汝河支流练江河北岸的杨庄等遗址。西南已经抵达南阳盆地,有汉江支流赵河东岸的邓州穰东等遗址。在豫西向北已经越过黄河,有黄河北岸的济源留庄等遗址。豫西向西越过崤山到达渭河流域的关中地区东部,有渭河支流石堤河西岸的华县南沙村等遗址。西北方晋西南地区汾水下游的临汾盆地和涑水流域的运城盆地也分布着较多的二里头文化遗址,主要遗址有黄河北岸与豫西渑池隔黄河相望的垣曲古城南关遗址、涑水河支流青龙河两岸的夏县东下冯遗址、汾河西岸的襄汾大柴遗址等。二里头文化二期的分布范围逐渐扩大,二里头文化的扩张态势明显,分布范围的格局初步确定。

二里头文化三期时,原分布区内的遗址数量继续增加,分布范围在二期的基础上仍有扩大。在豫西黄河北岸、沁河以西以南地区有丰富的二里头文化遗存。西南继续在南阳盆地扩张,有丹江支流淅水西岸的淅川下王岗遗址。东、南、西、西北等方向的遗址数量均继续增加,继续巩固二期以来形成的边界。至

① 袁广阔:《二里头文化研究》,郑州大学2005年博士学位论文。

此，二里头文化基本完成了扩张的过程，二里头文化三期是二里头文化分布范围最为广大的时期。

二里头文化四期时，分布范围较之三期时有较大的收缩，失去了豫东平原西南部、南阳盆地大部地区，如东南方向的驻马店杨庄等遗址、西南方向的淅川下王岗等遗址均已不在二里头文化的分布范围之内。即使是在洛阳、郑州、晋西南等二里头文化的核心分布区，遗址的分布密度也大大降低，比如偃师灰嘴、巩义稍柴、济源留庄、渑池郑窑、垣曲古城南关等遗址均无二里头文化四期遗存。

以二里头遗址为代表的二里头类型是二里头文化的主体，文化内涵最丰富，延续时间最长，分布范围最广。二里头类型的分布东西约 200 千米，南北约 300 千米，北达沁河沿岸，东面包括郑州一带，南至南阳盆地方城一带，西至三门峡陕州区一带。以夏县东下冯遗址为代表的东下冯类型，延续时间约相当于二里头类型第二至第四期，主要分布于晋西南的临汾盆地和运城盆地。文化内涵也十分丰富，文化面貌与二里头类型大同小异，比如东下冯遗址有内外双重环壕，发现有冶铜遗迹、卜骨等。以杞县牛角岗遗址为代表的牛角岗类型，延续时间约相当于二里头类型第二至第四期，主要分布于豫东开封地区，主要器物类型与二里头类型同类器基本相同，但有些陶器特征具有明显的岳石文化和下七垣文化因素。以驻马店杨庄遗址为代表的杨庄类型，延续时间约相当于二里头类型第二至第三期。以淅川下王岗遗址为代表的下王岗类型，约相当于二里头类型第三期，大体分布于豫西南伏牛山以南的汉江支流。牛角岗类型、杨庄类型、下王岗类型均与当地的龙山文化没有直接的继承关系，延续的时间也仅是二里头类型的一部分，很可能是二里头类型在扩张的过程中接受一部分当地文化因素而形成的文化类型。

在二里头文化的众类型中，二里头类型最为典型，受其他类型的文化影响最少，对其他类型的文化影响则最大。二里头文化的核心类型二里头类型是夏文化已是学界共识，那么，二里头类型派生出的二里头文化其他类型也可以看作是文化与政治的共同体，即同样是夏文化，同属于夏朝。

三、夏代京畿的社会形态

（一）洛阳盆地二里头文化聚落的分布

聚落形态研究是管窥早期国家社会形态和组织结构的重要角度。以二里头遗址为中心的洛阳盆地是二里头文化遗址的密集分布区，遗址总数至少有166处[①]，根据遗址所处地貌可分为嵩山北坡聚落群、邙山南坡聚落群、伊洛夹河平原聚落群、伊洛河下游聚落群等四个聚落群[②]。

嵩山北坡聚落群分布于嵩山北坡与伊河之间的丘陵或台地上，多位于伊河小支流两岸。已知共有遗址69处，其中面积小于10万平方米的遗址有45处（5万平方米以下有22处），面积在10万至40万平方米之间的遗址有20处，面积在40万至80万平方米之间的遗址有4处。

表1.2　嵩山北坡聚落群遗址统计表

遗址面积（平方米）	遗址名称	遗址数量
5万以下	东王河、东王河东南、肖村北、吴家湾东南、化寨东、陈河北、崔河北、裴村E、石牛沟、陶化店东南、军屯东南、魏家窑北、武屯南、刘窑东、刘李寨B、西湾北、孙家窑西、王湾西北、东朱村东北、韩村南A、经周东北、杨寨西	22
5万~10万	苗湾A、木阁沟东南、李家湾东南、陶化店水库东、程子沟南、裴村C、裴村D、东庞村南、辛庄东北、东庞村北、王沟东、袁沟A、刘李东北、东朱村东南、符家寨东北、郭家岭东、吕桥、肖村西寨西北、曹寨北、马寨西、寨湾东南、寨湾东北、铁村南	23

---

① 中国社会科学院考古研究所二里头工作队：《河南洛阳盆地2001~2003年考古调查简报》，《考古》2005年第5期。陈星灿、刘莉等：《中国文明腹地的社会复杂化进程——伊洛河地区的聚落形态研究》，《考古学报》2003年第2期。

② 张海：《公元前4000至前1500年中原腹地的文化演进与社会复杂化》，北京大学2007年博士学位论文。

续表

遗址面积（平方米）	遗址名称	遗址数量
10万~20万	盆窑寨东南、程子沟、丁湖店西南、杨村东南、杨村北、西窑沟、大王村西北、毛村东、袁沟B、偏桥西南、刘沟东北、陈家窑、刘李寨A、贾庄坡西南、经周东	15
20万~30万	苗湾B、高崖东北、南寨西村南、俎家庄北	4
30万~40万	掘山	1
40万~50万	沙沟东北、灰嘴	2
60万~70万	南寨上村东	1
70万~80万	高崖西	1
总计		69

邙山南坡聚落群分布于邙山南坡与伊洛河之间的丘陵或台地上，多位于伊洛河小支流两岸，个别遗址临近伊洛河干道。已知共有遗址35处，其中面积小于10万平方米的遗址有22处(5万平方米以下有15处)，面积在10万至40万平方米之间的遗址有9处，面积在50万至70万平方米之间的遗址有3处，面积超过300万平方米的遗址有1处。

表1.3　邙山南坡聚落群遗址统计表

遗址面积（平方米）	遗址名称	遗址数量
5万以下	陈屯老村、枣园北、帽郭A、平乐A、耀店东、鱼骨西南、石桥东北、坟庄东、杜楼、凤凰沟、石头沟北、山圪垱东北、西石桥东、关庄东南、关公冢	15
5万~10万	凹杨、白王北、分金沟、永宁寺西南、北窑东北、山圪垱、孙家岗	7
10万~20万	翟泉东北、保庄北、南蔡庄西北、羊二庄东南	4
20万~30万	白村东北、保庄西北、寺沟	3
30万~40万	史家河北、古城西	2
50万~60万	黑王、景阳冈	2
60万~70万	古城东北	1
300万以上	二里头	1
总计		35

伊洛夹河平原聚落群分布于伊洛河之间的冲积平原上，多位于洛河岸边。已知共有遗址 11 处，面积均在 5 万平方米以上，其中面积小于 10 万平方米的遗址有 4 处，面积在 10 万至 40 万平方米之间的遗址有 5 处，面积在 40 万至 50 万平方米之间的遗址有 2 处。

表 1.4　伊洛夹河平原聚落群遗址统计表

遗址面积（平方米）	遗址名称	遗址数量
5 万～10 万	齐村东南、夏庄西北、大郎庙南、东马庄西	4
10 万～20 万	西石罢、桂连凹东北	2
20 万～30 万	碑楼南	1
30 万～40 万	金钟寺、罗圪垱	2
40 万～50 万	桂连凹南、西马庄西北	2
总计		11

伊洛河下游聚落群分布于伊洛河下游支流坞罗河、干沟河流域，多位于河流两岸。已知共有遗址 51 处，其中坞罗河流域面积小于 10 万平方米的遗址有 19 处（5 万平方米以下有 18 处），面积在 10 万至 20 万平方米之间的遗址有 1 处，面积在 60 万至 70 万平方米之间的遗址有 1 处；干沟河流域面积小于 10 万平方米的遗址有 29 处（5 万平方米以下有 27 处），面积在 10 万至 20 万平方米之间的遗址有 1 处。

表 1.5　伊洛河下游聚落群遗址统计表

<table>
<tr><th>流域</th><th>遗址面积（平方米）</th><th>遗址名称</th><th>遗址数量</th></tr>
<tr><td rowspan="5">坞罗河流域</td><td>5 万以下</td><td>小訾店北、小訾店南、电厂北、电厂东南、费窑西南、费窑南 1、费窑南 2、费窑南 3、喂庄西、喂庄东南 2、喂庄南、坞罗西坡、寺院沟、上庄南、上庄东南、双河、电厂西、金钟寺</td><td>18</td></tr>
<tr><td>5 万～10 万</td><td>喂庄东南</td><td>1</td></tr>
<tr><td>10 万～20 万</td><td>罗口东北</td><td>1</td></tr>
<tr><td>60 万～70 万</td><td>稍柴</td><td>1</td></tr>
<tr><td>合计</td><td></td><td>21</td></tr>
</table>

续表

流域	遗址面积（平方米）	遗址名称	遗址数量
干沟河流域	5 万以下	南村寨南、南村寨东南、南村寨西南、南村寨南 1、桑家沟水库北、老桑沟村、桑沟南、马屯北、王阴、罗彦庄西南、念子庄西北、干沟南、赵成西南、小相西南、回龙湾南、回龙湾新村东、颜良寨西南、颜良寨水库西、冯寨西南、石家沟东北、李家沟东、贾屯、马屯西村南、滑城河北、府西村北、府西村东北、小相西	27
	5 万～10 万	桑沟西、干沟猪场	2
	10 万～20 万	刘乐寨南	1
	合计		30
	总计		51

洛阳盆地二里头文化四个聚落群共 166 处聚落，广泛分布在丘陵、台地、冲积平原等多种地貌类型中。地貌类型多样的优越性也是华夏文明得以在此产生的重要条件。这些聚落按照面积的大小可分为四类。面积小于 10 万平方米的小型聚落，共有 119 处，约占总数的 72%。面积在 10 万至 40 万平方米之间的中型聚落，共有 36 处，约占总数的 22%。面积在 40 万至 100 万平方米之间的大型聚落，共有 10 处，约占总数的 6%，如位于伊洛河与坞罗河交汇处的巩义稍柴、位于伊河支流浏涧河及其分支交汇处的偃师灰嘴等。面积超过 300 万平方米的超大型聚落，目前仅有位于伊河、洛河交汇处的二里头遗址 1 处。大中型聚落多分布在两条河流的交汇处，中小型聚落围绕大型聚落密集分布，特大型聚落二里头近处周边有古城东北、黑王、景阳冈等 3 个大型聚落，还有古城西、白村东北等 9 个中型聚落以及 22 个小型聚落，四级聚落如众星捧月般形成金字塔模式的等级分布。

（二）洛阳盆地二里头文化聚落的形态

聚落形态的历时性变化是社会形态演变的反映。二里头聚落内部形态的历时性演变已基本清晰。二里头文化一期时，已是面积超过 100 万平方米的大型聚落，并出土有青铜工具、象牙器、绿松石器等高规格器物和刻画符号，至少已是区域的中心聚落。二期时面积已达 300 万平方米,出现由 4 条纵横的大道围起的宫殿区,东西并列的宫殿基址院内发现有成组的中型墓葬,出有铜容器、玉器、漆器、白陶器、绿松石器等大量高规格器物,宫殿区南兴建有铸铜作坊,二期时的二里头显然已是都邑聚落。三期时依然繁荣,持续着二期以来的总体布局,宫殿区增筑了宫城城墙,在二期宫殿废弃的基础上,在原有轴线上新建了建筑格局不同的宫殿,显现出明确的中轴对称理念和营造规制。四期时,宫殿区、铸铜作坊均仍在延续使用,并增筑有新宫殿,出土的青铜器、玉器等礼器的数量和质量均超过三期,并始见青铜兵器。① 二里头聚落内部的等级分化明显。布局规整、结构严谨、规模宏大的宫殿区大型建筑基址一般认为与早期国家的政治、礼仪等有密切联系;宫殿区外大量面积不足 10 平方米的平地起建或半地穴式房屋,是普通核心家庭的居址。墓葬区与居住区并无严格区分,墓葬也分为大、中、小三类。墓室面积超过 20 平方米的大型墓葬仅发现 1 座,可惜被盗,仅有朱砂及红漆盒遗迹;墓室面积在 2 平方米以上 20 平方米以下的中型墓葬,一般都随葬有青铜器、玉器等高规格器物;墓室面积在 2 平方米以下的小型墓葬,大部分墓葬仅有陶器。宫殿区南侧有铸铜作坊、绿松石器制造作坊,宫殿区北部的祭祀区有疑似坛和墠等遗迹。以上种种迹象均显示二里头聚落的王都属性,二里头聚落显然是一处经缜密规划、布局严整的大型都邑,且在有效管控中获得稳步发展。

聚落群的历时性演变也有与都邑聚落内部相同的趋势,显然与早期国家的形成有密切关系。伊洛河下游支流坞罗河和干沟河流域占据向东的水路交通便利和东南部山区的丰富资源,调查资料也比较完整,从中可以看到夏王朝时社会形态之一斑。从聚落数量来看,坞罗河流域在二里头文化一至四期分别有 6、12、9、6 处,干沟河流域分别有 4、10、8、14 处。一期至二期之间均呈显著增长的态势,三期相对稳定,四期时呈现不同的发展态势,坞罗河流域数目下降,干沟河流域则增长。从聚落规模来看,两个流域也呈现不同的发展态势,坞罗河流域在二里头文化一至四期分别共有 86.5 万、95.7 万、92.7 万、65.2 万平方米,聚落规模在二、三期时达到高峰,且出现了面积达 60 万平方米的大型聚落稍柴遗址,聚落等级呈现为大、中、小型三级。干沟河流域一至四期则分别共有

① 许宏、陈国梁、赵海涛:《二里头遗址聚落形态的初步考察》,《考古》2004 年第 11 期。

8.45万、25.25万、18.6万、36.4万平方米，呈现出与聚落数量相同的变化趋势，聚落等级没有明显分化，这可能是因为该聚落群共同以西边更靠近都城二里头的灰嘴为中心。一期与二期之间，聚落数量与规模的显著变化，大型聚落稍柴的出现，以及稍柴遗址出土的白陶鬶，都显示了稍柴地区性中心的地位。干沟河流域西部的地区中心灰嘴，很可能是一个为都城服务的大型石器加工场。周边聚落群的演变与都城的演变表现出了较强的一致性，同样显示出了政治体制的集权性。而稍柴、灰嘴地区中心的崛起，很可能与周围地区重要资源有着密切联系，“似乎需要与之相适应的复杂行政系统的运作，而这个过程很可能发生在早期国家出现以后”[①]。

洛阳盆地的聚落群整体上以二里头聚落为中心，呈现出向心式分布的大网状结构。大型聚落（地区性中心）周围往往分散着若干中型聚落（地区性次中心）和小型聚落，中小型聚落受大型聚落控制。二里头聚落周围则密集分布着多个大中型聚落，这些大中型聚落多扼通往二里头的水陆交通要道，很可能起着多重作用，防卫时是二里头的屏障，经济上是物资中转的通道。这种聚落布局体现了“择天下之中而立国，择国之中而立宫”的理念，显示了二里头聚落强大的控制能力，其内涵是“洛阳盆地存在一个单中心的社会系统形态，亦即存在一个统一的政治实体”[②]。

四、华夏文明之光

（一）夏代后期的经济与技术

夏代后期社会以农业为基础。中原地区的农业状况比较一致，农作物以粟为主，家养动物以猪为主。[③] 二里头遗址出土的农作物籽粒中，粟占58%，黍占

① 陈星灿、刘莉等：《中国文明腹地的社会复杂化进程——伊洛河地区的聚落形态研究》，《考古学报》2003年第2期。

② 王子孟：《洛阳盆地二里头文化期聚落形态考察》，山东大学2010年硕士学位论文。

③ 袁靖：《中原地区的生业状况与中华文明早期发展的关系》，《西部考古》2016年第2期。

9%,稻占32%,大豆占0.8%,小麦占0.2%。[①] 洛阳皂角树遗址出土的农作物有粟、黍、稻、大豆、小麦等,粟占的比率最高。[②] 新密市古城寨遗址出土的农作物,粟占有绝对多数,黍、小麦、藜的比率远低于粟。[③] 登封市南洼遗址的农作物也是以粟为主,其次为黍,兼有水稻、小麦、大豆等。[④] 麦穗、稻穗的图案也分别被刻画于陶尊上,籽粒饱满,形象逼真。粮食一般储存在一些形制规整且做过防潮处理的窖穴中。比如夏县东下冯曾发现两个竖穴坑,坑壁经火烧烤,坑内分别有厚10厘米、40~73厘米已炭化的粟粒。农业生产工具与夏代早期一样,仍是由石、骨、蚌等制成,包括石斧、石锛、蚌锛等砍砸器,石铲、骨铲、蚌铲、木耒、木耜等土作工具,石刀、骨刀、蚌刀、石镰、蚌镰等收割工具。没有发现青铜制农具,也没有发现石犁等犁耕农具。

畜牧和渔猎是农业的重要补充。哺乳动物中以家养动物为主,野生动物以鹿科为主。一期时,野生动物约占9%,家养动物约占91%,其中猪、绵羊、黄牛约各占50%、25%、25%。二期时,家养动物约占81%,其中猪、绵羊、黄牛、狗约各占71%、20%、5%、4%。三期时,家养动物约占77%,其中猪、绵羊、黄牛、狗约各占58%、30%、7%、5%。四期时,家养动物约占85%,其中猪、绵羊、黄牛、狗约各占72%、17%、8%、3%。家养动物始终以猪为主,兼有绵羊、黄牛、狗。[⑤] 绵羊中3岁以上的占多数,很有可能用于剪羊毛。[⑥] 这些动物大多数在当地饲养。[⑦] 皂角树遗址的哺乳动物也以家养动物为主,约占62%,其中猪、狗、黄牛约各占

---

① 赵志军:《植物资源的获取和利用》,《二里头(1999—2006)》,文物出版社2014年版,第1295~1315页。

② 刘长江:《果实与种子》,《洛阳皂角树》,科学出版社2002年版,第103~112页。

③ 陈微微、张居中、蔡全法:《河南新密古城寨城址出土植物遗存分析》,《华夏考古》2012年第1期。

④ 吴文婉、张继华、靳桂云:《河南登封南洼遗址二里头到汉代聚落农业的植物考古证据》,《中原文物》2014年第1期。

⑤ 杨杰:《二里头遗址出土动物遗骸研究》,《中国早期青铜文化》,科学出版社2008年版,第470~539页。

⑥ 李志鹏、杨杰、杨梦菲等:《家养动物的饲养与开发方式研究》,《二里头(1999—2006)》,文物出版社2014年版,第1341~1348页。

⑦ 赵春燕等:《二里头遗址出土动物来源初探——根据牙釉质的锶同位素比值分析》,《考古》2011年第7期。

53%、26%、20%。[①] 陶塑的猪、羊、牛、狗等动物形象在二里头、临汝煤山、驻马店杨庄等遗址中均有出土。鱼纹形象则刻画在尊、盆等陶器上。狩猎工具发现有形式多样的铜镞、骨镞，渔猎工具发现有铜、骨、蚌制鱼钩，陶、骨制网坠，骨鱼镖等。

夏代后期的手工业部门中，青铜冶铸最具代表性。青铜冶铸在夏代后期得到了飞跃发展，发现了前所未见种类繁多的青铜器，还发掘有规模巨大的青铜冶铸作坊遗址。中原地区早在仰韶以来便零星有铜片、铜笄等小件铜制品出土，自龙山时代晚期开始出现铃、容器残片等较为复杂的铜制品，以及坩埚、铜渣等冶铸遗迹。二里头遗址发现的青铜器，有爵、斝、鼎、盉等容器，镞、戈、钺等武器，刀、凿、锥、锛、鱼钩、锯、纺轮等工具，还有乐器铃及兽面、圆形牌饰等装饰品。其他二里头文化遗址如洛阳东干沟、驻马店杨庄、淅川下王岗等出土青铜器以兵器、工具为主，夏县东下冯、荥阳西史村和高村寺、新郑望京楼等遗址也出土有少量爵、斝等容器。铸铜遗存在二里头和东下冯遗址中均有发现，容器类器物仅在二里头铸造。[②] 二里头遗址的铸铜作坊区面积达 1 万平方米，浇筑场、烘范窑、陶范、铜渣相关遗迹遗物丰富，展现出工艺的专门化。铜器中，加入锡铅，铜锡铅三元合金占多数。[③] 虽然添加锡铅的比例无规律可循，但这仍然是冶铸技术的显著提高。[④] 铸造技术有了飞跃发展，陶范的制作及定位技术相当高超，容器类采用多块合范混铸，"有了比较合理的分范技术和各范之间严格的定位技术，否则无法铸造出壁厚极薄且均匀的铜爵……已采用了铸补技术修补铜器的缺陷，这应是陶范铸造技术中极其重要的铸接技术的滥觞"[⑤]。这些技术成就已经构成中国青铜冶铸技术的基本格局，"明确地给出了商周金属工艺传统的发展方向"[⑥]，为高度发达的商周青铜文明的形成奠定了技术基础。夏代铸造技术的原始性也表现在许多方面，比如容器比较轻薄，器形比较简单，有些内

---

① 袁靖：《古动物环境信息》，《洛阳皂角树》，科学出版社 2002 年版，第 113~119 页。

② 陈国梁：《二里头文化铜器制作技术概述》，《三代考古》（二），科学出版社 2006 年版。

③ 赵春燕、杜金鹏等：《河南偃师二里头出土部分铜器的化学组成分析》，《文物保护与科技考古》，三秦出版社 2006 年版。

④ 金正耀：《二里头青铜器的自然科学研究与夏文明探索》，《文物》2000 年第 1 期。

⑤ 廉海萍、谭德睿、郑光：《二里头遗址铸铜技术研究》，《考古学报》2011 年第 4 期。

⑥ 华觉明：《中国古代金属技术——铜和铁造就的文明》，大象出版社 1999 年版，第 88 页。

范常被遗留，打磨较为粗糙，多素面，装饰花纹多为简洁的几何纹。显然，作为政治中心的二里头也是当时的青铜业制造中心。冶铸技术的进步、青铜礼器的创制，开始改变以往以玉器和特殊陶器为中心的礼器群组合，形成以青铜器为中心，结合陶器、漆器共同组成的容器礼器群，构成二里头文化礼器制度的重要特征。新的礼器制度经过商周的继承发展，成为中国青铜文明的核心。

玉礼器和铜礼器一样是夏代后期礼器群最重要的组成部分。“三代礼器最主要的是玉器和青铜器，玉器之兴尤在先。当中原国家象征统治的宫室颇具规模之时，玉礼器同时达到相当辉煌的成就，青铜礼器也奠定下基础。”①玉器制作无疑是夏代另一个重要的手工业部门。登封王城岗、郑州洛达庙、淅川下王岗等遗址出土有少量二里头文化玉器。夏代的玉器主要出土于二里头遗址，包括圭、璋、钺、戚、刀、戈、铲、凿、柄形器等种类，其中璋、戈是新出现的器形。这些玉器工艺精湛，代表了夏代玉器制作的最高水平。工艺特点则主要体现在三个方面：首先是善于制造大型礼器，如刃部均未见使用痕迹的长达 65 厘米的玉刀、高达 54 厘米的玉璋、长达 43 厘米的玉戈等；其次是雕刻技术先进，很可能是用高速旋转的“砣子”进行复杂精美的花纹制作；再次是镶嵌技术高超，比如用形状各异的 300 多片绿松石镶嵌而成的兽面铜牌饰。

夏代后期的漆器、陶器、骨器等制作技术，纺织、造酒、造车等工艺均进一步发展。漆器主要出土于二里头的墓葬中，漆觚常与铜爵、陶盉搭配为一组礼器，漆觚上的饕餮纹繁复美丽。漆器还有豆、盒、勺、鼓、棺等，颜色有红、黑、褐、白四色。制陶技术的发展从精美的酒器可见一斑，白陶爵、鬶、盉等酒器造型规整优雅，器壁厚薄均匀。新发现罐等器表有釉的印纹硬陶，或为原始瓷的起源。②陶窑由之前的横穴窑变为更高效的竖穴窑。铜工具在夏代用于制骨，有的骨器上的花纹雕刻十分精美，甚至有饕餮纹，发现有少量大型象牙簪。纺织物遗迹在二里头遗址多有发现，质地有麻有丝。文献也有夏代后期以丝织品为衣裳的记载，如《管子·轻重篇》：“昔者桀之时，女乐三万人……无不服文绣衣裳者。”《帝王世纪》载：“妹喜好闻裂缯之声，桀为发裂缯，以顺适其意。”夏代酿酒及饮

---

① 杜正胜：《从考古资料论中原国家的起源及其早期的发展》，《“中央研究院”历史语言研究所集刊》第五十八本第一分，台湾商务印书馆 1987 年版。

② 鲁晓珂等：《二里头遗址出土白陶、印纹硬陶和原始瓷的研究》，《考古》2012 年第 10 期。

酒之风盛行,均有许多文献记载。作酒之人有仪狄、少康、杜康,《世本》载“仪狄始作酒醪”,又说“少康作秫酒”。《说文解字》则说:“古者仪狄作酒……杜康作秫酒。”关于饮酒之风,《墨子·非乐上》载:启“湛浊于酒,渝食于野”。《尚书大传》载:“夏人饮酒,醉者持不醉者,不醉者持醉者,相和而歌。”桀设酒池、荒耽于酒更是名著史册。考古出土的种类繁多的铜、漆、陶制酒器也是饮酒之风盛行的佐证。造车工艺的发展主要表现为双轮车的出现,二里头遗址发现有迄今为止最早的双轮车车辙遗迹,是商代双轮车的滥觞。

夏代后期手工业的生产组织管理制度文献没有记载,但官营手工业尤其是青铜冶铸业,工序较多,工艺复杂,只有具备了有效的分工与协作才有可能完成,无疑需要公共权力的统一指挥与协调。二里头发现有包括铸铜作坊在内的我国最早的官营手工业作坊区,“体现了集中管理和直接监督的管理理念”①。

(二)夏代的文化

我们相信夏代已经有了文字,尽管至今尚未发现如殷墟甲骨文六书齐备般成熟的文字,也未发现成篇的文字,但在夏代早期都城登封王城岗曾发现一个陶文,学者释读为“共”,并指出它是我国在夏代已有了文字并已进入文明时代的有力证据。② 在夏代中晚期都城二里头发现有许多刻画在大口尊和卷沿盆上的符号,有些与甲骨文相同或相似,已经释读出的字有木、禾、竹、井、山、矢、射、箙、墉等。③ 夏代在天象观测基础上有了较为成熟的历书。《左传·昭公十七年》曾转引过夏代发生于房宿位置上的一次日食:“辰不集于房,瞽奏鼓,啬夫驰,庶人走。”文献中也多有夏令、夏时的记载,现存最古老的月令历书《夏小正》,按十二月次第记载了星宿出没、草木荣萎、虫禽鸣蛰、候鸟往来等中原地区的时令、气候诸现象以及应该从事的农业活动,对于农业生产有很强的指导作用。

夏人的宗教观念主要表现在占卜、祭祀等活动中。夏王认为自己的统治是天帝赋予的权力,是天命的意愿,因而诸事均占卜问天。《尚书·甘誓》说启征

---

① 杜金鹏:《偃师二里头遗址都邑制度研究》,《夏商周考古学研究》,科学出版社 2007 年版。

② 李先登:《试论中国文字之起源》,《天津师范大学学报(社会科学版)》1985 年第 4 期。

③ 中国社会科学院考古研究所:《中国考古学·夏商卷》,中国社会科学出版社 2003 年版,第 126 页。

伐有扈氏便是“天用剿绝其命，今予惟恭行天之罚”。《史记·夏本纪》说：夏王孔甲“好方鬼神”。当然，占卜官往往是已经判断出王的意愿后才使用龟甲，占卜不过是窃用天命以施行统治的手段，如《左传·哀公十八年》引《夏书》曰：“官占，唯能蔽志，昆命于元龟。”二里头以及巩义稍柴、偃师灰嘴、荥阳西史村、渑池鹿寺和郑窑、淅川下王岗等，均曾出土以猪、牛、羊、鹿的肩胛骨制成的卜骨，骨上均有灼痕，无钻、凿痕迹。二里头还发现一枚大型龟甲、两块涂有朱砂的鼋甲和多件陶塑龟。龙的形象多有发现，有陶塑龙，陶器、漆器上有饕餮纹，铜牌饰上有绿松石镶嵌而成的饕餮纹。这些都体现了当时人们的某种宗教信仰。形象逼真、制作精良的石祖、陶祖，则是生殖崇拜的反映。

夏人祖先崇拜最有力的证明，是规模宏大的宗庙建筑及相关祭祀遗迹。《墨子·明鬼下》云：“昔者虞夏商周三代之圣王，其始建国营都日，必择国之正坛，置以为宗庙。”《礼记·祭法》载：“天下有王，分地建国，置都立邑，设庙、祧、坛、墠而祭之，乃为亲疏多少之数。是故王立七庙，一坛，一墠。”郑玄注：“封土曰坛，除地曰墠。”即坛是高出地表的封土台，而墠是低于地表的浅穴式场地。二里头二号宫殿基址范围内绝少日常生活废弃物堆积，二号宫殿很可能是祭祀祖先的宗庙。新砦城址内城的中部偏北处的浅穴式大型建筑，二里头宫殿区北部祭祀区高于地表的圆形建筑和长方形半地穴式建筑，均很可能与“坛”“墠”之类的祭祀遗迹有关。二里头的坛类建筑，大致呈凸出于地表的圆形，坛上布列着一圈或两圈圆形土墩，坛面及坛的周围干净平整，坛径大小不一。大的坛径约 9 米，坛面正中一个土墩，内圈 6 个、外圈 12 个直径 0.8~1 米的土墩环绕其周，西侧有随葬铜、漆、陶礼器的中型墓。二里头的墠类建筑，大致呈半地穴式的长方形，地面土质纯净，往往有成片烧土面，大小不一，长宽数米至二三十米。活动面上多数有排列整齐的墓葬，常见随葬铜、漆、陶、玉礼器的中型朱砂墓。

祭祀等礼仪活动时，往往相伴乐舞。《山海经》中有夏启从天帝那里得到乐舞九辩、九歌的神话，《楚辞·天问》载：“启棘宾商（帝），九辩九歌。”《楚辞·离骚》也说：“启九辩与九歌兮，夏康娱以自纵。”夏代流行的乐舞著名的还有韶乐，《竹书纪年》载夏启曾“舞九韶”，《楚辞·离骚》也载“奏九歌而舞韶兮”。《论语》讲孔子曾经在齐国听过韶乐，之后三月不知肉味，说：“韶尽美矣！又尽善也。”可惜已失传。考古发现的夏代乐器有石磬、漆鼓、铜铃、陶埙、陶铃等，还发现有形制呈鼓状的陶壶。

夏代的国家机构基本完备，官吏、军队、刑罚、监狱等情况在《尚书·甘誓》《墨子·明鬼》《史记·夏本纪》等文献中多有记载。夏代除最高统治者"王"之外，设置的官吏有"六卿""六小之人""正""三正""左""右""御""御正"，[①]还有太史令、车正、牧正、庖正、遒人、官师、工、瞽、啬夫等。[②] 军队组织有旅，似乎已实行车战。《尚书·甘誓》载："左不攻于左，汝不恭命。右不攻于右，汝不恭命。御非其马之正，汝不恭命。"这很可能是夏王启亲率的一支车兵。《左传·哀公元年》载：夏王少康曾逃奔至有虞，"虞思于是妻之以二姚，而邑诸纶。有田一成，有众一旅"。杜注："方十里为成，五百人为旅。"《说文》也说："军之五百人为旅。"夏代也存在刑罚，有"禹刑""赎刑""肉刑"等名称。《左传·昭公元年》载："夏有乱政而作禹刑。"《汉书·刑法志》载："禹承尧舜之后，自以德衰而制肉刑。"《尚书·吕刑》序载："穆王训夏赎刑，作《吕刑》。"《左传·昭公十四年》引《夏书》有"昏、墨、贼、杀"等条则很可能是夏代刑罚的具体条文。夏代监狱名"夏台"，《太平御览》载"三王始有狱。夏曰夏台"。夏桀曾囚商汤于夏台，《史记·夏本纪》载：夏桀曾对人说"吾悔不遂杀汤于夏台，使至此"。《淮南子·氾论训》也载："桀囚于焦门而不能自非其所行，而悔不杀汤于夏台。"

夏王朝的政治统治还保留着浓厚的宗族血缘团体特点，从"夏后氏"的称谓可见一斑。《史记·夏本纪》云："禹为姒姓，其后分封，用国为姓，故有夏后氏、有扈氏、有男氏、斟寻氏、彤城氏、褒氏、费氏、杞氏、缯氏、辛氏、冥氏、斟戈氏。"夏王朝的统治可以看作是政权和族权的结合，"国家官职全部由贵族家族世袭垄断，国家的行政体系根据大家族的宗法分封来缔造……国家的军队也以贵族家族的族属成员为基干进行编制，整个国家的统治网也是以贵族家族为中心联结起来的……作为贵族家族继承法的宗法制度与国家制度紧密揉合在一起，成为国家的重要政治制度"[③]。继起的商王朝继承了这一制度，《论语·为政》载："殷因于夏礼，所损益可知也；周因于殷礼，所损益可知也。"夏王朝的政治制度为商周王朝所继承，对中国古代政治制度的发展产生了深远的影响。

---

① 顾颉刚、刘起釪：《〈尚书·甘誓〉校释译论》，《中国史研究》1979 年第 1 期。

② 孙淼：《夏商史稿》，文物出版社 1987 年版，第 95~96 页。

③ 张晋藩：《中国法律史论》，法律出版社 1982 年版，第 29 页。

第四节　夏都二里头的文化影响

夏文化与周边诸文化存在着不同程度的交流和联系，这在考古出土遗物中有着清晰的反映。二里头文化影响所及的考古学文化，数量多，范围广，“以二里头文化为中心的文化交流是该时期中国大地上最主要的文化关系”①。二里头文化对周边诸文化的强烈影响，促进了诸考古学文化发展重组进入新的发展时期，有力推动了中国青铜文明的发展，为大范围统一的考古学文化的形成奠定了基础。夏都二里头以宫庙建筑为主体，没有封闭的郭区，作坊区、祭祀区等各种活动区分散分布，宫庙建筑的中轴对称等布局特点，对后代都城建设产生了深远的影响。

一、夏文化与周边诸文化的交流

二里头文化对周边诸文化产生了强烈影响，甚至距离遥远的闽、粤等地也能见到二里头文化因素的遗物，二里头遗址中也能发现周边其他文化因素的遗物。二里头文化与周边诸文化的交流中，关系最为密切，或者说冲突最为激烈的是岳石文化和先商文化。二里头文化本身就有许多山东龙山文化的因素，替代山东龙山文化的岳石文化仍与二里头文化在豫东一线交错分布，且二里头文化分布范围不断向东推进。先商文化与二里头文化在豫北、冀南交错分布，先商文化不断南下，甚至占据了二里头文化腹地的郑州地区，宣告了二里头文化衰落、二里岗文化兴起的必然。

二里头文化与东方的岳石文化关系密切。岳石文化取代山东龙山文化的同时就开始了与二里头文化的交往。鲁东北、皖北、苏北的岳石文化遗存中发

---

① 段天璟：《二里头文化时期的文化格局》，吉林大学 2005 年博士学位论文。

现的二里头文化陶器种类很多，如爵、大口尊、深腹盆、鸡冠耳罐、蘑菇钮器盖等，[①]二里头遗址的陶鬲、凸棱平底盆、半月形双孔石刀等也具有鲜明的岳石文化特征。

二里头文化与北方的先商文化关系也十分密切。辉卫地区、漳河流域的先商文化遗存中发现有大口尊、刻槽盆、扁三角足鼎、三足盘等二里头文化陶器，[②]具有先商文化特征的鬲、平底罐、束颈盆也见于二里头遗址。二里头文化在北方的影响经太行山西侧可远至辽西一带的夏家店下层文化。[③] 太原盆地的白燕文化遗存中发现有陶爵、方杯、角等二里头文化酒器，受下七垣先商文化影响深刻的朱开沟文化发现有方杯等二里头文化酒器。夏家店下层文化遗址敖汉旗大甸子、小河沿、赤峰东山嘴、北票丰下等均发现有爵、深腹盆、三足盘、鬶等具有二里头文化因素的陶器，大甸子出土的玉圭也与二里头的同类器相似。北方的青铜文化也对二里头文化有所影响。在陶器上，肥袋足、花边装饰等朱开沟文化因素出现在二里头的陶器中。青铜器方面，北方系青铜器在二里头文化中也有发现，如二里头遗址ⅢM2 出土的柄部镂空的环首刀，ⅥK3 出土的“铜钺”。林沄先生曾指出，环首刀是典型的北方系青铜器，“铜钺”实际上是北方系的青铜战斧，只不过柄部受中原文化影响是扁平的，整体造型仍是北方系青铜器。[④]

二里头文化对西方渭河流域的客省庄文化产生了影响，西安老牛坡、华阴横阵遗址出土有双耳罐、花边罐、甑等具有二里头文化特征的陶器。客省庄文化受二里头文化挤压随之西进、北上，占据甘、宁等齐家文化分布区，打破了“河南、山西、陕西、甘肃、宁夏以及内蒙古先前文化的分布格局，组合出新的文化版图”[⑤]。更靠西的齐家文化也受到二里头文化的影响，甘肃天水、临夏等齐家文化遗址出土有与二里头相似的陶盉。二里头则见有齐家文化因素的环首刀、戚等铜器，铜资源及铜工艺很可能是二者交流的主要内容。[⑥]

---

① 方辉：《岳石文化的分期与年代》，《考古》1998 年第 4 期。

② 李伯谦：《中国青铜文化结构体系研究》，科学出版社 1998 年版，第 96 页。

③ 杜金鹏：《试论夏家店下层文化中的二里头文化因素》，《华夏考古》1995 年第 3 期。

④ 林沄：《早期北方系青铜器的几个年代问题》，《林沄学术文集》，中国大百科全书出版社 1998 年版。

⑤ 张忠培、杨晶：《客省庄与三里桥文化的单把鬲及其相关问题》，《宿白先生八秩华诞纪念文集》，文物出版社 2002 年版，第 43 页。

⑥ 韩金秋：《夏商西周时期中原文化中的北方文化因素研究》，吉林大学 2009 年博士学位论文。

二里头文化对南方的石家河文化施加了强烈影响，使其进入了新的发展阶段。江汉平原的江陵荆南寺及宜昌下岸、白庙等遗址出土有深腹罐、鬲等一组具有典型二里头文化特征的陶器。[①] 石家河文化又成为二里头文化向西南传播的桥梁，二里头文化又自江汉平原途经峡江地区进入西南方的四川盆地。鄂西重庆峡江地区如湖北宜昌中堡岛、秭归朝天嘴及重庆万州涪溪口、忠县王家堡、酉阳清源等遗址均发现有较多的觚、盉、鬶、大口尊等具有二里头文化因素的陶器。四川盆地的三星堆文化出土有陶觚、盉、豆等具有典型二里头文化特征的陶器。[②] 出土的玉璋、圭、戈及镶嵌绿松石的铜牌饰等均与二里头同类器十分相似。

二里头文化对东南方向江淮地区的斗鸡台文化也有较大影响。寿县斗鸡台、潜山薛家岗、肥东吴大墩等斗鸡台文化遗址，出土有觚、爵、鼎、豆等具有二里头文化因素的陶器。肥西还出土有铜斝、铃等与二里头类似的铜器。斗鸡台文化又成为二里头文化继续向东、向南传播的桥梁，宁镇地区的点将台文化、杭州湾的马桥文化也均发现有觚、盉、鼎、三足盘等典型的二里头文化特征陶器。更南的闽粤、港澳及东南亚地区也能看到二里头文化影响的痕迹，出土有与二里头类似的玉璋。马桥文化的鸭形盉也见于二里头遗址。东南地区常见的印纹硬陶在二里头遗址也有少量发现。二里头文化的南传，使当地文化的主体面貌均发生很大变化，“给业已衰落的南方地区文化强烈的外部刺激，促使南方各地域文化以新的面貌复兴”[③]。

二里头文化与周边诸文化的交流中，由于二里头文化的社会生产力和政治发展水平均相对比较先进，故以二里头文化对周边文化的影响为主，二里头文化受周边文化的影响则小得多，其中以受岳石文化和先商文化的影响最大。二里头文化对周边文化的影响，在不同时期所波及的地域有所不同，有愈晚愈远的趋势。即便是在二里头文化的晚期，其分布范围收缩的情况下，其影响却仍在继续扩大，比如宁镇、杭州湾等地含有二里头文化因素的遗存均不早于夏商之际，有的甚至晚至西周时期，且比商文化、西周文化在南方的传播范围大得

---

① 孟华平：《长江中游史前文化结构》，长江文艺出版社 1997 年版，第 121 页。
② 邹衡：《三星堆文化与夏商文化的关系》，《四川考古论文集》，文物出版社 1996 年版，第 57 页。
③ 向桃初：《二里头文化向南方的传播》，《考古》2011 年第 10 期。

多。这似乎可以理解为在商周文化的压力下，夏民不断向其控制范围外多次迁徙的结果。二里头文化对周边文化的影响，主要表现在礼器的传播上，包括觚、盉、鬶、爵、豆等陶礼器，璋、圭、戈、钺等玉礼器，以及铃、牌饰等铜礼器。中原腹地的二里头文化结束数百年之后，在千里之外的闽粤、港澳及东南亚地区仍能见到与二里头类似的礼器玉璋，充分诠释了二里头文化的中心作用和影响力。二里头王国文明之光的影响所及范围，东至海滨，南至闽粤，西至甘宁，北至塞外，可以说，二里头文化的传播，是把周边地区纳入以中原地区为主体的中原王朝的“四土”“五服”系统的开始。

二、夏代都城的布局特点及对后世都城的影响

夏都二里头城址的布局与其同时期其他城址及史前城址相比有着显著的不同。夏代都城有集中的宫庙区，宫庙区相对独立，且有夯土城墙等明显的标识；宫庙区内有大型宫庙建筑群；宫庙区周围及附近有服务于宫庙区的祭祀遗迹、各种官营手工业作坊遗址及贵族宅邸，再加上大量一般居址，共同构成了郭区。而同时期其他城址及史前城址均没有集中的宫庙区，城址内发现的建筑基址规模都比较小，与大型宫庙建筑差别很大，属于一般居址。二里头宫城是考古发现的最早的宫城。

夏代都城布局的诸多特点，与继起的商代都城布局关系密切，对中国古代都城的发展有着深远的影响。

首先，二里头的布局以宫城为主体，宫城平面为规整的长方形。宫城中满布大型宫殿建筑群，没有一般居址，在整个二里头都邑中占据着居中的位置和最重要的地位，官营手工业作坊、祭祀区等均围绕在其附近。继夏都二里头而起的商代早期都城偃师商城，也有夯土城墙围起的呈长方形的宫城。宫城内北部是池苑，中南部的宫殿建筑大约占据了宫城的三分之二，宫城内没有一般居址。商周时期都城之宫城均以宫殿建筑为主，直到东汉都城雒阳城，宫殿仍然占据着十分突出的地位。至北魏都城洛阳城，纵贯全城的中轴线形成后，依然是以宫城为整个都城规划的中心，且宫城平面一般为规整的长方形或方形。乃至于之后历代都城均不例外，尽管整体布局仍有变化。

其次,二里头的各种官营手工业作坊、祭祀区、贵族及平民居住区等活动区围绕宫城分散分布,布局并不整齐,尚未出现明显的规划轴线。二里头的大型铸铜作坊区位于宫殿区南,制骨作坊在宫城的东部和北部较为集中,祭祀活动区位于宫城北部和西北部,中型建筑基址分布于宫殿区北部,小型建筑在宫城的东面、东北、西北、西面、南面均曾有发现,墓葬区与居住区无严格的区分。郑州商城的布局也呈现出类似的特征,宫城北有铸铜作坊遗址,此铸铜作坊遗址北有制骨作坊遗址,宫城南有另一处铸铜作坊遗址,宫城西有制陶作坊遗址。这种布局延续至殷墟,殷墟洹南区域,以小屯宫殿区为中心,宫殿区西、南有铸铜、制骨、制陶作坊遗址多处。这种围绕宫城却又分散并不整齐的布局,反映了尽管王权已经确立但氏族依然林立的社会发展现状。随着专制的一步步强化,这种都城布局也在逐渐改变。东周时,已显示出很强的规划性和集中分布,于是出现了《考工记・匠人》中述及的都城规划思想。

再次,二里头至今尚未发现郭城城墙,但显然已经具备了内宫城外郭城的雏形,开启了后代都城以宫城为主体、以郭城或郭区拱卫宫城的基本布局。二里头宫城的外围有四条垂直相交的大路,北部有祭祀活动区,南部有官营大型铸铜作坊区,铸铜作坊区与宫城之间有绿松石作坊,加上宫城周围的贵族及平民居住区等共同组成郭区,拱卫宫城。这些重要遗迹的外围至今尚未发现城墙,不管未来是否会发现城墙,但毫无疑问"它们已经具备了'郭城'('外郭城')或'大城'的物质文化内涵"①。商代早期都城偃师商城和郑州商城的郭城均筑有城墙。偃师商城的宫城之外,先是筑有小城,小城废弃之后又筑有大城。郑州商城宫城南墙、西墙外发现有郭城城垣,与东部、北部的沼泽共同环绕宫城。西周雒邑也尚未发现郭城城墙。东周时期开始,中国古代都城普遍既有宫城城垣又有郭城城垣。至北魏都城洛阳城又形成了宫城、皇城、郭城的三重城布局,并为以后历代王朝都城建设所遵循。

最后,二里头大型宫庙建筑的布局呈现出了中国古代宫殿建筑的一些基本特点,比如:建筑群的中轴布局,宫殿基址呈长方形,方向为坐北朝南,南面带大

---

① 刘庆柱:《中国古代都城遗址布局形制的考古发现所反映的社会形态变化研究》,《考古学报》2006 年第 3 期。

型庭院,院落带回廊,南门为正门,一门三道,一门四塾,等等。[①] 二里头宫城的三号、五号宫殿及稍晚的一号、二号宫殿两组大型建筑基址具有中轴线布局的特征。已发掘的多座宫殿建筑基址,平面大多呈长方形。大型宫殿建筑虽然没有持续使用,如二号、四号基址建于三号基址的废墟之上,但轴线未变。院落布局虽然也有早晚多重院落与单体建筑复数纵向排列的不同,但宫殿方向未变,均为坐北朝南,主殿南面也均有院落,院落均带有回廊。一号宫殿正门南大门有 3 条门道和 4 座屋室建筑(四塾)。宫殿建筑是都城的核心建筑,最能反映当时社会的主导思想意识,"它集中体现了古代宗法观念、礼制秩序及文化传统的大成"[②]。二里头大型宫庙建筑布局呈现出的基本特点,开创了后代都城宫殿建筑的重要模式,为以后历代都城的宫庙建筑所继承并进一步发展。

---

① 刘庆柱:《中国古代都城遗址布局形制的考古发现所反映的社会形态变化研究》,《考古学报》2006 年第 3 期。

② 杨鸿勋:《宫殿考古通论 · 绪论》,紫禁城出版社 2001 年版,第 3 页。

第二章 商代都城与繁荣的青铜时代文明

商是活动于夏王朝东方的一个古老民族,最早约活动于今豫北、冀南一带。至约公元前 16 世纪,商汤灭夏,约公元前 11 世纪,被崛起于西方的周所灭。《竹书纪年》载:“汤灭夏以至于受(即纣),二十九王,用岁四百九十六年。”“汤始居亳”,定都于今郑州商城。商王朝前期的统治并不稳固,都城也频繁迁徙,自亳而隞、而相、而邢、而奄、而殷(即今安阳殷墟)。“自盘庚徙殷至纣之灭,二百七十三年更不徙都”,商朝始进入稳定发展的时期。殷墟发现的内涵丰富的遗迹遗物,印证和记载了商代高度发达的青铜文明。

第一节 甲骨文的发现与商代都城

历史文献中有许多关于商汤及其他商王、商王世系、商人居地、都邑、统治制度等商代历史的记载。甲骨文的发现和殷墟的发掘使商王朝的历史成为信史。文献记载中商王朝建立后曾五次迁都,有六个都城。商汤都亳,仲丁之前的商王均以亳为都。盘庚迁殷,盘庚之后直至商亡,均以殷为都。还有仲丁所迁的嚣(隞),河亶甲所迁的相,祖乙所迁的庇(耿、邢),南庚所迁的奄。为加强统治,可能还设置有辅助性的都城,为田猎和娱乐设置的有离宫别馆。考古发现的商代都城性质的遗址,早期有偃师商城和郑州商城,郑州商城很可能即是亳都,后期有洹北商城和殷墟遗址。

一、历史上的商王朝

（一）文献中的商王朝

商是活动于夏王朝东方的一个古老民族，最早约活动于今豫北、冀南一带，自契至汤经历了十四代，居地历经“八迁”，至约公元前 16 世纪，商汤灭夏。

《诗经·大雅》载：“殷鉴不远，在夏后之世。”汤建立商王朝后，吸取夏桀因“暴其民甚”而致“身弑国亡”的经验教训，实施宽以治民的措施，顺民心，勤乃事，以有功于民。《国语·周语上》《吕氏春秋·顺民》《墨子·兼爱下》《荀子·大略篇》《说苑·君道》等文献均记载有汤克夏之后遭遇连年大旱，汤自缚其身为牺牲向上天祈福，得民心得大雨甘霖的故事。商汤的统治得民心，国力也日渐强盛，《诗经·商颂》曰：“昔有成汤，自彼氐羌，莫敢不来享，莫敢不来王，曰商是常。”

商代前期的统治并不稳固，先后发生了汤之辅臣伊尹放太甲于桐宫、仲丁以来的“九世之乱”等重大事件。汤死后，由于长子太丁早死，于是太丁之弟外丙、仲壬先后即位，仲壬死后，太丁子太甲即位。汤的右相伊尹此时仍是朝中掌权的开国元老。太甲即位三年，因“不明，暴虐，不遵汤法，乱德”[①]，而被伊尹放于桐宫，三年之后迎回。《史记·殷本纪》《孟子·万章上》《左传·襄公二十一年》均记载有此事，伊尹也因此被颂扬具有大仁大义的美德。这个故事也极有可能说明了伊尹与商王太甲之间争夺权力的斗争，文献记载中也有迹可循。晋杜预《春秋左传集解后序》转述伊尹放太甲故事：“仲壬崩，伊尹放大甲于桐，乃自立也。伊尹即位，放大甲；七年，大甲潜出自桐，杀伊尹，乃立其子伊陟、伊奋，命复其父之田宅而中分之。”《太平御览》卷 83 皇王部引《琐语》也载伊尹曾放太甲而自立：“仲壬崩，伊尹放太甲乃自立四年。”太甲之后，经沃丁、太庚、小甲、雍己到太戊，共两世五王，商王朝获得了相对稳定的发展。

自太戊子仲丁至盘庚，共五世十王，历时约一百八十六年，商人共“五迁”。

---

① 〔汉〕司马迁：《史记》卷三《殷本纪》，中华书局 1963 年版，第 99 页。

五迁依次为：仲丁自亳迁于嚣（隞），河亶甲自嚣迁于相，祖乙居庇（耿、邢），南庚自庇迁于奄，盘庚自奄迁于北蒙，称为殷。《尚书》载殷人“不常厥邑，于今五邦”。仲丁至盘庚之前的九王统治时期，统治阶级内部争斗不断，有所谓“九世乱”：“自中丁以来，废適而更立诸弟子，弟子或争相代立，比九世乱，于是诸侯莫朝。”①商王朝对外部也不断有征伐，比如仲丁征蓝夷，河亶甲征蓝夷、班方。内忧外患之下，加之水患等客观因素，缓和各种矛盾是商代前期都城屡迁的目的。盘庚迁殷是商代最后一次迁都，商王朝自此结束动荡，统治趋于稳定，并逐步发展鼎盛。

表 2.1　商人五迁表

	《古本竹书纪年》	《书序》	《史记·殷本纪》
汤	亳	亳	亳
仲丁	嚣	嚣	隞
河亶甲	相	相	相
祖乙	庇	耿	邢
南庚	奄		
盘庚	殷	殷	先都河北后都河南

武丁时是商王朝最强盛的时期。武丁为盘庚弟小乙之子，盘庚之后弟小辛、小乙相继为王，小乙死后子武丁即位。武丁在位时间长达五十九年，励精图治使商中兴，被后人与开国之君商汤并提，称为“天下之盛君”。《史记·殷本纪》载“武丁修政行德，天下咸欢，殷道复兴”。武丁善用人才，其统治先后得益于甘盘、傅说的辅佐。据《墨子·尚贤下》记载，傅说原为刑徒，武丁发现后用以为相，“使之接天下之政而治天下之民”。《孟子·告子下》《楚辞·离骚》《国语·楚语上》《史记·殷本纪》《吕氏春秋·慎行论》《尚书序》《帝王世纪》等文献也均记载有此故事。甲骨卜辞累见的武丁时期的群臣还有光、吴、竝、望乘、妇好等。武丁在武功方面有突出的表现，曾征伐𢀛方、土方、鬼方、人方、羌方、虎方、豕韦、大彭等周边许多方国。武丁的四方征伐、开疆拓土，为商代后期疆域的形成奠定了基础。

武丁以后商王朝逐渐衰落下去。武丁死后，子祖庚、祖甲相继即位。祖甲

① 〔汉〕司马迁：《史记》卷三《殷本纪》，中华书局 1963 年版，第 101 页。

死后,子廪辛、康丁相继即位。康丁死后,子武乙立。武乙死后,子文丁即位,文丁传子帝乙,帝乙传子帝辛,帝辛即纣王。文献载祖甲是淫乱之君,商代衰落即起于祖甲之时。《史记·殷本纪》载:“帝甲淫乱,殷复衰。”《国语·周语下》载:“帝甲乱之,七世而殒。”其他各王也如《尚书·无逸》所言:“生则逸,不知稼穑之艰难,不闻小人之劳,惟耽乐之从。”如武乙以“射天”为戏,在一次田猎时被暴雷震死。纣王是中国历史上与夏桀齐名的暴君,且“好酒淫乐,嬖于妇人”,以致民怨沸腾,众叛亲离。约公元前 11 世纪,崛起于西方的周族,在武王带领下,联合西南诸小国,师渡盟津,决战牧野,一举灭商。《竹书纪年》载:“汤灭夏以至于受(即纣),二十九王,用岁四百九十六年。”

商王朝国土辽阔,《诗经·商颂》载其“邦畿千里”“肇域彼四海”。统治的核心区域是京畿安阳所在的豫北、冀南一带。具体的疆域四至,据汉人贾捐之答汉元帝曰:“武丁、成王,殷、周之大仁也,然地东不过江、黄,西不过氐、羌,南不过蛮荆,北不过朔方。”①这指的是商代后期及周代初年的疆域范围。《左传·昭公九年》记武王克商后周初的疆域为:“及武王克商,薄姑、商奄,吾东土也。巴、濮、楚、邓,吾南土也。肃慎、燕、亳,吾北土也。”二者表述虽有不同,但所指地理范围大约一致。周初的疆域范围承自商代后期,因此商代后期的疆域即东至今山东西部,南至汉水以南的长江流域,西至今陕西西部,北至今河北北部。② 而商文化影响的范围则更加广阔。

(二)文献中的商代诸都

文献记载中,商王朝建立后曾五次迁都,有六个都城。商汤都亳,仲丁之前的商王均以亳为都。盘庚迁殷,盘庚之后直至商亡,均以殷为都。还有仲丁所迁的嚣(隞),河亶甲所迁的相,祖乙所迁的庇(耿、邢),南庚所迁的奄。

商汤居亳为先秦文献如《孟子》《墨子》《荀子》等所共述。《孟子·滕文公下》载:“汤居亳,与葛为邻。”又有《孟子·公孙丑上》载:“汤以七十里,文王以百里。”《尚书·汤诰序》载:“汤既黜夏命,复归于亳。”汤所居的亳,方圆不过百里。汤以亳为根据地灭夏,灭夏后复归于亳,并以亳为都。《墨子·非攻》载:

---

① 〔汉〕班固:《汉书》卷六十四《贾捐之传》,中华书局 1964 年版,第 2831 页。

② 孙淼:《夏商史稿》,文物出版社 1987 年版,第 384 页。

"汤奉桀众以克有夏,属诸侯于薄(亳)。"至商王仲丁迁嚣(隞)以前,诸商王皆以亳为都。亳的地望历来众说纷纭,影响比较大的是晋人皇甫谧主张的三亳说,《尚书·立政》孔颖达疏引:殷有三亳,北亳、南亳、西亳"三处之地皆名为亳"。汤居西亳在偃师,最早见于东汉。如《汉书·地理志上》河南偃师县尸乡,班固自注:"尸乡,殷汤所都。"晋人皇甫谧及北魏郦道元①、杨衒之②等均持此说。清代以来学者孙星衍《汤陵考》、金鹗《汤都考》、王国维《说亳》等,则因偃师之亳不见于先秦文献、不与葛为邻、与汤伐夏的作战顺序不合等原因不赞成此说。汤居北亳在今山东曹县,最早见于晋。《尚书序》孔颖达疏引晋杜预注:"梁国蒙县北有亳城,城中有成汤冢,其西又有伊尹冢。"王国维力主此说,影响颇大。邹衡认为王氏所列诸多证据只能证明春秋时宋国有亳,但不足以证明"这个亳为成汤所居"③。汤居南亳在今商丘东南,皇甫谧首倡此说。《尚书序》孔颖达疏引其文:"亳,今梁国谷熟县是也。"北魏郦道元从其说,近人多以此说为非。皇甫谧提出三亳说的同时提出汤先都南亳后都西亳,唐张守节、清金鹗等也持此说。此外,还有杜亳说,在今陕西西安东南。《史记·封禅书》载:"亳音薄,汤所都。"清人俞正燮《汤从先王居义》主此说,钱大昕《史记考异》已有驳文。邹衡根据文献所载春秋时期郑地之亳、郑州商城出土东周时期亳字陶文、汤的邻国地望及郑州商城的考古发现等,首创"郑亳说",认为"郑州商城是成汤所居的亳都"④。考古发现的郑州商城是一处遗存丰富、布局严谨的大型都邑,一般认为即是商王朝早期的都城遗址,很可能就是成汤所居的亳都。

仲丁由亳迁嚣,《竹书纪年》《尚书序》有载。《史记·殷本纪》说仲丁由亳迁隞。嚣、隞古音通,二者所指实为一地。隞的地望,历来也有多种说法。一种源自晋人皇甫谧,认为隞在今郑州西北的隞山或隞仓。皇甫谧《帝王世纪》云:"仲丁徙嚣或曰敖,今河南之敖仓是也。"《史记·殷本纪·集解》《水经注·济

---

① 〔北魏〕郦道元撰,杨守敬、熊会贞疏:《水经注疏》,江苏古籍出版社 1989 年版。《水经注·谷水》:"尸乡故殷汤所都。"《汳水》:"汤都也……今河南偃师西二十里尸乡亭是也。"

② 〔魏〕杨衒之撰,杨勇校笺:《洛阳伽蓝记校笺》,三秦出版社 2006 年版。《洛阳伽蓝记校笺》卷三:"纳谷吐伊,贯成淹亳。"

③ 邹衡:《论汤都郑亳及其前后的迁徙》,《夏商周考古学论文集》,文物出版社 1980 年版,第 190 页。

④ 邹衡:《论汤都郑亳及其前后的迁徙》,《夏商周考古学论文集》,文物出版社 1980 年版,第 195 页。

水》《括地志》《太平寰宇记》《元和郡县图志》均沿用此说。丁山[①]、陈梦家[②]、郑杰祥[③]等持此说。更早的文献《左传》《汉书》《后汉书》等均记荥阳有敖,但并未将其与仲丁所迁之隞联系在一起。第二种说法认为隞在今山东敖山。《国语》《太平寰宇记》《读史方舆纪要》均记载山东有敖山,丁山晚年主张仲丁所迁隞在此敖山。认为此敖山在泗水上游,由水路进东南可深入沂蒙山区,可能与仲丁"征蓝夷事有关"[④]。第三种说法也源自晋代,认为隞在今开封一带。《尚书正义》卷八《仲丁迁于嚣》孔颖达引东晋李颙云:"嚣在陈留浚仪县。"后人鲜有持此说。第四种说法认为隞即今郑州商城。安金槐首倡此说[⑤],郑亳说提出后,二者有过激烈的讨论。随着郑州小双桥遗址的发现,持郑亳说者认为郑州商城是商汤所都之亳,不是隞都,隞都是小双桥遗址。[⑥] 仲丁所迁的嚣(隞)究竟在何处,仍悬而未解。

河亶甲迁相,《竹书纪年》《尚书序》《史记·殷本纪》《世本》等文献共载,但并未指出相在何地。相的地望,也有多种说法,文献多说在今河南内黄。汉晋时人提出相在河北,如晋人皇甫谧《帝王世纪》载:"河亶甲徙相,在河北。"又如《史记·殷本纪·集解》引孔安国曰:"(相)地名,在河北。"至唐宋时期,出现了相在魏郡内黄的说法。如《通典》卷一七八载:"相州,殷王河亶甲居相,即其地也。"又如《元和郡县图志》卷一六"相州内黄县"条载:"故殷城在县东南十里,殷王河亶甲居相,因筑此城。"《括地志》载:"故殷城在相州内黄县东南十三里,即河亶甲所筑都之,故名殷城也。"岑仲勉[⑦]、邹衡[⑧]等诸多学者也赞同相在内黄的说法。第二种说法认为相位于沛郡相县,在今安徽宿州符离镇。《元和郡县图志》卷九"宿州符离县"条:"故相城在县西北九十里,盖相土旧都也。"《太平

---

① 丁山:《由三代都邑论其民族文化》,《中央研究院历史语言研究所集刊》第五本第一分,商务印书馆1935年版。

② 陈梦家:《殷虚卜辞综述》,中华书局1988年版,第262页。

③ 郑杰祥:《夏史初探》,中州古籍出版社1988年版,第294页。

④ 丁山:《商周史料考证》,中华书局1988年版,第29页。

⑤ 安金槐:《试论郑州商代城址——隞都》,《文物》1961年第Z1期。

⑥ 陈旭:《商代隞都探寻》,《郑州大学学报(哲学社会科学版)》1991年第5期。陈旭:《郑州小双桥商代遗址即隞都说》,《中原文物》1997年第2期。

⑦ 岑仲勉:《黄河变迁史》,人民出版社1957年版,第106页。

⑧ 邹衡:《内黄商都考略》,《中原文物》1992年第3期。

寰宇记》有类似记载。孙星衍《尚书今古文注疏》、陈梦家[1]、丁山[2]、唐兰[3]等均持此说。还有学者主张相也很有可能在今豫西。[4]

祖乙迁庇或耿或邢。庇的地望,丁山[5]、陈梦家[6]等认为在今山东费县,岑仲勉[7]则认为在朝歌以北。耿的地望,晋人皇甫谧《帝王世纪》载:"殷祖乙徙耿,为河所毁,今河东皮氏耿乡是也。"河东郡皮氏县即今山西河津。丁山则认为耿、坰古文音同字通,耿地即《鲁颂》之坰地,今山东定陶县。[8] 邢的地望也有两种说法。一种认为是河内之邢丘,即今河南温县北平皋。[9] 另一种认为是襄国之邢,即今河北邢台,最早见于唐杜佑《通典》卷一七八"钜鹿邢州"条:"古祖乙迁于邢,即此地,亦邢国也。"《太平寰宇记》《路史》《读史方舆纪要》等沿其说。目前,多数学者认为,庇、耿、邢三者应为一地,祖乙所迁在今河北邢台,邢台周边分布密集、内涵丰富的商文化遗存可为佐证。

南庚迁奄,《竹书纪年》载曰:"南庚自庇迁于奄。"奄的地望在今山东曲阜,文献记载很明确。《左传·定公四年》载:"因商奄之民,命以伯禽。"《后汉书·郡国志》载:"鲁国,(古)奄国。"《括地志》《读史方舆纪要》均载古奄国在曲阜。

盘庚迁殷,《竹书纪年》《尚书序》均有记载。《尚书·盘庚》首句即曰:"盘庚迁于殷。"《古本竹书纪年》载:"盘庚旬自奄迁于北蒙,曰殷。"又载:"自盘庚徙殷至纣之灭,二百七十三年更不徙都。"殷之地望,《史记·项羽本纪》载:"项羽乃与(章邯)期洹水南殷虚上。"《括地志》的记载更加详尽:"相州安阳本盘庚所都,即北蒙殷墟,南去朝歌百四十六里……(邺城)西南三十里有洹水,南岸三里有安阳城,西有城名殷墟,所谓北蒙也。"考古发现的今安阳西北小屯及周围地带包括洹北商城在内的殷墟遗址,遗存内涵极为丰富,一般认为即是商王朝后期的都城遗址殷。

---

① 陈梦家:《殷虚卜辞综述》,中华书局 1988 年版,第 251 页。
② 丁山:《商周史料考证》,中华书局 1988 年版,第 30~31 页。
③ 唐兰:《从河南郑州出土的商代前期青铜器谈起》,《文物》1973 年第 7 期。
④ 孙淼:《夏商史稿》,文物出版社 1987 年版,第 354 页。
⑤ 丁山:《商周史料考证》,中华书局 1988 年版,第 32 页。
⑥ 陈梦家:《殷虚卜辞综述》,中华书局 1988 年版,第 252 页。
⑦ 岑仲勉:《黄河变迁史》,人民出版社 1957 年版,第 113 页。
⑧ 丁山:《商周史料考证》,中华书局 1988 年版,第 33 页。
⑨ 王国维:《观堂集林》卷十二《说耿》,中华书局 1961 年版,第 523 页。

二、甲骨文的发现与殷墟的确认

（一）甲骨文的发现与研究

甲骨文是指刻在龟甲、兽骨上的文字。商王在祭祀、征伐、田猎等活动时，往往会进行占卜，甲骨文就是占卜的卜辞。卜辞在当时十分神圣、尊贵，但并没有流传下来。甲骨卜辞的最早发现者，应当说是清末河南安阳西北郊小屯村的村民，他们在田间耕作时常挖出甲骨，起初或弃之枯井，或当成古医书上所说的龙骨而卖给中药店铺。其被学者发现的时间，一般认为是在清末光绪二十五年(1899)。这一点，罗振玉早在1903年为《铁云藏龟》[①]一书作序时即已指出，随后，董作宾、胡厚宣[②]、陈梦家[③]等人也均持此说。

金石学家王懿荣是第一个对甲骨文做出鉴定和购藏的学者。“殷墟甲骨文是在1899年，也就是清朝光绪二十五年己亥，由山东福山人，名叫王懿荣的，首先认识并加以搜购的。”[④]古董商范寿轩是王懿荣的同乡，1899年时任国子监祭酒的王懿荣偶然从其处发现了甲骨上的刻辞，并认为这些刻辞是商代的文字，于是开始大力收购带字甲骨。甲骨文遂为世人所知。差不多同时，天津的王襄、孟定生也认识到甲骨文的价值并开始搜购。之后开始收购甲骨的有刘鹗、罗振玉、端方等，外国人有美国传教士方法敛、英国传教士库寿龄、加拿大牧师明义士、日本学者林泰辅等。1900年，八国联军进入北京时，王懿荣殉节自尽，其所收甲骨尽归刘鹗。

在甲骨文的早期收藏和研究中做出突出贡献的是刘鹗的淮安同乡好友罗振玉。刘鹗在罗振玉的动员和帮助下，将其所藏5000多片甲骨精选拓印，于1903年出版了第一部著录甲骨文的书《铁云藏龟》。孙诒让因之著有第一部甲

---

① 刘鹗：《铁云藏龟》，抱残守缺斋石印1903年版。

② 胡厚宣：《五十年甲骨文发现的总结》，商务印书馆1951年版，第20~35页。胡厚宣：《殷墟发掘》，学习生活出版社1955年版，第11~13页。

③ 陈梦家：《殷虚卜辞综述》，中华书局1988年版，第1~3页。

④ 胡厚宣：《再论甲骨文发现问题》，《中国文化》1997年第Z1期。

骨文考释专著《契文举例》。甲骨的确切出土地点直到1908年才由罗振玉访查得知:"光绪戊申(1908),予既访知贞卜文字出土之地应为滨洹之小屯。"[①]这是安阳殷墟第一次被学界所知。"罗振玉是早期搜集甲骨文字最勤、所得甲骨数量最多之一人。"[②]他曾几次派古董商专门去安阳收购甲骨,还派内弟、堂弟前往,自己也曾亲自到小屯。至1940年去世时,所藏达3万片之多。据胡厚宣统计,截至1928年开始殷墟科学发掘前,各家搜集甲骨约近十万片。[③] 罗振玉先后刊行《殷虚书契》(1911)、《殷虚书契前编》(1913)、《殷虚书契菁华》(1914)、《殷虚书契后编》(1916)、《殷虚书契续编》(1933)及《铁云藏龟之余》(1915)等一系列甲骨文著录书。罗振玉在孙诒让考释甲骨文的基础上继续考释、研究,先后出版《殷商贞卜文字考》(1910)和《殷虚书契考释》(1914)。罗振玉通过对贞卜文字的研究,认为甲骨卜辞"实为殷室王朝之遗物",而"洹水古墟,旧称亶甲,今证之卜辞,则是徙于武乙,去自帝乙"[④]。洹水之滨的安阳小屯被明确指出是殷墟之所在,认为出土甲骨卜辞的小屯一带是武乙至帝乙三代商王的都城。

早期甲骨文研究者中另一位有卓越贡献的学者是长年与罗振玉一道并深受其影响的王国维。王国维最先突破文字考释而将甲骨文作为历史资料纳入历史研究的范围。1917年,王国维发表《殷卜辞中所见先公先王考》《殷卜辞中所见先公先王续考》两篇著名的文章,对卜辞中所见之王亥、王恒、上甲、报乙、报丙、报丁、示壬、示癸、大乙等商代诸先公先王逐一结合文献记载进行缜密考证,认为甲骨卜辞所记商代王世与"《世本》《史记》间毫无抵牾之处"[⑤],证明了《史记·殷本纪》所载商先公先王世系的可靠性,并纠正了其世次、称号上的某些讹误之处。关于殷墟为都的问题,王国维在1925年的《古史新证》中补充了罗振玉的观点:"则知盘庚之后,帝乙之前,皆宅殷虚。知《纪年》所载,独得其

① 罗振玉:《殷虚古器物图录》序,《艺术丛编》第1集,上海书店出版社2015年版。

② 胡厚宣:《再论甲骨文发现问题》,《中国文化》1997年第Z1期。

③ 胡厚宣:《殷墟发掘》,学习生活出版社1955年版,第36页。

④ 罗振玉:《殷商贞卜文字考》《殷虚书契考释》。转引自朱彦民:《殷墟都城探论》,南开大学出版社1999年版,第4页。

⑤ 王国维:《观堂集林》卷九《殷卜辞中所见先公先王考》,中华书局1961年版,第435页。

实。”[①]在《说殷》一文中又详细论证了这一观点[②]，即《史记·殷本纪·正义》引《古本竹书纪年》所载，即目前一般认为，自盘庚迁殷至纣亡，没有再次迁都，273年的都城均在此。

王国维利用新发现的甲骨卜辞结合文献记载所进行的研究，使商代历史成为信史，一方面使殷墟卜辞的史料价值得到了进一步的肯定，另一方面也“提高了我国古文献的史料价值，走出了一时疑古的迷惘境界”[③]。王国维的另一个卓越贡献是倡导“二重证据法”，重视地下出土的新资料。“吾辈生于今日，幸于纸上之材料外，更得地下之新材料，由此种材料，我辈固得以补正纸上之材料，亦得证明古书之某部份，全为实录，即百家不雅驯之言，并不无表现一面之事实。”[④]王国维说的“地下之新材料”指的就是甲骨卜辞。随着甲骨卜辞研究的深入，王国维的呼吁，以及现代考古学的传入，学术界发掘殷墟遗址的呼声渐高。正如李济所言：“当他在课堂上提倡二重证据法时，安阳的发掘已经是我国进步学术界所公认的一种紧要的极待进行的工作了。”[⑤]

（二）甲骨文研究与殷墟都城地位的确认

殷墟的发现，如前文所述与甲骨卜辞的发现和研究有着直接的联系。1908年，罗振玉访查出甲骨卜辞的确切出土地点在今安阳小屯，并在随后的研究中指出甲骨卜辞是殷室王朝的遗物，安阳小屯是武乙至帝乙三代商王的都城。王国维进一步修正了这个观点，认为安阳殷墟是自盘庚迁殷至纣亡273年间商王朝的都城。

1928年，为了搜求更多的甲骨文，了解甲骨的埋藏情况，中央研究院新成立的历史语言研究所考古组赴殷墟进行调查和发掘。同年10月，董作宾开始在

---

① 王国维：《古史新证——王国维最后的讲义》，《国学月报汇刊》第二卷八、九、十号合刊，1927年。著于1925年，并在清华研究院讲授。

② 王国维：《观堂集林》卷十二《说殷》，中华书局1961年版，第523~525页。

③ 郑振香：《甲骨文的发现与殷墟发掘世纪回眸》，《殷都学刊》1999年第2期。

④ 王国维：《古史新证——王国维最后的讲义》，《国学月报汇刊》第二卷八、九、十号合刊，1927年。著于1925年，并在清华研究院讲授。

⑤ 李济：《安阳发掘与中国古史问题》，《李济考古学论文集》下册，联经出版事业公司1977年版，第825页。

小屯村中和村北试掘，拉开了殷墟田野考古的序幕。[①] 之后，考古组组长由留学归来且受过现代考古学训练的李济担任，曾在美国读考古学的梁思永也受聘加入考古组。1928 年至 1937 年因战争停止工作的 10 年间，殷墟共进行了 15 次大的发掘。

1928 年第一次发掘后，董作宾即发现小屯村北不同地点出土的甲骨文在字体、文例方面有差异，推测可能与时代先后有关，[②]于是开始探索卜辞断代的方法。1931 年考释 1929 年第三次发掘出土的大龟四版时，首创“贞人说”，并提出了甲骨文断代的 8 项标准。[③] 董作宾在 1933 年发表的名著《甲骨文断代研究例》中，将断代的标准扩展为 10 项，并将甲骨文划分为 5 期：第一期是盘庚、小辛、小乙、武丁二世四王；第二期是祖庚、祖甲一世二王；第三期是廪辛、康丁一世二王；第四期是武乙、文丁二世二王；第五期是帝乙、帝辛二世二王。[④] 这篇名著的发表，“是甲骨学史上一件划时代的大事”[⑤]，10 项标准和 5 期分法影响极为深远，使甲骨文研究进入一个新阶段。“这断代分期的新研究法，追本溯源，不能说不是从发掘工作中得来的。”[⑥]董作宾肯定并接受了王国维关于殷墟是自盘庚迁殷至纣亡商王朝都城的观点。

殷墟的考古工作自 1950 年恢复以来，至今仍在继续。加上之前的 10 年，共发现刻辞甲骨数以万计，包括三次重大发现。第一次是 1936 年发现的小屯村北宫殿区一个宫殿基址旁的窖穴 H127，坑内发现卜甲 17088 片、卜骨 8 片，共 17096 片刻辞甲骨，其中完整龟甲达 300 多版。这是殷墟出土甲骨刻辞最多的一次。此坑甲骨文的时代属武丁时期，内容涉及政治、经济、文化、社会生活等各个方面。[⑦] 胡厚宣据此研究甲骨学本身规律及商史，成绩显著，为以后的研究

---

① 董作宾：《中华民国十七年十月试掘安阳小屯报告书》，《安阳发掘报告》第一期，中央研究院历史语言研究所 1929 年版。

② 董作宾：《殷墟文字甲编自序》，商务印书馆 1948 年版。

③ 董作宾：《大龟四版考释》，《安阳发掘报告》第三期，中央研究院历史语言研究所 1931 年版。

④ 董作宾：《甲骨文断代研究例》，《中央研究院历史语言研究所集刊外编第一种——庆祝蔡元培先生六十五岁论文集》上册，商务印书馆 1933 年版。

⑤ 中国社会科学院考古研究所：《中国考古学・夏商卷》，中国社会科学出版社 2003 年版，第 429 页。

⑥ 董作宾：《殷墟文字甲编自序》，商务印书馆 1948 年版。

⑦ 陈梦家：《殷虚卜辞综述》，中华书局 1988 年版，第 144~167 页。

奠定了基础。[1] 第二次是1973年发现的小屯南地甲骨，发现卜甲75片、卜骨5252片、牛肋骨4片、未加工的骨料4片，共5335片刻辞甲骨。这批甲骨常与陶器共存，有可靠的层位关系，对甲骨文的断代和殷墟的分期研究均有重要意义。其中的绝大多数甲骨文是康丁、武乙、文丁时期的，少量属于武丁和帝乙、帝辛时期，内容涉及征伐、田猎、祭祀、农业等方面。[2] 第三次是1991年发现的花园庄东地的H3坑，坑内发现卜甲684片、卜骨5片，共689片刻辞甲骨，其中完整龟甲达300多版。此坑甲骨文的时代属武丁早期，刻辞的主人是与商王有血缘关系的“子”。[3] 甲骨卜辞的每一次重大发现，都提供了大量新颖的资料，同时极大推动了甲骨学、殷墟文化及商史的研究。尤其是20世纪后半叶以来，甲骨文记载结合历史文献、考古发掘成果、民族学资料等共同研究商代经济状况、等级制度、宗教状况、交通、文化等社会生活的各个方面，也把甲骨文研究推向一个新的高峰。[4]

甲骨文研究取得的丰硕成果促进了殷墟考古工作向纵深发展。在考古研究建立的殷墟文化早晚序列的基础上，依据甲骨文的分期及出土的铜器铭文，得以推断出殷墟文化各期的绝对年代。一期早段是盘庚、小辛、小乙时期，一期晚段是武丁前期；二期是武丁后期及祖庚、祖甲时期；三期是廪辛、康丁、武乙、文丁时期；四期是帝乙、帝辛时期。比如属于殷墟文化第二期的妇好墓，出土的许多铜器上有铭文“妇好”，一些重要的礼器上有铭文“司母辛”。妇好是武丁的配偶，甲骨卜辞中作“妣辛”，在武丁时代的“宾组卜辞”中记载数量达一百七八十条之多。据此推断殷墟文化第二期的上限到武丁后期，即武丁时期分属于殷墟文化一期和二期。考古发现的一些较为复杂的遗迹现象，依据甲骨文能得到相对圆满的解释。比如，西北冈王陵区东区数万平方米的祭祀区域曾发现大量祭祀坑，根据坑内遗迹现象、与大墓的关系等特征可分为许多组。很多坑内

---

① 胡厚宣：《甲骨学商史论丛初集》，齐鲁大学国学研究所1944年版。胡厚宣：《甲骨学商史论丛二集》，齐鲁大学国学研究所1945年版。

② 中国社会科学院考古研究所安阳工作队：《1973年小屯南地发掘报告》，《考古学集刊》第9集，科学出版社1995年版。

③ 中国社会科学院考古研究所安阳工作队：《1991年安阳花园庄东地、南地发掘简报》，《考古》1993年第6期。

④ 王宇信、杨升南：《甲骨学一百年》，社会科学文献出版社1999年版。

埋有被砍头的人,时代较早的人数较多,较晚的人数较少;也有的坑内埋有动物或器物。据甲骨文记载,商王对祖先的祭祀活动相当频繁。祭祀的对象从先公、远祖、近祖至时王的父辈,用的牺牲有牲畜,也有一至几百个数目不等的人,武丁时用人牲最多,祖庚、祖甲以后日益减少。① 据此,考古发现的这个区域,“可能就是商王室专门用于祭祀祖先的一个公共场所”②。

甲骨文研究和殷墟考古研究的深入,使得安阳殷墟毫无疑问被确定是商王朝后期盘庚迁殷以至商亡的都城。殷墟的考古发掘,是首次对中国古代都城遗址进行大规模科学发掘,“标志着中国近代考古学的诞生,在我国考古学史上具有重要的意义”③。

三、考古发现的商代都城遗址

(一)商代早期的城址与都城遗址

河南是商王朝长期建都之地,考古发现的商代早期都城性质的遗址,有郑州商城和偃师商城,郑州商城很可能即是亳都。商代早期的城址还发现有黄陂盘龙城商城、垣曲商城、东下冯商城、新郑望京楼、郑州大师姑、焦作府城商城等多座,其中位于河南省内的有望京楼、大师姑和府城商城。商代早期城址存在明显的分级制度④,郑州商城、偃师商城是都城,是全国的政治中心,其他则是地区性中心。

郑州商城位于今郑州市区内偏东部的郑州旧城区一带,正处于西面嵩山余脉的丘陵高地与东面面积广大的平原交界处,自古就是交通的咽喉要道。商城内城平面略呈南北纵长方形,周长近 7 千米,面积约 290 万平方米,城墙外侧有城壕。内城外西南至东南均发现有环抱内城的郭城城墙,与东北方向的沼泽共

① 杨锡璋、杨宝成:《从商代祭祀坑看商代奴隶社会的人牲》,《考古》1977 年第 1 期。

② 中国社会科学院考古研究所:《中国考古学·夏商卷》,中国社会科学出版社 2003 年版,第 431 页。

③ 刘一曼:《考古学与甲骨文研究——纪念甲骨文发现一百周年》,《考古》1999 年第 10 期。

④ 马世之:《试论商代的城址》,《中国考古学会第五次年会论文集》,文物出版社 1988 年版。

同构成外围防御设施(北面未发现郭城城墙遗迹)。[①] 在内城外围,有郭城城墙的地段则在内城与郭城城垣之间,分布着手工业作坊和多处墓葬群,铜器窖藏也位于这一区域。北墙外有紫荆山北铸铜作坊和制骨作坊,西墙外有铭功路制陶作坊、人民公园墓葬区及张寨南街、南顺城街青铜器窖藏,南墙外有南关外铸铜作坊、郑州烟厂墓葬区,东墙外有城东路回民食品厂青铜器窖藏及白家庄、杨庄墓葬区。宫殿区位于内城东北部,约占内城面积的六分之一,有大面积的夯土建筑基址。郑州商城始建于早商文化第一期(上限约公元前1600年),最早建设的是宫殿区、南关外的铸铜作坊以及内城城墙。早商文化第二期时增修郭城和大批宫殿,扩展铸铜作坊,新建制陶、制骨等手工业作坊。早商文化第三期时新建、改建一批宫殿建筑,扩展南关外铸铜作坊并新建紫荆山北铸铜作坊。中商文化第一期时,大批宫殿、两处铸铜作坊先后被废弃,三处包括青铜重器在内的铜器窖藏坑均属于中商文化第一期或更晚。至中商第二期时,城址全面荒废。郑州商城是目前已经发现的商代早期城址中规模最大且遗存最为丰富的城址,早在20世纪50年代,人们即已确信这是一处商王朝的都城遗址,目前确定其为商代早期的都城遗址。

偃师商城位于洛阳盆地的东部,北依邙山,南临洛河,西南距二里头遗址6千米,有大城、小城、宫城三重城垣。大城平面略呈长方形,城垣外围有护城河,面积约190万平方米。城墙内外两侧均发现有顺城大道。城垣上已发现5座城门,北墙上1座,东西墙上各2座,东西相对城门间有大道相通。城的东北隅有铸铜作坊遗址,北部有较集中的陶窑遗址。小城位于大城的西南部,平面呈长方形,面积80余万平方米,城墙在扩建大城时被重新利用。西南隅和东墙外各有一处府库建筑群。宫城位于小城的正中略偏南,略呈正方形,面积4万余平方米,内有多座大型宫殿建筑基址,中部有一条大道通向城南,北部是祭祀场所和池苑。偃师商城始建于早商文化第一期,最早建设的是宫城、小城以及城外东北部的铸铜作坊。早商文化第二期时修筑大城,扩展宫城。早商文化第三期中段以前,小城被废弃,继续扩展宫城。至中段偏晚时(公元前1400年前后),整个城址突然被废弃。偃师商城显然是一处具有王都性质的城址,是迄今

① 安金槐:《对于郑州商城“外夯土墙基”的看法》,《郑州商城考古新发现与研究(1985—1992)》,中州古籍出版社1993年版。

发现建造时间最早的商代早期都城遗址。偃师商城出现在夏王朝畿内、都城二里头附近,被看作是夏商王朝更替的界标。①

河南省内的另 3 座商代早期城址是望京楼、大师姑和府城商城。望京楼城址位于新郑市新村镇黄水河自北而南并折向东流的河湾处,西面紧邻黄水河。城址处于嵩山余脉丘陵区东缘,北距郑州商城 35 千米。城址平面略呈方形,面积约 37 万平方米。城墙外侧有护城壕,北墙外 300 米有沟通黄水河和黄沟水的壕沟,这些可能共同构成了城址的外围防御设施。城垣上共发现城门 3 座,其中东墙 2 座、南墙 1 座。城内有"井"字形道路网络,中南部是一处大型夯土基址,还发现有祭祀坑、陶窑、墓葬等遗迹及铜器、原始瓷器、陶器等遗物。城址始建于商代早期二里岗下层二期,废弃于二里岗上层二期或略晚时期。② 大师姑城址位于郑州西北 22 千米处,西距二里头遗址约 70 千米。二里头时期的大师姑城址面积达 51 万平方米,沿用至二里岗时期,并在二里头城垣和环壕之间挖筑了新的环壕,至二里岗晚期废弃。府城商城位于焦作市西南郊府城村西北部的台地之上,北部有一条小河。城址略呈方形,面积约 9 万平方米。城内发现有夯土基址。始建年代不早于商代早期二里岗下层时期,废弃于白家庄晚期。③

省外发现的商代早期城址有黄陂盘龙城商城、垣曲商城和东下冯商城。盘龙城商城位于湖北武汉黄陂区盘龙湖的一个半岛之上,东、南、西三面环水。城址略呈方形,面积约 7.5 万平方米。四面城垣的中部各有一城门,南北城门连接起来即是城址的中轴线。城内东北部宫殿区发现有大型夯土基址,城址外围发现有制陶作坊、大量中小型房基以及包括贵族墓在内的各类墓葬。城址始建于商代早期二里岗上层,废弃于中商文化第二期,荆南寺、铜鼓山等遗址也随之废弃。④ 不远处的云梦王家山有一座规模远不及盘龙城的小城堡,建造和使用

---

① 高炜、杨锡璋、王巍、杜金鹏:《偃师商城与夏商文化分界》,《考古》1998 年第 10 期。

② 郑州市文物考古研究院:《望京楼二里岗文化城址初步勘探和发掘简报》,《中国国家博物馆馆刊》2011 年第 10 期。郑州市文物考古研究院:《新郑望京楼:2010~2012 年田野考古发掘报告》,科学出版社 2016 年版。

③ 袁广阔、秦小丽、杨贵金:《河南焦作市府城遗址发掘简报》,《华夏考古》2000 年第 2 期。袁广阔、秦小丽:《河南焦作府城遗址发掘报告》,《考古学报》2000 年第 4 期。

④ 盛伟:《盘龙城遗址废弃的年代下限及相关问题》,《江汉考古》2011 年第 3 期。

年代均是二里岗上层。[①] 垣曲商城位于山西垣曲古城镇南关亳清河入黄河处的台地上，扼洛阳与晋南的交通要道，东、南临断崖，西墙外侧有护城壕。城址平面略呈方形，面积约 13 万平方米。城内普遍分布着早商文化时期的遗存，中部偏东是中心建筑群，有主干道通往西城门，东南部是一般居住区，其西有制陶作坊。城南发现有铜器墓。城址始建于二里岗文化早期，废弃于二里岗文化晚期，很可能是商王朝在晋南设置的军事重镇，控制铜矿及其他资源。[②] 东下冯商城位于山西夏县东下冯村东北青龙河旁台地上，未发现北墙，东、西墙仅存南段，南墙保存完整。南墙在中部向城内收缩 75 米，西段在外长 152 米，东段在内长 213 米。城墙外侧有城壕。城内东部可能是铸铜作坊，西南角有一群排列整齐的圆形建筑基址，是储盐的窖藏坑。城址约始建于二里岗早期，二里岗晚期废弃，可能是中条山北麓控制盐业资源的重要据点，同时也是区域性铸铜、制陶等手工业中心。[③]

商代早期城址均建于自然水域旁，位于水陆交通的要冲。平面大体呈长方形，或受地形所限不太规整，均有可闭合的城墙及其外侧的壕沟，防御性较强。城垣几重、城址面积及城门数量与城址级别有关。宫殿区大体位于城内中部或东北部，有宽阔的道路通往城门，城内设有仓储类建筑府库等。二里岗文化边缘地区的城址处于铜矿、盐等资源的分布区，“是早期国家为控制和获得资源以保障中心都城而建立的供给网络中的重要部分”[④]。且这些城址随着中心都城郑州商城的废弃而废弃，“说明了这些城址不具备政治上的相对独立性，它们是当时商王朝直接控制的地方政权的城邑而不是间接控制的诸侯国的城邑”[⑤]。

---

① 蒋刚：《盘龙城遗址群出土商代遗存的几个问题》，《考古与文物》2008 年第 1 期。

② 佟伟华：《垣曲商城兴衰始末》，《考古学研究（十）》，科学出版社 2012 年版。《商代前期垣曲盆地的统治中心——垣曲商城》，《中国历史博物馆馆刊》1998 年第 1 期。

③ 中国社会科学院考古研究所等：《夏县东下冯》，文物出版社 1988 年版。赵春燕等：《东下冯遗址圆形建筑土壤的化学成分分析》，《考古学集刊》第 18 集，科学出版社 2010 年版。刘莉等：《中国早期国家的形成——从二里头和二里岗时期的中心和边缘之间的关系谈起》，《古代文明（第 1 卷）》，文物出版社 2002 年版。

④ 刘莉等：《城：夏商时期对自然资源的控制问题》，《东南文化》2000 年第 3 期。

⑤ 孙华：《商代前期的国家政体——从二里冈文化城址和宫室建筑基址的角度》，《多维视域——商王朝与中国早期文明研究》，科学出版社 2009 年版，第 193~194 页。

（二）商代中后期的城址与都城遗址

目前发现的商代中后期城址，均位于河南省内。中期城址是洹北商城，后期城址是殷墟和辉县孟庄城址。

洹北商城位于安阳市北郊洹河北岸，东面是开阔的冲积平原，西南紧邻殷墟且略有重叠。平面略呈方形，面积约470万平方米，是已发现商代城址中规模最大的。城内中部偏南是宫殿区，分布着规整有序的大型夯土基址，面积在10万平方米以上。已发掘的一号建筑基址面积达1.6万平方米，是迄今发现的面积最大、保存最好的商王朝时期单体建筑。城内北部分布着有较固定道路相通的密集的居民点。洹北商城历年来发现有青铜窖藏等内涵丰富的遗物。小屯一带的中商文化遗存也比较丰富，是洹北商城外围的一处重要聚落。洹北商城的年代早于晚商文化大司空村一期，属中商文化第二期，三期之后被普遍废弃。[①] 显然，洹北商城是一处商代中期的都城遗址。洹北商城与小屯殷墟隔洹河相望，地理位置不出文献记载的盘庚迁殷的范围，年代又早于殷墟。因此，有学者认为洹北商城很可能是盘庚首迁于殷的地方，而小屯殷墟则是武丁以后发展起来的，[②]也有学者认为洹北商城可能是河亶甲所居之相[③]。

如前文所述，郑州商城延续使用至中商文化第一期。中商时期的郑州商城西北约20千米的今石佛镇小双桥村西南，发现有面积达150万平方米的小双桥遗址。遗址范围内有多处大型夯土基址、青铜冶铸遗址、祭祀坑、壕沟、窖穴等遗迹。祭祀坑不仅有牛等牲祭坑、器物坑，还有人祭坑。出土遗物种类繁多，包括建筑构件在内的铜器、长方形石圭、大石磬等礼乐器，一些陶器器表还有朱书文字。[④] 小双桥遗址无疑是中商文化一期时的一处重要遗址，有学者认为它

---

① 孟宪武：《安阳三家庄、董王度村发现的商代青铜器及其年代推定》，《考古》1991年第10期。中国社会科学院考古研究所安阳工作队：《河南安阳市洹北商城的勘察与试掘》，《考古》2003年第5期。

② 杨锡璋、徐广德、高炜：《盘庚迁殷地点蠡测》，《中原文物》2000年第1期。

③ 刘绪、雷兴山：《洹北花园庄遗址与河亶甲居相》，《文物世界》1999年第4期。

④ 河南省文物研究所：《郑州小双桥遗址的调查与试掘》，《郑州商城考古新发现与研究（1985—1992）》，中州古籍出版社1993年版。河南省文物考古研究所等：《1995年郑州小双桥遗址的发掘》，《华夏考古》1996年第3期。

与郑州商城的关系密切，或是商王室的重要祭祀遗址，[①]或是郑州商城的宗庙遗址或离宫别馆[②]，也有认为是仲丁所迁之隞都[③]。

殷墟位于安阳市西北的小屯村一带，地跨洹河两岸，处于安阳盆地与华北平原交接地带的洹河二级台地上。殷墟范围东西 6 千米、南北 5 千米，面积约 30 平方千米。宫殿区在洹河南以小屯、花园庄为中心，王陵区在洹河北侯家庄、武官村北，洹河两侧分布着各种手工业作坊及其他居址，其周边或外围则分布着族墓地。宫殿区东、北两面依洹河，西、南两面围绕有与洹河相通的大壕沟，面积 70 余万平方米。宫殿区内分布有成组的大型建筑基址群。宫殿区外围分布着众多族邑居址和各种手工业作坊。薛家庄、苗圃北地、孝民屯西南东南、小屯村东北有铸铜作坊，北辛庄、大司空村有制骨作坊，小屯北地有玉石器作坊。王陵区与宫殿宗庙区隔河相望，已发现带墓道的大墓 13 座。在王陵区、宫殿区内的宫庙建筑前及各墓群中的大墓附近，发现了数以千计的祭祀坑，以王陵区数目最多，分布最为密集。

商代晚期殷墟文化一期时，殷墟已建立宫殿区以及苗圃北地、小屯村东北的铸铜作坊，小屯西北、南地开始分布居址，武官村大墓也开始出现。二期时修建了宫殿区外围壕沟，新建薛家庄、孝民屯西地铸铜作坊及大司空村制骨作坊，建起侯家庄西北岗的王陵区，居民点、族墓地在宫殿区外围显著增加。三期、四期时，原有各作坊的规模持续扩展，又增建北辛庄制骨作坊、小屯北地玉石器作坊，居民点迅速膨胀，殷墟范围得以扩展至 30 平方千米。商代晚期殷墟文化各期的绝对年代，一期是武丁前期，二期是武丁后期及祖庚、祖甲时期，三期年代约当廪辛至文丁时代，四期是帝乙、帝辛时期。[④] 殷墟出土了大量与商王有关的甲骨卜辞，还有大量青铜器、玉器、象牙器、白陶、原始瓷等极为丰富的遗物。殷墟是我国发掘次数最多、持续时间最长、揭露面积最大的遗址，是商代晚期的都

---

① 河南省文物研究所：《郑州小双桥遗址的调查与试掘》，《郑州商城考古新发现与研究（1985—1992）》，中州古籍出版社 1993 年版。

② 张国硕：《小双桥商代遗址的性质》，《殷都学刊》1992 年第 4 期。

③ 陈旭：《商代隞都探寻》，《郑州大学学报（哲学社会科学版）》1991 年第 5 期。陈旭：《郑州小双桥商代遗址的年代和性质》，《中原文物》1995 年第 1 期。

④ 中国社会科学院考古研究所：《殷墟发掘报告（1958—1961）》，文物出版社 1987 年版。中国社会科学院考古研究所：《殷墟的发现与研究》，科学出版社 1994 年版。

城遗址已确认无疑。殷墟的主体遗存是从武丁时代开始的，因此有学者主张殷墟是武丁以来的商代都城，[①]洹北商城发现以后，有学者提出很可能盘庚迁殷的最初地点是在洹北商城，至武丁时迁到了以小屯为中心的殷墟。[②]

晚商时期的城址还发现有辉县孟庄。孟庄的商代城址是在二里头城址的基础上修筑起的，平面近方形，面积约 12.7 万平方米。孟庄城址位于殷墟的南方，二者使用时间相同，意义重大。[③]

第二节　商代早期都城与亳都辨

考古发现的商代早期都城遗址有郑州商城和偃师商城两座。二者均规模巨大，有封闭的城垣，有宫殿区，有铸铜作坊等手工业作坊，其他遗迹遗物也十分丰富。20 世纪 50 年代郑州商城被发现后，在考古研究的基础上，又因其位置与文献所载隞都地望在今郑州西北的隞山或隞仓接近，以安金槐为代表的学者们认为郑州商城很可能是仲丁所迁的隞都，并得到了广泛认可。70 年代末，邹衡首创郑亳说，认为郑州商城是成汤所都之亳，成为另一种主要的意见。80 年代初偃师商城被发现后，主张隞都说者认为偃师商城是汤都之西亳。90 年代小双桥遗址被发现后，主张郑亳说者认为小双桥才是仲丁所迁的隞都。经过长期热烈的讨论，学者们的认识逐渐接近，郑州商城和偃师商城都是商代早期的都城遗址，分别可能是汤都之亳和西亳。

---

① 杨锡璋：《安阳殷墟西北冈大墓的分期及有关问题》，《中原文物》1981 年第 3 期。彭金章、晓田：《殷墟为武丁以来殷之旧都说》，《中国考古学会第五次年会论文集》，文物出版社 1988 年版。

② 杨锡璋、徐广德、高炜：《盘庚迁殷地点蠡测》，《中原文物》2000 年第 1 期。

③ 河南省文物考古研究所：《辉县孟庄》，中州古籍出版社 2003 年版，第 306、388 页。

一、郑州商城的布局与年代

（一）郑州商城的整体布局

郑州商城发现于1950年，1952年进行了首次发掘，随后，相继发现了铸铜作坊、制骨作坊和制陶作坊等一批重要的商代遗址。1955年，发现内城的夯土城墙，并确定这是一座商代二里岗时期的城址。20世纪70年代以后，又发现了宫殿区、郭城、青铜器窖藏等一系列重要遗存。郑州商城位于今郑州市区内偏东部的郑州旧城区一带，东、北两侧当时是面积广大的湖泊沼泽。尽管商城被现代城市所覆盖，不利于考古工作的开展，但多年来的发掘和研究，仍使得郑州商城的布局、年代、文化内涵等重要问题基本清晰。郑州商城是迄今发现的最早的带有郭城的都城，有郭城、内城及宫殿区，铸铜等各种手工业作坊、铜器窖藏等分布于内城的外围。①

商城内城坐落于熊儿河自西向东又折向东北流的转弯内侧，金水河自西向东穿过内城北部。平面略呈南北纵长方形，北墙东段较倾斜，略呈东南—西北走向，其余的城墙方向均近东西向或南北向。东墙和南墙均长约1700米，西墙长约1870米，北墙长约1690米，周长近7千米，面积约290万平方米。在城墙东南角外侧和西墙北段外侧发现有城壕，有学者推测城垣外侧有城壕环绕。四面城墙上共发现11处大小不等的缺口，有的可能与商城城门有关。

郭城城墙从东南角延伸至西南角，已探明长度6000余米，城墙外有城壕。郭城城墙在小城外侧600～1100米处，正对内城东南角和西南角的地方有明显的转折，对内城呈环抱之势，面积约13平方千米。西南角继续往北有墙垣迹象，护城壕随之向北，越过金水河、金水路，在今纬三路北折向东。郭城东南角的顶端即是古湖岸，北部尚未发现墙垣遗迹。② 郭城很可能原本就没有闭合，而

---

① 河南省文物考古研究所：《郑州商城——1953～1985年考古发掘报告》（上），文物出版社2001年版。河南省文化局文物工作队：《郑州二里冈》，科学出版社1959年版。河南省文物研究所：《郑州商城考古新发现与研究（1985—1992）》，中州古籍出版社1993年版。

② 袁广阔、曾晓敏：《论郑州商城内城和外郭城的关系》，《考古》2004年第3期。

是由城墙与城址外东北方向的湖泊沼地共同构成商城的外围防御设施。[①] “筑城以卫君，造郭以守民”，郭城墙垣内侧曾发现一座堆放30多件石戈的窖藏，应该与城址的防卫有关。

郭城与内城城垣之间，无郭城城墙的地段则在内城外围，分布着铸铜等各种手工业作坊和多处墓葬群，包含重器在内的铜器窖藏也位于这一区域。铸铜作坊发现2处，分别位于南墙外约700米处的南关外和北墙中部外约200米的紫荆山。南关外铸铜作坊与城址的使用时间相同，面积达2.5万平方米。发现有坩埚、熔炉等熔铜工具，各种陶范、陶模等铸铜工具，磨石、刀、锥等修饰工具，以及白灰地面、铜锈地面、铜矿石、铸铜土台、储沙坑、铜渣、铜锈块等丰富的遗迹遗物。铸造的器类以镬、凿、斧、刀等生产工具为主，也有镞、戈等兵器和鬲、鼎、斝、爵、觚等礼器。北墙外约300米铸铜遗址之北有制骨作坊，面积约5000余平方米，出土了大量成品、半成品骨器和带有明显锯痕的骨料和废骨料，以及石刀、磨石等遗物。骨器以骨笄的数量最多，其次是骨镞和骨锥，制骨的原料除了猪骨、牛骨、鹿骨和鹿角，还有人的肢骨。西墙北段外1300米有铭功路制陶作坊，北距金水河约100米，面积达12万平方米。发掘出了烧陶窑炉、制陶场地、房屋基址、储藏陶器坑、取土坑等遗迹和大量的陶泥、陶坯残片、废陶器、陶拍等遗物。墓地多混杂在遗址区，如南墙外郑州烟厂附近，西墙外人民公园附近，东墙外的白家庄、杨庄附近。

窖藏铜器坑在内城外围共发现3处，是举行过大型祭祀活动之后，将祭祀中使用过的青铜礼器埋藏于地下的遗存。[②] 一处位于西城墙中北部外侧约300米处的杜岭土岗南段，即今杜岭张寨南街，共出土3件青铜器。2件大方鼎东西并列，口沿平齐，端正地放置在经过平整的生土地面上，铜鬲放在稍矮的那件鼎内。这是在郑州首次发现的商代前期铜方鼎，虽不及著名的司母戊铜方鼎形体大，但却时代较早，堪称国之重器。[③] 另一处位于商城东城墙南端东侧约54米处，即今郑州向阳回族食品厂院内，共出土13件青铜器。坑底南部7件，1件大

---

① 安金槐：《对于郑州商城“外夯土墙基”的看法》，《郑州商城考古新发现与研究(1985—1992)》，中州古籍出版社1993年版。

② 河南省文物考古研究所：《郑州商城——1953~1985年考古发掘报告》(上)，文物出版社2001年版，第511~519页。

③ 河南省博物馆：《郑州新出土的商代前期大铜鼎》，《文物》1975年第6期。

方鼎在东，1 件圆鼎在西，两鼎鼎口相对平放在坑底，羊首罍、涡纹中柱盂、素面纹盘各 1 件，牛首尊 2 件放置在鼎内及两鼎之间。坑底北部 6 件，1 件饕餮纹大方鼎口东足西横置在坑底，小圆鼎、觚各 2 件和 1 件提梁卣放置在鼎腹内。[①] 第三处位于商城西墙南段外侧约 50 米处，即今南顺城街，共出土 12 件青铜器。坑底中间是 1 件方鼎，腹内套放 1 件方鼎，紧贴着左右两侧也各有 1 件方鼎，鼎均口部朝上放置，套放的方鼎中放置有斝、爵、戈各 2 件和 1 件钺，口部之上倒扣着 1 件簋。该窖藏坑内伴出有丰富的陶器和少量印纹硬陶及原始青瓷器。[②]

宫殿区位于内城东北部，略呈东西长约 800 米、南北宽约 500 米的长方形，总面积约 40 万平方米，约占内城面积的六分之一。其范围东靠商城东城墙的北段内侧，西至工人第一新村的工一街东侧，北临顺河路，南到郑州旧城北城墙东段北侧。宫殿区的部分边沿地带发现有夯土墙、石筑下水管道、深壕沟等遗迹，东部、北部紧靠内城东墙、北墙，今城北路发现有夯土墙基，很可能是宫城城墙，推测宫城西、南两面很可能有夯土墙、城壕设施。宫殿区内密集分布着大小不等数十处夯土建筑基址，面积最大的达 2000 余平方米，最小的约为 150 平方米。能看清布局的部分，建筑基址排列有序，方向则为南稍偏西，南北向的建筑则与其垂直。宫殿区的北部今顺河路南侧黄河中心医院，有池苑遗存。水池呈西北—东南方向，为东西长约 100 米、南北宽约 20 米的长方形。坑底分层铺垫掺有料礓石颗粒的土，然后用方形或长方形青灰色石板平铺。池壁也经料礓石颗粒修整并用圆形砾石加固。水池南侧发现有供水设施石板水道。水道底和顶用石板铺砌，两壁用草拌泥垒砌内侧砌石板，内部宽 0.55 米、高 0.68 米，已发现长度约 40 米。与水道相通，共发现 4 眼汲水井，彼此间隔 8 米。水井均呈长 2.5 米、宽 1.5 米的长方形，南半部均有二层台。水井、水道、水池共同构成较为完整的供水系统。[③] 祭祀区位于宫殿区东北部、内城北城墙东段内侧的一片平坦高地处。发掘出排列有序的埋石、烧土坑或面、殉狗坑、殉人葬坑等遗

① 河南省文物研究所、郑州市博物馆：《郑州新发现商代窖藏青铜器》，《文物》1983 年第 3 期。

② 河南省文物考古研究所、郑州市文物考古研究所：《郑州南顺城街青铜器窖藏坑发掘简报》，《华夏考古》1998 年第 3 期。河南省文物考古研究所、郑州市文物考古研究所：《郑州商代铜器窖藏》，科学出版社 1999 年版，第 4～74 页。

③ 河南省文物研究所：《1992 年度郑州商城宫殿区发掘收获》，《郑州商城考古新发现与研究（1985—1992）》，中州古籍出版社 1993 年版。曾晓敏：《郑州商代石板蓄水池及相关问题》，《郑州商城考古新发现与研究（1985—1992）》，中州古籍出版社 1993 年版。

迹。祭祀场西南部空地中间是三块埋石,最大的一块长约45厘米、宽约30厘米、厚约15厘米,殉狗坑、单人葬墓、烧土遗迹等围绕其分布。殉狗的数量比较多,单个坑内多是上下重叠,6~23只不等,已发掘出的殉狗达90余只。另有三块较小的埋石,散布在祭祀场的东南部。

郑州商城内出土了数以万计的珍贵文物。数量众多的陶器为商城考古学文化的分期奠定了基础。骨器的出土数量仅次于陶器,有许多以牛、羊的肩胛骨为原料的卜骨。出土了一大批青铜器,包括方鼎、圆鼎、鬲、斝、爵、盉、罍、尊、盘、觚、卣、盂等容器,刀、锥、钻等工具和戈、镞等兵器。出土有璧、玦、琮、璜、戈等玉器及少量象牙器、金器、原始瓷器等,还出土数百枚穿孔贝。

(二)郑州商城的年代及布局变迁

郑州商城的二里岗文化性质十分明确,早于殷墟晚商文化。二里岗文化的分期,根据一系列叠压、打破等层位关系,相关单位出土器物的组合、形制演变序列等,分为四期,下层、上层各两期。第一期时,陶器群表现出二里头文化、下七垣文化、岳石文化等多元的文化因素。青铜器的数量较少,器壁较薄,青铜容器的种类有爵、盉。第二期时,文化面貌比较统一,多种文化因素仍依稀可辨,但商文化因素的比例大幅增长,形成了新的早商文化。青铜器的数量和种类增多,器壁变厚。青铜容器的种类有爵、斝等。第三期是第二期的延续和发展,二里岗上层文化的分布范围已覆盖原先商下七垣文化、二里头夏文化分布区甚至更广泛的地区。青铜器的数量和种类更多,青铜容器的种类有爵、斝、觚等。第四期时,已经进入中商文化的范畴,三处青铜器窖藏的埋藏年代均处于第四期或更晚,出土的大批青铜器则表现出早晚不同的特征,青铜容器新出现的种类有四足方鼎、罍、卣、尊、盂、盘等。郑州商城陶器群发展变化轨迹清楚,连续性强,是一个连续的文化发展过程。第一期即二里岗下层一期,至第四期即二里岗上层白家庄期。郑州商城自发现以来,其文化的性质就受到学界关注。二里头文化发现后,持西亳说者主张二里头三、四期是早商文化,将二里岗文化定为中商文化。郑亳说提出后,有学者认为二里岗文化为早商文化,二里头一至四期都是夏文化。尤其是偃师商城发现以来,二里岗文化为商代早期文化的看法得到了越来越多学者的认同。目前一般认为,郑州商城第一至三期是早商文化一至三期,第四期白家庄期已是中商文化一期。

郑州商城的布局变化与文化分期的四期大致吻合。第一期时，郑州商城已初具规模，建设了宫殿区和内城。宫殿区 C8T62 发现的夯土基址的废弃年代在二里岗下层二期之前，建筑和使用年代早至偃师商城第一期即早商文化第一期。[①] 宫殿区中心区今东里路东段路北发现有一组此期时的宫殿建筑，F1、F2 与之年代相同。[②] 宫殿区也发现有随葬铜容器的墓。南关外的铸铜作坊也已经建成并投入生产。郑州商城内城的城垣始建于二里岗下层，或认为是在二里岗下层第二期，或认为可以早至二里岗下层第一期。陈旭、袁广阔则认为内城垣、宫殿基址、南关外的铸铜作坊的年代均是二里岗下层第一期或更早。[③]

第二期时，增修了外郭城，城市规模得以迅速扩张，人口急剧增加。内城南部发现许多夯土建筑基址，应是贵族居址。南关外的铸铜作坊得到大规模扩展，新建铭功路制陶作坊和紫荆山北制骨作坊等手工业作坊。内城墙内侧和宫殿区内发现有随葬铜容器的墓。宫殿区增建了大批宫殿，面积比较大的 C8G15、C8G16 即建于此期。C8F16 仅残存有基址西南一部分，南北残长 38.4 米，东西残宽 31.2 米，柱础槽分为内、中、外三层有序排列，推测这是一座规模相当大的周围带有二周回廊的重檐宫殿建筑夯土基址，可能是明堂、重屋类建筑。C8G15 东西长约 65 米，南北宽约 13.6 米，外面一层檐柱，推测这是一座大型的周围带回廊的宫殿建筑夯土基址，可能是寝殿。宫殿区内的祭祀遗迹非常普遍，如 C9.1H111 祭祀坑。坑为长方形竖穴，南北长 1.98~2.03 米，东西宽 0.8~0.9 米，发掘深度 6.4 米(未至底)。出土完整或较完整的成人骨架 2 具、小孩骨架 6 具、大猪骨架 5 具、小猪骨架 3 具、狗骨架 1 具、狗头 1 只，还有一些零散的人骨、猪骨和狗骨。这些骨架的埋藏姿态多数都不很自然，由上到下大体分为 4 层。其东北约 6 米处的另一个祭祀坑 C9.1H110 中出土有一片较大的带有灼痕的牛肩胛卜骨。宫殿区北部的石板水池及管道也已经建成使用。水池西南 C8G10 基址内发现有人牲祭祀遗存。

第三期时，宫殿区新建、改建一批宫殿建筑。新建的宫殿建筑中面积比较

---

① 张文军、张玉石、方燕明：《关于偃师尸乡沟商城的考古学年代及相关问题》，《青果集》，知识出版社 1993 年版。

② 宋国定、曾晓敏：《郑州商城宫殿遗址发现夏商界标》，《中国文物报》1999 年 8 月 18 日。

③ 陈旭：《论河南早商都邑遗址的年代及相关问题》，《考古与文物》2000 年第 1 期。袁广阔：《郑州商城始建年代研究》，《中原文物》2003 年第 5 期。

大的如郑州电力学校 F1，改建的如 C8G10 在原址重建，在废弃的 C8G11、C8G12、C8G14 基址上新建了 C8G8 和 C8G13。宫殿区东北部的祭祀遗存十分丰富。此期祭祀遗迹的种类较多，分布范围也较广，南关外铸铜遗址内、西墙北段外侧的遗迹现象均比较多，城内西部西墙中段内侧、城外西南角也发现有殉人殉狗坑。内城南部、西北部发现有随葬铜容器的墓。南关外铸铜作坊仍有扩展，并新建面积超过 1500 平方米的紫荆山北铸铜作坊。这期开始，青铜器的数量和体量均大幅度增加。铭功路制陶作坊规模也有扩大，且有集中的趋势，专业化程度有所提高。

第四期时，宫殿区的大批宫殿已被废弃，偏晚时两处铸铜作坊也被废弃，发现的三处铜器窖藏坑均属于此期或更晚，其中的青铜重器不见于其他商代早期城址。西墙外铭功路、东墙外的白家庄等地墓葬中有较多随葬青铜容器的墓。至中商二期时，郑州商城全面荒废。

郑州商城从第一期至第三期，城址规模由小到大，内涵变得越来越丰富。宫殿区、内城及周边在一期时已初具规模，屡经改建、扩建，始终是郑州商城的重心。郑州商城有内涵丰富的祭祀场所，有沟通城内外的水系设施，有贵族居址、平民居址等各种类型的房屋建筑，有多座随葬青铜容器的墓葬，有包括青铜重器在内的青铜器窖藏，有规模巨大的铸铜作坊，还有制骨、玉石器等手工业作坊。郑州商城是目前已经发现的商代早期城址中规模最大且遗存最为丰富的都城遗址。

二、偃师商城的布局与年代

（一）偃师商城的整体布局

偃师商城发现于 1983 年，位于洛阳盆地的东部，北依邙山，南临洛河，西南距二里头遗址 6 千米。夏商时期，洛河在城址南约 2 千米，城址东北方还有一条西北流向东南的河道，东南方有一片约方圆 1.5 千米的水域。多年来的考古发掘和研究工作，使得偃师商城的布局、年代、文化内涵等重要问题基本清晰。商城有大城、小城、宫城三重城垣，大城外有与之平行的城壕。

大城平面略呈长方形，东南凹进一角。南北长1700余米；东西最北端宽1215米，中部宽1120米，南部宽740米。周长约5500米，面积约190万平方米。城墙内外两侧均发现有顺城大道，城墙外侧约12米处有与之平行的城壕。城垣上已发现5座单门道城门，北墙上1座，东西墙上约在相同位置各有2座，基本对称。西墙上的2座城门大致将西城墙三等分，靠北侧的城门在使用一段时间后被封堵。东西墙北侧的城门之间有大道相连并与顺城大道相通。中部和北部分布着多处贵族和平民居址。东北隅有铸铜作坊遗址，发现有红烧土浅坑、陶范块、铜渣等遗存。北部有较集中的竖穴陶窑遗址。作坊的周边发现有小型居址和水井。东、西、北墙内侧发现数处小片小型土坑竖穴墓葬。①

小城位于大城的西南部，平面大体呈长方形，直线距离南北长约1100米，东西宽约740米，面积80余万平方米。北城墙中段、西城墙中段均向内凹进数米，东城墙中段向外凸出数米，分别形成两处Z形转角。小城西城墙、南城墙和东城墙的南段，在扩建大城时被重新利用。② 小城西南隅有一处府库建筑群，四周是由厚约2米的夯土围墙圈起的面积达4万余平方米的方形封闭区域。其西墙和南墙分别靠近小城的西墙和南墙，东北距宫城不足100米。东围墙的两侧发现了近20座祭祀坑，有人和多种动物牺牲，也发现有卜骨。区域内整齐分布着6排共90余座长条形建筑，每座建筑长约25米，宽6米余。室内空间被两道平行的矮墙分割为三部分，一般两侧宽1.7～1.9米，中间部分宽约2米。空间设置并不适合居住，矮墙似乎是板案类设施的支撑。单个建筑基址之间都有较浅的排水沟，相互贯通，构成网状排水系统。建筑群使用时间很长，但十分洁净，不见生活痕迹，路土踩踏也较轻，专用色彩浓厚，推测是国家仓储即府库（或说是武库）所在。③ 小城东墙外侧，宫城的东北方不远处，也有一座面积稍小的

---

① 中国社会科学院考古研究所洛阳汉魏故城工作队：《偃师商城的初步勘探和发掘》，《考古》1984年第6期。中国社会科学院考古研究所河南第二工作队：《河南偃师商城东北隅发掘简报》，《考古》1998年第6期。中国社会科学院考古研究所河南第二工作队：《1983年秋季河南偃师商城发掘简报》，《考古》1984年第10期。

② 中国社会科学院考古研究所河南第二工作队：《河南偃师商城小城发掘简报》，《考古》1999年第2期。

③ 中国社会科学院考古研究所河南第二工作队：《偃师商城第Ⅱ号建筑群遗址发掘简报》，《考古》1995年第11期。杜金鹏、王学荣、张良仁：《试论偃师商城小城的几个问题》，《考古》1999年第2期。

方形建筑群,也是由若干排列有序的长条形建筑组成,应该也是府库建筑。

宫城位于小城中部略偏南处,平面近正方形,东墙长 180 米,南墙长 190 米,西墙长 185 米,北墙长 200 米。围墙内宫城地面比城外地面高 20 余厘米。南墙正中有一宽敞的门道。宫城南部是宫殿建筑群,约占宫城总面积的三分之二,中部有一条大道通向南门。发现多座布局严谨的大型建筑基址,皆朝南稍偏西。以宫城东部的第四号宫殿基址为例,方向为 188°,平面呈长方形,东西长 51 米,南北宽 32 米,面积 1632 平方米。建筑群以面南的正殿为主体殿堂,东西长约 36.5 米,南北宽约 11.8 米。台基南缘伸出 4 个东西宽约 2 米、南北长约 2.5 米的长方形台阶,台阶多保留有 3 级,连接着台基表面和庭院。东、西、南三面廊庑,西庑北端延伸出西墙,正殿后的北墙将其与宫城东墙连接,形成封闭式结构。南庑中部偏东处的南大门是正门,宽约 2 米,北距主体殿堂 14.3 米,与其东侧第二个台阶相对。西庑偏北处设有宽约 1 米的西侧门。主殿与三面廊庑围起的庭院呈长方形,南北长约 14 米,东西宽 40 米,北高南低,倾斜度明显。

宫城北部宫殿区往北依次是祭祀区和池苑,合占宫城面积的三分之一。祭祀区东西绵延达 200 米,主体部分由东向西分为 A、B、C 三个区域,面积分别约 800 平方米、1100 平方米、1200 平方米。A 区由若干面积不等的圆形或长方形祭祀场和面积较小的祭祀坑组成,祭祀场面积小的近 30 平方米,大的 130 余平方米。有人和多种动物牺牲,也有水稻、小麦等粮食祭品。祭祀堆积形式也多种多样,有的使用人牲,或为全尸,或被肢解;有的单独使用牛头,然后埋入大量鱼类;有的夹杂大量稻谷籽粒;有的还伴出被打掉底部的陶器等。B、C 两区东西并列,是两个规模庞大的祭祀场,在布局、形制、结构等方面基本一致。平面为长方形,四周有宽约 1 米的夯土围墙,门道位于南围墙的中部,主体部分是一沟状遗存,以猪为主要祭品,共存有多种动物。在 C 区已发掘的三分之一面积内,出土猪的个体数已超过了 100 头。单独用猪的,多为全尸,多种动物共存的组合多为猪、牛、羊,也有鹿、兔等,多被肢解,常共存有陶器。① 池苑遗迹位于祭祀区的北部,其中央的石砌大水池处于宫殿北部正中。水池平面呈长方形,东

---

① 中国社会科学院考古研究所河南二队:《河南偃师商城宫城北部“大灰沟”发掘简报》,《考古》2000 年第 7 期。中国社会科学院考古研究所:《河南偃师商城商代早期王室祭祀遗址》,《考古》2002 年第 7 期。

西长约 130 米，南北宽约 20 米。中部较深，南北两边稍浅，现存深度约 1.5 米，最深达 2.1 米。四壁用自然石块垒砌，池底弧凹，未铺石块。水池南部中央，有水榭类建筑。东西两端各伸出一条石砌水渠，出宫城后往北折，然后又分别向东、西拐折，从东西城墙的南侧城门下通往城外城壕，西渠是注水渠，东渠是排水渠。①

偃师商城出土了数量众多的陶器，尤其是祭祀区自上而下依次叠压的文化层堆积，出土了比较丰富的陶片，为偃师商城商文化的分期奠定了基础。商城虽然发现了铸铜作坊遗址，但出土青铜器的数量和种类均不多，器类主要是镞和刀，还有凿、锥、鱼钩、戈、爵、斝等。出土有较多的石器，还有玉璜、玉刀等玉器，大量骨蚌器，有较多卜骨，有漆木器痕迹。

（二）偃师商城的年代及布局变迁

偃师商城从始建，经过部分重建、扩建，历经了很长一段时间。偃师商城的文化分期，根据一系列叠压、打破等层位关系，相关单位出土器物的组合、形制特征演变等，分为三期。第一期时，二里头夏文化因素的器物种类和数量仍占有优势，形态与二里头文化第四期大体一致而稍有差异，商文化因素同先商下七垣文化接近且比例不断上升。第二期时，文化面貌比较统一，商文化因素的比例大幅增长，在先商文化、二里头文化的基础上形成了新的早商文化，器类更加丰富，分布范围不断扩大。第三期是第二期的延续和发展，早商文化具有典型的二里岗上层特征，分布范围已覆盖原先商下七垣文化、二里头夏文化分布区甚至更广泛的地区。偃师商城陶器上承下七垣先商文化，下连二里岗早商文化，发展变化轨迹清楚，连续性强，是一个连续的文化发展过程。偃师商城第一期早段约与二里头文化第四期年代相当；一期晚段则与郑州商城以二里岗 H9 为代表的商文化早期遗存年代大体相当，属早商文化一期。二期相当于二里岗下层文化二期，属早商文化二期。三期早、中段相当于二里岗上层文化一期，属早商文化三期；三期晚段约与郑州地区商文化白家庄期相当，属中商文化一期。偃师商城的绝对年代，按照 ^{14}C 的数据，一期的起始年代为公元前 16 世纪前叶，

---

① 杜金鹏：《偃师商城王宫池渠的发现及其源流》，《偃师商城初探》，中国社会科学出版社 2003 年版。

三期的终结时间为公元前14世纪前叶,①偃师商城的兴废历经了约200年。

偃师商城的布局变化与文化分期的三期大致吻合。第一期偃师商城已初具规模,建设了宫城,宫城南垣正中有一宽约2米的门道。宫殿建筑群集中于宫城南半部,已知宫殿建筑有第一、第四、第七、第九、第十号宫殿,以第七、第九、第十号宫殿为主,三者大体在一条南北线上。七号宫殿在九号宫殿南,二者间有门道相通,应为一组建筑。十号宫殿在九号宫殿北约20米。一号宫殿在九号宫殿东侧,规模较小,似乎是九号宫殿的附属建筑。宫殿区北的祭祀区也已开始使用。小城及小城西南隅的府库建筑均已建成使用。宫城西侧的制骨作坊、小城外东北部的铸铜作坊也已经开始使用。

第二期时偃师商城得到大规模扩建。在小城的基础上修筑大城,城址规模急剧扩大,大城的北部新建许多窑址。宫城规模也有扩展,但仍维持着封闭的状态,宫城内布局没有根本性变化,但也有所改变。宫城南大门继续使用。第四、第七号宫殿继续使用,第一、第十号宫殿废弃。在第九、第十号宫殿之间新建第八号宫殿。在第九号宫殿废弃的基础上,扩建为第二号宫殿。为建设二号宫殿,宫城向西扩展,宫城西墙的相应地段被向西移动数十米重筑西墙。第四号宫殿的南侧新建第六号宫殿,为建设六号宫殿,利用了宫城南墙。小城西南隅的府库建筑群在原址上全面翻修改建。

第三期中段以前偃师商城的总体布局没有大的变化。大城不断得到修缮,府库建筑群的局部被改建或修缮。小城未被大城利用的北城墙及东城墙北段已被夷为平地。宫城继续向西、向南扩展。第四、第八号宫殿继续使用。第二号宫殿经过局部改建。在第六号宫殿废弃的基础上,扩建为更大规模的第五号宫殿。在第七号宫殿废弃的基础上,扩建为更大规模的第三号宫殿。三号、五号宫殿左右并列,规模、形制近乎相同,"是目前所见商代早期规模最大且显现出严整对称布局的两座宫殿建筑"②。二者突破了宫城南墙,南墙墙基成为殿基的一部分,外侧尚未发现新增建的城墙。宫城西墙也被突破,以其为依托新建了数处大型建筑。

---

① 杜金鹏:《偃师商城与"夏商周断代工程"》,《偃师商城初探》,中国社会科学出版社2003年版。

② 中国社会科学院考古研究所:《中国考古学·夏商卷》,中国社会科学出版社2003年版,第211页。

第三期中段偏晚时,商城突然被废弃。迄今未发现三期中段以后新建的大型夯土建筑,且原有宫殿建筑基址在三期中段时也被废弃,被三期中段的多座灰坑打破。如第一至第三期连续使用的第四号宫殿、府库建筑及第三期早段才修建好的五号宫殿等,均被多座三期中段的灰坑打破其建筑基址,显然它们在第三期中段时已被废弃。至三期晚段,偃师商城一带已成为一般聚落。①

偃师商城从第一期至第三期,城址规模由小到大,内涵也变得越来越复杂。宫城在第一期时已初具规模,屡经改建、扩建,始终是偃师商城的重心。小城和宫城的布局是我国古代城市建设中具有中轴对称的最早实例,显然是经过精心规划的。而且有内涵丰富的祭祀场所和宏大池苑,城内有贯通城门的道路网络,沟通城内外的水系设施,各种类型的房屋建筑,还有铸铜、制骨等手工业作坊等。偃师商城规模较大,文化内涵丰富,尽管仅发现极少数中型墓,尚未发现大型墓葬,但偃师商城仍是一处商代早期具有王都性质的城址,且是迄今发现最早的商代早期都城遗址。在目前缺乏明确文字资料的条件下,区分、界定夏文化与商文化、先商文化与早商文化,利用考古学手段将偃师商城作为夏商文化的界标,即偃师商城的始建是夏商文化的界标,也得到了普遍认可。②

三、亳都辨

(一)郑州商城与偃师商城的关系

郑州商城与偃师商城同为商代早期的都城遗址。两城的始建年代比较接近,均始建于二里岗下层第一期即早商一期。早商二期是两城共同繁荣兴盛的年代。早商三期时,郑州商城持续繁荣,偃师商城则已开始衰落。偃师商城的废弃年代也早于郑州商城。偃师商城在第三期中段偏晚即中商文化一期时突然被废弃,此时的郑州商城仍有较为丰富的遗存,包括王室重器在内的青铜器

---

① 王学荣:《偃师商城"宫城"之新认识》,《中国商文化国际学术讨论会论文集》,中国大百科全书出版社1998年版。王学荣:《偃师商城布局的探索和思考》,《考古》1999年第2期。

② 高炜、杨锡璋、王巍、杜金鹏:《偃师商城与夏商文化分界》,《考古》1998年第10期。

窖藏、较多的随葬青铜容器的墓,中商文化一期偏晚时宫殿区、铸铜作坊先后被废弃,至中商二期时郑州商城方全面荒废。郑州商城使用及繁荣的时间均比偃师商城更长。

郑州商城与偃师商城位于同一纬度,东西相距仅约 90 千米,二者在选址上有一定的相似性。郑州商城所在,西、南是嵩山余脉丘陵高地,东、北面是大面积水域,历来通衢四达,是交通的咽喉要道。偃师商城所在的洛阳盆地,北依邙山,南望嵩岳,东有成皋,西有崤函,伊洛瀍涧诸水横贯,自古就是立邦建都的"首善之区",河山拱戴,形胜甲于天下,素为兵家必争之地。两城的区位优势、所处大环境的生态均十分优越,城址都选在依山靠水、地势较高的台地,地理位置十分重要。两城均处于夏文化的核心分布区,是华夏文明的腹地,人文荟萃。

郑州商城与偃师商城的规模差异巨大。郑州商城的总面积和宫殿区面积都比偃师商城大得多。郑州商城内城周长近 7 千米,面积约 290 万平方米,宫殿区面积约 40 万平方米,郭城更大,面积约 13 平方千米;偃师商城大城面积约 190 万平方米,宫城面积约 4.5 万平方米。郑州商城城门的数量比偃师商城要多。郑州商城内城四面城墙上共发现 11 处大小不等的缺口,有的可能与商城城门有关;偃师商城大城城垣上共发现 5 座单门道城门。郑州商城铸铜等手工业作坊的规模也比偃师商城的作坊规模大得多。郑州商城南关外铸铜作坊面积达 2.5 万平方米,数以千计的陶范等青铜冶铸相关遗存十分丰富,北墙外制骨作坊面积约 5000 余平方米,铭功路制陶作坊面积达 12 万平方米;偃师商城东北隅的铸铜作坊遗址仅发现 3 个圆形锅底状灰坑、灰坑附近直径约 1 米的圆形红烧土面及其周围 0.3 米范围内的椭圆形红烧土坑等青铜冶铸相关遗存。郑州商城发现有较多的随葬青铜容器的墓葬,而偃师商城的墓葬中少见铜器。

郑州商城与偃师商城的布局有很多相似之处。两城均多重城垣,最外围城垣外侧有城壕。郑州商城有郭城、内城,有宫城墙垣的遗迹但不确定,郭城外侧有城壕;偃师商城有大城、小城、宫城三重城垣,大城外有与之平行的城壕。两城平面均略呈长方形,北墙东段均略内折,东北角呈抹角。郑州商城内城略呈长方形,北墙东段倾斜略呈西北—东南走向;偃师商城大城、小城均略呈长方形,大城北墙东段略内折。两城的宫城(宫殿区)均占据着城内最重要地位,郑州商城的宫殿区占据着城内的高地,偃师商城的宫城也占据着城内高地,位于小城的中部,西南和东北分别有府库拱卫。两城的城内均有比较明确的功能分区,以宫殿区为中心,平民居住区、手工业作坊区等散布在外围,均各自相对独立。两城的池苑遗存均位于宫殿区的北部,均发现有面积达2000余平方米的大型水池及与之关系密切的水井。两城宫殿区内的祭祀区均位于宫殿区北部。两城城墙、大型建筑的方向均为南偏西。两城均未发现王陵,城墙内侧均发现有小片墓地。

郑州商城与偃师商城的布局同时也存在很多明显的差异。两城虽都有多重城垣,但城垣间共存的时间并不一致。郑州商城的郭城与内城城垣虽然营建时间有先后,但在很长一段时间里是共存的,同时都在使用;偃师商城的大城是在小城的基础上扩建而成,大城与小城城墙主要是先后关系,大城建成后小城城垣即被废弃。两城宫殿区在城内的位置也不同。郑州商城的宫殿区位于内城东北部;偃师商城的宫城,在小城使用时期位于小城中部稍偏北,扩建大城后宫城位于大城西南部。两城手工业作坊在城内的分布不尽相同。郑州商城的铸铜、制陶等手工业作坊分布在郭城与内城之间。偃师商城的铸铜、制陶等手工业作坊分布在大城与小城之间的东北部,在小城使用时期位于小城城外,大城建成后位于城内。

郑州商城与偃师商城宫殿区内的祭祀区遗存也有很大不同。郑州商城宫殿区北祭祀区埋藏有众多人头骨的壕沟、立石祭社的遗迹现象,①以及较多的人牲,均不见于偃师商城。此外,郑州商城内城与郭城之间,先后发现3处包括以大方鼎为代表的王室重器在内的青铜器窖藏坑,也可能是祭祀后的埋藏。青铜器窖藏也不见于偃师商城。

郑州商城与偃师商城宫殿建筑的具体形制有所不同。郑州商城已知的有两类宫殿建筑:一类略呈方形,有内、中、外三圈柱子而无墙,很可能是“明堂”类建筑;另一类呈长方形,有墙,墙外设回廊,很可能是寝殿。偃师商城的宫殿建筑已知的也是两类:一类是由北面的正殿、其余三面的庑构成带庭院的封闭式院落格局,类似二里头遗址一号、二号宫殿的形制;另一类是二进以上、前后相通的殿堂,类似前朝后寝的形制。偃师商城还发现有府库性质的建筑群,郑州商城未发现类似建筑,而偃师商城未发现类似郑州商城的“明堂”类建筑。

---

① 郝本性:《试论郑州出土商代人头骨饮器》,《华夏考古》1992年第2期。郑杰祥:《郑州商城社祭遗址新探》,《中原文物》2010年第5期。

郑州商城与偃师商城的城墙形制也有不同。偃师商城内城北城墙中段、西城墙中段均向内凹进数米,东城墙中段向外凸出数米,分别形成两处Z形转角。Z形转角显然有利于增强防御,郑州商城城墙没有此类设施。偃师商城城墙的外侧均较陡,也有利于增强防御,郑州商城城墙外侧坡度则均较缓。

郑州商城与偃师商城的出土遗物也存在很大差别。两城出土量最大的陶器有较多的一致性,也因此建立了相对完整的考古学文化序列。此外,郑州商城出土了一大批珍品,包括以大方鼎为代表的王室青铜重器,刻辞甲骨,璋、璜等玉器,龙纹金叶片,觚等象牙器,数百枚穿孔贝,罍、罐等原始瓷。而偃师商城则不见鼎等青铜重器,也不见刻辞甲骨、原始瓷等。

综上,郑州商城与偃师商城同为商代早期的都城遗址,在年代、选址、布局、文化内涵等众多方面,有较多一致性的同时也存在着诸多明显的差别,这种差别"则反映了二者的互补性"①。

(二)郑亳与西亳的讨论

商汤居亳为先秦文献如《孟子》《墨子》《荀子》等所共述,至商王仲丁迁嚣(隞)以前,诸商王皆以亳为都。关于汤所居的亳,有两个重要的信息。其一,亳并不大,方圆不过百里。《孟子》《淮南子》《荀子·王霸》《荀子·议兵》诸篇记为:汤居(处)亳,七十里。《墨子》《战国策》《荀子·正论》记为:汤居(封于)亳,方地百里。其二,汤以亳为根据地灭夏,灭夏后复归于亳,并以亳为都。《尚书·汤诰序》载:"汤既黜夏命,复归于亳。"又有"王归自克夏,至于亳"。《史记·殷本纪》也载:"既绌夏命,还亳。"《逸周书·殷祝解》载:"汤放桀而复薄(亳),三千诸侯大会。"《墨子·非攻》载:"汤奉桀众以克有夏,属诸侯于薄(亳)。"

亳的地望历来众说纷纭,郑州商城与偃师商城同为商代早期的都城遗址,也均被指为汤都遗址。两都城的性质、功能及相互关系,学界讨论很多,见仁见智。或认为其中一处是汤都,或认为二者均是汤都。一种意见认为两都城均是商王朝都城,为都时间有早晚,郑州商城是商代中期仲丁所迁的隞都,而偃师商

① 中国社会科学院考古研究所:《中国考古学·夏商卷》,中国社会科学出版社2003年版,第231页。

城是汤都之西亳,这以偃师商城的时代早于郑州商城为前提;另一种意见认为两都城是并存的商代早期都城,但主辅有别,郑州商城是成汤所都之亳,偃师商城是同时期伊尹放太甲的桐宫或别都,或二者同名异地,共为汤之亳都。我们赞同后一种观点,从城址时代、规模、布局、文化内涵等多方面考虑,郑州商城是成汤所都之亳,偃师商城则是西亳,是同时期别都。若此,郑州商城和偃师商城便是考古发现最早的两都并存实例。

郑州商城的性质,自其发现至今经过了长期热烈的讨论。20 世纪 50 年代,郑州商城发现之初,就有学者将其与仲丁所迁的隞都相联系。[①] 之后,郑州商城发现城墙,偃师发现了比郑州商城年代更早且同样具有都城性质的二里头遗址。60 年代初,安金槐正式提出郑州商城很可能就是仲丁所迁的隞都。[②] 郑州商城隞都说以偃师二里头文化某一段为商代早期文化为前提,认为郑州二里岗文化为商代中期文化,郑州商城是隞都,而二里头遗址是汤都西亳。[③] 且因郑州商城位置与文献所载隞都地望在今郑州西北的隞山或隞仓说接近,所以,郑州商城是隞都逐渐得到多数学者认可。70 年代末,邹衡首创郑亳说,以二里头一至四期文化均为夏文化为前提,根据文献记载的郑地之亳、郑州战国遗址发现的“亳”字陶文、汤都亳的邻国及地望、郑州商城的年代及文化内涵等四个方面,并以汤之前及之后商人的迁徙及商文化的分布为佐证,论证了“郑州商城是成汤所居的亳都”[④]。此观点一经刊布,持隞都说的学者便提出了质疑,由此拉开了关于亳都的长期热烈讨论的序幕。[⑤]

郑州商城隞都说、亳都说争论的本质,是对于以二里头遗址为代表的二里头文化、郑州商城为代表的二里岗文化性质的争论,也即是对于夏文化、商文化及夏商文化分界诸问题的争论。偃师商城于 1983 年被发现后,由于同样具有都城的性质,且与同处古洛河北岸的二里头遗址仅相距约 6 千米,文化面貌接

① 邹衡:《试论郑州新发现的殷商文化遗址》,《考古学报》1956 年第 3 期。

② 安金槐:《试论郑州商代城址——隞都》,《文物》1961 年第 Z1 期。

③ 中国科学院考古研究所洛阳发掘队:《河南偃师二里头遗址发掘简报》,《考古》1965 年第 5 期。殷玮璋:《二里头文化探讨》,《考古》1978 年第 1 期。

④ 邹衡:《郑州商城即汤都亳说》,《文物》1978 年第 2 期。邹衡:《论汤都郑亳及其前后的迁徙》,《夏商周考古学论文集》,文物出版社 1980 年版,第 195 页。

⑤ 石加:《“郑亳说”商榷》,《考古》1980 年第 3 期。邹衡:《再论“郑亳说”——兼答石加先生》,《考古》1981 年第 3 期。石加:《“郑亳说”再商榷》,《考古》1982 年第 2 期。

近郑州商城,而年代又晚于二里头、稍早于郑州商城(或同时),引起了学界极大关注。关于偃师商城的性质,学界提出西亳说、桐宫说、大戊城说、别都说等多种说法。自此,关于亳都的讨论愈加深入、激烈。三座都城遗址,无论认为哪座是汤之亳都,都需要对另两座都城的性质做出合理的解释。

持郑州商城隞都说(即二里头遗址西亳说)的大部分学者,在偃师商城被发现以后,大多仍坚持郑州商城是商代中期的隞都,但认为汤都之西亳不是二里头,而是偃师商城,二里头遗址则是夏都斟鄩。① 也有一部分学者仍然坚持二里头遗址是汤都之西亳,而认为偃师商城是商代早期的商王大戊的都城。② 坚持二里头遗址是西亳的观点的学者,认为二里头文化某一段为商代早期文化,二里头文化与二里岗文化在本质上是一体的。也就是说,历史上的夏文化和商文化在本质上没有不同,夏商社会在经济文化的诸多方面并没有根本性的变化,只是统治阶层和方式的变更。③ 持偃师商城是西亳的观点的学者,认为二里岗文化形成的过程中虽然大量吸收了二里头文化因素,但二者在本质上是相互独立的考古学文化,二里头文化是夏文化,二里岗文化是商文化。也就是说夏文化和商文化在本质上是不同的,夏商社会在经济文化的诸多方面存在明显的差异,尽管商代继承并发展了夏王朝取得的诸如青铜铸造等在内的优秀成果。

郑州商城亳都说的基本观点,即郑州商城是汤都之亳、二里头遗址是夏都斟鄩,在偃师商城发现以后仍保持不变。关于偃师商城的性质,在论证偃师商城的始建时间并不早于郑州商城的前提下,对比研究郑州商城与偃师商城始建、繁荣、废弃年代及文化内涵的异同,或认为偃师商城是商初的军事重镇④,或

---

① 中国社会科学院考古研究所河南第二工作队:《1983 年秋季河南偃师商城发掘简报》,《考古》1984 年第 10 期。赵芝荃:《论二里头遗址为夏代晚期都邑》,《华夏考古》1987 年第 2 期。方酉生:《论偃师商城为汤都西亳》,《江汉考古》1987 年第 1 期。方酉生:《郑州商城即仲丁都隞说》,《武汉大学学报(社会科学版)》1991 年第 1 期。

② 杜金鹏:《偃师商城始建年代与性质的初步推论》,《华夏文明》第三集,北京大学出版社 1992 年版。

③ 郑光:《二里头遗址的性质和年代》,《考古与文物》1988 年第 1 期;田昌五:《谈偃师商城的一些问题》,《全国商史学术讨论会论文集》,殷都学刊编辑部 1985 年版。

④ 郑杰祥:《关于偃师商城的年代和性质问题》,《中原文物》1984 年第 4 期。郑杰祥:《郑州商城与早商文明》,科学出版社 2014 年版。

认为是商汤之孙太甲所放之桐宫[①]，或认为是别都[②]。20 世纪 90 年代，郑州西北郊的小双桥商代遗址发现后，郑亳说认为小双桥遗址才是仲丁所迁的隞都。[③]

随着研究的深入，目前学界普遍认为二里头文化是夏文化，二里头遗址是夏都斟鄩，偃师商城是商代早期的都城。郑亳说和偃师商城西亳说的分歧在于对郑州商城时代的认定，争议的本质是郑州商城和偃师商城的始建年代孰早孰晚。郑亳说认为郑州商城的始建年代早于偃师商城，西亳说认为偃师商城的始建年代早于郑州商城。经过长期热烈的讨论，学者们的认识逐渐接近，郑州商城和偃师商城基本同时或略有先后，都是商代早期的都城遗址。关于二者的关系，或认为郑州商城是主都，偃师商城是陪都，[④]或认为两者是并存的双都[⑤]。对比两都城营建、发展过程、文化面貌及其演进过程的分析显示，郑州商城对周边资源、人口的掌控能力以及对外域文化的吸纳接受能力均比较强，偃师商城则有很强的规划、军事防御意味，文化面貌也比较单一，因此，“郑州商城无疑属于当时跨地区的中心城市，从文化上而言，更可能为当时王朝的都城”，而偃师商城的设立则“更可能是为了满足特定行政目的”。[⑥] 进一步对比两都城的规模、军事、经济文化功能，并参照西周的都城体系，可以认为“偃师商城极有可能是商初为镇抚夏遗民而建立的陪都”[⑦]。郑州商城和偃师商城分别是汤都之亳和西亳，是迄今为止考古发现的两都或多都并存的最早实例。

---

① 邹衡：《偃师商城即太甲桐宫说》，《北京大学学报(哲学社会科学版)》1984 年第 4 期。邹衡：《西亳与桐宫考辨》，《纪念北京大学考古专业三十周年论文集(1952—1982)》，文物出版社 1990 年版。

② 陈旭：《关于偃师商城和郑州商城的年代问题》，《郑州大学学报(哲学社会科学版)》1985 年第 4 期。陈旭：《郑州商代王都的兴与废》，《中原文物》1987 年第 2 期。陈旭：《偃师商城第五号宫殿基址的建筑年代及其相关问题》，《中原文物》1991 年第 1 期。

③ 陈旭：《商代隞都探寻》，《郑州大学学报(哲学社会科学版)》1991 年第 5 期。陈旭：《郑州小双桥商代遗址即隞都说》，《中原文物》1997 年第 2 期。

④ 邹衡：《偃师商城即太甲桐宫说》，《北京大学学报(哲学社会科学版)》1984 年第 4 期。

⑤ 张国硕：《郑州商城与偃师商城并为亳都说》，《考古与文物》1996 年第 1 期。许顺湛：《中国最早的“两京制”——郑亳与西亳》，《中原文物》1996 年第 2 期。

⑥ 孙卓：《郑州商城与偃师商城城市发展进程的比较》，《考古》2018 年第 6 期。

⑦ 潘明娟：《从郑州商城和偃师商城的关系看早商的主都和陪都》，《考古》2008 年第 2 期。

第三节 商代后期都城殷墟与灿烂的青铜文明

盘庚迁殷,《竹书纪年》《尚书序》均有记载。殷之地望,文献记载在安阳洹水之滨。今安阳西北小屯及周围地带,考古发现有隔洹河相望的洹北商城与小屯殷墟。洹北商城西南紧邻殷墟且略有重叠,年代早于殷墟,城内发现有宫殿区、青铜窖藏等,是一处商代中期的都城遗址。殷墟地跨洹河两岸,发现有宫殿区、王陵区、众多族邑居址、铸铜等各种手工业作坊,出土了大量与商王有关的甲骨卜辞,还有大量青铜器、玉器、象牙器、白陶、原始瓷等极为丰富的遗物,主体遗存的年代从武丁时代开始,是商代晚期的都城遗址。一般认为洹北商城很可能是盘庚首迁于殷的地方,而小屯殷墟则是武丁以后发展起来的商王朝都城。商王朝创造了灿烂的青铜时代文明,甲骨学、殷墟文化及商史研究的深入,使得商代晚期的经济状况、等级制度、宗教文化等面貌逐渐清晰。

一、殷墟的布局与年代

(一)殷墟范围变迁

殷墟发掘自1928年至今,已历时90余年,成果辉煌。殷墟布局诸如宫殿区、王陵区、众多族邑居址、铸铜等各种手工业作坊的分布基本清晰。1999年,在殷墟保护区外缘东北部发现年代稍早于殷墟的中商时期都城遗址洹北商城[①],

① 中国社会科学院考古研究所安阳工作队:《河南安阳市洹北商城的勘察与试掘》,《考古》2003年第5期。

使得之前在城址范围内发现的商代中期铜器窖藏[①]、墓葬[②]、多处夯土建筑基址[③]等遗存,得到了更恰当的解释。洹北商城的繁荣期是中商的二、三期,中商三期之后普遍被废弃。洹河南岸小屯一带的中商二期、三期遗存比较丰富,三期的陶簋、折沿盆等器物与殷墟一期的同类器已十分接近。整体上,洹北商城商文化早于殷墟文化,小屯一带是洹北商城作为都城期间外围的一处重要聚落。洹北商城废弃的同时,小屯宫殿区开始建设,殷墟文化一期时殷墟已初具规模,宫殿区、铸铜作坊、王陵区等均已出现。殷墟的主体遗存从武丁时代开始,殷墟很可能是武丁以来的商代都城。[④] 小屯一带的中商时期文化与晚商殷墟文化一脉相承,我们有理由相信:洹北商城是殷墟的重要组成部分,是殷墟的早期阶段中商时期,至晚商时期宫殿区越洹河迁往小屯一带,是殷墟的后段晚商时期。即盘庚迁殷的最初地点很可能是在洹北商城,至武丁时迁到了以小屯为中心的殷墟。[⑤]

洹北商城位于殷墟保护区外缘东北部,南临洹河,与殷墟小屯宫殿区隔洹河相望,北面为低矮丘陵,东面是开阔的冲积平原,西南紧邻殷墟且略有重叠。洹北商城平面略呈方形,方向 13°,面积约 470 万平方米。城墙外围绕宽阔道路。宫殿区位于南北中轴线的南段,未发现围墙,南北长约 500 米,东西宽约 200 余米,面积 10 万平方米以上。宫殿区内已发现夯土建筑基址 30 余处,方向均与城墙方向一致,且相互间没有叠压、打破关系,南北成排,规整有序,如宫殿区东南部的 1 号宫殿基址及其北 27 米处的 2 号宫殿基址。2 号基址东西长 90 余米,南北宽约 70 米,面积约 6300 平方米。1 号基址大得多,平面呈“回”字形,东西长约 173 米,南北宽 85~91.5 米,总面积近 1.6 万平方米,是迄今发现的面积最大、保存最好的商王朝时期单体建筑。1 号宫殿由主殿、西配殿、门塾及廊

---

① 孟宪武:《安阳三家庄发现商代窖藏青铜器》,《考古》1985 年第 12 期。孟宪武:《安阳三家庄、董王度村发现的商代青铜器及其年代推定》,《考古》1991 年第 10 期。

② 中国社会科学院考古研究所安阳工作队:《安阳殷墟三家庄东的发掘》,《考古》1983 年第 2 期。

③ 中国社会科学院考古研究所安阳工作队:《河南安阳市洹北花园庄遗址 1997 年发掘简报》,《考古》1998 年第 10 期。中国社会科学院考古研究所安阳工作队:《1998 年~1999 年安阳洹北商城花园庄东地发掘报告》,《考古学集刊》第 15 集,文物出版社 2004 年版。

④ 杨锡璋:《安阳殷墟西北冈大墓的分期及有关问题》,《中原文物》1981 年第 3 期。彭金章、晓田:《殷墟为武丁以来殷之旧都说》,《中国考古学会第五次年会论文集》,文物出版社 1988 年版。

⑤ 杨锡璋、徐广德、高炜:《盘庚迁殷地点蠡测》,《中原文物》2000 年第 1 期。

庑组成。主殿位于基址北部正中,东西长在 90 米以上,南北宽约 14.4 米,有一字排开的 9 间正室和走廊。各正室面积基本一致,面阔 7.6~8.4 米,进深 4.9~5.4 米。每间都向南开门,与门对应有台阶。台阶附近和各正室的中部发现有殉人或殉狗坑等祭祀遗迹。主殿西端是一条长约 30 米的双面廊庑。西配殿北端超出廊庑最北端约 1.8 米,南北长 85.6 米,东西宽 13.6 米。南庑单面廊,与西配殿南端相接,被中部的门塾分为东西两段。门塾明显宽出两侧廊庑,长 38.5 米,宽 11 米。两条门道将门塾分为几乎等宽的三部分。门塾附近的祭祀遗存非常丰富。① 宫殿区以北、洹北商城的北部,分布着密集的居民点。各居民点的房基往往相对地聚集在一起。多数居民点之间有较固定的道路相通。各居民点之间通常有空地隔开,且空地大小不等,有些居民点之间的空地上发现有单独存在的面积较大且修筑考究的公共建筑。居民点附近常常发现有墓葬分布。② 商城历年来发现有青铜窖藏等内涵丰富的遗物。

殷墟位于安阳市西北的小屯村一带,地跨洹河两岸。殷墟的范围东起今安阳市西北的郭家湾以东一带,向西经高楼庄、薛家庄、王裕口、小庄、四磨盘、孝民屯、北辛庄等村,东西长约 6 千米;南起刘家庄一带,经苗圃北地、花园庄、小屯村,向西北经四磨盘过洹河至武官村、侯家庄南地、侯家庄西北冈一带,南北长达 4 千米以上,面积约 24 平方千米。此范围之内,遗址和墓葬等遗迹现象比较密集。殷墟的范围随着使用时间的增长而逐步扩大。殷墟文化一期时的范围,以小屯为中心,西至四磨盘,南至苗圃北地,东南至后冈,东北至洹河北的大司空村,西北至洹河北的武官村,面积约 12 平方千米。小屯宫殿区的乙五、乙七、“凹”字形基址等宫殿基址已经建成,小屯西北、南地开始分布居址,苗圃北地、小屯村东北的铸铜作坊已经投入使用,78HBM1、59WGM1 等武官村大墓开始出现。二期时的范围显著扩展,西边至孝民屯,西南至梅园庄,东南至刘家庄,西北至侯家庄西北冈。宫殿区的西、南两面修建了与东、北两面洹河河道相沟通的壕沟,除沿用原有铸铜作坊之外,新建薛家庄、孝民屯西地铸铜作坊及大司空村制骨作坊,宫殿区内发现有妇好墓等王室墓葬,侯家庄西北冈的王陵区

① 中国社会科学院考古研究所安阳工作队:《河南安阳市洹北商城宫殿区 1 号基址发掘简报》,《考古》2003 年第 5 期。

② 中国社会科学院考古研究所安阳工作队:《河南安阳市洹北商城的勘察与试掘》,《考古》2003 年第 5 期。

也已经建起，西区族墓地数量显著增加。三期、四期时的范围最大，扩展至目前所知的 30 余平方千米。原有各作坊的规模持续扩展，又增建北辛庄制骨作坊、小屯北地玉石器作坊，居民点、族墓地迅速膨胀。殷墟历年来出土了数以万计的珍贵遗物。甲骨卜辞使商代历史成为信史，使殷墟确定是商代后期的都城。殷墟出土铜器超过 6000 件，以兵器为大宗，其次是礼器，约占铜器数量的六分之一。兵器有戈、矛、钺、镞、胄等。包括司母戊鼎等大型重器在内的礼器种类繁多，组合形式多样。其他如乐器发现有成套的铙，工具类有刀、削、斧、锛、凿、刻刀、锥、锯、钻等，生活用具有镜、杖首、匕、漏勺、筓等，还有铜人面具、铜牛头面具等。出土玉器约 2600 余件，包括琮、圭、璋、璧、环、瑗、簋、盘等礼器，戈、矛、戚、钺、镞、大刀等仪仗器，还有璜和各种动物形象。其他器物还有陶器、石器、骨器、牙器、蚌器、漆木器、皮革制品、编织品，以及少量白陶、硬陶、原始瓷器等。①

（二）殷墟整体布局

殷墟横跨洹河两岸，洹河南岸以小屯一带的宫殿区为中心，洹河北岸以侯家庄、武官村王陵区为中心。围绕这两处中心，在洹河两侧分布着各种手工业作坊及其他居住址、族墓地。

宫殿区以小屯、花园庄为中心，北、东两面濒临洹河，西、南两面有一条人工挖成的巨型壕沟，南北长 1100 米，东西长 650 米，宽 10～20 米。壕沟北端和东端与洹河相通，共同围绕成相对封闭的宫殿区，面积约 70 万平方米。壕沟两侧由碎陶片、砾石铺设宽阔道路。宫殿区内分布有成组的大型建筑基址群。20 世纪 30 年代，中央研究院历史语言研究所在这一带进行了大规模的持续发掘，共揭露出 53 座基址，由北往南划分为甲、乙、丙三组。甲组共 15 座建筑基址，以东西向的长方形房基为主，个别为“凹”字形，有东西成排分布的特点。各个基址的面积相对较小，甲十一面积最大，约 500 平方米。甲组基址的年代是宫殿宗庙遗址内建设时间最早的，没有祭祀的现象。甲组基址的一大部分，有可能是洹北商城时期的外围遗存。乙组基址位于甲组基址的西南，共 21 座基址，以东西较长的长方形房基为主，门多南向，有东西对称的布局特点。位于中部的

---

① 中国社会科学院考古研究所：《殷墟的发现与研究》，科学出版社 1994 年版，第 322、354～415 页。

乙八基址是宫殿宗庙遗址内规模最大的,面积达 1200 余平方米。乙组基址多数结构复杂,面积巨大,互相连属,基址南面密集分布着车马坑、殉人的小葬坑、儿童墓和兽坑等祭祀遗迹,被认为是宗庙建筑。乙组基址的年代有早有晚,始建时间不晚于殷墟第二期或更早,有些可能建于殷墟第三期。在乙二十基址东南约 80 米处,20 世纪 80 年代初又发现了一组整体呈"凹"字形的大型宫殿建筑基址群。该组基址濒临洹水西岸,由南、北、西三排夯土基址构成半封闭式建筑群,中间是活动场地。北边的基址全长 61~62 米,宽 7.5 米,有南北两排比较规则的柱洞,南面有 6 处门道,无隔墙,无居住痕迹,门外有 10 座祭祀坑,应为宗庙性建筑。其年代为殷墟一期晚段。① 丙组基址位于乙组基址西南,共 17 座基址。丙一面积最大,约 340 平方米,略近方形。多数基址没有发现础石。丙组基址与乙组中的宗庙基址关系密切,西南部有葬人坑、兽坑等丰富的祭祀遗迹,可能是祭坛类建筑。年代也相对有早晚,丙一、丙九等可能早到殷墟第二期。丙组基址的西北、甲组和乙组的西侧是面积超过 4.5 万平方米的池苑遗存。水池平面略呈倒靴形,北部较为狭窄,南部面积广阔。水池北部与洹河相通,东部与宫殿区排水沟相连,南部、东南部、东部有多座临水而建的大型建筑。② 丙组基址的西南是著名的妇好墓,墓口上是一座东向的享堂。妇好墓是殷墟科学发掘以来发现的唯一一座保存完整的商代王室成员墓葬,也是目前唯一能与甲骨文联系并断定年代、墓主人及其身份的商代王室成员墓葬。③

王陵区位于洹河北岸侯家庄西北冈、武官村北地的高地上,东西长 450 米,南北宽 250 米,与宫殿宗庙遗址隔洹河相望,是我国迄今所发现的最早、最完整的王陵区。自 1934 年起,共发掘 13 座带墓道的大墓,分为东、西两区。西区有 7 座带 4 条墓道的大墓和 1 座未完成的大墓,分成 4 组,每组一南一北排列。东区有 5 座大墓,带 4 条墓道的和带 1 条墓道的各 1 座,带 2 条墓道的 3 座。这些大墓规模巨大,均为南北向,墓底正中有腰坑,大木条铺筑椁室。如位于西区东部的 M1001,有 4 条长斜坡墓道,南面主墓道长达 30.7 米。墓室东西长 21.3

---

① 中国社会科学院考古研究所安阳工作队:《河南安阳殷墟大型建筑基址的发掘》,《考古》2001 年第 5 期。

② 岳洪彬等:《小屯宫殿宗庙区布局初探》,《三代考古》(二),科学出版社 2006 年版。岳洪彬等:《殷墟都邑布局研究中的几个问题》,《三代考古》(四),科学出版社 2011 年版。

③ 中国社会科学院考古研究所:《殷墟妇好墓》,文物出版社 1980 年版。

米,南北宽 18.9 米,深 10.5 米。墓底有 9 个长约 1.1 米、深约 1.2 米的小坑,正中间和四角以及四角之间各有 1 个,每坑内埋一人一犬一戈,正中的坑内是石戈,余为铜戈。墓底由 92 块长 2~4 米、宽 0.2~0.4 米的巨型柏木板铺底,四壁也由巨型木板筑成,木板皆涂朱,雕刻花纹,镶嵌兽牙。墓内外的殉人多达 225 人,有多个马坑,并出土了青铜礼器、玉石器、白陶及金叶等制作极为精致的随葬品。M1001 是殷墟王陵遗址中时代较早的墓葬,墓主被认为是商王武丁。王陵区的大墓旁还有一些陪葬墓,规模远逊大墓,但往往棺椁俱备,随葬铜礼器,有的还有殉人。① 4 条墓道的大墓是最高统治者商王的墓葬,王陵区带 4 条墓道的大墓数量与武丁以后的商王数量刚好对应。王陵区东区密集分布着成排排列的祭祀坑,总数不少于 2500 座。祭祀坑大多呈长方形,小部分为方形,方形坑都成组分布在长方形坑的中间。各排的间距约 1.5~2 米,同排各坑的间距约 0.5 米。有的一排一组,有的数排一组,同一组坑可能属于同一次祭祀活动。祭祀坑以人祭坑为主,牺牲多为无头青壮年男性,方形坑只埋人头骨。动物坑以马坑最多,多者可达 30 余匹。马坑有成片集中分布在一起的,而其他动物坑都是零星分散在人祭坑的中间。器物坑中也大部分都有人骨。王陵区内的祭祀区是商王室祭祀先祖的公共场地。② 殷墟王陵的分布格局、埋葬制度等是中国独具特色陵寝制度的滥觞。

宫殿区外围洹河南岸分布着各种手工业作坊,集中在南部和西部,分为四个片区。③ 宫殿区南部 1 千米左右的作坊区有苗圃北地及薛家庄南地铸铜作坊、铁三路制骨作坊,刘家庄北地有较多的制陶遗存。殷墟西部的作坊区有孝民屯铸铜作坊、北辛庄制骨作坊。小屯宫殿区内部也有铸铜、制骨、玉石器作坊。已发掘的与铸铜手工业作坊相关的遗址至少有苗圃北地、孝民屯、薛家庄南地、小屯村东北地等四处。另外,在小屯西北地、小屯南地等遗址中也有少量陶范出土。苗圃北地铸铜作坊位于小屯宫殿宗庙区东南约 1 千米,范围在 1 万

① 中国社会科学院考古研究所:《殷墟的发现与研究》,科学出版社 1994 年版,第 100~112 页。郭宝钧:《一九五〇年春殷墟发掘报告》,《中国考古学报》第五册,1951 年。中国科学院考古研究所安阳发掘队等:《安阳殷墟奴隶祭祀坑的发掘》,《考古》1977 年第 1 期。中国社会科学院考古研究所安阳队:《殷墟 259、260 号墓发掘报告》,《考古》1987 年第 1 期。

② 杨锡璋、杨宝成:《从商代祭祀坑看商代奴隶社会的人牲》,《考古》1977 年第 1 期。

③ 孟宪武、李贵昌、李阳:《殷墟都城遗址中国家掌控下的手工业作坊》,《殷都学刊》2014 年第 4 期。

平方米以上，是建设最早、沿用时间最久的铸铜作坊，以生产礼器为主。[①] 孝民屯西地、南地的铸铜作坊同属一个作坊，东距小屯约2.5千米，面积约5万平方米，是迄今殷墟发现的面积最大的一处铸铜遗址，也以生产礼器为主。[②] 薛家庄南地铸铜作坊西北距小屯村约1千米，小屯村东北地铸铜作坊位于小屯村东北约200余米，范围均尚不清楚。可以确认是制骨作坊的有铁三路、大司空村、北辛庄制骨作坊三处。铁三路制骨作坊西部与苗圃北地铸铜作坊紧邻，面积1.7万余平方米，出土骨料36吨，主要产品是笄，其次是镞，"具有惊人的规模、高度的专业化水平和复杂的生产组织"[③]。大司空村制骨作坊西南与小屯村隔洹河相望，相距约1千米，范围约1000余平方米，是唯一位于洹河北岸的手工业作坊。[④] 北辛庄制骨作坊东距小屯村约3千米。[⑤] 两处均以生产骨笄为主。另外，宫殿区内也有一处制骨作坊。[⑥] 玉、石器作坊仅发现小屯北地一处，东距丙组宫殿建筑基址的南边缘仅50米。[⑦] 殷墟至今未发现较大规模的陶器作坊，仅零星清理了烧陶窑址多座。

族邑居址和族墓地的分布随着殷墟范围的不断扩大而扩展，众多族邑簇拥着宫殿区。[⑧] 已发现的族邑居址广泛分布在殷墟范围内，居址内普遍堆积有较厚的文化层，有房址、灰坑、窖穴等遗存。已发现的重要墓葬群有殷墟西区墓地、后冈墓葬群、大司空村东南地墓葬群、苗圃北地铸铜遗址墓葬群、刘家庄南

---

① 中国社会科学院考古研究所：《殷墟发掘报告（1958—1961）》，文物出版社1987年版，第11~60页。

② 中国社会科学院考古研究所：《殷墟发掘报告（1958—1961）》，文物出版社1987年版，第60~69页。中国社会科学院考古研究所安阳工作队：《2000—2001年安阳孝民屯东南地殷代铸铜遗址发掘报告》，《考古学报》2006年第3期。殷墟孝民屯考古队：《河南安阳市孝民屯商代铸铜遗址2003~2004年的发掘》，《考古》2007年第1期。

③ 中国社会科学院考古研究所安阳工作队：《河南安阳市铁三路殷墟文化时期制骨作坊遗址》，《考古》2015年第8期。

④ 中国社会科学院考古研究所：《殷墟发掘报告（1958—1961）》，文物出版社1987年版，第79~84页。

⑤ 中国社会科学院考古研究所：《殷墟发掘报告（1958—1961）》，文物出版社1987年版，第85~89页。

⑥ 中国社会科学院考古研究所安阳工作队：《河南安阳市殷墟小屯西地商代大墓发掘简报》，《考古》2009年第9期。

⑦ 中国科学院考古研究所安阳发掘队：《1975年安阳殷墟的新发现》，《考古》1976年第4期。

⑧ 郑若葵：《殷墟"大邑商"族邑布局初探》，《中原文物》1995年第3期。

墓葬群、刘家庄北墓葬群、戚家庄东南墓葬群等多处，有些极有可能是族墓地。如西区墓地已发掘约 2000 座墓葬，它们绝大多数都较有规律地集中分片分布着，大致可分成 10 个墓区。同一墓区中，既有随葬品丰富的大墓，也有随葬品较少甚至没有随葬品的小墓，规格相同的墓常聚在一起。各墓区间有明显的界线，墓向、葬式和陶器组合也都有一定的差别。各区内出土的铜器上有被称作族徽的铭文，同一个墓区中所见铜器上的族徽很多是相同的，有别于其他墓区。发现 10 座带墓道的大墓，有 7 座车马坑，但没有祭祀坑。上述族墓地已发掘的墓葬总数达 7000 座以上，没有真正的四墓道大墓，偶见双墓道大墓和单墓道大墓，这些墓的墓主人可能为各族的“族尹”（族长），有的可能还在王室中担任一定职位。①

（三）殷墟文化分布与商代晚期疆域

殷墟文化面貌的主体特征十分鲜明，有很强的时代性。殷墟文化的分布与商王朝的疆域、势力范围关系密切。殷墟文化的核心分布区是以安阳殷墟为中心的河南中北部及河北中南部地区。商代前期文化的核心分布区是以郑州商城为中心的郑洛地区，晚商时期都城迁徙后的郑洛地区仍然处于商文化的核心分布区之中。都城殷墟无疑是商代晚期最为重要的遗址，文化面貌的主要特点有：居址以地面建筑为主，土坑竖穴式墓葬，有带 4 条墓道的大墓，墓底流行腰坑，盛行殉人，随葬器物组合以觚、爵为主；陶器以灰陶为主，最主要的纹饰是绳纹。

晚商文化在北方的分布，涵盖了冀中南地区，北界自商代早期开始基本保持在拒马河流域。商代早期的二里岗文化已分布在冀中南地区，这一地区一直是商文化的重要分布区。至晚商时期，冀南地区磁县、临漳、邯郸、武安、邢台等地的商文化分布仍十分广泛，且文化面貌保持着与殷墟文化的高度一致性。冀中北部地区也有许多重要的晚商文化遗存，如房山琉璃河遗址、易县北福地遗址、正定新城铺遗址等。不同的是，冀中北部地区的晚商文化显然受到了围坊

① 中国社会科学院考古研究所：《殷墟的发现与研究》，科学出版社 1994 年版，第 121～128 页。中国社会科学院考古研究所：《殷墟发掘报告（1958—1961）》，文物出版社 1987 年版，第 260～263 页。中国社会科学院考古研究所安阳工作队：《1969—1977 年殷墟西区墓葬发掘报告》，《考古学报》1979 年第 1 期。

三期文化较为强烈的影响，具有明显的北方青铜文化色彩。[①]

晚商文化在东线的分布超过了以往的范围。鲁南主要分布在曲阜、滕州一带，东至临沂西部，如滕州前掌大遗址，器物组合、墓葬设腰坑等同于殷墟，素面鬲、甗等则表现出地方色彩。泰沂山脉以西鲁西南的分布主要是在苏、鲁、豫、皖交界，如菏泽安邱堌堆遗址，陶器以红褐陶为主，器形则与殷墟有很高的一致性。鲁北沿泰沂山脉北侧分布，东至潍河，重要遗址如青州苏埠屯商墓，文化面貌中有较多以素面鬲为代表的本地传统文化因素。墓葬制度与殷墟一致，比如墓葬形制，随葬品的觚、爵组合配置等，但其他遗址的墓葬随葬品则以罐为主。鲁西北、鲁北地区晚商文化的聚落总数是商代前期的十倍之多，引人瞩目。这种现象与渤海南岸的盐业资源关系密切。渤海南岸东西 250 千米的范围内有十几个规模巨大的盐业聚落群[②]，每个聚落群有十几至几十处不等的盐业作坊，单个聚落之间相距约 3 千米。每个聚落群都有一个或多个出土青铜容器的聚落，青铜器上的族徽区别于其他聚落群。苏埠屯墓地的年代开始于殷墟三期，沿用至殷墟四期。发现有都城殷墟王陵区以外唯一的一座带 4 条墓道的大墓，还有双墓道大墓 1 座，单墓道大墓 5 座，车马坑 2 座。墓葬规模都比较大，跟殷墟王陵区一样没有女性墓主。4 条墓道的大墓形制与殷墟王陵一致，墓底有腰坑，还有大量殉人。[③] 4 条墓道的大墓是最高统治者商王陵墓的形制，此墓显然僭越了商王的等级。苏埠屯墓地墓主多认为是“亚丑”族群，是商王朝东方臣属之一。文献记载，帝乙、帝辛两代商王曾多次率军征伐世居东方的人方，主战场就在鲁北地区，商人在鲁北的中心邑聚随之由济南大辛庄东迁至青州苏埠屯。晚商时期的东方地区成为“整个商王朝境内聚落分布最为密集，经济、文化最为发达地区之一，与殷墟文化关系也最为密切”[④]。或者是完全相反的状况，山东地区的商人在商代晚期不再听命于商王，墓制的僭越恰说明了这种倾向，因而才有帝乙、帝辛的连年东征，导致中心邑聚的东迁。我们仍然认为，鲁西北地区至商代晚期一直是商王直接控制的地区，“从早商到晚商，一直保持进取状态而

---

① 拒马河考古队：《河北易县涞水古遗址试掘报告》，《考古学报》1988 年第 4 期。

② 鲁北沿海地区先秦盐业考古课题组：《鲁北沿海地区先秦盐业遗址 2007 年调查简报》，《文物》2012 年第 7 期。

③ 山东省博物馆：《山东益都苏埠屯第一号奴隶殉葬墓》，《文物》1972 年第 8 期。

④ 燕生东：《晚商文化在东方地区的分布态势与周初东封》，《考古与文物》2016 年第 5 期。

不见退缩迹象的是东方”①。

晚商文化在南方、西方的分布，均不及商代前期达到的范围。在南方，商代早期的二里岗文化已越过长江，分布在鄱阳湖、洞庭湖一带。至晚商时期，商文化大大收缩，连长江北岸的黄陂盘龙城也已荒废，南界北移至桐柏山北侧今河南南部地区。如罗山天湖墓地，同殷墟一样流行腰坑，铜器组合以觚、爵为中心，不同于殷墟的是陶器以黄褐陶为主，随葬品中不见陶觚、爵，而用漆器随葬则显示了地方色彩。此时，长江中游的鄱阳湖地区兴起了有浓重商文化因素的当地文化吴城文化，至殷墟晚期消失，是殷墟原始瓷器和铜料的产地。② 长江下游宁镇地区的湖熟文化，也在商末周初消失，曾受到商文化的强烈影响，是殷墟原始瓷的产地之一。③ 吴城文化、湖熟文化所属族群与商王朝的关系，很可能不仅仅局限于商品贸易，而是受商王朝管控，才会“跟随着商王朝走上了覆灭的道路”④。因此，晚商文化在南线的分布尽管已经退至桐柏山北侧，但长江沿线依然在商王朝的控制范围之内。

在西边，商代早期的二里岗文化已延伸至关中地区，西安老牛坡遗址等早至二里岗下层。至晚商时期，关中地区的考古学文化格局发生了巨大变化，商文化开始逐步向东收缩，关中平原东部仍然是商文化的分布区，西安以西的关中平原西部不再是商文化的分布区。⑤ 关中东部如西安老牛坡遗址，墓葬同殷墟一样流行腰坑、殉人，铜器组合以觚、爵为中心，不同于殷墟的是墓葬中有头、脚、角龛，随葬陶器流行罐、鬲组合。关中平原西部的商文化如礼泉朱马嘴遗址等年代的下限不会晚于殷墟二期，该地区出土商代铜器的年代也能佐证这一结论。⑥ 关中平原西部在文献记载中是周人的发祥地，殷墟时期分布着以武功郑

---

① 李伯谦：《晚商时期中国青铜文化的分布格局及其相互关系》，《“周边”与“中心”：殷墟时期安阳以外地区的考古发现与研究》，“中央研究院”历史语言研究所 2015 年版，第 99～107 页。

② 彭子成等：《赣鄂皖诸地古代矿料去向的初步研究》，《考古》1997 年第 7 期。

③ 陈铁梅等：《商周时期原始瓷的中子活化分析及相关问题讨论》，《考古》2003 年第 7 期。

④ 孙华：《安阳时期商朝国家的政治版图——从文化分域和重要遗存的角度来考察》，《古代文明（第 10 卷）》，上海古籍出版社 2016 年版，第 175 页。

⑤ 张天恩：《关中商代文化研究》，文物出版社 2004 年版。徐天进：《试论关中地区的商文化》，《纪念北京大学考古专业三十周年论文集（1952—1982）》，文物出版社 1990 年版。孙华：《陕西扶风县壹家堡遗址分析——兼论晚商时期关中地区诸考古学文化的关系》，《考古学研究（二）》，北京大学出版社 1994 年版，第 101～130 页。

⑥ 雷兴山：《先周文化探索》，科学出版社 2010 年版，第 94 页。

家坡遗址为代表、以渭北地区为核心分布区的郑家坡文化，以扶风刘家村墓地为代表、主要分布在渭河上游一带的刘家村文化，以及以长武碾子坡遗址为代表、主要分布在关中平原北部泾河流域的碾子坡文化。郑家坡文化被认为是周文化的主要来源[①]，刘家村文化被认为是“姜戎”文化，是早期周文化的重要来源之一。[②] 碾子坡文化或被认为是商王朝附庸密须国遗存，[③]或被认为是周人附庸阮人遗存[④]。他们与商文化的相互作用，应该是商文化退出这一地区的动因。就在帝乙、帝辛多次征伐东方的同时，关中地区的周人开始崛起并征伐周边诸戎。但按照文献记载，直到武王伐纣，周一直都是商王朝的附属国。因此，尽管关中平原西部不再是商文化的分布区，但却依然处于商王朝的政治疆域范围之内。[⑤]

综上，商代晚期的政治疆域四至，北至冀中北部拒马河一线，东至今山东西部，南至长江流域，西至关中西部，比商文化的分布范围要辽阔得多。这一范围与汉代人所说的商代后期及周代初年的疆域范围“东不过江、黄，西不过氐、羌，南不过蛮荆，北不过朔方”[⑥]基本一致。

二、殷商礼制

（一）殷墟建筑、墓葬所见等级制度

晚商时期的都邑遗址安阳殷墟历年来清理的建筑遗迹达数百处、墓葬数以

---

① 张天恩：《关中商代文化研究》，文物出版社2004年版。刘军社：《先周文化研究》，三秦出版社2003年版。

② 邹衡：《论先周文化》，《夏商周考古学论文集》，文物出版社1980年版。

③ 张天恩：《古密须国文化的初步认识》，《远望集——陕西省考古研究所华诞四十周年纪念文集》，陕西人民美术出版社1998年版。

④ 刘军社：《论碾子坡文化》，《远望集——陕西省考古研究所华诞四十周年纪念文集》，陕西人民美术出版社1998年版。

⑤ 孙华：《安阳时期商朝国家的政治版图——从文化分域和重要遗存的角度来考察》，《古代文明（第10卷）》，上海古籍出版社2016年版，第173页。

⑥ 〔汉〕班固：《汉书》卷六十四《贾捐之传》，中华书局1964年版，第2831页。

千计，二者均表现出显著的宗族特色和等级特色，进而反映出宗庙、朝寝、祭祀、埋葬等相关礼仪制度。

宫殿区内的大型建筑按照功用包括宗庙建筑和宫室建筑。宗庙是供奉并祭祀商王祖先的场所，是王朝与国家的象征，因而也是都城的核心建筑。《左传·庄公二十八年》载："凡邑，有宗庙先君之主曰都，无曰邑。"商代已形成一定的宗庙制度。《墨子·明鬼下》载："昔者虞夏商周三代之圣王，其始建国营都日，必择国之正坛，置以为宗庙。"位于殷墟宫殿区中部的乙七、乙八基址一般认为其性质属于宗庙类建筑。乙七基址面积达 1100 余平方米，南面有大型的祭祀场，发现有大批成排分布的小葬坑。宫室是商王居住生活和进行政治活动的场所，宫殿区内的大部分大型建筑属于宫室建筑性质。宫殿区外族邑居址中发现的夯土建筑基址规模均不及宫殿区内的同类建筑，但规模往往也在 50 平方米以上，属于贵族住宅。族邑居址中更多的是平民居址，地面建筑一般只有 10 余平方米，大的也不超过 30 平方米，半地下和地下建筑则通常在 10 平方米以下。

殷墟宫殿区内大型建筑的平面布局与郑州商城、偃师商城、洹北商城的大型建筑一样，均呈四合院布局，宫殿区是由若干座四合院组成的庞大建筑群。建筑布局在一定程度上反映了商代的宗庙和朝寝制度。商代晚期先王宗庙设置的原则是为直系先王设单独受祭的宗庙，且世代保存，仅部分近亲的先王配偶会因某种原因受后世格外尊崇而单独设宗庙。商王只为其父设置宗庙，不为曾是先王的兄长立宗庙。宗庙设置突出直系先王，强调的是王位继承的直系继嗣制，自武乙之后同父兄弟间的旁系继承被排斥，王位继承仅限于父子。商王控制着宗庙的祭祀权，有时非王的子姓贵族也被安排参加宗庙内举行的对王室先人的合祭礼。商王祭祀祖先的活动十分频繁，宗庙是商朝最重要的政治活动场所。商王室的宗庙是由若干单独的宗庙形成的宗庙群，诸宗庙各自独立，各有其门。宗庙群主要包括先王（先妣、母）诸宗及附属祭所，位于先王之宗西的高祖、先公诸宗，以及独立于诸宗庙外的庭、大室等祭所。① 商代似已奉行前朝后寝的制度，宫殿区中部、南部的宗庙朝堂类建筑往往规模巨大，带回廊、四阿重屋顶，宫殿区北部的寝殿类建筑等级则较低，规模相对小，通常为单檐式。殷

① 朱凤瀚：《殷墟卜辞所见商王室宗庙制度》，《历史研究》1990 年第 6 期。

墟以外的中心聚落,其大型建筑布局与殷墟同类建筑的四合院布局不同。焦作府城、垣曲古城、黄陂盘龙城等商城,仅在城内中央营建一组大型建筑,布局均呈二进或三进的多进式院落布局。① 显然,地方或臣属国城邑与王都的宫殿建筑具有不同的建筑规制。

殷墟已发掘的数以千计的墓葬主要分布在王陵区和各族墓地。殷墟墓葬大部分东北向,半数以上有腰坑,流行仰身直肢葬。随葬品组合的核心是觚、爵,配套青铜觚爵的多寡与其他青铜器的多寡成正比例关系,青铜器、玉器数量的多寡与墓葬等级也成正比例关系。殷墟以外的墓葬,青铜器的组合与殷墟一样以觚、爵为核心,只是陶器组合有较大差异,如罗山后李商周墓地随葬陶器多为鬲、簋、罐,西安老牛坡商代墓地则多为鬲、罐。

殷墟墓葬已经形成了一定的等级制度。按照墓葬形制、墓室大小、随葬品、有无殉人等,并结合商代社会的 5 个阶层,基本可以分为 5 个等级。② 最高等级是带 4 条墓道的大墓,殷墟发现的 8 座大墓位于王陵区侯家庄西北冈。墓室平面呈"亞"字形,面积都在 200 平方米以上,有椁室,有腰坑,有大量殉人及马、狗等动物,有陪葬墓、车马坑、祭祀坑。随葬品基本被盗掘殆尽,仍出土有铜器、白陶器、玉器、金饰等。墓主是拥有至高无上权力的商王。殷墟之外仅在青州苏埠屯发现一座此类墓葬,葬俗和随葬品形制均与殷墟相同,墓主可能是商王朝东方臣属"亚丑"族群君主,此墓显然僭越了商王的等级。第二等级是带 2 条或 1 条墓道的大墓,殷墟发现带 2 条墓道的 9 座,均位于王陵区,带 1 条墓道的 20 余座,分布于王陵区和各族墓地。殷墟之外,带 2 条墓道的大墓还见于滕州前掌大墓地(有 3 座),带 1 条墓道的还见于滕州前掌大、青州苏埠屯、罗山天湖等墓地。墓室平面分别呈"中""甲"字形,面积都在 20 平方米以上。墓室面积在 10 平方米以上的大型竖穴土坑墓如著名的妇好墓,也属这一等级,殷墟发现有数十座,也见于罗山天湖、老牛坡等墓地。该等级墓葬均有椁室,有腰坑,有较多的殉人及马、狗等动物,有陪葬墓。多数均曾被盗掘,从妇好墓、郭家庄 M160 等墓葬出土随葬品可知,该等级墓葬往往随葬多套铜礼器、白陶器、玉器、金饰等极其丰富的器物。该等级墓葬的墓主,是商王室成员或方国首领等上层贵

① 郭明:《盘龙城遗址商代大型建筑试析》,《江汉考古》2015 年第 5 期。

② 中国社会科学院考古研究所:《殷墟的发现与研究》,科学出版社 1994 年版,第 444~447 页。

族。第三等级是中型土坑竖穴墓，占殷墟发现墓葬总数的20%以上。墓室面积3~10平方米，都有棺，多数有椁，通常随葬有青铜礼器，少数有少量殉人。墓主是中小贵族。第四等级是小型土坑竖穴墓，是已发掘墓葬中数量最多的。墓室面积3平方米以下，一般有棺无椁，也无殉人。随葬品以陶器为主，往往有一套陶觚、爵，也有戈、矛等青铜兵器，个别也有觚、爵等青铜礼器。墓主是平民或族众。第五等级是无墓圹墓，通常发现于文化层或灰坑中，不属于任何族墓地，没有棺，没有随葬品。墓主可能是处于社会最底层的奴隶或战俘。

殷墟各族墓地的规模，通常在数十座乃至数百座以上，高等级墓葬集聚分布，往往同一墓地中因为墓葬的等级关系又可以区分为不同的组，也就是说族墓地中等级较高的贵族家族与族众是分区埋葬的。① 殷墟及殷墟之外的族墓地都有这个特点。比如郭家庄墓地分为北、中、南三个区，北区墓葬都属于第三等级，南区墓葬都属于第四等级，中区墓葬规模介于二者之间，有少数墓葬随葬铜器，带殉人。罗山天湖墓地有包括1座第二等级墓葬在内的11座木椁大墓，自北向南分为5排，均随葬成套铜礼器，而其余墓葬均有棺无椁，分散分布在周边。墓葬的等级制度也反映在不同的族墓地之间。比如后冈一区有第二等级墓葬6座，有的族墓地只有少数第二等级墓葬，有的族墓地则没有第二等级墓葬。②

（二）甲骨卜辞所见商代礼制

《左传》载："礼，经国家，定社稷，序民人，利后嗣者也。"礼的本质是通过规范个人的社会身份进而建立起差异有别的社会秩序，基于礼的等级制度是其他制度的基础和前提。可以说礼是一切社会活动的准则。礼大概起源于祀神。《礼记》载："殷人尊神，率民以事神，先鬼而后礼。"商代崇信神鬼，崇祀祖先，盛行占卜。占卜在商代具有举足轻重的作用，内容极为广泛，涉及征伐、宗法、婚姻等社会生活的方方面面，后世"五礼"的内容大多可于卜辞中找到史影。

祭祀属后世五礼之吉礼。商人祭祀的对象主要有三类：以先公先王为主的

---

① 杨锡璋：《商代的墓地制度》，《考古》1983年第10期。唐际根：《殷墟家族墓地初探》，《中国商文化国际学术讨论会论文集》，中国大百科全书出版社1998年版。

② 中国社会科学院考古研究所：《中国考古学·夏商卷》，中国社会科学出版社2003年版，第333~351页。

祖先神、以上帝为代表的天神、以山岳为代表的自然神。几乎所有神灵都有影响年成的权能，是祈求年成时祭祀的对象。上帝是最高神，统领众天神，是自然界的主宰。[①] 上帝和人帝相通，商王是上帝之子。[②] 商人的先祖帝喾既是祖先神，也是商人的上帝，二者的结合是商代帝权的特征。[③] 沟通神鬼的权力高度集中于商王，诸侯方国本身没有用“牢”祭祀的权力。正如《管子·国准》所载：“殷人之王，诸侯无牛马之牢，不利其器。……诸侯无牛马之牢，不利其器者，曰淫器而一民心者也。”商王正是通过控制神权以统治众多的方国部族。巫祝、贞人的地位仅次于商王，有的同时也是商王的重要辅政大臣，比如被称为巫人之祖的巫贤就同时是巫职人员和祖乙的良相。“由巫而史，而为王者的行政官吏；王者自己虽为政治领袖，同时仍为群巫之长。”[④]商王同时也是群巫之长，商汤曾以己身自焚以祭天求雨的巫祝行为即是明证。

殷墟卜辞中祭祀祖先神的卜辞数量远超祭祀神祇的数量。高祖先公与先王先妣在权能上没有太大的差异，但却属于两个层次的神灵。高祖先公不会是入梦的作祟者，先王先妣常作祟于生者。尊者礼尊而亲疏，商王更加重视对先王先妣的祭祀，祭品也比高祖先公丰盛。比如用牲的数目，高祖先公一般在 20 以上，最大数目是 40～50，先王则可达数百。祭祀先王的时间通常选择在与天干名称相同的日子。制度化的周祭，用牲等仪式内容相对固定。此外，祭祖目的多是禳祓、祈请。仪式内容似乎并不固定，有时会多次占卜以决定仪式内容。内容有祝、射牲等，牺牲多是牛，也有羊、豖、羌等。用牲规格与祭祀对象有关，比如合祭时，直系先王用牛，旁系用羊。[⑤] 比较而言，禳祓之祭的仪式更加繁杂，祭品更加丰盛，“较多用人牲、用牲数量较大、常杀牲取血”[⑥]。即使是因为同一件事向同一个先王祭祀的数次仪式，内容也不同，如祭祀父乙为妇好禳祓的数次仪式。已发现的非王卜辞显示，各组卜辞的祭祀系统都不同于王室，有自己的祭祀系统，有的系统中包括几位直系、旁系先王，有的则一位王室祭祀的对象

---

① 陈梦家：《殷虚卜辞综述》，中华书局 1988 年版，第 562～573 页。

② 孙星衍：《问字堂集》卷五，中华书局 1996 年版，第 127 页。

③ 王晖：《商周文化比较研究》，人民出版社 2000 年版，第 47～53 页。

④ 陈梦家：《商代的神话与巫术》，《燕京学报》第 20 期，1936 年，第 535 页。

⑤ 陈梦家：《殷虚卜辞综述》，中华书局 1988 年版，第 466 页。杨升南：《从殷墟卜辞中的“示”“宗”说到商代的宗法制度》，《中国史研究》1985 年第 3 期。

⑥ 刘源：《商周祭祖礼研究》，商务印书馆 2004 年版，第 124 页。

也没有。[①] 常见“某祝”“岁祭”,祭祖目的明确的都是禳祓之祭。禳祓之祭跟王室祭祖一样,仪式内容并不固定。祭祀同一祖先的数次仪式内容也不同,而同一次祭祀中对身份地位相近的不同祖先的仪式内容也相近。牺牲罕见人牲,最常用的是牛、豕,单次用牲数量最多达 105 头牛。

王室祭祖的各项活动均由商王主持或安排,商王拥有王室祭祖的主祭权,亲自主持祭祀仪式,或者安排其他王室成员主持。一些旧臣也在商王祖先的范围内,商王大享于先王时,旧臣所在宗族也送来牺牲助祭。各族族长则拥有本族祖先的主祭权。[②] 王室祭祀需要的大量牺牲,羌和牛大部分是从同姓贵族、侯伯、方国征取或者由其贡纳的。其中,同姓贵族因为与王室拥有相同的祖先,且往往担任重要职官,有较强的军事和经济实力,是牺牲的主要贡纳者,有时也代商王征取牺牲。商王也会让他们参与祭祀,并在祭祀中为他们祈请禳祓。职官、侯伯贡纳也比较频繁,方国的贡纳并不常见,且以羌为主。商王对牺牲的贡纳很重视,多次问卜,也会亲自迎纳。[③] 贡纳牺牲的情况也在一定程度上反映了商代国家的统治结构。

国之大事,在祀与戎,先秦时期军事具有与祭祀同等重要的地位,祭祀占卜贯穿于军事活动的始终。后世“五礼”之一的军礼,在卜辞中有着丰富的表现。当军情从各处传入都城,商王就会举行告庙之礼,希冀宗庙中的先公先王提供护佑,并占卜是否出兵征讨、是否受到祖神的护佑、是否需要商王亲征、需要征召多少兵员及出兵时间等事项。决定出征之后,选何人为将是至关重要的问题。《六韬·王翼》中姜太公曾言:“凡举兵帅师,以将为命。”卜辞记载商王会反复多次占卜以确定将的人选,之后在宗庙举行庄重的册命礼,并再次告祭先公先王。商王亲征时,还有迁庙主和立军社之礼,让庙主随军行,征战过程中会常常向神主祭祀占问战事。卜辞中也有商王令方国一起参与军事行动的乞师之礼,包括出兵襄助、提供箭及战马等军事物资等。军事演练或校阅活动的振旅之礼,卜辞中也有明证,大战之前、之中、之后均会举行,尤其是大捷凯旋途中

① 朱凤瀚:《商周家族形态研究》,天津古籍出版社 2004 年版,第 137~141 页。

② 林沄:《从武丁时代的几种“子卜辞”试论商代的家族形态》,《古文字研究》第一辑,中华书局 1979 年版。刘一曼、曹定云:《殷墟花园庄东地甲骨卜辞选释与初步研究》,《考古学报》1999 年第 3 期。

③ 刘源:《商周祭祖礼研究》,商务印书馆 2004 年版,第 330~337 页。

往往有振旅性质的田狩。战争结束后要举行盛大的献捷之礼。首先请随军出征的神主们先行入都,然后是迎接战俘入城的逆旅告庆之礼,商王亲自迎接并在宗庙举行献俘礼,最后杀俘作人牲祭祖。①

商王室与四方诸侯间礼尚往来的朝聘礼,属后世"五礼"之宾礼,在卜辞中也能观其基本形式和内容。四方诸侯朝觐商王,在卜辞中主要有来、来归、来见、来降、至等不同表现形式。来殷都之前,需要提前告知商王。商王对于诸侯是否来、什么时间来等问题十分关注。商王对前来朝觐的诸侯有迎入之礼。诸侯要在宗庙中呈献贡礼,参加商王主持的祭祀。商王赏赐诸侯的赐命之礼和飨燕之礼也在宗庙中进行。诸侯除亲自朝觐商王以外,还经常遣使聘问商王,商王也经常派使臣聘问各诸侯国。卜辞内容广泛,礼的内容繁多,卜辞内涵无一不与古代礼制有关。② 属后世"五礼"之嘉礼的品立王后等王室婚姻礼制、属后世"五礼"之凶礼的丧葬礼俗,以及农业生产礼俗、占卜礼仪等,均能在甲骨卜辞中观其一二。

三、灿烂的青铜时代文明

(一)商代的青铜铸造业和青铜器

青铜器尤其是青铜礼器在商代格外受到重视,用以昭示王权的神圣和威严,正如文献所载:作彝器,"铭其功烈以示子孙,昭明德而惩无礼也"。商代的青铜铸造工艺在夏代的基础上进一步发展成熟。商代铜料的来源渠道较多,主要来源于长江中游地区,江西瑞昌铜岭、湖北大冶铜绿山等铜矿是当时采铜的中心。③ 青铜器铸造的中心则是在都城之中。商代前期的铸铜遗址中,郑州商城的两处出土遗迹、遗物及资料刊布最为丰富,此外,偃师商城、洹北商城、小双桥遗址、东下冯商城、盘龙城商城、南阳十里庙等地也发现有与铸铜相关的遗

① 郭旭东:《卜辞与殷礼研究》,陕西师范大学2010年博士学位论文。

② 李学勤:《甲骨学的七个课题》,《历史研究》1999年第5期。

③ 华觉明、卢本珊:《长江中下游铜矿带的开发和中国青铜文明》,《自然科学史研究》第15卷第1期,1996年。

存。商代晚期的铸铜遗址则集中于都城殷墟,殷墟范围内已发现苗圃北地、孝民屯、薛家庄南地、小屯村东北地等至少四处,苗圃北地以铸造礼器为主,孝民屯则以铸造工具和武器为主。殷墟东北约 10 千米的辛店村西南也发现一处大型铸铜遗址。①

至商代晚期青铜铸造的范铸法已臻于完美,得以铸造出世界上已发现的体量最大的青铜器司母戊鼎、臻于极致的青铜典范四羊方尊等精美青铜器。制范原料一般就地取材,经过精心选择和特殊处理,植物茎叶等羼和料含量比前期高。制范又分为制模、制芯、合范、铸型、焙烧、装配等工序。② 商代已掌握容器、兵器等不同功用青铜合金铜、锡、铅的比例,与后世《考工记》所记大体一致。个别铜钺的刃部用铁,说明商代对铁也已经有了初步的认识和利用。熔铜的熔炉郑州商城时主要有三种:一种是内外抹草拌泥的大口尊,一种是陶缸,还有一种是泥条盘筑的大熔炉。殷墟时主要有两种:一种类似早期的第三种,只是容量更大,直径达 1 米左右;另一种是直接在地面挖出圆形或椭圆形的土穴,以草拌泥加工表面而成,直径也在 1 米以上。③ 制范、熔铜、浇铸、获取整器、修整打磨等诸工序有明确的划分,操作场所也有区别,废弃物的堆放也互不混同,铸铜手工业的专业化增强,空间布局更加严密合理,分工更加精细,组织管理更加高效。④ 复原研究显示,要铸造司母戊鼎这样重达八九百千克的重器,容量约 13 千克的熔炉需要七八十个同时工作,若每个熔炉配备二至三人,则共需约二百人,再加上其他工作人员,工作场地约 2000 平方米才能容纳。⑤ 这也足以证明当时青铜铸造业的发达。

商代晚期是商代青铜铸造业发展的顶峰,青铜器的种类和数量均较商代前期丰富得多,直至商末,仍有兽足形鼎、鬲形鼎等新器形出现。青铜器的种类主要有鼎、觚、爵、簋、鬲、甗、斝、盉、尊、壶、彝、卣、罍、觥、盘、盂、缶等容器,钺、戈、矛、镞、戟、刀、斧、胄等兵器。容器及兵器中的钺均属于礼器性质,钺是王权和

---

① 孔德铭等:《河南省安阳市辛店商代铸铜遗址发掘及学术意义》,《三代考古》(七),科学出版社 2017 年版。

② 刘煜等:《殷墟出土青铜礼器铸型的制作工艺》,《考古》2008 年第 12 期。

③ 李京华:《河南冶金考古的发现与研究》,《河南考古四十年》,河南人民出版社 1994 年版。

④ 常怀颖:《郑州商城铸铜遗址研究三题》,《三代考古》(五),科学出版社 2013 年版。常怀颖:《夏商都邑铸造作坊的空间规划》,《中国文物报》2018 年 9 月 21 日。

⑤ 冯富根等:《商代青铜器试铸简报》,《考古》1980 年第 1 期。

军事统帅权的象征。钺的出土数量不多,且绝大部分出于墓葬,共出戈、矛、镞等其他兵器的数量也很多,甚至多达上千件。从钺与其他铜礼器的共存关系可以看出,墓主身份很高。不随葬钺的墓葬,出土兵器即使戈、矛、镞成套出现,也不过10多件,更多的是仅随葬戈、矛、镞中的一种,且不超过2件。此外,铜器种类还有铙、铃等乐器,衔、镳、辖、軏、軎、辖等车马器,削、锛、凿、刀、斧、锥、锯、钻、铲、匕、勺、钩、笄、镜、杖首、器柄等工具用具,面具、牛、虎等装饰品,以及建筑构件等。青铜器显然已经应用于生活的方方面面。

商代青铜器大部分发现于墓葬中,是作为随葬品出现的,另有一部分出土于铜器窖藏以及殷墟的宫殿宗庙基址和祭祀坑。商代早期,青铜器主要发现于郑州商城、偃师商城以及垣曲商城、东下冯商城、盘龙城商城等几处城址中。容器主要有鼎、觚、爵、尊、斝、鬲、盉、簋、甗、盘等,器壁较薄,素面较多,流行单层一周花纹带,花纹以饕餮纹为主。盘龙城距离铜绿山采铜中心较近,发现的铜器数量也较多。李家嘴M2是迄今为止发现的商代早期规格最高的贵族墓葬,共出土25件容器、25件兵器、13件工具等共计63件青铜器。礼器有鼎4、觚1、爵4、斝3、鬲1、甗1、簋1、盉1、罍1、盘1、小盘5、钺2,其中甗、簋、盘不见于同期其他墓葬。商代中期,青铜器出土地点及种类、数量均有增加。郑州商城的铜器墓增多,并出现3个窖藏铜礼器坑。洹北商城、盘龙城、小双桥、望京楼、大辛庄等商文化分布区,西至晋东南及关中平原西部、南至长江南岸的岳阳铜鼓山的范围内均出土有铜器。礼器中,鬲逐渐减少,瓿的数量骤增,新出现卵形底爵,觚、爵组合开始配对出现。装饰花纹的青铜器大大增加,且日趋繁缛,多双层甚至三层数周花纹带,花纹仍以饕餮纹为主,新增方格雷纹、乳钉纹、鱼纹等。商代晚期,青铜器出土地点进一步增多,数量大幅上升。都城殷墟的出土数量最多,容器即达千余件,妇好墓仅容器就有210件。殷墟文化分布范围内,东至苏埠屯、前掌大,北至定州北庄子,南至罗山天湖,西至关中东部老牛坡,均有较多青铜器出土。瓿逐渐减少,簋、卣的数量明显增多,出现以动物为原型的牺尊、扁罐形卣、分裆斝、兽足形鼎、鬲形鼎,觚的腹径更细,流行高体觚。花纹不再流行前期的粗条纹,以细条纹为主,流行三层花纹。开始出现铭文,由最初的二三字的族徽、庙号发展为少量记事铭文。专为随葬而制造的壁薄且粗糙的明器式铜器出现并逐渐占有较大比例。[①]

青铜礼器既是权力、财富的象征,也是礼制的物化形式。典型的商式青铜器尤其是青铜礼器,晚商时期在商文化分布区外的其他地区有很多发现,商文化对周边文化的影响突出表现在铜礼器上。属于李家崖文化分布区的清涧李家崖、石楼贺家坪等晋陕高原多地历年来出土许多商式青铜器,鼎、觚、爵、甗、斝、簋、罍、卣等礼器与殷墟同类器的形制和纹饰几乎一致。关中西部长武碾子坡、礼泉朱马嘴等地,洞庭湖沿岸湖南宁乡、醴陵等地,出土的青铜礼器也均与殷墟一致。汉中地区城固、洋县,赣江下游江西樟树、新干,燕山地区北京平谷刘家河等地出土的十几类青铜礼器均具有典型的商文化风格。成都平原广汉三星堆等出土大量铜器,尊、罍、盘、瓿、觯等礼器与殷墟同类器相似,细部却有差别,似是于当地铸造。商代晚期,晚商文化在西北、西、南三面收缩的同时,商式青铜礼器的影响却进一步扩张,形成礼器文化圈。鉴于礼器尤其是青铜礼器在商代的特殊地位,礼器文化圈的形成正是中原商王朝礼制观念、礼器制度广泛且强势影响周边的具体反映。[②] 有商一代,中国青铜文化不断发展,并逐步走向成熟,进入鼎盛时期。

(二)商代后期的经济与技术

商代社会以农业为基础,同其他古代世界一样,农业是商王朝具有决定性的生产部门。殷墟周边的洹河两岸分布着许多商文化遗址[③],殷墟所在的安阳盆地居民的经济生活基本都是以定居农业为主。《尚书·汤誓》中有“我后不恤我众,舍我穑事,而割正夏”的记载,说明早在商汤伐夏之时,士兵之前都是从事农业生产的。商代是仰韶温暖期的最后一个温暖时段,当时比今天更温暖。殷墟出土的动物骨骼以及卜辞中关于田猎动物的记载,都说明殷墟附近有成群的犀牛、象活动,殷墟一带是当时亚热带的北界。[④] 温暖的气候十分有利于农业生

---

① 中国社会科学院考古研究所:《中国考古学·夏商卷》,中国社会科学出版社 2003 年版,第 379~395 页。

② 徐良高:《文化因素定性分析与商代“青铜礼器文化圈”研究》,《中国商文化国际学术讨论会论文集》,中国大百科全书出版社 1998 年版。

③ 中美洹河流域考古队:《洹河流域区域考古研究初步报告》,《考古》1998 年第 10 期。

④ 邹逸麟:《黄淮海平原历史地理》,安徽教育出版社 1997 年版,第 9 页。

产,统治者对于农业生产相当重视。甲骨卜辞中有很多“受年”“受禾”,祈求丰年、禾苗生长的记载,还有商王“观耤”即视察农田耕作情况的记载。《尚书·无逸》说祖甲以后的几代商王“不知稼穑之艰难”,认为不重视农业生产是商代灭亡的原因之一。农业生产工具尽管发现有少量青铜工具,仍主要是石、木、蚌、骨质工具,发现最多的是用于收割的镰和刀。常见的翻土工具有耒、耜、臿等,中耕工具主要是各种质地的铲。甲骨文中也能见到“刀”“耒”等农业工具的象形字。甲骨文中的农作物有黍、麦、稷、稻、豆等,殷墟也多次发现炭化的稷、麦、黍等。农业生产的方式是众人集体劳作,有“助法”,《孟子·滕文公上》所谓的“殷人七十而助”。甲骨文中有“令众黍”“裒田”等相关记载[①],殷墟曾经在1个灰坑内发现1000多把石刀[②],在7个灰坑中发现3640把石镰和数百件蚌器[③]。这种农具集中保存的情况也说明农业劳动是集体进行的。耕作技术也有比较大的提高,将土地整治成“畎亩”,可以利用沟洫灌溉,[④]普遍进行除草、施肥、防虫害等田间管理。收获之后用囤仓储粮。甲骨文中有商王派人查看粮仓的记载。

畜牧业是农业的重要补充,商代祭祖常用牺牲,猪、牛、羊动辄数十数百甚至上千头,殷墟绝大多数墓葬的腰坑中都埋葬有犬,用马殉葬的例子也很多,往往用容器盛装羊、猪、鸡等肉食随葬,这些都在一定程度上促进了畜牧业的发展。《管子·轻重篇》讲商的先人“立帛牢,服牛马以为民利”,很早就开始饲养牲畜。后世所言的马、牛、羊、鸡、犬、豕等六畜在商代均发现有驯养种的遗骨。殷墟历年出土大量动物骨骼,大司空、北辛庄制骨遗址均曾清理兽骨数万件,以牛骨、猪骨为主,兼有马、羊、狗骨。[⑤] 花园庄南地的一座灰坑中清理出数十万块牛骨。[⑥] 甲骨文反映出当时猪多圈养,马、牛、羊等则多使用围栏,随时可放牧,

① 张政烺:《卜辞裒田及其相关诸问题》,《考古学报》1973年第1期。

② 李济:《十八年秋工作之经过及其重要发现》,《安阳发掘报告》第二期,中央研究院历史语言研究所1930年版。

③ 石璋如:《第七次殷虚发掘:E区工作报告》,《安阳发掘报告》第四期,中央研究院历史语言研究所1933年版。

④ 张政烺:《卜辞裒田及其相关诸问题》,《考古学报》1973年第1期。

⑤ 中国社会科学院考古研究所:《殷墟的发现与研究》,科学出版社1994年版,第93~96页。

⑥ 中国社会科学院考古研究所安阳工作队:《1986—1987年安阳花园庄南地发掘报告》,《考古学报》1992年第1期。

政府派官吏管理。商代已经能够人工控制家畜的生长、繁殖和育种，马匹去势术也已经出现。[①] 除了用于祭祀和饮食，马、牛还用于拉车等役使。

主要的手工业部门如陶器生产与青铜冶铸业一样已经专门化。郑州商城西墙外的制陶手工业遗址面积达1500余平方米，中部经过修整的白灰地面是陶坯制作场地，周边散布着大量陶坯、拍子、印模等制陶工具，南部有经过处理质地细腻的成堆陶泥，东部、南部是14座陶窑，附近还有房址、墓葬、烧坏的陶器废品等遗存。陶坯和残毁陶器均是泥质陶，器形以盆、甑最多，也有簋、瓮，但没有鬲、甗等夹砂陶器物。这是一处专门生产泥质陶器的作坊。河北邢台贾村遗址的陶窑附近，仅发现有鬲一种器物及其残片，是一处专门制造陶鬲的作坊。[②] 绝大多数日用陶器是由泥质或夹砂的陶土制作，白陶、硬陶、原始瓷器则是用瓷土烧制。白陶装饰讲究、美观华丽，工艺水平很高，主要是簋、罍、豆、瓿等礼器，大多出土于大中型墓葬。原始瓷器的制作工艺在龙山以来的基础上有了进一步发展。在郑州商城、殷墟、济南大辛庄、黄陂盘龙城、樟树吴城等地出土了大批原始瓷器。郑州商城、殷墟发现的硬陶和原始瓷器均与盘龙城、吴城等南方出土的同类器十分相似，无论是来源于南方还是就地仿制，均反映出商王朝与南方的联系。

纺织、玉石器、漆木器、骨器、造酒等有很长历史的手工业发展至商代，都已经有相当高的水平。殷墟出土的很多青铜器器表附着有丝织品，妇好墓出土青铜器表面的大孔罗是目前所知年代最早的纠经机织罗实物。[③] 根据残留丝织品痕迹的回纹、菱形暗花花纹等推断当时已大大改进了织机，使用"有简单的提花装置的织机"[④]。商王爱玉，玉器突破礼制的范畴，观赏性、装饰性更强，纣王曾作琼室瑶台并饰以美玉。《逸周书・世俘解》讲纣王自焚时"取天智玉琰，缝身厚以自焚"，周武王"俘商旧玉亿有百万"。殷墟出土玉器在数量、种类、艺术性上均高于其他地区，仅妇好墓出土玉器即达750余件。殷墟宫殿区发现有玉石

---

① 王宇信：《商代的马和养马业》，《中国史研究》1980年第1期。

② 河北省文化局文物工作队：《1958年邢台地区古遗址古墓葬的发现与清理》，《文物》1959年第9期。

③ 中国社会科学院考古研究所：《殷墟妇好墓》，文物出版社1980年版，第18页。

④ 夏鼐：《我国古代蚕、桑、丝、绸的历史》，《考古》1972年第2期。

器作坊，玉器制作成为专门的生产部门，技艺相当娴熟。[①] 漆木器在殷墟多有发现，主要是棺、豆、盘等器，髹漆不仅有各色花纹，还包括绿松石、蚌片等饰物的漆器镶嵌工艺。骨器制作在商代已经高度专业化，郑州商城、殷墟均发现有多处制骨作坊。商人尚酒，农业生产获得发展可以有更多的余粮用以酿酒，藁城台西曾发现人工培植的酵母。郑州商城曾在50平方米的范围内发现440余件夹砂陶缸，推测是酿酒的遗存。[②]

各种手工业等社会分工的深化，在促进本行业发展的同时也为商品经济的发展奠定了基础。至商代晚期，货贝很可能已作为通行货币流通，以朋为单位，十贝为一朋。[③] 殷墟一个灰坑中曾出土三堆海贝，其中一堆可以清晰地看出是十贝连成一组。甲骨卜辞中常有“赐贝”“取贝”的记载，铜器铭文中也记载有赏贝之事，数目少者一朋，最多者二十朋。殷墟墓葬以贝随葬十分普遍，一贝至十贝不等，贵族墓可达数十数百甚至数千贝，妇好墓随葬的海贝达6800多枚。海贝作为货币是财富的象征。殷墟也出土有少量铜、骨、蚌、石等质地的仿制贝，只是作为饰品使用还是充当货币尚不能断定。山西保德车马坑曾出土120枚海贝和109枚铜贝。有学者认为铜贝均与车马器共存，应是马辔饰。[④] 也有学者认为这些铜贝是原始的铸币。[⑤]《尚书·酒诰篇》说商遗民“肇迁车牛，远服贾”，这是关于商人从事商业活动的最早文献记载。远距离的商业活动离不开车。殷墟发现车马坑近60座，其中不乏马车的完整标本，是考古发现双轮车的最早实物。已发现的商代马车，多一车二马，个别为一车四马，均木质双轮单辕，辕前端是驾马的衡，辕后部轴的上方是车舆，也确证商代晚期已出现车轼。轮、轴端、辕端、衡木、軛、车舆等部件有少量青铜零件、饰件。除了马车、牛车，还有称为“辇”的用人力拉的车。[⑥] 甲骨文的“车”字与考古发现的车形状基本相同。甲骨文、金文中“舟”的形象，也显示出商代的造船技术获得发展，已能用多块木板拼造船只。

---

① 陈志达：《殷墟玉器的工艺考察》，《中国考古学研究》，文物出版社1986年版。

② 河南省文化局文物工作队：《郑州二里冈》，科学出版社1959年版，第28~29页。

③ 孙淼：《夏商史稿》，文物出版社1987年版，第475~479页。

④ 吴振录：《保德县新发现的殷代青铜器》，《文物》1972年第4期。

⑤ 彭邦炯：《商史探微》，重庆出版社1988年版，第264页。

⑥ 于省吾：《殷代的交通工具和馹传制度》，《东北人民大学人文科学学报》1955年第2期。

（三）商代后期的文化与艺术

以甲骨文为代表的商代文字已经相当成熟，此外，还有金文、陶文、玉石器铭文等类型，均比较简短。《尚书·多士》载："惟殷先人，有册有典。"甲骨文也有册、典及许多从册的字形，说明早在商代已经有书写在竹简或木简上的文字作为通行文稿。遗憾因难以保存，尚未见到实物。商代的数学已经相当发达，已经使用十进位制计数法。甲骨文中最小的数字是一，最大的是三万，一至十是基本的自然数，十以上为合数，十、百、千、万各有不同的表示方法。文献中还有亿、兆。计算工具是后世一直沿用的算筹。商代对于天象的观察十分全面，甲骨文中有关于大火星、大星、鸟星等与制定历法关系密切的星辰的许多记载。在数学发展和对日月星辰细致观察的基础上，商代历法已初具规模，对年、月、日、时都有一定的记录方法。一年十二个月，十二个月用数字记录，有大小月之分，大月三十日，小月二十九日，年终或年中置闰月。很可能已经开始划分四季。时间单位旬也已经出现，十日为一旬，纪旬也用数字表示。已经使用干支纪日法，甲骨文中有完整干支搭配的甲子表，卜辞中有众多的占卜日期。称当天为"今日"，过去为"昔日"，明天为"翌日"，更远的为"来日"。一天之内的"时"按照早晚分为明（旦）、大采（朝）、大食、中日、昃、小食、小采（暮）、夕等多个阶段。商代的历法已相当进步。①

商代的医学有了很大发展。甲骨卜辞中提到的疾病种类涉及耳、鼻、喉、牙、目、腹等 30 余种，卜问的内容涉及是否有病、病症是否迁延、能否痊愈等。关于疾病的治疗，除占卜禳解之外，也已经使用药物、针砭艾灸、按摩等方法治疗。甲骨文中有"药"字，藁城台西曾出土 30 多枚桃仁、杏仁等中药的种子，②是传统主治便秘的丸药"五仁丸"的主要成分。此时不仅认识到某些药物的作用，而且很可能已经开始加工储存药物备用。砭石在藁城台西也有发现，呈石镰状，长 20 厘米，制作精致，放于漆盒中。湖南石门发现的长约 13 厘米的光滑石棒也被认为是砭石。③ 甲骨文中有艾灸、按摩治病的记载，还有用丝线拔牙以解

---

① 孙淼：《夏商史稿》，文物出版社 1987 年版，第 680～683 页。彭邦炯：《商史探微》，重庆出版社 1988 年版，第 307～314 页。

② 台西发掘小组：《河北藁城县台西村商代遗址 1973 年的重要发现》，《文物》1974 年第 8 期。

③ 马继兴、周世荣：《考古发掘中所见砭石的初步探讨》，《文物》1978 年第 11 期。

除牙痛、用正骨术复位肘关节等记载，也能较为准确地推算预产期。商代已经出现专职医生，商王的专职医务官叫“小疾臣”，巫医开始分离，医学逐渐成为一门独立的科学。祖庚、祖甲以后的甲骨卜辞中很少有关于疾病的占卜，大概人们已经认识到疾病靠神灵不如靠医疗效果好，“应是与当时的医药卫生的发展有关系”①。

商代的乐舞艺术在前代基础上进一步发展。《吕氏春秋·古乐》载：“汤乃命伊尹作为《大濩》，歌《晨露》，修《九招》《六列》，以见其善。”《九招》《六列》等乐夏代已有，据说传自帝喾时期，在甲骨文中均有迹可循。《大濩》是商代新创作的乐曲，甲骨文有相关祭祀用濩乐的记载。商王等的生活往往如《尚书·伊训》所言“恒舞于宫，酣歌于室”，《说苑》所言“钟鼓管弦，流漫不禁”。商代乐曲已不能再现，只能从考古发现的商代乐器略窥一二。考古发现的商代乐器有磬、鼓、钟、铃、镈、埙等六类。石磬出土于墓葬，常 3 件或 5 件成套。殷墟西区大墓 M93 以及妇好墓均是出土 5 件石磬，故宫博物院所藏商代编磬为 3 件。单件的磬称为特磬。文献记载、铜器铭文以及考古发现均证明，鼍鼓和特磬是先秦王室、诸侯专用的礼乐重器。② 殷墟 1217 号王陵曾出土一面鼓，鼓高 68 厘米，鼓面直径 60 厘米，木质鼓腔，鳄鱼皮鼓面，伴出有鼓架，同出有大型石磬。武官村大墓也出土一件长 84 厘米的石磬，正面线刻精美的虎纹。殷墟宫殿区出土有一件长约 88 厘米的龙纹石磬。还有滕州前掌大和灵石旌介村方国首领墓出土的特磬，均可佐证。钟也称为钲、铎、铙，铜铸，常 3 件或 5 件成套，大小依次递减。妇好墓的钟为 5 件，殷墟郭家庄 M26、西北冈 M1083 等墓的钟为 3 件。温县小南张、湖南宁乡也有发现。铜铃发现很多，常配在马、犬等动物的颈下。由铜铃发展而来的铜镈见于新干大洋洲。商代陶埙通常上端一个吹孔，体腹有 5 个音孔。殷墟 1001 号王陵出土有一件体腹刻兽面纹的骨埙，形状、音孔与陶埙相近。编钟、编磬、陶埙的发音测试和研究表明，当时已经有了半音观念、较固定的音高观念和五度协和观念，十二律体系的基础已经具备，这些乐器组合有一定的音程关系，“是完全可以演奏出优美动听的曲调来的”③。

---

① 彭邦炯：《商史探微》，重庆出版社 1988 年版，第 322 页。

② 高炜、高天麟、张岱海：《关于陶寺墓地的几个问题》，《考古》1983 年第 6 期。

③ 彭邦炯：《商史探微》，重庆出版社 1988 年版，第 334 页。

国家机器中官僚机构和军队的作用至关重要。商王朝的国家机构更加完备庞大。商王之下、常在王左右的是相,著名的伊尹、傅说便分别是汤和武丁的相。“相”等高级官吏统称为卿士,有时也设三公,地位极为尊贵,文献记载中,商代的三公有文王、九侯、鄂侯、伊尹、傅说。一些方国首领被封为侯、伯,同时也在商王朝任职,比如周文王称西伯,同时也是纣王时的三公。商代有史官负责记事,文献中载有史和内史,甲骨文中有大史、小史、西史、东史等。卜官负责占卜,也称为贞人。祝负责祭祀时以辞告于鬼神。尹是一族之长。太师、少师则是乐师。工、射分别是直接负责手工业生产和指挥多射的官吏。甲骨文中还有众多负责某一方面具体工作的“小臣”。师长是武官之长,军队中的高级官吏。作战的士兵平日不脱离生产,战时临时征召,有左、中、右的编制,跟周代一样利用田猎进行军事训练,只是尚未制度化。车已经用于作战。《吕氏春秋》载汤伐夏的鸣条之战时,商汤出动良车七十乘。《淮南子》载商汤以车三百乘伐桀于南巢,困桀于鸣条。卜辞中有武丁用车征伐异国的记载。已发现的车马坑中有的就属于战车,如小屯 M20 的车马坑,一车四马三人并三套武器。这与周代车制一车三人的记载相合,可知车制的历史亦可上溯至商代。

第四节 商代都城布局特点及影响

已发现的商代都城有郑州商城、偃师商城、洹北商城、殷墟共 4 座,前期以郑州商城为代表,后期以殷墟为代表。尽管各都布局不尽相同,但正如《论语·为政》所说“殷因于夏礼”,各都也有众多夏都二里头以来布局的共同点。如:均以宫庙建筑为主体;作坊区、祭祀区等各种活动区分散分布,尚未出现明显的规划轴线;郭城城墙或有或无,但显然已经具备了内宫城、外郭城或郭区的雏形;宫殿建筑群的中轴布局,长方形宫殿基址,坐北朝南,院落带回廊,南门为正门等。商代都城承前启后,开创了诸多后代都城布局的重要模式。如:商代前期都城多重城垣的布局,商代后期殷墟族邑簇拥的布局,全城中轴规划初具雏形及前朝后寝、左祖右社的布局模式,宫殿区、池苑居北的布局,王陵区位于都城西北及分区布局等。商代都城对后代都城建设产生了深远的影响。

一、商代都城布局新特点

（一）商代前期都城多重城垣的布局

商代前期都城郑州商城和偃师商城均是多重城垣的布局，且均略呈长方形或方形。郑州商城宫殿区外有封闭的内城城垣，平面略呈南北纵长方形，周长近7千米，面积约290万平方米。郭城城墙已探明长度6000余米，在小城外侧600~1100米处，从东南角延伸至西南角，正对内城东南角和西南角的地方有明显的转折，对内城呈环抱之势。郭城很可能原本就没有闭合，而是由城墙与城址外东北方向的湖泊沼地共同构成商城的外围防御设施。偃师商城有大城、小城、宫城三重城垣，大城平面略呈长方形，周长约5500米，面积约190万平方米。小城位于大城的西南部，平面大体呈长方形，面积80余万平方米。宫城位于小城中部略偏南处，平面近正方形，面积不足4万平方米。偃师商城的三重城垣并不是同时存在的，宫城与小城同时建成使用，后来在小城的基础上修筑大城，宫城与大城城垣并存。多重长方形或方形的城垣布局，为后代多朝都城所继承并进一步发展，成为中国古代都城布局的重要模式，影响深远。

（二）殷墟的族邑布局

殷墟也被称为“大邑商”，王都大邑以宫殿区王室邑聚为中心，周围簇拥着若干族邑，而不设郭城。王室及王族成员居住生活的区域以宫殿区为主，宫殿区内发现有多组大型宫庙基址、小型房址、玉石器和铸铜等手工业作坊、墓葬、祭祀遗址、大量甲骨卜辞等。宫殿区之外，殷墟西北开辟有王陵区，王陵区不仅是商王的陵区，同时也是商王召集各族邑参与王室葬礼、祝捷等祀典的公共场所。其他每个族邑都聚居着两个或更多的家族，每个族邑都有一定的范围且相对独立。各族邑内都包括生活区、生产区和墓葬区。如宫殿区西约2.5千米的孝民屯一带，是一处拥有铸铜手工业作坊、居址、墓地在内的族邑，以召、大中族为主，也有戣、告亚等族共处。且发现有带墓道的贵族大墓，此族邑显然在大邑商中有着重要的政治地位。王都内的各部族,无论与商王是同姓还是异姓,均与商王朝关系密切。各族邑之间有明显的区域划分,彼此间有大道小路相连,相互依存。各族邑自身扩展的多点扩张与殷墟范围的扩大互为表里,以宫庙区为中心,形成十分明显的族邑簇拥布局。这种布局源自夏都二里头聚落向心式分布的大网状结构,在洹北商城也有体现。洹北商城北部的各居民点,往往相对独立,彼此之间有道路相通。居民点有丰富的生活遗存,有墓葬,有些居民点发现有单独存在的面积较大的公共建筑。“殷墟这种大邑都城形态,可能也直接影响了西周沣、镐京城的形态。”①

(三)全城中轴规划初具雏形

偃师商城的全城中轴规划初具雏形。扩建大城前的偃师商城,宫城位于小城中部略偏南处,南墙正中有一宽敞的门道,一条大道通向小城南门。宫城西南和东北分别有两座府库呈犄角之势拱卫宫城。扩建大城后的偃师商城,大城南北城门仍在中轴线上,东西城垣上约在相同位置各有两座城门,基本对称。偃师商城是我国古代城市建设中具有中轴对称的最早实例。郑州商城内城的详细布局还不甚清晰,但内城城垣上基本对称的城门位置,似也说明其存在着中轴对称的布局规划。

殷墟的宫殿区内也有中轴线。尽管殷墟的族邑簇拥布局不同于商代前期郑州商城、偃师商城有围墙环绕的都城布局,但仍表现出很强的规划性。已发掘的 50 余座建筑基址均呈独立的四合院形式,这些建筑基址按照功用分为甲、乙、丙、丁四组,左右对称分布。大致上,甲组基址性质是“寝”,乙组大部分基址性质是“朝”,丙组基址性质是“社”,丁组基址性质是“祖”。甲组在北,乙组在南,丁组在左,丙组在右。殷墟刘家庄发现的丁字路,东西向道路宽约 8 米,路南侧有排水沟;南北向的道路最宽 20 余米,两侧有排水沟,路面车辙众多,向北可直通宫庙区,很可能是宫庙区向南贯穿都城的主干道。② 道路两侧均有布局严谨的夯土建筑基址,也说明殷墟建设过程中的合理规划。殷墟宫殿宗庙区中

---

① 郑若葵:《殷墟“大邑商”族邑布局初探》,《中原文物》1995 年第 3 期。

② 中国社会科学院考古研究所安阳工作队:《河南安阳市殷墟刘家庄北地 2008 年发掘简报》,《考古》2009 年第 7 期。

轴线规划以及前朝后寝、左祖右社的布局较为明确，奠定了后代都城布局的重要模式，影响深远。

（四）宫殿区及池苑布局

商代前期都城郑州商城和后期都城殷墟的宫殿区均位于城内北部。郑州商城宫殿区位于内城东北部，总面积约40万平方米，约占内城面积的六分之一。内城外围分布着铸铜等各种手工业作坊和多处墓葬群。殷墟宫殿区以小屯、花园庄为中心，面积约70万平方米，基本位于殷墟的北部中央。宫殿区外南部、西部、东部，均簇拥着众多族邑及各种手工业作坊。宫殿区位于城内北部的布局，对后世都城布局也有着深远影响。

文献中不乏商王喜欢池苑的记载，如《尚书·泰誓》载："今商王受（纣）……惟宫室、台榭、陂池、侈服，以残害于尔万姓。"考古发现，郑州商城、偃师商城、殷墟三座都城址宫殿区的北部，均有面积超过2万平方米的池苑遗址，殷墟的池苑遗址面积更是超过4.5万平方米。偃师商城的池苑东西两端有渠与城外护城河相连，郑州商城的池苑有水道与若干水井相连，殷墟的池苑北部有水道与洹河相连。临池苑都有亭台水榭类建筑。池苑的设置很好地美化了宫殿区环境，也便于泛舟、垂钓等游乐。池苑在二里头遗址即有迹可循①，以后历代都城也均有设置，且规模更大。

（五）王陵区位于都城西北

中国古代许多王朝的陵区均位于都城的西北方。原始的日月星辰崇拜认为天体升起的东北方是众神的居住之所，降落的西北方是众神的葬地。文献中也有佐证，如《汉书·郊祀志》载："东北神明之舍，西方神明之墓也。"颜师古注："凡神明以东北为居，西方为冢墓之所。"殷墟王陵区位于洹河北岸侯家庄西北冈、武官村北地的高地上，东西长450米，南北宽250米，正处于洹河南岸小屯一带宫殿宗庙区的西北方，二者相距约3千米。殷墟王陵区是我国迄今发现的最早最完整的王陵区，开创了中国古代独具特色的陵寝制度。

---

① 杜金鹏：《偃师商城王宫池渠的发现及其源流》，《偃师商城初探》，中国社会科学出版社2003年版。

殷墟王陵区东西分区的排列方式显然是后世昭穆制度的先河。殷墟王陵区分为东、西两区，共发掘 13 座带墓道的大墓。带 4 条墓道的大墓数量与武丁以后的商王数量刚好对应，一般认为带 4 条墓道的大墓即是商王的陵墓。西区有 7 座带 4 条墓道的大墓和 1 座未完成的大墓，分成 4 组，每组一南一北排列。东区有 5 座大墓，带 4 条墓道的和带 1 条墓道的各 1 座，带 2 条墓道的 3 座。

二、商代都城布局的影响

商代都城布局直接影响着商王朝地方城邑的建设，前述考古发现的商代地方城邑表现的共同特点便是明证。同时，商代都城表现出的诸多布局新特点对后代都城建设亦产生了深远影响。

商代前期都城郑州商城和偃师商城表现出的多重长方形或方形城垣布局，为后代都城继承并进一步发展。《管子·度地》载："内为之城，城外为之郭。"内城外郭是春秋都城布局的基本模式，考古发现的曲阜鲁国故城、临淄齐国故城、新郑郑韩故城等均是宫城在内、郭城在外的双重长方形或方形城垣布局。曲阜鲁国故城平面略呈长方形，面积约 10 平方千米，宫城位于城内中部。临淄齐国故城大城平面略呈长方形，周长约 14 千米，宫城位于大城中部。新郑郑韩故城也是内城外郭，宫城位于城内中部。① 自北魏邺城之后，北魏洛阳城开始正式形成了宫城、皇城、郭城三重城垣的布局模式，经隋唐两京一直沿用至明清北京城。

商代后期殷墟族邑簇拥而无郭城的布局，直接影响了西周都邑周原、丰镐、雒邑，以及当时的鲁都曲阜、齐都临淄等城邑的布局。周原宫城呈横长方形，面积近 90 万平方米。② 凤雏甲组基址位于城内中心，与周边其他建筑基址一起组成庞大的建筑群。城外黄堆、庄白、庄李、刘家等族邑环绕，生产、生活、埋葬均

---

① 马俊才：《郑、韩两都平面布局初论》，《中国历史地理论丛》1999 年第 2 期。

② 陕西省考古研究院：《2013 年陕西省考古研究院考古发掘调查新收获》，《考古与文物》2014 年第 2 期。

在族邑内。既有周人族邑,也有殷遗民族邑,各族邑相对独立,彼此间有道路相通。[①] 至今未发现郭城城垣迹象。丰镐、雒邑也均未发现郭城。《逸周书·作雒解》记载:“乃作大邑成周于土中。城方千七百二十丈,郛方七百里。南系于洛水,地因于郏山,以为天下之大凑。”就是说西周雒邑的郭是利用山川连接而成。周原、丰镐很可能与雒邑一样,也是利用自然山水地貌构成郭区的自然屏障。[②] 而当时的鲁都曲阜、齐都临淄等布局与都城保持着某种一致性,大城城垣也基本无迹可寻。

商代都城已初具全城中轴规划的雏形,影响极为深远。春秋时期的鲁都曲阜,宫城位于郭城中部,贯穿宫城南门与郭城东门之间的大道是全城的轴线。一般认为曲阜鲁国故城已经采用中轴线规划,很可能是《周礼·考工记》所载营国制度的蓝本。[③] 燕下都东城内的建筑基址也基本是左右对称分布。秦都栎阳中间的南北向街道也基本上将其分为两部分。西汉长安城的南北轴线更是长达70余千米,纵贯全城之外,向南直抵秦岭之子午峪,向北穿过高祖长陵直达祭天之处今三原县的天齐祠。而真正意义上的全城中轴线规划,以宫城正南门延伸的南北向主干道为整个城区规划的轴线,则晚到曹魏邺城和魏晋洛阳城。曹魏邺城呈横长方形,宫城位于北部中央,宫城南门司马门,向北通向听政殿,向南直通郭城南垣正门中阳门,是全城的中轴线,两侧分布着相国府、奉常寺等衙署。魏晋洛阳城略呈横长方形,宫城位于北部中央,主殿太极殿、宫城南门阊阖门向南延伸至郭城正南门宣阳门的铜驼街是全城的中轴线。隋唐长安城,宫城位于郭城北部正中,宫城南是皇城,宫城南门承天门、皇城南门朱雀门延伸至郭城南门明德门的朱雀大街是全城中轴线。北宋汴京城开始形成的宫城、皇城、郭城三城三重相套的“回”字形布局,为辽中京、金中都、元大都、明清北京城所继承,贯穿宫城、皇城、郭城南门的主干道同时也是纵贯全城的中轴线。

---

① 马赛:《周原遗址西周时期人群构成情况研究——以墓葬材料为中心》,《古代文明(第8卷)》,文物出版社2010年版。雷兴山:《论周原遗址西周时期手工业者的居与葬——兼谈特殊器物在聚落结构研究中的作用》,《华夏考古》2009年第4期。

② 彭曦:《西周都城无城郭?——西周考古中的一个未解之谜》,《考古与文物》2002年增刊。卢连成:《西周丰镐两京考》,《中国历史地理论丛》1988年第3期。

③ 俞伟超:《东周都城遗址》,《中国大百科全书·考古学》,中国大百科全书出版社1986年版,第100页。

商代都城也奠定了《周礼·考工记》所载的前朝后寝、左祖右社的都城布局模式，为后世都城所继承。前朝后寝的布局为历代都城所遵循。如北魏洛阳城的宫城被连接阊阖门和建春门之间的东西大道分为南北两部分，南部为朝会之所，北部为寝宫。北宋汴京城，宫城在皇城北部，宫城是寝宫，皇城南部是朝会之所及部分中央衙署。明清北京的紫禁城，保和殿广场南面的太和殿是朝会之所，北面的乾清宫则是寝宫。左祖右社的布局成为后世都城礼制建筑布局的基本模式。春秋时，晋都新田的礼制建筑表现为左祖右社，[①]在西汉长安城的南向时代，南郊礼制建筑也按照左祖右社设置。[②] 东汉雒阳将"'左祖右社'正式纳入到都城的规划设计，这是秦汉以来有可靠文献记载的最早实例"[③]。不过社稷坛的位置在后来有所迁移。魏晋洛阳城的太社、太庙遵循"左祖右社"的原则，分别位于中轴线宣阳门大街的东西两侧。之后历代都城，直至明清北京城均大都循例修建。

商代都城宫殿区位于城内北部的布局，后世都城也多采用，尤其是曹魏邺城和魏晋洛阳城形成真正意义上的全城中轴线规划之后的都城，宫城基本上均位于城内北部。如曹魏邺城呈横长方形，宫城位于北部中央；北魏洛阳城略呈横长方形，宫城位于北部中央；隋唐长安城，宫城位于郭城北部正中；隋唐洛阳城，宫城、皇城位于郭城西北；北宋汴京城，宫城位于皇城北部中央；金中都、元大都、明清北京城的宫城也均位于皇城的北部中央。

商代都城在宫殿区北部设置池苑的布局模式，在以后历代都城中也均有体现，且规模更大。西周周原遗址发现有以 4 个大面积水池为中心、40 余条给排水沟渠共同构成的庞大水系。[④] 丰镐遗址中，在沣河西岸丰京北部发现有面积超过 3 万平方米的水域及其与沣河连通的沟渠。[⑤] 又如汉长安城建章宫内北部

---

① 田建文：《"新田模式"——侯马晋国都城遗址研究》，《山西省考古学会论文集》（二），山西人民出版社 1994 年版。

② 刘瑞：《汉长安城的朝向、轴线与南郊礼制建筑》，中国社会科学出版社 2011 年版，第 64～65 页。

③ 姜波：《汉唐都城礼制建筑研究》，中国社会科学院 2001 年博士学位论文。

④ 陕西省考古研究院：《2013 年陕西省考古研究院考古发掘调查新收获》，《考古与文物》2014 年第 2 期。

⑤ 阿房宫与上林苑考古队：《西安市汉唐昆明池遗址区西周遗存的重要考古发现》，《考古》2013 年第 11 期。

有太液池，长乐宫和未央宫分别建有酒池和沧池；汉魏洛阳城宫城内有九龙池；唐长安城太极宫内有四大海，大明宫内有太液池，兴庆宫有龙池；唐洛阳城宫城内西北部有九州池；北宋汴京宫城东北有大型池苑艮岳；元大都皇城内的太液池；明代在太液池南又扩建南海；等等。

商代王陵区位于都城西北方的布局，影响了后世许多王朝。西汉 11 位皇帝的陵墓，除文帝霸陵和宣帝杜陵位于汉长安城西南外，其余九陵均位于长安城西北渭河北岸的咸阳塬上。唐代位于关中的 18 座帝陵，在长安城的西北至北部绵延百余公里呈扇形环绕。北宋 7 帝 8 陵均位于今巩义，在汴京城的西部。明自朱棣迁都北京之后的十三帝陵均位于北京西北的昌平天寿山下。殷墟王陵区东西分区排列方式所表达的制度信息，至西周已是完善的昭穆制度。昭穆制度贯穿在社会生活的方方面面，表现在墓葬中，如《周礼·春官·冢人》所载："先王之葬居中，以昭穆为左右。"郑玄注曰："先王，造茔者。昭居左，穆居右，夹处东西。"考古发现的西周贵族墓地的昭穆排列，如张家坡井叔家族墓地。[①] 西汉帝陵虽是独立陵园，其排列顺序依然遵循左昭右穆的制度。[②] 直至近现代的家族墓地仍奉行昭穆排列，其影响不可谓不深远。

---

① 卢连成：《张家坡西周井叔墓地的昭穆排列》，《中国文物报》1995 年 3 月 5 日。

② 沈睿文：《西汉帝陵陵地秩序》，《文博》2001 年第 3 期。秦建明、姜宝莲：《西汉帝陵昭穆与陵位探》，《文博》2002 年第 2 期。刘瑞：《昭穆制度与西汉帝陵排序》，《西部考古》（三），三秦出版社 2008 年版。

第三章 两周时期：『封邦建国』的营国制度

周武王克商后于公元前1046年都镐(今陕西西安市长安区沣河以东),周王朝正式建立。周王为屏周室、有效控制东方,营建东都雒邑(今河南洛阳市),并分封诸侯,建立藩卫,河南境内的重要封国有卫、陈、宋、杞等。公元前771年,周幽王兵败犬戎被杀,西周灭亡。次年周平王东迁雒邑,是为东周。周平王元年(前770)至公元前476年周敬王卒,是诸侯争霸的春秋时期,河南境内的重要封国有楚、郑、宋、卫、陈、蔡等;周元王元年(前475)至公元前221年秦王朝建立,是大国兼并的战国时期,河南主要是韩、魏、楚三大国之地。春秋时的郑国、战国时的韩国先后都新郑,是这一时期众多历史事件的参与者。两周历时800余年,晋皇甫谧所撰《帝王世纪》载:“自克殷至秦灭周之岁,凡三十七王,八百六十七年。”西周政治统一,上承夏、商两代1000余年的文明积累,文化发展取得卓越成就,如《论语・八佾》所说:“周监于二代,郁郁乎文哉!吾从周。”东周时期,王室衰微,列国纷起,“礼乐征伐自诸侯出”。同时,东周时期也是我国历史上一个大变革的时代,随着铁器的广泛使用,社会生产力得到显著提高,社会生活的方方面面如社会组织、政治制度、思想意识等均随之发生了巨大改变,一个崭新的历史时代拉开序幕。西周雒邑、东周王城、郑韩故城等不失为这一时期都城模式的代表。

第一节　西周雒邑与封建诸侯

西周以镐京为都城,为了牢牢控制中原,有效统治四方,以雒邑为东都。两都之间京畿相连,共同构成了西周的政治中心。终西周之世,东都雒邑都有着非常重要的地位。西周雒邑是只有一座城,还是分为东周和王城两座城,自古争讼不已。考古研究显示,周初雒邑或许就在今洛阳市区东部的瀍河两岸,至西周晚期迁至今汉魏故城一带新筑的成周城内。西周在分封制的基础上,宗法制度、礼乐制度等各种典章制度基本完善。河南境内的诸侯国数以百计,却大多踪迹难觅,能确认的仅有虢都上阳城和鹤壁浚县辛村卫国都城遗址。

一、西周雒邑

(一)武王伐纣与雒邑之营建

周文王时已基本完成了灭商的前期准备,三分天下而周人有其二。周武王即位后九年,借祭祀文王之机举行了伐纣前的阅兵,“不期而会盟津者八百诸侯”。两年后,武王再次在盟津大会诸侯,并发布伐纣檄文《太誓》,开始伐纣的征途。公元前1046年,经牧野之战的胜利推翻了商王朝。之后在修缮一新的朝歌社坛举行代商膺受天命的祭天大典,正式建立周王朝。为有效统治原商王朝的广大地区,《逸周书·作雒解》载:“武王克殷,乃立王子禄父,俾守商祀。建管叔于东,建蔡叔、霍叔于殷,俾监殷臣。”武王命武庚禄父继续统治商王朝中心地带的遗民,商王畿的其余部分一分为三,管叔镇守东部的卫,蔡叔镇守西部的鄘,霍叔镇守北部的邶。然后迁九鼎于雒邑,在通天圣山嵩山举行告天之礼,方班师回丰镐。

武王灭商之后,旋即登临嵩山,举行向天告成、望祀的大礼,这一史实见诸西周初年周武王时铸造的青铜器《天亡簋》铭文,该铭文被认为是最早的封禅记载。嵩山早在夏代就已经具备通天圣山的地位,夏王朝兴起,即以“夏之兴也,融降于崇山”[①]来标榜天命。《天亡簋》写作“天室”,表明了嵩山的性质。周武王也正是在这种传统观念的影响下,在克商之后便登上这座圣山,举行告天之礼。《天亡簋》现收藏于国家博物馆,内底铸有铭文8行78字,记述了周武王灭

---

① 《国语》卷一《周语上》,韦昭注:“崇,崇高山也。夏居阳城,崇高所近。”上海古籍出版社1978年版。

商后“祀于天室”的重大历史事件。[1] 关于“天室”，以邹衡为代表的诸位学者认为“天室”即嵩山。[2] 林沄进而指出，《天亡簋》是“时代最早的封禅记载之一”，“纪录了一件湮没已久的周初大事——周武王在克商之役结束返回西土的途中，曾在嵩山举行封禅和望祭山川的重大典礼。这次宗教活动说是周朝的开国大典亦无不可”。[3] 若此，《天亡簋》铭文便是帝王在嵩山封禅的最早记载，也是目前所知先秦封禅典礼的唯一实录。

封禅之说来源于登山告天之祀的传统，指的是受命之后向天告成的极为重要的祭祀盛典，旨在使自己的功绩和权威获得至上神“天”[4]的承认，以换取统治地位的合法性。三代时期，只有天下共主才有资格祭祀通天圣山嵩山，登封告天之礼由此而来。尽管当时还没有将其称为“封禅”，但古代的注疏家们如孔颖达已经将相关内容与封禅联系了起来。《诗经·周颂·时迈》孔颖达疏曰：“封禅之见于经者，唯《大宗伯》云‘王大封则先告后土’以外，更无封文也。《礼器》云：‘因名山，升中于天，而凤皇降，龟龙假。’虽不言封，亦是封禅之事。”很明显，孔颖达将《大宗伯》中的“大封”和《礼器》中的“因名山，升中于天”都理解为封禅。

封禅和“天命”关系密切，只有受天命而有功德的君主才有资格举行封禅，如《管子·封禅》所言，君王“皆受命然后得封禅”。周之受命始自文王晚年以德化平虞、芮之讼，但天命到底是归商还是改归周仍是两可之间，纣王尚有“不有天命乎？是何能为”的豪言，武王在观兵盟津时也以“未知天命”为由没有立即伐商。武王克商之后，天命所归已成定局。《天亡簋》铭文中的“丕克气（讫）衣（殷）王祀”与《西伯戡黎》中的“天既讫我殷命”，说的都是“天命”。或许是武

---

① 关于《天亡簋》铭文的研究很多，如李学勤：《“天亡”簋试释及有关推测》，《中国史研究》2009年第4期。

② 邹衡：《夏文化分布区域内有关夏人传说的地望考》，《夏商周考古学论文集》，文物出版社1980年版；蔡运章：《周初金文与武王定都洛邑——兼论武王伐纣的往返日程问题》，《中原文物》1987年第3期；曲英杰：《先秦都城复原研究》，黑龙江人民出版社1991年版，第127页；林沄：《天亡簋“王祀于天室”新解》，《史学集刊》1993年第3期。

③ 林沄：《天亡簋“王祀于天室”新解》，《史学集刊》1993年第3期。

④ 周代的至上神是“天”，《左传》《国语》等文献多处提及。冯友兰的《中国哲学史》将之分为自然之天、物质之天、主宰之天等。邹昌林的《中国古代至上神——天帝的起源》（《世界宗教研究》2004年第4期），从《山海经》《周礼》出发，对“天”进行了深入研究。

王深感天命无常,希望周王朝能永保天命,因此至“天室”进行了封禅大典。

与《天亡簋》铭文中的“天室”相合的记载,还有《逸周书・度邑解》《史记・周本纪》等文献记载中武王说的“定天保,依天室”。《逸周书・度邑解》载:“惟天不享于殷……乃今有成。……我来所定天保,何寝能欲? ……旦,予克致天之明命,定天保,依天室。”其中的逻辑关系是这样的:“依天室”—“依天”—“定天保”,即拟建的新邑应靠近天室,“依天室”才能“依天”以获得天命眷顾,继而“定天保”,“依天室”是关系到“定天保”的大事。因此周武王时打算在天室附近建立新邑以“依天室”:“我图夷兹殷,其惟依天。其有宪今,求兹无远。虑天有求绎,相我不难。自洛汭延于伊汭,居阳无固,其有夏之居。我南望过于三涂,我北望过于有岳,丕愿瞻过于河,宛瞻于伊洛,无远天室。”唐兰说《逸周书・度邑解》中的“天室”指的是太室山。[①]《天亡簋》铭文中载:“王祀于天室,降,天亡又(佑)。”此处“天亡”即“太公望”[②],指武王与姜太公一起登上嵩山。《史记・集解》引徐广也说:“《周书度邑》曰‘武王问太公曰,吾将因有夏之居也,南望过于三涂,北詹望于有河’。”即周武王与姜太公君臣二人在嵩山之巅讨论新邑的选址问题。

《天亡簋》铭文中“王凡三方,王祀于天室”指的是武王在太室山顶以太室山为天然的宏伟祭坛祭天,同时望祭四方山川。与此相关的诗篇,有《诗经・时迈》:“载戢干戈,载櫜弓矢。我求懿德,肆于时夏。允王保之。”还有《诗经・周颂・般》:“于皇时周,陟其高山,嶞山乔岳,允犹翕河。敷天之下,裒时之对,时周之命。”《逸周书・度邑解》与《诗经・时迈》《诗经・周颂・般》瞻望的对象相类,《逸周书・度邑解》中的“吾将因有夏之居”“定天保,依天室”与《时迈》中的“我求懿德,肆于时夏。允王保之”反映的也是同一个思想。

由此我们明白,武王营周居于雒邑而后去。周武王选择雒邑建新都,不仅仅是因为雒邑“俾中天下”或“此天下之中,四方入贡道里均”[③]的地理位置,更重要的是因为雒邑依着通天圣山嵩山。其实,“三代之居皆在河洛之间”,或许都有“依天”的目的。周武王不可避免地受到这种传统观念的影响,因此在克商

---

① 唐兰:《西周青铜器铭文分代史征》,中华书局 1986 年版,第 12 页。
② 于省吾:《关于“天亡簋”铭文的几点论证》,《考古》1960 年第 8 期。
③ 〔汉〕司马迁:《史记》卷四《周本纪》,中华书局 1963 年版,第 133 页。

之后终于登上圣山，举行告天之礼和望祭四方山川，并且希望在雒邑营建新都，以托庇于通天圣山嵩山，以求永保天命。当周王朝面临覆灭之危急时刻，周幽王特意选择在太室山会盟诸侯，尽管这未能挽回西周灭亡的命运，但周王室东迁雒邑，不难看出仍有“依天室”以祈求天命延续的宗教意义。

（二）周公营建雒邑

武王之后，成王年幼，周公摄政，引起了很多贵族的不满。武庚便伙同管叔、蔡叔、霍叔“三监”及东方的徐、奄、淮夷等国发动叛乱。叛乱很快被平息，武庚、管叔被诛杀，蔡叔被流放，霍叔被降为庶人。经过三年，周公彻底击败了参与叛乱的数十个东方小国，并将周公子伯禽、召公奭、康叔、姜尚、微子启，分别封于鲁、燕、卫、齐、宋。为了重申周代商是受命于天，更为了牢牢控制中原地区，加强对四方的统治，周公继承武王遗愿，开始营建雒邑。

周公复营雒邑，定居九鼎，迁殷之顽民，把雒邑建成周王朝的东都。这一重要的史实，在《尚书·召诰》《尚书·洛诰》《尚书·康诰》《逸周书·度邑解》《史记·周本纪》及出土青铜器《何尊》的铭文中均有明确记载。关于雒邑的选址，成王曾“使召公复营洛邑，如武王之意”，《尚书·召诰》也记载有太保召公至雒邑相宅。但雒邑最终的选址和建设是周公完成的。正如《史记·周本纪》所载：“周公复卜申视，卒营筑，居九鼎焉。”《尚书·洛诰》有更为详细的记载：“予惟乙卯，朝至于洛师。我卜河朔黎水，我乃卜涧水东、瀍水西，惟洛食。我又卜瀍水东，亦惟洛食。伻来以图及献卜。……戊辰，王在新邑，烝祭岁，文王骍牛一，武王骍牛一。王命作册，逸祝册，惟告周公其后。……惟周公诞保文武受命，惟七年。”周公勘察发现，瀍河两岸是非常合适的建城地点。三月选定地点开始奠基，至十二月即已建成。雒邑建成后，据《左传·宣公三年》载，“成王定鼎于郏鄏”，迁宅于成周。《何尊》铭文记载了成王迁都成周的事实：“惟王初迁宅于成周，复禀武王丰福自天。在四月丙戌，王诰宗小子于京室曰：昔在尔考公氏，克弼文王，肆文王受兹（大命）。惟武王既克大邑商，则廷告于天，曰：余其宅兹中国，自兹乂民。”

雒邑作为西周的东都，设置有宗庙等礼制建筑。《逸周书·作雒解》载：“乃作大邑成周于土中。……乃位五宫：太庙、宗宫、考宫、路寝、明堂。”《诗经·清庙》是《周颂》第一篇，被认为是雒邑告成时，周公率诸侯群臣在宗庙告祭周文王、致政周成王的乐歌,正如《诗序》所言:“清庙,祀文王也。周公既成洛邑,朝诸侯,率以祀文王焉。”《敔簋》铭文中载有“王格于成周大庙”,《何尊》《令方彝》《甲戌鼎》等铭文中有成周之“京室”“京宫”“京宗”等语,均指的是雒邑的宗庙。[①] 西周诸王多有施政于雒邑的记载。《穆天子传》说穆王西游是从雒邑出发的,《诗经·车攻》说宣王曾“复会诸侯于东都”。《何尊》《士卿尊》《柬鼎》《德方鼎》《保卣》《盂爵》等青铜器铭文中均有成王在雒邑的记载。昭王时期的《甲戌鼎》《小臣夌鼎》《接簋》《叔尃父盨》《启卣》《应侯钟》等青铜器铭文,恭王时期的《丰尊》《颂鼎》《师汤父鼎》《格伯簋》《卫簋》《即簋》《吴方彝》等青铜器铭文,懿王时期的《守宫尊》《康鼎》《免簋》《匡卣》等青铜器铭文,还有孝王时期的《舀鼎》,夷王时期的《克钟》,历王时期的《师觞尊》《师晨鼎》《善夫山鼎》《师觞簋》《敔簋》《扬簋》《虢仲盨》《师克盨》,幽王时期的《师兑簋》等青铜器铭文中,均有王在雒邑的记载。

雒邑与镐京两都之间京畿相连,共同构成西周的政治中心。《逸周书·作雒解》载,雒邑“制郊甸方六百里,国西土为方千里”。《汉书·地理志》说得更明白:“初雒邑与宗周通封畿,东西长而南北短,短长相覆为千里。”东都雒邑设置有各种官营手工业,成王时的青铜器《史兽鼎》铭文载:“尹命史兽立工于成周。十又二月癸未,史兽献工于尹。”青铜器《伊簋》铭文又载:“官司康宫王臣妾百工。”雒邑也是周王朝征收贡赋的中心,南可至淮河流域,如宣王时的青铜器《兮甲盘》铭文所载:“王命甲征司成周四方积,至于南淮夷。”同时,东都雒邑也是西周有效维护东方统治的军事中心,是西周王朝东征南讨的大本营。西周在镐京设置西六师镇抚西戎的同时,在雒邑设置成周八师(也称为殷八师)镇抚殷遗民和东夷、淮夷等。终西周之世,东都雒邑均有着非常重要的地位,甚至“在具体的政治作用上,东都比西都重要得多”[②]。

西周雒邑的名称有成周、雒邑、新邑、王城等多种说法。成周之名见于《尚书·洛诰》《逸周书·作雒解》等篇以及西周初年的青铜器《何尊》《令彝》《臣辰盉》《盂爵》《应侯钟》等铭文中。雒邑之名见于《今本竹书纪年》《史记·周本纪》。新邑之名见于《尚书·洛诰》《尚书·康诰》《尚书·多士》以及西周初年

① 梁晓景:《西周建都洛邑浅论》,《中国古都研究》(第四辑),浙江人民出版社 1989 年版。

② 叶骁军:《中国都城发展史》,陕西人民出版社 1988 年版,第 60 页。

的青铜器《鸣士卿尊》的铭文中。王城之名最早见于春秋时期的《左传·庄公二十一年》，也见于同书之后的僖公十一年、二十五年，昭公二十二年、二十三年，定公七年等。另见于东汉时期的文献，如《汉书·地理志》、《诗经·王城谱》郑玄注等。西周青铜器《令彝》铭文载："惟十月初吉癸未，明公朝至于成周，(出)令，舍三事令……舍四方令。既咸令，甲申明公用牲于京宫。乙酉用牲于康宫。咸既，用牲于王，明公归自王。"此处的"王"，唐兰[①]、陈梦家[②]、杨宽[③]等认为即是指王城，王人聪[④]、王占奎[⑤]、李民[⑥]、陈公柔[⑦]、梁云[⑧]等则认为西周没有王城的名称，别有所指。总之，成周、雒邑、新邑的说法早在西周初年即已存在，王城的说法则晚得多。

西周雒邑名称既多，到底周公营建的是成周和王城两座城，还是只有一座城，自古便争讼不已。主要有三种说法。第一种观点认为周初营建的雒邑分为成周与王城两个城，依据有《尚书》、《公羊传》、《汉书》、《后汉书》、《诗经·王城谱》郑玄注等文献，现代学者唐兰[⑨]、陈梦家[⑩]、许倬云[⑪]、陈昌远[⑫]、彭裕商[⑬]等均支持此说。第二种观点认为周初营建的雒邑称为成周，王城是成周城内的一部分。宋人吕祖谦《大事记解题》最先提出："孔子序《洛诰》曰：周公往营成周，则成周乃东都总名。河南，成周之王城也；洛阳，成周之下都也。"现代学者童书

① 唐兰：《作册令尊及作册令彝铭考释》，《国立北京大学国学季刊》第四卷第一号。

② 陈梦家：《西周铜器断代(二)》，《考古学报》1955年第2期。

③ 杨宽：《中国古代都城制度史研究》，上海古籍出版社1993年版，第45~55页。

④ 王人聪：《令彝铭文释读与王城问题》，《文物》1997年第6期。

⑤ 王占奎：《成周、成自、王城杂谈——兼论宗周之得名》，《考古学研究(五)》下册，科学出版社2003年版。

⑥ 李民：《说洛邑、成周与王城》，《郑州大学学报(哲学社会科学版)》1982年第1期。李民：《洛邑、成周与王城补述》，《中州学刊》1991年第2期。

⑦ 陈公柔：《西周金文中的新邑、成周与王城》，《庆祝苏秉琦考古五十五年论文集》，文物出版社1989年版。

⑧ 梁云：《成周与王城考辨》，《考古与文物》2002年第5期。

⑨ 唐兰：《西周青铜器铭文分代史征》，中华书局1986年版，第211页。

⑩ 陈梦家：《西周铜器断代(二)》，《考古学报》1955年第2期。

⑪ 许倬云：《西周史》，生活·读书·新知三联书店1994年版，第124页。

⑫ 陈昌远：《有关周公营雒邑的几个问题》，《中国古代史论丛》第八辑，福建人民出版社1983年版。

⑬ 彭裕商：《新邑考》，《历史研究》2000年第5期。

业[1]、杨宽[2]、王玉哲[3]、李学勤[4]、史为乐[5]等均支持此说。第三种观点认为周初营建的雒邑只有一座城，即成周城，雒邑、新邑等多种名称不过是一城异名，王城是春秋之后才有的名称。现代学者李民[6]、曲英杰[7]、叶万松等[8]、杜勇[9]、梁云[10]、徐昭峰[11]等均支持此说。周初营建的雒邑到底是一座城还是两座城至今尚无定论，考古学的探索或许可以为我们提供参考。

二、西周的分封制及其他重要典章制度

（一）西周的分封制及今河南境内的主要诸侯国

分封制是西周王朝的一项重要制度，"是西周社会的国家政体"[12]。分封的主要内容是"授土""授民"，即周王将土地和人民分封给诸侯建国。诸侯国隶属于西周王朝，并对内实行有效统治。周王与诸侯之间的关系构成了西周王朝国家结构的基本内容。分封制下，王朝被分为王畿和畿外两部分，周王直接统治王畿，对畿外的统治则需假手诸侯。商代晚期就已经出现分封子弟的行为，如箕子、微子。西周的分封早在文王时期就已开始，如文王曾封自己的弟弟建立东虢和西虢，直到西周晚期仍在进行，如周厉王封幼子友建立郑国。大规模的分封则主要是在西周初年的武王和成康时期。

---

① 童书业：《春秋王都辨疑》，《中国古代地理考证论文集》，中华书局1962年版。

② 杨宽：《西周初期东都成周的建设及其政治作用》，《历史教学问题》1983年第4期。

③ 王玉哲：《周公旦的当政及其东征考》，《人文杂志》丛刊《西周史研究》，1984年版。

④ 李学勤：《东周与秦代文明》，文物出版社1984年版，第14页。

⑤ 史为乐：《西周营建成周考辨》，《中国史研究》1984年第1期。

⑥ 李民：《说洛邑、成周与王城》，《郑州大学学报（哲学社会科学版）》1982年第1期。李民：《洛邑、成周与王城补述》，《中州学刊》1991年第2期。

⑦ 曲英杰：《周都成周考》，《史学集刊》1990年第1期。

⑧ 叶万松、张剑、李德方：《西周洛邑城址考》，《华夏考古》1991年第2期。

⑨ 杜勇：《周初东都成周的营建》，《中国历史地理论丛》1997年第4期。

⑩ 梁云：《成周与王城考辨》，《考古与文物》2002年第5期。

⑪ 徐昭峰：《成周与王城考略》，《考古》2007年第11期。

⑫ 黄中业：《西周分封制度是国家政体说》，《史学月刊》1985年第2期。

武王时期的分封是在克商之后，为了迅速重建社会政治秩序，册封了各地原有的方国势力。《史记·周本纪》载，武王克商之后，“追思先圣王，乃褒封神农之后于焦，黄帝之后于祝，帝尧之后于蓟，帝舜之后于陈，大禹之后于杞”。又命商纣王之子武庚继续统治殷商遗民及部分殷王畿地区。成康时期的分封是在东征胜利之后，为了加强对全国的控制，成王分封周王子弟、亲戚及克商功臣至各地镇守，“以蕃屏周”“以亲屏周”。《左传·僖公二十四年》载：“大上以德抚民，其次亲亲以相及也。昔周公吊二叔之不咸，故封建亲戚以蕃屏周。……扞御侮者莫如亲亲，故以亲屏周。”《左传·昭公二十六年》又载：“昔武王克殷，成王靖四方，康王息民，并建母弟，以蕃屏周。”西周封国的数目，文献记载差别较大。《左传·昭公二十八年》载：“昔武王克商，光有天下。其兄弟之国者十有五人，姬姓之国者四十人。”《荀子·儒效篇》载，周公“兼制天下，立七十一国，姬姓独居五十三人”。《吕氏春秋·观世》载：“周之所封四百余，服国八百余。”其中，属于文王后裔的封国有管、蔡、郕、霍、鲁、卫、雍、滕、曹、原、毛、酆、聃、郜、毕、郇等，武王后裔的封国有邗、晋、应、韩等，周公后裔的封国有蒋、凡、邢、茅、胙、祭等。这些封国大多位于具有战略意义的地区，为西周王朝有效控制全国做出了重要贡献。

分封的主要内容是“授土”“授民”，还包括授职官、典籍、宝器等。例如，《左传·定公四年》记载有封鲁、卫、唐的具体内容：“昔武王克商，成王定之，选建明德，以藩屏周。故周公相王室，以尹天下，於周为睦。分鲁公以大路、大旂，夏后氏之璜，封父之繁弱，殷民六族，条氏、徐氏、萧氏、索氏、长勺氏、尾勺氏，使帅其宗氏，辑其分族，将其类丑，以法则周公，用即命于周。是使之职事于鲁，以昭周公之明德。分之土田陪敦，祝、宗、卜、史，备物、典策，官司、彝器。因商奄之民，命以《伯禽》而封于少皞之虚。分康叔以大路、少帛、绪茷、旃旌、大吕，殷民七族，陶氏、施氏、繁氏、锜氏、樊氏、饥氏、终葵氏，封畛土略，自武父以南，及圃田之北竟，取于有阎之土，以共王职。取于相土之东都，以会王之东蒐。聃季授土，陶叔授民，命以《康诰》，而封于殷虚。皆启以商政，疆以周索。分唐叔以大路、密须之鼓，阙巩、沽洗，怀姓九宗，职官五正。命以《唐诰》，而封于夏虚，启以夏政，疆以戎索。”

分封之初的诸侯国疆域并不大，最大者不过百里。《孟子·万章下》载：“公侯皆方百里，伯七十里，子、男五十里。”诸侯爵位据《国语·楚语上》记载有公、侯、伯、子、男五等。诸侯国被划分成甸服、侯服、宾服、要服和荒服等五个等级。诸侯国对于王朝所承担的义务,按照地位的高低纳贡多少不一。五个等级由高至低分别需供“日祭”“月祀”“时享”“岁贡”“终王”。诸侯还必须定期朝觐周王,诸侯国军队要服从周王统率,即《国语·鲁语下》所载:“天子作师,公帅之,以征不德。元侯作师,卿帅之,以承天子。诸侯有卿无军,帅教卫以赞元侯。自伯、子、男有大夫无卿,帅赋以从诸侯。是以上能征下,下无奸慝。”诸侯受王命征讨夷狄,则要“献俘”或“献功”于周王。周王有巡狩、到诸侯国视察的权力。《孟子·告子下》载“天子适诸侯曰巡狩”,并说天子对诸侯有赏罚的权力,“入其疆,土地辟,田野治,养老尊贤,俊杰在位,则有庆;庆以地。入其疆,土地荒芜,遗老失贤,掊克在位,则有让。一不朝,则贬其爵;再不朝,则削其地;三不朝,则六师移之”。当然,诸侯也拥有相当大的自主权力。“终西周王朝二百余年的历史,虽然出现过周王干预诸侯君位继承的现象,却始终没有发生过周王对于畿外诸侯予以撤封的事件。”①

西周时期大规模的封邦建国,使得东都雒邑所在的今河南境内,有数以百计的诸侯国拱卫。按照杨东晨的研究,西周时期河南地区见于记载较为重要的诸侯国有60余国。其中,周王室分封的姬姓国有管、蔡、应、唐、鲁、蒋、沈、息、郾、密、霍、东虢、西虢、邢、邘、凡、茅、胙、祭、卫、道、曾、费滑、戴、雍、顿、共等国,炎帝后裔姜姓国有赖、戏、莱、延、同、申、许、吕、向、焦、蛮(曼)等国,黄帝后裔姬姓国有留、房、谢、南燕、杞、苏、董、童、邬、郐、鄢、柏、郑、密须、光等国,殷人后裔的封国有邶、宋、比等国,已华夏化的族源为东夷、南蛮的封国有高句丽、江、黄、郦、陈、象、鄂、邓、曼等国。②

(二)西周的重要典章制度

西周王朝的典章制度在夏商王朝的基础上基本完善,除上述分封制之外,还有宗法制度、土地制度、官僚制度、刑法制度、军事制度、国野制度、学校制度、礼乐制度等,均对后世有着深远的影响。《论语·八佾》载:“周监于二代,郁郁乎文哉!吾从周。”说的就是在礼崩乐坏的春秋时期,孔子对于集夏商文明之大

① 许兆昌:《夏商周简史》,福建人民出版社2002年版,第153页。

② 杨东晨:《论西周时期河南地区的民族与文化》,《河南大学学报(社会科学版)》2001年第4期。

成并取得卓越成就的西周文明的向往。

宗法制度是规定宗族组织关系的一项重要制度。西周社会的组织关系尽管已经是以地域为主,但血缘组织关系仍然是最基本的人群组织单位。比如周初分封鲁、卫、晋等国时,授予他们就有殷民六族、殷民七族、怀姓九宗等以族、以宗为单位的人群。西周宗法制度的核心,是确立嫡长子继承制。世代由嫡长子传下来的宗族系统称为大宗,拥有传宗继祖权力的嫡长子称为宗子。相应地,非嫡长子的庶子建立的宗族则称为小宗。大宗世世代代拥有统率整个宗族的权力,在宗族中享有最大权力;小宗统率本族的权力仅限于五服以内的族人。因此《礼记·大传》称大宗为"百世不迁之宗",称小宗为"五世则迁之宗"。宗法制度维护的正是大宗的绝对权力。宗法制适用的范围,上至周王,下至庶人。西周王朝在宗法制的基础上,建立了强调君权的等级政治体制。"西周王朝的宗法制度,为血缘组织关系在文明社会的进一步发展注入了新的活力。在我国古代社会结构的演变过程中,西周时期的宗法体制占有着十分重要的地位。"①

西周的土地制度中,周王拥有天下土地的支配权,如《诗经·小雅》所说:"溥天之下,莫非王土;率土之滨,莫非王臣。"诸侯国君以及诸侯国的卿大夫各自拥有封地内土地的支配权。《礼记·礼运》载:"天子有田以处其子孙,诸侯有国以处其子孙,大夫有采以处其子孙,是谓制度。"土地最基层的单位是邑、里或书社。一邑约有二三十户人家。贵族的"采"大小不一,往往有数十乃至数百个邑。采邑里土地的耕作、田赋收取等采用井田制。井田制早在夏商时已产生,体现的是土地公有的原则。《诗经·小雅》载:"雨我公田,遂及我私。"《孟子·滕文公上》载:"方里而井,井九百亩,其中为公田。八家皆私百亩,同养公田;公事毕,然后敢治私事。"私田由公社成员自己耕作,生产的粮食归劳动者所有;公田由公社成员共同耕种,生产的粮食归占有这一地区的各级贵族所有。公田上集体耕作的场面极其宏大,《诗经》中有"十千维耦""千耦其耘"的描写。这种耕作方式的田地在西周又称为"籍田"。每年春季,周王或诸侯都会举行隆重的籍礼。

西周的官僚制度在儒家经典《周礼》中有较为详细的描述。周王是最高统治者,"礼乐征伐自天子出"。周王之下,有太傅、太师、太保等三公或六卿作为

① 许兆昌:《夏商周简史》,福建人民出版社2002年版,第156页。

执政卿士辅助周王。隶属于执政卿士的办事机构,以卿事寮、太史寮最为重要,百官的官署称作“百寮”。中央机构中主要的行政官员是司土(司徒)、司马、司工(司空)等三有司。司土下属有虞、林、场、牧、司王囿、邑人、奠人、里君、官犬等,负责土地、人口和耕籍等的管理;司马下属有走马、师、师氏、虎臣、司旗、亚旅、司弓矢等,负责士兵训练、军法、军赋等军事管理;司工则负责工程建造。宗教类官员主要有祝、宗、卜、史等。祝负责祝祷、祈禳等事务;宗负责宗庙事务;卜负责占卜、预测等;史负责记录事件、占卜等,以及制定历法和管理档案,职官名称有太史、内史、作册、作册内史、作册尹、作命内史、御史、书史、中史等。王室起居、饮食、保卫、出行、教育、田猎、手工制造等事务,专设宰职管理,下属有小臣、小子、御正、内师、守宫、百工、保、善夫、小射、司辅、妇氏等。此外,还有负责监察百官的司士、监视各诸侯的诸监、负责治安的司寇等官员。西周时期,王朝的职官一般都经过周王册命。西周青铜器铭文中有相当大一部分都是册命官员的内容。许多职官是世卿世禄,即同一家族的人世代担任某一特定官职,尤其是祝、宗、卜、史等宗教类官员,甚至有明文规定必须世代相承。这在册命有关的铭文中多有记载。

西周刑法制度在周初周公制定的《誓命》和穆王时制定的成文法典《吕刑》中有较为明确的说明。西周的刑法种类分成五大类,即墨刑、劓刑、剕刑、宫刑、大辟等五刑。墨刑指在脸上刺字,相关条款有 1000 条左右;劓刑指割去鼻子,相关条款有 1000 条左右;剕刑指砍断足,相关条款有 500 条左右;宫刑指割去或幽闭生殖器,相关条款有 300 条左右;大辟指砍头,相关条款有 200 条左右。《周礼・小司寇》规定,对于亲、故、贤、能、功、贵、勤、宾等八种特殊人物可以减轻刑罚。《吕刑》规定,罪犯可以缴纳罚金减免刑罚。刑法执行的尺度可以根据当地形势、社会秩序状况不同而有不同,即《尚书・吕刑》所说的“刑罚世轻世重”,或者《周礼・大司寇》中所说的“刑新国用轻典”“刑平国用中典”“刑乱国用重典”。刑、礼并用是西周法律制度的重要特征,《礼记・曲礼》载:“礼不下庶人,刑不上大夫。”

军事制度方面,西周时期直接受周王控制的主要军事力量,是驻守镐京的西六师和驻守东都雒邑的成周八师。文献记载周、召二公“分陕而治”:“自陕以西，召公主之；自陕以东，周公主之。”[①]周王的常备部队也是最精锐的部队，是虎臣或虎贲氏，武王克商的战役中，战场上的主力部队便是三千虎贲。诸侯国的军队对周王有必须承担的军事义务，比如随周王出征、受王命征伐等。军队的最高编制是师，一师约2500人，师以下依次是旅、卒、两、伍。《周礼·小司徒》载：“五人为伍，五伍为两，四两为卒，五卒为旅，五旅为师。”武官名称有师氏、亚旅、千夫长、百夫长等。兵种主要为车兵与徒兵两大种类。一般一车三甲士，一人居中执辔驾驭，另两人执兵器分立左右。战时以战车为主，徒兵随车前进。军事训练体制是三时务农一时讲武，每个国人都有参军的义务。

国野制度由于西周在全国推行分封制度获得了突出的发展，成为一项重要的社会制度。《周礼·冢宰》载：“惟王建国，辨方正位，体国经野，设官分职，以为民极。”“国”指都城及其近郊，国内居住着国人，都城主要供各级贵族及官营手工业者居住，近郊主要居住着统治阶级的平民阶层。国人享有一定的政治、经济及受教育的权利，承担有参军、缴纳军赋等责任。“野”指近郊以外广大的农村，居住着从事农业生产的众多野人，或称为庶人。野人的责任主要是提供劳动产品，没有参与政治、参军、接受教育的权利。国人与野人是统治与被统治的关系，《孟子·滕文公上》说得清楚：“无君子莫治野人，无野人莫养君子。”

学校制度中最重要的是“学在官府”。西周时只有官学，学生都是国人。学校分为小学与大学。一般8岁入小学，学习书写、计算、音乐等。15岁入大学，学习礼、乐、射、御、书、数等六艺。大学称为“辟雍”，往往建在郊区，中间高地建明堂，四周环绕水池，附近建园林。辟雍同时也举行集会、演武、聚餐等活动，具有重要的政治功能。

礼乐制度在西周发展至鼎盛，贯穿于社会生活的各个方面。周礼分为吉、凶、军、宾、嘉五类，其中重要的礼仪有冠礼、婚礼、丧礼、祭礼、射礼等。冠礼是男子的成年礼，依次加参加祭祀的爵弁、参加视朔的皮弁和参加朝会的玄冠等三种冠，按长幼顺序重新被命字，意味着确定其在宗法社会中的地位，男子开始进入成年人的社会生活。婚礼也是男子生命过程中的一个重要礼仪，要经过纳彩、问名、纳吉、迎亲、见面、庙见等一系列仪式。丧礼是各项礼制中仪式最为复杂的，丧礼之前有招魂仪式，丧礼的主要仪式是小殓、大殓，士大夫以上的阶层

---

① 〔汉〕司马迁：《史记》卷三十四《燕召公世家》，中华书局1963年版，第1549页。

还要赐谥号和诔词。丧礼意味着一个人社会生活的结束。祭礼也十分复杂,祭祀对象不同程序也不同,郊社规格最高,因而仪式也最隆重,祭祖在宗法社会中地位则更为重要。射礼是选拔人才的礼仪,分为乡射、大射两种。大射在大学里举行,《礼记·射义》记载:“是故古者天子,以射选诸侯、卿大夫、士。射者男子之事也,因而饰之以礼乐也。”礼制内容尽管非常复杂,《礼记·礼器》号称西周时代“经礼三百,曲礼三千”,但均遵循亲亲尊尊的原则,体现出浓厚的宗族和等级色彩,正如《左传·庄公十八年》所载:“名位不同,礼亦异数。”

三、西周雒邑及诸侯国都城址的探索

(一)西周雒邑城址的探索

西周雒邑城址的地点,按照《尚书·洛诰》记载,相宅地应在涧水以东至瀍河两岸之间。在汉代的文献中,已明确将“成周”“王城”分置东西二地。认为成周在“雒阳县”,《汉书·地理志》河南郡“雒阳”条下自注:“周公迁殷民,是为成周。《春秋》昭公三十二年,晋合诸侯于狄泉,以其地大成周之城,居敬王。”而王城在“河南县”,《汉书·地理志》河南郡“河南县”条下自注:“故郏鄏地。周武王迁九鼎,周公致太平,营以为都,是为王城,至平王居之。”20世纪50年代初,依据文献提供的线索,郭宝钧在今洛阳市区以王城公园为中心的涧河东岸与洛河北岸的涧、洛两河交汇处,发现了汉代河南县城遗址,并发现了始建于春秋早期的东周王城遗址,成周被认为在今洛阳市东的汉魏故城范围东部,为探索西周雒邑城址拉开了序幕。经过半个多世纪的不懈探索,西周雒邑的线索终于比较清晰。

东周王城范围内至今未发现西周的城址或丰富的西周时期遗存。成周范围内今汉魏故城一带发现有一座始建于西周晚期、在春秋晚期曾得到增筑和修缮的城址,[①]以及一批小型墓葬等西周晚期遗存。[②] 西周早中期的遗存则主要发现在洛阳市区东部的瀍河两岸。

洛阳市东部的瀍河两岸,西起今史家沟东,东到瀍河东岸的塔湾村一带,北起陇海铁路北的北窑村,南达洛河北的洛阳老城南关,半个多世纪来迭有墓葬、车马坑、祭祀坑、铸铜遗址等重要发现。如 1953 年在北窑发掘了 300 余座西周墓葬和 7 座车马坑[③],70 年代发现且经过多次大规模发掘的北窑西周铸铜遗址[④],近年仍不断发现的墓葬[⑤]、车马坑[⑥]和祭祀坑[⑦]等。这些足以证明这一东西长约 3 千米、南北宽约 2 千米的地域范围,是一处面积广大、内涵丰富的西周早中期遗址。

遗址内大体可分为四个区域。一是瀍河以东至塔湾一带的殷遗民墓葬区。迄今已发现百余座墓葬,墓葬有浓郁的商文化特点,大多设有腰坑,均随葬青铜礼器或铅质、仿铜陶礼器,一些青铜器上刻有商人族徽。二是邙山南麓瀍河两岸以北窑墓地为代表的西周贵族墓葬区。北窑墓地曾被严重盗掘,一些据传出于洛阳马坡的西周时期重要青铜器,很有可能出自北窑墓地。即便被劫掠,北窑墓地仍出土有包括珍贵的青铜器、原始瓷器等在内的数万件随葬品,铜器铭文中有毛伯、丰伯、王妊、伯懋父、叔造等词语,显示墓主身份当为西周贵族。北窑墓地的西南有西周平民墓地。三是北窑村西面瀍河两岸的大型铸铜遗址。遗址面积大,文化层堆积厚,遗迹十分丰富。1973 年以来经过多次发掘,发现有陶窑、灰坑、房址、百余座殷遗民墓葬以及大量陶范、炉壁残块等。由陶范可看

---

① 中国社会科学院考古研究所洛阳汉魏城队:《汉魏洛阳故城城垣试掘》,《考古学报》1998 年第 3 期。

② 张剑、蔡运章:《洛阳白马寺三座西周晚期墓》,《文物》1998 年第 10 期。河南省文化局文物工作队第二队:《洛阳的两个西周墓》,《考古通讯》1956 年第 1 期。

③ 洛阳市文物工作队:《洛阳北窑西周墓》,《文物》2000 年第 12 期。

④ 洛阳博物馆:《洛阳北窑村西周遗址 1974 年度发掘简报》,《文物》1981 年第 7 期。洛阳市文物工作队:《1975—1979 年洛阳北窑西周铸铜遗址的发掘》,《考古》1983 年第 5 期。

⑤ 余扶危等:《洛阳东关五座西周墓的清理》,《中原文物》1984 年第 3 期。梁晓景等:《洛阳涧滨 AM21 西周墓》,《文物》1999 年第 9 期。洛阳市文物工作队:《洛阳市唐城花园 C3M417 西周墓发掘简报》,《文物》2004 年第 7 期。

⑥ 中国社会科学院考古研究所洛阳唐城队:《洛阳老城发现四座西周车马坑》,《考古》1988 年第 1 期。洛阳市文物工作队:《洛阳林校西周车马坑》,《文物》1999 年第 3 期。

⑦ 潘付生:《洛阳西周"祭祀坑"》,《中国文物报》2000 年 11 月 19 日。

出青铜器器形有鼎、簋、觚、爵、尊、卣、觯等礼器,还有兵器和车马器。有些礼器内范上雕刻有铭文或饕餮纹、夔龙纹、凤鸟纹、云雷纹等精美纹饰。有学者根据陶范和熔炉残块,探讨了当时的制范工艺,探索性地复原了熔炉和鼓风装置,认为西周的青铜铸造技术高度发展,采用分铸法和合范法的泥型铸造,熔炉温度可达1200~1250℃。[①] 铸铜遗址可分为早、晚两期,早期约为西周初年至成康时期,晚期约为穆王时或稍晚。四是在瀍河西岸北窑大型铸铜遗址南部的一条南北向大道附近发现有鱼窖群。[②]

这一系列西周早中期重要遗存的发现,为探讨这一西周遗址的性质和布局提供了极为重要的资料。叶万松据此对西周雒邑城址进行了考证。首先否定了汉代以来广为流传的西周雒邑“两城说”,提出“一城说”。从分析瀍、涧二水的历史变迁,确定西周时瀍、涧二水的位置入手,进而确定西周雒邑的具体位置,就在瀍河两岸的这一西周遗址。依据《水经注·谷水》《洛阳伽蓝记》等文献记载的北魏时瀍水流向,论证瀍河自西周以来并无改道,西周时的瀍水就是今天的瀍河。涧水的情况则比较复杂,今天在五女冢下注入洛河的涧水是春秋时因谷水泛滥改道而形成的。历史上涧水、谷水在新安境内合流后,常涧水、谷水兼称混用。西周时,涧水、谷水合流后东流与瀍水合流,并经千金堨与金谷水合流,然后经今汉魏故城一带汇入洛水。这段古河道早已淤塞堙圮,深埋于今地表8.5米之下。而“召公卜宅”的涧水则很可能指的是谷水。由于西周时谷水为东西流向,因此“涧水东”很可能指的是谷水的某一条南北向支流。据清龚松林《洛阳县志·卷二》载,今洛阳老城西北的史家沟水最晚在明代仍称为“涧水”,后水源渐枯河道堙圮,又因涧中聚居居民多为史姓而被称为“史家沟”。史家沟很有可能就是西周初“召公卜宅”的涧水。果若此,则今史家沟以东瀍河两岸的西周早中期遗址,无疑就是西周雒邑城址。[③] 这种观点论证充分,颇有说服力,得到了学界较多的赞同。

瀍河两岸的雒邑,从考古学上看在西周早中期十分兴盛,到西周晚期时已经衰落。[④] 同时,在今汉魏故城一带文献所载的成周范围内,又发现有一座始建

---

① 叶万松:《我国西周前期青铜铸造工艺之研究》,《考古》1984年第7期。

② 谢虎军:《洛阳北郊西周鱼窖群》,《中国考古学年鉴·1993》,文物出版社1995年版。

③ 叶万松、张剑、李德方:《西周洛邑城址考》,《华夏考古》1991年第2期。

④ 刘富良:《洛阳西周陶器墓研究》,《考古与文物》1998年第3期。

于西周晚期的城址,城内发现有西周晚期墓葬。今涧河两岸的西周晚期时的遗存也十分丰富,发现有小型墓葬、房址、灰坑等,还发现有祭祀遗存兽骨坑等。[①]这种情况怎么解释呢?西周雒邑在西周晚期有迁址的行为吗?为什么要迁址呢?这不由得让人想起厉王时期淮夷、东夷叛乱并入侵成周的历史。

东都雒邑的一个重要职能,就是镇抚淮夷、东夷。淮夷、东夷终西周之世都是王朝的重大威胁。西周晚期的厉王时期,淮夷、东夷再次叛乱,并深入至东都雒邑。《后汉书·东夷列传》载:"厉王无道,淮夷入寇,王命虢仲征之,不克,宣王复命召公伐而平之。"厉王时期的青铜器铭文对此也有记载,如《敔簋》铭文载南淮夷入侵至成周附近,[②]《禹鼎》铭文载南淮夷、东夷在噩侯驭方的率领下大举入侵周地,周王调集西六师和东八师合击才终于镇压叛乱。[③] 淮夷入侵,成周一带无城垣可守就显得极其危险。不在原址增筑城垣,而是另择新址新筑成周城,更多的可能是堪舆形胜的原因。[④] 汉魏洛阳城一带,背靠邙山,南临洛河,比之瀍河两岸,地形更为宽阔,地势更加险要,更便于城市的拓展与防御。"西周王朝在西周晚期完全出于军事原因筑城于此应是可以理解的。"[⑤]西周雒邑于是由早中期瀍河两岸无城垣可守的成周城,至晚期迁至今汉魏故城一带新筑的成周城内。

(二)河南境内诸侯国都城址的探索

西周时期河南境内的诸侯国尽管数以百计,奈何史海茫茫,大多踪迹难觅。雒邑之外,河南境内经过考古发掘确认是诸侯国都城的仅有三门峡虢都上阳城和鹤壁浚县辛村卫国都城遗址。发现的其他数座西周城址,如荥阳娘娘寨、官庄城、南城,郑州祭城、苑陵城等,根据城址的时代和地望,有学者对城址性质做出了推测,娘娘寨是郑国东迁之都,祭城先后是蔡叔、周公子祭伯的封地祭伯城,南城、苑陵城分别与东虢、郐国相对应。仅官庄城的性质暂时没有能够与某

---

① 中国社会科学院考古研究所:《洛阳发掘报告》,北京燕山出版社 1989 年版,第 83~106 页。

② 唐复年:《西周青铜器铭文分代史征器影集》,中华书局 1993 年版。

③ 唐复年:《西周青铜器铭文分代史征器影集》,中华书局 1993 年版。

④ 钱国祥:《汉魏洛阳故城沿革与形制演变初探》,《21 世纪中国考古学与世界考古学》,中国社会科学出版社 2002 年版。

⑤ 徐昭峰:《成周与王城考略》,《考古》2007 年第 11 期。

一诸侯国相联系。此外,平顶山滍阳岭应国墓地、郑州洼刘管国墓地,分别使应国、管国遗存初见端倪。鹿邑太清宫长子口墓的墓主则很可能是周初宋国的开国国君微子启。

西周春秋时期的虢国,文献中有东虢、西虢、南虢、北虢、小虢等五虢名称。周初,文王同母弟被分封于东、西二虢,西周一代均显赫于王室。《左传·僖公五年》载:“虢仲、虢叔,王季之穆也,为文王卿士,勋在王室,藏于盟府。”东、西二虢的地望,据《汉书·地理志》载:“东虢在荥阳,西虢在雍州。”东虢在今荥阳东北,于平王东迁四年(前767)为郑所灭。西虢初封地在今陕西宝鸡西,西周末年因犬戎侵扰而东迁。[①] 下阳(今山西省平陆县北)也曾是西虢东迁的故都,《汉书·地理志》称之为“北虢”,后又渡河至今三门峡一带建都上阳,《水经注·河水》称之为“南虢”。公元前658年晋首次假道于虞(今山西省平陆县北)取下阳,公元前655年再次假道于虞,终灭虢。

虢都上阳城位于今三门峡市区东南青龙涧河北岸地势开阔平坦的李家窑村一带,经过大规模的考古发掘已被确认。[②] 城址南部被青龙涧冲毁,平面略呈东西长方形,东西长1000~1050米,南北残长560~600米,复原面积约70万平方米。城墙外平行环绕两道城壕,内城壕宽13~17.5米,外城壕宽15~22米。宫城位于城内西南部,近方形,东西长310~405米,南北宽315米。宫城外侧也环绕有壕沟,宽7~11米。宫城北部密集分布着面积200~600平方米不等的夯土建筑基址,中部、东南部也有夯土基址分布。[③] 北部的一座大型宫殿建筑基址,东西长24.6米,南北宽21米。基址南北向,面阔五间,进深三间,四周带回廊。基址下有人牲奠基遗存。基址中部略偏北横贯一条规整的窄浅沟槽,槽底有清晰的水浸痕,槽内堆满纯净的黄灰色淤沙土,推测即是《周礼·考工记》记载的“匠人建国,水地以县(悬)”的具有“水准仪”性质的遗迹。基址南边东、中、西部各设三级踏步,应即文献中所记之“阼阶”“中阶”“宾阶”。发现有45个直径0.65~1米的柱础,有的础石坑内遗留灰白色的木柱朽痕或黑色炭块。基址上及周边有大量绳纹板瓦。宫城中部发现有子母口圆形陶管依次套接的

---

① 李学勤:《三门峡虢国墓新发现与虢国史》,《中国文物报》1991年2月3日。俞伟超:《上村岭虢国墓地新发现所揭示的几个问题》,《中国文物报》1991年2月3日。

② 李家窑遗址考古发掘队:《三门峡发现虢都上阳城》,《中国文物报》2001年1月10日。

③ 魏兴涛等:《三门峡虢都上阳城发现大型宫殿性建筑基址》,《中国文物报》2002年1月25日。

陶水管道。宫城与城垣之间,分布着多种手工业作坊和粮窖区。东北侧是制骨作坊,出土有数以千计的骨器成品、半成品、骨料,以及铜锯、砺石等制骨工具。铸铜作坊也位于东北,出土有大量铜渣、陶范残块、鼓风管等。西南是制陶作坊,发现有大量保存完好、集中分布的陶窑,以及陶器成品、半成品和废品。西北是粮窖区,多座壁、底经过加工的圆形窖穴有序排列。上阳城北 2 千米是上村岭虢国贵族墓地。20 世纪 50 年代首次发现虢太子墓,并出土一组"虢季氏"青铜器。[①] 后来又发现了包括 M2001[②]、M2009[③] 等在内的虢国国君级墓葬,出土了大量带铭青铜器、玉茎铜芯柄铁剑、缀玉面罩、玉佩组饰等珍贵文物,较为清晰地展现了虢国的历史文化。

鹤壁浚县辛村卫国贵族墓地早在 20 世纪前半叶已为考古发掘所确认。辛村墓地东西长 500 米,南北宽 300 米,共清理了 8 座带双墓道的大墓、6 座中型墓、54 座小型墓,以及 2 座车马坑、12 座马坑。墓葬均是南北向的长方形竖穴土坑墓,尽管惨遭盗掘,仍出土有青铜器、佩玉、绿松石器等丰富的随葬品,有的铜器上有"卫"字铭文。发掘者认为墓地的年代自西周初的成康时代延续至春秋初的幽平时代。[④] 李学勤则认为可以延续至春秋早期偏晚,并认为大墓 M17 的墓主可能是卫惠公或卫懿公。孙华认为辛村墓地"很可能开始于西周早期的卫国始封以后,结束于西周晚期的卫僖侯之时"[⑤]。21 世纪以来,辛村墓地附近又先后发现有许多重要遗址和墓葬群。福兴寺南有铸铜作坊区,辛村天桥西有制骨作坊区,草莓园是一般性居住遗址,辛村北、杨晋庄西、西大坡有周人军士墓群,大李庄有殷人墓群等。在福兴寺南铸铜遗址,发现有陶范、炉渣、窖藏坑等铸铜遗迹和陶支垫、陶拍等工具,还发现有马坑、牛坑及殉人等祭祀遗存。天桥西制骨作坊,发现近 10 座骨料坑,出土大量牛肢骨和鹿角,以及簪、锥、镞等大量骨、角、蚌器,还出土有卜骨。完整的肢骨、坯料、成品及废料均保存完好,

---

① 中国科学院考古研究所:《上村岭虢国墓地》,科学出版社 1959 年版。

② 河南省文物研究所等:《三门峡上村岭虢国墓地 M2001 发掘简报》,《华夏考古》1992 年第 3 期。

③ 姜涛:《虢国墓地发掘又获重大发现》,《中国文物报》1992 年 2 月 2 日。

④ 郭宝钧:《浚县古残墓之清理》,《田野考古报告》(第一册),商务印书馆 1936 年版。郭宝钧:《浚县辛村》,科学出版社 1964 年版。

⑤ 孙华:《周代前期的周人墓地》,《远望集——陕西省考古研究所华诞四十周年纪念文集》,陕西人民美术出版社 1998 年版。

显示了完整的制作过程。[①] 尽管尚未发现城墙和大型建筑基址,但铸铜作坊、制骨作坊、一般居住址、周人军士墓群、殷人墓群等一系列重要发现,加上之前的包括王陵在内的贵族墓地,已经使得辛村遗址展现出都邑的性质。辛村遗址无疑就是卫国都城所在。

娘娘寨遗址位于荥阳市豫龙镇寨杨村西北索河南岸,西南是龙泉寺冲沟,面积近 100 万平方米。有内外两个城。外城呈长方形,东西长 1200 米,南北宽 800 余米,始建于春秋时期,战国时期有扩建。内城始建于西周晚期,位于外城西北部的高土台上,高出周围约 4 米,西部和北部是索河。内城平面呈方形,面积约 16 万平方米,外侧环绕有宽 48 米的城壕。城垣四面中部均有城门,有道路与城内相通。南北城门间的道路宽 3～4 米,东西城门间的道路宽 3～5 米。城内还发现有墓葬、灰坑、水井、陶窑等遗迹,以及陶器、石器、骨器、蚌器、卜骨等遗物。[②] 关于娘娘寨西周城的性质,发掘者推测可能与郑桓公东迁有很大关系。这种推测得到了学界的一定认可:“娘娘寨城址在地理位置和时代上与郑桓公东迁其民之事相合,当为郑桓公东迁其民之地。”[③]有学者进一步认为是郑桓公“寄孥”至武公迁溱洧郑城近十年间的郑国都邑,“从时代和地望上讲,虢都、管城皆与娘娘寨城址不合,加之新郑、交流寨、京城均非‘寄孥’与东徙之地,则娘娘寨很有可能就是郑国东迁之都邑”[④]。

官庄城位于荥阳市高村乡官庄村西,北距枯河约 2. 5 千米,南距索河约 3 千米。官庄城有大城、小城和多重环壕。外壕宽 2～6. 5 米,环绕形状略呈长方形,东西长约 1300 米,南北宽约 1000 米,面积约 130 万平方米。大城位于外壕内中部,平面呈东西长方形,城垣外侧也有环壕,环壕东西宽约 420 米,南北长约 750 米,围合面积 30 余万平方米。小城位于外壕内、大城外北面,城垣外环绕有两重环壕。小城平面近方形,东西长 204 米,南北宽 215 米,面积约 4. 4 万

---

① 第八届黄淮七省考古论坛(2018 年 11 月)上辛村遗址考古队成员、河南省文物考古研究院高振龙的发言。

② 张松林、张家强、黄富成:《河南荥阳娘娘寨遗址发掘出两周重要城址》,《中国文物报》2009 年 2 月 18 日。郑州市文物考古研究院:《河南荥阳娘娘寨城址西周墓葬发掘简报》,《文物》2009 年第 9 期。

③ 司治晓:《首届“河南省五大考古新发现”评选揭晓》,《河南文物工作》2009 年第 2 期。

④ 马世之:《娘娘寨城址性质问题试探》,《中原文物》2010 年第 5 期。

平方米。紧贴城墙外侧环绕有宽16~20米的城壕,城壕外侧间隔宽10~16米的生土带是宽10~12米的小城外壕,小城外壕围合面积约11.5万平方米。小城外壕与大城环壕相通。城内外发现有西周时期灰坑、墓葬、殉马坑等遗迹,出土有青铜器及陶、石、骨蚌器等大量遗物。官庄城始建于西周晚期,沿用至春秋时期,与10千米外的娘娘寨城同时兴起,又位于伊洛盆地与郑州地区的通道上,尽管其性质尚不明确,但对于“厘清东虢、郑、韩相关历史具有重要意义”①。

祭城位于郑东新区祭城办事处祭城村东风渠南。西周城址呈长方形,东西长约1380米,南北宽约1000米,面积约138万平方米。虽未经过发掘,但其地望和时代,可与周公子祭伯封地祭伯城对应。祭城北2千米处的小营点军台,则可能是祭伯国举行重要祭祀活动的地方。② 有学者认为“郑州祭城乃是蔡叔的始封地”,成王分封时又将其“封给了周公之子,并以原地名作为其封国名”③。南城城址位于荥阳市广武镇南城村南。城址平面近方形,边长约800米,面积约64万平方米。城垣外侧环绕宽18~20米的城壕。城垣的东、西、北三面近中部均发现有宽3~5米的穿墙道路,三处均应有城门。城址始建于西周,沿用至战国时期。地望与年代基本能与东虢国相对应。苑陵西周城位于郑州航空港区古城村西,地望和时代基本能与郐国相对应。当然,这些仅仅是推论,有待于考古资料的进一步丰富和研究工作的进一步深入。④

第二节 东周王城与雨后春笋般的列国都城

周平王于公元前770年东迁雒邑,开始了中国历史上的东周时代。迁入成

① 郑州大学历史学院、郑州市文物考古研究院:《河南荥阳市官庄西周城址》,《中国文物报》2013年3月15日。郑州大学历史学院考古系、河南省文物局南水北调文物保护办公室:《河南荥阳市官庄遗址西周遗存发掘简报》,《考古》2014年第8期。

② 张贺君、吴倩、魏青利:《郑州地区西周城址探析》,《洛阳考古》2014年第3期。

③ 千泽星:《蔡叔度始封地考与郑州祭城演变》,《陕西学前师范学院学报》2016年第9期。

④ 张贺君、吴倩、魏青利:《郑州地区西周城址探析》,《洛阳考古》2014年第3期。

周不久,周王实际上就丧失了对各地诸侯号令的权力。从平王东迁成周至公元前 476 年周敬王卒,是春秋时期,主要特征是诸侯争霸。从公元前 475 年东周元王元年至公元前 221 年秦统一六国,是战国时期,主要特征是大国兼并,全国逐渐走向统一。春秋战国的历史比东周王朝存续的时间稍长。公元前 314 年,东周王朝分裂为西周国和东周国。周赧王居西周国,于公元前 256 年卒,西周国灭。东周国于公元前 249 年为秦所灭,尚有 29 年秦方统一天下。东周时期一个突出的现象,就是各国为适应大规模频繁战争的需要而普遍出现设防城市。河南境内现存东周城址百余座,多是当时诸侯国的都城,或者是军事重镇和工商业城邑。东周王城、郑韩故城等不失为这一时期都城模式的代表。

一、东周王城与成周

(一)文献记载的东周王城与成周

平王迁都雒邑居王城,至悼王共 13 王均居王城。敬王避王子朝之乱迁居成周,至慎靓王共 11 王均居成周。至赧王时,东周分裂为东周和西周,原居于今巩义西南的东周君迁居成周,周赧王只好复居王城。《史记·周本纪·正义》引《括地志》曰:“故王城一名河南城,本郏鄏……自平王以下十二王皆都此城,至敬王乃迁都成周,至赧王又居王城也。”公元前 256 年即周赧王五十九年,秦攻西周国,周赧王卒,西周国灭亡。《史记·周本纪》载:“(赧王)五十九年,秦取韩阳城负黍,西周恐,倍秦,与诸侯约从,将天下锐师出伊阙攻秦,令秦无得通阳城。秦昭王怒,使将军摎攻西周。西周君奔秦,顿首受罪,尽献其邑三十六,口三万。秦受其献,归其君于周。周君、王赧卒,周民遂东亡。”次年,九鼎迁入秦。《史记·秦本纪》载:“(昭襄王)五十二年,周民东亡,其器九鼎入秦。”公元前 249 年,东周国也为秦所灭,周亡。

东周敬王所迁成周所在,据文献记载似与西周成周同在一处。《左传·昭公三十二年》记载周敬王欲请晋国出面联合诸侯助修成周时说:“天降祸于周,俾我兄弟并有乱心,以为伯父忧。……昔成王合诸侯,城成周,以为东都,崇文德焉。今我欲徼福假灵于成王,修成周之城。”晋率诸侯修筑好成周之后,敬王迁居成周。《史记·周本纪》云:“敬王元年,晋人入敬王,子朝自立,敬王不得入,居泽。四年,晋率诸侯入敬王于周,子朝为臣,诸侯城周。”上文已述,西周成周在西周早中期时位于瀍河两岸,至西周晚期迁至今汉魏故城一带新筑的成周城内。敬王所筑的成周不可能是平王所迁瀍河两岸无城可守的成周,只能是西周晚期的成周。其他文献所记东周成周地望,也均是在今汉魏故城一带。如《汉书·地理志》河南郡“雒阳”条自注云:“《春秋》昭公三十二年,晋合诸侯于狄泉,以其城大成周之城,居敬王。”《后汉书·郡国志》又载:“雒阳周时号成周。有狄泉,在城中。”注引《左传·僖公二十九年》杜预注:“城内太仓西南池水。或曰本在城外,定元年城成周乃绕之。”就是说,敬王扩建成周时,将狄泉(或翟泉)水纳入城中。翟泉的位置按照《洛阳伽蓝记》的记载,是在汉魏洛阳城的东北。这也得到了考古发现的佐证。成周范围内今汉魏故城一带发现有一座始建于西周晚期、春秋晚期在其北部又有增修的城址。① 西周城东西长约2600米,南北宽约1900米。东周城复原长度,东墙长约3000米,南墙长约3400米,西墙长约4000米,北墙长约2890米。东周城的规模是西周城的将近2倍,正合了“大成周之城”的记载。成周城的周边也有许多重大发现,比如汉魏故城城区北部金村,20世纪20年代曾发现8座东周大墓,20世纪60年代以来又勘探出许多大型东周墓葬,这里很可能是东周的一个王陵区。这个东周城无疑就是敬王所居之成周。

王城的最早记载是文献中的鲁庄公二十一年(前673)。《左传·庄公二十一年》:“二十一年春,胥命于弭。夏,同伐王城。郑伯将王自圉门入,虢叔自北门入,杀王子颓及五大夫。”同书僖公十一年、二十五年,召公二十二年、二十三年,定公七年也均有关于王城的记载。王城的地望,距离洛河、涧河交汇处不远,文献有据可循。《国语·周语下》载:“灵王二十二年(前550),谷、洛斗,将毁王宫。王欲壅之,太子晋谏曰:‘不可……’王卒壅之。”这里的谷水即今涧河。20世纪50年代,在今洛河、涧河交汇地带的洛阳王城公园,发现一座规模宏大的东周城址,学界普遍认为这个涧河两岸的东周城址即东周王城遗址。

平王东迁雒邑,为什么新筑王城,而不是继续使用西周晚期新筑的成周城

---

① 中国社会科学院考古研究所洛阳汉魏城队:《汉魏洛阳故城城垣试掘》,《考古学报》1998年第3期。

呢？主要的原因大概有两点:一是成周城扩建的话需要耗费大量人力物力,而避开成周另建新城,可以跟成周“东西呼应,互相拱卫,强化了东周王室的防御体系”;二是成周城是成周八师的驻军之地和指挥中枢,另建新城,可以“使得两座城址的政治和军事职能分开,既便于王城从容规划,又便于突出成周的军事功能和协调指挥功能”①。

东周王城的平面布局,散见于《周礼》《逸周书》《左传》等文献及青铜器铭文中。《周礼·考工记》载:“匠人营国,方九里,旁三门。国中九经九纬,经涂九轨。左祖右社,面朝后市。”明《永乐大典》所载的周王城图完全依此绘制,整个王城方正规整,正中是宫殿区,每面三座城门,东西、南北沟通城门的大道纵横各九条。《元河南志》中所载的周王城图呈纵长方形,其余也基本依《周礼·考工记》的记载所绘制。周王城呈纵长方形,与《帝王世纪》《晋元康地道记》的记载相合。《帝王世纪》载周王城“东西六里十一步,南北九里一百步”。《晋元康地道记》载,周王城“南北九里七十步,东西六里十步”。王城每面有三座城门,在《玉海·宫解》中也有记载:“王城面有三门,凡十二门。”文献中也记载有个别门的名称,《左传》说称正南门为“圉门”,正北门称为“乾祭门”;《春秋大事表》说称正东门为“鼎门”。王城布局,《逸周书·作雒解》载“设丘兆于南郊”,“建大社于周中”,“乃位五宫:太庙、宗宫、考宫、路寝、明堂”。《令方彝》等青铜器铭文载,王城内是由康宫大室、康宫徉大室、新宫、康剌宫、康穆宫、康邵宫、康寝等组成的康宫。1954 年东周王城发现以来,大量的考古工作使得王城的布局已基本清晰。

(二)考古发现的东周王城布局

东周王城早在 1954 年即已被确认位于今洛阳市涧河以东的王城公园一带。② 东周王城平面呈不规则的长方形,复原长度为南北长约 3700 米,东西长约 2890 米。城垣四角,东北在隋唐洛阳城西垣,东南在今唐沽路,西南在今兴隆寨村西北,西北在今东干沟北土冢。城墙始建于春秋中期,战国晚期经过大

---

① 徐昭峰、姜超:《试论东周王城的营建》,《辽宁师范大学学报(社会科学版)》2016 年第 6 期。

② 中国科学院考古研究所洛阳发掘队:《洛阳涧滨东周城址发掘报告》,《考古学报》1959 年第 2 期。

规模修补、增筑,西汉时也有修缮,并于王城中部新建河南县城。早期城墙宽约5米,经后期增筑的城墙宽约10~15米。城墙夯筑,为巩固墙基,内侧往往伸出有宽1米左右的夯土二层台。城址内外埋藏有丰富的东周文化遗存。① 王城的布局也基本清晰:宫殿区位于城址西南部,在今涧河入洛处瞿家屯一带;王陵区位于城内东北部、东南部及城外西南的周山;宫殿区东侧是粮窖区;铸铜、制骨、玉石器、制陶等作坊区位于城内北部,今小屯村、东干沟一带;城内西部、东南部也发现有制陶遗址;城内东南部、城外四郊发现的东周墓葬数以千计。

宫殿区位于城址西南部,在今涧河入洛处瞿家屯一带。中部地势稍高,分布有大面积的夯土建筑基址,基址东部有一条宽约20米的南北向大路,已知长度约900米。基址周围出土有大量东周时期的筒瓦、板瓦和瓦当等建筑构件。基址上的早期建筑分为南北两组。北组建筑平面呈长方形,东西长约344米,南北宽约182米,四周环绕一道夯土围墙,围墙北面和西面是涧河河道。建筑共有3处,其中2处位于中部偏北,均东西长80米,南北宽约40米,相距约6米南北并列,应是本组建筑的主体建筑。另一处位于西南与西墙相连处,东西长60米,南北宽28米。南组建筑紧靠北组建筑,也呈长方形,有围墙环绕,分为东西两部分,未发现大面积的夯土基址。与瞿家屯大型宫殿建筑基址咫尺相望,东部、南部紧邻战国粮窖区,北距汉河南县城南城墙约150米,西距涧河约250米,今行署路与临涧路交叉口西南侧,发现有一处东西长55米、南北宽30米的大型建筑基址。与基址平行,基址北25米处是一条宽3.5米的墙垣,墙外城壕深达7米以上。这一发现与宫殿区及粮窖区的管理及防御极有可能联系密切。② 瞿家屯大型宫殿建筑基址东南,王城南墙外西南部,洛、涧二水交汇处的三角地带,也发现一组大型夯土建筑基址。共发现5座大型建筑基址和1个长方形池苑,其中位于中轴线上的2号基址,复原为“四阿重屋”式建筑,外围铺设鹅卵石散水,是这组建筑的主体殿堂,南侧即是池苑。③ 整体上这组建筑可分为3个相对独立的院落。④

---

① 中国社会科学院考古研究所:《洛阳发掘报告》,燕山出版社1989年版。徐昭峰:《洛阳发掘东周王城东墙遗址》,《中国文物报》2004年4月9日。

② 王炬:《洛阳东周王城内发现大型夯土基址》,《中国文物报》1999年8月29日。

③ 洛阳市文物工作队:《洛阳瞿家屯东周大型夯土建筑基址发掘简报》,《文物》2007年第9期。

④ 潘付生:《洛阳东周王城布局研究》,郑州大学2007年硕士学位论文。

王陵区位于城内东北部、东南部及城外西南的周山。城内东北部是王陵的主要分布区。这一区域历年发现的墓葬中,多有带墓道的大墓,随葬青铜礼器和剑的比例较大。如其中一座“甲”字形大墓随葬的白玉圭片,墨书“天子”二字。两次发现六马驾一车的车马坑。[①] 周代礼制认为,六马驾一车是天子之乘。《逸礼·王度记》载:“天子驾六,诸侯与卿同驾四,大夫驾三,士驾二,庶人驾一。”更证明了这一区域是举世瞩目的东周王陵区。城内东南部也是王陵的主要分布区。这一区域也经过上百次大规模的发掘,密集分布着东周墓葬。大型墓葬附近也发现有众多车马坑,有数座大墓随葬品列七鼎,并出土成组石磬。一座双墓道大墓随葬的青铜鼎铭文有“王作”字样。[②] 包括城内东北部和东南部在内的王城东部王陵区,墓主可能是灵王之前的东周列王。[③] 城外西南的周山,距王城 3.5 千米,山巅现存一字排开的 4 座高大土冢。考古钻探表明这 4 座大墓均有双墓道,尽管不能确定墓主,但可以推测是周王陵。[④] 各王陵区内都分布着大量的贵族墓葬及数量更多的小型墓葬。

粮窖区位于宫殿区东侧。王城南墙之北,汉河南县城南墙外,今共青路中段,胜利路西侧,是大面积的东周粮窖群。这一带地势高亢,便于雨水流泻,又南近洛水,便于漕运。在南北长 400 米、东西宽 300 米的范围内,共探出排列整齐的粮窖 74 座。粮窖为口大底小的圆形,一般口径约 10 米,深约 10 米。粮窖的兴建和使用年代是战国中期至晚期。如 62 号粮窖出土了铜料、铜器、铁器、玉器、骨料、骨器、石鼎、陶纺轮等大量遗物,以及平首布、空首布、圜钱等多种货币,属于一次性倾入的弃置物,很可能是某一次动乱后的遗留。东周王城的粮窖群是我国保存下来的年代最早的大型地下粮仓。[⑤] 多种钱币共出,反映了战国晚期多种货币混用的情况,同时也说明了东周王室在虎狼环伺的夹缝中长期危而不亡的经济原因,或许就在于充当了各国往来贸易的中介区和自由港。

制陶、制骨、铸铜、玉石器等作坊区位于城内北部,今小屯村、东干沟一带。城内北部的窑场规模很大,战国中叶至西汉初延续使用。制陶工具的型式基本

---

① 俞凉亘:《洛阳市东周王城》,《中国考古学年鉴·2004》,文物出版社 2005 年版。

② 洛阳市文物工作队:《洛阳东周王城第 5239 号大墓发掘简报》,《考古与文物》2000 年第 4 期。

③ 李德方:《洛阳周山东周王陵考述》,《三门峡职业技术学院学报》2009 年第 4 期。

④ 张亚武:《周山 4 座高大封土堆确系东周王陵》,《洛阳日报》2006 年 6 月 25 日。

⑤ 洛阳博物馆:《洛阳战国粮仓试掘纪略》,《文物》1981 年第 11 期。

相同，说明制陶的整套工序已相当成熟。窑场的产品主要包括罐、盆、碗、甑、壶、豆等日用陶器，筒瓦、瓦当、板瓦、瓦钉、井券等建筑材料，鼎、豆、壶、盘等明器。窑址附近相关遗迹还有工匠们居住使用的房子、水井等。窑场南面曾发现很多经过锉磨的骨料，可能是制骨作坊区。窑场的西南曾发现制作铜器的陶范、炼铜渣，可能是铸铜作坊区。窑场的东南曾发现玉石器作坊。此外，城内东南部今洛阳电视台院内，[①]城内西部今涧河东岸纱厂西路南，[②]也均曾发现东周时期陶窑。城内西部发现有专门烧造坩埚的窑址。[③]

二、郑韩故城与大国争霸

（一）郑韩都新郑与诸侯争霸

《战国策·赵策》中赵奢曾说："今取古之为万国者，分以为战国七。"春秋时期，见于文献记载的诸侯国约有 140 多个，至战国初期只剩下十几个，在秦、齐、楚、燕、韩、赵、魏七个强国之间，分布着周、鲁、宋、卫、中山、滕、邹、越等小国，最后由秦统一天下。可见东周时期战争之频繁和惨烈。《诗地理考》说："春秋战争之多者莫如郑，战国战争之多者莫如韩。"春秋时期的郑国和战国时期的韩国先后迁都新郑，地处要害，成为大国、强国争相争取、争夺的对象，见证了那个金戈铁马的时代。

郑是春秋时期颇具影响的诸侯国之一，以经济发达、诗乐文化闻名于世。郑国初封于西周末年，《史记·郑世家》载："郑桓公友者，周厉王少子而宣王庶弟也。宣王立二十二年，友初封于郑。"郑国的初封地在今陕西渭南市华州区东，郑桓公随同周幽王与犬戎作战时败死。子郑武公随平王东迁，郑武公二年（前 769）先灭郐，公元前 767 年又灭虢，于是建都新郑。《汉书·地理志下》载，郑桓公死后，"其子武公与平王东迁，卒定虢、会之地，右雒左泲，食溱、洧焉。"至

① 洛阳市文物工作队：《东周王城战国至汉代陶窑遗址发掘简报》，《文物》2004 年第 7 期。
② 洛阳市文物工作队：《洛阳东周王城战国陶窑遗址发掘报告》，《考古学报》2003 年第 4 期。
③ 洛阳市文物工作队：《洛阳东周王城遗址发现烧造坩埚古窑址》，《文物》1995 年第 8 期。

韩哀侯二年(前375),韩灭郑,并将都城迁至新郑。《史记·韩世家》载:“哀侯元年,与赵、魏分晋国。二年,灭郑,因徙都郑。”韩王安九年(前230),韩为秦所灭。郑、韩两国先后建都新郑约540年,造就了一代名都。

春秋时的郑国,地处中原腹心地带,毗邻东周王畿,北卫燕,东齐鲁,南荆楚,西接晋,扼守东西南北的交通要冲。《春秋大全》对此有清晰认识:“郑之要害,尤在所先,中国得郑则可以拒楚,楚得郑则可以窥中国。”在春秋五霸之前,郑庄公凭借在繻葛之战中的全胜,率先建立霸业。周王室自此丧失独自对诸侯征伐的能力,大国争霸的序幕也自此开启。繻葛之战后,郑庄公又与齐结盟,降服宋国,灭郕国,分许国,击山戎,成为春秋以来第一位建立霸业的诸侯国君,史称“小霸”。鉴于如此重要的地理位置和较强的国力,郑国成为各争霸诸侯国反复争夺的主要战略目标,“服郑”成为诸侯建立霸权的必要步骤。春秋诸侯“欲称霸中原,必先得郑。当晋、秦争霸时,郑为晋、秦所争。今晋、楚争霸,又为晋、楚所争。国境屡为战场,自襄公以来,几至年年有战事”①。据《春秋》记载,春秋时期的战争数有483次,郑遭遇的战争就达到80次,②发生在都城新郑的据《左传》载多达12次。③ 郑国的归属左右着当时的战略格局。

郑国在春秋时期一直是南北双方反复争夺的目标,南方地区是占领江汉平原、南阳盆地的强大楚国,北方则是齐、晋先后称霸。《春秋大事表》载:“然自是而楚患兴矣,齐晋迭伯,与楚争郑者二百余年。”齐桓公时,郑国因为与强楚接壤而屡次叛齐,直至召陵之盟后才彻底服从齐国。公元前678年,齐桓公因郑国侵宋而伐郑,郑国服齐。楚国也因郑服齐国而派兵攻郑。公元前667年,因郑国参加齐桓公的诸侯会盟,楚国于次年派600乘伐郑,打进了郑国都新郑。齐、鲁、宋等联兵救郑。公元前659年、公元前658年楚国以同样的理由两次伐郑。齐桓公为了救郑,率诸侯联军打败蔡国,迫使楚国订立召陵之盟。公元前655年,郑国在周王的唆使下背齐向楚,次年遭到齐桓公率诸侯联军讨伐,楚国围许以救郑。公元前653年齐桓公再次伐郑,郑国请服。第二年齐桓公会盟诸侯于洮,郑国再次请服。《春秋大全》载,郑自此年从齐,“至十七年,小白卒,楚人绝

---

① 杨伯峻:《春秋左传注》,中华书局1990年版,第988页。

② 宋杰:《春秋时期的诸侯争郑》,《首都师范大学学报(社会科学版)》1996年第6期。

③ 史念海:《郑韩故城溯源》,《中国历史地理论丛》1998年第4期。

迹于郑，桓之伯功盛矣”。晋楚争霸更加旷日弥久，往往也围绕着“征郑”。晋国在城濮之战后成为霸主，公元前630年郑国背楚服从晋国。公元前627年楚伐郑，得到晋国及时相救。公元前618年楚再次伐郑并获胜，郑复与楚结盟。公元前618年至公元前591年，楚先后出兵郑国8次，其中公元前597年还曾攻陷郑国都城。晋国或救郑或伐郑7次。公元前589年楚国会盟诸侯，齐、鲁、宋、卫、秦、郑等皆服从楚国。至公元前546年弭兵之会，各国共尊晋、楚为霸主，订盟休战之前，楚、晋各出兵郑国14次。《左传·襄公八年》载，郑国为自保，“敬共币帛，以待来者，小国之道也。牺牲玉帛，待于二竟，以待强者而庇民焉”。虎狼环伺下的郑国于公元前375年灭于韩。

迨至战国，战争规模更大，战况更加惨烈。《战国策》载，此时“上无天子，下无方伯，力攻争强，胜者为右”，又载“今取古之为万国者，分以为战国七，能具数十万之兵，旷日持久，数岁，即君之齐已”。《孟子·离娄上》载：“争地以战，杀人盈野；争城以战，杀人盈城。”此时定都新郑的韩国，连接着关中与关东地区，为秦、魏之门户，又处于秦、楚之间，地理位置异常重要。《战国策》载，无论是苏秦合纵还是张仪连横，韩国均是重要的拉拢对象。“天下之强弓劲弩皆自韩出”，韩国作为战国七雄之一在大国间周旋，屡遭秦、楚打击，遭遇多场惨烈战争，在列国中蒙难最为深重，是名副其实的兵家必争之地。然终不敌强秦的金戈铁马，于公元前230年亡于秦。

关于郑、韩都城在东周时期的重要地位，学者做过精辟论述：“春秋战国时期，郑、韩两国一直处于政治斗争与军事征战之激流旋涡的中心，郑、韩都城更是首当其冲。郑、韩两国统治集团内部的政争及郑、韩两国与外部各国的征战，不断在其都城内外发生。……至战国时，楚、齐、燕、赵、魏、韩、秦等七国间战争更为频繁。后随着秦国国力日益强盛，不论秦国采用连横的策略东向攻击各国，还是关东六国采用合纵策略西向抗御秦国，韩国及其都城都是必争之地，因而也成为关乎时局动向与历史发展进程最为敏感的地区。凡此种种均说明，郑、韩都城在春秋战国时期长达5个半世纪中，始终处于十分重要的位置。其地位与作用不亚于齐、魏、楚、秦等国之国都，而更在其他诸国国都之上。”①

---

① 朱士光：《论新郑古都文化研究与古都文化资源之开发》，《中国古都研究》（第十五辑），三秦出版社2004年版。

(二)郑国都城的布局探索

郑韩故城横亘在新郑市双洎河和黄水河交汇的三角地带。史称郑韩故城位于“溱洧之上”,双洎河即古代的洧水,黄水河即古代的溱水。城墙至今巍然耸立,蜿蜒起伏,蔚为壮观。郑韩故城分别在春秋和战国时期经过了两次大的修建,大致能够区分出郑国都城、韩国都城的布局。春秋时期郑国都城的方向为坐西向东,至战国时期韩国的都城方向改为坐北朝南。

郑国都城城墙依自然地势构筑,平面呈不规则长方形,形象地比喻为“四十五里牛角城”。城址东西长约5000米,南北宽约4500米,总面积约16平方千米,城内中部有一道南北向夯土墙将其分为东西两城。[①]《新郑县志·山川篇》称中部的隔墙为“分国岭”或“分国城”。郑都坐西朝东,是典型的东西两城制,西城是内城,东城是郭城。

西城是内城,平面呈长方形。北墙长约2470米,外有城壕。东墙即隔墙,长约3415米,西墙、南墙多被双洎河冲毁,仅断续存留。东城是郭城,平面呈不规则长方形,北墙长约1800米,东墙长约5100米,南墙跨双洎河两岸全长约2900米,西墙即隔墙。东城城墙始建于春秋时期,战国时有修缮。传统的观点认为隔墙在春秋时期即已存在,近年有学者指出隔墙建造于战国中期。[②] 我们依然认为隔墙在郑国时期就已经存在,是郑国国都的一部分。《左传》《史记》等文献记载郑都的城门达14个,考古工作者仅在西城北墙中部,西城东墙北段、中部,以及东城东墙北段发现4座城门。其中西城北墙中部的门是郑城北门,东墙北门是郑东门,已为学界公认。[③] 郑东门门道宽15米,设置有瓮城。郑城北门直接临于外,门内即是郑国宫殿区,这有文献佐证。《左传·僖公三十二年》记载,秦杞子曾自郑使告于秦:“郑人使我掌其北门之管,若潜师以来,国可得也。”

---

① 河南省博物馆新郑工作站等:《河南新郑郑韩故城的钻探和试掘》,《文物资料丛刊》(3),文物出版社1980年版。河南省文物考古研究所:《新郑郑国祭祀遗址》,大象出版社2006年版,第3~4页、第934~939页。

② 马俊才:《郑、韩两都平面布局初论》,《中国历史地理论丛》1999年第2期。

③ 史念海:《郑韩故城溯源》,《中国历史地理论丛》1998年第4期。马俊才:《郑、韩两都平面布局初论》,《中国历史地理论丛》1999年第2期。李玉洁:《郑国的都城与疆域》,《中州学刊》2005年第6期。

宫城位于西城中部,今阁老坟村一带,四周环绕墙垣,东西长约 500 米,南北宽约 320 米。宫城密集分布着夯土建筑基址,中部偏北有大型夯土建筑基址,大的面积达 12000 平方米。西北部尚存一处地面夯土高台建筑遗存,呈南北长约 135 米、东西宽约 80 米的长方形,高 8 米,俗称"梳妆台"。其性质尚不明了。传说郑公嫁女于齐,于此梳妆,或说郑伯筑台,处女其上,即此处可能是郑国的重要礼仪建筑,或者是郑姬的宫室。① 东周列国都城内也有类似的高大夯土台基,如齐都临淄的桓公台、赵都邯郸的龙台、燕下都的老母台等,它们均是各自城内的主要宫殿建筑遗址。因此,"梳妆台"很可能也是郑国宫城内的主要建筑遗存,"梳妆台"东的建筑基址则是其配殿。"梳妆台"西南约 70 米,今阁老路北端、郑韩路交叉口也发现有夯土建筑基址。整体上,由于郑城被韩城破坏比较严重,布局并不清楚,大概整个西城都是宫殿区。②

郑国的宗庙祭祀区位于东城内。东城中部约 4 万平方米的范围内密集分布着春秋时期的大型夯土基址,是一群规模宏大的建筑群,正位于西城左前方,应是郑国的宗庙遗址。东城内先后在金城路、新郑城市信用社、中国银行等处发现祭祀遗址 3 处及多座青铜礼乐器坎。金城路祭祀遗址发现 3 座青铜礼乐器坎、3 座殉马坎、24 座中小型春秋墓。一号坎配置有七鼎六簋;二号坎东南距一号坎约 3 米,配置 4 件镈钟、20 件编钟;三号坎东距二号坎仅 1 米,配置有六鼎、四簋、四鬲及鉴、豆各 1 件。殉马坎葬马 4 匹或 2 匹。墓葬中随葬铜器的组合为鼎、敦、簠、盘、匜、舟等。新郑城市信用社祭祀遗址发现 8 座青铜礼乐器坎及密集排列的 55 座殉马坎。青铜礼乐器坎曾遭盗掘,劫后余留礼器 33 件、编钟 24 件。殉马坎大小不一,大坎葬马 4~6 匹,小坎葬马 2 匹。中国银行祭祀遗址发现 18 座青铜礼乐器坎和 45 座殉马坎。18 座青铜礼乐器坎包括礼器坎 7 座、乐器坎 11 座,二者配合出现,或为两坎礼器配三坎乐器,或为一坎礼器配三坎乐器。礼器坎均有九鼎、九鬲,有的坎中还有八簋,以及壶、鉴、豆等,共出土 142 件青铜礼器。乐器坎每坎都有一套 4 件镈钟和 2 套各 10 件钮钟,共出土青铜钟 206 件,伴出挂钟的木质横梁和编钟架,同出有 4 件陶埙。殉马坎方向均

① 河南省文物考古研究所:《新郑郑国祭祀遗址》,大象出版社 2006 年版,第 3 页。
② 李自智:《东周列国都城的城郭形态》,《考古与文物》1997 年第 3 期。

为头向西,大小不一,每坎多者殉马 4 匹,少则 1~2 匹。[①]《周礼·地官·大司徒》载:“设其社稷之壝而树之田主。”郑玄注曰:“壝,坛与埒也。”封土为坛,除地为墠,埒是墠之外围绕四面的墙垣。东城内祭祀区的东部发现有一道南北向的夯土墙,排列有序的青铜礼乐器坎、殉马坎均位于墙西,没有发现一例跃墙而东的现象。可见这一祭祀区就是郑国的社壝遗存。

郑国的祭祀区范围内,鲜有春秋中期及战国早期的其他遗存,但大量战国中晚期遗存对其又破坏严重,说明在郑亡国之前都受到严格保护,而在韩国灭郑之后,则被严重损坏。一般认为,在周代祭祀礼仪中天子使用九鼎,郑国祭祀遗址中青铜礼器的组合也用九鼎八簋。不唯郑国,辉县琉璃阁春秋中晚期晋国公卿墓(M60)也随葬两套各 9 件列鼎,使用了太牢之礼。[②] 说明春秋时期王室衰微,君已不君,臣亦不臣,旧的社会秩序崩解,礼乐征伐自新贵出。值得玩味的是,诸侯公卿普遍僭越用鼎制度的同时,郑国祭祀遗址在用钟制度上并未僭越,仍遵循着诸侯的“轩县”之制。《周礼·春官·小胥》载:“正乐县(悬)之位,王宫县,诸侯轩县,卿大夫判县,士特县,辨其声。”就是说,天子之制是四面悬钟磬;诸侯之制是三面悬钟磬,空出南面以辟王;卿大夫之制是两面悬钟磬;士制是单面悬钟磬。郑国祭祀遗址中有 9 座编钟坎是三坎一组的比较明确的组合关系,可视为三次祭祀的遗存,其正符合诸侯之制的“轩县”之数。

手工业作坊和仓储分布区在东城内。往往郑国、韩国相继使用,能够明确是郑国时期遗存的有大吴楼和中国银行铸铜作坊遗址、张龙庄制骨作坊遗址、热电厂制陶作坊遗址等。大吴楼铸铜作坊遗址位于东城东部,面积达 10 余万平方米,出土有大量铜渣、木炭屑、陶范、熔炉、鼓风管等遗物,陶范主要是镬、铲、镰、锛、凿等生产工具。遗址使用时间自春秋沿用至战国。[③] 中国银行铸铜作坊遗址在郑国祭祀遗址的东南部,发现大量的陶范和冶铸材料,陶范包括礼器、乐器、工具、空首布及各种饰件,十分丰富。春秋中期是该遗址的鼎盛期,或

---

① 河南省文物考古研究所:《新郑郑国祭祀遗址》,大象出版社 2006 年版。

② 郭宝钧:《山彪镇与琉璃阁》,科学出版社 1959 年版。

③ 河南省博物馆新郑工作站等:《河南新郑郑韩故城的钻探和试掘》,《文物资料丛刊》(3),文物出版社 1980 年版。郑韩:《新郑县大吴楼东周铸铜遗址》,《中国考古学年鉴·1993》,文物出版社 1995 年版。

许祭祀用的青铜礼乐器有相当一部分就是在此就近铸造的。[①] 张龙庄制骨作坊遗址位于东城偏北，出土了大量遗物，有牛、猪、鹿角等骨料及废骨料，笄、锥、珠、环等骨器及骨器半成品，砺石、铜刀等制骨工具。使用时间约起于春秋中期，讫于战国晚期。[②] 热电厂制陶作坊遗址位于东城东部，使用时间自西周晚期至战国晚期，春秋时期是其烧造的鼎盛时期。[③] 手工业作坊遗址的周围往往都发现有居住址。仓储区也分布在东城中。今仓城村曾发现 5 座大型粮窖及多座圆口弧壁平底的灰坑，口径最大的 6 米，最小的 4.3 米，深约 3 米。粮窖分布集中、排列有序，很可能是当时的一处仓储区。[④]

郑国王陵区分布于城内。西城南部李家楼出土“新郑彝器”的墓葬已确定是郑公墓，东城西南是郑国公室的族墓地，东城东部也有一处郑公墓区，中小型墓葬则多分布于城外。李家楼大墓发现于 1923 年，东西长 7 米，南北宽 6 米，深 7 米。出土包括 9 件牢鼎在内共 22 件鼎、9 件鬲、8 件簋等青铜礼乐器 88 件及兵器、车马器等总数百余件，被称为“新郑彝器”。两件举世闻名的莲鹤方壶便出于此，被视为东周青铜器吐故纳新的杰作，郭沫若赞其：“余谓此乃时代精神之一象征也。……此正春秋初年由殷周半神话时代脱出时，一切社会情形及精神文化之一如实表现。”[⑤]学界均认为墓主是某一世郑公，但具体是哪一位郑公，认识尚不统一。有学者认为墓主是郑成公，[⑥]有学者认为是郑釐公（蔡全法《新郑李家楼青铜器钩沉》），有学者认为是郑灵公。[⑦] 学者新近的研究认为：墓主或为郑成公（前 584—前 571 在位），或为郑简公（前 565—前 530 在位），其年代上限不早于公元前 571 年，下限不晚于公元前 530 年。[⑧] 东城西南今仓城村、后端湾村金城路至双洎河一带，是郑国公室的族墓地。在 16 万平方米的范围内，

---

① 河南省文物考古研究所：《河南新郑郑韩故城东周祭祀遗址》，《文物》2005 年第 10 期。河南省文物考古研究所：《新郑郑国祭祀遗址》，大象出版社 2006 年版，第 647~725 页。

② 河南省文物研究所：《郑韩故城制骨遗址的发掘》，《华夏考古》1990 年第 2 期。

③ 蔡全法、马俊才：《新郑市热电厂两周遗址和春秋墓葬》，《中国考古学年鉴·1997》，文物出版社 1999 年版。

④ 郭木森、孙春玲：《新郑市市直幼儿园基建地东周遗址与墓葬》，《中国考古学年鉴·1999》，文物出版社 2001 年版。

⑤ 郭沫若：《新郑古器之一二考核》，《殷周青铜器铭文研究》，科学出版社 1961 年版。

⑥ 河南省文物研究所等：《淅川下寺春秋楚墓》，文物出版社 1991 年版。

⑦ 杨文胜：《新郑李家楼大墓出土青铜器研究》，《华夏考古》2001 年第 3 期。

⑧ 河南博物院、台北历史博物馆：《新郑郑公大墓青铜器》，大象出版社 2001 年版，第 47 页。

分布着3000多座墓葬,其中有15座墓室面积超过15平方米的大型墓葬中发现有大中型车马坑23座。比如金城路西段南侧的一座双墓道大墓,南北向,墓室南北长13.9米,东西宽10.6米,葬具重棺三椁。南墓道是主墓道,随葬40辆车;北墓道随葬5辆车。墓室多次被盗,仅出土鼎、簋、鬲、壶等青铜礼器残片。墓西有规模宏大的车马坑,辕及马头皆西向。墓主无疑也是某一世郑公。[①] 东城东部(北起今玉前路公安局段,南与茨山路相接)发现一座大型春秋墓,围绕大墓,发现有22座中型墓、2座车马坑、2座殉马坑。大墓墓主也应是某一世郑公。[②] 城外的中小型墓葬与郑公墓地一样,也多以族墓地的形式存在,分布密集,排列有序。如城西的周庄墓地,城东的李马墓地、沈庄墓地等,发现墓葬均数以百计。随葬品中鲜见青铜及仿铜陶礼器,以日用陶器为主。

(三)韩国都城布局的探索及其与郑国都城的异同

韩国灭郑后,迁都至新郑,在郑都基础上进行一定改造。将双洎河置于城外,弃河南岸城墙,在北岸新筑了一道城垣。加高加宽其余城墙,在北墙外增筑马面。沿城墙内侧增修宽7米的可3车并行的宽阔沿城路。沿用东西两城制,但将都城方向改为坐北朝南。

西城仍是韩都的内城,在西城的中北部重筑了宫城。宫城也在今阁老坟村一带,近正方形,边长约650米,面积近41万平方米。宫墙外环绕有宽约15米的壕沟。宫城内发现夯土建筑基址50余处,面积大的上万平方米,小的数百平方米。[③] 宫城西北部,战国晚期修建有长方形竖穴式地下冷藏室。冷藏室口略大于底,四壁经夯筑,表面贴一层方形凹槽砖,室内面积21.24平方米。南壁东端夯筑有13级宽0.58~0.7米的台阶式出入走道。底部平铺方砖,东侧南北排列有5眼深约2.5米的竖井式冷藏井窖,由筒状陶井圈上下套接而成,口径1米,底径0.71米。冷藏室周围发现有4个圆形柱洞,附近出土较多的板瓦、筒瓦,说明冷藏室地面以上应有木构瓦顶类的建筑设施。牛、猪、马、羊、鹿、鸡等

---

① 新郑市文物管理局:《新郑市文物志》,中国文史出版社2005年版,第87~88页。

② 马俊才、蔡全法:《新郑市公安路周代遗址与墓地》,《中国考古学年鉴·2001》,文物出版社2002年版。

③ 马俊才:《郑、韩两都平面布局初论》,《中国历史地理论丛》1999年第2期。

动物骨骼占填土出土物的一半以上，此冷藏室应以储藏肉类食物为主。① 宫城外东侧也分布着大量大型夯土建筑基址，应该也是宫殿区的组成部分。②

韩国的宗庙区位于西城中部偏南，四周环绕宽10~13米的墙垣，四角有角楼，北墙和西墙中部各发现一座门址。③ 宗庙区东西长500米，南北宽320米，中心大殿位于中心地带，南北长114米，东西宽97米，面积11000余平方米，方向为北略偏东。大殿中央部位，也即宗庙区的正中心，安置一黄灰色花岗岩质地的巨型长方形石圭。石圭前后两面磨光，高3.25米，宽0.45米，厚0.25米。根部为竖斜尖状毛石，下部有一圆穿，上部有不等长的半圆形翼突出两侧，顶为圭形。这是迄今为止我国发现的唯一的周代宗庙碑。大殿东南部出土有一件青铜圆壶。④

韩国的手工业作坊在郑国的基础上继续发展，主要仍分布在东城内。铸铁作坊位于东城西南部今仓城村南，面积约4万平方米。发现有冶铁炉、烘范窑等遗迹及铁器和陶范等遗物。陶范以镢、锄最多，还有镰、镬、铲、锛、削、凿、刀、剑、戟、箭杆、带钩等，既有农具也有手工业生产工具，说明当时铁器已在农业、手工业生产的各个部门中得到普遍应用。这一带还发现有战国晚期的储粮窖穴和大型铸铁残器坑。⑤ 大吴楼和中国银行铸铜作坊遗址、张龙庄制骨作坊遗址、热电厂制陶作坊遗址在郑国的基础上继续发展。东城东南部白庙范村曾发现一座战国晚期的铜兵器坑，共出土戈、矛、剑等铜兵器180件，其中170余件兵器上带铭文，少者1字，多者33字，涉及地名、纪年等内容。⑥ 东城东北角北依北城墙发现有大型制陶遗址，面积达5万平方米。发现有窑址群、6座作坊建筑、5座灶，多座陶洗池、捶洗池、囤泥池、大盛水器，大量筒板瓦，15条陶制排水

---

① 河南省文物研究所：《郑韩故城内战国时期地下冷藏室遗迹发掘简报》，《华夏考古》1991年第2期。

② 李德保、郭木森：《新郑发现一座韩国大型建筑遗址》，《中国文物报》1987年10月23日。

③ 马俊才：《郑、韩两都平面布局初论》，《中国历史地理论丛》1999年第2期。

④ 蔡全法、马俊才：《新郑郑韩故城韩宫城遗址》，《中国考古学年鉴·1998》，文物出版社2000年版。蔡全法：《郑韩故城韩文化考古的主要收获》，《群雄逐鹿两周列国文物瑰宝》，大象出版社2003年版。

⑤ 刘东亚：《河南新郑仓城发现战国铸铁器泥范》，《考古》1962年第3期。河南省博物馆新郑工作站等：《河南新郑郑韩故城的钻探和试掘》，《文物资料丛刊》(3)，文物出版社1980年版。

⑥ 郝本性：《新郑"郑韩故城"发现一批战国铜兵器》，《文物》1972年第10期。

管道,以及一条兼排水功能的大型道路等丰富遗存。在一个陶瓮的肩部陶片上,烧造后刻有“新郑”篆书大字,这是有关新郑地名的最早文物。① 玉器手工作坊遗址位于东城东部,东依东城墙今张龙庄村东岗地(俗称“玉石岗”),面积约 1 万余平方米,曾发现许多玉石器半成品。② 此外,西城宫城西侧约 100 米通往宫城的东西大道旁发现有纺织作坊遗址,四周有宽约 0.6 米的夯筑墙垣,东西长 173 米,南北宽 8.7 米。作坊北部偏西侧是砖砌的工作台,台北、台西有排水设施,台西有一个表面磨损严重的紫色长方形石板。工作台上散落着 12 个陶纺轮,西南部堆着一个磨石和多件半成品陶纺轮。作坊西北部和四周有大量筒板瓦和大型盆、瓮等的残片堆积。③

韩国的王陵区分散分布于城外的西侧和南侧。一般认为,带双墓道的大墓是韩王陵。目前已发现冢岗、许岗、王行庄、柳庄、宋庄、冯庄、苗庄、官刘庄、暴庄、胡庄、七里井等 11 处王陵区。王陵均南北向,除冢岗陵区外,每个陵区都有 2 座或 2 座以上的大墓,可能是王、后的异穴合葬墓。大墓周围往往有殉葬坑和陪葬墓。如许岗陵区,东西排列 4 座南北向双墓道大墓。以经过发掘的 4 号大墓为例,夯筑封土下是积石,再下有积炭。墓道南北总长 121.5 米,葬具有玉衣,棺椁之间随葬车辆。墓北有长 33.4 米、宽 4 米的整车坑,有长 33.6 米、宽 3.9 米的马坑,葬马数量在 53 匹以上。中小型墓葬区与郑国一样分布于城外,如城北的金须、胡庄墓地,城西的周庄墓地,城南的烈江坡、蔡庄墓地,城东的李马墓地、付庄墓地、烟厂墓地等。城内也零星分布有墓葬,比如东城内原中国银行郑国祭祀遗址的中部偏东一线,发现有百余座战国晚期的小型墓,可能与附近的手工业作坊有关。

韩都在郑都的基础上改建而成,两都布局有很多相似之处。比如两都均有浓厚的防御色彩,高城深池,有高大的城垣、宽深的城壕,有瓮城设施;两都均是东西两城,均以西城为宫城,东城为郭城,手工业作坊等均分布于郭城内。同时,两都在布局上也有着显著的不同。比如宫庙的布局就差异很大,郑国的宫殿在西城,而宗庙、祭祀区位于东城,韩国的祭祀遗址尚未发现,其宫殿、宗庙区

---

① 河南省文物考古研究所新郑工作站:《郑韩故城发现战国时期大型制陶作坊遗址》,《中原文物》2003 年第 1 期。

② 新郑市文物管理局:《新郑市文物志》,中国文史出版社 2005 年版,第 70 页。

③ 蔡全法、马俊才:《新郑市郑韩路东周遗址》,《中国考古学年鉴 · 1996》,文物出版社 1998 年版。

不再分置两城,而是集中在西城;两都的方向不同,郑都坐西朝东,韩都坐北朝南,使得西城内宫庙区的具体布局差异更加明显;王墓的分布也有明显不同,郑公墓位于城内,相对比较集中,韩王陵则分散分布于城西的广大区域。

三、雨后春笋般的列国都城

(一)河南境内的东周列国

春秋时期,周王畿之外,河南境内的主要诸侯国有郑、宋、卫、许、蔡、陈等。郑国建都新郑后,很快发展成位于今河南中部的一个强大诸侯国,在春秋五霸之前率先称霸,史称“小霸”。强盛时,郑国疆域一度北抵今长垣、原阳、武陟一线,与卫国接壤,东与宋国为邻,至今中牟、通许一线,南及长葛、鲁山一线,西达今登封、汝州一线。东虢、密(在今新密市东南)、祭、胡、东不羹(在今漯河市舞阳县西北沙河入汝水处)、西不羹(在今许昌市襄城县东南)、鄢(在今许昌市鄢陵县西北)、应等均是其属国,许(今许昌东)、叶(在今平顶山市叶县南)也一度受其控制。郑国于公元前375年为韩所灭。宋国在春秋时期一度强大,控制着今豫东、鲁西南和皖西北三省交会地区。滑、葛、戴(在今商丘市民权县东)、厉(在今鹿邑县东)、项、房(今驻马店市遂平县)等均为其属国,甚至陈国(都今周口淮阳区)、蔡国也一度受其控制。宋国于公元前286年因齐、魏、楚联兵伐宋而灭亡。卫国在周初时位于商代朝歌故城(今河南淇县)一带,又先后迁都楚丘(今滑县东)、帝丘(今濮阳县西南)。卫国在春秋早中期最为强盛时期,控制了今河南北部长垣、新乡、焦作、济源一线以北的地区,南燕、胙国、共国、凡国、温国、雍国、原国(在今济源市西北)、单国、樊国等均为其属国。卫国至秦二世时被灭,是最后一个被秦所灭的列国诸侯。许国在今许昌东,处于郑、宋、陈、楚之间,先后沦为郑国、楚国附庸,常受大国征伐,至战国初被楚国吞并。陈国在今豫东,公元前479年为楚所灭。蔡国在今河南东南部,与楚、宋接壤,对郑、楚均时服时叛,于公元前447年为楚所灭。

中原地区的诸侯国均像郑国一样,位于晋、齐、楚等大国之间,扼当时的交通要道,不可避免地成为大国争霸时必须要夺取和控制的国家。当时许多著名盟会和战争均发生在今河南地区。春秋初期郑庄公“小霸”时,郑国与周王率领的诸侯联军之间的繻葛之战发生在今长葛北;齐桓公称霸时,亲率诸侯联军观兵召陵,地在今郾城,后齐桓公“九合诸侯,一匡天下”,于葵丘会盟诸侯,地在今民权东北;宋襄公争霸时,于宋地盂会盟诸侯,地在今睢县西北,宋楚泓之战在今柘城西北;晋楚争霸时,晋楚城濮之战在今开封陈留附近,晋国于践土(今原阳西南)会盟诸侯,楚伐陆浑戎(地在今嵩县东北)并观兵周郊,晋楚邲之战在今荥阳北,晋楚鄢陵之战在今鄢陵西北;秦晋争霸时的崤之战在今洛宁北;春秋中叶后宋国倡导的两次弭兵之会,首次是公元前 579 年,更为著名的是第二次弭兵会盟,发生在公元前 546 年,均在宋国都城(今商丘南)。河南境内各诸侯国一直处于军事征战激流旋涡的中心,在旷日持久的大国争霸战争中,国力均日渐被削弱。

至战国中晚期,周王畿之外,河南境内春秋时期的主要诸侯国已经被兼并或控制,河南的绝大部分地区被战国七雄中的魏、韩、楚、秦、赵五强所占有,其中魏、韩、楚的都城均在今河南境内。魏国自惠王迁都大梁(今开封)后,通过与赵、韩交换土地,占据了河南的中北部。魏惠王通过开凿运河、治理黄河、修建长城等一系列富国强兵的措施,增强了魏国国力。魏国经齐魏间的桂陵之战(在今长垣西南)、马陵之战(在今范县西南)惨败后,西边又遭到强秦的不断滋扰,国势日渐衰微,战国初期头号强国的地位不复存在。于是魏国开始寻求组建联盟以共同抗击齐国、秦国的夹击,开启了合纵连横的时代。公元前 225 年,秦军水灌大梁城,魏国灭亡。韩国自公元前 375 年灭郑建都新郑后,引起魏国的不满,连年受到魏、秦、宋诸国攻城略地。齐魏间的马陵之战便是由魏攻韩而引起的。韩国经过申不害变法增强了国力。但申不害死后,秦国率先攻占韩国旧都宜阳,经过伊阙山之战,又使韩魏联军精锐尽失。随后,邓师(今孟州西)、宛(在今南阳)两个冶铁中心也相继被秦侵占。韩国被列强围欺鱼肉,公元前 262 年秦国大举进攻韩国上党,引发了秦赵长平之战。韩国最终于公元前 230 年被秦所灭,在六国中第一个被秦所灭。楚国在进入战国之后依然强盛,先后灭蔡国、杞国,占领了河南南部的广大地区。楚悼王时甚至北及大梁、榆关(今中牟南),饮马黄河南岸,号称“地方五千里,带甲百万”。公元前 278 年秦军攻入郢都,楚国迁都陈(今周口淮阳区)。春申君相楚时,与魏军一起解赵国邯郸之围,又北伐灭鲁,使楚国得到一定程度的复兴。随着楚国与其他五国合纵伐秦失败,楚国迁都寿春(今安徽寿县西南),自此走向衰落,于公元前 223 年终被秦所灭。战国时期的河南,北边被赵国占据一部分,西北部被韩国占据,中北部归魏国,南部归楚国,西部归秦国,是战国七雄逐鹿中原的主战场。

(二)河南境内列国都城址的探索

河南境内现存的东周时期城址有百余座,多是当时诸侯国的都城,都是一定区域内的政治、经济和文化中心。除了上文郑、韩先后为都的新郑郑韩故城,也有一些诸侯国都址已经找到并进行了一定的考古工作。大国都城如韩都宜阳、楚都陈,其他中小诸侯国都城如上蔡蔡国故城、潢川黄国故城、淮滨期思蒋国故城、固始蓼国故城、辉县共城和偃师滑国故城等,其中滑国故城是中原地区小诸侯国都城的代表。现将其作简要介绍,其余都城址的基本情况见下面的河南境内列国都城址表。

韩国在从阳翟迁都新郑之前,曾以宜阳为都。《战国策・秦策》"宜阳未得"篇高诱注曰:"宜阳,韩邑,韩武子所都也。"宜阳一直是韩国西拒强秦的军事重镇,《战国策・东周策》"秦攻宜阳"篇说宜阳"城方八里,材士十万,粟支数年"。公元前 308 年至公元前 307 年的秦韩宜阳之战就发生在这里。宜阳故城位于今宜阳县韩城镇,平面呈"凸"字形,北墙西段南折延伸约 350 米再折而西延伸 510 米,东墙长 2220 米,西墙南段被韩城河冲毁,残长约 200 米,南墙与北墙大致弯折对应,东南城角西 1300 米处北折再折向西。北墙中段的城门设置有台门,东墙中部也发现一城门。城内历年出土许多战国时期的戈、矛、镞等铜兵器及板瓦、筒瓦等建筑材料。城北传说有韩昭侯冢。[①]

楚国郢都于公元前 278 年被秦攻破后,楚顷襄王"东北保于陈城",以陈为都达 38 年。陈国曾两度灭国,最终于公元前 479 年灭于楚。陈楚故城位于今周口淮阳区,周长 4500 米。城内被环城湖水淹没和现代建筑覆压,情况不明。[②]城东南部的堌堆李村曾出土春秋时期的带铭青铜器,[③]平粮台曾发现一批战国

---

① 赵安杰:《战国宜阳故城调查简报》,《中原文物》1988 年第 3 期。

② 曹桂岑:《楚都陈城考》,《中原文物》1981 年特刊。

③ 淮阳县太昊陵文物保管所:《淮阳县发现两件西周铜器》,《中原文物》1981 年第 2 期。

时期楚墓,平粮台附近发现有马鞍冢楚墓和车马坑。①

蔡国自周初至公元前 531 年为楚所灭,三年后复国并迁都新蔡,上蔡作为蔡国都城,历时 500 余年。上蔡蔡国故城平面呈长方形,四周城垣基本保存完好,东墙长约 2490 米,南墙长约 2700 米,西墙长约 3187 米,北墙长约 2113 米。墙外环绕宽 70~103 米的城壕。城门共发现 4 处,其中南城墙 3 处,西城墙 1 处,城门设置有瓮城。城址中部偏南地势较高的二郎台是宫殿区,东西长约 1200 米,南北宽约 1000 米,面积达 120 万平方米。宫殿区内筒板瓦等建筑堆积十分丰富,外围环绕有深沟。城内中部和南关一带有铸铜作坊,东南部有制陶作坊。② 城内西南隅是贵族的族墓地,发现数十座排列有序的墓葬,其中有一座大型蔡国墓葬,其余为中小型墓葬。出土有鼎、壶、编钟、剑、戈等青铜器及郢爰、蚁鼻钱等。城内西北隅古冢罗列,也是一处大型高级贵族墓地。城外西部发现有 2 座大型“甲”字形楚国贵族墓葬及 11 座祭祀坑。2 座大墓是异穴合葬墓,严重盗掘之后仍出土千余件铜、玉、水晶、玛瑙等精美随葬品,数十件青铜器上带有长篇铭文。③

黄国至少在商代已在淮水之滨立国,于公元前 648 年为楚所灭。黄国故城位于今潢川县城西隆古乡一带,平面呈长方形,西墙长 1550 米,北墙长 1720 米,东墙长 1650 米,南墙长 1800 米。城外环绕有宽约 36 米的城壕。已发现 3 处城门,其中西墙中门设置有瓮城。城内中部是宫殿区,大型建筑基址黄君台面积达 13000 平方米。城内发现数处铸铜作坊,城内外曾出土多批重要青铜器。王室墓地位于故城西南 20 千米处的光山宝相寺、天鹅墩一带,曾发现有春秋早期黄君孟夫妇合葬墓、黄季佗父墓,出土有大批精美铜器、玉器、漆木器等。④

蒋国于周初成康之际获封于今尉氏县西,约在周宣王时迁至今淮滨期思,

---

① 河南省文物研究所等:《河南淮阳平粮台十六号楚墓发掘简报》《河南淮阳马鞍冢楚墓发掘简报》,《文物》1984 年第 10 期。

② 尚景熙:《蔡国故城调查记》,《河南文博通讯》1980 年第 2 期。

③ 马俊才:《河南上蔡周代墓地发掘获重大发现》,《中国文物报》2007 年 5 月 9 日。

④ 杨履选:《春秋黄国故城》,《中原文物》1986 年第 1 期。信阳地区文管会等:《春秋早期黄君孟夫妇墓发掘报告》,《考古》1984 年第 4 期。信阳地区文管会等:《河南光山春秋黄季佗父墓发掘简报》,《考古》1989 年第 1 期。

至迟在公元前 617 年之前为楚所灭。蒋国故城位于今期思镇淮河和白露河的汇流地带，平面呈长方形，东西长 1700 米，南北宽 400～500 米。城内外曾出土东周时期的鼎、壶、剑、戈、镞等青铜及楚蚁鼻钱、金币“郢爰”等。①

蓼早在夏商时已立国，于公元前 622 年为楚所灭。蓼国故城位于今固始县城关一带的北山口，分为内外两城。外城依地势而建，平面略呈纵长方形，东墙长 5800 米，沿史河西岸蜿蜒，西墙长 3775 米，南、北墙长 2325 米。西、南、北三面城垣外环绕宽 60 米的城壕。内城位于外城东北角，东、北两面城墙依托外城城墙，平面亦呈纵长方形，南北长 1950 米，东西长 920 米。② 外城东南部的万营山一带曾出土春秋时期的鼎、盘、剑等青铜器，是一处贵族墓地。城外东南约 2 千米处的侯古堆、白狮子地一带，发现多座殉葬多达十数人的春秋晚期墓葬，此处墓地显然与北山口故城关系密切。③

共国在西周时获封，春秋时属卫，公元前 660 年狄灭卫，其地在战国时属魏。共城分为内外两城。外城近方形，东西宽 1200 米，南北长 1300 米，城垣外环绕宽约 53 米的城壕，城墙上共发现 7 个缺口，可能与城门有关。内城位于外城西南隅，也呈方形，东西宽 600 米，南北长约 700 米。内城北部有一处大型夯土建筑基址，东西长约 40 米，南北宽约 25 米。④ 外城内北部的城后村，曾发现一座春秋时期铜器墓，出土鼎、豆、盘、匜等礼器，戈、镞等兵器，以及车马器等共计 30 余件青铜器。⑤ 城外东南的琉璃阁附近也是一处墓葬区，曾发掘一批春秋战国墓葬。

滑国于周初封于今河南睢县境，后迁都于费（今河南偃师境），公元前 627 年，秦偷袭郑未果，灭滑而还。滑国故城位于今洛阳偃师市缑氏镇，近轘辕关，依地势而建，平面不规则，南北长约 2000 米，南部宽约 500 米，中部宽约 700 米，北部宽约 1000 米。⑥

综上所述，东周时期列国都城大多位于河道旁或两河交汇的三角地带，平

① 李绍曾：《期思古城遗址调查》，《中原文物》1983 年特刊。

② 詹汉青：《固始县北山口春秋战国古城址调查报告》，《中原文物》1983 年特刊。

③ 信阳地区文管会等：《固始白狮子地一号和二号墓清理简报》，《中原文物》1981 年第 4 期。

④ 崔墨林：《共城考察》，《中原文物》1983 年特刊。

⑤ 李凤兰：《辉县吕巷发现一座战国铜器墓》，《中原文物》1981 年第 1 期。

⑥ 中国科学院考古研究所洛阳发掘队：《河南偃师“滑城”考古调查简报》，《考古》1964 年第 1 期。

面大多呈长方形。宫殿区均集中在城内的一定区域,宫殿建筑往往有高大的夯土台基。宫殿区附近多分布着各种手工业作坊。城内一隅往往分布着贵族墓地,但大多数墓葬区分布在城外附近。都城建设尽管显示出一定的规划,但远不如《考工记》中所记载的规整程度。

表 3.1　河南境内列国都城址表

诸侯国别	遗址名	地点	形状	规模(单位:米)	出处
韩	宜阳	宜阳韩城乡	近方形	(1630~1843)×(1510~2150),310 万平方米	1
韩	阳翟	禹州老城	近方形	东 1600、西 1750、南 1850、北 1500	2
楚	城关	淮阳	长方形	周长 4500	3
轵	轵城	济源	近方形	东 1766、南 1865,326 万平方米	4
郐	古城寨	新密	长方形	东 330、西 360、南 435、北 442	4
密	大隗村	新密	方形	100×100	4
邘	邘部村	沁阳	不详	东 670,西残长 20	4
杞	城关	杞县	长方形	周长 4500	4
道	大黄湾	确山	长方形	400×620	4
顿	李岗村	商水	方形	500×500,25 万平方米	4
项	赵古台	沈丘	不详	不详	4
房	城关	遂平	长方形	周长 3774	4
邶	邶城村	汤阴	长方形	1564×1050	4
柏	尹集乡	舞钢	长方形	1000×2000	4
鄀	邪地村	西峡	长方形	(750~800)×(400~500),37.5 万平方米	4
息	张庄	息县	长方形	846×420	4
西不羹	尧城宋村	襄城	长方形	1200×1500	4
顿	光武台	项城	不详	50 万平方米	4
叶	昆阳城	叶县	长方形	500×2000,100 万平方米	4
郯	古城村	郑州	长方形	东 560、西 395、南 976、北 860	4
蔡	新蔡城	新蔡	不详	周长 3215	4
蔡	卢岗乡	上蔡	长方形	东 2490、西 3187、南 2700、北 2113	5

续表

诸侯国别	遗址名	地点	形状	规模(单位:米)	出处
黄	隆古集	潢川	长方形	东 1650、西 1550、南 1800、北 1720,280 万平方米	6
蒋	期思	淮滨期思镇	长方形	1700×(400~500)	7
滑	滑城村	偃师	不规则	(500~1500)×2500	8
共	共城	辉县	近方形	1200×1300,156 万平方米	9
蓼	北山口	固始	长方形	大 2325×(3775~5800),小 920×1950	10
雍	府城	焦作	近方形	295×277,8 万平方米	11
江	高店	罗山	不规则	周长 2000,面积 26 万平方米	12
邢	北平皋	温县	方形	1000×1000	13
申	宛城	南阳	长方形	2500×1600	14
沈	古城村	平舆	长方形	1350×1500	15
宋	老南关	商丘	不详	西 3050,北 1400,南 1100 余	16
东不羹	北舞渡	舞阳	不规则	周长 5500	17
胡	胡城集	舞阳	不详	周长 1360	18
京	京襄城	荥阳	长方形	周长 6300	19
刘	陶家村	偃师	近椭圆	650×1200	20
赖	古城	息县	方形	113×112,2.5 万平方米	21

出处:1. 中国科学院考古研究所洛阳发掘队:《1959 年豫西六县调查简报》,《考古》1961 年第 1 期;赵安杰:《战国宜阳故城调查简报》,《中原文物》1988 年第 3 期。2. 刘东亚:《阳翟故城的调查》,《中原文物》1991 年第 2 期。3. 曹桂岑:《楚都陈城考》,《中原文物》1981 年特刊;《淮阳的考古发现与研究》,《中原文物》1989 年第 4 期。4. 国家文物局:《中国文物地图集 · 河南分册》,中国地图出版社 1991 年。5. 尚景熙:《蔡国故城调查记》,《河南文博通讯》1980 年第 2 期;河南省文物研究所:《1988 年蔡国故城发掘纪略》,《华夏考古》1990 年第 2 期。6. 杨履选:《春秋黄国故城》,《中原文物》1986 年第 1 期。7. 李绍曾:《期思古城遗址调查》,《中原文物》1983 年特刊。8. 中国科学院考古研究所洛阳发掘队:《河南偃师"滑城"考古调查简报》,《考古》1964 年第 1 期。9. 崔墨林:《共城考察》,《中原文物》1983 年特刊。10. 詹汉清:《固始县北山口春秋战国古城址调查报告》,《中原文物》1983 年特刊。11. 李德保等:《焦作市发现一座古城》,《文物参考资料》1958 年第 4 期;杨贵金等:《焦作市府城古城

遗址调查报告》，《华夏考古》1994年第1期。12. 信阳地区文管会等：《河南罗山县发现春秋早期铜器》，《文物》1980年第1期。13. 李占扬：《河南温县发现晋国邢邑遗址》，《中国文物报》2003年1月22日。14. 王建中：《南阳宛城建置考》，《楚文化研究论集》第四集，河南人民出版社1994年。15. 张耀征：《春秋沈国故城位置考辨》，《中原文物》1992年第2期。16. 张长寿等：《河南商丘地区殷商文明调查发掘初步报告》，《考古》1997年第4期。17. 朱帜：《河南舞阳北舞渡古城调查》，《考古通讯》1958年第2期。18. 赵世纲：《楚人在河南的活动遗迹》，《楚文化研究论集》，中州书画社1983年。19. 于晓兴：《荥阳京襄城发现汉代金币》，《河南文博通讯》1980年第3期。20. 梁晓景：《刘国史迹考略》，《中原文物》1985年第4期。21. 周到：《河南息县古遗址的调查》，《考古通讯》1958年第3期；张泽松：《从息县赖国城址谈古赖国的兴衰》，《中原文物》1996年第1期。

第三节　铁器时代的到来与东周社会大变革

东周时期是我国历史上一个大变革的时代，一个崭新的历史时代自此拉开序幕。铁器在东周时期已经运用到社会生活的各个方面。铁制工具的广泛使用，促进了牛耕技术的改进，使得大面积荒地得到开垦，精耕细作的生产方式更加普遍，同时为大型水利工程的修建创造了条件，促使农业生产水平出现巨大飞跃。土地私有制逐步确立，为适应社会发展，以魏国李悝变法为先导，各国先后出现了自上而下的变法运动。各国均建立了中央集权的官僚体制，普遍实行郡县制；推行普遍兵役制，建立常备军，开始使用骑兵；法律制度趋于完善，魏国颁布了我国第一部系统化的国家法典《法经》，各国相继完成了社会形态的变革。同时，手工业和商业也取得重大进展，以天文学为代表的科学技术也获得高度发展，文学、艺术等诸多领域均取得辉煌成就。此时，伴随着士阶层的崛起，独立、自由精神觉醒，"百家争鸣"的学术局面逐渐形成。

一、铁器时代的到来与高度繁荣的青铜文化

（一）冶铁技术的巨大进步

冶铁技术的发明和铁器的广泛使用，在人类历史上具有划时代意义。铁器使手工业尤其是农业生产水平出现巨大飞跃，对封建社会的形成和发展具有至关重要的意义。早在商代我国就已经出现用陨铁制造的兵器。考古发现的最早的人工冶铁制品，是三门峡上村岭虢国墓地 M2009 出土的铁刃铜兵器，包括玉柄铁剑、铜内铁援戈和铜骹铁叶矛各 1 件。[①] 至春秋时期，全国有 10 余处地点出土铁器，大部分都是块炼铁制品。

至战国时期，冶铁技术取得重大进步，突出表现在块炼铁渗碳钢技术和铸铁柔化退火工艺的推广。这项技术改善了铸铁的脆性，使其获得一定的韧性，进而提高铁制工具的性能。洛阳出土的 2 件铁锛、1 件铁铲等战国早期铁器，据检验均经过了柔化处理。[②] 至战国晚期，这种方法已经在北至燕赵、南及荆楚的广大地区普遍应用。"战国中晚期，在楚、魏、赵、燕等国广大地区，已被广泛应用于制作农具和兵器。"[③]而欧洲则是在 1720 年之后才开始出现和应用，比我国晚了 2000 多年。

冶铁技术的进步还表现在鼓风设备的改进上。当时使用橐鼓风，一个炼炉可以同时使用多个橐，使得炼炉容量越来越大，大大提高了铁的产量。铁器的铸造工艺在铸铜工艺的基础上也已经发展到了很高水平，可以使用复合铸范，并发明了铁制铸范。铁制铸范本身就是精良的块炼铁铸件，使用寿命长，且铸造出的铁器一般不需要再加工，大幅提高了生产率。

冶铁生产能力和规模随着冶铁技术的进步而不断提升，也是当时国力强弱的标志。冶铁业是当时列国的支柱产业，收入可观，是财政收入的重要来源。

---

① 韩汝玢、姜涛、王保林：《虢国墓出土铁刃铜器的鉴定与研究》，《三门峡虢国墓》（第一卷），文物出版社 1999 年版。

② 李众：《中国封建社会前期钢铁冶炼技术发展的探讨》，《考古学报》1975 年第 2 期。

③ 杨宽：《中国古代冶铁技术发展史》，上海人民出版社 2004 年版，第 66 页。

各国政府往往设置官吏直接控制一部分冶铁业。许多富商大贾也涉足冶铁业,并将铁制品在各国间广泛进行贸易。冶铁业和铁制品成为战国时期工商业的重要支柱。

战国时期铁器得到广泛应用。铁农具、手工工具、兵器、车马器、日用具等器物的种类更加繁杂,甚至有脚镣、颈锁等刑具。在农具和手工工具中,铁器的数量和比例都很大,铁兵器也已经取代铜兵器占据了主导地位。比如易县燕下都 44 号墓共出土遗物 1480 件,其中铁兵器占 65%,铜兵器占 35%。铁器常大批量出土于一个遗址或墓地中。洛阳东周王城 62 号战国粮仓曾出土铁农具和手工工具共 32 种 126 件,重 400 余千克。[①] 辉县固围村魏国贵族墓的墓道、墓室填土中曾出土数十件镢、锄、铲等工具。[②]

战国时期著名的冶铁中心,河南境内有韩国的新郑、阳城和楚国的宛,此外,赵都邯郸、齐都临淄、燕下都的冶铁业也名著当时。尚未发现春秋时期的冶铁遗址,战国时期的冶铁遗址主要见于河南、河北、山东。河南境内的冶铁遗址集中于郑韩故城附近[③],还有登封阳城[④]、舞阳古西平、鹤壁鹿楼、辉县共城、商水扶苏城[⑤]等。登封阳城的战国铸铁遗址,面积达 23 万平方米。发掘的 400 平方米范围内,出土了熔铁炉、鼓风管、铸模、铸范、烘范窑、退火脱碳炉、铁器等大量遗物。其中,镢、锄等残铁器和板材共 1158 块,重达 110 千克。铸范中镢、锄等农业生产工具范占总数的 90%以上。从熔炉残块可以看出,战国早期的熔铁炉与当时的熔铜炉形制相同,之后为了适应熔铁时的高温,炉壁材料、厚度及熔炉结构都不断得到改进,至战国中期已经创造出由复合材料制成的结构比较完善的熔铁竖炉,且沿用至汉代。郑韩故城附近铸铁遗址出土的铁制品,大部分都经过了柔化处理。板材中有 2 件是球墨铸铁,这也是我国目前考古发现的年代

---

① 洛阳博物馆:《洛阳战国粮仓试掘纪略》,《文物》1981 年第 11 期。

② 中国科学院考古研究所:《辉县发掘报告》,科学出版社 1956 年版。

③ 刘东亚:《河南新郑仓城发现战国铸铁器范》,《考古》1962 年第 3 期。河南省博物馆新郑工作站等:《河南新郑郑韩故城的钻探和试掘》,《文物资料丛刊》(3),文物出版社 1980 年版。

④ 河南省文物研究所、中国历史博物馆考古部:《登封王城岗与阳城》,文物出版社 1992 年版。

⑤ 商水县文物管理委员会:《河南商水县战国城址调查记》,《考古》1983 年第 9 期。

最早的球墨铸铁制品。[1] 韩国是当时冶铁业最发达的诸侯国，上述铸铁遗址中，登封阳城和舞阳古西平也属于韩国，据初步统计韩国已发现的铸铁作坊达13处之多。[2]《战国策·韩策》说“天下之强弓劲弩皆自韩出”，所言不虚。

（二）高度繁荣的青铜文化

东周时期，诸侯割据，战乱频仍，诸侯、卿士甚至家臣都竞相铸造青铜器，青铜器的数量激增。同时，青铜器的使用更加广泛，种类十分丰富。除礼乐器、兵器之外，还有带钩、铜镜、灯、炉、印、度量衡、货币、建筑构件等。包括河南三门峡陕州区后川、淅川下寺、信阳长台关等在内的许多东周墓葬都出土有大批青铜器，显示出东周青铜器在铸造技术和装饰工艺上均有明显的创新和发展青铜文化呈现出高度繁荣的局面。

青铜铸造技术的进步，主要体现在出现了失蜡法、叠铸法、模印范铸法等新铸法，同时传统的复合范组型铸造复杂器物的混铸法及分铸法技术也进一步提高。利用复合范组型铸造复杂器物的混铸技术，在甬钟的铸造中得到了充分体现。甬钟必须使用混铸法一次铸成，才能保证音质纯正准确，使用的范芯多达百余块。百余块陶范要求拼合严密，焙烧不变形，难度可想而知。分铸法进一步发展，不仅耳、足等器物的小附件先铸已成定式，大件器物的器体也可以分节铸造，还出现了焊接和销接的新技术。焊接又分为铜焊、铅锡合金焊接等。铜焊是将铜液浇筑在分铸的两个或多个部件接合处，使其再次加热并与焊接液体连接在一起，常用于需要高联结强度的部位。铅锡合金焊接熔点低，多用于受力小、对联结强度要求不高的部位。春秋中期以后焊接法普遍被使用。洛阳中州路出土的春秋中晚期与战国时期的青铜器、新郑李家楼大墓出土的春秋铜器、淅川下寺一号墓出土的春秋时期铜器、尉氏出土的春秋中晚期铜器等均使用了焊接法。[3] 销接是用销钉将两部分接合固定为一体。分铸法也使铜铁合铸

---

① 李德保：《河南新郑出土的韩国农具范与铁农具》，《农业考古》1994年第1期。柯俊等：《河南古代一批铁器的初步研究》，《中原文物》1993年第1期。李京华、李仲达：《战国和汉代球墨可锻铸铁》，《第三届国际中国科学史讨论会论文集》，科学出版社1990年版。

② 李京华：《中原古代冶金技术研究（第二集）》，中州古籍出版社2003年版，第177~204页。

③ 陈立倍：《谈谈尉氏春秋青铜器的铸造工艺和焊接技术》，《中原文物》1988年第1期。汤文兴：《淅川下寺一号墓青铜器的铸造技术》，《考古》1981年第2期。

件成为可能,比如三门峡上村岭虢国墓地 M2009 出土的几件铁刃铜兵器。

失蜡法即熔模铸造法,是东周青铜铸造上的重大突破,解决了浮雕、镂空等装饰问题,至迟在春秋晚期就已经开始使用。淅川下寺春秋晚期楚墓 M1 出土铜盏的耳、足、盖钮和 M2 出土铜禁的主体、兽形装饰均使用的是失蜡法。它们是我国发现的最早使用失蜡法铸造的铜器。铜禁模型共使用 25 块蜡模,禁面正中的长方形平面是一块蜡模,禁面和两侧五层铜梗连接支撑的卷曲勾连纹分别使用 12 块蜡模。[①] 叠铸法是将多件相同的陶范叠装在一起,使用同一个浇铸系统,可以节省造型面积、材料,提高生产率,至迟在春秋晚期就已经出现,金属货币的铸造多使用叠铸法。模印范铸法也出现在春秋时期,使用一个模具翻印出许多花纹相同的范,拼合后即表现出连续重复的纹样,可以减少雕刻花纹的工作量,提高生产率。综合利用多种方法铸造铜器,是东周铜器铸造的特色。

铜器的装饰工艺因为铁制工具的使用也有新的发展。镶嵌、填漆、错金银、错红铜、贴金、包金、鎏金银、刻纹等工艺往往同时使用,其中错金银、鎏金银、刻纹等是东周新出现的装饰工艺。错金银出现在春秋时期,主要用于镶嵌铭文,至战国早期也开始用于构筑花纹,战国中期以后运用更加广泛,大量精美错金银图案出现于各种类型的铜器上,且常与嵌绿松石共施。典型的器物如洛阳金村大墓出土的铜容器、车马器和其他杂器,洛阳中州路车马坑出土的一套车马器,辉县固围村 M1 出土的车马器。错红铜工艺在春秋战国之际也臻于成熟,汲县(今卫辉)山彪镇战国墓葬出土的水陆攻战纹铜鉴便使用了错红铜的工艺,图案复杂,分为上、中、下三层。[②] 鎏金银工艺在春秋战国之际出现,洛阳烧沟战国墓葬、信阳长台关楚墓等均出土有鎏金铜带钩。刻纹工艺早在春秋早期即已出现,刻纹多以写实内容为图案。辉县赵固战国中期墓葬出土的铜奁上,人物、鸟兽、楼阁台榭、车马、宴饮、战斗等场景均是刻纹图案。辉县琉璃阁战国中期墓葬出土的铜奁上,也有宴乐、射猎的刻纹图案。综合利用多种装饰工艺装饰铜器,也是东周铜器的特色。如辉县琉璃阁 M60 出土的青铜剑,剑首、剑茎、剑格上有贴金装饰,贴金上又镶嵌绿松石做兽眼。

中原地区的青铜器,在春秋中期以后逐渐摆脱了西周的影响,王室重器少

---

① 河南省文物研究所等:《淅川下寺春秋楚墓》,文物出版社 1991 年版。

② 郭宝钧:《山彪镇与琉璃阁》,科学出版社 1959 年版。

见,器物造型更加丰富,纹饰精美,地方色彩日渐浓厚。以三晋为代表的中原地区,与以秦国为代表的陕西地区、以楚国为代表的汉水江淮地区、以吴越为代表的长江下游地区等都表现出各自不同的面貌。中原地区在春秋早期时,与西周晚期的风格接近,如新郑出土的铜器,新旧器形相杂,组合仍以鼎、簋为中心。至春秋中期,组合以鼎、敦、盘、匜为主,流行蟠螭纹、三角形涡纹等纹饰,西周型的纹饰基本消失。春秋晚期,器物组合中豆的比例上升,敦在小型墓葬中少见,流行蟠螭纹、波带纹等纹饰。迨至战国时期,青铜器呈现出耳目一新的面貌。造型呈现出精巧的特点,纹饰活泼、细密,出现描绘水陆攻战、车马狩猎、宴乐等社会生活的图案,如汲县山彪镇战国墓葬出土的水陆攻战纹铜鉴、辉县赵固战国中期墓葬出土的宴饮攻战纹铜奁、辉县琉璃阁战国中期墓葬出土的宴乐射猎纹铜奁等,画面栩栩如生,十分精美,反映出极高的艺术水平。战国早期的铜器组合以鼎、豆、甗、壶、盘、匜为主,流行粗体蟠螭纹,云纹、雷纹、蝉纹、贝纹、三角云纹等纹饰也常见,新出现人物画、攻战图等纹饰,如山彪镇 M1 出土的鉴上的水陆攻战纹。中期组合以鼎、敦、豆、壶、盘、匜、鉴为主。晚期的基本组合是鼎、敦、壶,错金银装饰比较普遍,还有植物纹、几何形纹等纹饰,另有相当一部分是素面。

二、以魏国为首的变法运动与社会大变革

(一)以魏国为首的变法运动

铁器在东周时期已经运用到社会生活的各个方面。上文已述,铁器的使用促进了铸铜业的进一步发展,同时也促使制玉、丝织、漆器等其他手工业技术和生产的进一步提高。更为重要的是,随着铁农具的广泛使用,在促进牛耕技术改进的同时,牛耕方式也得到普遍推广,既能深耕,也提高了耕作效率,使得大面积荒地得到开垦,精耕细作的生产方式更加普遍。铁工具的大量使用,为大型水利工程的修建创造了条件。魏国在北边修建漳水十二渠,在中原腹地开凿鸿沟,沟通黄、济、汝、泗、淮等河流,使黄淮地区形成庞大的水系网,极大地促进了中原地区水利灌溉事业的发展。这些都促使中原地区的农业生产水平出现

巨大飞跃。为适应社会发展,以魏国李悝变法为先导,各国先后出现了自上而下的变法运动。

魏国是战国初年最为强盛的国家。魏文侯是战国初期著名的政治家,在魏国建立了强大的专制主义中央集权,并礼贤下士,重用李悝、乐羊、吴起、西门豹等名臣,命李悝为相进行变法。李悝是法家始祖,著有《李子》32篇,《汉书·艺文志》列其为法家之首,可惜失传。李悝变法的主要内容包括经济、政治、军事等各个方面。发展农业生产方面,实行不违农时、与民休息的政策,尽力保障农业生产的正常进行。农业生产政策也十分细致,首先是要求种植多样化,杂种五谷,以防天灾;其次是督促农民加强田间管理,实行精耕细作,及时收获;再次是鼓励广植桑梓,多种瓜果蔬菜,增加农副产品收入。这是我国古代第一次由政府制定的详细的农业生产政策并推广全国。经济方面的另一项重要措施是推行平籴法,即由政府宏观调控粮价,通过政府的力量平抑粮价,使农民和一般消费者不因为年成好坏而受到太大损失。推行平籴法,不仅可以有效稳定社会秩序,还促进了农业经济的持续发展。它是之后历代王朝推行均输法、常平仓等经济措施的开端。通过发展经济推动改革深入进行,李悝变法为其他诸侯国的变法提供了成功范例。社会改革方面,李悝综合各国法律,制定并颁布了中国历史上首部有文字可考且较为系统完备的刑法法典《法经》。《晋书·刑法志》载,李悝认为“王者之政,莫急于盗贼,故其律始于盗贼”,因此《法经》尤其强调对盗贼的惩处。《法经》分为《盗法》《贼法》《囚法》《捕法》《杂法》《具法》等六个部分,对盗、贼等各种违反社会公德、破坏社会秩序的行为规定了各种惩处的办法。《法经》的影响极其深远,商鞅就是带着《法经》从魏入秦,在秦国进行变法的。后来的《秦律》及承秦制而来的《汉律》均是在《法经》基础上进一步修订、补充而成的。政治上的改革,主要是打击世卿世禄制度,推行“食有劳而禄有功”。这一政策的实施,便于招贤纳士和任贤使能,战国初期的魏国政坛也因此涌现出一大批杰出人物,如西门豹、乐羊、翟黄、吴起、北门可、屈侯鲋等。同时还大大削弱了封君的权力,有效加强了魏国的专制主义中央集权。经过李悝变法的魏国,国力迅速增强。

李悝变法倡导的发展经济、推行法治、任贤使能等措施,后来一再体现在他国的变法中,推动了整个战国变法运动的深入开展。赵国的公仲连改革中,公仲连并没有直接推行改革措施,而是通过举荐的三个人才在各自岗位上推行的一些政治主张实现一定程度的变革。牛畜被任命为“师”，负责教化百姓，他主张实行“王道”政策；荀欣被任命为“中尉”，负责选拔官吏，他主张招贤纳士、任贤使能；徐越被任命为“内史”，负责田赋征收、考核官员，他主张节财俭用，察度功德。赵国的改革既不彻底也不长久，但李悝变法的精髓——发展经济、任贤使能等也有所体现，赵国也因此很快发展起来。在楚国主持变法的吴起，是在魏国遭到排挤而逃到楚国的，楚悼王命其为令尹，让其主持变法。吴起变法的原则，据《淮南子·道应训》载：“衰楚国之爵而平其制禄，损其有余而绥其不足，砥砺甲兵，时争利于天下。”具体措施：首先是取消贵族特权，封君之子孙，三世而收爵禄，同时削减百官俸禄，并迁徙一部分贵族和国民至荒凉地带开发国土；其次是精简机构，重用选练之士，优待士兵，奖励有功人员；再次是整顿吏治，维护君权，统一各地风俗习惯。经过吴起变法，楚国很快强盛起来，“南平百越；北并陈蔡，却三晋；西伐秦。诸侯患楚之强”①。至公元前 381 年，楚国攻魏救赵，直接饮马黄河南岸。只是吴起变法的时间也不长，楚悼王死后吴起被杀，改革措施也被废除，变法成果很快付诸东流，如《韩非子·和氏》所说：“楚不用吴起而削乱。”

魏国经过李悝变法成为当时中原地区最强大的国家，夺取了秦西河之地。楚国稍晚经过吴起变法增强了军事力量，向西控制了汉中、巴地。秦孝公感受到来自列国的威胁，决意改革，向全国公布变法求贤令：“宾客群臣有能出奇计强秦者，吾且尊官，与之分土。”②商鞅受此感召自魏赴秦。秦孝公对商鞅的“霸道”、法治主张等强国之术深以为然，“不自知膝之前于席也。语数日不厌”③。公元前 359 年，秦孝公主持了一次变法派和反对派大臣的辩论以统一君臣思想，随后颁布变法法令《垦草令》。公元前 356 年，秦孝公任商鞅为左庶长开始全面推行新法。此次变法的主要内容是：将人民按照什伍体系编制，实行连坐制度，同时便于征收赋役；推行个体家庭制度，扩大赋税来源；奖励军功，实行二十等爵制度，打击世卿世禄及宗族势力；重农抑商，奖励耕织。商鞅的改革，对于秦国的富国强兵起到了十分积极的作用。公元前 352 年，商鞅被任命为大良

---

① 〔汉〕司马迁：《史记》卷六十五《吴起列传》，中华书局 1963 年版，第 2168 页。
② 〔汉〕司马迁：《史记》卷五《秦本纪》，中华书局 1963 年版，第 202 页。
③ 〔汉〕司马迁：《史记》卷六十八《商君列传》，中华书局 1963 年版，第 2228 页。

造,职务相当于相国兼将军。公元前 350 年,秦迁都咸阳,商鞅开始陆续颁布涉及内容更为广泛的第二次变法新律。主要内容包括:第一,废除井田制度,承认土地私有,允许土地自由买卖;第二,在全国推行县制,设置县级官僚机构,县令、县丞、县尉均由国君任命,且可以随时任免,不得世袭,建立起专制主义中央集权;第三,统一度量衡,方便征收赋税,也利于社会经济的发展;第四,按人头征收军赋,鼓励人民多垦土地,限制食客人数;第五,进一步抑制大家族势力的发展,禁止百姓父子兄弟同室居住。此外,还包括整顿吏治、打击权贵、打击儒家思想等。秦国经过商鞅变法,收到了富国强兵的效果,并取得对韩国、魏国的一系列战争胜利,秦孝公“十九年,天子致伯。二十年,诸侯毕贺”①。公元前 338 年,秦孝公死后商鞅也被诛杀,但新法仍被秦惠王及以后历代秦君奉行,秦国也越来越强大,终致统一六国。商鞅变法是战国时期最成功、最彻底的变法。

战国时期的变法,除了上面所述魏国李悝变法、赵国公仲连改革、楚国吴起变法、秦国商鞅变法,还有赵国赵武灵王胡服骑射、韩国申不害变法、齐国齐威王及邹忌改革、燕国乐毅改革等。列国改革大体上在公元前 4 世纪中期以前已经结束,都在不同程度上促进了各国政治、经济及军事的发展,促使各国逐渐完成社会形态的巨大变革。

(二)新制度的创建

战国时期随着社会生产力的巨大飞跃、社会形态的巨大变革,旧的制度彻底瓦解,战国时期也成为大规模创建新制度的时代。官僚制度、军事制度、刑法制度、爵秩制度、土地制度等均面目一新。

官僚制度的一个重要特征是各国均建立了以王为首的中央集权官僚体制。王拥有最高权力,王以下,最高层的官员是相、将、尉及御史,至秦时演变为三公。相和将分别是文臣和武将的首脑;尉是仅次于将的武官,御史相当于王的秘书,有起草文书、记录及监察的职责。地方官制中普遍设有县,有城的地方往往都设有县。县的功能很全面,县一级的官僚体制也相当完备。与春秋及以前的分封制中地方拥有很大自治权力不同,战国时期的地方官吏由中央任免且不能世袭,地方行政及军事权力便都控制在中央,有效加强了中央集权,也就是加

① 〔汉〕司马迁:《史记》卷五《秦本纪》,中华书局 1963 年版,第 203 页。

强了君主专制。官员的选拔体制,也彻底打破了之前的世卿世禄制度,呈现出多样化的特点。各国任贤使能,不少人是通过游说或上书博取君王信任而出任要职的,比如吴起在楚国、商鞅在秦国等。也有一些是通过建立军功而成为官员的,大臣也会向国君举荐贤能。

新的官僚管理制度随着新的选官制度的确立逐步完善。首先是普遍推行俸禄制度。战国时期中央任命的官员不再拥有封邑,普遍实行以粮食作为俸禄的制度。君主任免、选拔官吏更加方便,不需要考虑封邑,只需要付粮食就行,官职不同俸禄不同,具有很强的雇佣性质。《韩非子·外储说右下》用"主卖官爵,臣卖智力"来描述这种新型的君臣关系。其次是建立玺符制度。玺和符是国君任官的凭证:玺指官印,用于公文往来的凭信;符指虎符,用于调拨军队。官员离职、将军回朝,要将玺符交还国君。著名的信陵君"窃符救赵"的故事背景,就是战国时期凭虎符调拨军队的制度。再次是建立上计制度。上计就是中央重要官员和地方长官在年终时将第二年的预算上报给国君。中央重要官员上计的内容根据职务确定,地方官上计的内容涉及仓储存粮、赋税、户口、垦田数目、治安、推荐人才等。第二年年终时国君据此考核官员,根据考核结果决定官员的去留或升迁嘉奖。《荀子·王霸篇》载:"岁终奉其成功以效于君。当则可,不当则废。"各级长官对下属也有类似相应的管理和考核制度。上计制度是管理官员的有效手段,有利于加强君主专制中央集权。最后是设置御史监察官员。御史在承担王的秘书工作之外,还要协助君王监察百官。新的官僚管理制度的逐步建立和完善,表明战国时期社会政治已经从过去《左传·襄公十四年》所说的"有君而为之贰,使师保之,勿使过度"的体制,过渡为《韩非子·扬权》所说的"事在四方,要在中央。圣人执要,四方来效"的体制,标志着君主专制中央集权的确立。

军事制度方面,战国时期随着战争规模更加巨大、战争形式转为步骑兵野战、战争结局更加惨烈、人员损失越来越大,军事体制、兵种等发生了重大变革。首先是实行普遍兵役制。之前当兵是国人的权利和荣誉,实行普遍兵役制度后,每个适龄男子都有当兵的义务和责任,使得军队总人数大大增加。女子也可以当兵,《商君书·兵守》记载:"三军:壮男为一军,壮女为一军,男女之老弱者为一军。"其次是建立常备军。以前实行的是兵农合一制度,实行普遍兵役制为建立常备军创造了条件。比如韩国在战国时有常备兵 30 万,其中 20 万兵力机动,10万兵力负责守卫四处关塞。与中央官制中将、相分离同步,常备军中出现一批新型的职业武官,对于国家统治有重要意义,如《尉缭子·原官》所载:“官分文武,惟王之二术也。”建立常备军后,军事训练更加严格。例如魏国选拔战士,需要具备《荀子·议兵篇》所说“衣三属之甲,操十二石之弩,负服矢五十个,置戈其上,冠軸带剑,赢三日之粮,日中而趋百里”的能力。再次是兵种的突出变化,骑兵成为最具战斗力的兵种。骑兵快速、灵活、突击能力强,适应大规模的野战需要,对于中国古代战争形式的改变有重要影响。同时军规军纪也越来越健全。

刑法制度因为变法运动的深入逐渐趋于完善。春秋以前,法律条文是不公开的,至春秋晚期,郑、晋等国铸造“刑书”“刑鼎”等,开始公开法律。至战国时魏国李悝变法,制定了中国第一部系统化的国家法典《法经》。成文法的公布及普及,是社会发展的一个重要标志。战国时期的法律重视保护私有财产,打击盗贼是其重要目的之一。如《晋书·刑法志》所言“王者之政,莫急于盗贼”。刑罚十分残酷,仅死刑就分为很多种,如枭首、腰斩、弃市、车裂、剖腹、镬烹等,还有黥、刖、劓、宫等多种肉刑,以及服劳役、罚作官奴婢等。实现政策性的社会调整,一方面是刑法,另一方面是奖励。爵秩制度的主要目的就是奖励军功。爵秩制度对每一个爵秩等级的政治、经济、社会地位和权益有具体明确的规定,包括做什么官,拥有多少田宅、奴隶,可享用的租税,赎免奴隶身份,减刑以及死后待遇等。官兵只要获立军功,就可以递升爵位。

随着井田制的解体,土地私有制得以逐步确立,法律明确规定土地买卖的合法性。土地买卖的日渐频繁又进一步加强了土地私有化的进程,以至于出现“豪人货殖,馆舍布于州郡,田亩连于方国”①的现象。土地私有制的确立对社会经济制度及社会结构的变革产生了巨大影响。首先是改变了赋税征收制度,由之前的籍法、贡法等改变为按照土地数量征收,即收取田地税。田地税在春秋中晚期出现,至战国时期已十分普遍,被称为“常征”。其次是促使社会结构发生了巨大变化,形成自耕农阶层。自耕农成为国家赋税、兵役、徭役等的主要承担者。国家普遍鼓励发展自耕农经济并对其进行严格管理。国家在掌握大量土地的情况下,为了扩大垦田进而扩大农业生产的规模,会将国家掌握的土

① 〔南朝宋〕范晔:《后汉书》卷四十九《仲长统列传》,中华书局1965年版,第1651页。

地，按照国家统计的户数授田于民，也会造就大批自耕农。自耕农阶层形成的同时，新式地主阶层也取得了较大发展。普遍实行的奖励军功政策，使大手工业者、大商人等往往购入大量土地，促进了地主阶层的发展。例如，魏国将军公叔痤因军功受赏赐土地 140 万亩。《韩非子·内储说》载吴起在魏国河西守任率兵攻小亭时，曾鼓励将士"有能先登者，仕之国大夫，赐之上田上宅"。地主阶级的发展往往意味着土地的兼并，而土地的兼并会导致自耕农的破产。一部分破产后的自耕农为生计会成为佃农和雇农，佃农、雇农与地主相伴而生。地主向国家缴纳田税，又向耕种自己土地的佃农或雇农征收田租，这种新型的经济关系成为日后中国最重要的经济形式。

三、科技文艺的巨大成就与学术的百家争鸣

（一）科技文艺的高度发展与巨大成就

科学技术在战国时期得益于生产力的飞跃获得了高度发展，在天文、地理、数学、医学等各方面均取得巨大成就，许多方面都领先于当时世界科技的发展。最突出的是天文学。专门观测天体运行的占星家中最著名的是魏国的石申、齐国的甘德，二人分别著有天文学著作《天文》和《天文星占》。他们测定的恒星数多达 810 颗，精密记录了 115 颗恒星的赤道坐标，成为世界上最古老的恒星表。东周时期的天文历法已经相当准确。春秋末年开始使用阴阳合历，使用置闰的方法协调阴阳历之间的差异。至战国时期，为便于掌握农时，中原地区创立了二十四节气，这是对历法科技的重要贡献。浑天说也在战国时期萌芽，《庄子·天下》记载惠施与人辩论时曾说过"南方无穷而有穷"，以及"我知天下之中央，燕之北、越之南是也"等，这些话存在的基本前提是认为大地是球形的。浑天说的出现是对宇宙认识水平提高的重要标志。

地理学空前发展的突出表现是《山海经》《禹贡》两部最古老地理学著作的出现。《山海经》大体上可分为五藏山经、海外经、海内经、大荒经四部分，记录了各地山脉、河流及动植物的状况。《禹贡》总述了全国的名山大川，又将全国分为九州，分别叙述各地的山脉、河流、土壤、特产、田赋及民族分布等状况。地

图的绘制技术也已经相当高超,战争中以及说客讨论天下形势时都已经普遍使用地图。《管子·地图》载:“凡兵主者,必先审知地图。”《孙子兵法》设有《九地篇》。《孙子兵法》《孙膑兵法》等兵书均强调地图对于战争指挥者的重要作用。战国时期的地图没有发现实物。但是相距不远的西汉初年的地图,在长沙马王堆汉墓中曾出土过两幅,主区部分的精确程度可以媲美现代地图。由此可以推知战国时期地图绘制技术之高超。

数学的进步是天文历法等需要进行精密计算的学科发展的基础。中国沿用了 2000 年之久的筹算法确立于东周时期。筹算法可以进行加、减、乘、除四则运算,也可以进行开方及代数运算。比例运算在战国时期已相当成熟。《墨子·杂守》载:“斗食,终岁三十六石;参食,终岁二十四石;四食,终岁十八石;五食,终岁十四石四斗;六食,终岁十二石。”斗食是 1,参食、四食、五食、六食分别是三分之二、四分之二、五分之二和六分之二。几何学在当时已经能够精密计算面积和体积,比较准确地测算角度和弧度。

医学在许多领域都取得了突破性进展。首先是我国传统医学理论的基础之一基于阴阳学说的整体观念已经广泛应用于阐述医学理论和实际的诊疗上。我国最早的医学专著《黄帝内经》分为《素问》《灵枢》两部分,系统地使用阴阳学说来阐述人的生理和病理。医生诊病需要根据病人主要症状及全身其他部位阴阳关系的变化进行全面分析,综合诱发疾病的各种内外因,最后找出根本病因,对症治疗。其次是我国传统医学的基本理论之一经络学说已经确立。《黄帝内经》认为人体内全身的经脉系统由十二条依次相接的经脉构成,“如环无端”“周而复始”。后来的经脉理论都是在此基础上发展的。再次是初步认识人体解剖构造。《黄帝内经》载:“若夫八尺之士,皮肉在此,外可度量切循而得之,其死可解剖而视之,其藏(脏)之坚脆,府之大小,谷之多少,脉之长短,血之清浊……皆有大数。”通过分段计算得出的自咽至直肠整个消化道的长度,同现代人体解剖所得到的数字基本一致。认为血脉运行由心脏负责,“心主身之血脉”,血脉“流行不止,环周不休”。最后是开始使用我国传统医学的重要手法之一针法治疗。《黄帝内经》也是首次提到针法治疗的医书。按照形制、用途分为九种针,强调针、灸、药相互配合、综合治疗的重要性。《黄帝内经》中记载有使用腹腔穿刺术医治腹水病症的手术案例。战国时期的养生观念也有了很大发展,对关乎人体健康的因素如饮食、居住、情欲、运动等各种方面都有充分的论述。导引术气功也已经出现，如《庄子·刻意》载："吹呴、呼吸，吐故、纳新，熊经、鸟申，为寿而已矣，此道引之士、养形之人、彭祖寿考者之所好也。"战国时期还有指示方向的司南、计时的滴漏、取火的青铜凹面镜、攻城用的云梯、战争用的连弩等著名的科技发明。

文学创作在战国时期取得了巨大成就，奠定了之后2000多年文学发展的基础，突出反映在散文、诗歌两个领域。散文在春秋之前见于《尚书》中的诰、誓等，形式比较呆板。自春秋后期开始文体有所突破，出现了像《论语》《孙子兵法》《左传》等文笔活泼又贴近生活的著作，在文体的发展中起到了承上启下的作用。至战国时期，散文是诸子之间论战的工具，在增强逻辑关系的同时，其内容、形式、叙事手法都有了巨大变化。散文创作呈现出极其繁荣的局面，《孟子》《庄子》《荀子》《韩非子》等诸子著作以及《战国策》等收录的均是非常优秀的散文。诗歌在之前主要以四言为主，战国时期长短参差的新型体裁迅速发展，内容更加丰富，表达更加直白。史学在东周时期也有重大发展。《春秋》及解释它的"三传"是上古史学发展的高峰。至战国时期，编年体史书继续发展，出现了《竹书纪年》等编年体通史著作。史学方面的重要创新是出现了具有纪传体史书体裁基本特征的史书《世本》。《世本》记事从黄帝时起，下限一直持续到战国末年，分为《帝系》《王侯谱》《卿大夫谱》《世家》《记》《传》《氏姓》《居》《作》《谥法》等，是一种全新的历史学著作编纂方式。《世本》深刻影响了《史记》的体裁、体例，甚至写作方法，为后世大规模纪传体史书的创作开了先河。历史观在战国时期也有进一步发展，如墨子提出的社会生活倒退论，孟子、荀子等人提出的历史循环论，庄子提出的历史退化论，韩非子提出的历史进化论。而对历史演变规律最有系统的构建是阴阳家邹衍提出的"五德终始"说。

艺术在战国时期达到了商周以来的最高峰。战国是古代艺术发展十分重要的时期。青铜装饰艺术以汲县山彪镇出土的水陆攻战纹铜鉴、辉县赵固镇出土的宴乐射猎纹铜鉴等为代表。音乐艺术取得巨大发展，首先是乐器的种类繁多，在祭祀或宴乐时往往是打击乐器、弦乐器、吹奏乐器等多种乐器组合起来进行演奏。春秋以前的礼乐，曲调庄重。春秋后期礼崩乐坏后，首先从中原地区郑、卫等国开始出现主要用丝、竹乐器伴奏且旋律婉转曲折、更符合人们审美需求的新型曲调，被称为"郑卫之音"。世俗好听的新声迅速在各国普及，魏文侯曾说："吾端冕而听古乐则唯恐卧，听郑卫之音则不知倦。"至战国晚期，音乐已成为人们娱乐休闲的一种方式,正所谓“快意当前,适观而已矣”①。音乐艺术自此走上新的道路。

(二)学术的百家争鸣

百家争鸣的前提是战国时期士阶层的崛起。士在春秋以前是最低阶层的贵族。至战国时期,士不再受政治地位的限制,范围迅速扩大,只要有一定的文化,上至将相,下至鸡鸣狗盗之辈,都能称为士。士的地位也获得了巨大提高,开始在政治舞台上扮演非常重要的角色,各国统治者也都非常重视拉拢士阶层。如魏文侯希望变法图强,礼遇士阶层。《吕氏春秋·察贤》载:“魏文侯师卜子夏,友田子方,礼段干木。”魏国的信陵君也待士如上宾,“皆谦而礼交之,不敢以其富贵骄士”②。随着社会地位的提高,士阶层独立、自由的意识开始觉醒,甚至可以藐视王侯。如魏文侯的太子击有一次在朝歌遇到田子方,“引车避,下谒”,田子方却没有礼让。太子击问田子方究竟是富贵者还是贫贱者“骄人”,田子方答曰:“亦贫贱者骄人耳。”因为“夫诸侯而骄人则失其国,大夫而骄人则失其家。贫贱者,行不合,言不用,则去之楚、越,若脱躧然,奈何其同之哉!”③

士阶层的崛起及其独立、自由意识的觉醒,思想约束的减少,共同促进了学术文化的巨大发展,其标志就是形成了众多的学术派别,号称“百家”。如《庄子·天下》说“百家往而不反”,《荀子·解蔽篇》说“百家异说”。各学术派别面对社会大变革,从不同的角度提出了自己的见解主张,相互间展开激烈论战,形成了“百家争鸣”的学术局面。西汉初司马谈在《论六家要旨》中将“百家”归纳为阴阳、儒、墨、名、法、道德等六家。至西汉末年刘歆在《七略》中则将“百家”归纳为儒、道、阴阳、名、法、墨、纵横、杂、农、小说等十家。多出来的“四家”,小说家属于文学,纵横家主要讲合纵连横,农家主要研究农业技术,杂家则杂采各家,学说体系均不完整。战国时期的“百家”实际上仍主要是司马谈归纳的儒、道德、法、墨、名、阴阳等六家。

儒家的创始人是春秋晚期的孔子,在战国时期儒家的代表人物是孟子和荀

---

① 〔汉〕司马迁:《史记》卷八十七《李斯列传》,中华书局1963年版,第2544页。

② 〔汉〕司马迁:《史记》卷七十七《魏公子列传》,中华书局1963年版,第2377页。

③ 〔汉〕司马迁:《史记》卷四十四《魏世家》,中华书局1963年版,第1838页。

子。孟子曾周游齐、宋、滕、魏等国。当时正是杨朱、墨翟之言盈天下,法家吴起、商鞅,纵横家苏秦、张仪,兵家孙膑等对战国形势影响巨大的时代,孟子以孔子传人自居,为儒家思想的发展做出了巨大贡献。孟子学说的基础是性善论,政治上主张施行仁政,具体的措施是"制民之产",即每户分给五亩之宅、百亩之田。孟子认为民心向背是王朝盛衰的决定因素,提出了"民为贵,社稷次之,君为轻"的著名论断。孟子的许多主张与战国中期的社会现实相去甚远,始终未有机会实践。司马迁对此有公允的评价:"迂远而阔于事情。"①与孟子不同,荀子学说的基础是性恶论,政治上主张建立区别贵贱的等级制度。荀子学说中法治思想比较突出,认为在礼制基础上要实施法治,《荀子·君道篇》中说:"法者,治之端也。"著名法家人物韩非、李斯也曾是荀子的学生。与孟子一样,荀子思想中也有强烈的民本主义倾向,如《荀子·王制篇》中所载的著名论断:"君者,舟也;庶人者,水也。水则载舟,水则覆舟。"荀子还是古代杰出的唯物主义思想家,认为天行有常。此外,荀子在经济思想方面反对平均主义,强调赏罚分明;在军事思想方面强调要团结广大群众等。这些都对后世产生了重要影响。

道家在战国时期的代表人物是庄子。庄子是宋国人,约与孟子同时期而略晚,曾做过"漆园吏"的小官,也曾与魏相惠施交游,大部分时间过着隐居生活。庄子对于古代哲学的贡献,在于充分论述了事物本质的相对性。庄子认为世界万物都是"道"的部分体现,虽然形态千差万别,但从"道"的角度看却毫无差别。《庄子·秋水》曰:"以道观之,物无贵贱。"庄子还列举了大量事例来加以论证。在这种世界观的基础上,庄子主张追求精神的绝对自由与个体的完全独立。庄子在政治理论上没什么建树,与老子一样,认为理想的世界就是小国寡民的状态,就是《庄子·胠箧》所描述的:"邻国相望,鸡狗之音相闻,民至老死而不相往来。"庄子思想中最具魅力的是其对人生哲学、个人生命境界的深入探讨。《庄子·让王》说:"道之真以治身,其绪余以为国家,其土苴以治天下。"《荀子·解蔽篇》中荀子对庄子有公允的评价:"蔽于天而不知人。"战国时期道家的著名人物还有杨朱、列子等。杨朱强调"为我",以达到"君臣皆安,物我兼利"的治世。列子强调"贵虚",人身修养最好能忘记形骸以进入虚静世界。

法家是战国时期"百家"学说中在政治领域运用最为成功的。申不害、商鞅

---

① 〔汉〕司马迁:《史记》卷七十四《孟子列传》,中华书局1963年版,第2343页。

等主持变法的政治家本身就是具有很高理论建树的法家人物,韩非是最后集大成者。韩非是韩国的公子,秦王政大举进攻韩国,韩非被韩王安派遣出使秦国,后被李斯谗害死于狱中。韩非认为法家提倡的法、术、势各有长处,必须兼用方能发挥最大作用。韩非主张加强君主专制的中央集权,儒生、策士说客、游侠、逃避耕战的人、工商业者等不利于加强专制统治的五蠹之人都应铲除。具体的统治,韩非主张严刑峻法。法家学说在竞于气力的战国时期,对于各国富国强兵、确立君主专制的中央集权起到了巨大的推动作用。但法家学说终是不可长用的一时之计,秦王朝的短命而亡也足以说明法家学说是一把双刃剑。

墨家的创始人是战国初期曾做过宋国大夫的墨翟。墨家与儒家联系较密切,墨翟曾师从儒家,因不满其礼烦扰、厚葬靡财等而自创墨家学派。墨家在当时号称显学,十分兴盛,正如《孟子・滕文公》所说:“杨朱、墨翟之言盈天下。”墨家有比较严格的组织,巨子是最高领袖,由前任传授权力,所有“墨者”均须服从巨子指挥。墨家组织纪律严密,《吕氏春秋・去私》载:“墨者之法曰:杀人者死,伤人者刑。”墨者往往作战勇敢,“赴火蹈刃,死不旋踵”。比如墨子曾制止了楚对宋的进攻,另一任巨子孟胜曾帮助楚国阳城君守卫城池。墨子的政治主张集中体现在《墨子・鲁问》中的一段话:“凡入国,必择务而从事焉。国家昏乱,则语之尚贤、尚同;国家贫,则语之节用、节葬;国家憙音湛湎,则语之非乐、非命;国家淫僻无礼,则语之尊天、事鬼;国家务夺侵凌,则语之兼爱、非攻。”墨家学说基本上都是针对战国时期各诸侯国的现实问题而提出的,缺乏深厚的理论基础。因此墨家学说在战国时期盛极一时,战国以后基本就消失不见了。

名家研究的基本对象是事物的名称与事物本身的关系问题,即所谓“名”“实”之辩,在逻辑问题上做出了贡献。名家在战国时期的代表人物是惠施、公孙龙等。惠施是宋国人,在魏惠王时期的魏国为相10余年,主张联合齐、楚共同抗秦。惠施是庄子的好朋友。庄子在惠施死后曾感慨:“吾无与言之矣。”惠施的思想受庄子的相对主义观点影响很大,惠施最著名的学说是提出“万物毕同毕异”,从相对的角度辩证地看事物之间的异同。公孙龙最有代表的学术思想是坚白论。“坚”指用手才能得到的感觉,“白”指用眼才能得到的感觉。因此,“坚”“白”是相互分离的,“坚石”与“白石”不一样,“坚白石”也不能当成是一件东西。关于名家的学术特点,《荀子・非十二子篇》论其为“好治怪说,玩琦辩”。

阴阳家在战国时期的代表人物是邹衍。邹衍学说的基本特征是以阴阳五行的模式构筑整个世界的图景，描述历史变化的规律，主要成就是“大九州”说和“五德终始”说。“大九州”说是邹衍构筑的世界图景。邹衍认为大禹治水时所划的九州即中国所处的地区是“赤县神州”，与赤县神州一样的共有九个，也称为“九州”，外围环绕有裨海，里外不能相通。这样一个独立封闭的区域是一个真正的“州”，九个这样的州才形成“大九州”，赤县神州只是“大九州”的八十一分之一。“五德终始”说是邹衍以五行相克的观念模式描述的历史变化规律。邹衍将每个王朝安排一个与之相适应的“行”，用“行”来说明王朝的特质就是“德”。五行相克，对应的五德也有同样的运动模式。根据夏商周的运行模式，预言将来必然是一个以水为德的新王朝代周而立。邹衍的学说尽管“闳大不经”，但对所处世界做出能够自圆其说的宏观架构，无疑是一个重大突破。

第四节　两周都城布局特点及影响

两周时代是中国都城发展史上十分重要的时期。都城建设方面，西周雒邑与都城丰镐一样没有郭城城垣，承袭了殷墟布局的特点，仍然呈开放性。至东周时期都城制度却为之一变，包括东周王城在内，国无大小均筑有城垣，增强防御性，是这一时期都城的突出特征。且都城规模基本上均突破了西周礼制的传统，尤其是大国的都城，规模宏大，与洛阳东周王城的规模不相上下，甚至超过了王城的规模。城郭俱备是都城布局的普遍特点，东周王城、郑韩故城分别代表了两种城郭布局方式。经济功能增强，工商业高度繁荣，“城”与“市”开始真正地联系起来，是东周都城另一个令人瞩目的特点。东周时期还是中国古代都城布局规划理论体系正式形成的时期。春秋时期出现的《考工记·匠人》，第一次较全面地记载了都城规划的理论。成书于战国时代的《管子》补充了《考工记》没有涉及的都城选址思想，在都城建造平面布局等方面也有论述。东周各国都城的选址都符合《管子·乘马》因地制宜的务实理念，都城建设尽管显示出一定的规划，但远不如《考工记》中所记载的规整程度。东周都城对后代都城建设产生了深远的影响。

一、《考工记·匠人》的营国制度与《管子》的城市建设思想

《考工记》是春秋晚期齐国的官书,《考工记·匠人》第一次较全面地记载了都城规划的理论,一般认为这标志着中国古代都城布局规划理论体系的正式形成。《考工记·匠人》提出都城应包含的主要要素有城墙、城门、道路、宗庙、社稷、明堂、宫殿、市等。具体布局的基本规定和核心部分,有学者曾将其概括为6个方面:“①城为方形;②每面三门,四面共十二座;③以宫城为核心,宫城南北中轴线亦是王城的中轴线。宫城内按前朝后寝之制规划,朝、寝各有九室;④南门、朝、寝、市都由南至北布置在中轴线上。宫城前面为外朝,后面为市。宗庙、社稷对称设置在宫城前方的左右两侧;⑤道路分经涂、环涂、野涂。城内道路系统为规整的网格化,环绕宫城沿中轴线对称布置;⑥围绕宫城设置闾里,较规整。”[①]这个体系还对建筑的体量、规模等作出了规定,但没有直接涉及墓葬区、手工业作坊区、平民居住区、苑囿等的布局设置。

《考工记》中规定的都城规划理论,吸纳了新石器时代以来中国古代上千年城市建造活动及都城建设的实践经验。上古时期“国之大事,唯祀与戎”,表现在都城布局上,为宫庙居中、高城深池等。《考工记》中将“宫”置于中心、宗庙在宫城前方、朝寝前后毗邻等都更加突出了“家天下”的思想。《考工记》之所以规定都城使用方形平面、网格式的布局,是基于直接的社会需要,综合政治、经济、军事等各个方面影响的结果。其一是城墙夯筑技术本身的需要。夯筑时,直线更加规整,在外形上也更容易控制,并且方形也能更好地体现君王的威严气度和高贵身份。[②] 其二是分割不同身份人群的需要。如《逸周书·程典解》载:“士大夫不杂于工商。”《逸周书·作雒解》也载:“凡工贾胥市臣扑,州里俾无交为。”身份地位不同的人群需要规划出相对固定的居住区域。方形平面

---

① 赵明星、张玉霞:《中国古代城市规划理论研究三则》,《华中建筑》2008年第8期。

② 贺云翱:《也谈我国古城形制的基本模式——读马世之先生文有感》,《中原文物》1986年第2期。

内，围墙、街巷均比较规整，便于规划出整齐划一的网格作为不同的功用。其三是君王安全防卫的需要。君王居住在都城内，“筑城以卫君”，军事防御职能是都城的基本职能之一。宫殿区置于城中心，外围以城垣、道路网络与其他功能区隔离，四周均是宫城的军事缓冲区域，可以有效争取时间和战略缓冲，若攻击都城，宫城会是最后被攻破的地点。这一点也很可能是《吕氏春秋》所主张的“择天下之中而立国”的最初考虑。

成书于战国时代的《管子》补充了《考工记》没有涉及的都城选址思想。其都城选址思想主要体现在《管子·度地》中：“昔者桓公问管仲曰：‘寡人请问度地形而为国者，其何如而可？’管仲对曰：‘夷吾之所闻：能为霸王者，盖天子圣人也。故圣人之处国者，必于不倾之地。而择地形之肥饶者，乡山，左右经水若泽，内为落渠之写，因大川而注焉。’”“不倾”指的是“其处深厚冈原复壮者”。此外，《管子·乘马》也有记载：“凡立国都，非于大山之下，必于广川之上。高毋近旱，而水用足；下毋近水，而沟防省。”也就是说，国都最好选建在地势较高的山麓或河滨台地上，靠近水源又无水患之忧。这种选址理念也是对之前城市建造经验的总结。史前时代的城址往往都位于山麓或河滨台地等地势较周围略高的地点，比如中原地区最早的西山古城便是北依西山，南临枯河。夏代早期的都城王城岗古城坐落在小型河谷盆地的中央，四周为低山丘陵所环抱。夏代后期都城二里头遗址北依邙山，位于洛、伊两河的交汇处，遗址高出周围0.5～1.5米。商代前期都城郑州商城正处于西面嵩山余脉的丘陵高地与东面面积广大的湖泊沼泽的交界处。商代晚期都城殷墟位于安阳盆地与华北平原交接地带的洹河二级台地上。《管子》的都城选址思想对后世都城选址产生了深远影响。比如汉魏及隋唐洛阳城都是北依邙山、南临洛水；隋大兴、唐长安城坐落于龙首原的南坡，龙首、永安、清明、漕渠等水道分别从城的东、南、西三面引渭河支流入城；两宋都城内均有四条水道绕流，南宋临安城南依凤凰山，宫殿占据全城最高点凤凰山南部，西临西湖；元明清的都城北京，历来被视为“山环水抱必有气”的理想建都之所，西、北两侧山脉呈半圆形环抱北京平原，桑干河、洋河等沟通其间。

《管子》在都城建造平面布局的理念上与《考工记》完全不同。《管子》并没有如《考工记》一样有比较明确的规定，而是主张不必中规中矩，按照地形地势建造就好。《管子·乘马》载：“因天材，就地利，故城郭不必中规矩，道路不必中准绳。"这种思想的实践比比皆是。比如隋唐洛阳城的布局就是合理利用山川形势的结果；南宋临安城呈南北狭长的不规则长方形，也是根据南依凤凰山、西临西湖的山川形势建造的结果；辽上京城分置南北两城实行契丹与汉人分治；元上都城置宫城、皇城于郭城东南等。这些都城均不完全是规整方形，也不完全是南北中轴线和经纬涂制的道路。

《管子》认为居住在都城内的人群，需要按照身份地位的不同规划出相对固定的居住区域。这种思想在《逸周书》中已有反映，如前文所引《逸周书·程典解》载："士大夫不杂于工商。"又《逸周书·作雒解》载："凡工贾胥市臣扑，州里俾无交为。"《管子》规定得最为明确，《管子·大匡》载："凡仕者近宫，不仕与耕者近门，工贾近市。"这种规定也是对之前城市建造经验的总结。史前时期的城址中已经出现了夯土建筑基址区、墓葬区等不同功能的分区。夏代后期都城二里头有宫殿区、祭祀区、铸铜等手工业作坊区、墓葬区等不同的分区。郑州商城、殷墟、西周雒邑、东周王城、郑韩故城等东周时代各诸侯国都城的建设，以及秦汉以后历代都城的建设也基本都遵循着这一原则。

《管子》也更加注重都城建设中的经济因素。随着东周社会经济的巨大飞跃、社会形态的巨变，经济因素在整个社会生活中的影响越来越大。《考工记》中已经有关于"市"的设置规定，《管子》则将都城建造中的经济因素提高到前所未有的高度。贺业钜对此有深入研究，认为《管子》"书中就有一套代表新兴封建地主阶级意识的城市规划理论。从基本概念直到具体规划措施，都是和西周旧制针锋相对的"，主要表现在城市分级、规划制度等方面，"《管子》却是按城市大小、居民多寡为标准划分城市等级。……这就彻底推翻了西周城邑建设体制，否定了城就是政治城堡的旧概念，赋予城市以新的经济内容"。[①] 这一点对后世都城建设也产生了深远影响，后世都城无一例外均十分重视经济因素。"市"的数量增加，比如隋唐洛阳城设置有 3 个市，并且漕渠均可直达市里，市的布局更加灵活，并根据需要合并、增设。迨至北宋东京城，随着里坊制的崩溃，街市盛行，另有早市、晚市等各种形式。直至明清北京城，经济因素在都城建设中的作用越来越重要。

---

① 贺业钜：《考工记营国制度研究》，中国建筑工业出版社 1985 年版，第 35 页。

二、两周都城布局的特点

瀍河两岸的西周东都雒邑布局，据已有发现推测与都城丰镐一样没有郭城城垣，仍然是开放性的。文献记载也有迹可循，《逸周书·作雒解》载："乃作大邑成周于土中。城方千七百二十丈，郛方七百里。南系于洛水，地因于郏山，以为天下之大凑。"就是说西周雒邑的郭是利用山川联结而成。西周晚期迁址后的雒邑则已经筑起了城垣。西周时期的大国鲁都曲阜、齐都临淄等布局与都城保持着某种一致性，大城城垣也基本无迹可寻。雒邑的整体布局虽显示出一定的规划性，但仍然比较松散，仅可大致区分出铸铜手工业作坊区、制陶手工业作坊区、殷遗民墓葬区、西周贵族墓葬区等。传统的族邑布局仍有体现，比如殷遗民墓葬区和西周贵族墓葬区分别位于瀍河以东至塔湾一带和邙山南麓瀍河两岸，显示出生产、生活、军事等活动仍然是以血缘氏族组织为单位进行的。

东周时期包括东周王城在内，国无大小均筑有城垣，增强防御性，是这一时期都城的突出特征。诸侯国的都城，或为求生存，或为求扩张，往往几经迁徙，比如郑国、韩国、魏国、楚国、蔡国等。有些都城只是在原有小县城的基础上略加修整而成，规模很小，如陈楚故城。有些都城则为新建，或为扩建，或为改建，规模比较大，往往自两周时期沿用至汉代。众多小国被灭后，其都城往往成为大国的前哨阵地和边防重镇，比如陈、蔡、蒋、黄、蓼、胡、邓等国都城后来都成为楚国的重镇。

东周各国都城的选址符合《管子·乘马》因地制宜的务实理念，基本上都选建在依山傍水的沿河高地上或两河交汇处，既有险可守、易守难攻，又能解决用水问题，还便于控制交通要道。如东周王城位于涧河两岸，郑韩故城坐落在双洎河和黄水河交汇处。选址在高地平原地带的都城，形状大多较为规整，即便因地制宜依河流流向筑墙垣，平面布局也大致呈长方形或方形，如东周王城。选址在丘陵地带的都城，依地势或河流走向筑造城垣，形状就往往不怎么规整，如郑韩故城呈牛角形。

东周大国的都城规模宏大，郑韩故城等都超过了 10 平方千米，与洛阳东周王城的规模不相上下，甚至超过了王城的规模。其早已突破了《左传·隐公元年》正义所说"天子之城方九里，诸侯礼当降杀，则知公七里，侯伯五里，子男三里"的规模，各诸侯国普遍都在3平方千米左右或更大。各国都城往往都是高墙深池，设置各种防御保护设施。城墙外均设置又宽又深的护城壕或人工城壕，与自然河道相互沟通共同构成外壕。城墙增高加厚，底部加筑护坡，墙垣设置马面，拐角设置角楼，城门增设瓮城等，强化军事机能。①

东周都城有了宫城和郭城的区分，宫城和郭城均建筑有高大的城垣。"筑城以卫君，造郭以守民"是东周时期都城布局的普遍特点。宫城和郭城的布局方式有两种：一种是宫城位于郭城内，两城环套，如东周王城；另一种是宫城与郭城并列毗连，如郑韩故城。宫城的面积，战国时期比春秋时期又有大幅扩展。仍以郑韩故城为例，郑国都城时期，宫城位于西城中部，东西长约500米，南北宽约320米，面积约16万平方米；韩国都城时期，西城仍是内城，宫城在西城的中北部，近正方形，边长约650米，面积近41万平方米。宫城往往占据着城内地势的最高处，周围环绕城墙，既能显示君王权威，又便于控制制高点以观察全城，利于防守。大型夯土建筑基址基本上都集中于宫城内，主要建筑筑有高大台基，即台榭高层建筑，匹配平地的建筑群，宫殿建筑普遍装饰精美的瓦当、铜构件等，整体显得十分堂皇巍峨。如洛阳东周王城宫殿建筑集中于郭城西南近涧洛交汇一带的高地，郑韩故城宫城内的高台建筑遗存"梳妆台"。大部分官署、手工业作坊、商业区和居民区都分布在郭城内。郭城外近郊，除了个别离宫别馆、祭祀类等礼制场所，鲜有一般居民点。郭内居民的基本居住和管理单位是"里"。里内的居民按照身份地位分区域居住，已然打破了之前族邑聚居的方式。郑都有里，文献有记载。如《论语·宪问》载："东里子产。"邢昺疏："东里，郑城中里名。"《左传·襄公九年》载，郑曾与楚"同盟于中分"。杜预注说："中分，郑城中里名。"宫城独立于郭城，且面积大幅扩展，并处于全城的最高处，均可以理解为王权地位强化在都城建设中的表现。

东周都城另一个令人瞩目的特点是经济功能增强，工商业高度繁荣，"城"与"市"开始真正地联系起来。文献记载中原的魏都大梁是与赵都邯郸、齐都临淄、楚都郢齐名富冠海内的天下名都。考古资料显示，宫城内或宫殿区附近分布有王室控制的铸铜、冶铁、丝绸、制玉等手工业作坊。郭城内也广泛分布着铸

① ［日］佐原康夫撰，赵丛苍摘译：《春秋战国时代的城郭》，《文博》1989年第6期。

铜、冶铁、制玉、漆器、制陶、制骨等手工业作坊,有些当属私营。比如郑韩故城小吴楼出土青铜器上的铭文表明,当时有归韩王管辖的大官手工业,也有归官府郑令管辖的手工业。[①] 郑国的商人也早已闻名于世,比如世人熟知的弦高犒师的事迹。文献记载郑城内也有"市",如《左传·成公十三年》载:"郑公子班……杀子印、子羽。反军于市。"也出现了专门的"市",如《左传·襄公三十年》记载郑国贵族"伯有死于羊肆",羊肆(市)很可能以售羊为主。市由政府设官管理,比如公孙黑筹谋作乱被子产发现,被迫自杀前求子产命其子为褚师。褚师就是市官。遗憾的是,河南境内的东周都城尚没有像秦都雍城一样发现"市"的遗存,但也出土有大量的当时的货币。尤其是东周王城曾在一个粮窖内出土了平首布、空首布、圜钱等三种钱币,也足以说明当时工商业的发达,且极有可能东周王室充当了各国往来贸易的中介区和自由港。一些漆器铭文和陶文上有"市亭""咸亭""成亭"等极具手工业作坊特征的文字,也反映了当时工商业的发达。

东周时期各诸侯国都城内外分布有专门的王族陵园。陵墓区的分布在春秋和战国时代有所不同。春秋时期诸侯陵墓较多地集中于城内,至战国时期则多分布于城外。比如郑韩故城,郑王公墓分布于城内,已发现的郑公墓区有3处:西城南部今李家楼一带,东城西南今仓城村、后端湾村金城路至双洎河一带,以及东城东部附近。韩王陵区则分散分布于城外的西侧和南侧,目前已发现11处王陵区。集中在城内的埋葬方式,"应同实行按宗法关系和昭穆制度来集中埋葬诸侯的'公墓制'有关。而战国时期,除东西周、燕、鲁等国外,列国公墓大都远离都城,各陵墓的分布范围也远为广大。这应是'公墓制'被破坏的结果"[②]。王陵区多分布于都城外的制度也为之后历代都城布局所沿袭。

三、两周都城布局的影响

西周都城雒邑和丰镐的无郭城、开放的布局模式,上承商代殷墟、夏代二里

① 郝本性:《新郑"郑韩故城"发现的一批战国铜兵器》,《文物》1972年第10期。

② 许宏:《先秦城市考古学研究》,北京燕山出版社2000年版,第126页。

头布局的特点,也影响了秦都咸阳和西汉都城长安的布局。秦都咸阳在战国早期宫城位于渭北,至战国晚期宫室苑囿均已扩大至渭南。秦始皇统一天下后营造的阿房宫即位于渭南的上林苑中。秦都咸阳凭山川之险,其规划法天体布局,规模宏阔:“先作前殿阿房……周驰为阁道,自殿下直抵南山。表南山之颠以为阙。为复道,自阿房渡渭,属之咸阳,以象天极阁道绝汉抵营室也。”①建立京畿,设置内史,徙天下富户十二万以实咸阳。西汉承秦制继续经营渭南兴建长安城,城内以宫殿、官署、贵族居住区为主,工商业区和居民闾里位于城内北部。许多离宫别馆、礼制性建筑、苑囿等也分布在城外,大量居民居住在城外,以可以直通渭北的横门内外一带最为繁华。② 改内史为三辅,又建置陵邑,“徙齐诸田,楚昭、屈、景及诸功臣家于长陵。后世世徙吏二千石、高訾富人及豪杰并兼之家于诸陵”③。长安城内外,“南望杜、霸,北眺五陵,名都对郭,邑居相承”④,十分繁华。

东周都城选址因地制宜的务实理念也深刻影响了之后历代都城选址,后代都城基本上均如东周都城一样位于有险可守、依山傍水的沿河高地上或两河交汇处。北宋东京城虽然无险可守,以兵为险,但大运河等四水贯都,水陆交通条件无可匹敌。

东周都城城郭俱备、高城深池、强化军事机能布局的影响则更为深远。自汉魏洛阳城、隋唐两都、北宋两京、元明清北京城无不是城郭兼备、城垣高耸、城壕深阔,并且也皆如东周王城一般城郭相套,宫城皆位于皇城之内。战国时期巨大化的宫城在秦汉时期继续发展。西汉长安城内,长乐宫、未央宫等宫殿区及武库等占了全城约三分之二的面积,集中于北部的居民闾里仅占全城约十分之一的面积。东汉雒阳城的宫殿区占了全城约二分之一的面积。发展至汉魏洛阳城形成宫城、皇城、郭城三城制度,并沿用至明清北京城。宫城又多一重拱卫,无疑是王权地位进一步强化在都城建设中的表现。东周时期按照身份地位的不同规划出相对固定的居住区域,随着专制主义的加强也进一步强化。东周都城内闾里的居住方式经汉魏至隋唐发展为成熟的里坊制度,封闭又严格按照

① 〔汉〕司马迁:《史记》卷六《秦始皇本纪》,中华书局 1963 年版,第 256 页。

② 刘运勇:《再论西汉长安布局及形成原因》,《考古》1992 年第 7 期。

③ 〔汉〕班固:《汉书》卷二十八《地理志下》,中华书局 1964 年版,第 1642 页。

④ 〔南朝宋〕范晔:《后汉书》卷四十《班固列传》,中华书局 1965 年版,第 1338 页。

等级身份划分居民区。这种森严的等级观念,客观上也会使人们追求方正的格局。《考工记·匠人》倡导的拥有全城中轴线的方正布局也就是在汉魏洛阳城方才得以实现。

东周都城经济功能增强,出现“市”,这一点随着社会经济的发展在后世都城中也得到强化,成为日后都城布局不可或缺的组成部分。西汉长安城有九市。隋唐洛阳有三市。隋炀帝之所以营建东都洛阳,除了政治因素,另一个重要的因素就是洛阳无可比拟的经济职能。隋炀帝又开凿以洛阳为中心的大运河,更强化了洛阳的经济职能。唐代中后期漕运制度的改革使得洛阳失去了水运中心的地位,代之而起的水运中心是汴州。汴州也因此成为五代时期多个政权的都城,并成为北宋的都城东京城,其中的经济因素至关重要。

第四章 秦汉时期：统一帝国都城行政职能的强化

《汉书·地理志》有载，洛阳为河南郡治，河南郡则为“故秦三川郡”[①]。汉高祖五年（前202）二月，刘邦称帝，初都洛阳，并且“兵皆罢归家”[②]，发布诏令以重建统治秩序，还“置酒雒阳南宫”[③]，征召田横“乘传诣雒阳”[④]。关于定都洛阳还是长安曾在刘邦统治集团内展开一场著名的论战。支持都洛阳者认为：“雒阳东有成皋，西有殽黾，背河乡雒，其固亦足恃。”[⑤]谋士张良认为应都长安，理由是洛阳“虽有此固，其中小，不过数百里，田地薄，四面受敌，此非用武之国”[⑥]。显然这是一个关乎都城安危、王朝长治久安的重要问题。汉高祖刘邦最终听取了张良的意见，定都长安，洛阳则成为河南郡之首县，郡治所在。至光武帝元年（25）六月即位，十月“车驾入洛阳，幸南宫却非殿”，定都洛阳。西汉初、东汉选定洛阳为都城，表明两汉时期洛阳在政治上具有特殊的地位。

第一节 秦汉都城制度与选址

都城在封建社会中既是国家的政治经济中心，也是王权的象征。历代王朝建立伊始，其面临的首要问题即是选址建都，所谓“明王奉若天道，建邦设

① 〔汉〕班固：《汉书》卷二十八《地理志上》，中华书局1964年版，第1555页。
② 〔汉〕班固：《汉书》卷一《高帝纪下》，中华书局1964年版，第54页。
③ 〔汉〕班固：《汉书》卷一《高帝纪下》，中华书局1964年版，第56页。
④ 〔汉〕班固：《汉书》卷一《高帝纪下》，中华书局1964年版，第57页。
⑤ 〔汉〕班固：《汉书》卷四十《张良传》，中华书局1964年版，第2032页。
⑥ 〔汉〕班固：《汉书》卷四十《张良传》，中华书局1964年版，第2032页。

都”①。“凡立国都，非于大山之下，必于广川之上。高毋近旱，而水用足；下毋近水，而沟防省。因天材，就地利，故城郭不必中规矩，道路不必中准绳。”②《吕氏春秋·慎势》言：“古之王者，择天下之中而立国，择国之中而立宫，择宫之中而立庙。”③张衡《西京赋》曾言：“秦据雍而强，周即豫而弱，高祖都西而泰，光武处东而约，政之兴衰，恒由此作。”都城是国家的政治中心，其位置选择首先要体现国家意志，《历代宅京记·徐元文序》中说：“自古帝王维系天下，以人和不以地利，而卜都定鼎，计及万世，必相天下之势而厚集之。”④所谓“相天下之势”，就是统治者在建都前基于当时的区域格局大势，以整个统治疆域作为选择基准，遴选具备良好自然生态环境、社会人文基础和军事攻守条件之地，确定其为都城。⑤ 这种空间上的权衡也恰如谭其骧先生指出的：“历代统治者主要是根据经济、军事、地理位置这三方面的条件来考虑、决定建立他们的统治中心——首都的。经济条件要求都城附近是一片富饶的地区，足以在较大程度上解决统治集团的物质需要，无需或只需少量仰给于远处。军事条件要求都城所在地区既便于制内，即镇压国境以内的叛乱，又利于御外，即抗拒境外敌人的入侵。地理位置要求都城大致位于王朝全境的中心地区，距离全国各地都不太远，道里略均，便于都城与各地区之间的联系，包括政令的传达、物资的运输和人员的来往。”⑥

一、秦朝对洛阳之经略

《史记·封禅书》说“昔三代之居皆在河洛之间”。洛阳及其周围地区在上古时期一直是政治重心所在，即便秦及西汉皆都于长安，洛阳之重心地位也从

---

① 李学勤主编：《尚书正义·说命中》，北京大学出版社 1999 年版，第 249 页。
② 李山译注：《管子·乘马》，中华书局 2009 年版，第 42 页。
③ 许维遹：《吕氏春秋·审分览第五·慎势》，中华书局 2010 年版，第 460 页。
④ 顾炎武：《历代宅京记》，中华书局 1984 年版，第 3 页。
⑤ 李久昌：《古代洛阳都城空间演变研究》，陕西师范大学 2005 年博士学位论文。
⑥ 谭其骧：《中国历史上的七大首都》（中），《历史教学问题》1982 年第 3 期，收入其《长水集续编》。

未被忽略，约莫相当于陪都，只是没有明确的陪都称谓而已。《史记·周本纪》记载，武王遗命营建雒邑，经由召公选址、周公主持，建成与宗周东西呼应的都邑，即成周；成王迁殷商遗民于雒地，进而东征淮夷、奄等东夷古族、古国，巩固其在东方的统治。出土金文有关“东都雒”的记载，印证了《尚书·周书》中关于周武王遗训营建东都到召公选址雒邑，并使周公定策营建都邑的记载成为信史。洛阳又作“周南”。《汉书·司马迁传》记载，司马谈为太史公，“天子始建汉家之封，而太史公留滞周南，不得与从事，发愤且卒”。如淳注曰：“周南，洛阳也。”张晏又注：“洛阳而谓周南者，自陕以东皆周南之地也。”①杨宽先生曾提出，洛阳为战国时代新兴商业城市，②这应该与雒邑的居天下之中的优越地理位置有直接关系。《国语·郑语》记述，“当成周者，南有荆蛮、申、吕、应、邓、陈、蔡、随、唐，北有卫、燕、狄、鲜虞、潞、洛、泉、徐蒲，西有虞、虢、晋、隗、霍、杨、魏、芮，东有齐、鲁、曹、宋、滕、薛、邹、莒”③。西周分封以来，以雒邑为中心，周边林立大大小小30余个封国，为商业城市的出现提供了得天独厚的条件。按照西周制度，雒邑也是封国朝觐和贡赋之地，其经济繁荣有着相应的制度保障。

东周以来，自平王东迁，迁都成周。周王室衰落，其地限于“河南雒阳、谷城、平阴、偃师、巩、缑氏”④等地。春秋战国时期诸侯争霸称雄，周王室内乱频起，周王的废立也受到诸侯干涉，为了巩固城防而“城周”也由诸侯承办。⑤ 诸侯戍防周王室，表明周王室的兵力有限，雒阳隶属周地，其军事实力已经非常有限。但是，考古研究表明春秋时期雒阳故城向北扩建，城市规模的扩大意味着其在周地的重要性进一步增强，防务范围和规模都随之增大。《春秋》经传、《国语》中零星记载了诸侯“城周”的事件，虽可与考古研究中雒阳城扩建一事相关联，但是并不明确。

秦起源于渭水上游的戎狄，周朝时期，随着势力的不断壮大，向东迁徙成为发展需求，⑥而雒阳是秦国东向必经的孔道。公元前677年，秦都城从西部地区

---

① 〔汉〕班固：《汉书》卷六十二《司马迁传》，中华书局1964年版，第2715~2716页。

② 杨宽：《中国古代都城制度史研究》，上海古籍出版社1993年版，第134页。

③ 徐元诰撰，王树民、沈长云点校：《国语集解》，中华书局2002年版，第461~462页。

④ 〔汉〕班固：《汉书》卷二十八《地理志下》，中华书局1964年版，第1650页。

⑤ 〔汉〕司马迁：《史记》卷四《周本纪》，中华书局1963年版，第157页。

⑥ 参见柳华：《两汉时期“择都”观念及其影响研究》，山西大学2014年硕士学位论文。

迁到汧水与渭水的交汇点的雍城,《史记·秦本纪》谓:“德公元年(前677),初居雍城大郑宫。”公元前350年,秦孝公起用商鞅励精图治、变法革新,并将国都迁至关中平原渭水与泾水交汇处的咸阳,自此走上强国之路。公元前316年,秦惠王就国家发展所向问题召集群臣廷议。张仪说:“亲魏善楚,下兵三川,塞轘辕、缑氏之口,当屯留之道,魏绝南阳,楚临南郑,秦攻新城、宜阳,以临二周之郊,诛周主之罪,侵楚、魏之地。周自知不救,九鼎宝器必出。据九鼎,按图籍,挟天子以令天下,天下莫敢不听,此王业也。”①他主张首先攻取韩地,以控制东周王室,进而取得政治上的优势。张仪将雒阳一带形象地比喻为“天下之市朝”,意欲成就王业者,必须力争。与张仪分庭争辩的是军事将领司马错,他主张先平定巴蜀,以收富国强兵之实效。然而令人愕然的是,司马错主张南下而反对取韩遇周,认为雒阳太重要、大敏感了,秦国一旦攻取此地,其穷途天下之心昭然若揭,势必招致山东六国势力的反扑,以当时秦国之国势,还不足以与六国决战。因此,应该先攻取不为别国所觊觎的巴蜀,暂缓东出,以免锋芒早露,树敌于天下。秦惠王采纳了司马错的建议。后来秦之统一全国,基本是按照范雎之蓝图进行,即占领荥阳,控制成皋要塞,北断太行之道,使韩国分崩离析,吞并韩国离统一天下不过时日问题。

战国末年,雒阳城的大规模扩建,在秦史上的记载较为清晰。秦昭襄王时期,西周国亡,其地入为秦郡县。《史记·秦本纪》记载:“(昭襄王)五十一年,将军摎攻韩,取阳城、负黍,斩首四万。攻赵,取二十余县,首虏九万。西周君背秦,与诸侯约从,将天下锐兵出伊阙攻秦,令秦毋得通阳城。于是秦使将军摎攻西周。西周君走来自归,顿首受罪,尽献其邑三十六城,口三万。秦王受献,归其君于周。五十二年,周民东亡,其器九鼎入秦。周初亡。”②“庄襄王元年,大赦罪人,修先王功臣,施德厚骨肉而布惠于民。东周君与诸侯谋秦,秦使相国吕不韦诛之,尽入其国。秦不绝其祀,以阳人地赐周君,奉其祭祀。使蒙骜伐韩,韩献成皋、巩。秦界至大梁,初置三川郡。”③这两条史料表明,秦军攻取韩的阳城,又攻取赵国20余县,东方六国以西周君的名号合纵攻秦,秦将摎率军攻打

---

① 〔清〕程夔初:《战国策集注·秦策·司马错与张仪争论章》,上海古籍出版社2013年版,第22页。

② 〔汉〕司马迁:《史记》卷五《秦本纪》,中华书局1963年版,第218页。

③ 〔汉〕司马迁:《史记》卷五《秦本纪》,中华书局1963年版,第219页。

西周,西周君降,向秦王进献所辖36城邑、3万人口,西周国名存实亡。七年后,庄襄王元年(前249)灭东周,周地尽入于秦。同年,秦军攻韩,韩献出成皋、巩地,秦地由函谷关至大梁连成一片,设置三川郡。

(一)封文信侯于洛阳

据《史记》卷八十五《吕不韦列传》记载,吕不韦为阳翟(今河南禹州)大贾人,"往来贩贱卖贵,家累千金"。后"凭借非同寻常的政治敏感,发现质于赵国的秦国贵族子楚奇货可居,于是决心进行政治投机,出谋出资支持这位秦诸庶孽孙取得王位继承权"[①]。后来的历史证明,吕不韦破家钓奇的政治投机取得了成功,子楚即位,是为秦庄襄王,以吕不韦为相国。由于洛阳是当时重要的商业城市且由吕不韦所攻取,秦庄襄王元年,秦庄襄王将其分封给秦相、文信侯吕不韦,"食河南雒阳十万户"[②]。《汉书·地理志》记载,"雒阳户五万二千八百三十九"[③];《史记·秦本纪》记载,西周君"尽献其邑三十六城,口三万"[④],"秦庄襄王灭东周","周比亡之时,凡七县,河南、洛阳、谷城、平阴、偃师、巩、缑氏"[⑤]。文信侯所辖食邑户数远多于西汉时期洛阳户数相对较多的统计数据,甚至是西周君所辖户数的数倍之多。显然,战国时期东、西周分立,洛阳的政治、经济地位得到大幅度的提升,文信侯为洛阳封君又长达十余年,因而在这一时期扩建洛阳的城市规模就恰逢其时,而"十万户"似乎也表明文信侯封邑的民户实际上超出洛阳城所辖民户,其势力范围可能达西汉时期河南郡的多地,很可能与其夺取东周君的周土大体相当或相近。吕不韦开府洛阳,对洛阳城进行扩建和修缮,《史记·周本纪·集解》引《皇览》说:"景王冢在洛阳太仓中。秦封吕不韦洛阳十万户,故大其城并围景王冢也。"是年,吕不韦亲率秦军灭东周,扫荡周王室的残余,《吕氏春秋·谨听》谓:"今周室既灭,而天子已绝。乱莫大于无天子,无天子则强者胜弱,众者暴寡,以兵相残,不得休息,今之世当之矣。"[⑥]认为该有

---

① 王子今:《论吕不韦及其封君河南事》,《洛阳工学院学报(社会科学版)》2002年第1期。

② 〔汉〕司马迁:《史记》卷八十五《吕不韦列传》,中华书局1963年版,第2509页。

③ 〔汉〕班固:《汉书》卷二十八《地理志上》,中华书局1964年版,第1555页。

④ 〔汉〕司马迁:《史记》卷五《秦本纪》,中华书局1963年版,第218页。

⑤ 〔汉〕司马迁:《史记》卷四《周本纪》,中华书局1963年版,第169~170页。

⑥ 许维遹:《吕氏春秋·有始览·谨听》,中华书局2010年版,第296页。

新天子当政。秦庄襄王二年(前248),秦军攻赵。三年(前247),又攻魏、赵,取三十七城。四年(前246)置太原郡,成功瓦解进逼函谷关的五国联军。秦庄襄王子楚在位三年后去世,吕不韦拥立时年13岁的太子政为王。嬴政仍以吕不韦为相国,尊称其"仲父",政事皆决于吕不韦。作为秦国上层执政核心中的重要人物,从秦庄襄王元年至秦王政十年(前237),在秦国实际掌权10余年,吕不韦在秦统一过程中发挥了不可磨灭的作用,"嬴氏并六合,所来因不韦"就强调了这一事实。秦王政九年(前238)四月,秦王政行加冠礼,主持国政,次年,免吕不韦相国之位,令其出居封地洛阳。吕不韦被免相国后,"诸侯宾客使者相望于道",引起秦王的忌惮,秦王"恐其为变",在镇压嫪毐叛乱后迅速着手对付吕不韦,将洛阳封邑收回,消除了严重威胁中央集权统治的隐患,并责问吕不韦曰:"君何功于秦?秦封君河南,食十万户。君何亲于秦?号称仲父。"①勒令其全家迁蜀。吕不韦恐诛,饮鸩而死,其门客"窃葬"于北邙。② 吕不韦的生涯颇富戏剧性,"曾经极尽显贵,最终又归于悲剧结局。历代史家每多特意渲染其奇诡经历,或以政治道德油彩重加涂抹,使其文化形象大失其真"③。在吕不韦时代,秦国的军事实力已经强锐无敌,"以天下为事",期待"得志于天下",所以秦封洛阳之地为吕不韦封地,洛阳在秦人眼中的重要性不言而喻。

相国吕不韦分封文信侯,食邑洛阳,其影响范围扩展到了周地。由相国亲领洛阳之地,其经济利益不容小觑,在护卫秦土方面同样重要。秦王嬴政亲政,在镇压嫪毐叛乱后迅速着手对付吕不韦,将洛阳封邑收回。由此足见洛阳在秦统一前的重要性,不仅体现在经济上的商业都邑,更体现在政治上的生死较量,其军事防务重要性正是通过相国统领其地而得以体现的,也在相国下野后被中央王朝强制收回。

(二)设立三川郡

秦实行郡县制,划全国为三十六郡,征服百越后又增设四郡。《史记·秦本

---

① 〔汉〕司马迁:《史记》卷八十五《吕不韦列传》,中华书局1963年版,第2513页。

② 《史记·集解》引《皇览》曰:"吕不韦冢在河南洛阳北邙道西大冢是也。"今偃师首阳山街道大冢头村有一座大冢,相传为吕不韦墓。冢高4丈,底面积约3亩。

③ 王子今:《白描吕不韦》,《光明日报》2001年5月8日B3版。王子今:《论吕不韦及其封君河南事》,《洛阳工学院学报(社会科学版)》2002年第1期。

纪》记载:"(昭襄王)五十一年,将军摎攻韩,取阳城、负黍,斩首四万。攻赵,取二十余县,首虏九万。西周君背秦,与诸侯约从,将天下锐兵出伊阙攻秦,令秦毋得通阳城。于是秦使将军摎攻西周。西周君走来自归,顿首受罪,尽献其邑三十六城,口三万。秦王受献,归其君于周。五十二年,周民东亡,其器九鼎入秦。周初亡。"[①]"庄襄王元年,大赦罪人,修先王功臣,施德厚骨肉而布惠于民。东周君与诸侯谋秦,秦使相国吕不韦诛之,尽入其国。秦不绝其祀,以阳人地赐周君,奉其祭祀。使蒙骜伐韩,韩献成皋、巩。秦界至大梁,初置三川郡。"[②]表明秦军攻取韩的阳城,又攻取赵国二十余县,东方六国以西周君的名号合纵攻秦,秦将摎率军攻打西周,西周君降,向秦王进献所辖 36 城邑、3 万人口,西周国名存实亡。七年后,庄襄王元年灭东周,周地尽入于秦。同年,秦军攻韩,韩献出成皋、巩地,秦地由函谷关至大梁连成一片,设置三川郡。也就是说,在秦王朝统一六国的进程中,攻韩、赵,灭周,夺取韩之成皋与巩,据此设三川郡。《史记·集解》韦昭曰:"有河、洛、伊,故曰三川。"[③]即黄河、洛河、伊河三河的流域地区。先秦时期,"三川"一词主要指关中地区的泾、渭、洛三水的流域地区[④]和河、洛、伊流域地区。《史记·周本纪》中,周幽王二年(前 780)"三川竭,岐山崩",是谓关中地区的三川。三川郡紧邻秦故土,护卫函谷关,下辖荥阳、成皋等皆为战略要地,洛阳为郡治,其在郡县防务体系中居于核心地位。

三川郡是郡县制产生后较早设立的一个郡,也是秦人东进后所设立的第一个郡。[⑤] 谭其骧先生在《秦郡界址考》中论及三川郡边界,认为三川郡西界以函谷关与内史分野,东界至于大梁,无新郑、苑陵、尉氏、圉四县,北部以黄河为界,南界尉氏、苑陵、新郑阳城属颍川郡。[⑥] 张家山汉简《秩律》有岐、陈留、圉三县。随着出土文献的不断发现与公布,学界认为三川郡大致相当于《汉志》河南郡除苑陵、密之外的全部地区,弘农郡函谷关以东地区,以及陈留、圉县地。[⑦] 事实上,行政区划是一个动态的存在,尤其是政权不断扩张的时候,故此三川郡辖区

---

① 〔汉〕司马迁:《史记》卷五《秦本纪》,中华书局 1963 年版,第 218 页。

② 〔汉〕司马迁:《史记》卷五《秦本纪》,中华书局 1963 年版,第 219 页。

③ 〔汉〕司马迁:《史记》卷五《秦本纪》,中华书局 1963 年版,第 220 页。

④ 薛瑞泽:《论河洛地区的三川郡》,《洛阳理工学院学报(社会科学版)》,2008 年第 1 期。

⑤ 薛瑞泽:《论河洛地区的三川郡》,《洛阳理工学院学报(社会科学版)》,2008 年第 1 期。

⑥ 谭其骧:《秦郡界址考》,《长水集》(下),人民出版社 1987 年版,第 13~21 页。

⑦ 秦秋月:《秦汉时期河南地区政治地理研究》,广西师范大学 2016 年硕士学位论文。

以秦庄襄王元年为分界点,在秦统一过程中应该有所变化。

秦统一后,统治者非常重视三川郡。秦始皇三十七年(前210),始皇死,赵高等人立胡亥为帝,即秦二世。秦二世统治时期,秦的苛政引起暴乱,陈胜、吴广大泽乡起义揭开亡秦序幕。陈胜欲取洛阳,进关中,令吴广攻伐荥阳。三川郡守、丞相李斯长子李由据城死守,成为秦朝地方官员中难能可贵的守土之臣,在一定程度上也牵制了反秦义军的西进,吴广久攻不克。当然,后来权阉赵高为了消灭政敌李斯,奏报称:"丞相长男李由为三川守,楚盗陈胜等皆丞相傍县之子,以故楚盗公行,过三川,城守不肯击。"[①]赵高巧妙地将三川郡、楚地叛乱、秦王朝统治三者联系到一起,从而污蔑李斯及其子李由对中央王朝统治的危害,所谓李由与叛贼暗中勾结,当然也是莫须有之说辞。洛阳为三川郡守坐镇之地,由丞相之子出任郡守,足见统治者对该郡高度关注,不容有失。秦末,洛阳的守备相当顽强。尽管秦二世二年(前208)八月,刘邦与项羽连兵大败雍丘(治今河南杞县)守军、斩杀三川守,但是随即由于项梁兵败,秦军士气复振,至秦二世三年(前207)四月刘邦攻下颍川后,未能"渡河入关",南下"战洛阳东,军不利",再引兵一路招降南阳守等,由武关入秦,河南终被楚将申阳攻取。[②] 项羽分封申阳为河南王,以洛阳为都城,三川郡更名为河南郡,或与河南王的分封有关。[③] 三川郡,因濒临关中地区,其安危与否关乎秦王朝的稳定和对广大东方地区的有效控制。秦二世令少府章邯率领骊山刑徒与周文率领的起义军在渑池(今河南渑池西)激战十余日,周文兵败自杀。章邯经洛阳进攻起义军,起义军大败。陈胜、吴广虽死,但各地起义军已然渐成气候,其中以项梁、项羽叔侄和沛公刘邦的势力最大。不久,项羽、刘邦大败秦军于雍丘,斩三川郡守李由。秦二世三年十二月,项羽因宋义贻误战机止步不前而斩杀之,大破秦军于巨鹿,不久章邯降楚,三川郡尽降于楚。与此同时,刘邦引兵西进,与秦守军激战于洛阳东,兵败后又进攻南阳。汉元年(前206),项羽经过洛阳至新安,因顾忌变乱,坑杀20余万秦降卒于新安城南。秦亡,项羽自立为西楚霸王,统辖梁、楚九郡,都彭城(治今江苏徐州)。二月,分封十八诸侯王,即汉王刘邦、雍王章邯、塞

---

① 〔汉〕司马迁:《史记》卷八十七《李斯列传》,中华书局1963年版,第2558~2559页。

② 〔汉〕班固:《汉书》卷一《高帝纪上》,中华书局1964年版,第15~20页。

③ 〔汉〕班固:《汉书》卷一《高帝纪上》,中华书局1964年版,第28页。

王司马欣、河南王申阳等。

（三）在洛阳以东修建敖仓

秦朝曾在洛阳以东成皋附近修建了全国最大的粮仓敖仓，储备漕运来的大量存粮，敖仓成为经营东方的军粮支撑点。《史记·正义》引《括地志》云："秦时置仓于敖山，名敖仓云。"又引："《太康地理志》云：'秦建敖仓于成皋。'"又见《史记·正义》："秦始皇时置仓于敖山上，故名之曰敖仓也。"皇甫谧《帝王世纪》也载："秦置仓于其中，故亦曰敖仓城也。"秦末陈胜、吴广起义，极大冲击了秦王朝的统治根基。秦末对敖仓的争夺尤为激烈，《史记·陈涉世家》中记载："陈王使使赐田臧楚令尹印，使为上将。田臧乃使诸将李归等守荥阳城，自以精兵西迎秦军于敖仓。"[①]可见，陈胜尽遣军中精锐于敖仓，以迎战秦军，说明敖仓确是兵家必争之地。[②]

在秦统治时期，洛阳地区虽然在地位上从来没有成为陪都，但从全国范围来看，其特殊地位仍然凸显，并发挥举足轻重的作用。[③] 洛阳是秦的三川郡和西汉河南郡及河南县的治所，虽非全国的政治中心，军事上却是"秦陇之襟喉"的四方必争之地，又因它是文信侯吕不韦的封地，所以仍不失为天下的工商名邑。秦二世而亡，但对洛阳地区的苦心经营，仍是显而易见的。秦末，楚汉之争的正面战场，位于洛阳以东，尤以对荥阳、成皋军事要地的争夺为决胜的焦点。关中地区，是刘邦争夺天下的根据地，而洛阳一带就是关中根据地的屏障，双方在这一带反复拉锯，激烈争夺，其原因就在于此。汉军在成皋、荥阳一线失守之后，又在巩县和偃师一带驻军布防，始终把洛阳紧紧控制在自己手中。刘邦本人还曾驻军洛阳之南，借助黄河天险抗击楚军，从而保证了关中根据地的万无一失。正如郦食其所言，"收取荥阳，据敖仓之粟，塞成皋之险，杜大行之道，距蜚狐之口，守白马之津"[④]，如此就会使天下诸侯尽知楚亡汉兴的大势。

---

① 〔汉〕司马迁：《史记》卷四十八《陈涉世家》，中华书局 1963 年版，第 1957 页。

② 参见张新斌：《敖仓史迹研究》，《中国历史地理论丛》2003 年第 1 期。

③ 参见柳华：《两汉时期"择都"观念及其影响研究》，山西大学 2014 年硕士学位论文。

④ 〔汉〕司马迁：《史记》卷九十七《郦生陆贾列传》，中华书局 1963 年版，第 2694 页。

二、西汉对洛阳之经略

（一）汉高祖初都洛阳

汉高祖五年（前202），刘邦击败西楚霸王项羽，在汜水之北的定陶称帝，不久西行，都于洛阳。《史记·高祖本纪》记载："天下大定。高祖都雒阳。"定都洛阳，是刘邦及大多数群臣的一个想当然的选择，也有特定的历史背景。刘邦及其部将一路征战，从汉中到关中，再到崤山以东，最后在荥阳一带的鸿沟与项羽对峙，洛阳是其后方要略之地。不同于一般城邑的洛阳，以其宏大的规模和曾为都为城的气势给刘邦留下了难以磨灭的印象。史书记载刘邦南过曲逆（今河北顺平境内）时，"上其城，望见其屋室甚大，曰：'壮哉县！吾行天下，独见洛阳与是耳。'"[①]可见，洛阳这样一座极具魅力的城是刘邦之前鲜见的。西汉初立，刘邦"置酒雒阳南宫"，初尝胜利之兴奋，《史记·高祖本纪》记载"高祖置酒雒阳南宫"，与群臣纵论取天下之道。在高起、王陵等人略显阿谀的言辞后，刘邦说了一段广为流传的话："公知其一，未知其二。夫运筹策帷帐之中，决胜于千里之外，吾不如子房。镇国家，抚百姓，给馈饷，不绝粮道，吾不如萧何。连百万之军，战必胜，攻必取，吾不如韩信。此三者，皆人杰也，吾能用之，此吾所以取天下也。项羽有一范增而不能用，此其所以为我擒也。"[②]群臣悦服。此即历史上著名的"刘邦南宫论三杰"。

西汉自汉高祖五年二月建都，同年五月迁都关中，历时3个月。史念海先生指出："作为古都是应该有其具体的年代的，这样年代的计算方法应和史家记载帝王改元有所不同。帝王改易年号，并非都由其年的正月开始，可是史家记载却都由其年正月算起。为了便于记载，这样的方法原是可取的，历来也都没有异议，至于建都的年代，还是应如实地计算。虽建都的终止期不在岁末，这一年还应计算入建都的年代之中。同样建都的开始时，不在岁首，这一年也应计

---

① 〔汉〕司马迁：《史记》卷五十六《陈丞相世家》，中华书局1963年版，第2058页。

② 〔汉〕司马迁：《史记》卷八《高祖本纪》，中华书局1963年版，第381页。

算入建都的年代之中。某一王朝或政权,往往有迁都之举。其迁都的一年,既可计算入前一都城的年代中,也应计算入后一都城的年代中。这样的建都年代和相应的王朝和政权统治年代不尽相同,一般是有所增加,而不是或有减少,不过这在计算建都的年代时,还是比较合理的。"①所以西汉都于洛阳的时间可以按1年计算。

刘邦和大臣在洛阳城内安居下来,"长都洛阳"合情合理也是预想之中的,却因为齐国人娄敬②的建议发生变数。娄敬,西汉初年齐国卢人,彼时正欲去陇西戍边,经过洛阳,听闻高祖意欲长都洛阳,即找到同为齐人的同乡虞将军,请他带自己面见刘邦。虞将军爽快答应,见其衣羊裘,觉得有失体面,遂准备鲜衣更换,娄敬却洒脱率性,说:"臣衣帛,衣帛见;衣褐,衣褐见:终不敢易衣。"③娄敬面见刘邦,直言应该迁都关中,并将洛阳与关中做了详细比较。娄敬没有否定洛阳是理想的王者之居,但他强调洛阳只适宜于由德而兴的王朝为都,如周朝。汉图天下之途是历经"大战七十,小战四十,使天下之民肝脑涂地,父子暴骨中野,不可胜数"④,显然"欲比隆于成康之时""不侔",不具备以德定都洛阳的资格。汉以武力取天下,应该选择有天险屏障可资利用的地方为都,一如天府关中,"秦地被山带河,四塞以为固,卒然有急,百万之众可具也。因秦之故,资甚美膏腴之地,此所谓天府者也。陛下入关而都之,山东虽乱,秦之故地可全而有也。夫与人斗,不搤其亢,拊其背,未能全其胜也。今陛下入关而都,案秦之故地,此亦搤天下之亢而拊其背也"⑤。实际上,娄敬打破了刘邦希图继承周文化的憧憬,将汉朝的立国基础定位为对秦文化的延续。是时刘邦平灭项羽所凭恃的各路诸侯势力强大,且暂时很难为刘邦所控制,为了稳固江山,只有借函谷关之险要,规避关中,遏制山东诸侯。时人田肯说服高祖时言:"秦,形胜之国也,带河阻山,县隔千里,持戟百万,秦得百二焉。地势便利,其以下兵于诸侯,譬犹居高屋之上建瓴水也。"⑥

---

① 史念海:《中国古都和文化》,中华书局1996年版,第39页。

② 娄敬,因迁都长安之事受到高祖刘邦的赏识,赐姓刘,后称刘敬。

③ 〔汉〕司马迁:《史记》卷九十九《刘敬叔孙通列传》,中华书局1963年版,第2715页。

④ 〔汉〕司马迁:《史记》卷九十九《刘敬叔孙通列传》,中华书局1963年版,第2716页。

⑤ 〔汉〕司马迁:《史记》卷九十九《刘敬叔孙通列传》,中华书局1963年版,第2716页。

⑥ 〔汉〕班固:《汉书》卷一《高帝纪下》,中华书局1964年版,第59页。

刘邦听闻娄敬一席言,似有所悟,征询左右意见。事实上,西汉初建,其左右大臣都是崤山以东人,希望定都于洛阳而不愿西入关中,或许因为开国君臣,以及跟随他们效命疆场的同籍儿郎,都有立都故土的要求,这并非单纯的功成衣锦还乡的显耀心理与行为,而是一个特定区域原质文化与其摄取者兼体现者之间的联系所致。[①] 所以他们一直强调洛阳"东有成皋,西有殽黾,背河乡雒,其固亦足恃"[②]的形胜,当然还有一种更为微妙的文化心态,洛阳是西周初年和东周时期的都城所在地,周朝都洛阳延续了几百年。而关中原为秦朝的统治中心,秦都于关中仅历二世即亡,且项羽在秦之时,火烧咸阳,富丽堂皇的阿房宫一片废墟。西汉代秦而兴,迁鼎新都合情合理。况且,定都洛阳,也具备了继承周文化的象征性意义。所以,在刘邦"欲与周室比隆"的思想下,决定以洛阳为都,故《史记·高祖本纪》中有"天下大定。高祖都雒阳,诸侯皆臣属""高祖置酒雒阳南宫"[③]之记载。扬雄也说:"天下已定,金革已平,都于雒阳。"[④]刘邦踌躇不决,问计于张良,张良认为:"雒阳虽有此固,其中小,不过数百里,田地薄,四面受敌,此非用武之国。夫关中左殽函,右陇蜀,沃野千里,南有巴蜀之饶,北有胡苑之利,阻三面而固守,独以一面东制诸侯。诸侯安定,河、渭漕挽天下,西给京师;诸侯有变,顺流而下,足以委输。此所谓金城千里,天府之国。刘敬说是也。"[⑤]于是刘邦起驾,西都关中,且拜刘敬为郎中,号曰奉春君。

谭其骧先生考量长安与洛阳的建都优劣,认为两者各有利弊。经济上,长安有沃野千里的关中之地;洛阳地方虽狭小,但附近有敖仓可以储存转运关东的粮食。军事上,长安接近匈奴的活动区域,可以有效抵御匈奴;洛阳御外稍显薄弱,但在控制关东势力上却有不可代替的优势。地理位置上,长安偏西而洛阳居中;洛阳区位优势明显,长安则可通过修缮道路来弥补不足。[⑥] 史念海先生认为,刘邦听从娄敬之建议,西迁长安,是因为彼时去战国未远,西北精良的马

---

① 侯甬坚:《中国古都选址的基本原则》,《历史地理学探索》,中国社会科学出版社 2004 年版,第 65~68 页。

② 〔汉〕班固:《汉书》卷四十《张良传》,中华书局 1964 年版,第 2032 页。

③ 张守节《史记·正义》引《括地志》言:"南宫在雒州雒阳县东北二十六里洛阳故城中。《舆地志》云秦时已有南北宫。"

④ 〔汉〕班固:《汉书》卷八十七《扬雄传下》,中华书局 1964 年版,第 3572 页。

⑤ 〔汉〕班固:《汉书》卷四十《张良传》,中华书局 1964 年版,第 2032~2033 页。

⑥ 谭其骧:《中国历史上的七大首都》(中),《历史教学问题》1982 年第 3 期。

匹和人民的强悍之韵尚未泯灭。这种军事因素比起东方的富庶之于汉初政权来说，尤为重要。[①] 张良在比较洛阳与关中的优劣时，着重强调地理险阻的屏障作用，认为洛阳虽有成皋等险关要胜，但“四面受敌”，“非用武之国”。关中据险可守，“阻三面而固守，独以一面东制诸侯”。最终务实的理念占据上风，西汉将都城由洛阳迁往长安。这样一来，西汉政府的定都有了新的定义，即秦朝的立国格局，以关中为根据地，控制东方。汉初的分封制度，就是基于这样的格局而完成的：中央朝廷直接控制关中及其周边地区，在山东六国故地，则分封诸侯王国。[②] 因此，西汉初年“大一统”背景下的“郡国分封”制，其实也暗含着东西方抗衡的意味。

（二）西汉对洛阳之经营

西汉的洛阳，不是京畿之地，但也是汉之重地，绝不全然等同于山东六国的其他地区，是西汉统治者最为重视的通都大邑。刘邦虽从洛阳移都关中，但因咸阳秦宫被项羽付于火炬，长安新宫又未成，因此刘邦居于洛阳的时日不短，从公元前 202 年至公元前 195 年的 7 年时间里，刘邦 10 余次至洛阳巡查寓居，处理内乱外患等各种国之大事。汉高祖五年，为削平图谋割据的诸侯王，刘邦召据山东海岛自称为王的田横来洛阳，后田横于途中自杀；是年又诛杀燕王臧荼、颍川侯利几；高祖十一年（前 196），齐王韩信被诱至洛阳，先赦其为淮阴侯，继而杀之；同年，梁王彭越欲与陈豨谋乱，“囚之洛阳”“赦以为庶人”，后又被诛杀。

1. 置河南郡

西汉时期，洛阳的战略地位备受关注。正如支持定都洛阳者所言，洛阳之东是兵家必争之地成皋，西以崤、渑为屏障，南北则有河、洛可凭依，由此肯定了洛阳城邑在军事守备上的天然条件。与此同时，河南郡中还设有敖仓，可为军队提供充裕的补给，加之陕县（今河南三门峡陕州区）以东之地被笼统称为“周南”，洛阳又专指“周南”，洛阳城邑对京畿长安的拱卫作用相当突出。汉二年

---

① 史念海：《中国古都和文化》，中华书局 1996 年版，第 39 页。

② 参见孙家洲、贾希良：《不为都畿　亦为重地——论洛阳在战国、秦、西汉时期的特殊地位》，《历史教学》1995 年第 3 期。

(前 205),河南王申阳降,高祖于其地置河南郡,治所在洛阳。翻检史书,关于河南王申阳的记载只有简单几笔,只说申阳是张耳的嬖臣。《史记·项羽本纪》载:"瑕丘申阳者,张耳嬖臣也,先下河南,迎楚河上,故立申阳为河南王,都雒阳。"[①]王伯祥《史记选·项羽本纪》注:"瑕丘本春秋鲁地,即负瑕。汉置瑕丘县。故治在今山东省滋阳县西二十五里。申阳,人姓名。徐广说,一云瑕丘公,是申阳曾为瑕丘令。文颖说,姓瑕丘,字申阳,恐怕不是的。"[②]又注曰:"雒阳即洛阳,本周之成周。战国时更名洛阳。秦灭东周,置三川郡。汉改河南郡,又置洛阳县为郡治。故城在今河南省洛阳市东北二十里。其后光武帝迁都于此,改为雒阳。曹魏时,又复为洛阳。"[③]另据《汉书·高帝纪》载,刘邦下南阳时,"瑕丘申阳下河南"[④]。关于河南国的领辖范围,学界一般认同周振鹤先生的观点,即申阳之河南国乃以秦三川郡置。[⑤] 其原因大体有两方面:其一,源于《汉书·地理志》中关于"河南郡,故三川郡,高帝更名"的相关记载;其二,楚汉之际战乱纷纷,项羽与刘邦的势力博弈,其间并未产生强大而统一的中央政权,也就没有条件,或者毋宁说无暇顾及秦代已存在的郡级政区,更遑论调整。申阳作为河南王只存在了六个月,其真正能有效控制的领地应该小于三川郡。归属汉王刘邦之后的河南郡,其范围随着楚汉战争进行而不断变化着。直至汉四年,在成皋、广武一带,楚汉商定以鸿沟为界,河南郡的东界则从京县扩展到了鸿沟一线。[⑥] 刘邦都洛阳时,河南郡为王畿之地,领辖 22 个县,即洛阳、荥阳、偃师、京、平阴、中牟、平、阳武、河南、缑氏、原武等。

2. 置敖仓、武库

汉中央置粮仓、兵库于洛阳,以镇抚关东。敖仓原本是秦朝在河、渭漕运线上设置的国家级粮仓,《水经注·济水》记载:"济水又东径敖山北,《诗》所谓薄

---

① 〔汉〕司马迁:《史记》卷七《项羽本纪》,中华书局 1963 年版,第 316 页。

② 〔汉〕司马迁著,王伯祥选注:《史记选·项羽本纪》,注 379,人民文学出版社 1995 年版,第 47~48 页。

③ 〔汉〕司马迁著,王伯祥选注:《史记选·项羽本纪》,注 383,人民文学出版社 1995 年版,第 48 页。

④ 〔汉〕班固:《汉书》卷一《高帝纪上》,中华书局 1964 年版,第 20 页。

⑤ 周振鹤:《东西徘徊与南北往复——中国历史上五大都城定位的政治地理因素》,《华东师范大学学报(哲学社会科学版)》2009 年第 1 期。

⑥ 秦秋月:《秦汉时期河南地区政治地理研究》,广西师范大学 2016 年硕士学位论文。

狩于敖者也。其山上有城,即殷帝仲丁之所迁也……秦置仓于其中,故亦曰敖仓城也。"[①]清人王鸣盛《十七史商榷》考证曰:"敖山本在荥阳县西北,山上有城,秦置仓其中,曰敖仓城。……秦都关中,故于敖置仓以为溯河入渭地。"[②]敖仓有"常满仓"之称,《淮南子·精神训》高诱注曰:"敖,地名仓者,以立常满仓也,在今荥阳县北。"[③]在秦朝长期经营的基础上,西汉惠帝时期又曾对敖仓进行整修,扩大其规模,惠帝六年"起长安西市,修敖仓"[④]。敖仓以整个关东地区为储纳范围,藏粟甚多。洛阳也因有敖仓而被视为"天下冲防""天下咽喉",即便到了西汉后期元帝时,敖仓及周边依然异常重要。《汉书·翼奉传》记载翼奉上疏时云:"臣愿陛下徙都于成周,左据成皋,右阻黾池,前乡崧高,后介大河,建荥阳,扶河东,南北千里以为关,而入敖仓;地方百里者八九,足以自娱。"[⑤]除了敖仓,作为郡国粮仓存在的河南仓也史有所载,《汉书·汲黯传》记载,汲黯"过河内,河内贫人伤水旱万余家,或父子相食"[⑥],请求"谨以便宜,持节发河内仓粟以振贫民"[⑦]。邰正坤先生认为,以军事为重要的考量界标,可以看出西汉政权重点经营位于心腹要害地区的重型仓和巨型仓。主要以长安和洛阳为中心,位于其中的太仓、云阳甘泉仓、华阴华仓、荥阳敖仓,都是具有头等意义的大型粮仓。它们既是中央集权的物质支持和保证,也是中央对地方物质优势的体现。[⑧]

武库作为存放武器装备和军需品的仓库,[⑨]历来为统治阶级所重视,春秋时期伍子胥就曾说过:"凡欲安君治民、兴霸成王、从近治远者,必先立城郭,设守备,实仓廪,治兵库,斯则其术也。"[⑩]文献记载和出土材料表明,秦都咸阳、汉都

---

① 〔北魏〕郦道元:《水经注》卷七《济水》,文渊阁《四库全书》版。

② 〔清〕王鸣盛著,黄曙辉点校:《十七史商榷》卷八十五《新旧唐书十七·诸仓》,上海书店出版社2005年版,第746~747页。

③ 〔汉〕刘安等编著,高诱注:《淮南子》卷七《精神训》,上海古籍出版社1989年版,第74页。

④ 〔汉〕班固:《汉书》卷二《惠帝纪》,中华书局1964年版,第91页。

⑤ 〔汉〕班固:《汉书》卷七十五《翼奉传》,中华书局1964年版,第3176页。

⑥ 〔汉〕班固:《汉书》卷五十《汲黯传》,中华书局1964年版,第2316页。

⑦ 〔汉〕班固:《汉书》卷五十《汲黯传》,中华书局1964年版,第2316页。

⑧ 参见邰正坤:《汉代国有粮仓建置考略》,《首都师范大学学报(社会科学版)》2005年第1期。

⑨ 《尹湾汉墓简牍》前言中所记"武库永始四年兵车器集簿"中说:"所记分乘舆兵、车器和库兵、车器两大部分,逐项记载武库所收藏兵、车器的名称和数量。"连云港市博物馆等编:《尹湾汉墓简牍》,中华书局1997年版,第2页。

⑩ 赵晔撰,吴庆峰点校:《吴越春秋》卷四《阖闾内传》,齐鲁书社2000年版,第19~20页。

长安皆有武库。西汉初年开始营造武库，并置武库署，设武库令、丞，掌藏兵器，汉高祖八年（前 199）萧何“营作未央宫，立东阙、北阙、前殿、武库、太仓”[①]。西汉时期洛阳武库与长安武库并置，有如敖仓与太仓并置，直属于中央，使之成为巩固东方统治秩序的军事重镇。《小校经阁金文》卷十二载“洛阳武库钟”元封二年（前 109）造，《封泥考略》卷四载“洛阳武库”封泥。除却长安，其他各郡多称“某库”，唯洛阳称“武库”，也是其区别于一般郡县之处。尤为进者，长安武库只藏兵器，而洛阳武库不仅藏兵器，同时存放禁军的“轻车”，[②]《后汉书·舆服上》载：“轻车，古之战车也……藏在武库。大驾、法驾出，射声校尉、司马吏士载，以次属车，在卤簿中。”[③]据目前文献所见，洛阳武库是规模仅次于京师长安的武库，汉代朝廷对此非常重视，在此集中了大批精良武器，它的得失成为影响天下安危的一个重要因素，汉朝廷自然特别重视对武库令的选拔和任用。名臣魏相任河南太守时，严格执法，豪强畏服。当时的洛阳武库令，是丞相车千秋之子。车千秋病逝使其骤感失去庇护，因畏惧魏相的治郡严厉，他竟自行免官入关中。大将军霍光认定魏相欺凌失势的车千秋之子，责怪道：“幼主新立，以为函谷京师之固，武库精兵所聚，故以丞相弟为关都尉，子为武库令。今河南太守不深惟国家大策，苟见丞相不在而斥逐其子，何浅薄也！”[④]可见，区区一洛阳武库令，并非显赫职位，但朝廷任命丞相之子担任，且任者去留之间竟然也能引发朝政的反响，足以说明洛阳武库的受重视程度。

作为关东军事基地的洛阳武库，在稳定政局中起着关键的作用。汉景帝“吴楚七国之乱”时，战争双方有政治头脑的人都认定洛阳及洛阳武库的存亡将直接决定战争的结果。叛乱方吴王刘濞部下桓将军在起事之初就曾建议：“吴多步兵，步兵利险；汉多车骑，车骑利平地。愿大王所过城不下，直去，疾西据雒阳武库，食敖仓粟，阻山河之险以令诸侯，虽无入关，天下固已定矣。”[⑤]但这一用长避短、直袭洛阳的妙计被自视甚高的吴王否决。周亚夫领命平叛吴、楚等七国之乱，原计划从长安出发，击函谷关，走崤、渑，至洛阳。有位当地谋士赵涉建

---

① 〔汉〕司马迁：《史记》卷八《高祖本纪》，中华书局 1963 年版，第 385 页。

② 庄春波：《秦汉武库制度》，《史学月刊》1991 年第 6 期。

③ 〔南朝宋〕范晔：《后汉书》志二十九《舆服上》，中华书局 1965 年版，第 3650 页。

④ 〔汉〕班固：《汉书》卷七十四《魏相传》，中华书局 1964 年版，第 3133~3134 页。

⑤ 〔汉〕班固：《汉书》卷三十五《荆燕吴传》，中华书局 1964 年版，第 1914 页。

言:“将军东诛吴楚,胜则宗庙安,不胜则天下危。”又说:“吴王素富,怀辑死士久矣。此知将军且行,必置间人于殽黾厄狭之间。且兵事上神密,将军何不从此右去,走蓝田,出武关,抵雒阳,间不过差一二日,直入武库,击鸣鼓。诸侯闻之,以为将军从天而下也。”①赵涉这一占据洛阳武库的计划,事实上是言控制了洛阳武库就意味着把握了战争的主动权,在心理上就对东方诸侯有一定的威慑力。周亚夫择善而从,立即改变行军路线,用赵涉之策,“走蓝田”,“抵雒阳”,“直入武库,击鸣鼓”,“至雒阳,使吏搜殽黾间,果得吴伏兵”,进而击败吴、楚,从而完全掌握了战争的主动权,为胜利奠定了基础。此后他分兵进击,仅用三个月就平定了波及东南半壁的叛乱。抢占洛阳、控制武库,显然是周亚夫获胜的良机,倘若吴王刘濞听从桓将军之言,捷足先登,战争的结局恐怕就是另外一种结果了。

洛阳不许封立诸侯,必须置于中央朝廷的直接控制之下,是西汉皇室约定俗成的“家法”。汉武帝时,所宠幸的王夫人生子刘闳。王夫人重病垂危,向前来慰藉的武帝求情,建议封其子为王,立国于洛阳。汉武帝回答说封刘闳为王没问题,但不能封于洛阳。原因是“雒阳有武库敖仓,天下冲厄,汉国之大都也。先帝以来,无子王于雒阳者。去雒阳,余尽可”②。《史记·滑稽列传》也记载了这件事:“洛阳有武库、敖仓,当关口,天下咽喉。自先帝以来,传不为置王。”③“天下咽喉”,西汉国之大都,点明了洛阳的特殊地位。西汉年间未曾在洛阳封立诸侯,可见洛阳是决然不同于一般郡县的。颇为吊诡的是,汉武帝曾以洛阳三十里地封周后裔为周子南君,有破例之嫌。《汉书·武帝纪》记载,元鼎四年(前113)十一月甲子武帝至汾阴拜祭后土祠后,“行幸荥阳。还至洛阳”④,诏曰:“观于周室,邈而无祀。”后封周后裔嘉为周子南君,“以奉周祀”。事实上,这次加封并未实际赐地,只是虚封。

汉武帝迁徙函谷关加强了洛阳的军事地位。《汉书·武帝纪》谓:“(元鼎)三年冬,徙函谷关于新安。”⑤应劭注曰:“时楼船将军杨仆数有大功,耻为关外

---

① 〔汉〕班固:《汉书》卷四十《周勃传》,中华书局1964年版,第2059页。

② 〔汉〕司马迁:《史记》卷六十《三王世家》,中华书局1963年版,第2115页。

③ 〔汉〕司马迁:《史记》卷一百二十六《滑稽列传》,中华书局1963年版,第3209页。

④ 〔汉〕班固:《汉书》卷六《武帝纪》,中华书局1964年版,第183页。

⑤ 〔汉〕班固:《汉书》卷六《武帝纪》,中华书局1964年版,第183页。

民,上书乞徙东关,以家财给其用度。武帝意亦好广阔,于是徙关于新安,去弘农三百里。”①新函谷关遗址在今新安县东,距洛阳20千米左右。汉武帝元鼎四年增置弘农郡,洛阳之西的“殽黾”即函谷关、渑池皆被划归弘农郡。由秦内史和河南郡分出的弘农郡,应该处于京畿之东的第一道军事防御屏障,而洛阳则在这道防线之东形成第二道军事拱卫屏障。征和四年(前89),汉武帝初置司隶校尉,负责“察三辅、三河、弘农”②。三辅为京兆尹、左冯翊、右扶风,三河为河南、河内、河东。三辅、三河、弘农郡分属司隶校尉监察之下,构成了一个相对独立的监察区,由司隶校尉执掌。长安所属的京兆尹,在左冯翊、右扶风、三河、弘农的拱卫之下,因而洛阳在城防的基础上,拱卫京畿的作用仍然非常突出。与此同时,洛阳的武库又配置精良,河南郡内还有设在荥阳的敖仓,集天下粮谷,另有21属县与洛阳形成郡县防务体系,相辅相成。新莽始建国四年(12),王莽重新恢复西周旧制,设东、西二都,下书“以洛阳为新室东都,常安为新室西都”③,又在天凤元年(14)“遣太傅平晏、大司空王邑之雒阳,营相宅兆,图起宗庙、社稷、郊兆云”④。新室洛阳的设置是新莽王朝推行复古改制的一项内容,穷其所在,勾画蓝图。

西汉建立之初,刘邦曾都于洛阳三个月,之后虽然迁都关中长安,但是并未忽略洛阳,且多次巡幸洛阳。武库和敖仓等重要设施的存在,使洛阳的战略地位异常突出。不唯如此,洛阳所在的三河地区也素为西汉诸朝所重视,汉文帝曾对彼时河东守季布言“河东吾股肱郡,故特召君耳”⑤,是为汉初即视三河地区为心腹之地。西汉后期更是如此,汉元帝建昭二年(前37)“益三河大郡太守秩”。故此,河南郡守的人选是颇费思量的,其“多以治理地方政绩突出的官员调任,其中尤以善于‘治剧’,能有效维护社会秩序为选择条件”⑥。《汉书·贾谊传》载,汉文帝因河南太守吴公“治平为天下第一”而擢升廷尉。汉武帝任用黄霸为河南太守丞,是因其“明察内敏,又习文法”。王嘉为河南太守,“治甚有

① 〔汉〕班固:《汉书》卷六《武帝纪》,中华书局1964年版,第183页。
② 〔汉〕班固:《汉书》卷十九《百官公卿表上》,中华书局1964年版,第737页。
③ 〔汉〕班固:《汉书》卷九十九《王莽传中》,中华书局1964年版,第4128页。
④ 〔汉〕班固:《汉书》卷九十九《王莽传中》,中华书局1964年版,第4134页。
⑤ 〔汉〕司马迁:《史记》卷一百《季布传》,中华书局1963年版,第2731页。
⑥ 赵棚鸽:《西汉河洛士人“五经”传习特征略论》,《洛阳理工学院学报(社会科学版)》2012年第1期。

声”，入为大鸿胪。有汉一代的河南郡守，可谓名臣辈出，当然也不乏“酷吏”。汉宣帝时，魏相以酷严闻名，也是一代名相；严延年出任河南太守，因其摧折豪强，果于杀戮，被时人谓以“屠伯”之名。京兆尹张敞闻严延年治郡颇为刻急而致信，劝他用刑稍缓。严延年回信称：“河南天下喉咽，二周余毙，莠盛苗秽，何可不锄也？”[1]为了确保这一重要地区的社会秩序，法外施刑，严苛立威，庶几不是西汉朝廷遴选酷吏典治河南的真正用意。

因为长安与洛阳作为都城的区位条件相当，而且因为古代中国“从有文字记载以来的历史一直到唐代，文化经济重心一直在黄河流域，这正是中国早期首都必选在黄河流域的基本原因，而在黄河流域最适宜建都的地方除西安、洛阳之外，我们的确至今不能想出有第三处。……由于建都的时间都很长，形成了另一个重要背景，那就是这两处人文因素积淀深厚”[2]，所以一旦长安成为首都，洛阳及其所在的河南地区就成了最佳备选。而这个念念不忘的备选在西汉后期的朝堂之上经常被提及，其中尤以汉元帝时期的翼奉为代表。翼奉在西汉后期频现灾异时，同传统儒家思想的儒士一样，认为是上苍的“谴告”，主张通过一些更始手段来解决。他向汉元帝对策：“臣愿陛下徙都于成周，左据成皋，右阻黾池，前乡崧高，后介大河，建荥阳，扶河东，南北千里以为关，而入敖仓；地方百里者八九，足以自娱；东厌诸侯之权，西远羌胡之难，陛下共己亡为，按成周之居，兼盘庚之德，万岁之后，长为高宗。”[3]

（三）王莽营建洛阳

王莽是西汉元帝皇后王政君之侄，其以外戚身份逐步代汉，取得政权。汉平帝时期，王莽被封为安汉公，时为太后的王政君将西汉开国丞相萧何甲第作为一种荣誉赐予王莽居住，其诏书曰：“大司马新都侯莽三世为三公，典周公之职，建万世策，功德为忠臣宗，化流海内，远人慕义，越裳氏重译献白雉。其以召陵、新息二县户二万八千益封莽，复其后嗣，畴其爵邑，封功如萧相国。以莽为太傅，干四辅之事，号曰安汉公。以故萧相国甲第为安汉公第，定著于令，传之

---

① 〔汉〕班固：《汉书》卷九十《酷吏传》，中华书局 1964 年版，第 3670 页。

② 周振鹤：《东西徘徊与南北往复——中国历史上五大都城定位的政治地理因素》，《华东师范大学学报（哲学社会科学版）》2009 年第 1 期。

③ 〔汉〕班固：《汉书》卷七十五《翼奉传》，中华书局 1964 年版，第 3176 页。

无穷。”①

太后将王莽比作刀笔吏出身的萧何,并且以萧何的宅邸赐予王莽,大约也是认同甚或希冀萧何所秉持的无私公家的王朝理念能彰显于王莽品质上。王莽的举动似乎也处处表明自己的大公无私:“五年正月,祫祭明堂,诸侯王二十八人,列侯百二十人,宗室子九百余人,征助祭。礼毕,封孝宣曾孙信等三十六人为列侯,余皆益户赐爵,金帛之赏各有数。是时,吏民以莽不受新野田而上书者前后四十八万七千五百七十二人,及诸侯、王公、列侯、宗室见者皆叩头言,宜亟加赏于安汉公。于是莽上书曰:‘臣以外属,越次备位,未能奉称。伏念圣德纯茂,承天当古,制礼以治民,作乐以移风,四海奔走,百蛮并辏,辞去之日,莫不陨涕。非有款诚,岂可虚致?自诸侯王已下至于吏民,咸知臣莽上与陛下有葭莩之故,又得典职,每归功列德者,辄以臣莽为余言。臣见诸侯面言事于前者,未尝不流汗而惭愧也。虽性愚鄙,至诚自知,德薄位尊,力少任大,夙夜悼栗,常恐污辱圣朝。’”②

这里王莽明确指出因为自己的外戚身份,与皇帝有“葭莩之故”,才得有特别的恩宠,自己深感惭愧。《汉书》卷九十九又载,“莽杜门自守,其中子获杀奴,莽切责获,令自杀。在国三岁,吏上书冤讼莽者以百数。元寿元年,日食,贤良周护、宋崇等对策深颂莽功德,上于是征莽”③,“初莽妻以莽数杀其子,涕泣失明,莽令太子临居中养焉”④。成为天子之后的王莽,继续对儿子严厉惩处,不能说其中没有政治需要的表演,但将儿子作为政坛上的祭品,也显现出王莽对血缘亲情的克制。公元 8 年,王莽废孺子婴,自立为帝,改国号为新。王莽代汉后,着手改制,对各种既存制度进行变革,并着手策划迁都事宜。

始建国二年(10),王莽下诏“于长安及五都立五均官”⑤,此五都即洛阳、邯郸、临淄、宛、成都,在经济上承认了洛阳在全国的中心地位。新莽始建国四年(12),诏曰:“昔周二后受命,故有东都、西都之居。予之受命,盖亦如之。其以

① 〔汉〕班固:《汉书》卷九十九《王莽传上》,中华书局 1964 年版,第 4047 页。

② 〔汉〕班固:《汉书》卷九十九《王莽传上》,中华书局 1964 年版,第 4070~4071 页。

③ 〔汉〕班固:《汉书》卷九十九《王莽传上》,中华书局 1964 年版,第 4043 页。

④ 〔汉〕班固:《汉书》卷九十九《王莽传下》,中华书局 1964 年版,第 4165 页。

⑤ 〔汉〕班固:《汉书》卷二十四《食货志下》,中华书局 1964 年版,第 1180 页。

洛阳为新室东都,常安为新室西都。邦畿连体,各有采任。”[①]此番诏令的颁布,使洛阳取得了与长安并肩的东都之称。始建国五年(13),“长安民闻莽欲都雒阳,不肯缮治室宅,或颇彻之”[②],欲使洛阳取代长安,成为新莽的正式国都。王莽以“符命著名,敢不钦奉”为依据,宣布于始建国八年(16)“定帝德,国雒阳”[③]。天凤元年(14)正月,王莽昭示天下“予以二月建寅之节行巡狩之礼”,而后“即于土中居雒阳之都焉”。为使迁都计划顺利实施,王莽“乃遣太傅平晏、大司空王邑之雒阳,营相宅兆,图起宗庙、社稷、郊兆云”[④],进行礼制建筑的规划和施工,使洛阳逐步具有了代表王权正统的地位。王莽以“符命”作为定都洛阳的借口,同时也提出东、西两都并重的政策,安抚可能因迁都而引致的长安城的震动,而事实上,王莽已有将其统治重心迁徙至东都的计划。据《周礼》和《王制》[⑤],王莽在长安和洛阳规划“乡遂”:“分长安城旁六乡,置帅各一人。分三辅为六尉郡,河东、河内、弘农、河南、颍川、南阳为六队郡,置大夫,职如太守;属正,职如都尉。更名河南大尹曰保忠信卿。益河南属县满三十。置六郊州长各一人,人主五县。”[⑥]王莽的乡遂制度,表面看是按照六乡、六尉、六队的顺序将司隶校尉部进行了调整和规划,实际上隐含了以长安与洛阳各为中心的两个乡遂系统[⑦],甚至就领辖区域而言,“长安的乡遂系统仅限于三辅地区,而洛阳的乡遂系统则横跨六郡的范围”[⑧],洛阳及其王畿地区要远远大于长安的王畿地区。

王莽迁都洛阳计划未及真正付诸实施,农民起义爆发,地皇四年(23),王莽被杀,新莽政权灭亡。自始建国四年新莽定洛阳为东都,至地皇四年王莽被杀,东都历时10余年。史称王莽法古“每有所兴造,必欲依古得经文”[⑨],甚至元始五年(5)太皇太后亲诏曰“辅朕五年……天下和会,大众方辑。《诗》之灵台,

---

① 〔汉〕班固:《汉书》卷九十九《王莽传中》,中华书局1964年版,第4128页。

② 〔汉〕班固:《汉书》卷九十九《王莽传中》,中华书局1964年版,第4132页。

③ 〔汉〕班固:《汉书》卷九十九《王莽传中》,中华书局1964年版,第4132页。

④ 〔汉〕班固:《汉书》卷九十九《王莽传中》,中华书局1964年版,第4134页。

⑤ 乡遂制度滥觞于《周礼》,其特点盖西周已有,即将王畿地区划分为六乡和六遂,内乡外遂,各有不同职事,六乡执军事,六遂掌贡赋。

⑥ 〔汉〕班固:《汉书》卷九十九《王莽传中》,中华书局1964年版,第4136页。

⑦ 沈刚:《王莽营建东都问题探讨》,《中国历史地理论丛》2005年第3期。

⑧ 李琰:《礼制兴革与王莽代汉》,山西大学2011年硕士学位论文。

⑨ 〔汉〕班固:《汉书》卷二十四《食货志下》,中华书局1964年版,第1179页。

《书》之作雒,镐京之制,商邑之度,于今复兴”[①]。事实上,王莽的东都规划不仅仅是一种单纯的法古,“它反映了自西汉末年以来,随着关东地区经济地位的上升,最高统治者希求在当地寻求一个能够领导全国经济运行的都市为国都的政治意图”[②]。王莽的东都计划虽未完全落实,但它为东汉定都洛阳和全国经济重心的东移奠定了基础。

(四)东汉终都洛阳

新莽末年,赤眉、绿林起义爆发,新莽政权显败亡之象。南阳人李通以图谶“刘氏复起,李氏为辅”劝说刘秀起兵。地皇三年(22),刘秀与其兄刘縯以兴复汉廷为目的,起兵舂陵(治今湖北枣阳南),号称“舂陵兵”。次年二月,更始政权建立后,刘縯任大司徒,刘秀任太常、偏将军。地皇四年(23),王莽命王邑、王寻率大军围绿林于昆阳(在今河南叶县),刘秀突围后调援兵与守城将士内外合击,重创莽军。同年九月,新莽政权覆灭,更始帝北都洛阳后,刘秀行大司马事,次年,灭王郎,被封萧王。关东地区的豪强地主率宗族、宾客、子弟先后归附刘秀,成为其有力支柱,进而拒绝更始政权的差遣。刘秀于公元25年称帝于鄗(治今河北柏乡北),由于地狭且偏,不利于大业,因此很快迁都于洛阳。

两汉之际,战乱频仍,洛阳几经战乱。其中有三次较为关键性的军事活动,决定了洛阳的归属。其一,更始政权与新莽王朝在洛阳正面对决。地黄四年八月,“王莽使太师王匡、国将哀章守洛阳”,“更始遣定国上公王匡攻洛阳,西屏大将军申屠建、丞相司直李松攻武关,三辅震动”。[③] 此次交锋,新莽政权一败涂地。其二,更始政权一度定都洛阳。地黄四年九月,更始一方斩获王莽首级,夺取洛阳,并于十月决定建都洛阳。武信侯刘秀代行司隶校尉,负责修整洛阳宫府。[④] 更始入洛阳后,光武帝“以破虏将军行大司马事”[⑤],十月离开洛阳。更始二年(24)二月,迁都长安。[⑥] 其三,光武帝夺取洛阳并定都于此。更始二年十二

---

① 〔汉〕班固:《汉书》卷九十九《王莽传上》,中华书局1964年版,第4073页。

② 李久昌:《古代洛阳所置陪都及其时间考》,《三门峡职业技术学院学报》2007年第1期。

③ 〔南朝宋〕范晔:《后汉书》卷十一《刘玄刘盆子列传》,中华书局1965年版,第469页。

④ 〔南朝宋〕范晔:《后汉书》卷一《光武帝纪上》,中华书局1965年版,第9页。

⑤ 〔南朝宋〕范晔:《后汉书》卷一《光武帝纪上》,中华书局1965年版,第10页。

⑥ 〔南朝宋〕范晔:《后汉书》卷十一《刘玄刘盆子列传》,中华书局1965年版,第470页。

月，青犊与赤眉进军攻入函谷关，光武帝率部乘乱西进，因大司马朱鲔、舞阴王李轶率军屯守洛阳，光武帝派遣冯异据守孟津。[①] 建武元年(25)七月，光武帝大军围困洛阳，九月辛卯日朱鲔“举城降”，“冬十月癸丑，车驾入洛阳，幸南宫却非殿，遂定都焉”。

以西汉皇室后裔身份存在的光武帝刘秀，选择定都洛阳而非长安，何也？关乎此论著颇丰，仅以前贤所论为据，综合诸方观点，大体归纳如下原因。

1. 长安地区衰落

两汉之际数十年的兵燹涂炭，长安衰落迹象日盛，[②]更始、赤眉竞相摧残之。《汉书·王莽传》记载：“(更始二年二月)更始到长安……三辅悉平，更始都长安，居长乐宫。府藏完具，独未央宫烧攻莽三日，死则案堵复故……明年夏，赤眉樊崇等众数十万人入关，立刘盆子，称尊号，攻更始，更始降之。赤眉遂烧长安宫室市里，害更始。民饥饿相食，死者数十万，长安为虚，城中无人行。宗庙园陵皆发掘，唯霸陵、杜陵完。”[③]更始三年(25)，更始将张卬、廖湛、胡殷、申屠建等与御史大夫隗嚣合谋，欲劫更始。事发，张卬与廖湛、胡殷遂“勒兵掠(长安)东西市。昏时，烧门入，战于宫中，更始大败”[④]。更始诸将分为两方，互相攻战于(长安)城内，连战月余。赤眉至，更始败亡。长安及关中地区经更始之乱政、诸将与更始攻战，且以三辅及长安为战场，长安之残破已现。赤眉诸将于更始二年六月立刘盆子为帝，《后汉书·刘玄刘盆子列传》记载：“盆子居长乐宫，诸将日会论功，争言欢呼，拔剑击柱，不能相一。三辅郡县营长遣使贡献，兵士辄剽夺之。”[⑤]建武二年(26)正月，“赤眉贪财物，复出大掠。城中粮食尽，遂收载珍宝，因大纵火烧宫室，引兵而西”[⑥]。九月，赤眉军又入长安，“三辅大饥，

---

① 〔南朝宋〕范晔：《后汉书》卷一《光武帝纪上》，中华书局1965年版，第18页。

② 参见廖伯源：《论东汉定都洛阳及其影响》，《史学集刊》2010年第3期。朱志先、张霞：《析东汉定都洛阳的原因》，《洛阳师范学院学报》2004年第3期。曹金华：《试论东汉的迁都思潮及其影响》，《江苏社会科学》1992年第3期。柳华：《两汉时期“择都”观念及其影响研究》，山西大学2014年硕士学位论文。

③ 〔汉〕班固：《汉书》卷九十九《王莽传下》，中华书局1964年版，第4193页。

④ 〔南朝宋〕范晔：《后汉书》卷十一《刘玄刘盆子列传》，中华书局1965年版，第474页。

⑤ 〔南朝宋〕范晔：《后汉书》卷十一《刘玄刘盆子列传》，中华书局1965年版，第481页。

⑥ 〔南朝宋〕范晔：《后汉书》卷十一《刘玄刘盆子列传》，中华书局1965年版，第483页。

人相食,城郭皆空,白骨蔽野”①。“三辅遭王莽、更始之乱,重以赤眉、延岑之酷,元元涂炭,无所依诉。”②

东汉末年的杨彪曾说:“关中遭王莽变乱,宫室焚荡,民庶涂炭,百不一在。光武受命,更都洛邑。”③洛阳,则在更始元年以后,就始终在刘秀控制之下。九月,更始军拔洛阳。十月,更始移都洛阳,洛阳宫室由刘秀负责修整,“更始将北都洛阳,以光武行司隶校尉,使前整修宫府。于是置僚属,作文移,从事司察,一如旧章”④。后刘秀被任命为“破虏将军行大司马事”,持节北渡河,“镇慰州郡”,“所到部县,辄见二千石、长吏、三老、官属,下至佐史,考察黜陟,如州牧行部事。辄平遣囚徒,除王莽苛政,复汉官名。吏人喜悦,争持牛酒迎劳”⑤,得到了中原一带官民的拥护。更始二年,郑兴上书劝更始帝弃洛阳而都长安,意谓天下大乱之际,关中地势险要,宜先据关中,后定赤眉。二月,更始自洛阳西迁长安。由于更始战略上不先平赤眉,入关中后置官不当,沉湎女乐,不纳谏言,以致“关中离心,四方怨叛。诸将出征,各自专置牧守,州郡交错,不知所从”⑥。十二月,赤眉涌入关中,长安更加混乱。

彼时关中势力尚强,即便都于长安,也很难恢复西汉旧制。西汉迁徙地方豪强大族于长安附近诸陵,京辅地区成豪强云集的地方。由于地邻国家政治中心,加上更始集团和赤眉集团的继迭兴衰,关中豪强“拥兵多者万余,少者数千人,转相攻击”⑦。西北地区有卢芳集团、隗嚣集团、窦融集团。《汉书·叙传》云:“世祖即位于冀州。时隗嚣据垄拥众,招辑英俊,而公孙述称帝于蜀汉,天下云扰,大者连州郡,小者据县邑。”⑧班固此话大体勾勒出王莽灭亡至东汉初年割据形势的普遍和复杂。隗嚣集团以陇西隗氏为首,在陇右豪强的支持下,于王莽地皇四年起兵天水并迅速发展,主要控制陇西、天水等郡,光武帝建武十年(34)才被彻底消灭,持续时间很长。刘秀虽为汉室皇胄,却长期生活居住在南

① 〔南朝宋〕范晔:《后汉书》卷十一《刘玄刘盆子列传》,中华书局1965年版,第484页。
② 〔南朝宋〕范晔:《后汉书》卷十七《冯异传》,中华书局1965年版,第645页。
③ 〔南朝宋〕范晔:《后汉书》卷五十四《杨震列传》,中华书局1965年版,第1786~1787页。
④ 〔南朝宋〕范晔:《后汉书》卷一《光武帝纪上》,中华书局1965年版,第9~10页。
⑤ 〔南朝宋〕范晔:《后汉书》卷一《光武帝纪上》,中华书局1965年版,第10页。
⑥ 〔南朝宋〕范晔:《后汉书》卷十一《刘玄刘盆子列传》,中华书局1965年版,第472页。
⑦ 〔南朝宋〕范晔:《后汉书》卷十七《冯异传》,中华书局1965年版,第647页。
⑧ 〔汉〕班固:《汉书》卷一百《叙传上》,中华书局1964年版,第4207页。

阳郡，在南阳郡有着盘根错节的势力。绿林军起而反抗西汉政府时，刘秀北向发展势力，转战于黄河南北。建都洛阳，洛阳距南阳郡较近，其考虑建都离长期经营的根据地较近也是理所当然的。长安还处于混乱之中，关中尚不具备作为都城所必需的稳定局势。建武元年九月，“赤眉入长安，更始奔高陵”。十二月，“赤眉杀更始，而隗嚣据陇右，卢芳起安定”。

西汉都于长安，徙关东豪族于关中定居，以当时之势，减小了关东势力对长安的威胁，也可有效地抵御匈奴的侵扰，带来的负面影响就是人口数量的过快增长，《盐铁论·园池》载：“三辅迫近于山、河，地狭人众，四方并凑，粟米薪菜，不能相赡。”人口过快增长给京畿地区造成了巨大压力，首先就是粮食的供给问题。以往需要漕运关东的粮食来补充长安短缺的粮食，汉初“漕转山东粟……岁不过数十万石”，及至汉中叶，“岁漕关东谷四百万斛，以给京师，用卒六万人”。专职漕运之事，耗费兵卒、船夫、纤夫、马夫、车夫等，人数众多，且从洛阳至陕县（今三门峡陕州区）三百余里，三门砥柱之险，船毁人亡之事时有发生，此三百里漕转粮食入关中，费用极其昂贵靡费。《三辅黄图》记载，京畿地区社会风气“五方错杂，风俗不一，贵者崇侈靡，贱者薄仁义，富强则商贾为利，贫窭则盗贼不禁。闾里嫁娶，尤尚财货，送死过度，故汉之京辅，号为难理，古今之所同也”。京师地区的人地矛盾凸显，豪强侵占民地也使得社会越发动荡不安，于光武帝看来已不具备为都的基础和条件。

2. 洛阳优势明显

东汉建都雒阳，一方面是时长安城遭受战火荼毒，八百里秦川荒芜一片，“关中遭王莽变乱，宫室焚荡，民庶涂炭，百不一在”①。另一方面相较之洛阳自然物态丰饶，故“光武受命，更都洛邑”。《史记·周本纪》谓洛阳“此天下之中，四方入贡道里均”②，又说“昔唐人都河东，殷人都河内，周人都河南。夫三河在天下之中，若鼎足，王者所更居也，建国各数百千岁”③。

以生态学的角度考之择都问题，择都是一种区域空间行为，“是利用和改造一定区域范围的自然生态资源而建成人居环境的行为”④。从这个意义上说，自

① 〔南朝宋〕范晔：《后汉书》卷五十四《杨震列传》，中华书局1965年版，第1786页。

② 〔汉〕司马迁：《史记》卷四《周本纪》，中华书局1963年版，第133页。

③ 〔汉〕司马迁：《史记》卷一百二十九《货殖列传》，中华书局1963年版，第3262～3263页。

④ 李久昌：《古代洛阳都城空间演变研究》，陕西师范大学2005年博士学位论文。

然生态环境影响择都则是毋庸置疑的。洛阳位于豫西盆地北部,背面有邙山横峙,南面逶迤熊耳山,崤山在西做屏障,嵩山耸立于东南,处于群山环抱当中。多水并流也是洛阳重要的生态特征。邙山北侧就是滔滔黄河,洛水为黄河较大的支流,伊河又是洛水南岸最大的支流,其在今偃师注入洛水。伊、洛二水含沙量小,水源较清,唐代还有"清洛浮桥南渡头""伊洛泛清流"等称誉诗句。黄河、洛河、伊河、涧河、瀍河、谷水等诸多河流流经洛阳,其间黄河处北,伊河、洛河、涧河和瀍河四水横穿洛阳盆地,转而东去;涧河居西,瀍河位东,伊河与洛河皆在南。伊、洛二水是洛阳地区最主要的河流,不断流,不冰冻,素有"温洛"之誉,既利于农田灌溉也利于航运发展。洛阳地处中原腹地,黄河及其支流洛河经此流过,并且介于黄河流域和长江流域之间,其地形向东、东北和东南方向呈扇形延伸。这些山谷平原、河流堤岸皆四通八达,加之伊洛平原和相邻的山谷丘陵等覆盖的是黄土,且有较成熟的孔道与外界相连,即便没有成形的道路,其修缮和搭建也较其他地方更为便捷,因此洛阳地区的交通自古以来就比较发达。

洛阳地处关中平原与黄淮海平原的过渡地带,也处在太行山、秦岭构成的内侧,在陆路交通不发达的古代,是东进西出的必经之路和咽喉之地。即便抛开陆路,单走水路,自关中陕西至河南郡的水上交通,唯一的路线是溯黄河,自河曲东行,这样也必须经邙山北麓进入黄淮海平原,而邙山即在洛阳北部。如此,洛阳就扼守了古代东西向两大交通命脉:东行出洛阳盆地,经虎牢关、广武山到达黄淮平原;西行出函谷关,沿渭水盆地到达关中平原,西出阳关;北行经孟津渡黄河;南行出伊阙,东南沿三鸦路南下至南阳盆地,与楚地相通,到达江汉平原。[①] 这种四方辐辏、通达各地的交通是其他地方绝难望其项背的。

洛阳优越的生态环境还体现在拥有适宜的气候条件。洛阳冷暖适宜、风调雨顺,张衡所著《东京赋》对洛阳赞颂备至:"昔先王之经邑也,掩观九隩,靡地不营。土圭测景,不缩不盈。总风雨之所交,然后以建王城。"[②]这种极尽推崇的描述,或许有所过誉,但想来也定有所本。竺可桢先生研究表明:洛阳从旧石器晚

---

① 参见李久昌:《古代洛阳都城空间演变研究》,陕西师范大学 2005 年博士学位论文;朱宇强:《汉唐时期洛阳的生态与社会》,南开大学 2012 年博士学位论文。

② 高步瀛著,曹道衡、沈玉成点校:《文选李注义疏》卷三《赋乙 · 京都中 · 东京赋》,中华书局 1985 年版,第 523~524 页。

期经夏、商、周、汉、南北朝至隋唐时期，总的来说暖温湿润，降水丰沛，宜于人居，更适合禾锸畎亩。[①]《洛阳市志·自然环境》将洛阳地区夏至宋代之间气候细分为9个时期，其中，西汉至东汉初期为温暖期，东汉后期至隋之前为寒冷期。[②]

洛阳地处天下之中，如前文所述，依临黄河，境内伊河、洛河、涧水等多水并流，四周又有群山做屏。清人顾祖禹曾将洛阳之形胜形容为“河、山控带，形胜甲于天下”[③]，并引贾谊所说“殽、函之国”，戴延之云“南倚山原，北临大河，良为形势”，崔浩“东自崤山，西至潼津，通名函谷，号为天险”，[④]一番感慨溢美之词。李尤在《洛铭》中说：“洛出熊耳，东流会集。夏禹导疏，经于洛邑。玄龟赤字，汉符是立。帝都通路，建国南乡。万乘终济，造舟为梁。三都五州，贡篚万方。广视远听，审任贤良。元首昭明，庶类是康。”[⑤]描写出洛阳地区土质肥美、物候适宜、资源丰饶的状况。李尤《河铭》中又说：“洋洋河水，赴宗于海。经自中州，龙图所在。昔周武诸侯，会于孟津。鱼入王舟，乃往克殷。大汉承绪，怀附遐邻。邦事来济，各贡厥珍。”[⑥]班固《东都赋》赞叹曰：“且夫辟界西戎，险阻四塞，修其防御，孰与处乎土中，平夷洞达，万方辐凑？秦领九嵕，泾渭之川，曷若四渎五岳，带河泝洛，图书之渊？”[⑦]崔骃《反都赋》曰：“观三代之余烈，察殷夏之遗风。背崤函之固，即周洛之中。”[⑧]傅毅《洛都赋》曰：“惟汉元运会，世祖受命而弭乱。体神武之圣资，握天人之契赞。挥电旗于四野，拂宇宙之残难。受皇号于高邑，修兹都之城馆。寻历代之规兆，仍险塞之自然。被昆仑之洪流，据伊洛之双川。挟成皋之岩阻，扶二崤之崇山。砥柱回波缀于后，三涂太室结于前。镇以嵩高

① 竺可桢：《中国近五千年来气候变迁的初步研究》，《考古学报》1972年第1期。

② 洛阳市地方史志编委会：《洛阳市志·自然环境》，中州古籍出版社2006年版，第191页。

③ ［清］顾祖禹撰，贺次君、施和金点校：《读史方舆纪要》卷四十八《河南三·河南府》，中华书局2005年版，第2214页。

④ ［清］顾祖禹撰，贺次君、施和金点校：《读史方舆纪要》卷四十八《河南三·河南府》，中华书局2005年版，第2270页。

⑤ ［唐］徐坚等：《初学记》卷六《洛水七》，中华书局1962年版，第134页。

⑥ ［唐］欧阳询撰，汪绍楹校：《艺文类聚》卷八《水部上·河水》，上海古籍出版社1985年版，第157页。

⑦ ［南朝宋］范晔：《后汉书》卷四十《班彪列传下》，中华书局1965年版，第1369~1370页。

⑧ ［唐］欧阳询撰，汪绍楹校：《艺文类聚》卷六十一《居处部一·总载居处》，上海古籍出版社1985年版，第1103页。

乔岳,峻极于天。”①

洛阳独一无二的形胜,以及拥有的诸如河图洛书、文王造舟为梁、武王克殷、周公建城、大汉承继大业等文化传承,都给予光武帝定都于此最真实的参考,正如李尤《京师城铭》赞叹曰:“天险匪登,地险丘陵。帝王设险,乾坤是承。”②认为就天、地、人三才而言,天地之险均难以逾越,而帝王凭借“乾坤”而不失法度的“设险”,最大限度体现出东汉王道、德政的治国精神。曹胜高认为:“东汉选都不再刻意强调都城的山川险阻、土地肥沃,将之退居到次要地位,而更强调都城所代表的德政、王道等文化象征意义,是两汉都城选址观念的一个重大变化。”③

3.“云台二十八将”与东汉人文立国根基

除了洛阳自然物态丰饶,“光武受命,更都洛邑”也与东汉建立时的社会基础不无关系。光武帝刘秀自南阳起家,后以河北为根据地,积极拓展势力,且得到了河北、山东等关东豪强地主的拥护支持。在为东汉立国建有卓越功勋的32位大臣中,有21人出身南阳郡和颍川郡。具体分布如下表所示:④

表4.1　大臣与出生地表

南阳郡	颍川郡
新野人:邓禹	父城人:冯异
宛人:吴汉、朱祐、任光、李通、刘隆、卓茂	颍阳人:祭遵、王霸
冠军人:贾复、杜茂	郏人:铫期、臧宫
棘阳人:岑彭、马成	襄城人:傅俊、坚镡
湖阳人:马武	舞阳人:王常
西鄂人:陈俊	

除此之外,河北6人(渔阳要阳盖延、王梁,巨鹿昌城刘植,巨鹿宋子耿纯,上谷昌平寇恂,信都邳肜),山东1人(东莱李忠),扶风等关西郡4人(扶风茂陵耿弇、万脩,扶风平陵窦融,冯翊栎阳景丹)。而由南阳、河北和山东组成的关东

① 〔唐〕徐坚等:《初学记》卷二十四《都邑一》,中华书局1962年版,第564页。

② 〔唐〕欧阳询撰,汪绍楹校:《艺文类聚》卷六十三《居处部三·城》,上海古籍出版社1985年版,第1139页。

③ 曹胜高:《汉赋与汉代制度——以都城、校猎、礼仪为例》,北京大学出版社2006年版,第57页。

④ 根据李久昌《古代洛阳都城空间演变研究》(陕西师范大学2005年博士学位论文)整理。

集团占绝对多数,正如耿纯所言:“天下士大夫捐亲戚,弃土壤,从大王于矢石之间者,其计固望其攀龙鳞,附凤翼,以成其所志耳。”①即便如耿弇、景丹、万脩等人,虽非河北籍人,但因长期滞留于此地,供职郡县,乡土意识逐渐淡漠,在政治上与河北人士已然趋于认同。② 另如扶风平陵人窦融,在归附光武帝后,“帝高融功,下诏以安丰、阳泉、蓼、安风四县封融为安丰侯,弟友为显亲侯”③。在封为安丰侯后,窦氏“欲令姻戚悉据故六安国,遂矫称阴太后诏,令六安侯刘盱去妇,因以女妻之”④。显然,窦氏政治立场在关东方。东汉建立初,扶风茂陵人郭伋曾建言:“选补众职,当简天下贤俊,不宜专用南阳人。”⑤

刘秀本人即是南阳豪强地主,为刘秀出谋划策、剪灭群雄的军事集团核心也多是南阳人。如新野邓禹,与刘秀识于微时,为刘秀献计献策,建立河内根据地,又亲率大军西征关中,克强敌,孤立长安的更始政权,任东汉大司徒一职时年仅24岁,被刘秀赞为“深执忠孝,与朕谋谟帷幄,决胜千里”,“斩将破军,平定山西,功效尤著”。后邓禹又举荐了吴汉、贾复、寇恂等人。南阳冠军人贾复有将帅节用,南阳宛人李通世为货殖著姓,闻名宛城,曾首倡刘秀揭竿而起。南阳棘阳人岑彭曾任棘阳县长,以郡投刘秀,助其稳定河北局势,后力劝朱鲔投降,使刘秀顺利定都洛阳。

《后汉书》论曰:“中兴二十八将,前世以为上应二十八宿,未之详也。然咸能感会风云,奋其智勇,称为佐命,亦各志能之士也。”⑥永平中,“显宗追感前世功臣,乃图画二十八将于南宫云台,其外又有王常、李通、窦融、卓茂,合三十二人。故依其本弟系之篇末,以志功臣之次云尔”⑦。在长期的战争中,依靠关东集团的支持赢得胜利建立东汉的刘秀,就不能不维护其利益,迎合这些攀龙附凤的功臣的乡土执念,以洛阳为都。建初七年(82),杜陵人杜笃上书《论都赋》

① 〔南朝宋〕范晔:《后汉书》卷一《光武帝纪上》,中华书局1965年版,第21页。
② 陈勇:《论光武帝“退功臣而进文吏”》,《历史研究》1995年第4期。
③ 〔南朝宋〕范晔:《后汉书》卷二十三《窦融列传》,中华书局1965年版,第806页。
④ 〔南朝宋〕范晔:《后汉书》卷二十三《窦融列传》,中华书局1965年版,第808页。
⑤ 〔南朝宋〕范晔:《后汉书》卷三十一《郭伋列传》,中华书局1965年版,第1092页。
⑥ 〔南朝宋〕范晔:《后汉书》卷二十二《朱景王杜马刘傅坚马列传》,中华书局1965年版,第787页。
⑦ 〔南朝宋〕范晔:《后汉书》卷二十二《朱景王杜马刘傅坚马列传》,中华书局1965年版,第789~790页。

"欲令车驾迁还长安。耆老闻者,皆动怀土之心,莫不眷然伫立西望"[①],掀起一股迁都长安的思潮。这股思潮反映了关中地主集团对关东集团的不满,[②]但从另一角度视之,也说明光武帝都洛阳与其社会基础的关系之紧密。

4. 迎合了东汉以儒治国的理念

刘秀定都洛阳,传统观点都认为这是经过王莽末年的变乱、赤眉的掳掠,三辅地区遭到严重的破坏,因为确有记载:"三辅遭王莽、更始之乱,又遇赤眉、延岑之弊,兵家纵横,百姓涂炭。"作为西汉皇室后裔,刘秀定都长安更能凸显其政权的正统性质,如杜笃所言"先帝旧京,不宜改营洛邑"。除此之外,也更能顺应关中的民意,恰如更始政权时郑兴立排他议,劝刘玄迁都长安:"陛下起自荆楚,权政未施,一朝建号,而山西雄桀争诛王莽,开关郊迎者,何也? 此天下同苦王氏虐政,而思高祖之旧德也。今久不抚之,臣恐百姓离心,盗贼复起矣。《春秋》书'齐小白入齐',不称侯,未朝庙故也。"[③]东汉定都洛阳也同刘秀的治国理念不无关系。西汉立国,高祖刘邦凭恃关中,"因秦之故",有效控制和防范关东地区,实现天下之治。"时至东汉,情况已发生了根本变化。诸侯王问题早已解决;东西文化的差异和对立也因武帝'变更制度'而大大缩小和缓解;战国时代遗留下来的地域观念终于被州郡观念所取代;汉家的统治基本上被关东社会所接受。"[④]东汉定都洛阳,一方面显示其不再需要凭借关中形胜控制关东,另一方面也昭示其国策的转变,即复兴"汉德",或谓"尧德","偃干戈,修文德",走上"王道"之正轨。《后汉书·光武帝纪》言:"初,帝在兵间久,厌武事,且知天下疲耗,思乐息肩。自陇、蜀平后,非儆急,未尝复言军旅。"[⑤]对于此中原因,史念海先生说:"一国首都的选择,是应接近于当时最大的敌人的,而不应该迁就于当时的经济中心。首都接近于最大的敌人,则一切的政策和设施都是积极的、进取的;若迁就于经济的中心,则一切的政策和设施就自然趋向于消极的、退缩

---

① 〔南朝宋〕范晔:《后汉书》卷七十六《循吏列传·王景传》,中华书局 1965 年版,第 2466 页。

② 曹金华:《从马窦之争看班固等"反迁都"论战的实质》,《扬州大学学报(人文社会科学版)》1998 年第 2 期。

③ 〔南朝宋〕范晔:《后汉书》卷三十六《郑兴列传》,中华书局 1965 年版,第 1217~1218 页。

④ 陈苏镇:《汉代政治与〈春秋〉学》,中国广播电视出版社 2001 年版,第 406 页。

⑤ 〔南朝宋〕范晔:《后汉书》卷一《光武帝纪下》,中华书局 1965 年版,第 85 页。

的。国运的盛衰和国都的选择是不可分离的关系。”①

东汉立国以后,究竟是西都长安还是东都洛阳,曾有过很激烈的争论,且这种争论并不以都洛而终结,总是随着某些事件的出现,重新出现一次。以崔骃为代表的儒士,站在儒家王道治国的立场上,以天下之中的理念为出发点,坚持都洛,认为与关中长安相比,洛阳是实行王道政治的理想都城。崔骃《反都赋》云:“背崤函之固,即周洛之中。”②《白虎通疏证·京师》谓:“王者京师必择土中何?所以均教道,平往来,使善易以闻,为恶易以闻,明当惧慎,损于善恶。《尚书》曰:‘王来绍上帝,自服于土中。’圣人承天而制作。《尚书》曰:‘公不敢不敬天之休,来相宅。’”③事实上,随着儒学在西汉基础上的进一步发展,东汉政府官吏,除光武勋臣及建武年间获重用的文吏普遍具备儒学的背景外,就是帝王本身,诸如光武帝、明帝、章帝等,也深受儒学的影响。从这个意义上说,当儒生士大夫站在儒家王道政治的立场,力主建都洛阳时,统治者本身的文化背景势必在一定程度上不能自坚其志。④

另外,随着杜笃《论都赋》、崔骃《反都赋》、班固《两都赋》、傅毅《洛都赋》和《反都赋》等密集上书,在所谓“文变染乎世情”的映衬下,主张迁都长安的关西势力集团也在赋作中清晰揭示了所谓“耆老”“关中耆老”“西都客”“客”“西宾”“西都宾”等对于迁都长安的迫切愿望。因此,东汉在定都问题上,朝廷与关东豪族之间、霸道与王道政治理念之间、关东与关西两大地域集团之间都有着尖锐而深刻的矛盾。表面上看来,关东集团和儒生士大夫的目标一致,都希望都洛,然而其所求并不同:关东集团害怕西都会丧失自己的既得利益,儒生士大夫则以国家的兴亡成败“在德不在险”为由,力主“客有陈西土之富云,洛邑褊小,故略陈祸败之机,不在险也”⑤,希冀通过都洛,彻底实行儒家的王道政治。

综上所言,在群雄逐鹿之时,光武帝都洛,虽然也有依赖于经济和政治原

---

① 史念海:《娄敬和汉朝的建都》,刊于《东方杂志》1944年第40卷第5号,并收入其所著《河山集》(四),陕西师范大学出版社1991年版,第379~380页。

② 〔唐〕欧阳询撰,汪绍楹校:《艺文类聚》卷六十一《居处部一·总载居处》,上海古籍出版社1985年版,第1103页。

③ 〔清〕陈立撰,吴则虞点校:《白虎通疏证》,中华书局1994年版,第157~158页。

④ 参见梁万斌:《从长安到洛阳:汉代的关中本位政治地理》,复旦大学2013年博士学位论文。

⑤ 费振刚、胡双宝、宗明华辑校:《全汉赋》,北京大学出版社1993年版,第296页。

因，但更深层面的理由恐怕还是关东豪族的极力反对与儒学的影响。东汉立国，天下一统，面对新的形势以及洛阳本身的地理局限，刘秀集团一些暧昧的举动表明，朝廷确实存在迁都关中长安的计划，但都城的确立不但囿于政治、经济、文化等方面的特殊考量，实质上还牵涉不同地域、不同势力甚至不同政治主张者的利益和理念之争，可谓牵一发而动全身。东汉最终都洛而不是迁还西汉长安，其原因必然甚多而复杂，并非完全是朝廷意志的体现。王夫之《读通鉴论》言及更始失败，将其弃洛阳都长安作为败因之一："乃若更始之亡也，则舍雒阳而西都长安也。当是时，赤眉在濮阳，城头子路、力子都在河、济间，铜马、大彤等贼在燕、赵，李宪在淮南，天下所岌岌未定者东方也。而遽避劳趋逸，欲拥关以自固，则天下深见其不可恃，而竞扼其虚。顾欲长保故宫之富贵以自封殖，是犹狐兔倚窟以安，而韩卢腾踯于外，甫一出而必不免于获也。王莽诛，关中无事，隗嚣委宗族而从己；于斯时也，得一重臣如寇恂者，镇抚长安而安集之，为雒阳之根本，而都雒以弹压山东，光武即解体于河北，其能遽收河内、下河东而无所顾畏邪？赤眉已降之余，不能驰骋任志如践无人之境，必矣。盖更始所任为大臣者，类皆群盗之长，贪长安之富盛，而借口于复高帝之旧业以为廓清；其铮铮小异如朱鲔、刘嘉、鲍永之流，亦不胜盈廷諂訾之论；则塞颠当之户，耽燕雀之嬉，固其宜也。光武得士于崛起之中而任之，既无盗贼之习气；及天下甫定，复不以任三公，而别用深识之士；虚建西都，而定宅雒阳，以靖东方之寇；皆惩更始之失而反其道。老子曰：'不善人，善人之资。'更始之失，光武之资也。"①王夫之认为东汉都洛阳以镇服山东之说，与周公营建雒邑的思路类同，但与西汉刘敬、张良都长安以阻山东势力的说法相抵牾。刘邦据关中而强，更始据关中而亡；刘秀都洛阳以定天下，刘邦为定天下而弃洛阳。盖得天下与否，虽有山川形势可资凭借，其最终成败仍在于统治政策谋略。刘邦、刘秀的成功，关键因素不在于都于何地，而在于采取了合适于当时军事、政治的策略。但王夫之认为更始的失败为刘秀立都提供了借鉴，无疑是正确的。

---

① 〔清〕王夫之：《读通鉴论》卷六《后汉更始》，中华书局 1975 年版，第 145 页。

第二节 铜墙铁壁的汉都雒阳

建武元年(25)刘秀于鄗(治今河北柏乡北)称帝,沿用汉之国号。是年十月,定都洛阳,因在西汉或谓前汉之后,史称“东汉”。东汉以五行图谶之说为据,崇火德,谓“洛”之三点水不利于火德,遂将“洛”去水加佳为“雒”。自光武帝建武元年至公元190年,东汉都雒166年,文治武功隆盛,典章制度煌然,垂范后世。作为京师之地的雒阳城规模宏伟,宫殿台阁壮观,巍峨宏丽,文献描述“门楼皆两重,去地百尺”,“朱阙双立”,为后世都城建设提供了张本,影响深远。东汉雒阳城平面略呈长方形,南北约九里,东西约六里,因此东汉雒阳城又称作“九六城”。城内主要建置为宫城、宫殿、衙署和苑囿等,辉煌绮丽,雄伟壮观。东汉雒阳既是东汉时期中国政治、经济、文化中心,也是当时世界上享有盛誉的国际大都市。

一、营建雒阳城

东汉雒阳城是在秦与西汉洛阳城的基础上建立起来的。光武帝定都雒阳,进行了大规模的营建和修缮,起高庙,建社稷,修宫室,立太学、明堂、辟雍于南郊,还进行了一系列政治改革,特别是连续多次颁布释放奴婢的诏令,缓和了彼时严重的土地兼并矛盾,使社会经济逐步恢复和发展,历史上称为“光武中兴”。

东汉雒阳城是皇宫所在,是城市建设的核心。《后汉书》志十九《郡国一·河南尹》注引《帝王世纪》:“(雒阳)城东西六里十一步,南北九里一百步。”又引《晋元康地道记》曰:“城内南北九里七十步,东西六里十步,为地三百顷一十二亩有三十六步。”①因此雒阳城也被习称为“九六城”。东汉雒阳城的宫殿建筑

---

① 〔南朝宋〕范晔:《后汉书》志十九《郡国一·河南尹》,中华书局1965年版,第3390页。

布局模式主要是南北二宫对峙,相较于西汉长安城,布局更为集中。南北二宫在西汉时期已经存在,东汉加以扩充和重建。光武帝时,主要经营南宫,首先居住在却非殿,之后修建了最重要的前殿。汉明帝永平八年(65)营建了北宫,此外在城址的东北部,靠近上东门处还有小型宫城永安宫,北宫的西北部是皇家宫苑濯龙园。光武帝建武十四年(38)正月"起南宫前殿"。有学者认为此前殿即崇德殿,后来魏明帝在崇德殿旧址上修建太极殿。据《元河南志·后汉京城图》记载,却非殿在南宫的端门以南,崇德殿在却非殿后,前有章台门。北宫重建于汉明帝永平三年(60),"起北宫及诸官府",八年冬十月"北宫成"。北宫中的大殿是德阳殿,其宽 37 丈 4 尺,南北宽 7 丈,[①]殿内可容纳一万人,陛(台阶)高 2 丈,殿前有朱雀五阙,高耸入云,蔡质《汉仪》说从四十里外即可望见,[②]恢宏之势可见一斑。

建武二年(26)春正月壬子,光武帝起高庙,建社稷,立郊兆,正火德,色尚赤。李贤注曰:"《汉礼制度》曰:'人君之居,前有朝,后有寝。终则制庙以象朝,后制寝以象寝。光武都洛阳,乃合高祖以下至平帝为一庙,藏十一帝主于其中。元帝次当第八,光武第九,故立元帝为祖庙,后遵而不改。'"[③]又引《后汉书》曰:"立社稷于洛阳,在宗庙之右,皆方坛,四面及中各依方色,无屋,有墙门而已。"[④]又引《白虎通》曰:"天子之坛方五丈,诸侯之坛半天子之坛。社者,土也,人非土不立,非谷不食,故封土立社,示有土也。稷者,五谷之长,得阴阳中和之气,故祭之也。"[⑤]又引《后汉书》曰:"制郊兆于洛阳城南七里,为坛,八陛,中又为重坛,天地位皆在坛上……北郊在洛阳城北四里,方坛,四陛。"[⑥]

建武五年(29)冬十月,起太学于雒阳城南开阳门外,光武帝车驾还宫,幸太学,"赐博士弟子各有差"。李贤注引陆机《洛阳记》曰:"太学在洛阳城故开阳门外,去宫八里,讲堂长十丈,广三丈。"[⑦]同书《儒林列传》也记载:"建武五年,

---

① 《后汉书》注引《雒阳宫阁传》云"德阳宫殿南北行七丈,东西行三十七丈四尺",面积不及秦阿房宫和西汉未央宫前殿。

② 《后汉书》注引《汉仪》云:"自到偃师,去宫四十三里,望朱雀五阙、德阳,其上郁律与天连。"

③ 〔南朝宋〕范晔:《后汉书》卷一《光武帝纪上》,中华书局 1965 年版,第 27 页。

④ 〔南朝宋〕范晔:《后汉书》卷一《光武帝纪上》,中华书局 1965 年版,第 27 页。

⑤ 〔南朝宋〕范晔:《后汉书》卷一《光武帝纪上》,中华书局 1965 年版,第 27 页。

⑥ 〔南朝宋〕范晔:《后汉书》卷一《光武帝纪上》,中华书局 1965 年版,第 27 页。

⑦ 〔南朝宋〕范晔:《后汉书》卷一《光武帝纪上》,中华书局 1965 年版,第 40 页。

乃修起太学,稽式古典,笾豆干戚之容,备之于列,服方领习矩步者,委它乎其中。”《后汉书·蔡邕列传》也谓“太学在洛城南开阳门外”。《洛阳伽蓝记·城南·报德寺》亦曰“开阳门御道东有汉国子学堂”。光武帝好经书,“数引公卿郎将,讲论经理,夜分乃寐”,对于贤良之人,更是“未及下车而先访儒雅”。初都雒阳后,宫室未饰,干戈未平,光武帝即建立太学,设置讲经博士,广授治国之纲。建武二十七年(51),又建造太学讲堂,长十丈,宽三丈,并亲临赏赐太学生。其后诸帝对太学也相当重视。汉明帝刘庄好笃经论,甚至亲自到太学讲经,出现“诸儒执经问难于前”、冠带缙绅旁观于侧的热闹场面。汉顺帝永建六年(131)九月,诏修太学,用工徒多达十一万两千人,至阳嘉元年(132)八月竣工,“凡所造构二百四十房,千八百五十室”①。自此太学规模宏大,讲堂学舍,焕然一新,极大地促进了太学的发展,贤聚文昌,盛况空前。质帝本初元年(146)梁太后又下诏“大将军下到六百石,悉遣子就学”。太学外有汉灵帝熹平四年(175)蔡邕等人正定五经文字所立的石经。蔡邕因“经籍去圣久远,文字多谬,俗儒穿凿,疑误后学”,上书灵帝,求正定儒家经本文字。在得到汉灵帝的准许后,以八分隶体丹书五经于石碑之上,使之镌刻“于太学门外”,史称“熹平石经”“汉石经”“一字石经”或“一体石经”。石经内容包含《尚书》《周易》《春秋》《公羊传》《鲁诗》《仪礼》《论语》等,可谓最早的官方儒家经本。蔡邕本人是东汉时期极负盛名的书法家,其书写的“熹平石经”是汉代书法艺术的高峰。石经自立起之后,观摩者异常多,“车乘日千余辆,填塞街陌”,据说彼时还有专门为太学抄经者提供食宿的旅馆。东汉太学不仅是求学论道的地方,更是统治阶级培养、选拔人才的摇篮。在其辉煌的 100 多年间,有不少著名的经学大师在此执教,培育出王充、班固、张衡等卓越杰出的思想家、史学家和科学家,也出现杨震、袁安等刚毅清廉、沉稳干练的政治家。

太学遗址位于汉魏洛阳故城南部,今洛阳市伊滨区佃庄镇太学村西北,洛河南岸。整个遗址南北长 220 余米,东西宽 160 余米。四周有墙,各设一门。遗址内有大面积的夯土建筑基址,内有一排排呈东西向或南北向的长方形房基,排列有序。由于洛河北移,现其北半部已在河堤之内,无法知其全貌。西部范围略呈长方形,曾经出土石经残块,当是太学的主要部分,可能为博士舍和内

---

① 〔南朝宋〕范晔:《后汉书》卷七十九《儒林列传上》,中华书局 1965 年版,第 2547 页。

外讲堂所在。东部也是长方形,四周筑有围墙,与居民居住的“里”有相似之处,可能是“诸生横巷”所在。20世纪二三十年代,当地村民挖药材,偶得一大块三体石经,获利甚巨。“刨字风”骤起,村民将得到的石经卖于文物贩子,使大量石经块流散各地。20世纪四五十年代,太学遗址出土很多汉魏石经残块,其中“熹平石经”8800字。这些残经大多收藏在中国社会科学院考古研究所,还有一些散见于西安碑林、故宫博物院、国家博物馆、洛阳市文物工作队等处,日本中村不折氏书道博物馆也收藏有数块。

建武十四年(45)春正月,起南宫前殿。《元河南志》卷二《后汉城阙宫殿古迹》记载:“南宫南临洛水,去北宫七里,在平城门内。高祖居洛阳南宫,从复道望见诸将偶语。南宫之名,见于西汉之初。《水经注》曰:‘汉世洛阳宫殿门题多是大篆,或云蔡邕书。’”《初学记》卷二十四《宫第三》记载:“后汉有南宫、北宫、胡桃宫……此诸官,皆范金合土而为之,以为贵也。”

光武帝建武中元元年(56),起明堂、辟雍、灵台及北郊兆域,形成雒阳城南部完整的礼制建筑群,宣布图谶于天下。在《后汉书·光武帝纪》中,李贤注引《大戴礼》云:“明堂者凡九室,一室有四户八牖,三十六户,七十二牖。以茅盖上,上员下方。赤缀户也,白缀牖也。”又注引《礼图》曰:“建武三十一年,作明堂,上员下方。十二堂法日辰。九室法九州。室八窗,八九七十二,法一时之王。室有十二户,法阴阳之数。”又引胡伯始云:“古清庙盖以茅,今盖以瓦,下藉茅,存古制也。”又引《汉官仪》曰:“明堂四面起土作壍,上作桥,壍中无水。明堂去平城门二里所,天子出,从平城门,先历明堂,乃至郊祀。”又曰:“辟雍去明堂三百步。车驾临辟雍,从北门入。三月、九月,皆于中行乡射礼。辟雍以水周其外,以节观者。诸侯曰泮宫。东西南有水,北无,下天子也。”又引《汉宫阁疏》曰:“灵台高三丈,十二门。天子曰灵台,诸侯曰观台。”又引《汉官仪》曰:“北郊坛在城西北角,去城一里所。为方坛四陛,但有坛祠舍而已。其鼓吹乐及舞人御帐,皆徙南郊之具。地祇位南面西上,高皇后配,西面,皆在坛上。地理群神从食坛下。南郊焚犊,北郊埋犊。”①同书《儒林列传上》言“中元元年,初建三雍”。班固曾对明帝崇尚儒家经典制定各种礼仪之举大加赞赏,称其“盛三雍之上仪,修衮龙之法服,敷洪藻,信景铄,扬世庙,正予乐。人神之和允洽,群臣之

① 〔南朝宋〕范晔:《后汉书》卷一《光武帝纪下》,中华书局1965年版,第84页。

序既肃”①。

所谓明堂,即“明正教之堂”“天子之庙”。桓谭《新论・杂事》云:“王者造明堂辟雍,所以承天行化也。天称明故命曰明堂,为四面堂,各从其色,以仿四方。上圆法天,下方法地,八窗法八风,四达法四时,九室法九州,十二坐法十二月,三十六户法三十六雨,七十二牖法七十二风。”②《白虎通》说:“天子立明堂者,所以通神灵,感天地,正四时,出教化,宗有德,重有道,显有能,褒有行者也。”③东汉时期的明堂主要用于祭天和祭祀五帝,“明帝即位,永平二年正月辛未,初祀五帝于明堂,光武帝配。五帝坐位堂上,各处其方。黄帝在未,皆如南郊之位。光武帝位在青帝之南少退,西面。牲各一犊,奏乐如南郊”。《后汉书・显宗孝明帝纪》载,永平二年(59)“春正月辛未,宗祀光武皇帝于明堂……礼毕,登灵台”。班固《明堂诗》曰:“于昭明堂,明堂孔阳。圣皇宗祀,穆穆煌煌。上帝宴飨,五位时序。谁其配之,世祖光武。普天率土,各以其职。猗欤缉熙,允怀多福。”④考古发掘表明,明堂遗址位于汉魏洛阳城南、灵台遗址东,今洛阳市伊滨区佃庄镇岗上村,当地群众称其为“看花楼”。遗址平面呈正方形,四周有围墙,每面长约400米。大院正中,有一直径60余米的圆形夯筑台基,夯土厚度达2.5米以上,应是其主体建筑的基础。《玉海》引《洛阳记》曰:“平昌门南直大道,道东明堂,道西是灵台。”

辟雍是天子“行礼乐,宣德化”的场所,即所谓“天子之学”。每年的三月、九月,帝王于此举行乡射礼。班固《东都赋・辟雍诗》说:“乃流辟雍,辟雍汤汤。圣皇莅止,造舟为梁。皤皤国老,乃父乃兄。抑抑威仪,孝友光明。于赫太上,示我汉行。洪化惟神,永观厥成。”⑤辟雍位于开阳门御道东,西距明堂三百步,和灵台东西相应,明堂居其间,故张衡《东京赋》谓:“复庙重屋,八达九房。规天矩地,授时顺乡。造舟清池,惟水泱泱。左制辟雍,右立灵台。”⑥辟雍遗址位于

---

① 费振刚、胡双宝、宗明华辑校:《全汉赋》,北京大学出版社1993年版,第329页。

② 〔汉〕桓谭撰,朱谦之校辑:《新辑本桓谭新论》卷十一《杂事篇》,中华书局2009年版,第46~47页。

③ 〔清〕陈立撰,吴则虞点校:《白虎通疏证》,中华书局1994年版,第265页。

④ 〔梁〕萧统编,〔唐〕李善注:《文选》卷一《京都上》,上海古籍出版社1986年版,第40页。

⑤ 〔唐〕欧阳询撰,汪绍楹校:《艺文类聚》卷六十一《居处部一・总载居处》,上海古籍出版社1985年版,第1098页。

⑥ 费振刚、胡双宝、宗明华辑校:《全汉赋》,北京大学出版社1993年版,第441页。

汉魏洛阳故城内城南,明堂遗址东,今洛阳市伊滨区佃庄镇岗上村东侧,范围颇大,长宽各约170米。新中国成立前在此还发现了西晋咸宁四年(278)所立"大晋龙兴皇帝三临辟雍皇太子又再莅上盛德隆熙之颂"碑(即晋临辟雍碑),也可以证明此处为汉和曹魏、西晋辟雍所在地。中心为殿堂,四周筑有围墙,每墙开有一门,院内东、西、南、北各有一组由三座呈"品"字分布的建筑所组成的建筑群。遗址中部为一边长45米的方形夯土基础,整体为一个布局协调、朴素大方的建筑群,周围有水道。东汉时期在辟雍主要进行乡射礼和养老礼。《东观汉记·显宗孝明皇帝》载,永平二年"三月,上初临辟雍,行大射礼。十月,上幸辟雍,初行养老礼"。北魏时期还曾经对辟雍进行修整,但此工程没有完成。在辟雍举行的两种最重要的仪式是养老礼和大射礼。

《白虎通·辟雍》说:"天子所以有灵台者何?所以考天人之心,察阴阳之会,揆星辰之证验,为万物获福无方之元。"①班固《灵台诗》曰:"乃经灵台,灵台既崇。帝勤时登,爰考休征。三光宣精,五行布序。习习祥风,祁祁甘雨。百谷蓁蓁,庶草蕃芜。屡惟丰年,于皇乐胥。"②灵台是古代观星云、卜吉凶的地方,也是观测天象、研究天文的古代天文观测台。据儒家之意,"神之精明者称曰灵"③,"四方而高曰台",故谓之灵台。但并非观天象的高台就可称为灵台,《五经通义》明确提出只有承受天命的人,才有资格建立灵台,所谓"王者受命而起,所以立灵台"。灵台遗址位于汉魏洛阳故城遗址南部,今洛阳市伊滨区佃庄镇岗上村与大郊寨之间,是一座巨大的夯土台。灵台东距明堂80米,与陆机在《洛阳记》中"灵台在洛阳南,去城三里"的记载基本相符。灵台遗址的范围达4万余平方米,东西有夯筑的墙垣,墙垣内的中心建筑就是今天尚能看到的夯筑高台。地面之下的台基长宽各约50米,地面上现存夯土台,东西残宽约31米,南北残长约41米,残高约8米。沿墙有些部分可能还置有配房,每面墙垣各开有门,四面共开12门。墙垣内的中心建筑是一方形的巍峨高台,高台四周有上下两层建筑。下层平台,周围环筑回廊,北侧正中有坡道(或踏道)通达上层平台。坡道两侧为回廊,东西各5间以上,每间面阔约25米,进深约2米。回廊后

---

① 〔清〕陈立撰,吴则虞点校:《白虎通疏证》,中华书局1994年版,第263页。
② 〔梁〕萧统编,〔唐〕李善注:《文选》卷一《京都上》,上海古籍出版社1986年版,第41页。
③ 〔清〕陈立撰,吴则虞点校:《白虎通疏证》注引,中华书局1994年版,第264页。

壁依夯土台挖槽立柱，白灰抹壁，小砖铺地，回廊外用印石铺成散水，散水外侧有砖砌水沟。上层四面均筑对称的大型殿堂，规模结构较下层宏伟。每面各跨5个开间，每间面阔5.5米左右，进深8.1米，四面建筑的墙壁上分别涂以青、白、红、黑四色粉，应和五行学说以及当时东青龙、西白虎、南朱雀、北玄武的崇尚习俗有关。上层平台的西面、殿堂的后面，有两间长条形小室，每间长10.5米左右，宽2.3米，外堂与内室以土墙隔开，室内全用方砖铺地，后壁无立柱，可能就是灵台密室。①

东汉时期灵台归属太史令掌管，太史令下有二百石丞一人专门负责灵台管理，其下又有负责候星、候日、候风等共计41人。《续汉书·礼仪志》记载有汉章帝"为灵台十二门作诗"的事情。著名天文学家张衡曾经担任太史令职务，他所设计的候风地动仪就摆放在灵台上面。灵台是用来观测天象的场所，"灵台四周的建筑则可能是观测人员记录整理天象资料的衙署。在东汉时期，有时连皇帝也亲自登灵台为风调雨顺而祈求吉祥的天象"②。灵台作为彼时全国最大的国家天文台，从东汉建武中元元年建台开始，那些专职工作人员在探索宇宙奥秘的过程中做了大量的天文观测记录，为我国天文学的发展付出了辛勤的劳动。这样规模庞大，人员众多，分工细致、明确的天文观测台，在当时世界上是罕见的，从中也可以看出东汉王朝对灵台的重视和东汉时期天文学的发达。杰出的科学家张衡，先后两次任职太史令，领导、主持和参与了灵台的天象观测和天文研究，写出了《阳嘉二年京师地震对策》《浑天仪注》《灵宪》等重要的科学著作，其中《灵宪图》是我国最早的一张星图；设计制造了浑天仪、地动仪等精巧绝伦的科学仪器。这些仪器都安放在灵台之上。

建武中元二年(57)春正月辛未，初立北郊，祀后土。汉明帝永平三年，修建北宫及诸官府，《后汉书·显宗孝明帝纪》曰："起北宫及诸官府。"永平五年(62)，自长安迎取飞廉并铜马置上西门外，名平乐馆。历时六年，于永平八年冬十月，建成北宫。北宫包括德阳殿、崇德殿、含德殿、章德殿、永乐宫、宣明殿等宫殿建筑群，以德阳殿为最尊。张衡《东京赋》谓"逮至显宗，六合殷昌。乃新崇

---

① 灵台遗址部分内容参见桑永夫：《汉魏洛阳故城编年史》，中州古籍出版社2013年版。

② 张中印：《东汉—北魏时期洛阳城市形态与内部空间结构演变》，陕西师范大学2003年硕士学位论文。

德,遂作德阳”①,德阳殿“周旋容万人,陛高二丈,皆文石作坛,激沼水于殿下。画屋朱梁,玉阶金柱,刻镂作宫掖之好,厕以青翡翠,一柱三带,韬以赤缇”,被誉为“珠帘玉户如桂宫”。永平五年,“作常满仓,立粟市于城东,粟斛直钱二十”②。

永平十一年(68),汉明帝于雒阳城西雍门外三里御道北(西阳门外三里御道南)建白马寺,这是佛教传入中国后的第一座官方寺院。《后汉书·西域传》记载:“世传明帝梦见金人,长大,顶有光明,以问群臣。或曰:‘西方有神,名曰佛,其形长丈六尺而黄金色。’帝于是遣使天竺问佛道法,遂于中国图画形像焉。楚王英始信其术,中国因此颇有奉其道者。后桓帝好神,数祀浮图、老子,百姓稍有奉者,后遂转盛。”《洛阳伽蓝记·白马寺》记载:“白马寺,汉明帝所立也。佛教入中国之始。寺在西阳门外三里御道南。帝梦金神,长丈六,项背日月光明。胡神号曰佛,遣使向西域求之,乃得经像焉。时以白马负经而来,因以为名。明帝崩,起祇洹于陵上,自此以后,百姓冢上或作浮图焉。寺上经函,至今犹存。常烧香供养之,经函时放光明,耀于堂宇。是以道俗礼敬之,如仰真容。浮图前荼林蒲萄异于余处,枝叶繁衍,子实甚大。荼林实重七斤,蒲萄实伟于枣,味并殊美,冠于中京。帝至熟时,常诣取之。或复赐宫人,宫人得之,转饷亲戚,以为奇味。得者不敢辄食,乃历数家。”③白马寺建成后,摄摩腾、竺法兰便居住在白马寺内奉佛译经,其中就有中国最早的汉译佛经《四十二章经》。汉明帝对《四十二章经》极为珍视,敕令藏于兰台石室第十四间。竺法兰还单独译出《十地断结经》《佛本生经》《法海藏经》《佛本行经》等重要佛教典籍。其事迹《梁高僧传》《开元释教录》等皆有载。

汉顺帝汉安元年(142)秋七月,“始置承华厩”④。汉桓帝延熹二年(159)秋七月,“初造显阳苑,置丞”⑤,蔡邕《述行赋》云:“徐璜、左悺五侯,擅贵于其处,又起显明苑于城西。”汉灵帝光和三年(180),“作罼圭、灵昆苑”。光和五年

---

① 费振刚、胡双宝、宗明华辑校:《全汉赋》,北京大学出版社1993年版,第440页。

② 〔唐〕房玄龄等:《晋书》卷二十六《食货志》,中华书局1974年版,第781页。

③ 〔魏〕杨衒之撰,周祖谟校释:《洛阳伽蓝记校释》卷四《城西·白马寺》,中华书局2010年版,第134~135页。

④ 〔南朝宋〕范晔:《后汉书》卷六《考顺帝纪》,中华书局1965年版,第272页。

⑤ 〔南朝宋〕范晔:《后汉书》卷七《考桓帝纪》,中华书局1965年版,第304页。

(182)秋八月,“起四百尺观于阿亭道”。中平二年(185)造万金堂于西园,三年(186)春,复修玉堂殿,铸铜人四,黄钟四及天禄、蛤蟆。《后汉书·宦者列传》记载:“又造万金堂于西园,引司农金钱缯帛,仞积其中。……明年,遂使钩盾令宋典缮修南宫玉堂。”据《水经注》所载,东汉雒阳城各宫殿门额均由大书法家蔡邕等人以大篆所写,其中承光宫即是皇太子之东宫。南北宫警卫森严,入夜,宫城击柝,刁斗传响,百官须凭证而行。

城内以南、北宫为主,两宫各占据南北两半部分中心位置,面积很大,另有长秋宫、永乐宫等皇宫禁苑,仓库、衙署之用拱卫其周。南、北宫之间以大屋复道相通,以便利皇帝往来与安全,宫殿大多是建于夯土高台上的台榭建筑,皇帝自阁道入殿,不经地面,防卫严密周到。张衡《东京赋》曾曰“飞阁神行,莫我能形”,即是汉宫写照。

除城内大小宫殿,城西广阳门外还有胡桃宫,以及上林苑、芳林园、鸿德苑等苑囿建筑,为郊猎之地。北宫东北是太仓和武库所在地,南宫东南则是太尉府、司空府和司徒府所在地,城东靠近开阳门的是达官贵人住宅区,如步广里、永和里等,此外还有雒阳三市。

考古调查实测并复原显示,东汉雒阳城东墙长约4200米,南墙长2460米,西墙长约3700米,北墙长约2700米。南面城垣由于被洛水冲毁,具体长度无法得知,但是由东西城垣之间的距离推测,大致可以认为其长度为2460米。考古调查所得外城周长合汉代约31里,与文献记载基本吻合。① “北垣东段和东垣的残墙高达5至7米不等,虽然有几段墙垣地面上已看不到,但其墙基都埋入地下尚在1米以上。……经过钻探获知,三面墙垣的宽度都不一样,北城垣较宽,约25~30米,东垣约14米,西垣20米左右,系版筑夯土墙,细密结实,墙垣上的一排排的版筑夹棍眼的痕迹,仍清晰可见。”②在汉代,“初冬与初春就成为修治城郭的最佳时期”③,城墙的建筑材料,仍为前代筑城所习用的夯土。当时广泛采用的是平夯法,即两面加板,层层向上平夯,夯土土质纯净,一般不含杂质。考古调查发现,东汉雒阳城垣使用了杵子夯和平夯两种建筑方法,打夯

① 方原:《东汉洛阳对周围环境的改造和利用》,《河南科技大学学报(社会科学版)》2006年第6期。

② 中国科学院考古研究所洛阳工作队:《汉魏洛阳城初步勘查》,《考古》1973年第4期。

③ 周长山:《汉代城市研究》,人民出版社2001年版,第36页。

时还采用了用来嵌木板的直径 12~15 厘米的夹棍眼,部分城墙上还有向城外突出的墩台,西墙北段有 4 座,北墙东段有 3 座。墩台间距为 110~120 米,类似后世城墙所筑的"马面"。此外,在城墙外侧还发现有护城河遗迹。[①]

二、八关十二门二十四街

雒阳八关的设置初衷是为了抵御黄巾军之乱,旨在建立雒阳防卫体制,八关设置的同时置有八关都尉,它们同城内二十四都亭、环抱大城的外城十二都亭(门亭)组成了二重、三重防卫地带,构成了防护雒阳的空间姿态。

(一)八关

《后汉书·孝灵帝纪》记载,中平元年(184)三月戊申,"以河南尹何进为大将军,将兵屯都亭。置八关都尉官"。李贤注曰:"都亭在洛阳。八关谓函谷、广城、伊阙、大谷、轘辕、旋门、小平津、孟津也。"[②]同书《皇甫嵩朱儁列传》又载,中平元年"诏敕州郡修理攻守,简练器械,自函谷、大谷、广城、伊阙、轘辕、旋门、孟津、小平津诸关,并置都尉。"李贤注曰:"大谷、轘辕在洛阳东南,旋门在汜水之西。"[③]《初学记》卷七引陆机《洛阳记》曰"汉洛阳四关,东成皋关,南伊阙关,西函谷关,北孟津关"[④],反映的是轘辕关成立前的状况,《史记》中就有"因张良遂略韩地轘辕""周被下颍川兵塞轘辕、伊阙之道"之语。汉安帝时四关增为六关,完成于安帝永初元年(107)的张衡《东京赋》描述雒阳城方位为"溯洛背河,左伊又瀍,西阻九阿,东门于旋。盟津达其后,太谷通其前。回行道乎伊阙,邪径捷乎轘辕。大室作镇,揭以熊耳"[⑤],此即函谷、旋门、孟津、大谷、伊阙、轘辕六关。至东汉末终成八关之势。函谷关为八关之首,战国秦时本在今灵宝市境内,汉武帝时楼船将军杨仆以己家财,东徙三百里,重建新关。新关位于今河南

---

① 中国科学院考古研究所洛阳工作队:《汉魏洛阳城初步勘查》,《考古》1973 年第 4 期。

② 〔南朝宋〕范晔:《后汉书》卷八《孝灵帝纪》,中华书局 1965 年版,第 348 页。

③ 〔南朝宋〕范晔:《后汉书》卷七十一《皇甫嵩朱儁列传》,中华书局 1965 年版,第 2300 页。

④ 〔唐〕徐坚等:《初学记》卷七《关第八》,中华书局 1962 年版,第 159 页。

⑤ 费振刚、胡双宝、宗明华辑校:《全汉赋》,北京大学出版社 1993 年版,第 440 页。

新安东，是当时洛阳和长安的主要通道。八关是拱卫京师雒阳的第一道防线，军事上自有重要意义。

（二）十二座外城城门

雒阳的外城城门据《洛阳伽蓝记》序的考述：其一，东有3座城门，分别是上东门、中东门和望京门。其中，望京门又作秏门①、宣平门②。其二，南有4座城门，分别是开阳门、平门、小苑门和津门。其中，开阳门为光武帝迁都雒阳时刚刚建成；平门又作平城门，《后汉书》引《古今注》言“建武十三年”开此门，蔡邕称“平城门，正阳之门，与宫连，郊祀法驾所由从出，门之最尊者也”，《后汉书》引《汉官秩》载“平城门为宫门，不置候”；小苑门又作謻门，《水经注》引张衡《东京赋》有“謻门曲榭，邪阻城洫”之语，为“冰室门”，魏晋称宣阳门，注引《董卓传》载“孙坚军太谷，进宣阳门”，又注引《水经注·谷水下》云“谷水又东南屈径津阳门……又东径宣阳门南……又东径平昌门南……又东径开阳门南”；津门，魏晋称津阳门，周祖谟按“津门者以洛水从此而入城，故名”，又按“晋永嘉二年王弥至洛阳，屯于津阳门”③。其三，西有3座城门，分别是广阳门、雍门、上西门。魏明帝时在洛阳西北新修金墉城，增建新门入洛阳城，称作承明门。④ 其四，北有2座城门，分别是夏门和谷门。其中，夏门，魏晋时称大夏门，《水经注》卷十六云谷水“又东历大夏门下，故夏门也”；谷门，又作谷城门，《水经注》卷十六云谷门“北对芒阜，连岭修亘，苞总众山，始自洛口，西逾平阴，悉芒垅也”。从《洛阳伽蓝记》序的记载可知，建都前洛阳有10座城门，东汉光武帝时新开2座南门，即开阳门、平（城）门，2门皆在东侧，且平（城）门为宫门，由南宫南屯司马负责戍卫，公车司马令应当亦在此负责宫门的戍卫及公车上书等相关事务，还

① 秏门，现存史籍文献有四种写法：《后汉书·百官志》写作“秏门”；《东汉会要》写作“耗门”；《太平御览》写作“旄门”；《元河南志》文写作“魏门”，图则写作“耗门”。严可均辑《全后汉文》中按《续汉书·百官志四》注补作“耗门”，董志安版《两汉全书》从严版。《说文解字》释义“秏”谓：“稻属，从禾毛声。”段玉裁注曰：“初读莫报切，既又读呼到切，改禾旁为耒旁，罕知其本音本义本形矣。”即“秏”同“耗”，而“旄”“旄”为抄传讹误之字。本文涉及此门，均写作“秏”。

② 〔魏〕杨衒之撰，周祖谟校释：《洛阳伽蓝记校释·序》，中华书局2010年版，第27页。

③ 〔魏〕杨衒之撰，周祖谟校释：《洛阳伽蓝记校释·序》，中华书局2010年版，第29页。

④ 〔魏〕杨衒之撰，周祖谟校释：《洛阳伽蓝记校释·序》，中华书局2010年版，第30页。

设有尉官以负责“兵禁”及戒备诸事宜。同时,洛阳南门中西侧的 2 座,一为谷水东流所经过的小苑门,一为洛水流入洛阳城之所,显然成为天然屏障的护城河,有利于对洛阳城以及宫城的戍卫。

据《后汉书·郅恽列传》,郅恽任上东门候期间,光武帝曾出猎至夜方回城,郅恽拒不受诏开门,光武帝只得绕道至东中门入城,次日郅恽上书劝谏,得到皇帝“赐布百匹”的赏赐,而东中门候被贬为琅邪郡的参封县尉。① 根据这一记载,东汉皇帝不必非经宫城门平(城)门出入雒阳城,南、北宫的宫门与雒阳城门之间有纵横相连的交通线路,因而雒阳城门的戍防实际上既是宫城外的又一道屏障,同时也是都城的重要门户,备受统治者重视。《后汉书·张湛列传》记载,张湛官拜太中大夫,“居中东门候舍,故时人号曰中东门君”。注引《汉官仪》曰:“洛阳十二门,东面三门,最北门名上东门,次南曰中东门。每门校尉一人,秩二千石;司马一人,秩千石;候一人,秩六百石。”②这里再一次印证雒阳东门有三,自北而南有上东门、中东门。从制度上看,雒阳城的 12 座城门各设有司马、候,长官还设有居所,即“候舍”。据《后汉书·百官四》,“城门校尉一人,比二千石。本注曰:掌雒阳城门十二所。司马一人,千石。本注曰:主兵。城门每门候一人,六百石。本注曰:雒阳城十二门,其正南一门曰平城门,北宫门,属卫尉。其余上西门,雍门,广阳门,津门,小苑门,开阳门,秏门,中东门,上东门,谷门,夏门,凡十二门。右属城门校尉”③。

李尤在门铭④中言:“门之设张,为宅表会。纳善闲邪,击柝防害。”其中《中东门铭》:“中东处仲,月值当卯。鸧鹒有声,鹰隼匿爪。除去桎梏,狱讼勿考。”《开阳门铭》:“开阳在孟,位月惟巳。清明冠节,太阳进起。”《津城门铭》:“名有定位,惟月在未。温风郁暑,鹰鸟习鸷。”《雍城门铭》:“雍门处中,位月在酉。盲风寒浊,雁归山阜。”《夏城门铭》:“夏门值孟,位月在亥。阴阳不通,蝃蝀匿彩。迎冬北坛,从阴所在。”《谷城门铭》:“谷门北中,位当于子。太阴主刑,杀

---

① 〔南朝宋〕范晔:《后汉书》卷二十九《郅恽列传》,中华书局 1965 年版,第 1031 页。

② 〔南朝宋〕范晔:《后汉书》卷二十七《张湛列传》,中华书局 1965 年版,第 929~930 页。

③ 〔南朝宋〕范晔:《后汉书》志二十七《百官四》,中华书局 1965 年版,第 3610~3612 页。

④ 门铭,是李尤以东汉雒阳城门为名所写的铭文,包括《上东门铭》《中东门铭》《秏门铭》《开阳门铭》《平城门铭》《津城门铭》《广阳门铭》《雍城门铭》《上西门铭》《夏城门铭》《谷城门铭》等,散见于《初学记》和《太平御览》等书中。

伐为始。”《上东门铭》:“上东少阳,厥位在寅。条风动物,月在孟春。”《旄(秏)门铭》:“旄(秏)门值季,位月在辰。顺阳布惠,贫乏是振。”《西上门铭》:“上西在季,位月惟戌。菊黄豹祭,号令严悉。”《平城门铭》:“平门督司,午位处中。外临僚侍,内达帝宫。正阳南面,炎暑赫融。”《广城门铭》:“广阳位孟,厥月在申。凉风时至,白露已纷。”

1962 年和 1972 年中国科学院考古研究所洛阳工作队以钻探为主,对汉魏洛阳故城进行初步勘查,探明汉魏洛阳故城 10 座城门,刊发《汉魏洛阳城初步勘查》[①]报告,现侈录如下:广阳门,即北魏西明门,“西垣南头第一门,它距今洛河北岸约 150 米,由龙虎滩村西去枣园的大道,正从阙口通过,当地群众叫‘西城口’。门洞阙口宽约 7.1、长 17 米,是一个门洞,路土厚约 0.7 米,在路土下见有城墙的夯筑地基”。雍门,南距广阳门约 880 米,西距今白马寺约 1 千米,郑洛公路从阙口上通过。阙口现状呈喇叭状,外窄内宽,窄的 8 米,宽的 15 米,长约 20 米,是一个门洞,城外路土保存完好,城内路土尚存一段。上西门,南距北魏西阳门约 820 米,当地群众称其为“水口”,门洞在西垣折拐处的南侧,保存较好。门洞阙口宽约 47 米,门外两侧有夯筑土阙,门道长约 58 米,阙口中间有一夯土隔墙,是一门二洞,北门洞宽 21 米,路土较厚;南门洞宽仅 13 米,洞口的地面较高。在北门洞下探见砖筑遗存,宽约 5 米,残长 50 多米,东西走向。夏门,北垣西起第一门,位于今金村西寨墙内,西距“阿斗坟”约 400 米,形制和规模都较大,一部分门基被村舍占压,保存较好。门洞阙口宽约 31 米,两侧内有夯筑土堆,东西对称,宽约 12.5、长约 15 米,门道长约 33 米,阙口中有两堵夯土隔墙,当是一门三洞。考古探出涂朱色的云纹瓦当残件。上东门,东垣北起第一门,位于韩旗屯村北,东垣在此折拐处的北侧,由保驾庄通往韩旗屯的村道由此穿行。门洞阙口宽约 18.5 米,门道长约 24 米,路土下有城墙的夯筑基,是一个门洞,保存较好。中东门,东垣北起第二门,位于韩旗屯村东,由城外的寺里碑村通往白马寺的村道由此穿行。门洞阙口宽约 12.5 米,门外有夯筑土阙,长宽约 10 米左右,门道长约 21 米,为一个门洞。秏门,东垣北起的第三门,南距洛河约 200 米,北距中东门约 1350 米,位于龙虎滩村东,门基已被破坏,阙口下有路土一层,有城墙的夯筑地基。门洞阙口宽约 8.8 米,进深 14 米,为一个门洞。

---

① 中国科学院考古研究所洛阳工作队:《汉魏洛阳城初步勘查》,《考古》1973 年第 4 期。

1985年,中国社科院考古研究所汉魏洛阳故城工作队在对北魏建春门遗址进行发掘时,发现了三个门洞,其中北门洞路土下有时代在北魏之前的排水暗沟,专家推测"汉魏晋时即已使用这一门洞"①。

《洛阳伽蓝记》所记载的南面四门,即开阳门、平门、小苑门和津门。"南面有四门:东头第一门,曰开阳门。初,汉光武迁都洛阳,作此门始成,而未有名,忽夜中有柱自来在楼上。后琅琊郡开阳县上言南门一柱飞去,使来视之,则是也,遂以'开阳'为名。自魏及晋因而不改,高祖亦然。次西曰平昌门。汉曰平门。魏晋曰平昌门,高祖因而不改。次西曰宣阳门。汉曰小苑门。魏晋曰宣阳门,高祖因而不改。次西曰津阳门。汉曰津门。魏晋曰津阳门,高祖因而不改。"②由于洛河北移冲毁,以上诸门遗址已经淹没不可见,但"大城里有四条南北纵道,由北往南直抵今洛河北岸,同时我们在洛河南岸的'三雍'遗址附近也探出二条位置相当的南北大道,它与大城中的'纵一道''纵二道'隔岸相对,因此《洛阳伽蓝记》序中所记载的'南面有四门'是可信的"③。

根据《汉魏洛阳城初步勘查》,诸城门中,上东门与上西门、秏门与广阳门皆两两相对,南垣的津门、小苑门、平城门和开阳门也均匀地分布在南城墙上。南城墙开四门,较之其他城墙多一门,是因为北郊为帝王祭祀和陵墓所在的区域,以平城门供皇帝郊祀之用,为门之最贵,寻常百姓是不可从平城门出入的,真正可供进出的南城门只有开阳门、小苑门和津门。蔡邕认为平城门是"正阳之门,与宫连,郊祀法驾所由从出,门之最尊者也"。董仲舒言:"故人主南面,以阳为位也。阳贵而阴贱,天之制也。"④且有铜质天禄和蛤蟆吐水装饰于前。北城墙少一门,是因为雒阳城东北角建有太仓、武库,不方便修建城门。位于南城墙的平城门为南宫的正门,同时也是整个都城的正门。雒阳十二城门,门皆有亭,如广阳门之九阳亭,津阳门之津阳亭,雍门之夕阳亭,夏门之夏门亭。

---

① 中国社会科学院考古研究所洛阳汉魏故城工作队:《汉魏洛阳城北魏建春门遗址的发掘》,《考古》1988年第9期。洛阳市文物局、洛阳白马寺汉魏故城文物保管所编:《汉魏洛阳故城研究》,科学出版社2000年版,第91页。

② 〔魏〕杨衒之撰,周祖谟校释:《洛阳伽蓝记校释·序》,中华书局2010年版,第28~29页。

③ 中国科学院考古研究所洛阳工作队:《汉魏洛阳城初步勘查》,《考古》1973年第4期。

④ 〔汉〕董仲舒撰,〔清〕凌曙注:《春秋繁露》卷十一《阴阳位》,中华书局1975年版,第413页。

（三）二十四街

东汉雒阳城内有纵横二十四条大街，皆有街亭，陆机《洛阳记》记载："洛阳有铜驼街。汉铸铜驼二枚，在宫南四会道相对。"蔡质《汉仪》说"洛阳二十四街，街一亭"。《汉魏洛阳城初步勘查》显示，考古探明城内有南北纵道、东西横道各四条，宽可达40~50米，穿过城门直达城外，当是当时的主干道。大街均由多段组成，最长可达300米，宽度一般约为40米。[1] 主干大街分成平行的三条，中央为御道，专供皇帝出行。御道两侧筑有高4尺多的土隔墙，百姓走左右偏道，左入右出，各有规矩。道路两旁栽种榆、槐等行道树。当时已有了洒水车，供清扫街道之用。[2] 考古钻探所发现的这些街道，主要是北魏时期的：[3]

表4.2　北魏洛阳街道表

街道名	位置	长宽形迹（米）	走向
横一道	北魏西明门—青阳门	长2460，宽29~36	东西直行
横二道	北魏西明门—东阳门	长2630，宽41	东西直行
横三道	北魏阊阖门—建春门	长2510，宽35~51	东西直行，直通宫城
横四道	北魏承明门—宫城北	残长1410，宽17~22	东行，直通宫城北
纵一道	自"横三"南行，与"横二""横一"接	长2400，宽12~15	南北直行，直抵洛河北岸
纵二道	北魏广莫门—平昌门	长4045，宽14~29	南行，直抵洛河岸
纵三道	宫城南门—宣阳门，铜驼街	长1650，宽40~42	南行
纵四道	北魏大厦门起，津阳门内大道	长3620，宽36~40	南行

王仲殊先生据上述考古报告，认为东汉雒阳城内南北纵行的大街共有五条，为表方便，制表如下：[4]

① 中国科学院考古研究所洛阳工作队：《汉魏洛阳城初步勘查》，《考古》1973年第4期。
② 参见《太平御览》卷一百九十五《居处部二十三·道路》引陆机《洛阳记》，中华书局1995年版，第941页。
③ 资料来自中国科学院考古研究所洛阳工作队：《汉魏洛阳城初步勘查》，《考古》1973年第4期。
④ 资料来源于王仲殊《汉代考古学概说》，中华书局1984年版，第19~20页。

表 4.3　东汉雒阳街道表

街道名	位置	长宽形迹(米)	备注
开阳门大街	自开阳门往北	全长约 2800	南北纵向大街
平城门大街	平城门北—南宫南门	长约 700	
小苑门大街	小苑门北—北宫南门	全长约 2000	
津门大街	津门往北	长约 2800	
谷门大街	谷门南,迂北宫北墙	全长约 2400	
上东门大街	上东门西—北宫东墙	长约 600	东西横向大街
中东门大街	中东门西向,穿南北宫之间	全长约 2200	
上西门大街	上西门东—北宫西墙	长约 500	
雍门大街	雍门东—津门大街	长 500	
秏门—广阳门大街	横贯全城	全长约 2460	

上述街道,彼此交叉结合,形成诸多十字路口和丁字路口,若以两个路口为一段,则有二十四段,故时人称“洛阳二十四街,街一亭”,似乎是指此而言。东汉政府制定了相应的制度对城市交通进行管理,《太平御览》引《洛阳记》记载:“宫门及城中大道皆分作三,中央御道,两边筑土墙,高 4 尺余,外分之,唯公卿尚书章服道从中道,凡人皆行左右,左入右出。”①即雒阳城内道路分成平行三股,中间为皇帝专用的御道,一般行人则只能走左、右两边的道,道路两旁种植有榆、槐等行道树,起到一定的保护和绿化作用。这情形与西汉长安城街道基本一致。② 张蟠《后汉纪》载,汉灵帝中平三年(186),“灵帝铸天禄、虾蟆,吐水于平昌门外桥东约入宫,又作翻车、渴乌施于桥西,洒南北郊”③,即在道路上使用专门的洒水设施进行清洁整理,有了洒水车之雏形。见于史书记载的街道有长寿街、万岁街、土马街、铜驼街、香街等。

在城市中设置的亭简称“都亭”,“凡言都亭者,并城内亭也”。《元河南志》引华延儁《洛阳记》记载东汉洛阳城中有 24 座都亭。文献中记载的洛阳都亭名称有芳林亭、奉常亭、广世亭、昌益亭、广莫亭、定阳亭、遮要亭、暴室亭、广阳亭、

---

① 〔宋〕李昉等:《太平御览》卷一百九十五《居处部二十三·道路》,中华书局 1995 年版,第 941 页。

② 参见王仲殊:《汉代考古学概说》,中华书局 1984 年版,东汉洛阳部分。

③ 周天游辑注:《八家后汉书辑注》,上海古籍出版社 1986 年版,第 709 页。

西明亭、万岁亭、文阳亭、东明亭、视中亭、东因亭、建春亭、止奸亭、德宫亭、东阳亭、千秋亭、安众亭、孝敬亭、清明亭,凡23个亭之名称。在史书中多有东汉“都亭”的相关记载,如:

《后汉书·孝质帝纪》:“冲帝不豫,大将军梁冀征帝到洛阳都亭。”

《后汉书·孝灵帝纪》:“三月戊申,以河南尹何进为大将军,将兵屯都亭。”

《后汉书·皇后纪下》:“(王)斌还,迁执金吾,封都亭侯。”

《后汉书·虞延列传》:“(虞放)桓帝时为尚书,以议诛大将军梁冀功封都亭侯,后为司空,坐水灾免。”

《后汉书·张霸列传》:“引兵还屯都亭,以次翦除中官,解天下之倒县,报海内之怨毒。”

《后汉书·张皓列传》:“唯纲年少,官次最微。余人受命之部,而纲独埋其车轮于洛阳都亭,曰:‘豺狼当路,安问狐狸!’”

《后汉书·窦武列传》:“与绍共射杀使者。召会北军五校士数千人屯都亭下。”

《后汉书·朱儁列传》:“旬月尽定。以功封都亭侯,千五百户,赐黄金五十斤,征为谏议大夫。”

《后汉书·公孙瓒列传》:“诏拜瓒降虏校尉,封都亭侯,复兼领属国长史。”

《后汉书·吕布列传》:“卓以布为骑都尉,誓为父子,甚爱信之。稍迁至中郎将,封都亭侯。”

《后汉书·方术列传上》:“帝乃迎取其鼓,置都亭下,略无复声焉。”

对都亭,学界尚有不同认识。高敏先生认为都亭是“国都、郡县治所及封国治所所在都会或城市里的亭的总称”,而不是某一个具体的亭,与其他作为邮传结构与“司奸盗”机构结合体的亭并无两样,只不过是在城市中,故云“都亭”,地位更为重要。都亭置有建鼓,为“召集号令”之所;又有亭舍,可供往来官吏及其家属住宿之用;其建筑比较牢固,可以驻军,多者甚至可达数千人。[①] 张继海先生则认为《元河南志》所述24亭中缺少名称的一个亭就是“都亭”,也就是说雒阳城中“都亭”只有一个,其他的都叫某某亭。“都亭是一个城市内的交通中枢,可能靠近城市的中心。都亭的规模比较大,备有车马,有很多房间可供住

---

① 高敏:《秦汉“都亭”考略》,《秦汉史探讨》,中州古籍出版社1998年版,第225页。

宿,人们出城、进城都在这里停留。由于人口流动量大,治安的任务也比较重。都亭的建筑比较显眼,前面有广场和大街。”[①]结合学者的研究,笔者以为文献中的雒阳都亭有两种含义。一是雒阳城中某一具体亭的名称。根据汉质帝即位前曾经在都亭居住以及大将军何进屯军都亭和张纲埋车轮于此的记载,可知此亭应当离宫城较近,且亭内面积较大,能够容纳上千人居住。从雒阳城布局来看,此亭应当位于城内西南处。二是雒阳城内亭的泛称,“都亭侯”中的都亭即是此意。

三、南宫、北宫纵列分布

东汉雒阳城中主要宫殿建筑为南宫和北宫,南北纵列,两宫之间以复道相连,以南门为正门。南宫在西汉时已有一定的规模,《史记·高祖本纪·正义》引《括地志》云:“南宫在雒州雒阳县东北二十六里洛阳故城中。《舆地志》云秦时已有南北宫。”[②]南宫建筑较之北宫更雄伟,所以《史记·高祖本纪》记载高祖五年“置酒雒阳南宫”,《史记·留侯世家》还记载,高祖“在雒阳南宫,从复道望见诸将往往相与坐沙中语”。新莽地皇三年(22)令“司徒王寻将十余万屯雒阳填南宫”[③]。有汉一代,南宫一直在使用,[④]并且颇具规模。考古发掘也表明,汉代洛阳城“至少有三个规模不同、时代早晚有异的古城叠压在一起”,“为西周时期所筑”的城址位于中部,“约为春秋晚期筑造”的位于中部和北部,“沿用西周、东周城址并向南扩大而成”的“当即秦代所筑”城址[⑤],西汉时期南、北宫已经存在当无可置疑。《后汉书·光武帝纪》记载,建武元年“冬十月癸丑,车驾入洛阳,幸南宫却非殿,遂定都焉”,光武帝即居住于却非殿,说明此殿亦可能是西汉时期的宫殿建筑。[⑥] 东汉之初,光武帝令卫尉李通负责修建雒阳宫室,《后汉

① 张继海:《汉代城市社会》,社会科学文献出版社 2006 年版,第 133～134 页。
② 〔汉〕司马迁:《史记》卷八《高祖本纪》注引,中华书局 1972 年版,第 381 页。
③ 〔汉〕班固:《汉书》卷九十九《王莽传下》,中华书局 1964 年版,第 4178 页。
④ 方原:《东汉洛阳宫城制度研究》,《秦汉研究(第三辑)》,陕西人民出版社 2009 年版。
⑤ 中国社会科学院考古研究所洛阳汉魏城队:《汉魏洛阳故城城垣试掘》,《考古学报》1998 年第 3 期。
⑥ 王仲殊:《汉代考古学概说》,中华书局 1984 年版,第 20 页。

书·李通列传》记载:“建武二年,封(李通)固始侯,拜大司农。帝每征讨四方,常令通居守京师,镇抚百姓,修宫室,起学官。”①光武帝幸南宫后,围绕南宫进行了一系列修缮新建工程:建武二年正月“立郊兆于城南”,五年十月“起太学”,十四年春正月“起南宫前殿”;建武中元元年“起明堂、灵台、辟雍”,开辟平城门于雒阳城南墙。光武帝统治时期,南宫是最主要的政治活动场所,朝会等政治活动大多在南宫举行。

南宫建筑整齐有序,宫殿台阁鳞次栉比,建筑群也可谓宏伟壮观、气势庞大,中轴线上有却非殿等。《元河南志》辑录南宫40余座宫殿,《清河南志》在其基础上补载了一些宫殿名称和信息。方原先生依据《元河南志·后汉城阙古迹》等古典资料,罗列出东汉南宫的宫殿群,分别是崇德殿(正殿)、却非殿、章德殿(前殿)、中德殿、玉堂殿、嘉德殿(由于汉灵帝母亲董皇后居住之故,也称永乐宫)、宣德殿、乐成殿、承福殿、宣室殿、明光殿(尚书郎奏事场所)、显亲殿、建始殿(东有太仓、武库)、含章殿、敬法殿、铜马殿、清凉殿、凤凰殿、黄龙殿、寿安殿、竹殿、中德殿、平朔殿、千秋万岁殿、温德殿、灵台殿、杨安殿(以将军张杨为名)、兰台、云台(汉明帝刘庄曾图画二十八勋将图像于云台)、阿阁、长秋宫、西宫、东宫、东观、承风观、承明堂、万金堂、嘉德署、南署、侍中寺。② 此外还有金马殿和建德殿。③ 南宫每座宫殿的四面都通过直道通连其他宫殿,对称规整,形成格子形的布局,蔚为壮观。南宫四面有墙,每墙开一门,南为朱雀门,北为玄武门,东为苍龙门,西为白虎门,门皆有阙。南宫的北门与北宫的南门两阙相对,《昭明文选·古诗》中说“两宫遥相望,双阙百余尺”。从宫殿上空鸟瞰南、北宫,会发现整个宫城呈“吕”字形。

《后汉书》李贤注引蔡质《汉典职仪》曰:“南宫至北宫,中央作大屋,复道,三道行,天子从中道,从官夹左右,十步一卫。两宫相去七里。”南、北宫之间有复道相连以便皇帝出行,张衡在《东京赋》中所描写的“飞阁神行,莫我能形”即是指此。

南宫尚未发掘,其位置所在,王仲殊先生认为:“在洛阳城的南部,‘中东门

---

① 〔南朝宋〕范晔:《后汉书》卷十五《李通传》,中华书局1965年版,第575页。

② 方原:《东汉洛阳宫城制度研究》,《秦汉研究(第三辑)》,陕西人民出版社2009年版。

③ 参见王启敏:《东汉洛阳南宫史事考》,《洛阳师范学院学报》2015年第6期。许玲:《李尤赋铭与东汉建筑制度》,东北师范大学2014年硕士学位论文。

大街'之南,'秏门—广阳门大街'之北,'开阳门大街'之西,'小苑门大街'之东,有一片范围广大的长方形的区域,南北长约1300米,东西宽约1000米,应该便是南宫之所在。"[①]张鸣华先生认为:"东汉的南宫位于洛阳城的北部,远离洛阳城的南墙。"[②]王仲殊先生的见解颇中鹄的。

北宫主要是皇帝及妃嫔寝居的宫城,为汉明帝所建,《后汉书·显宗孝明帝纪》载,永平三年"起北宫及诸官府","(永平八年)冬十月,北宫成",遂成为两宫中的主宫。张衡《东京赋》中"逮至显宗,六合殷昌,乃新崇德,遂作德阳"即指此。北宫主殿是德阳殿,为朝会正殿。《东观汉记》记载:"明帝欲起北宫,尚书仆射钟离意上书谏,出为鲁相。后起德阳殿,殿成,百官大会。"[③]此后,明帝便迁至德阳殿,曾感叹:"钟离尚书若在,此殿不立。"[④]此后德阳殿成为帝王治理朝政的正殿。《后汉书》引蔡质《汉仪》曰:"德阳殿周旋容万人。陛高二丈,皆文石作坛。激沼水于殿下。画屋朱梁,玉阶金柱,刻镂作宫掖之好,厕以青翡翠,一柱三带,韬以赤缇。""陛高二丈",台基就需要二丈左右,根据汉代尺与现代的换算,德阳殿台基的高度约为4.6米,与刘敦桢先生认为的台基高4.5米[⑤],基本相符。又引《雒阳宫阁簿》:"德阳宫殿南北行七丈,东西行三十七丈四尺。"[⑥]北宫崇高华丽无比,被誉为"珠帘玉户如桂宫"。天子临朝,百官受赐,宴飨朝仪,都在此举行。故李尤《德阳殿铭》说:"皇穹垂象,以示帝王。紫微之则,弘诞尔光。大汉体天,承以德阳。崇弘高丽,苞受万方。内总朝贡,外示遐荒。"德阳殿殿堂及殿前的朱雀等门阙,巍峨峻丽,高耸入云。据说,远在40多里外的偃师就可望见,足见其规模之宏伟。

与南宫相比,北宫宫殿较少。坐落在中轴线上的建筑依次为温饬殿、安福殿、和欢殿、德阳门、德阳殿、宣明殿、朔平署、平洪殿。中轴线自南而北分别为崇德殿、崇政殿、永乐宫。崇德殿南有西门,即东金商和西神虎。两门南面有两

---

① 王仲殊:《汉代考古学概说》,中华书局1984年版,第20页。蔡全法:《汉代城址》,《河南考古四十年》,河南人民出版社1994年版。

② 张鸣华:《东汉南宫考》,《中国史研究》2004年第2期,第27页。

③ 刘珍等撰,吴树平校注:《东观汉记校注》卷十六《钟离意传》,中州古籍出版社1987年版,第672页。

④ 〔南朝宋〕范晔:《后汉书》卷四十一《钟离宋寒列传》,中华书局1965年版,第1410页。

⑤ 刘敦桢:《中国古代建筑史》,中国建筑工业出版社1984年版,第50页。

⑥ 〔南朝宋〕范晔:《后汉书》志五《礼仪中》,中华书局1965年版,第3131页。

观，即东增喜观和西白虎观。中轴线东有两排建筑，自南而北依次为天禄殿、章台殿、含德殿、寿安殿、章德殿和崇德殿。东为永宁殿、迎春殿、延秀殿、安昌殿、景福殿和永安宫。德阳殿外有宣明殿。非上朝时间，大臣欲见天子，在此候见。北宫便殿甚多，册封贵人及皇帝举行大婚、读书、召儒臣侍讲等皆在诸如章台殿、天禄殿、迎春殿、温饬殿、寿安殿、永宁殿、华光殿、崇光殿、章德殿、温德殿、宣平殿、显亲殿、显阳殿、云气殿等便殿。另外，北宫中还有永乐宫，是个较大的宫殿。太子即位前所居东宫为承光宫，也在北宫。

1972 年考古调查勘探了汉魏洛阳故城，发布《汉魏洛阳城初步勘查》报告，报告表明：东汉雒阳城宫城坐落于大城的中北部，位置适中略偏西，它与大城形制相仿，呈南北长的矩形。宫城南北长约 1398 米，东西宽约 660 米，占了大城面积的十分之一左右，是都城里最重要的中心建筑区。宫城的四面垣墙保存完好，南墙在今韩旗屯往白马寺的东西大道之北，东西直行，长约 660 米，宽约 8~10 米，墙基残存约高 1.3~2 米。在南墙的偏西处，有门址一座，当是南墙的正门。西墙南北直行，全长约 1398 米，南段墙宽约 13 米，北段宽约 20 米，残墙基高约 1.2~2.2 米。东墙南北直行，墙垣较之西墙和南墙为窄，一般约 4~8 米，最宽不过 11 米，残长约 1284 米，墙基残存约高 1.7~3.4 米。北墙未见墙垣。[①]

考古调查同时在宫城中探出了一道由北往南的夯土墙，墙的走向略成"⺄"状，有北墙、东墙和南墙，保存较好。考古工作者推测北宫的面积约为 1.8 平方千米。北宫的南门，也就是宫城的正门，门洞缺口宽达 46 米，是洛阳城中规模最为宏伟的一座城门建筑。宫城的西部遗迹，应该是汉北宫和北魏宫城中的主要殿堂之地。其位置适中，遗基高阜，比附近地面高起 4 米左右，南对宫门，呈长方形，东西长约 100 米，南北宽约 60 米，地下保存的夯筑台基高达 6 米以上，其周围见有密集成组的夯土基址。"南侧是一群呈'曰'字形的大面积的台基，它北对'金銮殿'，南抵宫门，当是殿堂基址。"[②]王仲殊先生认为："北宫应在中东门大街之北，津门大街之东，谷门大街之西；由于谷门大街入城后南行不远便折而向东，这显然是由于遇到了北宫的北墙，从而可以认为北宫的北墙离雒阳

---

① 中国科学院考古研究所洛阳工作队：《汉魏洛阳城初步勘查》，《考古》1973 年第 4 期。

② 中国科学院考古研究所洛阳工作队：《汉魏洛阳城初步勘查》，《考古》1973 年第 4 期。

城的北面城墙很近。"[1]王子今认为,洛阳北宫南门,即宫城正门的宽度,相当于西汉长安城直城门三个门道总和的192.5%,这种宽度,可以并行30道车轨。[2]

在光武帝和明帝对南宫和北宫修缮扩建后,二宫的规模和形制终东汉一代基本确定,但其地位和功能却不固定。东汉初,光武帝居南宫时,两宫以南宫为主、北宫为辅。明帝移居北宫后,北宫又成政治活动中心,其后章帝也居于北宫;和帝初居南宫后徙北宫;安帝居北宫;顺帝阳嘉元年正月居北宫,阳嘉三年至永和元年又迁回南宫;冲、质二帝皆"崩于玉堂前殿",盖也居南宫;桓帝大部分时间居北宫,因火移居南宫不过一年左右;灵帝初居北宫后徙南宫。两宫之间,皇帝所居即是朝廷所在,衙署机构也应该都在其中,另一宫便是附属存在。[3]

东汉雒阳城设有南、北宫,宫城的戍卫沿袭西汉旧制,略有调整。关于宫城的守卫,志书中有较为明确的记载,安作璋、熊铁基先生将光禄勋和卫尉一并考述,[4]将这一问题已经梳理清晰。据《后汉书·百官二》,光禄勋的主要职责为"掌宿卫宫殿门户,典谒署郎更直执戟,宿卫门户,考其德行而进退之",卫尉的职责为"掌宫门卫士,宫中徼循事"。[5]光禄勋、卫尉二者分工明确,前者负责宫殿的护卫,后者负责宫殿区域内的防卫。光禄勋总管殿内诸多事务,因而分设属官专门掌管宿卫,主要有"七署",即五官中郎将、左中郎将、右中郎将、虎贲中郎将、羽林中郎将、羽林左监、羽林右监诸府。五官中郎将领五官郎,有五官中郎、五官侍郎、五官郎中,"凡郎官皆主更直执戟,宿卫诸殿门,出充车骑。唯议郎不在直中";左中郎将领左署郎,有中郎、侍郎、郎中;右中郎将领右署郎,有中郎、侍郎、郎中;虎贲中郎将领虎贲宿卫,分设左、右仆射和左、右陛长,前者负责虎贲郎的习射,后者负责虎贲郎在殿中的宿卫安排,虎贲郎有虎贲中郎、虎贲侍郎、虎贲郎中、节从虎贲,负责"宿卫侍从"。据蔡质《汉仪》所载,虎贲1500人,人数不固定,"多至千人";羽林中郎将领羽林郎,与郎中秩级相当,负责"宿卫侍从",在行政关系上虎贲府高于羽林府;羽林左监,主管羽林左骑;羽林右监,主

---

① 王仲殊:《汉代考古学概说》,中华书局1984年版,第21~22页。

② 王子今:《汉代洛阳的交通建设》,《汉魏洛阳故城研究》,科学出版社2000年版。

③ 参见陈苏镇:《东汉的南宫和北宫》,《文史》2018年第1期。方原:《东汉洛阳宫城制度研究》,《秦汉研究(第三辑)》,陕西人民出版社2009年版。

④ 安作璋、熊铁基:《秦汉官制史稿》,齐鲁书社2007年版,第106~135页。

⑤ 〔南朝宋〕范晔:《后汉书》志二十五《百官二》,中华书局1965年版,第3574、3579页。

管羽林右骑。另据蔡质《汉仪》，羽林郎 118（128）人，无固定人员编制，根据情况增减人数；又据《汉官》，羽林 900 人。① 由于光武帝精兵简政，西汉时期设置的车将、户将、骑将及羽林令皆被裁撤。南、北宫的守卫由卫尉统领，卫尉有卫士 60 人。据《后汉书 · 百官二》与《汉官》，其分职如下②：其一，公车司马令，“掌宫南阙门，凡吏民上掌，四方贡献，及征诣公车者”，下设丞、尉 1 人，尉“主阙门兵禁，戒非常”；其二，南宫卫士令，统领南宫卫士，卫士计 537 人；其三，北宫卫士令，统领北宫卫士，卫士计 471 人；其四，左都候、右都候，负责“主剑戟士，徼循宫，及天子有所收考”，前者卫士 383 人，后者卫士 416 人；其五，宫掖门 7 门，司马各一人。其中宫门司马及统辖卫士数量如下表：

表 4.4　宫门司马及卫士表

司马称谓	职责	卫士人数（人）
南宫南屯司马	主平城门	102
北宫门苍龙司马	主东门	40
玄武司马	主玄武门	38
北屯司马	主北门	38
北宫朱爵司马	主南掖门	124
东明司马	主东门	180
朔平司马	主北门	117

由此可知，雒阳宫殿内外的防卫部署已经相当严密，基本承袭了西汉时期的宫殿护卫体系。与此同时，与西汉长安相比，宫城的守卫略有不同。《汉书 · 百官公卿表序》记载：“卫尉，秦官，掌宫门卫屯兵，有丞。景帝初更名中大夫令，后元年复为卫尉。属官有公车司马、卫士、旅贲三令丞。卫士三丞。又诸屯卫候、司马二十二官皆属焉。长乐、建章、甘泉卫尉皆掌其宫，职略同，不常置。”③对比而言，光武帝不仅简省“旅贲令”，并且由“卫士三丞”改为“卫士一人丞”④，尤其是从 22 位司马减少到 6 位司马，至明帝永平二年初建北宫朱爵南司马门，才出现北宫朱爵司马一职，这些都可作为东汉精兵简政的成效。由于南、北宫

① 〔南朝宋〕范晔：《后汉书》志二十五《百官二》，中华书局 1965 年版，第 3576 页。
② 〔南朝宋〕范晔：《后汉书》志二十五《百官二》，中华书局 1965 年版，第 3579～3580 页。
③ 〔汉〕班固：《汉书》卷十九《百官公卿表》，中华书局 1964 年版，第 728 页。
④ 〔南朝宋〕范晔：《后汉书》志二十五《百官二》，中华书局 1965 年版，第 3581 页。

的宫殿格局与西汉东、西宫有别，因而简省长乐、建章、甘泉卫尉等官。从卫士的数量上看，东汉时期正常情况下卫尉所属卫士的数量可能略多于光禄勋，雒阳宫殿常备的卫士总数应在 5000 人左右或多于 5000 人。此外，《后汉书·百官三》记载少府属官有中黄门冗从仆射，曰"中黄门冗从仆射一人，六百石。本注曰：宦者。主中黄门冗从。居则宿卫，直守门户；出则骑从，夹乘舆车"①，这是对皇帝居行的额外防护。

除城内大小宫殿，雒阳城西广阳门外还有胡桃宫，苑囿建筑有上林苑、灵囿、芳林园、西苑、鸿德苑、显阳苑、长利苑、灵琨苑、菟苑等，为帝王贵臣郊猎之苑。赏游之观有东观、承风观、白虎观、增喜观、听讼观、平乐观、承禄观、临洛观、百尺观等。平乐观在上西门外，在今孟津县平乐镇附近。观上建有高台可供凭眺，是东汉朝廷校阅兵将、宣扬武威之处。汉灵帝曾身穿铠甲，号称"无上将军"，登临台上，巡视兵阵。高台之下有宽敞华丽、层楼通阁的平乐馆，是达官贵人宴乐之处。平乐会场有神兽龙雀蟠绕，大宛马腾空，演百戏招待远方来客。曹子建诗曰："归来宴平乐，美酒斗十千。"可窥一斑。平乐观西有著名的长分桥，谷水由此分南北而流，绕雒阳城东行，彼时仕宦送行，多于此桥上。班固的《东都赋》、张衡的《东京赋》等描写宫室、阙庭及濯龙池、芳林园时皆说"宫室光明，阙庭神丽，奢不可逾，俭不能侈"，"濯龙、芳林，九谷八溪，芙蓉覆水，秋兰被涯"，可见其秀丽异常。②

四、衙署区

（一）衙署区

有关东汉中央衙署位置，史书并无确凿的记载，大体知道当时的"三公"太尉、司徒、司空的衙署设在开阳门，即南城墙东门内。《玉海》引《古今注》说"永

① 〔南朝宋〕范晔：《后汉书》志二十六《百官三》，中华书局 1965 年版，第 3594 页。

② 此段参照桑永夫：《汉魏洛阳故城编年史》，中州古籍出版社 2013 年版。王启敏：《东汉洛阳南宫史事考》，《洛阳师范学院学报》2015 年第 6 期。王启敏：《东汉洛阳北宫考》，《哈尔滨学院学报》2015 年第 12 期。

平十五年更作太尉,司徒、司空府开阳城门外”。司徒府和南宫东阙相对,蔡质《汉仪》说“司徒府与苍龙阙对”,二府均靠近南宫的东门。汉代的司徒府开有四门,随时听事。官寺中除长吏办公的地方外,还有“官舍”和“吏舍”,供官吏及其家人居住。

宋代学者王应麟在《玉海》卷一百七十二“邸驿”条中提出,汉代有郡国邸、蛮夷邸、诸侯邸和县邸等。《水经注》载:“(陈县)城内有汉相王君造四县邸碑。”[①]尹湾汉墓简牍《元延二年日记》载,元延二年二月六日墓主师饶“旦发,夕谒,宿邸”[②]。按西汉法律规定,诸侯王与列侯皆能在京师建居所,即邸第。《史记·吕太后本纪》记载,孝惠二年,齐王刘肥入朝,吕后欲杀之,刘肥情急之下献城阳郡于鲁元公主,并尊其为王太后,“吕后喜……置酒齐邸,乐饮,罢,归齐王”[③]。颜师古曰:“诸侯王及诸郡朝宿之馆,在京师者谓之邸。”[④]这里的“齐邸”应该就是齐国在京师之邸。所谓王国邸,盖是一王国设一邸,主要为诸侯王进京朝请而服务,邸内有官吏负责,诸侯王、郡守以及郡国的上计吏在京都期间居住于此。故此,西汉王国邸立于长安,东汉王国邸置于雒阳。据此,有学者检列出东汉王国邸有:光武时期 21 个,明帝、章帝时期 20 个,和帝时期 23 个,殇帝时期 21 个,安帝时期 24 个,顺帝、冲帝时期 21 个,质帝时期 20 个,桓帝时期 22 个,灵帝、少帝时期 23 个,献帝时期 22 个,其中著名者有清河邸、中山邸、东平国邸等。[⑤]《后汉书·何进列传》载,灵帝中平六年(189),何进“引兵入屯百郡邸”。陆机《洛阳记》就此解释曰“百郡邸,在洛城中东城下步广里中”[⑥],即百郡邸位于雒阳城东一带。除此之外,东汉雒阳城还设有“蛮夷邸”,《后汉书·西域传》记载,永元六年(94),西域都护班超带兵征讨焉耆、尉黎,“斩焉耆、尉黎二王首,传送京师,县蛮夷邸”[⑦]。

西汉洛阳城中置有名目繁多的监狱。东汉光武帝刘秀即位后,为体现“平缓行狱”的治狱精神和标榜政治清明,改革旧狱制、大赦天下,撤销了西汉的二

① 〔北魏〕郦道元撰,王国维校:《水经注校》,上海人民出版社 1984 年版,第 733 页。
② 中国文物研究所等编:《尹湾汉墓简牍》,中华书局 1997 年版,第 141 页。
③ 〔汉〕司马迁:《史记》卷九《吕太后本纪》,中华书局 1963 年版,第 398 页。
④ 〔汉〕班固:《汉书》卷三十四《卢绾传》,中华书局 1964 年版,第 1893 页。
⑤ 王丽娜:《汉代邸、舍制度研究》,东北师范大学 2014 年硕士学位论文。
⑥ 〔宋〕李昉等:《太平御览》卷一百八十一《居处部九》,中华书局 1995 年版,第 880 页。
⑦ 〔南朝宋〕范晔:《后汉书》卷八十八《西域传》,中华书局 1965 年版,第 2928 页。

十六所中都官狱,在京都雒阳仅留下廷尉诏狱和雒阳诏狱,[1]一改西汉时期狱讼多的局面。文献中记载的西汉监狱名称有黄门北寺狱、廷尉诏狱、司空诏狱、掖庭诏狱、洛阳诏狱、若卢诏狱、都内诏狱等,其中黄门北寺狱和掖庭诏狱当在洛阳宫城之中,其余监狱具体位置今不可考。[2] 需要说明的是,东汉沿袭西汉旧制,也设廷尉狱,以关押将相大臣等有政治背景的犯人。如周纡任洛阳令期间,因得罪权贵,被“诏召司隶校尉、河南尹诣尚书谴问,遣剑戟士收纡送廷尉诏狱”[3]。东汉建都雒阳,雒阳狱由于位处京师,加之京师监狱较少,被置于中央的管辖之下,也因此由地方监狱成了中央监狱,皇帝和太后都曾多次到雒阳狱录囚。《后汉书·孝和帝纪》记载:“(和帝)幸洛阳寺,录囚徒,举冤狱。收洛阳令下狱抵罪,司隶校尉、河南尹皆左降。”黄门北寺狱,“北寺,狱名,属黄门署”[4]。北寺狱属黄门署,故有宦官主其事,在桓、灵二帝宦官势力横行时曾关押了大批党人。若卢诏狱,东汉建立初期曾撤销若卢诏狱,有关事务交给中央廷尉诏狱执掌。但后来由于寻常狱讼增多,使得京师雒阳的监狱容纳不下,于和帝永元九年(97),“复置若卢狱官”。《后汉书·孝安帝纪》载,永初二年(108)五月,“皇太后幸洛阳寺及若卢狱,录囚徒,赐河南尹、廷尉、卿及官属以下各有差”。从中可以看出,东汉的雒阳寺属河南尹执掌,而若卢狱属廷尉管理,此时,若卢狱已不属少府掌管,而由廷尉掌管。若卢狱与雒阳狱一样,主要关押的都是寻常犯人,而且除未决犯外,还有大量已决犯在此服劳役,如汉和帝末年,左校令庞参就曾“坐法输作若卢”[5]。暴室狱,亦沿袭西汉,《后汉书》引《汉官仪》曰:“暴室在掖庭内,丞一人,主宫中妇人疾病者。其皇后、贵人有罪,亦就此室也。”[6]如桓帝邓皇后、灵帝宋皇后、献帝伏皇后被废后,皆囚于暴室。暴室狱不仅关押有罪的皇后、贵人,犯罪皇后、贵人的宗亲有时也关押于此,如桓帝延熹八年(165),“皇后邓氏坐执左道废……宗亲侍中沘阳侯邓康、河南尹邓万、越骑

---

① 〔南朝宋〕范晔:《后汉书》志二十五《百官二》:“孝武帝以下,置中都官狱二十六所,各令长名世祖中兴皆省,唯廷尉及雒阳有诏狱。”

② 万安中:《中国封建社会前期监狱制度的演化初探》,《广东社会科学》1997 年第 3 期。

③ 〔南朝宋〕范晔:《后汉书》卷七十七《酷吏列传·周纡传》,中华书局 1965 年版,第 2495 页。

④ 〔南朝宋〕范晔:《后汉书》卷五十五《章帝八王传》,中华书局 1965 年版,第 1798 页。

⑤ 〔南朝宋〕范晔:《后汉书》卷五十一《庞参传》,中华书局 1965 年版,第 1686 页。

⑥ 〔南朝宋〕范晔:《后汉书》卷十《皇后纪下·桓帝邓皇后纪》注引“八年,诏废后,送暴室,以忧死”。

校尉邓弼、虎贲中郎将安阳侯邓会、侍中监羽林左骑邓德、右骑邓寿、昆阳侯邓统、淯阳侯邓秉、议郎邓循皆系暴室”①。

东汉雒阳小苑门里凌云台西建有冰室,用于藏冰。在汉魏洛阳城宫城内西北部发现的一座圆桶形建筑遗址可能为北魏清暑殿遗址。其“厚地板上可以存放大量冰块,架空的地板铺装应留有缝隙,可以滤下冰水,冰水顺地面坡度流向中央浅坑,进而积蓄在小圆池内。地板上冰水积蓄过多则漫出池外,而贮存于整个圆桶形构筑物底部,这时可由地板上所保留的中央方孔向有一定深度的圆池汲取提升排除”②。

(二)太仓和武库

洛阳城的东北角,谷门以东,有太仓和武库。《史记·三王世家》曾说:“雒阳有武库敖仓,天下冲厄,汉国之大都也。”《汉魏洛阳城初步勘查》报告认为,汉魏洛阳城东北角的第二组建筑遗址“有可能就是汉晋时期的太仓遗址”③。这座建筑距大城北城垣53米,是由夯筑墙基围成的两座方形的东西对称的庭院建筑。西侧庭院建筑,南北长约100米,东西长约70米,中间有五座大小不等的夯筑台基。其东南处有一较大的阙口,为此组建筑的通道。东面庭院建筑,面积约50平方米,保存比较完好,内部未见任何建筑物。太仓中的粮食等物品有时也被作为赏赐之用,所以《东京赋》曰:“发京仓,散禁财。赉皇寮,逮舆台。”④杨宽先生也认为,由于雒阳城坐北朝南,储备粮食和兵器的太仓和武库都造在城内东北角,位于北宫南北。

《玉海》引《洛阳记》说:“建始殿东有太仓,仓东有武库。”《后汉书·五行一》记载,武库以东城墙为屏障,灵帝时武库及东垣(东城墙)屋前后毁坏。蔡邕说:“东垣,库之外障。”《元河南志》的《后汉京城图》画武库在太仓之西,恐怕是有误的。太仓建于狄泉之北,狄泉与阳渠相通,以便漕运。

武库是国家收藏兵器的地方,其中的兵器一般不轻易动用。西汉王朝在京

① 〔南朝宋〕范晔:《后汉书》志十二《天文下》,中华书局1965年版,第3257页。

② 冯承泽、杨鸿勋:《洛阳汉魏故城圆形建筑遗址初探》,《汉魏洛阳故城研究》,科学出版社2000年版。

③ 中国科学院考古研究所洛阳工作队:《汉魏洛阳城初步勘查》,《考古》1973年第4期。

④ 《昭明文选》卷第三《京都中》,岳麓书社1995年版,第81页。

师和地方上建立了不少武库,洛阳武库是其中较为重要的一个。西汉吴楚七国之乱时,吴王刘濞的部下桓将军就曾献计道:“吴多步兵,步兵利险;汉多车骑,车骑利平地。愿大王所过城不下,直去,疾西据雒阳武库,食敖仓粟,阻山河之险以令诸侯,虽无入关,天下固已定矣。”①同样,在平定吴楚七国之乱的周亚夫军中,也有人建议道:“此知将军且行,必置间人于殽黾厄狭之间。且兵事上神密,将军何不从此右去,走蓝田,出武关,抵雒阳,间不过差一二日,直入武库,击鸣鼓。诸侯闻之,以为将军从天而下也。”②汉武帝时期,其宠妃王夫人“病,武帝自临问之。曰:‘子当为王,欲安所置之?’……王夫人曰:‘愿置之雒阳。’武帝曰:‘雒阳有武库敖仓,天下冲厄,汉国之大都也。先帝以来,无子王于雒阳者。去雒阳,余尽可。’”③以上记述都可看出武库的重要性。东汉雒阳的武库当为继承改造西汉洛阳郡国武库而来。武库遗址在太仓遗址旁边不远处,处在北宫的东北方向,占据着有利的地势,对宫城起到一定的保护作用。目前东汉雒阳武库遗址尚未发现,具体布局情况无从得知。但是西汉京师长安的武库遗址已经得到考古发掘,这为我们了解雒阳武库形制提供了帮助。总体来看,长安武库院落是一坐北朝南的建筑群。考古勘探表明,西汉长安城中的武库,周筑围墙,形成平面呈长方形的院落,东西长 710 米,南北宽 322 米,周长 2000 余米。围墙夯筑,基础宽于墙体。武库东墙上有一门道,向东可通安门大街;西墙上可能也有门道,已不存;南墙东段上有一门道,是东院的南门道。南墙西段上也应有西院的南门道,已不存;北墙上有无门道不明。约于院落中部略偏西处有一南北向夯土隔墙,将其分为东院和西院,隔墙上应有门道,已不存。武库中有七道库址,其中东院四座、西院三座。七座库址平面呈长方形,其用途可能是分类储存兵器的。④ 每一内部建筑分别据所处位置各开一至二个门道,每一遗址又由数量不等的隔墙划分成若干房间。武库遗址中出土的兵器以铁兵器为主,有长刀、短刀、矛、剑、戟、镞、镦、铠甲片、斧、釜、锛、铲、锤、齿轮等,其中以镞最多,有 1000 多件。这批铁兵器数量多,种类全,形式多,质量高。遗址中出土的铜兵器主要有戈、弩机、剑格、镞、釜、箍形器、镦,数量不多,反映出西汉时期

---

① 〔汉〕班固:《汉书》卷三十五《荆燕吴传》,中华书局 1964 年版,第 1914 页。

② 〔汉〕班固:《汉书》卷四十《周勃传》,中华书局 1964 年版,第 2059 页。

③ 〔汉〕司马迁:《史记》卷六十《三王世家》,中华书局 1963 年版,第 2115 页。

④ 刘庆柱、李毓芳:《汉长安城》,文物出版社 2003 年版,第 127~129 页。

铁兵器已取代铜兵器处于主导的地位。武库围墙和内隔墙的上部可能建有瓦顶,此外还分布有科学、合理的排水网络。武库的作用主要是储存军工产品、制造武器、供应军工原材料以及发授兵器等,武库的管理官吏是执金吾的属官“武库令一人,六百石。本注曰:主兵器。丞一人”[①]。太仆属官中有“考工令一人,六百石。本注曰:主作兵器弓弩刀铠之属,成则传执金吾入武库,及主织绶诸杂工。左右丞各一人”,李贤注引《汉官》曰“员吏百九人”[②],可见其管理规模之大。武库还有祭祀功能,汉章帝就曾令马严在武库中祭祀蚩尤。

(三)礼制建筑区

中国古代,祭祀是国之大事。东汉雒阳城即建有众多礼制建筑。除前文所述的太学和“三雍”之外,还有南北郊、五郊、社稷、六宗、宗庙等。这些文化礼仪建筑分布于雒阳十二城门外,以城南最为集中。东汉雒阳城礼制建筑的分布位置,宗庙与社稷按“左祖右社”的原则安置在皇宫左右;南北郊坛分别位于南郊七里、北郊四里(或作一里)的位置;明堂、辟雍、太学、灵台均在南郊;迎时气的五郊坛,除了黄郊(中兆)位于城南未地,其余四郊分别位于都城的东、南、西、北四郊,去都城的距离依次为八、七、九、六里;六宗则位于都城西北戌亥之地。[③]

建武二年,光武帝在雒阳城南七里处修建了南郊坛,《后汉书·祭祀上》描述说,“圆坛八陛,中又为重坛,天地位其上,皆南乡,西上。其外坛上为五帝位。青帝位在甲寅之地,赤帝位在丙巳之地,黄帝位在丁未之地,白帝位在庚申之地,黑帝位在壬亥之地。其外为壝,重营皆紫,以像紫宫;有四通道以为门。日月在中营内南道,日在东,月在西,北斗在北道之西,皆别位,不在群神列中。八陛,陛五十八醊,合四百六十四醊。五帝陛郭,帝七十二醊,合三百六十醊。中营四门,门五十四神,合二百一十六神。外营四门,门百八神,合四百三十二神。皆背营内乡。中营四门,门封神四,外营四门,门封神四,合三十二神。凡千五百一十四神。营即壝也。封,封土筑也。背中营神,五星也,及中官宿五官神及五岳之属也。背外营神,二十八宿外官星,雷公、先农、风伯、雨师、四海、四渎、

---

① 〔南朝宋〕范晔:《后汉书》志二十七《百官四》,中华书局1965年版,第3606页。

② 〔南朝宋〕范晔:《后汉书》志二十五《百官二》,中华书局1965年版,第3581页。

③ 姜波:《汉唐都城礼制建筑研究》,中国社会科学院2001年博士学位论文。

名山、大川之属也"，"陇、蜀平后，乃增广郊祀，高帝配食，位在中坛上，西面北上。天、地、高帝、黄帝各用犊一头，青帝、赤帝共用犊一头，白帝、黑帝共用犊一头，凡用犊六头。日、月、北斗共用牛一头，四营群神共用牛四头，凡用牛五头"。①

建武三十二年（56），光武帝于雒阳城北营北郊坛，次年春正月辛未，郊祀后土。北郊坛的形制，文献记载有一定的抵牾之处。《后汉书·祭祀中》云："北郊在雒阳城北四里，为方坛四陛。"②《后汉书》卷一《光武帝纪下》注引《汉官仪》："北郊坛在城西北角，去城一里所。为方坛四陛，但有坛祠舍而已。其鼓吹乐及舞人御帐，皆徙南郊之具。地祇位南面西上，高皇后配，西面，皆在坛上。地理群神从食坛下。南郊焚犊，北郊埋犊。"③期待后续考古发掘的说明与印证。

汉明帝永平以降，五郊坛便成为定制，其坛址，即所谓郊兆在东、南、西、北四郊，中兆在"未位"，以祀黄帝。按照《后汉书》注引《月令章句》的记载，坛的方位与五行相对应，如"东郊去邑八里，因木数也"，"南郊七里，因火数也"，黄郊"去邑五里，因土数也"，"西郊九里，因金数也"，"北郊六里，因水数也"。④

（四）市场与里居

市是古代城市的经济活动中心，东汉雒阳城的经济活动中心是金市、马市、南市，《河南志》引华延儁《洛阳记》云"大市名金市，在城中。南市在城之南。马市在大城之东"⑤，大体看出三市分别位于城内、城外东部及南部。金市约在北宫西南上西门与雍门之间，南宫西北部。陆机《洛阳记》说："马市在大城东，前有石桥，悉用大石，下员以通水，可过大舫。"⑥洛阳上东门外有跨过城河阳渠的石桥，桥头建有两石柱，右石柱铭云："阳嘉四年（135）乙酉壬申诏书，以城下漕渠，东通河济，南引江淮，方责委输所由而至，使中谒者魏郡清渊马宪监作石

---

① 〔南朝宋〕范晔：《后汉书》志七《祭祀上》，中华书局1965年版，第3159~3161页。

② 〔南朝宋〕范晔：《后汉书》志八《祭祀中》，中华书局1965年版，第3181页。

③ 〔南朝宋〕范晔：《后汉书》卷一《光武帝纪下》，中华书局1965年版，第84页。

④ 参见〔南朝宋〕范晔：《后汉书》志八《祭祀中》，中华书局1965年版，第3182页。姜波：《汉唐都城礼制建筑研究》，中国社会科学院2001年博士学位论文。

⑤ 〔清〕徐松辑，高敏点校：《河南志·后汉城阙古迹》，中华书局1994年版，第51页。

⑥ 〔清〕徐松辑，高敏点校：《河南志·晋城阙古迹》，中华书局1994年版，第76页。

桥梁。”[①]由此推断，东汉时东市可能在上东门外，阳渠上石桥之附近区域。东市靠近漕渠，是当时各方运输贡赋进入雒阳城的孔道，虽说不能与雒阳大市相比，肯定也有一定的规模，所以才有六人主管东市（马市）的记载。[②] 马正林先生认为：“马市可能在中东门外的干道之上，与金市东西对称。南市则在城南洛河岸上，可能位于津门外干道之上，与金市南北呼应。”[③]潘岳《闲居赋》所说的“面郊后市”大概是指南宫和金市的相对位置而言。金市的服务对象主要是居住于城中的统治者和官僚，马市的服务对象可能是居住于城内东部的贵族以及居住于雒阳城东城墙外的普通百姓，南市则主要服务居住于城南的太学生和普通百姓。[④]

除以上三大市外，还有一些较小的市，如“粟市”。《晋书》载：“显宗即位，天下安宁，民无横徭，发比登稔。永平五年作常满仓，立粟市于城东，粟斛直钱二十。”[⑤]李久昌先生征诸文献认为，粟市的位置在城东，有可能与同样位于城东的马市同物而异名，粟市和马市的名称仅是文献记载中针对特定叙述事物所指。设粟市于城东，是为了利用漕渠运输大宗粮食货物的需要。[⑥]《后汉书·五行二》引《古今注》曰：“（永和）六年十二月，雒阳酒市失火，烧肆，杀人。”《后汉书》曾记载，蔡茂对光武帝救董宣之举，十分赞赏，其中有“近湖阳公主奴杀人西市”[⑦]语。史书记述王充“家贫无书，常游洛阳市肆，阅所卖书，一见辄能诵忆，遂博通众流百家之言”。这些记载中的西市、酒市、书市等，也许都是不起眼的民间小市场，但也对雒阳市场起着有益的调剂和补充作用。

东汉时期雒阳的三座市场均处在交通干道旁，占据着有利的地理位置，贸易繁荣，商业兴盛，当时有“船车贾贩，周于四方；废居积贮，满于都城”的记载。东汉时期的市场是封闭的，四周有墙，市场内的商肆，按照商品的分类，排列整齐。市场基本上天天开放，清晨管理人员打开市门，人们纷纷进入其中进行交

① 〔北魏〕郦道元撰，杨守敬、熊会贞疏：《水经注》卷十六《谷水》，文渊阁《四库全书》版。

② 〔晋〕司马彪：《续汉书·百官志三》注引《汉官仪》曰“别治中水官，主水渠，在马市东，有员吏六人”。

③ 马正林：《中国城市历史地理》，山东教育出版社 1998 年版，第 182 页。

④ 薛瑞泽：《西周至隋唐洛阳市场的变迁》，《洛阳师范学院学报》2000 年第 6 期。

⑤ 〔唐〕房玄龄等：《晋书》卷二十六《食货志》，中华书局 1974 年版，第 781 页。

⑥ 李久昌：《古代洛阳都城空间演变研究》，陕西师范大学 2005 年博士学位论文。

⑦ 〔南朝宋〕范晔：《后汉书》卷二十六《蔡茂传》，中华书局 1965 年版，第 907 页。

易;傍晚管理人员关闭市门,交易停止,喧嚣的市场归于平静。东汉王朝制定了许多法令,设立了专门的官员,以便更好地对市场进行管理。据文献记载,东汉雒阳市有“市长一人,秩四百石。丞一人,二百石,明法补。员吏三十六人,十三人百石啬夫,十一人斗食,十二人佐。又有楫棹丞,三百石,别治中水官,主水渠,在马市东,有员吏六人”①。《续汉书·百官志》也记载说:“市长一人……员吏三十六人,十三人百石啬夫,十一人斗食,十二人佐。”②在市场中建有亭,又名为“旗亭”“市楼”,作为市吏的治所。此外还有市舍,作为市场管理人员休息的场所,史书记载桓帝窦皇后死后,“宦者积怨窦氏,遂以衣车载后尸,置城南市舍数日”。作为王朝都城的雒阳,市场管理自然更加受到统治者的重视。当时“雒阳市长直属河南尹”管理,而城中“各市的具体事务,大概是由百石啬夫来分别负责的”③。由于市场中的人员流动性比较大,因此在古代也往往成为处决犯人的场所,这样能够更好地起到震慑作用。东汉雒阳的马市是主要行刑场所,顺帝时“定远侯班始尚阴城公主坚得,斗争杀坚得,坐要斩马市,同产皆弃市”。又灵帝中平元年“冬十月,皇甫嵩与黄巾贼战于广宗,获张角弟梁。角先死,乃戮其尸”,李贤注:“发棺断头,传送马市。”④

东汉时期,将城中的居民区称为“里”,不过也仅是雏形而已,考古发掘并未有东汉“里”的确凿发现。当时贵族多居住在上东门内的步广里、永和里,董卓即居住在永和里。城西里也有一些贵族,史载梁冀“父商献美人友通期于顺帝,通期有微过,帝以归商,商不敢留而出嫁之,冀即遣客盗还通期。会商薨,冀行服,于城西私与之居”。根据文献记载和考古发现推测,“里”一般为方形或长方形,其四面皆有出入之总门。周长山先生认为:汉代里内只有一条道路,里门分居其两端,没有四门的迹象。⑤ 除总门外,各家不得当街破墙辟门,只有贵族或有特殊地位者,可临街开门,如章帝建初年间“马防兄弟贵盛,大起第观,连阁弥亘”⑥,桓帝时梁冀、孙寿和宦官“五侯”在雒阳竞起甲第,以及汉安帝为阿母修

① 〔清〕孙星衍等辑,周天游点校:《汉官六种》,中华书局 1990 年版,第 6 页。
② 〔晋〕司马彪撰,〔梁〕刘昭注补:《续汉书·百官志三》,中华书局 2000 年版,第 3591 页。
③ 周长山:《汉代城市研究》,人民出版社 2001 年版,第 180~181 页。
④ 〔南朝宋〕范晔:《后汉书》卷八《孝灵帝纪》,中华书局 1965 年版,第 350 页。
⑤ 周长山:《汉代城市研究》,人民出版社 2001 年版,第 147 页。
⑥ 周天游辑注:《八家后汉书辑注》,上海古籍出版社 1986 年版,第 691 页。

建大第，都不受墙和门的限制。东汉普通百姓一般居住于洛阳城西、东、南门之外。

第三节 以洛阳为中心运河体系的初步形成与都城经济发展

东汉选择在伊洛河盆地适宜位置营建城市，用有形、无形的边界设定出城市社会与外界环境的差异。[①] 洛阳的城市腹地，就是伊洛河盆地内和伊洛河流域地区，作为都城时往往扩大至黄河中下游地区乃至整个国家。与之相对应，在行政区划上就是秦汉时期的洛阳、河南二县，统县行政区划的"河南"，人们观念上的"三河"。"河南"勾画出了洛阳基本的城市防御体系。汉初的河南郡、河东郡和河内郡，在人们的观念中代表着"天下之中"政治、文化的渊薮。"三河"准确地反映了洛阳在城市生态体系中的位置。一方面，非都城时，包括洛阳在内的"三河"是长安、开封的城市腹地和防御带。另一方面，洛阳为都城时，"三河"是京畿，是洛阳的城市腹地，其重要性要高于城市的辐射地带。洛阳的城市辐射地带往往是整个国家，而漕运和仓储是洛阳自辐射地区吸纳生存物资的主要手段。

洛阳的商业传统历史悠久。西周晚期，商业已初具模型。春秋战国以降，洛阳地处"齐秦楚赵之中"，商业发展迅速，成为当时著名的商业城市，有"商贾为资""治产业，力工商，逐什二以为务"之说。西汉时，洛阳仍是全国著名的商业都市，王莽曾设以洛阳为基准的五都。建武元年，刘秀定都洛阳，洛阳经济文化进入一个大的繁盛期。

---

① 朱宇强：《汉唐时期洛阳的生态与社会》，南开大学 2012 年博士学位论文。

一、运河体系之雏形

洛阳位于豫西北部,北有邙山横峙,南有熊耳山逶迤,崤山在西作屏障,嵩山耸立于东南,处于群山环抱当中。清人顾祖禹曾将洛阳之形胜形容为“河、山控带,形胜甲于天下”[①]。

汉魏洛阳城位于洛阳盆地中部邙山脚下的古亳坂上,涧河入洛处位于汉魏洛阳城西 18 千米;瀍河于今洛阳老城东南侧注入洛河,入洛处距汉魏洛阳城约 10 千米。伊河经洛阳城南注入洛河。

东汉都于洛阳后,着手利用自然资源改造周围环境,其间兴建的最大水利工程是阳渠。光武帝建武五年(29),河南尹王梁“代欧阳歙为河南尹。梁穿渠引谷水注洛阳城下,东写巩川,及渠成而水不流”[②]。王梁引谷水入城失败的首要原因在于谷水水量少和河床与洛阳城高度差小。[③] 谷水发源于河南渑池,在源头与洛阳之间鲜有其他支流注入,故流量有限。谷水河床海拔在 150 米上,入洛处距洛阳城 18 千米,河床与洛阳城高度差最大处也仅为 30 米。而且,谷水流经区域距离较远,其间还有相对起伏的地段,水势呈减弱趋势。建武二十三年(47),张纯代杜林为大司空,第二年主持开凿阳渠,“明年,上穿阳渠,引洛水为漕,百姓得其利”[④]。李贤注云:“阳渠在洛阳城南。”《后汉书》记载同一件事:用大司空张纯之议,“穿阳渠,引洛水为漕”。《读史方舆纪要》卷四十八《河南三》记载:“阳渠,在(河南府)东。旧志:在故洛阳城南。汉建武二十三年,张纯奏穿渠引洛水为漕处也。《洛阳记》以为周公所作。《述征记》:‘东城有二石轿,旧于王城东北开渠引洛水,名曰阳渠,东流经洛阳,于城东南回通出石桥下,运至建春门以输常满仓。’《水经注》:‘上东门外石桥右柱铭曰:阳嘉五年,诏书以城下漕渠东通河、济,南引江、淮,方贡委输,所由而至,乃作石桥。’此即阳渠

① 〔清〕顾祖禹撰,贺次君、施和金点校:《读史方舆纪要》卷四十八《河南三 · 河南府》,中华书局 2005 年版,第 2214 页。

② 〔南朝宋〕范晔:《后汉书》卷二十二《王梁列传》,中华书局 1965 年版,第 775 页。

③ 周勋:《论千金堨与魏晋时期洛阳城水利关系》,《安阳师范学院学报》2015 年第 1 期。

④ 〔南朝宋〕范晔:《后汉书》卷三十五《张纯列传》,中华书局 1965 年版,第 1195 页。

与谷水回通处也。”《水经注》说：“张纯堰洛水以通漕，洛中公私穰赡。”段鹏琦先生认为堰洛的地点可能在今偃师市东辛庄附近。[①] 东汉时期的阳渠水道大体上是在从今洛阳西南堰洛水向东北方向流去，显然，东汉初，首先疏浚的是京畿地区的漕运。虽然王梁、张纯二人开渠所引河水不同，北魏郦道元说：“张纯堰洛以通漕，洛中公私穰赡，是渠今引谷水，盖纯之创也。”[②]阳渠上还有一个重要的水利工程千金堨，也是王梁、张纯的旧绩。

阳渠，是环绕汉魏洛阳故城四周的人工渠道，也是最重要的城市供排水系统工程。张纯于洛阳城西引洛水通漕，截谷、瀍等水，东流绕洛阳城，又东南至偃师南入洛水，其后各代屡次修治，北魏迁都洛阳后曾大举修筑并予以完善，《水经注·谷水》有详细记载，考古勘探发掘亦已证实，隋时乃另修通济渠以代之。

二、仓储设置

洛阳城的东北角，有太仓及武库，《史记·三王世家》记载：“雒阳有武库敖仓，天下冲厄，汉国之大都也。”东汉时期的太仓与武库在城东北角谷门以东。太仓是国家粮仓，考古工作者 1972 年调查认为，汉魏洛阳城东北角的第二组建筑遗址“有可能就是汉晋时期的太仓遗址”[③]。这座建筑距大城北城垣 53 米，是由夯筑墙基围成的两座方形的东西对称的庭院建筑。西侧庭院建筑，南北长约 100 米，东西长约 70 米，中间有 5 座大小不等的夯筑台基。其东南处有一较大的阙口，为此组建筑的通道。东面庭院建筑，面积约 50 平方米，保存比较完好，内部未见任何建筑物。太仓中的粮食等物品有时也被作为赏赐之用，所以张衡《东京赋》曰：“发京仓，散禁财。赉皇寮，逮舆台。”[④]

敖仓原本是秦朝在河、渭漕运线上设置的国家级粮仓，《水经注·济水》记载：“济水又东径敖山北……其山上有城……秦置仓于其中，故亦曰敖仓城也。”

① 段鹏琦：《汉魏洛阳与自然河流的开发和利用》，《汉魏洛阳故城研究》，科学出版社 2000 年版。

② 〔北魏〕郦道元撰，陈桥驿校证：《水经注》卷十六《谷水》，中华书局 2007 年版，第 396 页。

③ 中国科学院考古研究所洛阳工作队：《汉魏洛阳城初步勘查》，《考古》1973 年第 4 期。

④ 《昭明文选》卷第三《京都中》，岳麓书社 1995 年版，第 81 页。

清人王鸣胜考证:“秦都关中,故于敖置仓以为溯河入渭地。”[①]敖仓有“常满仓”之称,《淮南子·精神训》高诱注曰:“敖,地名仓者,以立常满仓也,在今荥阳县北。”在秦朝长期经营的基础上,西汉惠帝时期又曾对敖仓进行整修,扩大其规模,“起长安西市,修敖仓”[②]。敖仓以整个关东地区为储纳范围,藏粟甚多。洛阳也因有敖仓而被称为“天下冲防”“天下咽喉”,占据敖仓之粟被认为是拥有“王基以张”的基本条件。即便到了西汉后期元帝时,敖仓及周边依然重要异常。《汉书·翼奉传》记载,翼奉上疏时云:“臣愿陛下徙都于成周,左据成皋,右阻渑池,前乡崧高,后介大河,建荥阳,扶河东,南北千里以为关,而入敖仓;地方百里者八九,足以自娱。”永平五年(62),兴建常满仓,立粟市于城东,每斛粟值20钱。

三、东汉雒阳之繁华

洛阳是关东的经济中心,自古即居住着许多富商大贾,如卜式、桑弘羊、师史、薛子仲等,“富埒天子”“财过王者”,连婢妾也着“绣衣丝履偏诸缘”之“古天子后服”。《汉书·游侠传》说“周人(洛阳人)以商贾为资”,同书《货殖传》云“雒阳街居在齐秦楚赵之中,富家相矜以久贾”,都说明洛阳是典型的商业城市。洛阳的手工业也很发达,汉武帝盐铁专营后,在全国设立49处铁官,河南郡为其一。近年考古发掘的巩义铁生沟冶铁遗址,新安县北冶、上孤灯等地的西汉冶铁遗址,东周王城东北部的西汉陶窑遗址等,都是见证。

东汉时,雒阳工商业发达,仲长统《理乱篇》说:“船车贾贩,周于四方;废居积贮,满于都城。琦赂宝贷,巨室不能容;马牛羊豕,山谷不能受。”[③]王符说:“浮末者什于农夫,虚伪游手者什于浮末。”当时有很多舍农趋商者,就连汉灵帝都于光和四年(181)在后宫开设“列肆”。皇帝“列肆”,仅为游玩,不以营利为目的,但也从侧面反映了当时雒阳商业的繁荣。雒阳三市贸易繁荣,商业兴盛,

---

① 〔清〕王鸣盛著,黄曙辉点校:《十七史商榷》卷八十五《新旧唐书十七·诸仓》,上海书店出版社2005年版,第746~747页。

② 〔汉〕班固:《汉书》卷二《惠帝纪》,中华书局1964年版,第91页。

③ 〔南朝宋〕范晔:《后汉书》卷四十九《仲长统列传》,中华书局1965年版,第1648页。

有“船车贾贩,周于四方;废居积贮,满于都城”之记载,更有“立粟市于城东,粟斛直钱二十”之记载。更甚者,桓帝时,有人盗发顺陵把所得御物珍宝拿到市场上出卖,市长竟追捕不得。

雒阳工商业的繁荣不仅带动了国内经济的发展,而且还紧紧通联着国外市场。随着东汉政府恢复对西域的管控,中西之间的贸易通道再次疏通,东汉雒阳也顺理成为丝绸之路的起点。来雒阳经商的不仅有国内各州郡之人,更有来自异域的胡商、异国僧俗和使商,东汉政府设置胡桃宫和蛮夷邸,用以接待这些客商。《后汉书·梁冀传》记载,梁冀“起菟苑于河南城西,经亘数十里……尝有西域贾胡,不知禁忌,误杀一兔,转相告言,坐死者10余人”①。一杀兔事件,即牵连十余胡人,雒阳境内的胡人数目可见一斑,更能说明西域与雒阳在商业方面的密切联系。《后汉书·西域传》称“商胡贩客,日款于塞下”,言商胡之多。雒阳的繁荣造就了“京师号况家为金穴”的富豪,和诸多“废居积贮,满于都城。琦赂宝贷,巨室不能容;马牛羊豕,山谷不能受”②的大贾,甚至京师“嫁娶送终,纷华靡丽,至有走卒奴婢被绮縠,著珠玑”③,由此可见雒阳是何等繁荣和奢华。

东汉时期的雒阳,不仅商业发达,经济繁荣,而且文化昌盛,是当时国内国际的人才荟萃之地。如前文所述,雒阳除拥有国家级学校太学之外,南宫的东观所藏图书典籍也逾6000余车。东汉一代,涌现出众多杰出的大家,诸如文字学家许慎撰写出我国第一部字典《说文解字》,历史学家班固完成我国第一部纪传体断代史巨著《汉书》,思想家王充著《论衡》,科学家张衡创制“妙尽璇玑之正”之浑天仪和地动仪,蔡伦创制出“蔡侯纸”。名蜚古今的华佗,经学大师桓谭、贾逵、马融、郑玄、何休等,皆在雒阳著书立说。建初四年(79),汉章帝还在白虎观大会群儒讲议“五经”异同,命班固编成《白虎通义》,以皇帝名义制成定论。著名的东观,也是编修史书之所,《东观汉记》便是在此编成问世的;当时由西域传入汉地的佛经绝大多数也是在雒阳翻译出来的。可以说,东汉雒阳是当时科技文化最发达的城市。④

---

① 〔南朝宋〕范晔:《后汉书》卷三十四《梁统列传》,中华书局1965年版,第1182页。

② 〔南朝宋〕范晔:《后汉书》卷四十九《仲长统列传》,中华书局1965年版,第1648页。

③ 〔南朝宋〕范晔:《后汉书》卷五《孝安帝纪》,中华书局1965年版,第228页。

④ 段鹏琦:《汉魏洛阳故城》,文物出版社2009年版。

第五章 魏晋南北朝时期：都城坊市制度日渐完善

公元190年,群雄并起,董卓挟汉献帝迁都长安,驱使雒阳数百万人口同时西迁,又使吕布盗掘东汉帝王公卿陵墓,“焚烧宫庙,城府荡尽”“宫室烧尽,百官披荆棘,依墙壁间”“白骨露于野,千里无鸡鸣”,昔日赫赫都城雒阳,残破不堪。公元196年,曹操挟汉献帝都于许县(今河南省许昌市建安区东)。公元220年,曹丕营洛阳宫,定都洛阳。

第一节 各朝都城与山水:都城制度和选址

曹魏在东汉雒阳城的废墟上重修洛阳宫室,西晋继之,其规模都不超过东汉。曹魏以东汉雒阳北宫为基础,修建太极殿,在城之西北角修建了金墉城。北魏都洛,沿用东汉、魏晋的城墙,在金墉城南新开了承明门,城门数目由此增至13个。曹魏洛阳城不同于前代的是宫城的位置在城之北部偏西,四面筑墙,南墙正中为阊阖门,门内为正殿太极殿。全城以阊阖门—宣阳门为南北轴线(即铜驼街),中央官署多集中分布在铜驼街的两侧。北魏宣武帝景明二年(501),兴建洛阳外郭城,“东西二十里,南北十五里”,范围广袤,外郭城内又划分320个方形的坊,每坊边长约300步。

一、曹魏洛阳城

公元220年,东汉最后一位皇帝献帝刘协于许县禅位于曹操之子曹丕,延续196年之久的东汉结束。曹魏立国,曹丕即位,是为魏文帝。魏文帝旋即营洛阳宫,定都洛阳,国号魏。因魏崇尚土德,认为土遇水则柔,水得土乃流,诏改"雒阳"重为"洛阳"。又因土为黄色,故此定年号为黄初。曹魏历文帝、明帝、齐王、高贵乡公、元帝等几帝,都洛40余年。

曹魏洛阳城的形制与位置,基本沿用东汉,城郭规模并未超过东汉。219年,曹操从长安东至洛阳,因洛阳宫室焚于战火,于是开始修复洛阳宫殿。黄初元年(220),魏文帝曹丕于东汉北宫基础上新筑洛阳宫,废弃了东汉南宫,从而使整座洛阳城的布局由东汉两宫制变为一宫制。黄初二年(221),魏文帝在宫城北部"筑陵云台"①。《元河南志》卷二《魏城阙宫殿古迹》记载:"陵云台,文帝黄初二年筑,在宣阳门内。"《读史方舆纪要》卷四十八《河南三》载:"凌(陵)云台,在故金墉城之西……魏文帝黄初三年(应为二年)筑。"黄初三年(222)"穿灵芝池",黄初五年(224),在北部芳林园内"穿天渊池",同年,立太学,在东汉太学原址上重修太学,制五经课试,置春秋穀梁博士。黄初七年(226)于芳林园天渊池中"筑九华台",又在洛阳城西北部建造百尺楼②。

魏明帝曹叡时期,进一步修缮洛阳城。太和元年(227)"初营宗庙",青龙三年(235),在北宫陆续修建了主殿太极殿和后宫正殿昭阳殿。曹魏太极殿建在二层台上,面阔十二间,殿内设四根金铜柱,正面设左右两个踏步,两侧建东堂和西堂。东堂为皇帝处理日常朝政、召见群臣和讲学之所,西堂为皇帝起居之所。杨宽先生认为:曹魏大治洛阳宫,起昭阳、太极殿,筑总章观,这是此后皇宫正殿称太极殿的开始。③ 重建北宫,废南宫,形成宫在北而官署居里在南的格局,使东汉时期居于特殊地位的平城门大街失去了其尊贵地位。曹魏又新筑宫城阊阖门,使之正对宣阳门。阊阖门与宣阳门之间的御街,即阊阖门南街,成为洛阳城的南北轴线。由于魏明帝将铜驼置于阊阖门南的十字街头④,所以阊阖门南街又称"铜驼街"。陆机云:"驼高九尺,脊出太尉坊者也。"铜驼街自南门

---

① 〔晋〕陈寿撰,〔刘宋〕裴松之注:《三国志·魏书·文帝纪》,中华书局1964年版,第78页。

② 《洛阳伽蓝记》记载:"(金墉)城东北角有魏文帝百尺楼。"

③ 杨宽:《中国古代都城制度史研究》,上海古籍出版社1993年版,第139页。

④ 晋陆机《洛阳记》云:"洛阳铜驼街,铸铜驼二枚,在宫南四会道相对。俗语曰:'金马门外集众贤,铜驼陌上集少年。'"《陆机集》(中华书局1982年版,第184页)四会道应该指的是十字路口,即铜驼街与宫前横街交叉处。道南北称阡,东西称陌,可知铜驼街指宫前横街。

宣阳门直指宫城正门正殿,并且向城外延伸很长。魏明帝景初元年(237),在铜驼街两侧建宗庙、社稷等礼制建筑,于城南伊、洛水交汇处的委粟山营建圜丘祭天,又根据郑玄之说,复建天郊、地郊。铜驼街两侧有包括朝堂、尚书省、中书省等宰相和公卿百官议政之衙署建筑,使洛阳城的南北向轴线明显西移。铜驼街在城中已长达 2100 米,长度是东汉时的平城门大街的 3 倍,已颇具都城南北中轴线规模。①

除了新修的太极殿,曹魏时期对洛阳的改造是于都城西北角修建金墉城。《水经注・谷水》记载:"谷水又东径金墉城北,魏明帝于洛阳城西北角筑之,谓之金墉城……谷水径洛阳小城北,因阿旧城,凭结金墉,故向城也。永嘉之乱,结以为垒,号洛阳垒。"②顾祖禹考证说:"金墉城,故洛阳城西北隅也。魏明帝筑城。"③金墉城效仿曹魏邺城西北的冰井台、铜雀台和金虎台等三台,利用东汉雒阳城的西垣和北垣,新筑了东垣和南垣,位于今洛阳市孟津县翟泉村与金村之间,中州渠从北面穿金墉城而过。④《汉魏洛阳城初步勘查》⑤报告显示,金墉城西北角有三座平面呈"目"字形的南北衔接小城,南北长约 1048 米,东西宽约 255 米。四周有城垣,城墙外筑有马面,具有防守用的堡垒性质,《晋书・蔡谟传》有"金墉险固,刘曜十万所不能拔,今征西之守不能胜也"之言,西晋潘岳《西征赋》也说"金墉郁其万雉,峻崚峭以绳直",说明其坚固异常,非一般城池可比拟。

金墉城是曹魏时期比较主要的宫殿,⑥魏帝曹芳、曹奂及晋杨芷皇后、贾南风皇后、太子司马遹、晋惠帝司马衷、长沙王司马乂⑦等都曾被废黜幽闭在金墉

---

① 参见张中印:《东汉—北魏时期洛阳城市形态与内部空间结构演变》,陕西师范大学 2003 年硕士学位论文。

② 〔北魏〕郦道元撰,陈桥驿校证:《水经注》卷十六《谷水》,中华书局 2007 年版,第 393 页。

③ 〔清〕顾祖禹撰,贺次君、施和金点校:《读史方舆纪要》卷四十八《河南三・金墉城》,中华书局 2005 年版,第 2323 页。

④ 中国社会科学院考古研究所洛阳汉魏故城队:《汉魏洛阳故城金墉城址发掘简报》,《考古》1999 年第 3 期。

⑤ 中国科学院考古研究所洛阳工作队:《汉魏洛阳城初步勘查》,《考古》1973 年第 4 期。

⑥ 虽然金墉城曾一度改为永昌宫和永安宫(参见罗昌繁、尚永亮:《魏晋政权与金墉城的意蕴嬗变》,《安徽大学学报(哲学社会科学版)》2014 年第 2 期),但学界习惯以金墉城称之。

⑦ 参见罗昌繁、尚永亮:《魏晋政权与金墉城的意蕴嬗变》,《安徽大学学报(哲学社会科学版)》2014 年第 2 期。

城。永和十一年(355),桓温曾屯兵金墉城。

曹魏洛阳城最初沿袭东汉 12 座城门数量,仅名称有所变化,依次为:建春门、东阳门、清明门、开阳门、平昌门、宣阳门、津阳门、广阳门、西明门、阊阖门、大夏门、广莫门。城门大都为二层城楼,门外皆有双阙,跨阳渠有桥通城外,城墙上每隔百步建一楼橹(望楼)。后来出于防卫的考量,魏明帝修补城垣,改建了城北面西侧的大夏门,使城门数量变为 13 座。大夏门因近于宫苑北部,规模恢宏壮观,“门有三层,高百尺”。依凭大夏门,即便于皇宫同城外宣武观及黄河渡口的交通,又可窥察城内外动静。

二、西晋洛阳城

曹魏元帝咸熙二年(265),曹魏元帝曹奂禅位于权臣司马昭之子司马炎,司马炎即帝位,定都洛阳,史称西晋。西晋代魏,如汉魏之故事。从泰始元年(265)司马炎称帝,至怀帝永嘉五年(311)匈奴攻陷洛阳,洛阳历经西晋武帝(司马炎)、惠帝(司马衷)、怀帝(司马炽)三帝,为西晋王朝的首都约 46(或 47)年,其中为北方的政治中心 15 年,为全国统一的首都 31 年。晋时京师洛阳富甲天下,奢靡之风盛行,国戚贵胄斗富故事流传甚广。洛阳晋代墓葬中屡屡出现金银制品和形制独特的器物,如鎏金铜架和铜鸠杖的出土即可管窥西晋的社会状态。

西晋洛阳城基本沿袭曹魏旧貌,12 座城门,名称都未曾改变。《初学记》记载“历代殿名,或沿或革,惟魏之太极,自晋以降,正殿皆名之”,宫城正殿依旧为太极殿。帝王在太极殿举行大的朝会,在殿东侧东堂举行小规模的朝会。西晋建东宫以后,原北宫(即皇后居所)习惯上称西宫,太子宫为东宫,这种叫法一直延续到十六国时期。

西晋立国初,宗庙沿用曹魏旧址。太康八年(287),因太庙地陷,于是重迁于宣阳门内新址。南郊仍旧是前朝时期的礼制建筑,如明堂、辟雍、灵台和太学等。武帝和惠帝时也多次幸太学,有“大晋龙兴皇帝三临辟雍皇太子又再莅之盛德隆熙之颂”碑为证。

西晋统一全国,加之晋武帝政策开明,百姓逐步摆脱战乱之扰,社会经济有了较大发展，出现了相对繁荣稳定的局面，有“太康之治”称誉。国都洛阳更是“牛马被野，余粮栖亩，行旅草舍，外闾不闭，民相遇如亲。其匮乏者，取资于道路”的繁盛景象，也有“天下无穷人”之溢美之词。西晋也有市场。大市又叫金市，在宫城临商观西侧；马市，也称东西市，在城东，前有巨大的石拱桥，下可过大船。建春门内东北设有太仓，建春门外有马市，临阳渠有常平仓（也称常满仓）。西晋时，宫中有“宫阙”，如崇阳阙、延明阙、白藏阙等。城内大夏门的宣武观，至西晋武帝司马炎时改为阅兵场，多次举行大阅兵，“旬日而罢”。

西晋时期，文化也很昌盛，人才辈出。陈寿之《三国志》、司马彪之《续汉书》、张华之《博物志》、裴秀之《禹贡地域图》，皆在历史上留下了浓墨重彩的印迹。三曹父子、“建安七子”、“竹林七贤”、“金谷二十四友”皆是驰名千古的名人。文学家左思，“构思十年，门庭藩溷皆著笔纸，遇得一句，即便疏之”，其《三都赋》问世后，洛阳富贵人家争相传抄，“洛阳纸贵”成为美谈。此外，杜预架筑黄河桥梁，科技上也毫不逊色。

晋武帝后期，生活奢侈腐败，诸王争权，引起“八王之乱”，极大地削弱了西晋王朝的统治，也使洛阳城“苍生殄灭，百不遗一”。经历了“八王之乱”和“永嘉之乱”，晋室被迫南迁，建立政权，史称东晋。京都洛阳及黄河流域沦为各种势力角逐的战场，大批北方人民流离失所，被迫南迁，出现了中原汉人第一次南迁的高潮。一些少数民族如匈奴、羯、氐、羌、鲜卑等也陆续建立政权，史称“五胡十六国”时期。彼时，石勒的后赵政权以洛阳为南都，传至石虎，“发诸州二十六万人修洛阳宫”[①]。后赵的建立者羯族人石勒，于 319 年自称赵王。328 年石勒与刘曜决战于洛阳，后灭前赵，占领洛阳，于 330 年称帝，欲都邺，次年又“以成周土中，汉晋旧京，复欲有移都之意，乃命洛阳为南都，置行台治书侍御史于洛阳”[②]。石勒曾在洛阳宴请高句丽等使者，继任者石季龙虽为一介武夫，但对南都洛阳的建设亦颇为重视，在位期间曾三次役使数十万人修葺洛阳城，“徙辽西、北平、渔阳万户于兖、豫、雍、洛四州之地”。自建平二年（331）石勒建洛阳南都，至青龙元年（350）石鉴被杀，后赵灭亡，后赵以洛阳为陪都南都约 20 年。

---

① 〔唐〕房玄龄等：《晋书》卷一百零六《石季龙载记上》，中华书局 1974 年版，第 2777 页。

② 〔唐〕房玄龄等：《晋书》卷一百零五《石勒载记下》，中华书局 1974 年版，第 2748~2749 页。

三、北魏洛阳城

在十六国战乱之际,居住在北方的鲜卑族拓跋氏逐渐兴起,386 年建立魏国,史称北魏或元魏,后以平城(今山西大同东北)为都。北魏立国后,道武帝拓跋珪并吞了周围的部落和国家,乘胜进入中原,于 439 年统一中国北方。

天兴元年(398)正月,拓跋珪"徙山东六州民吏及徒何、高丽杂夷三十六万,百工伎巧十万余口,以充京师(平城)",同年七月,北魏自盛乐"迁都平城,始营宫室,建宗庙,立社稷"。[①] 平城地处雁门关外大同盆地北部边缘,介于内外长城之间,三面环山,两边夹水,乃边陲重镇、兵家角逐之地。平城经北魏数代皇帝大力营建,其城郭、宫室、市坊、街道等已臻完备,"郭城绕宫城南,悉筑为坊,坊开巷。坊大者容四五百家,小者六七十家。每南坊搜检,以备奸巧"[②]。显然,平城此时已有较为完备的里坊制度,这种制度也影响了后来北魏洛阳城和隋唐洛阳城、唐长安城之规划。

鲜卑族建立的北魏政权,保留了氏族时代勋贵们的政治经济特权,对皇权构成了威胁,甚者平城守旧势力强大,多方掣肘孝文帝拓跋宏的汉化改革。平城建城初衷,就是北方边陲一个具有军事攻防目的的城市,鲜有文化历史积淀,这对一个誓以统一整个中国为目标的君主拓跋宏来说,显然拘囿太多,"国家兴自朔土,徙居平城,此乃用武之地,非可文治。今将移风易俗,其道诚难"[③]。"正因为都城属于国家的神经中枢,城址经过多方选择和大规模营建,便具有相当程度的稳定性。若非国家政治地理格局变动或者环境恶劣不堪,国都不会轻易移动。果若是,从国都研究的角度出发,大凡国都变动或迁都之议纷起,皆可作为判断社会环境变迁的一把标尺。"[④]孝文帝即位后,决意改革,改革之一即为迁都。或许是为了远离平城的严寒天气,更深层次或许是为了摆脱平城贵族势

---

① 〔北齐〕魏收:《魏书》卷二《太祖纪》,中华书局 1974 年版,第 33 页。

② 〔梁〕萧子显:《南齐书》卷五十七《魏虏列传》,中华书局 1972 年版,第 985 页。

③ 〔宋〕袁枢:《通鉴纪事本末》卷二十《魏迁洛阳》,中华书局 1964 年版,第 1762~1763 页。

④ 侯甬坚:《中国古都选址的基本原则》,《中国古都研究(第四辑)——中国古都学会第四届年会论文集》,1986 年,第 37 页。

力的阻挠,他不顾河洛地区的暑热,也不顾鲜卑贵族的强烈反对,强行制定迁都洛阳计划,后来甚至留在洛阳,车驾不北还。略显夸张的是,在洛阳城尚未修缮完备时,孝文帝驻跸在魏晋时期幽禁失宠皇室妃嫔的金墉城里。孝文帝以中原为正统,以"帝王之作,百代可知,运代相承,书传可验。虽祚命有长短,德政有优劣,至于受终严祖,殷荐上帝,其致一也。故敢述其前载,举其大略。臣闻居尊据极,允应明命者,莫不以中原为正统,神州为帝宅"①造势,后又以南征南齐为由,于北魏太和十七年(493)二月,率30万步骑南下,"发平城至洛阳,霖雨不止。丙子,诏诸军前发。丁丑,帝戎服执鞭乘马而出。……时旧人虽不愿内徙,而惮于南伐,无敢言者,遂定迁都之计",率军南下。《资治通鉴》如是记载:"魏主以平城地寒,六月雨雪,风沙常起,将迁都洛阳,恐群臣不从,乃议大举伐齐,欲以胁众。"孝文帝诏令"司空穆亮与尚书李冲、将作大匠董爵经始洛京"②,又命青州刺史刘芳、中书舍人常景,为殿宇、宫门、城门定名。太和十八年(494)冬十月,洛阳城基本修建完毕,太和十九年(495)正式自平城迁都洛阳。此时自西晋南迁废弃,历经180余年,洛阳再次成为京都。

北魏迁都后,借鉴了前期平城的规划设计,开始大规模营建洛阳城,《魏书·莫含列传》载:"太祖欲广宫室,规度平城四方数十里,将模邺、洛、长安之制。"在营建太庙和太极殿时,量准魏晋基址。营建洛阳城之前,孝文帝曾派蒋少游等访问南齐建康城,"少游有机巧,密令观京师宫殿楷式",因此也有南朝人认为"宫室制度,皆从其出"③。迁都洛阳后,孝文帝迅速改革官制,禁绝鲜卑语言,改移旧俗,甚至将鲜卑姓氏改为汉姓,皇族姓氏拓跋即被改为"元",故此,北魏也称元魏。

北魏洛阳城,北依邙山,南临伊水,东起七里桥,西至张方桥,根据杨衒之《洛阳伽蓝记》的记载"东西二十里,南北十五里",京师人口"十万九千余",如果再加上洛河周围的四夷里、四夷馆,规模比汉晋洛阳城大,是当时首屈一指的大城市,甚至超越了南朝的都城建康,形制也有重大改变。④ 最内城为宫城,宫

---

① 〔北齐〕魏收:《魏书》卷一百零八《礼志一》,中华书局1974年版,第2744页。
② 〔北齐〕魏收:《魏书》卷七《高祖纪下》,中华书局1974年版,第173页。
③ 〔梁〕萧子显:《南齐书》卷五十七《魏虏列传》,中华书局1972年版,第990页。
④ 罗宗真:《魏晋南北朝考古》,文物出版社2001年版,第17页。

城外为内城，即洛阳大城，大城外为外郭城，三重城垣构成城郭主体。① 抛却文学夸张色彩，南梁使臣陈庆之的赞叹可以被当作这座魏帝国京城辉煌盛景的写照："昨至洛阳，始知衣冠士族，并在中原。礼仪富盛，人物殷阜，目所不识，口不能传。所谓帝京翼翼，四方之则。"

（一）宫城

宫城南北长 1398 米，东西宽 660 米，面积约 1 平方千米，约为整个都城十分之一，略呈规整的长方形。宫城位于东汉雒阳北宫旧址，为表明其为继承正统王朝，北魏宫城及主要城门皆依（曹）魏晋旧制。宫城被铜驼街分割为南北两部分，南部为宫殿区，北部为后宫寝殿区。宫城内见于记载的宫殿有光极殿、宣光殿、显阳殿、明光殿、太极殿、清辉堂等。宫城正殿称太极殿，即日常朝会的大殿，为宣武帝景明二年（501）建成，是都城中心。太极殿筑于高大的台基之上，殿基呈长方形，东西宽约 100 米，南北长约 60 米，基址高出地面 4 米，面阔 12 间，是宫中最大的建筑。太极殿在宫城中部偏西，并非严格处于中央，是迁就旧城街道和城门格局的结果。②

太极殿后也有一些宫殿群，如式乾殿、显阳殿、宣光殿、嘉福殿等。显阳殿后即北宫，为妃嫔居住区。刘腾发动政变时，曾封闭永巷，幽禁胡太后于宣光殿。在太极殿南约 500 米处，有宫城正南门即阊阖门，是整个洛阳城形制最大的一座城门建筑。阊阖门、阙的基本规模与形制均沿用魏晋时代的城门、阙基。③ 经考古发掘，阊阖门地面台基东西长 44.5 米，南北宽 24.4 米，台基上的建筑有三门道、门道间的东西间墙和东西门道两侧的东西墩台，中门道面阔 6 米，东西门道面阔 5.7 米。④ 今洛阳市孟津县平乐镇金村，明朝时曾称金墉镇，村南高地，当地人称"金銮殿"或"朝王殿"，据考古试掘，确认就是北魏太极殿遗址，南面为宫城正门阊阖门遗址，考古发现其门洞缺口达 46 米，足见其当时之宏伟规模。

---

① 也有人认为北魏洛阳城为两重，即内城（洛阳城）和外郭城，笔者认为二重或三重无实质区别，因此时宫城尚不完全独立如后世，可谓宫城雏形。

② 黄建军：《中国古都选址与规划布局的本土思想研究》，厦门大学出版社 2004 年版，第 152 页。

③ 中国科学院考古研究所洛阳工作队：《汉魏洛阳城初步勘查》，《考古》1973 年第 4 期。

④ 钱国祥：《由阊阖门谈汉魏洛阳城宫城形制》，《考古》2003 年第 7 期。

阊阖门往南，至南城墙的宣阳门，有一条宽41～42米、贯通南北的大街，是为铜驼街，是城内南北向的中轴线。华延儁说："两铜驼在宫之南街，东西相对，高九尺，汉时所谓铜驼街。"北魏的铜驼街是把东汉北宫南门外的正南大街延长，穿过原来南宫基地，直到宣阳门。北魏重要的衙署和部分礼制建筑，如太庙、太社、左卫府、右卫府、太尉府、国子学等即建于铜驼街两侧，有名的永宁寺塔即建于该街西面太尉府的后面。自铜驼街以北往南，有两排衙署区，西侧是右卫府、太尉府、将作曹、九级府、太社等，东侧是左卫府、司徒府、国子学、宗正寺、太庙、护军府等。此外，西阳门内御道北有太仆寺、乘黄署、武库署等。东阳门内御道北有太仓署、导官署等。建春门内御道南有钩盾署、典农署、籍田署等。建春门御道北有翟泉，泉北为河南尹所在。铜驼街南行，有灵台、明堂、辟雍等礼制建筑，穿洛河，是四通市和四夷馆，用来安置和接待异土客商和使节。按北魏制，南方吴人来者，置金陵馆处，北方者，处燕然馆，东方处扶桑馆，西方处崦嵫馆。异域人士归附三年后，赐宅定居于四夷里。《洛阳伽蓝记》记载："自葱岭（即帕米尔高原）已西，至于大秦（即东罗马帝国），百国千城，莫不款附。商胡贩客，日奔塞下。"异域之民"乐中国土风因而宅者，不可胜数。是以附化之民，万有余家。门巷修整，阊阖填列。青槐荫陌，绿柳垂庭"。

宫城四面设宫墙，东、西两墙两两相对，各有3门，分别为东掖门与西掖门、云龙门与神虎门、万岁门与千秋门。每两门之间皆有道路相通，形成三条横街，此谓永巷。

（二）内城

北魏洛阳城内城即汉晋时期的洛阳大城，《后汉书·郡国志》注引《帝王世纪》曰："城东西六里十一步，南北九里一百步。"又引《晋元康地道记》曰："城内南北九里七十步，东西六里十步。"考古发掘表明，城址呈长方形，残存东、北、西三面部分夯土墙垣，南垣被洛河改道冲毁。东垣残长3895米，北垣2820米，西垣残长3510米，加上东、西墙南端被洛河冲毁的墙垣，整个城垣接近14千米，大致合汉晋时期30里。① 考古结果符合"九六城"的记载描述。

内城有东西和南北走向的道路各5条，正对各个城门的缺口。青阳门至西

① 中国科学院考古研究所洛阳工作队：《汉魏洛阳城初步勘查》，《考古》1973年第4期。

明门之间的御道，位于最南侧，宽 29～36 米；东阳门到西阳门之间的御道居中间，宽 41 米；建春门与阊阖门之间的御道居北，宽 35～51 米。此外，还有承明门内御道，雍门和承明门之间的御道。从东城墙中门（东阳门）直通到西城墙中门（西阳门）的大街，宽约 41 米，东阳门内大街北侧有太仓署、导官署。西阳门内大街北侧有太仆寺、乘黄署、武库署，主管车马、养马和兵器。将原来东城墙北门（建春门）以内大街北侧的步广里改作河南尹的官署，以加强对城内居民的管理。

北魏洛阳城的布局大体为：宫城位于中心，象征君权至高无上，宫城外东侧是太仓和洛阳地方官署，还有一些苑囿籍田机构和"拟作东宫"的空地。西侧是西晋大市所在地，北魏期间改为佛寺。在宫城和太仓衙寺之南是一条贯通西阳门与东阳门的东西向大街。① 沿御道（铜驼街）东西两旁，在东汉南宫的基础上，建有一系列中央衙署，"阊阖门前御道东有左卫府（左卫将军府）。府南有司徒府。司徒府南有国子学，堂内有孔丘像。颜渊问仁、子路问政在侧。国子学南有宗正寺，寺南有太庙，庙南有护军府，府南有衣冠里。御道西有右卫府（右卫将军府），府南有太尉府，府南有将作曹，曹南有九级府，府南有太社，社南有凌阴里"②。凌阴里"即四朝时藏冰处"，是东汉南宫謻台旧址。《水经注·谷水》说："《洛阳诸宫名》曰：南宫有謻台、临照台。《东京赋》曰：其南则有謻门曲榭，邪阻城洫。注云，謻门，冰室门也。"可见，北魏虽然废弃南宫，利用南宫旧址修筑了一系列中央官署，但是于南宫某些诸如藏冰处之类的特殊用途建筑，依然是利用的。

北魏洛阳城的营建，始于对金墉城的修筑。孝文帝初至洛阳，由于魏晋宫殿多遭破坏，曾驻跸于金墉城中。魏晋时期的金墉城，是城内西北高亢之处的一座重要的军事堡垒，北魏迁都之初，金墉城中还有魏文帝百尺楼的遗址可见。③ 孝文帝迁洛之机"在（金墉）城内作光极殿，因名金墉城门为光极门。又

---

① 赵阳阳、肖爱玲：《古都皇城空间构成及其发展阶段初探》，《中国古都研究》（第二十四辑），陕西师范大学出版社 2013 年版。

② 〔魏〕杨衒之撰，周祖谟校释：《洛阳伽蓝记校释》卷一《城内·永宁寺》，中华书局 2010 年版，第 2～3 页。

③ 刘涛：《北魏洛阳城的规划与改建》，《唐都学刊》2016 年第 4 期。

作重楼飞阁,遍城上下,从地望之,有如云也”[①]。重修后的金墉城“皇居创徙,宫极未就,止跸于此,构宵榭于故台,所谓台以停停也。南曰乾光门,夹建两观,观下列朱桁于堑,以为御路,东曰含春门,北有逻门,城上西面列观,五十步一睥睨屋,台置一钟,以和漏鼓,函北连庑荫,墉北广榭,炎夏之日,高视(欢)常以避暑,为渌水池一所”[②]。洛阳新作宫室落成之后,孝文帝依然经常流连于此,金墉城由此成为一所重要的离宫,称“金墉宫”。

(三)外郭城

外郭城为北魏新筑,事实上早在建都平城的时候,北魏政府就曾模仿邺北城和洛阳,建设外郭城。道武帝天赐三年(406)“规立外城,方二十里,分置市里,经涂洞达。三十日罢”[③]。明元帝泰常七年(422)“筑平城外郭,周回三十二里”[④],“郭城绕宫城南,悉筑为坊,坊开巷。坊大者容四五百家,小者六七十家。每南坊搜检,以备奸巧”[⑤]。“这样郭城环绕于宫城以南,把郭城完全划分为坊里的办法,显然是沿用洛阳和邺的制度。所设坊里大小,也沿用中原都城的办法,后来北魏洛阳外郭的建设,还是沿用这种布局,只是坊里规划得更为整齐划一。”[⑥]

迁都到洛阳后,孝文帝初次继承了曹魏旧制,在委粟山修建了圜丘。随后宣武帝在景明二年,把圜丘移建在伊水北岸。关于这个圜丘所处的位置,有学者指出考古调查其地当在洛阳城南约3500米的王屹档村南,北面正对内城宣阳城门与铜驼街。[⑦] 太极殿与圜丘正好南北相对,并由一条直线道路相连。通过圜丘的移建,自太极殿至宣阳门的南北大街,进一步延伸到都城外,并越过洛水的永桥,到达了伊水的北岸,这成为北魏洛阳城的建筑轴线,也是北魏洛阳城

---

① 〔魏〕杨衒之撰,周祖谟校释:《洛阳伽蓝记校释》卷一《城内·瑶光寺》,中华书局2010年版,第40~41页。

② 〔北魏〕郦道元撰,王国维校:《水经注校》,上海人民出版社1984年版,第531~532页。

③ 〔北齐〕魏收:《魏书》卷二《太祖纪》,中华书局1974年版,第42~43页。

④ 〔北齐〕魏收:《魏书》卷三《太宗纪》,中华书局1974年版,第62页。

⑤ 〔梁〕萧子显:《南齐书》卷五十七《魏虏列传》,中华书局1972年版,第985页。

⑥ 杨宽:《中国古代都城制度史研究》,上海古籍出版社1993年版,第145页。

⑦ 中国社会科学院考古研究所:《汉魏洛阳故城南郊礼制建筑遗址》,文物出版社2010年版。

形制布局的另一个重要特点。依此轴线，宣武帝建设了外郭城。①

景明二年，北魏宣武帝准许广阳王元嘉奏请，决定在曹魏晋时期的宫城、内城基础上，筑洛阳外郭城和里坊，确立了"外郭城"形制。《洛阳伽蓝记》记载："京师东西二十里，南北十五里，户十万九千余。庙社宫室府曹以外，方三百步为一里，里开四门；门置里正二人，吏四人，门士八人，合有二百二十里。寺有一千三百六十七所。"其中"二十里"与"十五里"，加上洛河南之四夷馆、四夷里，则南北亦为二十里，平面略呈倒"凸"字形。考古发掘报告②显示：郭城东墙现存长1800米，宽8～13米，其西距内城东墙3500米，遗址在今白村与前张村一带；西墙现存长4400米，宽7～12米，东距内城西墙3500～4250米，遗址在今潘村东侧沿线；郭城西墙外侧存一壕沟，推测可能为文献中提及的"长分沟"（或张方沟）；郭城北墙西段保存较好，现残长12.5米，宽13米，遗址在今寨后村之北海拔175米处的邙山山麓上；与北墙并行的壕沟宽12.5米，深3.3米，应该为护城壕。

北魏修建郭城之原因有三：其一，宫室、衙署和寺院几乎占尽狭窄的内城，"里"和"市"只能安排在郭城；其二，需要妥善安排迁入洛阳的鲜卑族人口；其三，管控洛阳城所辖人口。城内著名里坊，有延年里、永康里、义井里、永和里；东部有建阳里、绥民里、崇义里、东安里、晖文里，孝敬里、景宁里、孝义里；南部有利民里、延贤里等；西部"自退酤（里）以西，张方沟以东，南临洛水，北达芒山，其间东西二里，南北十五里，并名为寿丘里，皇帝所居也，民间号为王子坊"，最富有的河间王元琛以及东平王元略的宅第均在其中；北部有永平里、闻义里，是集中烧造陶瓷的地方。

外郭城为普通百姓聚居之所，范围颇大。城东设洛阳小市，位置临近租场，是当时贡赋聚集之处，也是农业生产资料，如牛马牲畜、粟米粮食等的交易地。城西西阳门外四里、御道南有洛阳大市，外设里坊八个，专事贸易。大市东为通商里和达货里，二里之人以屠贩为生。大市南有调音里和乐律里，主要经营乐器。大市西有延酤里和治觞里，其人多以酿酒为业。大市北是慈孝里和奉终

---

① 刘涛：《北魏洛阳城的规划与改建》，《唐都学刊》2016年第4期。

② 中国社会科学院考古研究所洛阳汉魏城工作队：《北魏洛阳外廓城和水道的勘查》，《考古》1993年第7期。

里，里人以售卖棺椁为业。此外还有准财里和金肆里，多为富贾居住地。城南有四通市，因临近洛水浮桥，故又称永桥市。伊洛之鱼，多于此地销售，味道鲜美，士庶诣取，有“洛鲤伊鲂，贵于牛羊”之俗谚。四通市邻近四夷馆及四夷里，经常有异域商人贸易，也算得上是国际贸易市场了。

北魏外郭城里坊划分整齐，平面呈正方形，边长一里，四周围墙，几成棋盘状，有专职人员管理。不同等级身份的人居于不同里坊中，如西郭寿丘里为宗室所居，南郭四夷里为异域商家所居，东郭建阳里属一般居民里坊。这些仿效平城的排列布局，对隋唐两京的格局产生了很深的影响。随着外郭城的出现，市场逐渐改到外郭城内，西郭城有大市，东郭城有小市，城南有四通市，都城形制结构和功能内涵均发生了崭新的变化，对后世都城具有深远的影响。这种由宫城、内城和外郭城三重城圈组成的都城形制结构，是都城发展史上具有重要意义的创新。①

四、邺城

邺城有北城和南城两座城：北城是曹操于春秋齐桓公邺城基础上修缮改建的，作为曹魏、后赵、冉魏、前燕的都城；南城是东魏迁都后重新修建的，先后成为东魏（534—550）、北齐（550—577）的都城，历时 40 多年。邺城位于河南省安阳市市区北偏东 18 千米处的漳河两岸。

（一）曹操邺北城

建安五年（200），曹操于官渡之战大破袁绍，后攻克邺城，使之成为北方实际的政治中心。曹丕称帝都洛，因邺城是“王业之本基”，遂成曹魏都城之一。《水经注·浊漳水》记载，邺北城“东西七里，南北五里”，平面呈横长方形。有七座城门：南面三座，东为广阳门，西为凤阳门，正中为中阳门；东墙正中是建春门；北墙中部宫城两侧有两门，东为广德门，西为厩门；西墙中部一门，即金明

① 钱国祥：《中国古代汉唐都城形制的演进——由曹魏太极殿谈唐长安城形制的渊源》，《中原文物》2016 年第 4 期。

门。考古发现城内 6 条道路，其中东西大道 1 条。东西大道以南，有南北大道 3 条。东西大道以北，有南北大道 2 条。已发现的一条东西大道，是连接建春门至金明门的大道，已探出 2100 米，只是西端穿过今三台村中未能探出。大道不是笔直的，在今丁家村一带，略有曲度。路面宽 13 米左右。发掘时发现早晚两层路面，早期路面为东汉晚期至曹魏时期修建，沿用至十六国时期，晚期路面是东魏、北齐时期修建和使用的。东西大道以南的三条南北大道，自西而东暂称之为凤阳门大道、中阳门大道、广阳门大道。中阳门大道长 730 米，南起正阳门，北与东西大道相交，宽 17 米，是邺北城最宽的道路。它直对宫殿区的主要宫殿，应是邺北城的南北向主干大道。路土厚 0.5~1 米，修建于东汉晚期至曹魏时期，并为后代所沿用。凤阳门大道长 800 米，与东西大道相交，越过东西大道再往北未探到。路面宽 13 米左右。发掘时发现路两侧有沟，宽 0.6~1 米，深 0.55~1.1 米。有两层路面，早期路面是东汉晚期至曹魏时期的，晚期路面的下限为东魏、北齐时期。广阳门大道，只探出南北长 150 米的一段，路面宽也在 13 米左右。金明门至建春门东西大道以北，发现南北向道路两条，东面一条已探出长 450 米的一段，是通往广德门的道路，宽约 13 米。西面一条仅探出长 70 米的一段，宽为 10 米左右，还不能确定是否为通往厩门的道路。经过广泛钻探，在今丁家村北偏西的部位，亦即东西大道之北的中央部位，发现 10 处夯土建筑基址，面积较大的有东西 57 米、南北 35 米，东西 39 米、南北 60 米，东西 45 米、南北 75 米的几处，均在距地表深 3.5 米以下。这里应是邺北城的宫殿区。经过钻探，在这周围未发现宫墙的基址。在今景隆村南和村西，发现 4 座夯土建筑基址，其中面积最大的为东西 70 米、南北 40 米，还有一座基址的面积为东西 27 米、南北 30 米。①

邺北城的形制和布局标志着都城发展史的新阶段，改变了汉代以来宫殿区分散的布局，都城规划中中轴线的形成使都城布局更加对称和规整，对北魏、东魏乃至隋唐的都城建设都产生了重要影响。②

---

① 参见徐光冀、顾智界：《河北临漳邺北城遗址勘探发掘简报》，《考古》1990 年第 7 期。

② 韩国河、赵海洲、刘尊志、朱津：《中国古代物质文化史》，开明出版社 2014 年版，第 34 页。

（二）邺南城

534 年，北魏丞相、柱国大将军高欢挟孝静帝迁都于邺城，“诏下三日，车驾便发，户四十万狼狈就道”①。北魏析分为二：东魏以黄河下游山东、河北地区为主，都邺城；西魏占据关中，都长安。550 年，高洋弃魏自立，建北齐。北齐疆域袭承东魏，仍以邺城为都。577 年，北周灭掉北齐，邺城作为都城的历史被终结，580 年，杨坚焚毁邺城，邺城成一片废墟。

北魏末年的河阴之变，使东、西魏分裂而被迫迁都。东魏在邺北城南面模仿洛京新建都城，称之“邺南城”。534 年，东魏迁都邺城，徙洛阳城四十万户共迁，第二年，用民夫十万，拆洛阳宫殿，将建筑材料运向邺都，开始营建邺南城。邺南城的营建遵循“上则宪章前代，下则模写洛京”的设计原则。“宪章前代”指的是曹魏西晋洛阳城，“模写洛京”毫无疑问说的是北魏洛阳城，故邺南城形制布局中处处蕴含着北魏洛阳城甚至魏晋洛阳城的影子。② 邺南城东西六里，南北八里六十步，沿城周二十五里筑有长堤防水，并开凿人工漕渠引水环流城郭，③规模远超原有的邺北城。成为国都的邺城，为其自身发展带来了极为便利的条件，大量的人口与资源汇集于此。

东魏、北齐邺南城位于曹魏邺北城以南，是一座先规划然后营建的全新都城，它不像北魏洛阳城是在旧城基础上改造营建，其布局形制结构更为规整和合理。大城也为南北长方形，虽然规模略小于洛阳城，而且 14 座城门也多于洛阳城 1 座，但基本形制和格局相近。单一宫城位于大城北部中央，宫城内也是朝殿区居南，后宫寝殿区居北，北部为禁苑后园。正门分别为止车门、端门、阊阖门；正殿为大朝太极殿、内朝昭阳殿、后宫显阳殿，也是三大殿纵列格局。太极殿两侧也有太极东、西堂，昭阳殿两侧有含光殿和凉风殿，均为三殿并列。宫前也设置轴线大街——朱明门大街，街两侧布置重要的太庙和官署建筑。大司马府和御史台等重要中央官署分别设置在第二道宫门——端门外两侧，改变了在洛阳宫东侧设置司马门、朝堂等中央官署建筑轴线的做法。大城西南角和东

---

① 〔唐〕李百药：《北齐书》卷二《神武帝纪下》，中华书局 1972 年版，第 18 页。

② 钱国祥：《中国古代汉唐都城形制的演进——由曹魏太极殿谈唐长安城形制的渊源》，《中原文物》2016 年第 4 期。

③ 刘志玲：《纵论魏晋北朝邺城的中心地位》，《邯郸学院学报》2008 年第 4 期。

南角呈弧形圆角,墙垣外侧设置有排列规整的墩台,是适应当时军事防御形势的需要。邺北城,东魏时期显然是高氏集团掌控东魏帝王的城堡,北齐时期则是驻屯军队和苑囿所在。另据记载,邺南城“盖有四百余坊,然皆莫见其名,不获其分布所在”,“有东市(在东郭)、西市(在西郭)”,表明邺南城也存在着和北魏洛阳城相同的外郭城和大量里坊。推测其郭城略为方形,其内是大城和宫城,也应为三重城圈的都城格局。

邺南城紧邻北城,南城北垣即为北城南垣。《邺中记》说南城“东西六里,南北八里六十步”。实际测量东西2602米,南北3454米。按晋制计算与文献记载基本相符。邺南城除北城垣外共有11门:南垣3门,中曰朱明门,东曰启夏门,西曰厚载门;东垣4门,自南而北为仁寿门、中阳门、上春门、昭德门;西垣4门,自南而北为上秋门、西华门、乾门、纳义门。各门都直对大街。据考古发掘,邺南城的平面形状近似龟形,《邺中记》云:“掘得神龟大逾方丈,其堵堞之状,咸以龟象焉。”邺南城有宫殿一组,在北部正中,宫前有官署,其余为里坊,据记载,南城“里闾阗溢,盖有四百余坊”。邺城人口众多,规模宏大,魏孝静帝迁邺时,从洛阳迁来40万户,加之原地居民,使城市面积急剧扩展。

东魏、北齐的统治者生活奢华,受此影响,邺城的文化风貌也日趋浮华奢靡,邺都所在的魏郡“浮巧成俗,雕刻之工,特云精妙,士女被服,咸以奢丽相高,其性所尚习,得京、洛之风矣”①。北齐在城市规模上追求宏大,生活上讲求安逸享乐,最终为北周所灭。虽说在统治层面不值一说,但邺都是当时胡汉文化直接交流与融合的场所,在文化上有其积极的一面。北齐统治者比较重视汉文典籍的校勘与整理,因此因长期战乱而遭到破坏与损失的汉文化在这一时期得到了较好的保护,如颜之推《颜氏家训》、宋孝王《关东风俗传》、魏收《魏书》等,在中国文化史上留下了宝贵的财富。东魏、北齐时期佛教发展很快,当时的邺城内外佛寺遍布,是北齐的佛教中心。城内有妙胜寺、妙福寺、大慈寺、大兴圣寺、雀离佛院、太原公文寺、文寺等名寺院,邺城周围也有许多寺院,如修宁寺、陆居士寺等至今仍颇有盛名。② 时至今日,邺城附近地区有北响堂石窟、南响堂石窟、涉县娲皇宫石窟、宝山灵泉寺石窟等众多佛教石窟,印证着北齐时期该地区

① 〔唐〕魏徵、令狐德棻:《隋书》卷三十《地理志中》,中华书局1973年版,第860页。

② 刘志玲:《纵论魏晋北朝邺城的中心地位》,《邯郸学院学报》2008年第4期。

佛教的兴盛。[①] 高敏先生曾说："总的来说，当时东魏、北齐的都城邺城，尽管其文化水平的发展高度不如六朝国都建康，甚至也比不上西魏、北周的国都长安，但仍不失为当时三个政治、经济与文化中心之一。"[②]

557 年，宇文觉建北周，以长安为都。大象元年（579）初，周宣帝幸洛阳，诏曰："河洛之地，世称朝市"，"我大周感苍昊之精，受河洛之锡"，"备尝游览，百王制度，基趾尚存，今若因修，为功易立。宜命邦事，修复旧都"，开始大规模营建洛阳。"发山东诸州兵，增一月功为四十五日役，起洛阳宫。常役四万人……并移相州六府于洛阳，称东京六府"，"河阳、幽、相、豫、亳、青、徐七总管，受东京六府处分"。[③] 580 年，周宣帝死，杨坚"入总朝政"，辅佐幼主，《周书·静帝纪》记载静帝"大赦天下，停洛阳宫作"。周宣帝营建的洛阳宫，"虽未成毕，其规模壮丽，逾于汉魏远矣"[④]。

第二节　都城布局新局面：宫室北移、坊市制度日渐完善

东汉雒阳城以南宫、北宫对峙分布，于城中部呈"吕"字形配置。后又在南城垣上新开一座平城门，以宫城门视之，从而使南宫的南门和平城门之间形成一条重要的大街。这条大街向南一直延伸到城南的洛水之滨，且两旁安排有重要的文化礼仪建筑，隐隐露出了南北轴线设计的影子。魏晋时期，废弃南宫，以北宫为唯一宫城，且有计划地设计南北中轴线铜驼街，衙署和庙社按"左祖右社"的规制布置，突出了中轴线的设计。北魏时期，进一步延长和确立中轴线设计，轴线两旁依然是众多衙署，南端末有祭天的圜丘。修建外郭城，新筑里坊，使内城、宫城和郭城三重分布，几成棋盘状的坊市林立，功能布局日趋合理成熟，极大影响了隋唐长安城和中国古代都城的设计规划。

---

① 参见李裕群：《邺城地区石窟与刻经》，《考古学报》1997 年第 4 期。

② 高敏：《略论邺城的历史地位与封建割据的关系》，《中州学刊》1989 年第 3 期。

③ 〔唐〕令狐德棻等：《周书》卷七《宣帝纪》，中华书局 1971 年版，第 118~119 页。

④ 〔唐〕令狐德棻等：《周书》卷七《宣帝纪》，中华书局 1971 年版，第 125 页。

一、曹魏邺城——宫室北移的雏形

《魏都赋》记载:“经始之制,牢笼百王。画雍豫之居,写八都之宇。鉴茅茨于陶唐,察卑宫于夏禹。古公草创而高门有闶,宣王中兴而筑室百堵。兼圣哲之轨,并文质之状,商丰约而折中,准当年而为量。”可见当时修筑邺城,是经过细致规划的,甚至可称得上“集古今之大成”。

曹魏邺北城具有较为典型的王都规模和结构。考古勘察显示,邺北城为东西长方形,东西 2400 米,南北 1700 米,略小于古籍记载的“东西六里,南北五里”。王都的四面有城门 7 座,南面 3 门,北面 2 门,东、西各 1 门。城内勘探出 6 条大道,西墙金明门至东墙建春门之间的东西横街将全城划为南北两部分:北部中间为宫殿区,西侧是苑囿区“铜爵园”,东侧是高官贵族的宅第“戚里”;南部为一般衙署、府库和里坊等。宫殿区内礼仪性的大朝与日常政务的常朝东西并列,形成两条南北向的宫殿建筑轴线:西面大朝区为止车门、端门和文昌殿轴线;东面常朝区为司马门、勤政殿轴线。大朝区的正门止车门前有十字相交的御街,其南北向御街直抵南墙正门中阳门,形成全城的中轴线。①

宫室北移滥觞于曹魏邺城的布局营建。宫城由“面朝后市”向北城垣居中偏移。曹魏建设的邺城,就已经把宫室置于偏北的位置,在宫室大门前大道两侧置百官衙署。中央大道两旁置百官衙署,可能是仿照朝廷朝见时国君南面称孤、百官排列两旁的礼制,并把它扩大和固定化,将大殿上的百官排列位序,移置宫门之外。② 邺北城的城市布局有着明显的中轴线,各个功能区域划分清楚,强调了统一规划,改变了汉代以来宫殿区分散的形制,影响深远。

曹操营建邺北城时,摒弃了秦咸阳城和汉长安城杂乱无章、穿插无序的布局,同时也效仿东汉雒阳城,置城池为长方形,中间以干道作为中轴线,连接东西两座城门,将城区自然分为南、北两部分。轴线以北的“内城”,建有宫殿、官

---

① 钱国祥:《中国古代汉唐都城形制的演进——由曹魏太极殿谈唐长安城形制的渊源》,《中原文物》2016 年第 4 期。徐光冀、顾智界:《河北临漳邺北城遗址勘探发掘简报》,《考古》1990 年第 7 期。

② 叶骁军:《中国都城发展史》,陕西人民出版社 1988 年版,第 15 页。

署和苑囿，供统治者专用，以南是居民、商业、手工业区，为“外城”，轴线关系清晰化，城市空间结构也相对合理。中部是宫禁区，以文昌殿和宗庙为中心，此外还包括听政殿、寝宫等官署。左面是禁苑区，著名的邺城三台冰井台、铜雀台、金虎台就位于这一区域，三台平时可供游乐宴饮，战时则可成为军事要塞；苑内还有武器库和马厩。右面则是达官显贵和曹魏集团成员居住的府邸区。城市的南部是市里区，由“里间”“坊巷”和“市”组成。南北二城的格局，特别是南部“市里合一”的设计，打破了周代“营国制度”之后宫对市的束缚，将“市”与“坊巷”“里间”相结合，由此，“市”不专为统治者服务，无疑有利于商业的发展。

曹魏邺都的道路，以皇宫王室为中心架构。从端门往南，至中阳门有一条南北主干道，宽为十二步，位于城市中心，是城市的轴线。主干道两侧，有东西对称的两条南北干道：一条是广阳门至广德门的干道，另一条是凤阳门至城市东西的干道。这种城市南北主干道，在皇宫前与东西干道丁字交汇，以及在通往宫殿主干道的两侧设置两条辅助干道的做法，是曹魏邺都的一大特色，既彰显了威严和等级于一的观念，又方便交通疏导和人流畅通。王维坤先生对此有较高评价：“中国都城从曹魏邺北城开始，不仅将宫城的数量减为单一宫城，而且将宫城的位置固定于全城的北部中央，开创了宫城坐北朝南的先河，从根本上改变了在此之前都城那种南、北宫过多和过于分散的格局，形成了都城规划史上以宫城南出大街为中轴线的一种新模式。这种都城布局，给南北朝和隋唐时代的都城布局以巨大的影响。”①

二、魏晋洛阳城——省南宫

魏晋时期，京师洛阳城逐渐省却南宫，开始创造单一主宫的都城布局模式。考古发现表明，魏晋时期的庙社，大都建在东汉雒阳南宫的旧址上，因此南宫作为宫殿存在的可能性较小，即便存在，其规模恐怕也难及东汉时的恢宏规模，也不大可能作为帝王居住之地。

曹魏西晋洛阳都城是在东汉旧都基础上重建，显然延续了东汉雒阳城南北

① 王维坤：《试论中国古代都城的构造与里坊制的起源》，《中国历史地理论丛》1999 年第 1 期。

长方形的“九六城”的规模和形制。城门依然 12 座,位置未变动,名称多有更改。主要城门和街道皆开三道。曹魏新修的洛阳宫位置、规模和形制布局与前代有很大的不同,主要体现在新修的宫城正门改称阊阖门,正殿改曰太极殿,是一座居北居中的单一宫城。在宫城布局中,大朝正殿(也称南宫)居前,帝后寝宫(北宫)居后,宫城北部又紧接皇家苑囿芳林园(后改华林园),形成一套影响后世的宫苑布局制度。由于宫城居北居中,宫城正门前出现南北轴线大街铜驼街,其北对宫中正殿,南对大城正门宣阳门。宫城内还出现两条南北建筑轴线:西面轴线由宫城阊阖门向北直对太极殿和帝后寝宫主殿,向南直对宫前御街和大城宣阳门;东面轴线由司马门北对尚书曹和朝堂等宫内重要官署区。宫殿区还出现了以大朝正殿太极殿、皇帝寝殿式乾殿和皇后主殿昭阳殿(显阳殿)三组主殿南北纵列的格局。主殿太极殿和昭阳殿两侧皆有配殿,均为东西三殿并列的建筑形式,尤其太极殿两侧设立的太极东、西堂,是这个时期东西堂制度的肇始。魏晋时期开始在宫城东北面设立太子宫,形成影响后世的东宫制度。在都城南部铜驼大街东、西两侧,则设置了太庙和太社,以符合“左庙右社”之制。为了增强都城防御,曹魏初年在洛阳城北垣上修筑有百尺楼和三层楼高的大夏门等高台建筑,在城西北角新筑了一座小城金墉城。魏晋时期在北垣外侧还增修了军事防御的马面设施。随着经济繁荣发展,漕运和商贸活动发达,市场更加繁荣,由在都城内设置逐渐向城外郭区的一般居民区繁衍。

曹魏重新营建的洛阳都城,其“九六城”的规模和都城 12 座城门显然是遵循“方九里,旁三门”的东汉帝都规制。而新建的居北居中单一宫城洛阳宫,也是与东汉中期都城中心逐渐由南宫向北宫转移的变化有一定关系。因为东汉新建的北宫位于都城中部隆起之地,北面自古就为池沼苑囿之地,且紧邻邙山,地理位置优越。更多的原因,则是由于当时的政治军事形势需要对皇宫的防御更为重视,而社会经济状况也需要节俭和对皇宫的规模进行控制。因此,在多方面因素影响下,居于都城北部中间、以太极殿为中心、宫前出现南对都城正门的轴线大街、北面为禁苑的单一宫城形制也就应运而生了。这种新的都城形制和汉代以前截然不同,面貌焕然一新,集中体现了“建中立极”“面朝后寝”“左祖右社”的帝都制度。当然,这座都城仍然主要是为皇室及统治者服务,城内依然主要设置皇宫、府库、苑囿、官署、庙社、官邸、军营等建筑,一般居民和市场多在都城周围的郭区内。

魏晋时洛阳市场繁荣,除继续保留了“三市”的传统外,涌现出新的商业现象,如屠宰业有了很大发展,政府已开始向屠肆征诸赋税,并且有专业的屠家出现。果蔬类也开始商品化,士族们都以经营取利为乐。这一时期,居民区的分布也与东汉时有了区别:曹魏的朝廷股肱重臣多居住在铜驼街西部的西南之地,西晋时期的重臣甲第则多在都城之东部,又类似于东汉。可能由于城内居住过于狭小,西晋时城外也有权贵们的住宅。而一般居民多分布于城东、城南之区域。

三、北魏洛阳城——坊市制度

北魏孝文帝迁都洛阳后,对重建洛阳作了精心周密的计划,不过内城城墙、城门及道路框架,也基本沿袭魏晋旧制。《水经注》中说“自此南直宣阳门,经纬通达,皆列驰道,往来之禁一同两汉”。北魏洛阳城有 13 门,其中除了平昌门和西明门内外无御道,余则 11 门有御道通过,一直延伸至郭外。这些南北向的御道和东西向的御道,纵横贯穿全城,形成城市的轴线,尤以宣阳门至阊阖门间的御道最为重要。在这条御道两旁,置有北魏政府的中央衙署,形成了集中的官署区。御道的南端,依然按“左祖右社”的传统建有太社和太庙。值得说明的是,北魏这条重要中轴线御道,穿过宣阳门,又向南延伸,出郭外,越过洛水浮桥,直抵圜丘,说明都城南北中轴线设计的进一步完善和成熟。其余两条南北向的御道在内城内曲折北行,和北面二门内的御道相接,形成都城南北向的次中轴线。

《洛阳伽蓝记·景林寺》记载,北魏洛阳城建春门大街南侧有钩盾署、典农署、籍田署,东阳门内大街北侧有太仓署、导官署,西阳门内大街北侧有大仆寺、乘黄署、武库署,主管车马、养马和兵器。将原来东城墙北门(建春门)以内大街北侧的步广里改作河南尹的官署,以加强对城内居民的管理。

北魏时期,“里”“坊”混用。关于这一时期里坊数目,文献有三种记载。《洛阳伽蓝记》卷五记载:“京师东西二十里,南北十五里,户十万九千余。庙社宫室府曹以外,方三百步为一里,里开四门;门置里正二人,吏四人,门士八人,合有二百二十里。”《魏书》卷八《世宗纪》谓,景明二年“九月丁酉,发畿内夫五万人筑京师三百二十三坊，四旬而罢”。同书卷十八《太武五王·广阳王嘉列传》记载：“嘉表请于京四面，筑坊三百二十，各周一千二百步，乞发三正复丁，以充兹役，虽有暂劳，奸盗永止。诏从之。”王仲殊先生据此及考古发现，绘制《北魏洛阳外郭城平面图》，认为“二百二十应系三百二十之误”。恰如许多学者所言，若据王仲殊先生所绘图，包括洛阳内城全部里坊在内仅有320坊，况且图中还有一些里坊在北邙山和伊、洛河等无法筑坊的区域，恐怕先生的复原同实际还是有一定的误差。宿白先生认为：北魏洛阳里坊数目，“《洛阳伽蓝记》的记录可能是接近实际的”①。张金龙先生则认为：《魏书》和《洛阳伽蓝记》关于北魏洛阳里坊的两种记载都是可信的，不过323坊是未建之前的计划数，而220坊是实际筑成的数字。② 笔者认同张金龙先生的说法。

北魏洛阳城内设有诸多“里”，都是官吏住宅。如西阳门以内大街北侧的延年里，有宦官刘胜住宅；铜驼街西侧永宁寺以西的永康里，有东汉太尉荀彧住宅，北魏时成将军元乂宅邸；铜驼街东侧司徒府以东有大将军高肇的住宅；东阳门以内昭仪寺南的宜寿里，有晋侍中荀勖旧宅，北魏为苞信县令段晖住宅；清阳门以内修梵寺北的永和里，有董卓宅，北魏成为尚书仆射郭祚等六人住宅；“皆高门华屋”，“当时名为贵里”。在太仓、导官二署东南的治粟里就是二署官员的住宅。

北魏洛阳城继承了前代都城居民聚居区按里划分的制度，里坊的布局环绕着宫城，几呈棋盘格状。宫城东西两侧布局趋向整齐，形成了里坊从东、西、南三面环绕宫城的布局特点。内城由于宫殿、庙社、官署、苑囿等所占面积一半有余，故里坊设置很少，而城北靠近邙山，地方偏狭且“地形高显，下临城阙”，又处宫城背后，为军事防御之地，因此里坊主要分布在外郭城的西、东、南三面。《洛阳伽蓝记》载：“方三百步为一里，里开四门。”③《魏书·释老志》言：“不听毁坊开门，以妨里内通巷。”北魏洛阳里坊的基本形制为一里见方，设有坊墙，内设十字街，四面开门。④ 正如杨宽先生所言：这是我国古代都城建设史上第一次有计

---

① 宿白：《北魏洛阳城和北邙陵墓——鲜卑遗迹辑录之三》，《文物》1978年第7期。

② 张金龙：《北魏洛阳里坊制度探微》，《历史研究》1999年第6期。

③ 〔魏〕杨衒之撰，周祖谟校释：《洛阳伽蓝记校释》卷五《城北·京师建制及郭外诸寺》，中华书局2010年版，第212页。

④ 李久昌：《北魏洛阳里坊制度及其特点》，《学术交流》2007年第7期。

划地把居民的"里"整个建成,做出了整齐的布局,规定了同一规格,对后世有着重大影响,在中国都城发展史上具有承前启后的意义。①

北魏洛阳城,犹如一个巨大的棋盘,"百千家似围棋局,十二街如种菜畦"。大城墙有 323 个里坊,士农工商不同职业者集中居住在各个里坊中。如慈孝里和奉终里,里内多从事丧葬业,贩卖棺材、纸钱之类的商品;通商里和达货里,多是屠户、小贩、资财累万者;调音里和乐律里,多是演员、歌妓的居住地;延酤里和治觞里多是从事酿酒的人。每 300 步建一个里坊,坊内设有十字大街,如同"田"字格,将里坊分为 4 个区域。每一块区域再分十字形小巷,成 16 个居住点,居民的住宅就分布在这些居住点里。坊内原则上不容许开设店铺和市场,购物必须在指定的"市"里。

北魏于外郭城设置了作为工商业区域的"市",其中大市在西郭,考古发现,大市范围内的瓦片堆积层有厚达 2 米者,繁华程度可见一斑。小市在东郭,属于城东,以一般庶民为对象。四通市在南郭,在旧城宣阳门外。由于四通市位于洛水浮桥永桥南,水路交通便捷,又靠近四夷馆,因此来洛阳经商的商人无不云集于此市。《洛阳伽蓝记》说,"(归正里)民间号为'吴人坊',南来投化者多居其内。近伊洛二水,任其习御。里三千余家,自立巷市。所卖口味,多是水族,时人谓为鱼鳖市也"②,"伊洛之鱼,多于此卖,士庶须脍,皆诣取之。鱼味甚美。京师语曰:'洛鲤伊鲂,贵于牛羊。'"③陈寅恪先生对此等评论说:"北魏洛阳城伊洛水旁乃市场繁盛之区,其所以置市于城南者,殆由伊洛水道运输于当日之经济政策及营造便利有关。"④北魏大市、小市、四通市三市均处于宫城以南。

---

① 杨宽:《中国古代都城制度史》,上海人民出版社 2006 年版,第 245 页。

② 〔魏〕杨衒之撰,周祖谟校释:《洛阳伽蓝记校释》卷二《城东·景宁寺》,中华书局 2010 年版,第 89 页。

③ 〔魏〕杨衒之撰,周祖谟校释:《洛阳伽蓝记校释》卷三《城南·龙华寺》,中华书局 2010 年版,第 117 页。

④ 陈寅恪:《隋唐制度渊源略论稿》,上海古籍出版社 1982 年版,第 67 页。

第三节　都城文化新元素：伽蓝林立

佛教自汉纪传入我国，对洛阳乃至我国的社会文化产生了不可磨灭的影响，史载汉哀帝元寿元年（前2），"博士弟子景卢受大月氏王口传《浮屠经》"，或谓佛教传入中国之始。自此，佛教成为中国传统文化不可或缺的组成部分。

佛教传入中国后，首先在都城洛阳发展起来。《弘明集》卷一《牟子理惑论》记载，东汉明帝永平年间（58—75），明帝"梦见神人，身有日光，飞在殿前，欣然悦之"。明帝遂遣使者张骞、羽林郎中秦景、博士弟子王遵等12人，往天竺求佛法，并于大月氏写佛经42章，藏在兰台石室第14间。如前文所述，东汉于雒阳城西雍门外起佛寺，即白马寺。又于南宫清凉台及开阳城门上作佛像。事实上，这类记载神话类描述成分居多，内容有时也有互相抵牾之处，《后汉书·楚王英列传》就记载有永平八年（65）佛教在贵族阶层已有相当的知名度，故此不必假借明帝感梦求法。比对《魏书·释老志》与《弘明集》所载，虽然所遣使者姓名不同，但事迹大致相同。使者回来时，还有西域僧人摄摩腾、竺法兰同行。

汉至三国时期的早期寺院，大多随西域僧侣形迹而设置，数量当不多且无序，"往汉明感梦，初传其道。唯听西域人得立寺都邑，以奉其神，其汉人皆不得出家。魏承汉制，亦修前轨"①。西晋时期，晋武帝司马炎改变汉魏只有西域僧可立寺的政策，在两京地区大弘佛事，广树伽蓝，佛寺建置渐多。东晋随着法履所至，在水陆交通便利之地都会出现很多庙宇。南北朝时期，寺院以网状式井喷呈现。②

---

① 〔梁〕释慧皎撰，汤用彤校注，汤一玄整理：《高僧传》卷九《晋邺中竺佛图澄》引王度奏，中华书局1992年版，第352页。另《晋书·佛图澄传》有类似的记载。

② 张弓：《汉唐佛寺文化史》，中国社会科学出版社1997年版，第19页。

一、东汉时期的佛寺

东汉永平年间，明帝夜梦神人，于是派人求法，“于城西门外立精舍以处之”。《后汉书·襄楷列传》记载，延熹九年(166)，襄楷批评汉桓帝在宫中立“浮屠之祠”[1]，盖为我国宫廷设置佛寺的最早记录。另有灵帝光和二年(179)洛阳城西的“菩萨寺”[2]。东汉时期的佛寺应该集中在雍门外，因为此地是西域东来的通衢所在。

张弓先生利用方志资料，统计出东汉有寺62所，散见于12刺史部所辖的若干属县，三国时期吴国有寺54所，蜀、魏各有2所。[3]

东汉桓、灵二帝时期，大月氏、安息、康居等异域僧人相继东来，如支娄迦谶、安清(安世高)、康僧会等人，他们于京师从事讲经、译经工作。支娄迦谶译出《般若道行品》《首楞严》等数十部经典，安世高也译出佛经30多部，号一百多万言。雒阳是东汉时期中原唯一的译经地区。《释文纪》记载，光和二年竺朔佛、支谶在雒阳佛寺译校《道行经》，有“侍者南阳张少安、南海子碧，劝助者孙和、周提立”。

二、西晋十六国时期的寺院

东汉末年，战火兵燹，雒阳惨遭破坏。曹魏文帝定都洛阳，重建白马寺，佛教也得到进一步的发展，“晋世洛中佛图有四十二所”。汤用彤先生考证出白马寺〔太康十年(289)立于洛阳城西〕、乐牛寺〔永熙元年(290)立于洛阳〕、菩萨

---

① 〔南朝宋〕范晔:《后汉书》卷三十《襄楷列传》，中华书局1965年版，第1082页。

② 〔梁〕释僧祐撰，苏晋仁、萧炼子点校:《出三藏记集》卷七《道行经后记第二》，中华书局1995年版，第264页。

③ 张弓:《汉唐佛寺文化史》，中国社会科学出版社1997年版，第20页。

寺、石塔寺、愍怀太子浮图、满水寺①、大市寺②、宫城西法始立寺、竹林寺，③另有《洛阳伽蓝记》所载太康寺也为晋时一寺。

《出三藏记集》记载前秦、后秦、北凉时期的北方佛寺有邺城的邺寺等10余所，④见于梁《高僧传》的十六国佛寺有河南郡洛阳的官寺⑤、檀济寺⑥和河阴白马寺⑦，魏郡邺城的宫寺⑧、中寺⑨、白马寺⑩、常山寺⑪、西法林祠⑫，邺城郊临漳昭德寺⑬等28所。

三、南北朝时期的佛寺

东汉明帝在洛阳修建白马寺后，随着佛教的传播发展，洛阳出现了大量的寺院。到了北魏时期，因着政治环境的特殊性以及统治阶级崇佛，佛教的传播

① 〔梁〕释慧皎撰，汤用彤校注，汤一玄整理：《高僧传》卷九《晋洛阳耆域》，中华书局1992年版。

② 〔梁〕释慧皎撰，汤用彤校注，汤一玄整理：《高僧传》卷十《晋洛阳大市寺安慧则》，中华书局1992年版。

③ 汤用彤：《汉魏两晋南北朝佛教史》，中华书局1983年版。葛红：《魏晋南北朝时期洛阳地区的佛教》，《历史教学问题》1995年第1期。

④ 〔梁〕释僧祐撰，苏晋仁、萧炼子点校：《出三藏记集》，中华书局1995年版。

⑤ 〔梁〕释慧皎撰，汤用彤校注，汤一玄整理：《高僧传》卷九《晋邺中竺佛图澄》，中华书局1992年版。

⑥ 〔梁〕释慧皎撰，汤用彤校注，汤一玄整理：《高僧传》卷五《晋蒲坂释法和》，中华书局1992年版。

⑦ 〔梁〕释慧皎撰，汤用彤校注，汤一玄整理：《高僧传》卷十二《晋河阴白马寺释昙邃》，中华书局1992年版。

⑧ 〔梁〕释慧皎撰，汤用彤校注，汤一玄整理：《高僧传》卷九《晋邺中竺佛图澄》，中华书局1992年版。

⑨ 〔梁〕释慧皎撰，汤用彤校注，汤一玄整理：《高僧传》卷九《晋邺中竺佛图澄》，中华书局1992年版。

⑩ 〔唐〕道宣撰，郭绍林点校：《续高僧传》卷八《周蒲州仁寿寺释僧妙》，中华书局2014年版。

⑪ 〔梁〕释慧皎撰，汤用彤校注，汤一玄整理：《高僧传》卷九《晋常山竺佛调》，中华书局1992年版。

⑫ 〔梁〕释慧皎撰，汤用彤校注，汤一玄整理：《高僧传》卷九《晋罗浮山单道开》，中华书局1992年版。

⑬ 〔梁〕释慧皎撰，汤用彤校注，汤一玄整理：《高僧传》卷九《晋罗浮山单道开》，中华书局1992年版。

尤盛，大批的佛教建筑得以修建。作为北魏都城的洛阳，更具有代表性，成为中原乃至全国佛寺最为集中的地区。

北魏立国之初，道武帝拓跋珪好黄老之术，戎马倥偬之际，也喜读佛经，礼敬僧人。道武帝死后，其子拓跋嗣即位，是为明元帝。明元帝承袭了父亲的爱好，崇道爱佛，在京邑洛阳四方广建佛寺佛塔。太武帝拓跋焘即位，起初仍大肆推崇佛教，后又改信寇谦之天师道，并于444年前后禁灭佛教。太武帝虽有灭佛之举，但到452年，拓跋濬即位，是为文成帝，颁《修复佛法诏》，“今制诸州郡县，于众居之所，各听建佛图一区，任其财用，不制会限”，诏令复兴佛法，沙门始又遍及北方各地。之后的献文帝、孝文帝、宣武帝、孝明帝等，皆好佛法，或诏令建寺，或诏宣法会，或营建石窟，使佛教在北魏迅猛发展。孝文帝迁都洛阳，以中国正统自居的北魏政权，尤其是上层贵族崇佛之风尤甚。孝文帝拓跋宏“每与名德沙门谈论往复”；宣武帝元恪“笃好佛理，每年常于禁中，亲讲经论，广集名僧，标明义旨。沙门条录，为内起居焉”，“上既崇之，下弥企尚”，诸王、后宫嫔妃、群臣多奉佛法，舍宅立寺、捐资造像者层出不穷。如清河王元怿立景乐、冲觉、融觉等寺院，广平王元怀立平等、大觉寺院，广陵王元恭曾居于龙华寺等。到宣武帝时，重臣如崔光、王肃、孟仲晖、冯亮、裴植、裴粲、徐纥等都与佛教有千丝万缕的联系。崔光更因礼拜谈诵被誉为“文宗”，菩提流支、勒那摩提翻译《十地经论》时，崔光更多次笔授，且撰写序文。整个北魏时期造像立寺，穷土木之功，“逮皇魏受图，光宅嵩洛，笃信弥繁，法教愈盛。王侯贵臣，弃象马如脱屣；庶士豪家，舍资财若遗迹。于是招提栉比，宝塔骈罗，争写天上之姿，竞摹山中之影，金刹与灵台比高，讲殿共阿房等壮”①。

在北魏都洛的40年里，佛寺数量众多，“或比满城邑之中，或连溢屠沽之肆，或三五少僧，共为一寺。梵唱屠音，连檐接响”②，由西晋末年的42所，迅速增加到了1000多所，杨衒之《洛阳伽蓝记·序》云，北魏时期的洛阳佛教寺院，“然寺数最多，不可遍写；今之所录，止大伽蓝，其中小者，取其祥异，世谛俗事，因而出之”。即所记仅是城中规模较大或有特异之处的佛寺，以此管窥当时洛阳佛寺的全貌。初唐道宣《释迦方志》总述北魏佛教之盛云：“元魏君临十七帝，

---

① 〔魏〕杨衒之撰，周祖谟校释：《洛阳伽蓝记校释·序》，中华书局2010年版，第22~24页。

② 〔北齐〕魏收：《魏书》卷一百一十四《释老志》，中华书局1974年版，第3045页。

一百七十年,国家大寺四十七所,北台、恒、安镌石置龛连三十里。王公等寺八百三十九所,百姓所造寺者三万余所。总度僧尼二百余万,译经四十九部。佛教东流,此焉为盛。”

洛阳城中大举营建佛寺、佛塔、佛窟,使京城洛阳内外的佛寺,518 年发展到 500 余所,534 年多达 1367 所,常驻西域僧人 3000 余人,藏经 415 部、1919 卷,①即便北魏末洛阳残破,尚余寺 421 所,洛阳成为当时名副其实的“东方佛城”,在中国佛教史上可谓空前绝后。就《洛阳伽蓝记》的记载来看,洛阳城的佛寺很多集中在居民区和工商业区附近,如西郭内因有大市所在,凡此十里,多居工商货殖之民,有白马寺、灵仙寺、宝光寺、开善寺等。建阳里有璎珞寺、慈善寺、晖和寺、通觉寺、晖玄寺、宗圣寺、魏昌寺、熙平寺、崇真寺、因果寺等。佛寺的迅猛发展甚至影响到了洛阳城市建设,“自迁都已来,年逾二纪,寺夺民居,三分且一。……今之僧寺,无处不有。或比满城邑之中,或连溢屠沽之肆”。从这段引文中可以看出当时的佛寺遍及全城甚至出现侵夺民居的现象。

《洛阳伽蓝记》全面而详细地记载了北魏洛阳城内的寺院,有寺名的寺院 70 余所,现修录如下:②

宫城内:永宁寺、建中寺、长秋寺、瑶光寺、景乐寺、昭仪尼寺③、愿会寺、光明寺、胡统寺、修梵寺、嵩明寺④、景林寺等 12 寺。

外郭东城:明悬尼寺、龙华寺、璎珞寺⑤、慈善寺、晖和寺、通觉寺、晖玄寺、熙平寺、因果寺、宗圣寺、崇真寺⑥、宝明寺、般若寺、禅林寺、灵觉寺、魏昌尼寺、景

---

① 杨筝:《南北朝时期的洛阳佛教文化》,《洛阳师范学院学报》2009 年第 6 期。

② 参见石媛媛:《从〈洛阳伽蓝记〉看北魏洛阳的佛寺建筑》(表一),山东大学 2008 年硕士学位论文。

③ 《洛阳伽蓝记》“昭仪尼寺”条下记载:“池西南有愿会寺,中书侍郎王翊舍宅所立也”;光明寺“晖遂舍宅为光明寺。”

④ 《洛阳伽蓝记》“修梵寺”条下记载:“嵩明寺,复在修梵寺西。”

⑤ 《洛阳伽蓝记》“璎珞寺”条下记载:“里内有璎珞、慈善、晖和、通觉、晖玄、宗圣、魏昌、熙平、崇真、因果等十寺。”

⑥ 《洛阳伽蓝记》“崇真寺”条下记载:“城东有宝明寺,城内有般若寺,城西有融觉、禅林、灵觉等三寺。”

兴尼寺、灵应寺[①]、庄严寺、秦太上君寺、正始寺、平等寺、景宁寺、建中寺[②]、宝明寺[③]、归觉寺[④]等26寺。[⑤]

外郭南城：景明寺、大统寺、招福寺[⑥]、秦太上公寺(二寺)[⑦]、报德寺[⑧]、大觉寺、三宝寺、宁远寺、承光寺、正觉寺、龙华寺、追圣寺、归正寺、菩提寺、高阳王寺、崇虚寺等17寺。

外郭西城：冲觉寺、宣忠寺、王典御寺、白马寺、宝光寺、法云寺、灵仙寺[⑨]、开善寺、追先寺、融觉寺、大觉寺、永明寺等12寺。[⑩]

外郭北城：禅虚寺、凝玄寺、崇立寺等3寺。

另在洛阳城近郊和远郊还有14所：北邙山有冯王寺、齐献武王寺，京南关口有石窟寺、灵岩寺，京东石关有元领军寺、刘长秋寺，京西瀍涧有白马寺、照乐寺，嵩高中有闲居寺、□禅寺、嵩阳寺、道场寺、中顶寺、升道寺等。

洛阳现存的碑刻题记和考古发掘出土的碑刻墓志中，见到的北魏佛教寺院共计20所。这就是龙门石窟造像题记中的桃泉寺、仙和寺、石窟寺、大统寺、中明寺、乾灵寺、景隆寺、宝方寺、报德寺、龙花寺、妙音寺等11寺。洛阳偃师市城西寺里碑村南两块造像碑中的平等寺、景明寺和秦太上公寺等4寺，洛阳出土的5件僧尼墓志中的瑶光寺、昭仪寺、大觉寺、永明寺、闲居寺等5寺。[⑪]

---

① 《洛阳伽蓝记》“景兴尼寺”条下记载：“(崇义)里内有京兆人杜子休宅……子休遂舍宅为灵应寺。”

② 《洛阳伽蓝记》“景宁寺”条下记载：“普泰中为尔朱世隆所诛，后舍宅为建中寺。”上文宫城内亦有建中寺，两寺所处位置不同，显见应是同名不同佛寺。

③ 《洛阳伽蓝记》“景宁寺”条下记载：“里西北角有苏秦冢，冢旁有宝明寺。”

④ 《洛阳伽蓝记》“景宁寺”条下记载：“里有太常民刘胡兄弟四人，以屠为业。……胡即舍宅为归觉寺。”

⑤ 参见李彦军：《〈洛阳伽蓝记〉的园林研究》，天津大学2012年硕士学位论文。

⑥ 《洛阳伽蓝记》“大统寺”条下记载：“大统寺，在景明寺西，即所谓利民里。寺南有三公令史高显略宅。……显略遂造招福寺。”

⑦ 《洛阳伽蓝记》“大统寺”条下记载：“东有秦太上公二寺，在景明寺南一里。西寺，太后所立；东寺，皇姨所建。并为父追福，因以名之。”

⑧ 《洛阳伽蓝记》“报德寺”条下记载：“(劝学)里内有大觉、三宝、宁远三寺。”

⑨ 《洛阳伽蓝记》“法云寺”条下记载：“出西阳门外四里御道南，有洛阳大市……市南有皇女台……景明中比丘道恒立灵仙寺于其上。”

⑩ 参见李彦军：《〈洛阳伽蓝记〉的园林研究》，天津大学2012年硕士学位论文。

⑪ 李振刚主编：《2004年龙门石窟国际学术研讨会文集》，河南人民出版社2006年版，第69~77页。

北魏时期洛阳的寺院，按建造来源大致可分为如下几类。①

（一）皇家所立寺院

孝文帝迁都洛阳之后，在其祖母冯太后死后，以追福为名，在城南开阳门外三里许的劝学里（今偃师市佃庄乡大郊村和翟镇的田村交界处）建报德寺。《魏书·皇后列传》云："高祖诏曰：'朕以虚寡，幼纂宝历，仰恃慈明，缉宁四海，欲报之德，正觉是凭，诸鸷鸟伤生之类，宜放之山林。其以此地为太皇太后经始灵塔。'于是罢鹰师曹，以其地为报德佛寺。"报德寺"高祖孝文皇帝所立也"。孝文帝之子、宣武帝元恪长于释典，对佛教情有独钟，在荆山用珉玉造一丈六尺高的佛像一座，永平三年（510）冬，"迎置于洛滨之报德寺，世宗躬观致敬"。宣武帝在位时先后修建三座寺院——瑶光尼寺、景明寺和永明寺，皆"世宗宣武皇帝所立"。瑶光尼寺位于阊阖门御道北，宣武帝高皇后"寻为尼，居瑶光寺，非大节庆，不入宫中"，于神龟元年（518）九月，被胡太后害死在瑶光寺，"嫔葬皆以尼礼"。景明寺位于宣阳门外一里御道东，"宣武皇帝所立也"，"景明年中立，因以为名"。永明寺位于阊阖门外御道南，专供外国僧人驻足讲经。

北魏熙平元年（516），孝明帝元诩即位，其母胡太后临朝称制，总揽万机。胡太后为给其母亲追福，建寺院两座：其一在城东东阳门外的御道之北，称秦太上君寺；其二在宫城阊阖门外，即永宁寺，"熙平元年灵太后胡氏所立也"。《魏书》卷十九《任城王云传附子澄列传》云："灵太后（胡氏）锐于缮兴，在京师则起永宁、太上公等佛寺，功费不少，外州各造五级佛图。"寺建成后，胡太后多次予以扩建和修缮，且动用京师数万人修建寺塔，张耀、郭安兴都曾参与过这件事。史书说"永宁寺塔大兴，经营务广。灵太后曾幸作所，凡有顾问，（张）耀敷陈指画，无所遗阙，太后善之"，"洛中制永宁寺九层佛图，安兴为匠也"。李崇曾经上书劝说"颇省永宁土木之功"，认为"诚知佛理渊妙，含识所宗，然比之治要，容可小缓"。胡太后在其父死后，"寻幸永宁寺，亲建刹于九级之基，僧尼士女赴者数万人"。

此外，胡太后又兴建了秦太上公寺和太上君寺，为父母追福。秦太上公寺在景明寺南一里，是东西并立的双寺，"西寺，太后所立；东寺，皇姨所立"，其"并

① 参见石媛媛：《从〈洛阳伽蓝记〉看北魏洛阳的佛寺建筑》，山东大学2008年硕士学位论文。

为父追福，因以名之”，时人称“双女寺”。西寺六斋“常有中黄门一人，监护僧舍，衬施供具，诸寺莫及焉”。太上君寺在洛阳城东，依凭胡太后之重，“常有大德名僧，讲一切经。受业沙门，亦有千数”。胡太后从姑建胡统寺，“入道为尼，遂居此寺”。诸尼多是“帝城名德，善于开导，工谈义理，常入宫与太后说法”，“其资养缁流，从无比也”。

北魏皇室所立佛寺，因为有充足的财力物力作为支持，布局规整，规格较高且富丽堂皇。如永宁寺，“故都城制云，城内唯拟一永宁寺地，郭内唯拟尼寺一所，余悉城郭之外”。永宁寺位于宫城南北中轴线铜驼街西侧，与诸多衙署并列，是北魏寺庙形制的典范，称得上是北魏规格最高的佛寺，无论是从寺庙布局还是从建筑构造而言，都代表了北魏寺庙建筑的最高水准。《洛阳伽蓝记》对于永宁寺的描写极尽溢美之词，所谓“自云年一百五十岁，历涉诸国，靡不周遍”，西域沙门菩提达摩亦称赞“此寺精丽，阎浮所无也。极佛境界，亦未有此”。

（二）贵族官员所立佛寺

在帝王、皇后们的带动下，王公大臣、皇亲国戚、达官贵人们，也都争建寺、塔。诸王中，以太傅、清河文献王元怿所建之寺最多，有景乐尼寺、融觉寺、冲觉寺。景乐寺“是尼寺，丈夫不得入。得往观者，以为至天堂”，后“寺禁稍宽，百姓出入，无复限碍”。融觉寺位于洛阳城西，“有五层浮图一所，与冲觉寺齐等。佛殿僧房，充溢三里”，规模较大。平等寺位于东郭城内，广平武穆王元怀所建，其“堂宇宏美，林木萧森，平台复道，独显当世”；西郭城之大觉寺“林池飞阁，比之景明。至于春风动树，则兰开紫叶；秋霜降草，则菊吐黄花”，其“北瞻芒岭，南眺洛汭，东望宫阙，西顾旗亭，禅皐显敞，实为胜地”。此外还有“尚书令乐平王尔朱世隆所立”建中寺，“宿卫羽林虎贲等所立”龙华寺，“尚书令王素所立”正觉寺，“侍中司州牧城阳王徽所立”宣忠寺。百官所立正始寺“有石碑一枚，背上有侍中崔光施钱四十万，陈留侯李崇施钱二十万，自余百官各有差，少者不减五千已下。后人刊之”。还有洛阳城东彭城王元勰修建明悬尼寺。外戚冯熙于北邙山建北芒寺，“其北芒寺碑文，中书侍郎贾元寿词，孝文频登北芒寺，亲读碑文，称为佳作”，更“自出家财在诸州镇建佛图精舍，合七十二处”。僧人劝阻他不能在佛塔“伤杀人牛”，冯熙以“成就后，人唯见佛图，焉知杀人牛也”回应。太保杨椿创建景宁寺，“遂分宅为寺，因以名之”，谓之景宁寺。三公令史高显略在利民里地下挖出黄金百斤，以黄金上的铭文于洛阳城南“造招福寺”。“尚书令王肃所立”正觉寺，王肃是南齐归附北魏的大臣，“肃在江南之日，聘谢氏女为妻。及至京师，复尚公主。其后谢氏入道为尼，亦来奔肃。见肃尚主，谢作五言诗以赠之”，面对旧情，“肃甚怅恨，遂造正觉寺以憩之”。

（三）宦官所立佛寺

宦官作为特殊的政治群体，在北魏佛教昌盛的社会氛围下也开始兴建寺院，“太后临朝，阉寺专宠，宦者之家，积金满堂。是以萧忻云：‘高轩斗升者，尽是阉官之嫠妇；胡马鸣珂者，莫非黄门之养息也。’”[①]宦官所建寺院大多为尼寺。根据《洛阳伽蓝记》所记，由宦官出资兴建的佛寺主要有6所，即长秋寺、昭仪尼寺、景兴尼寺、魏昌尼寺、王典御寺、凝玄寺。[②] 长秋寺因刘腾“初为长秋令卿，因以为名”。昭仪尼寺“阉官等所立也”，位于东阳门内一里御道南。“阉官瀛州刺史李次寿所立”魏昌尼寺。石桥南道景兴尼寺，“亦阉官等所共立也”，“时阉官伽蓝皆为尼寺，惟（王）桃汤所建僧寺，世人称之英雄”。

（四）舍宅为寺

不同于前述辟地新建的佛寺，北魏还有舍宅为寺的情况，这类佛寺由民宅改建而成。舍宅为寺的初衷，大体源于避祸消灾，这种情形在河阴之变后最为普遍，《洛阳伽蓝记》谓“经河阴之役，诸元歼尽，王侯第宅，多题为寺。寿丘里闾，列刹相望，祇洹郁起，宝塔高凌”。舍宅为寺的数量在《洛阳伽蓝记》记载中，蔚为壮观。北魏社会崇佛成风，不管达官贵人和富商大贾，抑或平民百姓，都竭力效法，“天下丧乱，加以河阴之酷，朝士死者，其家多舍居宅，以施僧尼，京邑第舍，略为寺矣”[③]。如“中书侍郎王翊舍宅所立”愿会寺；“广平武穆王怀舍宅所立”平等寺；“高阳王雍之宅也。在津阳门外三里御道西。雍为尔朱荣所害也，舍宅以为寺”之高阳王寺；“太傅清河文献王怿”舍宅所立之冲觉寺；“广平王怀舍宅”之大觉寺；“侍中尚书令东平王略之宅”之追先寺。城西开善寺“京兆人

---

① 〔魏〕杨衒之撰，周祖谟校释：《洛阳伽蓝记校释》，中华书局2010年版，第43页。

② 参见武海龙：《〈洛阳伽蓝记〉中所见北魏宦官与佛教寺院研究》，《殷都学刊》2014年第2期。

③ 〔北齐〕魏收：《魏书》卷一百一十四《释老志》，中华书局1974年版，第3047页。

韦英宅也”。韦英亡,其妻梁氏不治丧而嫁,住韦英旧宅,白日惊现韦英鬼魂,“梁氏惶惧,舍宅为寺”。据传,段晖住宅的地下有钟声传出,有五色光照亮堂宇,段晖乃“掘光所,得金像一躯,可高三尺……趺坐上铭云:‘晋泰始二年五月十五日侍中中书监荀勖造。’”段晖遂舍宅为光明寺。建中寺,普泰元年(531),杨昱因在永安末年率众抵抗尔朱仲远,被尔朱世隆灭族,“舍宅为建中寺”。

从王公贵族到士大夫再到一般的平民,“其家多舍居宅,以施僧尼,京邑第舍,略为寺矣”①。舍宅之人社会地位不同,佛寺的规模也大不相同,有的廊庑绵延,有的则仅几尊佛像和僧舍。

(五)异邦僧人所立佛寺

北魏时期,京师洛阳作为大都市吸引了众多来客,“自葱岭已西,至于大秦,百国千城,莫不款附”②。这些远道来华之人在洛阳兴建了部分佛寺,如菩提寺,“西域胡人所立也。在慕义里”,“西域乌场国胡沙门昙摩罗所立”法云寺。③《洛阳伽蓝记》“法云寺”条云:“佛殿僧房,皆为胡饰。……京师沙门好胡法者,皆就摩罗受持之。戒行真苦,难可揄扬。秘咒神验,阎浮所无。咒枯树能生枝叶,咒人变为驴马,见之莫不忻怖。西域所赍舍利骨及佛牙经像皆在此寺。”④西域人士所建佛寺的建筑形式更多是西域的建筑风格,其教义和修行方式也和一般的寺院不一样,充满了神秘色彩。⑤ 此外,还有一些僧人兴建的佛寺,如洛阳大市南有黄女台,“景明中比丘道恒立灵仙寺于其上”。

北魏时期的佛寺,是整个中国古代佛寺演变的重要阶段,《洛阳伽蓝记》对此有过详尽的描述,就姿态而言可分为有塔型佛寺和无塔型佛寺两类。⑥ 前者一般为皇家或贵族官员所立,规格较其他为高,如永宁寺“中有九层浮图一所”,景明寺“造七层浮图一所”,融觉寺“有五层浮图一所”。有塔型佛寺,一般以

---

① 〔北齐〕魏收:《魏书》卷一百一十四《释老志》,中华书局1974年版,第3047页。
② 〔魏〕杨衒之撰,周祖谟校释:《洛阳伽蓝记校释》,中华书局2010年版,第117页。
③ 〔魏〕杨衒之撰,周祖谟校释:《洛阳伽蓝记校释》,中华书局2010年版,第138页。
④ 〔魏〕杨衒之撰,周祖谟校释:《洛阳伽蓝记校释》,中华书局2010年版,第138~139页。
⑤ 石媛媛:《从〈洛阳伽蓝记〉看北魏洛阳的佛寺建筑》,山东大学2008年硕士学位论文。
⑥ 石媛媛:《从〈洛阳伽蓝记〉看北魏洛阳的佛寺建筑》,山东大学2008年硕士学位论文。

“塔”[1]为中心，佛塔位于寺庙的中心，前塔后殿，塔殿共存。佛殿位于塔的后方，坐北朝南。如永宁寺，佛殿居于塔的北面，殿中供奉着一躯丈八金像，十躯中长金像，三躯绣珠像，五躯金织成像，二躯玉像。宿白先生认为：魏晋南北朝时期佛寺布局以塔为中心，塔在殿前，其发展趋势是寺院建置开始扩大且日益复杂，佛寺附属建筑不断增多，这在皇室高第佛寺中尤为明显。[2] 如宣帝修景明寺，“山悬堂光观盛，一千余间。复殿重房，交疏对霤，青台紫阁，浮道相通”。融觉寺“佛殿僧房，充溢三里”。无塔型佛寺基本通过“舍宅为寺”而来，也有少数为官员所立。以佛殿为主体，佛殿一般位于寺院前方的重要位置，通常在寺院的中轴线上，再配以讲堂、僧房等附属建筑，保留着住宅所有的古典园林特色，环境幽美。如平等寺“堂宇宏美，林木萧森，平台复道，独显当世”，高阳王寺“白壁丹楹，窈窕连亘，飞檐反宇，轇轕周通。……其竹林鱼池，侔于禁苑，芳草如积，珍木连阴”，冲觉寺“土山钓池，冠于当世。斜峰入牖，曲沼环堂，树响飞嘤，阶丛花药”，大觉寺“北瞻芒岭，南眺洛汭，东望宫阙，西顾旗亭，禅皋显敞，实为胜地。……林池飞阁，比之景明。至于春风动树，则兰开紫叶；秋霜降草，则菊吐黄花”，生机盎然。

魏晋时期崇尚隐逸和寄情山水的社会风尚，山水风景园林长盛不衰。乐嘉藻先生在《中国建筑史》“苑囿园林”篇谓：“生息于此世界者，长久缚束于规矩准绳之内，积久亦遂生厌。故春秋战国之际，老庄之学说，已有菲薄人为返求自然之势。人之居处，由宫室而变化为园林，亦即人为之极转而求安慰于自然也。”[3]随着佛教的广泛传播，园林与佛寺建筑结合起来，出现了除皇家园林和私家园林外又一新的园林类型，即佛寺园林，其日益成为中国古典园林中一道独特的风景线。《洛阳伽蓝记》中即大量描绘洛阳佛寺内外的景物，其间花木繁茂、竹柏成林，加以曲沼环堂、禅阁虚静，一幅优美的园林风光跃然纸上。受到美学思潮浸润的佛寺，追求赏心悦目、畅情舒怀、怡然自得的思想境界，迎合了人们渴求释放身心、融入自然所在的诉求，某种程度上也淡化了宗教意味，更易

---

① 塔一般是指用来珍藏佛家舍利、供奉佛像和佛经之类的建筑物，在印度被称为“窣堵波”。大多为半球形覆钵状体，上有金盘，下有基座，后与中国的楼阁建筑相结合，逐渐缩小成为塔刹。

② 宿白：《东汉魏晋南北朝佛寺布局初探》，收入《庆祝邓广铭教授九十华诞论文集》，河北教育出版社 1997 年版，第 31～49 页。

③ 乐嘉藻：《中国建筑史》，团结出版社 2005 年版，第 158 页。

被时人追逐和崇尚。

北魏时期的新建佛寺中，除了少量的寺院是政府指定用地，如永宁寺、瑶光寺等皇家寺院，一般都尽可能地选择风景秀丽、宁静秀逸的区域建寺，即便是建于里坊之内的佛寺，也会选择幽静秀美的所在。如城南的景明寺“东西南北方五百步，前望嵩山少室，却负帝城，青林垂影，绿水为文，形胜之地，爽垲独美。山悬堂光观盛，一千余间。复殿重房，交疏对霤，青台紫阁，浮道相通。虽外有四时，而内无寒暑。房檐之外，皆是山池。松竹兰芷，垂列阶墀，含风团露，流香吐馥”①。景明寺南一里外是秦太上公寺，包括东、西两座寺院，都选择了临洛水的位置，辅以林木，寺庙与环境相得益彰。城西的大觉寺，“北瞻芒岭，南眺洛汭，东望宫阙，西顾旗亭”，用地高显宽阔，“实为胜地”。② 城北的凝玄寺“下临城阙，房庑精丽，竹柏成林，实是净行息心之所也”③。

北魏洛阳之于以前各朝代的都城，在城市规划上有很大改变，如宫城位于内城中央偏北，市位于宫城以南，里坊分明，管理严格，并将兴建佛寺融进城市的总体规划之中，使城市空间结构呈现出不用于前代的特色，时人谓：“比日私造，动盈百数。或乘请公地，辄树私福；或启得造寺，限外广制。如此欺罔，非可稍计。……自迁都已来，年逾二纪，寺夺民居，三分且一。高祖立制，非徒欲使缁素殊途，抑亦防微深虑。世宗述之，亦不锢禁营福，当在杜塞未萌。今之僧寺，无外不有。或比满城邑之中，或连溢屠沽之肆，或三五少僧，共为一寺。”④并将佛寺作为都城规划中的元素来考虑，如永宁寺和景乐寺，对称分布在内城中央大街铜驼街的两侧，和各级衙署并列，成为里坊中最豪华的建筑，增加了佛教对社会生活的影响。《魏书·释老志》记载，神龟元年(518)任城王元澄上奏章，侈录如下：“仰惟高祖，定鼎嵩瀍，卜世悠远。虑括终始，制洽天人，造物开符，垂之万叶。故都城制云，城内唯拟一永宁寺地，郭内唯拟尼寺一所，余悉城郭之外。欲令永遵此制，无敢逾矩。逮景明之初，微有犯禁。故世宗仰修先志，爰发明旨，城内不造立浮图、僧尼寺舍，亦欲绝其希觊。文武二帝，岂不爱尚佛法，盖以道俗殊归，理无相乱故也。但俗眩虚声，僧贪厚润，虽有显禁，犹自冒

① 〔魏〕杨衒之撰，周祖谟校释：《洛阳伽蓝记校释》，中华书局2010年版，第97~98页。

② 〔魏〕杨衒之撰，周祖谟校释：《洛阳伽蓝记校释》，中华书局2010年版，第157页。

③ 〔魏〕杨衒之撰，周祖谟校释：《洛阳伽蓝记校释》，中华书局2010年版，第167页。

④ 〔北齐〕魏收：《魏书》卷一百一十四《释老志》，中华书局1974年版，第3044~3045页。

营。至正始三年，沙门统惠深有违景明之禁，便云：‘营就之寺，不忍移毁，求自今已后，更不听立。’先旨含宽，抑典从请。前班之诏，仍卷不行，后来私谒，弥以奔竞。永平二年，深等复立条制，启云：‘自今已后，欲造寺者，限僧五十已上，闻彻听造。若有辄营置者，依俗违敕之罪，其寺僧众，摈出外州。’尔来十年，私营转盛，罪摈之事，寂尔无闻。岂非朝格虽明，恃福共毁，僧制徒立，顾利莫从者也。不俗不道，务为损法，人而无厌，其可极乎！”①

第四节　都城布局对后世都城的影响

中国都城发展中，北魏洛阳城占据着极为重要的位置。陈寅恪先生说：“夫北魏洛都新制其所以殊异于前代旧规之故，虽不易确知，然东魏邺都南城及隋代大兴即唐代长安之都邑建置全部直受北魏洛都之影响。”②贺业钜先生认为：“隋唐长安与洛阳、宋东京、金中都、元大都以及明北京等历代名都规划，都是这种影响的历史见证。尽管这些名都规划，出现的形式各有不同，但仔细分析它们的规划结构，便可发现基本上都是沿着北魏洛都规划这座里程碑所指引的发展营国制度传统道路而规划的。”③李自智先生论述了古代都城布局和中轴线的关系，认为北魏洛阳城接受了汉代以来的布局，是中轴线偏离中心的都城，邺都是与隋大兴城或唐长安城相同的中轴线居中的新型都城。

一、曹魏邺城开创功能分区明显的都城模式

东汉末年，战火连连，使社会经济遭受破坏，人口锐减，土地荒芜，秦汉以来

---

① 〔北齐〕魏收：《魏书》卷一百一十四《释老志》，中华书局1974年版，第3044页。

② 陈寅恪：《隋唐制度渊源略论稿》，上海古籍出版社1982年版，第70页。

③ 贺业钜：《中国古代城市规划史》，中国建筑工业出版社1996年版，第474页。

城市经济的发展基础业已动摇,加之都城本身不断受到战争摧残,《昌言·理乱篇》载"名都空而不居,百里绝而无民者,不可胜数",景象甚为悲惨。

三国时期,曹操受封掌管冀州,邺城成为曹魏王都。其后,曹操之子曹丕称帝建立曹魏政权,定都洛阳,但仍视邺城为五都之一。① 曹魏权臣司马昭之子司马炎建立西晋,都洛阳,将魏元帝曹奂贬为陈留王,迁居邺地,邺城为魏郡治所,仍属京师之地,隶属司州。迨至十六国时期,后赵、冉魏、前燕先后都于邺城,使邺城作为北方中心城市的地位进一步巩固。

建安九年(204),曹操开始大规模营建魏王城邺城,这是邺城史上第一次大规模营建,也即后来的邺北城。邺城结构紧凑,布局新颖,既继承了周朝营国制度的传统,又有所革新,开创了都城平面布局的新模式,即城市功能区结构规整。

宫城是邺城规划的中心,因之将正殿一组主体建筑群布置在全城南北中轴线上。左建宗庙,右置社稷,完全是按营国制度传统方式来建立这套主体规划结构的。宫殿在都城中的位置也由汉代的正中偏南演变为集中分布在北侧,中央衙署在宫城前面,居民住宅区在南部,这样不仅能保证皇帝和衙署的安全,更重要的是在皇帝、臣僚、百姓之间划分出了森严的界限。② 利用城中部连接建春门与金明门的东西干道,划全城为南北两大区:城南为市里区,也称居民区、商业区和手工业区;宫殿和衙署居城北中部,权贵府邸位于东部,西部置铜雀园(又称铜爵园)。城市功能分区明确,不仅有利于保卫宫禁,而且暗含严谨的封建秩序。城北宫禁区,既有高台作防守,又有武库、马厩、粮食等生活物资的贮备,况且又辟厩门直通城外。宫禁区实际上变成了坚固的坞堡,素日与城连为一体,紧急时又是能独立战斗的生活单位。③

曹魏西晋洛阳都城是在东汉旧都基础上重建的,其规模显然延续了东汉雒阳城南北长方形的"九六城",城门也仍然为12座,位置虽然没有变动,但城门名称多有更改。外城有7座城门:南面3门,自东至西为广阳门、中阳门、凤阳

---

① 〔晋〕陈寿撰:〔刘宋〕裴松之注:《三国志·魏书·文帝纪》,中华书局1964年版,第77页。

② 参见赵芳编著:《中国古都》,中国商业出版社2015年版,第26页。贺业钜:《关于我国古代城市规划体系之形成及其传统发展的若干问题》,《建筑历史与理论(第三、四辑)》,1984年版。

③ 贺业钜:《关于我国古代城市规划体系之形成及其传统发展的若干问题》,《建筑历史与理论(第三、四辑)》,1984年版。

门;东西各 1 门,即建春门、金明门;北面 2 门,自东至西为广德门、厩门。考古资料表明,曹魏邺城宫城建设规模甚为宏大,东、西、南皆有止车门。南止车门后,长春门和延秋门并列于端门之外的东、西两边,端门紧随二门之后。端门后是文昌殿,文昌殿前东、西分置钟楼、鼓楼。端门东北有司马门、东掖门,司马门之北依次为显阳门、宣明门、升贤门。升贤门前左、右分别是崇礼门和顺德门,二门皆南向。升贤门之后是听政门,内有内朝听政殿,位于文昌殿东。听政殿后建有鸣鹤堂、文石室、楸梓坊与木兰坊,为后宫专用。城内最宏伟的建筑当数三台,即曹操在铜雀园西侧的西城墙上修筑的铜雀台、金虎台、冰井台,“三台崇举,其高若山云”①。此外,城内还设有休闲娱乐场所。②

邺城继承了东汉时期业已存在的都城城门和御街规制,主要城门和街道皆开三道。根据最新考古资料并结合记载可知,曹魏新修的洛阳宫位置、规模和形制布局与前代有很大的不同,主要体现在新修的宫城正门改称阊阖门,正殿改曰太极殿,是一座居北居中的单一宫城。在宫城布局中,大朝正殿(也称南宫)居前,帝后寝宫(北宫)居后,宫城北部又紧接皇家苑囿芳林园(后改华林园),形成一套影响后世的宫苑布局制度。由于宫城居北居中,宫城正门前出现南北轴线大街铜驼街,其北对宫中正殿,南对大城正门宣阳门。宫城内还出现两条南北建筑轴线:西面轴线由宫城阊阖门向北直对太极殿和帝后寝宫主殿,向南直对宫前御街和大城宣阳门;东面轴线由司马门北对尚书曹和朝堂等宫内重要官署区。宫殿区还出现了以大朝正殿太极殿、皇帝寝殿式乾殿和皇后主殿昭阳殿(显阳殿)三组主殿南北纵列的格局。主殿太极殿和昭阳殿两侧皆有配殿,均为东西三殿并列的建筑形式,尤其太极殿两侧设立的太极东、西堂,是这个时期东西堂制度的肇始。魏晋时期开始在宫城东北面设立太子宫,③形成影响后世的东宫制度。在都城南部铜驼大街东、西两侧,则设置了太庙和太社,以符合“左庙右社”的规制。为了增强都城防御,曹魏初年在洛阳城北垣上修筑有百尺楼和三层楼高的大夏门等高台建筑,在城西北角新筑了一座小城金墉城。

---

① 薛瑞泽:《曹操对邺城的经营》,《黄河科技大学学报》2012 年第 2 期。

② 李爱军、吴宏岐:《北宋以前河洛都市文化对广州城市规划的影响》,《地域研究与开发》2011 年第 1 期。

③ 钱国祥:《中国古代汉唐都城形制的演进——由曹魏太极殿谈唐长安城形制的渊源》,《中原文物》2016 年第 4 期。

魏晋时期在北垣外侧还增修了军事防御的马面设施。随着经济的繁荣发展,漕运和商贸活动发达,市场更加繁荣,由在都城内设置逐渐向城外郭区的一般居民区繁衍。

西晋“八王之乱”爆发,丞相司马颖驻跸邺城掌政,“事无巨细,皆就邺咨之”①,邺城成为这一特殊时期的权力中心。304 年,东海王司马越不满司马颖专擅朝政,挟惠帝北上,进攻邺城,兵败,惠帝被俘入邺。307 年,邺城被马牧帅汲桑攻陷,“烧邺宫,火旬日不灭”②,“魏时宫室皆尽”。

魏文帝营建洛阳时,先修北宫为宫,继承邺城经验,将城南划归市里。魏明帝更效法邺城三台,于洛阳城西北角筑金墉城,以为宫禁屏障。后又在东汉南宫旧址上营建太极殿、北宫之北构筑芳林园。西晋承曹魏定都洛阳,除略增宫室外,洛阳城布局并未做重大改动,仍保持东汉“九六城”的规模。从曹魏作为王都的邺北城和建立帝都后的洛阳城形制来看,二者的规划和建设理念具有明显的一致性。虽然邺北城王都的规模和形制不具有帝都的典型特性,但其对曹魏新建设的帝都洛阳城的格局变化却有着重大的影响。钱国祥先生认为:从都城的延续发展来说,对在同一地点建造的东汉雒阳城和曹魏帝都洛阳城的形制观察,二者也存在着沿用继承基础上的发展变化。如曹魏重新营建的洛阳都城,其“九六城”的规模和 12 座城门,显然是遵循“方九里,旁三门”的东汉规制。即便看起来是新建的单一宫城洛阳宫,也同东汉中后期都城中心由南宫向北宫转移有千丝万缕的联系。东汉明帝新建北宫,其位于城市中部隆起区域,北面自古就为池沼苑囿之地,且紧邻邙山,地理位置优越。对于曹魏政权来说,彼时割据而占的军事形势,需要更加重视对皇宫的防御,比之东汉而略显寒酸的社会经济也需要对皇宫的规模加以控制。因此,在多方因素的影响下,以太极殿为中心的单一宫城形制应运而生,集中体现了“建中立极”“面朝后寝”“左祖右社”的帝都制度。当然,都城依然主要为统治者服务,城内置有皇宫、府库、苑囿、官署、庙社、官邸、军营等建筑群,一般居民和市场则分布在都城周围的郭区内。

除了曹魏时期自身对邺城模式的借鉴和参考,五代十国时期的岭南割据政

① 〔唐〕房玄龄等:《晋书》卷五十九《成都王颖列传》,中华书局 1974 年版,第 1617 页。
② 〔唐〕房玄龄等:《晋书》卷五《孝怀帝纪》,中华书局 1974 年版,第 117 页。

权南汉兴王府的规划也曾经对邺城模式进行过继承和发展。[①] 邺城从实际出发,“以大胆革新精神发展了营国制度传统的精华,为中期封建社会城市建设树立了样板。这是曹魏邺城规划的主要贡献,它对后世曾产生过重大的影响。我们研究封建社会城市规划发展史,对曹魏邺城规划在这方面的成就,是应当予以足够的估计的”[②]。

石虎夺取后赵政权后,迁都邺城,大修其城。石虎对曹魏邺城宫室改易较多,营建“内外大小殿九,台观四十余所”[③],以砖瓦修饰城门,城墙每隔百步建箭楼,修饰奢华,“层甍反宇,飞檐拂云,图以丹青,色以轻素”,“巍若仙居”。南墙之凤阳门,高二十丈许,门上有两大金凤作饰,距城六七里外即可望见,成为后赵邺城显著的象征之一。

534 年,高欢挟北魏孝静帝居住在邺北城,由于随迁军民 40 余万户之多,远超城市容积,高欢遂令“披图案记,考定是非,参古杂今,折中为制”[④],营建邺南城。邺南城以曹魏邺北城为蓝本营建,突出奢华的主调。邺南城外城城门有 11 座,即广阳门、中阳门(东魏、北齐之永阳门)、凤阳门等。主要宫殿有修文殿、偃武殿、玳瑁殿、麟趾阁、华林都堂、文林馆等。园林有游豫园、清风园、玄洲苑(又名仙都苑)等,其中又以玄洲苑最为奢华。据描述,园中有时称“四渎五岳”的假山河流、池沼,殿堂、楼阁、长廊皆饰以金、银、玉、珍珠和彩缎等,侈靡之甚,无与伦比。对此,顾炎武先生曾有过尖锐的批评:“自高欢营之,高洋饰之,卑陋旧贯,每求过美,故规模密于曹魏,奢侈甚于石赵。夫以洋之才,征伐四克,威振戎夏。一旦沉湎矜伐,崇修宫室,殚淫巧,竭财力,焦思尽智,继之以狂惑丧心,靡所不至。厥后,蹈袭奢迹,去而不反。高纬增益宫苑,夜则以火照作,寒则以汤为泥,百工困穷,无有休息。当是时也,忠良被刳剔,犬马蒙爵位。宫中一裙直万匹,镜台直千金,竞为变巧,朝成夕弊,侈心既厌,乃作贫儿村以为戏乐。嗟乎！周师至矣,实欲丐身为贫儿不可得也。”[⑤]

---

① 李爱军、吴宏岐:《北宋以前河洛都市文化对广州城市规划的影响》,《地域研究与开发》2011 年第 1 期。

② 贺业钜:《中国古代城市规划史论丛》,中国建筑工业出版社 1986 年版,第 24 页。

③ 顾炎武:《历代宅京记》,中华书局 1984 年版,第 172~178 页。

④ 〔唐〕李延寿:《北史》卷八十一《儒林列传上》,中华书局 1974 年版,第 2722~2723 页。

⑤ 顾炎武:《历代宅京记》,中华书局 1984 年版,第 188 页。

北周时期，邺城降为相州治所，尉迟迥为相州总管，镇守于此。后尉迟迥发现杨坚有篡逆之迹，据邺起兵，后兵败自杀。杨坚“焚烧邺城，徙其居人，南迁四十五里。以安阳城为相州理所”，至此，作为都城的邺城毁废。

二、北魏洛阳城奠定唐宋都城布局基础

魏晋洛阳城因为“八王之乱”和“五胡之乱”破坏惨重，昔日宫室几成灰烬，繁华市区已成废墟，甚至在北魏孝文帝南巡经过洛阳时，都城依然十分荒凉。迁都之初，孝文帝甚至不得不暂时驻跸金墉城。从这个意义上说，北魏继承的洛阳城几乎没有都城的面貌，亟待大规模营建，方能满足和适应建都的需求。而重建，并不意味着单纯恢复魏晋旧貌，而是以新的理念、新的规划蓝图改造洛阳城，使之既能迎合孝文帝汉制改革的要求，又能凭借特殊的历史地理条件继承华夏正统的姿态，号令天下。职是之故，营建洛阳城是推行汉化政策的孝文帝缓和民族矛盾，强化对中原地区的统治，建立统一政权的一项重大措施。孝文帝希冀借都洛缓和民族矛盾，巩固统治，当然更为南进积极准备条件。就经济而言，洛阳地处中原中心，有广阔的黄河流域农业作背景，同时更具有四方贸易的优厚条件，足以促进北魏工商业经济的发展，更可克服当时的经济危机，为长治久安打下坚实的经济基础。

北魏起于鲜卑拓跋部落，经济文化都较中原落后，道武帝拓跋珪于天兴元年(398)迁都平城，当时平城并没有城郭，八年后，才逐步模仿邺城、洛阳、长安兴建。《魏书·莫含列传》说：“太祖欲广宫室，规度平城四方数十里，将模邺、洛、长安之制。”尽管如此，平城的建设依然保留拓跋氏的礼俗，除了正月祭祀五方帝于南郊，四月祭天于西郊的方坛，坛上竖立七个木人，由女巫登坛摇鼓祭祀。平城的建设简陋可见一斑。孝文帝进行改革，一面废除原有礼俗，采用中原礼制，一面模仿中原都城，改建平城。太和十年(486)正月朔日“帝始服衮冕，朝飨万国”①；十二年(488)筑圜丘于南郊；十三年(489)“初备大驾”至圜丘祭天，并立孔子庙于京师；十五年(491)建明堂，改建太庙；十六年(492)拆太华殿，

① 〔唐〕李延寿：《北史》卷三《魏本纪》，中华书局1974年版，第101页。

建太极殿;十七年(493)正月朔日"飨百僚于太极殿";十八年(494)"罢西郊祭天"。① 每年诸如祭天典礼、太庙祭祖、元旦朝贺等仪礼的举行,使平城的布局和宫殿、宗庙等建筑不能不做相应之改建。

东汉末以来,城市建设虽发展缓慢,如魏晋洛阳、东晋建康等,但城市规划基本沿着东汉初期方向推进发展。北魏统一中国北方,使长期动乱的局势稍得喘息机会。虽然以农业为主的自然经济仍占绝对优势,但如平城、洛阳之类的城市,依凭特殊政治地位,商业发展和城市建没也有起色。北魏太和十七年十月,孝文帝"诏征司空穆亮与尚书李冲、将作大匠董爵经始洛京"。北魏洛阳城是以东汉雒阳旧城为基础进行改造和营建的,一些有利的现实条件,如"九六城"的形制和规模,可以因袭不变;而不利于当时条件的,如宫制和三市制都需要变动。由于前代洛阳故城,北依邙山,南临洛水,有一定的地形限制,北魏政权将城市重心南移,并以宫城为中心,置宫城于内城中央,从而在一定程度上克服了南北二宫制的缺点。而延伸南北主干道铜驼街直抵南郭城圜丘的举措,则不仅加强了南北中轴线的主导作用,也成功建立了都城的中心区。

(一)形制上开创宫、城、郭三重模式

北魏洛阳城在规划中避免了汉、曹魏洛阳城宫殿区设计分散、交通不便等不足,采用单体宫城结构,南北长,东西窄,开创了宫、城、郭的三重规划体制,改变了西汉时在都城北部设市的"面朝后市"的传统。将皇族聚居区与平民居住区分开,将市场分门别类安置,将绿色景观建筑在城市的宫殿、苑囿、寺庙中。按照择中的传统,将宫城建立在城的中间。沿用中轴线对称的设计理念,外郭城延伸至东西二十里、南北十五里。

就城郭配置形制论,北魏洛阳城的三重城,即宫城、内城与外郭城,采用传统的环套形制,内城环宫城,两者均为南北长、东西狭的长方形,形式上颇为协调。外郭城南北短、东西长,环绕内城,虽然长短不协调,但由于南郭部分延伸直连内城,仍能取得和谐一致的效果。北魏洛阳城改变了前代南北二宫制的传统,将宫室集中于宫城内,布置在城中央稍偏西处,这样既摒弃了两宫制所造成的城市布局不合理的弊端,也更加突出宫的主体形象,强化宫的核心地位。北

① 〔唐〕李延寿:《北史》卷三《魏本纪》,中华书局 1974 年版,第 111 页。

魏洛阳城传承了周代营国制度“择中论”的配置传统，置宫于城中部，以其为中心，置城于郭中部，以层层藩卫、循序集中的形式，形成以太极殿—阊阖门—铜驼街—圜丘为中轴线的三重城垣结构，不仅彰显“王者必居天下之中”的赫赫声威，同时又兼顾军事防御的需要。孝文帝修金墉城及开建承明门，文献中都记载是临时驻跸，抑或方便去城西王南寺与僧人论法。然自曹魏以来，金墉城盖因军事城防所需而建。金墉城所在的洛阳城西北角，为全城地势高亢所在。金墉城的百尺楼，不仅是园囿所在，登临其上，亦可俯瞰洛阳城。曹魏明帝在修建金墉城前后，还在宫城北部修建了芳林园，重建了大夏门。其中大夏门门楼三重，去地百尺，远比其他城门高大。而据考古勘探，自大夏门内，有道路遗迹向南延伸到宫城西墙外，但并未向南延伸直到内城南垣。显然，此门之设并非为了方便全城，而主要在于服务宫城。因此，宫城、大夏门、金墉城三者之间，凭借大夏门，既有利于监视城内外动静，又便于宫城同城北宣武观及孟津黄河渡口的交通。由此可见，芳林园、大夏门、金墉城一起构成了汉魏洛阳城北部严密的防守体系。①

（二）以中轴线为基准设计都城

北魏洛阳城强化突出中轴线的主导作用。除以宫之南北中轴线做规划的主轴线外，将主轴线延伸到城南的圜丘，突出轴线对全局的控制作用，也表明了居轴线之中的宫城在全盘规划结构中举足轻重的分量。东汉时期“南北郊路”②大体都在都城外面，曹魏在北宫基础上修建太极殿和铜驼街，从而在都城内修建了中轴线的雏形。但是由于太极殿和阊阖门是修建在北宫的德阳殿和朱雀门基址上，从都城整体来看，中轴线处于偏西的位置上，由此影响了官衙的铺陈。③ 北魏把中央官署集中建设于官南大街两侧的布局，较之东汉把中央官署造在南宫东南更为合理，之所以如此整齐有条理，是综合采用中原几个都城

---

① 刘涛：《北魏洛阳城的规划与改建》，《唐都学刊》2016 年第 4 期。

② 东汉的圜丘坛在平城门外 7 里处，它与南宫前殿相连接的大街被称为“南北郊路”。

③ [日]佐川英治：《北魏洛阳城的中轴线及其空间设计试论》，《魏晋南北朝史研究：回顾与探索——中国魏晋南北朝史学会第九届年会论文集》，湖北教育出版社 2009 年版，第 724～733 页。

优点的结果。营建太庙和太极殿时,派蒋少游于洛阳“量准魏晋基趾”[①],还曾派蒋少游以李彪副使的身份出使江南,“密令观京师(南齐都城建康)宫殿楷式”。

东汉的圜丘在平城门外7里处,曹魏明帝景初元年(237)将圜丘移至洛阳之南的委粟山。根据《读史方舆纪要》卷四十八的记载,委粟山在河南府以东30里的地方。考古发现在太极殿遗址往南近20千米处的禹宿谷堆,正好位于洛阳盆地对面一方。北魏迁都后,孝文帝沿袭曹魏在委粟山修建圜丘的传统,[②]宣武帝景明二年(501),将圜丘移建至伊水北岸。钱国祥先生认为圜丘的位置在“洛阳城南约3500米的王屹垱村南,北面正对内城宣阳城门与铜驼街”[③]。如是之,则太极殿和圜丘正好由一条直线道路相连,南北相对。通过移建圜丘,使自太极殿至宣阳门的南北大街延伸至都城外,且越过洛水上的永桥,至伊水北,成为建筑轴线。[④] 北魏洛阳城的中轴线,影响了东西外郭和沿中轴线南北方向的外郭的设计。景明二年,宣武帝依司州牧广阳王元嘉的建议,在城外修筑了外郭城,扩建了坊巷,使洛阳城“京师东西二十里,南北十五里,户十万九千余。庙社宫室府曹以外,方三百步为一里,里开四门;门置里正二人,吏四人,门士八人”。由此,不仅使北魏洛阳城成为中国古代面积最大的城市,而且也是当时世界上面积最大的城市,在都城发展史上有着重大的意义。[⑤]

太极殿至圜丘之间的空间,沿着中轴线被分四层[⑥]:第一层,太极殿至宫城正门的阊阖门,模拟紫微宫等星象布局,是皇帝所处,是中心;第二层,从阊阖门到宣阳门的空间,沿铜驼街所铺陈的衙署,是扶助国政的官僚空间;第三层,从宣阳门到永桥,设置有居民生活的坊制,也即《洛阳伽蓝记》所记载的“利民里”所在区域;第四层,永桥至圜丘,有位于御道西侧的四通市,是外国珍稀物产集

---

① 〔北齐〕魏收:《魏书》卷九十一《艺术列传》,中华书局1974年版,第1971页。

② 〔北齐〕魏收:《魏书》卷一百零八《礼志一》记载:“十一月庚午,帝幸委粟山,议定圆丘。”

③ 钱国祥:《汉魏洛阳故城沿革与形制演变初探》,《21世纪中国考古学与世界考古学》,中国社会科学出版社2002年版,第405页。

④ 刘涛:《北魏洛阳城的规划与改建》,《唐都学刊》2016年第4期。

⑤ 宿白:《北魏洛阳城和北邙陵墓——鲜卑遗迹辑录之三》,《文物》1978年第7期。

⑥ 参见[日]佐川英治:《北魏洛阳城的中轴线及其空间设计试论》,《魏晋南北朝史研究:回顾与探索——中国魏晋南北朝史学会第九届年会论文集》,湖北教育出版社2009年版,第724~733页。

聚场所,东边是四夷馆,西边是四夷里。

(三)里、坊、市布局规整有方

北魏洛阳城分区布置井井有条,已有棋盘状布局的雏形。将宫城置于显赫的中央位置,宗庙、社稷和主要衙署,沿主干道铜驼街布列于宫前正南方位上。考古工作者曾发现这一带有不少夯土基址,以及大量的建筑残砖断瓦。官署、达官府邸、仓储等一应与统治枢纽有关联的各区,加上永宁寺,按其性质和方位主次,规整分布于内城中,使内城成为整个都城的核心所在。权贵府第,分居城之东西;城北为离宫,即金墉城和禁苑,即华林园所在;城东预留了东宫用地。城之东北,置有太仓和有关官署如司农寺等,这些集结在此,显然有传统礼制规划秩序的印迹。

北魏洛阳城外郭正南设有辟雍、灵台及郊坛,更多的是市里和手工业区。如前文所述,以职业和阶层来架构“里”,如寿丘里专为皇室而设,西郭人市诸里为工商业者聚居,南郭伸延部分建四夷里,安置四方异邦人士。各市规模则视所在地带居民区的具体情况和经营范围而定。市、里既密切结合,又有严格区分。

郭的布局以市为基准来组织。北魏洛阳城继承了汉(曹)魏洛阳城三市制的传统,于西城郭建“洛阳大市”,东城郭设“小市”,南城郭洛滨置“四通市”,一同构成了层层递进的商业区。虽然三市布局形制有如鼎足之势,但彼此间既有分工,又有主次之别,实为一体。“洛阳大市”是主体,规模最大,周回八里,市肆之繁盛,自不需赘言。据《洛阳伽蓝记》载,“洛阳大市”周围有许多民营手工业作坊,如酿酒作坊、制造寿器作坊等,杂居其间,同时也有一些特殊服务行业。东郭“小市”,规模较小,但附近亦有自产自销的“工肆之人”,如屠宰业等。“四通市”可称得上是北魏洛阳城的“国际贸易”区,“天下难得之货,咸悉在焉”。外郭城以三市为基准,杂糅一些手工业作坊和服务行业,构成都城的经济活动中心。外郭城的手工业作坊,除分布在市附近外,其他部分也有零星分布,如东北隅的陶器作坊区等。

外郭居住区依然遵从市的配置来规划。西郭洛阳大市是主体市,因而西郭也是外郭的主要居住区,规模庞大的皇室府邸区即部署在西郭的边陲地带内。考古勘探洛阳大市,曾发现大面积的瓦片堆积层,有的厚达 2 米以上,足可证实这一区域居民众多,市肆繁华,建筑规模可观。东郭居住区以小市为中心来架构,周围既有达官府第,亦有工商业者居住区。南郭四通市本属外贸交易场所,因此其邻近的四夷里、四夷馆,成为各国使节、外商及侨民的居住区。市与居住区的特殊性是相协调的。

市的布局不仅与外郭居住区紧密结合,与内城居住区亦呈互相呼应之势,围绕中心,按功能,分等第,由内而外,依次部署,构成一个有机统一整体。其配合如此协调,较之前代确有新的发展。贺业钜先生认为:北魏洛阳城将基本网格面积由“夫”扩大到“井”。“井”之田方三百步,即占地方一里,即为用地单位。譬如“里”之规模,统一规定为“方三百步”,也就是一个基本网格为一个“里”(坊),如皇室居住区之“寿丘里”,其规模为东西两个网格(二里),南北十五个网格(十五里)。西郭“大市”区,周回八里,恰好是四个网格组成的一块正方形地盘。其他如干道网布局以及重要建筑物之分布等,也与方格网系统有关。这样充分利用格网系统规划都城布局的优越性,较为科学地设计大型城市,可称得上北魏洛阳城规划者对后世的贡献和启示。①

(四)以经纬规整道路

北魏洛阳城宫城(内城)有南北及东西干道各四条,这些干道基本上都是相对应的城门之间的联络干道,纵横交错地分布在宫城周围。从宫城阊阖门直达宣阳门的铜驼街,是全城的南北主干道,也是全城道路网的主轴线。自东阳门至西阳门的东西干道,与铜驼街呈丁字状交会于阊阖门前,成为道路网的辅轴线。

---

① 贺业钜:《中国古代城市规划史论丛》,中国建筑工业出版社 1986 年版,第 24 页。

第六章

隋唐时期：儒家都城模式的黄金期

隋唐时期是我国政治、经济、文化空前繁荣发达的历史时期。大运河的开凿和“贞观之治”“开元盛世”等都发生在这一时期，政治统一、经济发展、民族团结融合都达到前所未有的程度，国家都城更是规模巨大，规划周密，建设水平高超。隋唐均定都长安（隋时称“大兴”），但为了更便捷地控制关东及江南地区，从政治、军事、经济等诸多方面考虑，均以洛阳为东都。武则天时期，改东都为神都，洛阳成为实际上的都城。唐中宗再次即位后复改神都为东都，政治中心又移往长安。隋唐东都洛阳，历经大规模营建、修缮，与长安合称“东西二都”，地位相侔。东都洛阳的布局与都城长安有着诸多不同，且规划手法更加成熟，不失为这一时期都城模式的代表。

第一节　东都营建与洛阳的水运中心地位

仁寿四年（604）隋炀帝即位后不久便下诏营建东都洛阳，历时近一年于大业二年（606）春建设完成。同时徙民、富商大贾数万家、关东旧族等以实东京。隋炀帝在营建东都的同时，开始了开凿运河的工程，以及仓储群的建设。运河以东都为中心、以通济渠为骨干河道，天下粮赋转输皆仰赖于此。洛阳旋即成为隋王朝的政治、经济和文化中心，以及全国最大最繁盛的商业都市和国际贸易场所。唐代沿用隋东都，东都洛阳几经废立，多次重修扩建，超过了隋时规模。

一、东都洛阳的营建

(一)隋炀帝营建东都

581年隋朝建立,定都大兴城。589年隋灭陈统一全国。仁寿四年七月隋炀帝即位,十一月幸洛阳,征发数十万丁口,挖掘自龙门东接长平、汲郡(治今河南卫辉西南),抵临清关(在今河南新乡东北),渡河,至浚仪(治今河南开封)、襄城(今属河南),达于上洛(今陕西商洛)的关防长堑环围,以拱卫洛阳,并随即下诏营建东都。

在隋已经统一全国的新形势下,之所以营建东都洛阳,隋炀帝的诏书十分清晰地交代了两方面的原因。首先是因为洛阳拥有无可比拟的地位。“然洛邑自古之都,王畿之内,天地之所合,阴阳之所和。控以三河,固以四塞,水陆通,贡赋等。故汉祖曰:‘吾行天下多矣,唯见洛阳。’自古皇王,何尝不留意,所不都者盖有由焉。或以九州未一,或以困其府库,作洛之制所以未暇也。我有隋之始,便欲创兹怀、洛,日复一日,越暨于今。念兹在兹,兴言感哽!”[①]洛阳自古以来就是立邦建都的“首善之区”,河山拱戴,“形胜甲于天下”,四通八达,便于收纳各地财赋。其次是为了加强对关东和江南的控制。“今者汉王谅悖逆,毒被山东,遂使州县或沦非所。此由关河悬远,兵不赴急,加以并州移户复在河南。周迁殷人,意在于此。况复南服遐远,东夏殷大,因机顺动,今也其时。”[②]汉王杨谅造反,“从谅反者凡十九州”[③]。炀帝营建东都,便与西周经营雒邑、镇压东方异曲同工,有着加强对东方和江南控制的政治目的和军事需求。

最后,经济上的原因也不容忽视。尽管洛阳历经兴废,但洛阳气候适宜、土壤肥沃、水系丰沛,故农业繁盛,长期是北方农业文明的中心。在全国的经济重心南移至江南之前,洛阳地区代表了中国经济发展的最高水平,也是中原最主

---

① 〔唐〕魏徵、令狐德棻:《隋书》卷三《炀帝纪上》,中华书局1973年版,第61页。

② 〔唐〕魏徵、令狐德棻:《隋书》卷三《炀帝纪上》,中华书局1973年版,第61页。

③ 〔宋〕司马光编著,〔元〕胡三省音注:《资治通鉴》卷一百八十《隋纪四》,中华书局1976年版,第5607页。

要的商业都会。又有北周宣帝在这里建造的规模壮丽的洛阳宫,城市发展也有相当的基础。反观此时位于关中的大兴,水旱灾害频发,又由于三门砥柱险阻,关东米粟进入关中极为艰难,人民口粮都成了难以解决的问题。隋文帝时就曾多次率领关中官民就食洛阳,比如仁寿四年,“关中户口就食洛阳者,道路相属”①。鉴于此,营建洛阳便是顺应天道变化、因机顺动之举。

大业元年(605)三月,隋炀帝诏尚书令杨素、纳言杨达、将作大匠宇文恺营建东都。“营显仁宫,南接皂涧,北跨洛滨。发大江之南、五岭以北奇材异石,输之洛阳;又求海内嘉木异草,珍禽奇兽,以实园苑。”②“筑西苑,周二百里;其内为海,周十余里;为蓬莱、方丈、瀛洲诸山,高出水百余尺,台观殿阁,罗络山上,向背如神。北有龙鳞渠,萦纡注海内。缘渠作十六院,门皆临渠,每院以四品夫人主之。”③每月役丁二百万人,历时近一年,东京城于大业二年春建设完成。

隋炀帝好宏侈,“东京制度穷极壮丽”④。新建的洛阳城在汉魏洛阳故城和东周王城之间,北据邙山,南对伊阙,东出瀍水,西逾涧水,洛水自西向东横贯其中,“以象河汉”。堂殿楼观也穷极华丽,耗费不可胜数,文献多有记载,比如:“隋室造殿,楹栋宏壮,大木非随近所有,多从豫章采来。二千人曳一柱,其下施毂,皆以生铁为之,若用木轮,便即火出。铁毂既生,行一二里即有破坏,仍数百人别赍铁毂以随之,终日不过进三二十里。略计一柱,已用数十万功,则余费又过于此。”⑤

为了使东都尽快聚拢人气、发展繁荣,营建之初,即徙洛阳郭内居民及“天下富商大贾数万家”⑥以实东京。大业二年东京建成,隋炀帝于当年四月到达洛阳,当时“上自伊阙,陈法驾,备千乘万骑,入于东京”⑦,六宫、百官及眷属等大批贵族也接踵迁居洛阳。五月,又命江南诸州科上户六千余家分房入东都住。

---

① 〔唐〕魏徵、令狐德棻:《隋书》卷二《高祖帝纪下》,中华书局 1973 年版,第 54 页。

② 〔宋〕司马光编著,〔元〕胡三省音注:《资治通鉴》卷一百八十《隋纪四》,中华书局 1976 年版,第 5618 页。

③ 〔宋〕司马光编著,〔元〕胡三省音注:《资治通鉴》卷一百八十《隋纪四》,中华书局 1976 年版,第 5620 页。

④ 〔唐〕魏徵、令狐德棻:《隋书》卷六十八《宇文恺列传》,中华书局 1973 年版,第 1588 页。

⑤ 〔后晋〕刘昫等:《旧唐书》卷七十五《张玄素列传》,中华书局 1975 年版,第 2640 页。

⑥ 〔唐〕魏徵、令狐德棻:《隋书》卷三《炀帝纪上》,中华书局 1973 年版,第 63 页。

⑦ 〔唐〕魏徵、令狐德棻:《隋书》卷三《炀帝纪上》,中华书局 1973 年版,第 66 页。

大业三年(607)十月,“敕河南诸郡送一艺户陪东都三千余家,置十二坊于洛水南以处之”①。移民东都政策同时也有迁徙旧族豪强的目的。因此,移居东都的民户就不仅仅是富商大贾和工艺户,也有不少关东旧族。比如《张波墓志》所载,张波,“并州武乡人……祖老,魏骠骑将军、西道行台。父遵,齐襄垣郡丞。……(波)无情青紫,有志丘园,直以旧族豪家,迁于洛邑”②。又如《段夫人墓志》所载:“属大业之初,营都瀍洛,衣冠□族,多有迁移。君既策名英府,陪随藩邸,席卷桑梓,因即家焉。”③为别于西京大兴,称洛阳为“东都”。洛阳旋即成为隋王朝的政治、经济和文化中心,以及全国最大最繁盛的商业都市和国际贸易场所。隋亡后,伪郑以洛阳为都,两年半后为唐所灭。

(二)唐代东都的恢复和发展

唐代沿用隋东都,几经废立。据《唐会要》记载:唐高祖武德四年(621)“平王世充,废东都,置总管府”,“其年十一月十一日,置洛州大行台,改为东都;六年(623)九月二十六日,改东都为洛州;九年(626)六月十三日,废行台置都督府”;太宗“贞观十一年(637)三月十日改为洛阳宫,十七年(643)五月十三日废都督府,复为洛阳”;高宗显庆三年(658)“改洛阳州宫为东都”;武则天“光宅元年(684)九月五日改为神都”;中宗“神龙元年(705)二月五日复为东都”;玄宗开元元年(713)“改为河南府”,“天宝元年(742)二月二十日改为东京”;肃宗“上元元年(760)九月二十日停东京之号”;第二年,代宗复称东都。④

东都洛阳在隋末唐初的战乱中遭到破坏,武德四年,时为秦王的李世民进入洛阳之后,也曾拆掉东都的标志性建筑皇城正南门端门楼,焚毁紫微宫、乾阳殿、宫城正南门则天门及其门阙。但由于东都不可替代的重要地位,政权稳定之后即开始增补修缮。时隔九年,贞观四年(630),已即皇位的李世民因“洛阳土中,朝贡道均,朕故修营,意在便于百姓”⑤,下令修葺洛阳宫乾阳殿。虽然因

---

① 〔宋〕司马光编著,〔元〕胡三省音注:《资治通鉴》卷一百八十《隋纪四》,中华书局 1976 年版,第 5634 页。

② 赵万里:《汉魏南北朝墓志集释》,科学出版社 1956 年,图版 494。

③ 周绍良:《唐代墓志汇编》永徽 005《段夫人墓志》,上海古籍出版社 1992 年版,第 134 页。

④ 〔宋〕王溥:《唐会要》卷六十八《河南尹》,文渊阁《四库全书》版。

⑤ 〔后晋〕刘昫等:《旧唐书》卷七十五《张玄素列传》,中华书局 1975 年版,第 2641 页。

给事中张玄素的上书劝谏而暂停，但第二年又令将作大匠窦琎修治洛阳宫。“琎于宫中凿池起山，崇饰雕丽，虚费功力，太宗怒，遽令毁之。”[①]贞观十一年又作飞山宫。之后，唐太宗多次来到洛阳，最后一次是贞观十九年(645)，为亲自出征高丽做准备。

高宗时，东都洛阳多有营建，“制度壮丽”，东都日渐恢复并超过了此前规模。显庆元年(656)，在东都旧殿基础上，“因旧余材修乾元殿，高一百二十尺，东西三百四十五尺，南北一百七十六尺”[②]。显庆二年(657)，以洛阳宫为东都。自显庆以后的26年间，高宗9次来往于东西两京，待在东都洛阳十一年三个月，[③]在此期间东都宫苑不断营缮。如显庆五年(660)在东都苑内作合璧宫，麟德二年(665)乾元殿竣工，改应天门为则天门，调露元年(679)造宿羽、高山、上阳等宫，又移洛水中桥至长厦门街，还在东都外围渑池作紫桂宫，在嵩山南作奉天宫。永淳元年(682)，“关中先水后旱、蝗，继以疾疫，米斗四百，两京间死者相枕于路”[④]。在灾害严重的状况下，高宗“以关中饥馑”率百官就食东都，直至第二年十二月病死在贞观殿。

武则天长住东都洛阳，对东都洛阳多有营建。光宅元年改东都为神都，洛阳得到进一步发展。垂拱四年(688)正月“又于东都立高祖、太宗、高宗三庙，四时享祀，如京庙之仪”[⑤]。二月，毁乾元殿造明堂，共三层，“高二百九十四尺，方三百尺”[⑥]，号为万象神宫。又作夹纻大像，其小指中即可容纳数十人，并于明堂北起高五级的天堂，以贮大像，才三级就已经俯视明堂。天授元年(690)改国号为周之后，“立武氏七庙于神都”[⑦]。二年七月，“徙关内雍、同等七州户数十万以实洛阳”[⑧]。天册万岁元年(695)正月，天堂、明堂失火，焚毁殆尽，重造明堂

---

① 〔后晋〕刘昫等:《旧唐书》卷六十一《窦威附窦琎列传》，中华书局1975年版，第2371页。

② 〔宋〕王溥:《唐会要》卷三十《洛阳宫》，文渊阁《四库全书》版。

③ 苏健:《洛阳古都史》，博文书社1989年版，第266页。

④ 〔宋〕司马光编著，〔元〕胡三省音注:《资治通鉴》卷二百零三《唐纪十九》，中华书局1976年版，第6410页。

⑤ 〔后晋〕刘昫等:《旧唐书》卷二十五《礼仪志》，中华书局1975年版，第944页。

⑥ 〔宋〕司马光编著，〔元〕胡三省音注:《资治通鉴》卷二百零四《唐纪二十》，中华书局1976年版，第6454页。

⑦ 〔后晋〕刘昫等:《旧唐书》卷六《则天皇后本纪》，中华书局1975年版，第121页。

⑧ 〔后晋〕刘昫等:《旧唐书》卷六《则天皇后本纪》，中华书局1975年版，第122页。

及天堂。四月，立天枢于皇城正南门端门之外。万岁通天元年(696)，新的明堂建成，略小于之前的规模，号曰“通天宫”。久视元年(700)在告成石淙作三阳宫。大足元年(701)在立德坊南穿新潭，安置诸州租船，中桥移至长夏门后，交通更为便利，“然岁为洛水冲注，常劳治葺。昭德创意积石为脚，锐其前以分水势，自是竟无漂损”[①]。长安四年(704)毁三阳宫，以其材在万安山作兴泰宫。

中宗即位，复国号为唐，复神都为东都。玄宗开元年间多次巡居东都洛阳，其间洛阳多有拆除、改建。开元二年(714)毁天枢。五年(717)仍以明堂为乾元殿。十年(722)复以乾元殿为明堂。十三年(725)与诸学士宴饮于集仙殿，改为集贤殿，改丽正殿书院为集贤殿书院。二十年(732)毁皇津桥，改造天津桥。二十七年(739)，拆明堂上层，下面改建成八角楼，为乾元殿。玄宗在开元二十四年(736)回长安时犹豫不决，李林甫劝说：“长安、洛阳，陛下东西宫耳，往来行幸，何更择时！”[②]开元时期的东都洛阳繁盛依然，由此可见一斑。但是天宝以后，玄宗便没再来洛阳，后来的安史之乱更使洛阳沦为战场，繁华不再。代宗、武宗也曾诏令修缮东都宫殿，但直到唐末昭宗、哀帝为黄巢起义军胁迫迁都洛阳之前，没有皇帝再巡幸东都。

唐代东都洛阳，在安史之乱之前，在隋东都的基础上进一步发展繁荣，统治者常巡居东都，武则天更是以东都为神都。许多重大历史事件、杰出历史人物都与洛阳息息相关；作为水陆交通的中枢，洛阳经济地位愈显重要。经济文化的繁盛，使唐代东都逐渐发展为中古世界东方最大、最繁荣的国际都市之一，此时期也无疑是洛阳城市发展的巅峰。

二、大运河体系的完善

（一）大运河体系的完善

隋以前，东都洛阳周边的运河已经比较发达。东汉在洛阳通阳渠。汉末以

---

① 〔后晋〕刘昫等：《旧唐书》卷八十七《李昭德列传》，中华书局 1975 年版，第 2854 页。

② 〔宋〕司马光编著，〔元〕胡三省音注：《资治通鉴》卷二百一十四《唐纪三十》，中华书局 1976 年版，第 6822 页。

来黄河以北开凿有白沟、平虏渠、泉州渠、新渠、利漕等运渠沟通海河各支流；黄河以南开凿有睢阳渠、广漕渠、讨虏渠等运渠沟通汴渠、汝水、颍水等淮河支流。洛阳以西黄河水道的维护和栈道的开凿也有大量文献、题记及考古发掘成果佐证。隋开大运河将自然河流和前代运河各段连成规模宏伟的运河体系。举世闻名的大运河，以东都洛阳为中心，北达涿郡，南至余杭，西至长安，纵贯海河、淮河、黄河、长江与钱塘江五大水系。

隋文帝开皇四年(584)开广通渠。为了漕运关东之粟以保证京师仓廪，“命宇文恺率水工凿渠，引渭水，自大兴城东至潼关，三百余里，名曰广通渠。转运通利，关内赖之。诸州水旱凶饥之处，亦便开仓赈给”①。广通渠自大兴城引渭水至潼关入河，长三百余里，相当于汉代的漕渠。开皇七年，“于扬州开山阳渎，以通运漕”②，山阳渎自淮河抵长江，利用了古邗沟故道。又在汴口建梁公堰，修石门，引黄河水入汴。

隋炀帝在营建东都的同时就开始了开凿运河的工程。大业元年开通济渠，“发河南诸郡男女百余万，开通济渠，自西苑引谷、洛水达于河，自板渚引河通于淮”③，又发淮南诸州郡兵夫十余万开邗沟，引淮水入江。通济渠上段自东都西苑引谷水、洛水由汉阳渠故道入黄河。中段自板渚引黄河水经由汴渠故道，注入泗水，再入淮河。下段利用汉代邗沟故道，至长江。通济渠自东都至江都(治今江苏扬州)2000余里。

大业四年(608)，为赴辽东征高丽做准备，开永济渠，“将兴辽东之役，自洛口开渠，达于涿郡，以通运漕”④。于是，“发河北诸郡百余万众，开永济渠，引沁水南达于河，北通涿郡”⑤。永济渠引沁水南通于河，北会清水，自黄河经沁水、清水(即卫河)即至曹操所开白沟，然后利用汉代屯氏河，又经漳水、漯水到达涿郡。永济渠，自东都至涿郡2000余里。

大业六年(610)，开江南河，“自京口至余杭，八百余里，广十余丈”⑥。江南

---

① 〔唐〕魏徵、令狐德棻：《隋书》卷二十四《食货志》，中华书局1973年版，第684页。
② 〔唐〕魏徵、令狐德棻：《隋书》卷一《高祖纪上》，中华书局1973年版，第25页。
③ 〔唐〕魏徵、令狐德棻：《隋书》卷三《炀帝纪上》，中华书局1973年版，第63页。
④ 〔唐〕魏徵、令狐德棻：《隋书》卷六十八《阎毗列传》，中华书局1973年版，第1595页。
⑤ 〔宋〕郑樵：《通志》卷六十二《食货志·漕运》，中华书局1987年版，第747页。
⑥ 〔宋〕司马光编著，〔元〕胡三省音注：《资治通鉴》卷一百八十一《隋纪五》，中华书局1976年版，第5652页。

运河在秦始皇时已经初具规模，之后六朝建都南京，不断修整、开凿运河和堰埭，如东晋在镇江附近修筑丁卯埭平水堰，孙吴开凿破岗渎，萧梁开上容渎，陈时又修破岗渎。隋代江南运河在六朝以来江南运河的基础上疏浚而成，自京口至余杭800余里。

隋代所开大运河以跨有洛水南北两岸地区的东都为中心，以通济渠为骨干河道，东西、南北通达，自此天下粮赋转输皆仰赖于此。继起的唐王朝，南为江淮财赋北上东都，北为控制辽东，十分重视大运河的疏浚和修治。通济渠的汴河口容易淤塞，“每年正月发近县丁男，塞长茭，决沮淤，清明桃花已后，远水自然安流”①。此外，开元二年，发汴、郑丁夫重修梁公堰。开元十五年（727），由于梁公堰口渐淤，将作大匠范安及遂发河南府怀、郑、汴、滑三万人疏浚，筑堤、修堰，修斗门，“旬日而毕”②。对永济渠一线，也致力颇多。贞观十七年，在引淇水入渠处筑石堰，永徽二年（651）在沧州清池西北筑永济堤，开元十六年（728）筑永济北堤等。还有通利渠、堂阳渠、沣水渠、清池渠、无棣河、长丰渠、平卢渠等渠道的修筑，对于永济渠的畅通也都有积极作用。天宝元年，于今三门峡附近凿开元新河。天宝十四载（755）安史之乱爆发之前，东都洛阳一直都是大运河的中心。“卜雒万方之陬，维嵩五岳之中，风雨之所交，舟车之所会，流通江汴之漕，控引河淇之运。利俗阜材，于是乎在。”③

东都洛阳饱受安史之乱摧残，“久陷贼中，宫室焚烧，十不存一。百曹荒废，曾无尺椽，中间畿内，不满千户。井邑榛棘，豺狼所嗥，既乏军储，又鲜人力。东至郑、汴，达于徐方，北自覃怀，经于相土，人烟断绝，千里萧条”④。通济渠也断航淤塞。广德元年（763），重开汴渠，同时改革漕运制度：“江船不入汴，汴船不入河，河船不入渭；江南之运积扬州，汴河之运积河阴，河船之运积渭口，渭船之运入太仓。”⑤大运河的骨干河道依然是汴河，四方转运经汴河入黄河由渭水直至长安，而不再进入东都洛阳。这意味着洛阳丧失了运河中心、转运中枢的地位。

---

① 〔后晋〕刘昫等：《旧唐书》卷一百二十三《刘晏列传》，中华书局1975年版，第3513页。

② 〔后晋〕刘昫等：《旧唐书》卷四十九《食货志下》，中华书局1975年版，第2114页。

③ 〔清〕董诰等编：《全唐文》卷二十八唐玄宗《幸东都诏》，中华书局1983年版，第323页。

④ 〔后晋〕刘昫等：《旧唐书》卷一百二十《郭子仪列传》，中华书局1975年版，第3457页。

⑤ 〔宋〕欧阳修、宋祁：《新唐书》卷五十三《食货志三》，中华书局1975年版，第1368页。

（二）运河仓储的建立

仓储有保障京师、供给军需、平衡粮价、赈济灾荒等多重功能。《礼记·王制》载："国无九年之蓄曰不足，无六年之蓄曰急，无三年之蓄曰国非其国也。"由此可见粮食储备对于国家统治的重要性。随着运河漕运的发展，漕仓的重要性日渐突出，比如秦汉时期建于荥阳的敖仓，储转输之粟，闻名天下。隋开大运河，同时也十分重视仓储群的建设。

隋文帝开皇四年，修广通渠的同时，"又于卫州置黎阳仓，洛州置河阳仓，陕州置常平仓，华州置广通仓，转相灌注。漕关东及汾、晋之粟、以给京师"①。至文帝末年，"天下储积可供五十年"②。隋炀帝大业元年开通济渠，大业二年十月"置洛口仓于巩东南原上，筑仓城，周回二十余里，穿三千窖，窖容八千石以还，置监官并镇兵千人。十二月，置回洛仓于洛阳北七里，仓城周回十里，穿三百窖"③。有隋一代均注重积蓄，重要的粮仓筑仓城，并驻兵守卫。太仓有专门的官员管理，"太仓等署置令二人，太仓又有米廪督二人、谷仓督四人、盐仓督二人"，各仓另有监官，"隋初漕关东之粟以实京邑，卫州黎阳仓、荥阳洛口仓、洛州河阳仓、陕州常平仓、潼关渭南，亦皆有仓以转运之，各有监官"④。仓储存粮丰盈，"隋西京太仓，东京含嘉仓、洛口仓，华州永丰仓，陕州太原仓，储粟多者千万石，少者不减数百石，天下义仓又皆充满，京都及并州库布帛各数千万，亦魏晋以降之未有"⑤。从隋末李密开洛口仓之后的状况也可见隋代粮食丰积之一斑。"密开洛口仓散米，无防守典当者，又无文券，取之者随意多少；或离仓之后，力不能致，委弃衢路，自仓城至郭门，米厚数寸，为车马所轥践；群盗来就食者并家属近百万口，无瓮盎，织荆筐淘米，洛水两岸十里之间，望之皆如白沙。"⑥隋代储

① 〔唐〕魏徵、令狐德棻：《隋书》卷二十四《食货志》，中华书局1973年版，第683页。

② 〔宋〕司马光编著，〔元〕胡三省音注：《资治通鉴》卷一百九十二《唐纪八》，中华书局1976年版，第6048页。

③ 〔宋〕司马光编著，〔元〕胡三省音注：《资治通鉴》卷一百八十《隋纪四》，中华书局1976年版，第5626页。

④ 〔清〕永瑢：《钦定历代职官表》卷八《户部仓场衙门表》，清光绪二十二年（1896）广雅书局刻本。

⑤ 〔明〕王祎：《大事记续编》卷四十八，文渊阁《四库全书》版。

⑥ 〔宋〕司马光编著，〔元〕胡三省音注：《资治通鉴》卷一百八十六《唐纪二》，中华书局1976年版，第5808页。

存的粮食直到贞观十一年仍在使用，“隋家贮洛口仓，而李密因之；东都积布帛，而世充据之；西京府库，亦为国家之用，至今未尽”①。

唐代继承并进一步发展了隋的仓储制度。咸亨元年（670）置“河阳仓”，三年（672）“于洛州柏崖置敖仓，容二十万石”②。开元十八年（730）裴耀卿上书：“可于河口置武牢仓，巩县置洛口仓，使江南之舟不入黄河，黄河之舟不入洛口。而河阳、柏崖、太原、永丰、渭南诸仓，节级转运，水通则舟行，水浅则寓于仓以待，则舟无停留，而物不耗失。此甚利也。”转般法的建议当时未被采纳，直到三年后，“乃于河阴置河阴仓，河清置柏崖仓；三门东置集津仓，西置盐仓；凿山十八里以陆运。自江、淮漕者，皆输河阴仓，自河阴西至太原仓，谓之北运，自太原仓浮渭以实关中”③。改长运法为沿河就势设仓、节级转运的转般法，三年往长安运粮七百万石，省费三十万贯。开元二十五年（737）关中“始用和籴之法”。安史之乱后，广德元年，刘晏改革漕政，疏浚汴河，改进转般法，创纲运法。唐代对漕政极为重视，贞观六年（632）设“舟楫署”，中唐以后常令宰臣兼转运使等职。

含嘉仓是隋唐两代中央政府设置的大型粮仓，是东都洛阳最重要的仓储。含嘉仓城位于宫城东，据考古发现，平面呈长方形，四面筑有夯土墙，总面积 43 万平方米，推测有 400 余座仓窖。仓窖是由地面向下挖口大底小如缸形的土窖，平底或圜底，窖底、周壁均修理得平整光滑，且经过防潮处理，储粮后再铺席、堆糠、垫草，窖顶是圆锥形的草顶，然后涂一层很厚的草拌泥土密封。仓窖口径一般 10~16 米，深一般 7~9 米，储量惊人。如含嘉仓 160 号窖发掘出满窖唐代炭化的粟米遗存，估算当时该窖储粮达 50 万斤左右。④ 整个含嘉仓的储量，据文献记载，天宝八载（749）时达“五百八十三万三千四百石”⑤，今约合 2.5 亿斤。含嘉仓发掘出土许多刻录有文字的方形刻铭砖，记录内容包括仓窖位置、储粮来源、入窖时间，以及管理人员的官职、姓名等，与文献所载“凡凿窖置

① 〔后晋〕刘昫等：《旧唐书》卷七十四《马周列传》，中华书局 1975 年版，第 2617 页。

② 〔宋〕王溥：《唐会要》卷八十八《义仓及常平仓》，文渊阁《四库全书》版。

③ 〔宋〕欧阳修、宋祁：《新唐书》卷五十三《食货志三》，中华书局 1975 年版，第 1366 页。

④ 余扶危、贺官保：《隋唐东都含嘉仓》，文物出版社 1982 年版。

⑤ 〔唐〕杜佑：《通典》卷十二《食货》，中华书局 1988 年版，第 292 页。

屋,皆铭砖为庾斛之数,与其年月日,受领粟官吏姓名。又立牌如其铭"[①]相符。据刻铭砖所载,含嘉仓储粮的品种有粟、米和小豆等,储粮来源十分广泛,除了北方的濮州(今河南濮阳)、邢州(今河北邢台)、冀州(今河北冀县)、魏州(今河北大名县东南)、德州(今山东陵县)等地,还有江淮流域的苏州(今江苏苏州)、徐州(今江苏徐州)、楚州(今江苏淮安)、润州(今江苏镇江)、越州(今浙江绍兴)、滁州(今安徽滁县)、随州(今湖北随县)等地。[②] 这些地方大多位于运河流域,说明储粮主要是通过大运河的漕运进入东都的。由含嘉仓可管窥隋唐仓储规模、管理制度之一斑。隋唐以洛阳为中心的漕运和仓储业,切实关系着王朝的兴衰。

三、洛阳的繁荣与衰落

(一)东都洛阳繁荣的因素

洛阳地区河山拱戴,"形胜甲于天下",是华夏文明产生的核心地区,中国历史上第一个王朝夏兴起于此,禹都阳城与之后的夏都二里头、商都偃师商城、周都雒邑都位于此,正是在这样的背景下,洛阳"天下之中"所反映的地理、政治、经济、文化观念不断被强化,建都洛阳的神圣性、合理性以及德政、王道内涵也不断被强化。洛阳在先秦时期一直是政治重心所在地,正如《史记·封禅书》所说:"昔三代之居皆在河洛之间。"东汉、曹魏、西晋、北魏、隋、唐等先后"中天下而立",在此建都。秦朝定都咸阳,西汉定都长安,但洛阳依然备受重视。正如司马迁所论:"夫三河(河南、河内、河东)在天下之中,若鼎足,王者所更居也,建国各数百千岁。"[③]东汉定都洛阳,以长安为西京、南阳为南都。曹魏、西晋皆定都洛阳。北魏迁都洛阳。隋、唐定都长安,以洛阳为东都,以便于控制东方依然强大的割据势力,隋炀帝、唐太宗、唐高宗、唐玄宗等都曾长住洛阳,武周奉洛阳

---

① 〔后晋〕刘昫等:《旧唐书》卷四十四《职官志三》,中华书局 1975 年版,第 1887 页。

② 余扶危、贺官保:《隋唐东都含嘉仓》,文物出版社 1982 年版。

③ 〔汉〕司马迁:《史记》卷一百二十九《货殖列传》,中华书局 1972 年版,第 3262~3263 页。

为神都,洛阳伴随着古代中国的繁盛发展至顶峰。

隋唐时期经济空前繁荣,在王朝经济重心已然南移的情况下,东都洛阳作为大运河中心、陆路交通枢纽和物资储藏、转输的中心,控制着王朝的经济命脉,对于保障都城长安的经济安全有着十分重要的意义。当时的关中虽是沃野,物产丰阜,但已经不能满足京城庞大的供应需求,常需"转漕东南之粟"。正如《新唐书》所载:"关中号称沃野,然其土地狭,所出不足以给京师,备水旱,故常转漕东南之粟。"天下之计,仰于东南,而黄河有三门砥柱之险,使得往长安漕运粮食极其艰难。"河有三门底柱之险。显庆元年,苑西监褚朗议凿三门山为梁,可通陆运。乃发卒六千凿之,功不成。其后,将作大匠杨务廉又凿为栈,以挽漕舟。挽夫系二鈲于胸,而绳多绝,挽夫辄坠死,则以逃亡报,因系其父母妻子,人以为苦。"①反观此时的洛阳,"天地交会,北有太行之险,南有宛、叶之饶,东压江、淮,食湖海之利,西驰崤、渑,据关河之宝。……洛口积天下之粟,国家之资,斯为大矣"②。洛阳在地理位置和经济上的优势,是长安需借重的力量。陈寅恪先生对此有详尽论述:"隋唐二代长安、洛阳东西两京俱为政治文化之中心,而长安为西魏、北周以来关中本位之根据地,当国家积极进行西北开拓政策之时,尤能得形势近便之利,然其地之经济运输则远不及洛阳之优胜,在北周以前军政范围限于关陇巴蜀,规模狭小,其经济尚能自给。自周灭北齐后不久,即营建洛阳为东京,隋唐承之,故长安、洛阳天子往来行幸,诚如李林甫所谓东西两宫者也。夫帝王之由长安迁居洛阳,除别有政治及娱乐等原因,如隋炀帝、武则天等兹不论外,其中尚有一主因为本章所欲论者,即经济供给之原因是也。盖关中之地农产物虽号丰饶,其实不能充分供给帝王宫卫百官俸食之需,而其地水陆交通不甚便利,运转米谷亦颇困难,故自隋唐以降,关中之地若值天灾,农产品不足以供给长安帝王宫卫及百官俸食之需时,则帝王往往移幸洛阳,俟关中农产丰收,然后复还长安。"③

隋唐以洛阳为东都,也包含有文化上的考虑,东都洛阳保持着文化传统上的优势。"秦汉已来,山东出相,山西出将"④的传统,经过魏晋南北朝的强化,

---

① 〔宋〕欧阳修、宋祁:《新唐书》卷五十三《食货志三》,中华书局 1975 年版,第 1365 页。

② 〔后晋〕刘昫等:《旧唐书》卷一百九十《文苑列传中》,中华书局 1975 年版,第 5020~5021 页。

③ 陈寅恪:《隋唐制度渊源略论稿》,上海古籍出版社 1982 年版,第 146 页。

④ 〔汉〕班固:《汉书》卷六十九《赵充国辛庆忌传》,中华书局 1964 年版,第 2998 页。

这种文化上的差异延续至隋唐依然存在。以洛阳为中心的"山东"地区,门阀世家势力强盛,保留着两汉以来的文化传统。统一全国之后的统治者,希望中原士人能为其所用,并力图消弭东西文化之间的差异与隔阂。隋炀帝在营建东都的同年下诏:"君民建国,教学为先,移风易俗,必自兹始。……方今宇宙平一,文轨攸同,十步之内,必有芳草,四海之中,岂无奇秀!诸在家及见入学者,若有笃志好古,耽悦典坟,学行优敏,堪膺时务,所在采访,具以名闻,即当随其器能,擢以不次。若研精经术,未愿进仕者,可依其艺业深浅,门荫高卑,虽未升朝,并量准给禄。庶夫恂恂善诱,不日成器,济济盈朝,何远之有!其国子等学,亦宜申明旧制,教习生徒,具为课试之法,以尽砥砺之道。"[①]隋炀帝的诏书以及其后唐太宗修《氏族志》、武则天修《姓氏录》,与周公在洛阳制礼作乐有着同样的旨趣,即尝试以洛阳深厚的文化底蕴为依托,构建全国统一的文化体系。

(二)东都洛阳的衰落

东都的没落,始自安史之乱。天宝十四载安史之乱爆发,安禄山很快便攻陷洛阳,"贼鼓噪自四门入,纵兵杀掠"[②]。后盘踞洛阳,建立大燕国。至德二载(757)东京收复,乾元二年(759)再度为叛军所据,宝应元年(762)再次收复。东都洛阳在绵亘七年多的安史之乱中成为战场中心,轮番遭到叛军、官军的掳掠蹂躏。比如,文献记载回纥兵到洛阳时"恣行残忍,士女惧之,皆登圣善寺及白马寺二阁以避之。回纥纵火焚二阁,伤死者万计,累旬火焰不止"[③],情形十分惨烈。东都洛阳在战争中受到极为严重的破坏。(东都)"久陷贼中,宫室焚烧,十不存一。百曹荒废,曾无尺椽,中间畿内,不满千户。井邑榛棘,豺狼所嗥,既乏军储,又鲜人力。东至郑、汴,达于徐方,北自覃怀,经于相土,人烟断绝,千里萧条。"[④]又如,"函、陕凋残,东周尤甚。过宜阳、熊耳,至武牢、成皋,五百里中,编户千余而已。居无尺椽,人无烟爨,萧条凄惨,兽游鬼哭"[⑤]。自此之后,东都

① 〔唐〕魏徵、令狐德棻:《隋书》卷三《炀帝纪上》,中华书局1973年版,第64~65页。

② 〔宋〕司马光编著,〔元〕胡三省音注:《资治通鉴》卷二百一十七《唐纪三十三》,中华书局1976年版,第6939页。

③ 〔后晋〕刘昫等:《旧唐书》卷一百九十五《回纥列传》,中华书局1975年版,第5204页。

④ 〔后晋〕刘昫等:《旧唐书》卷一百二十《郭子仪列传》,中华书局1975年版,第3457页。

⑤ 〔后晋〕刘昫等:《旧唐书》卷一百二十三《刘宴列传》,中华书局1975年版,第3513页。

洛阳不复有武周及开元时的盛况。

唐代末年的混战,使东都洛阳被彻底破坏。黄巢攻占长安后,蔡州节度使秦宗权派属将孙儒攻打东都,东都留守李罕之弃城出奔,孙儒焚烧宫阙,掠夺居民。僖宗光启元年(885),“蔡贼秦宗权遣将孙儒来攻,罕之对垒数月,以兵少备竭,委城而遁,西保于渑池。蔡贼据京城月余,焚烧宫阙,剽剥居民。贼既退去,鞠为灰烬,寂无鸡犬之音”①。孙儒撤走后,李罕之以圣善寺为府,在东都城内市西筑垒自保。光启二年(886),李罕之又与黄巢大将刘经在洛阳混战,“时经保敬爱寺,罕之保苑中飞龙厩,罕之激励其众攻敬爱寺,数日,因风纵火,尽燔之”②。光启三年(887),张全义击败李罕之,东都已是废墟。“全义初至,白骨蔽地,荆棘弥望,居民不满百户,全义麾下才百余人,相与保中州城(城在二城之中间,故谓之中州城),四野俱无耕者。”③张全义在洛阳进行了许多恢复工作,“披荆棘,劝耕殖,躬载酒食,劳民畎亩之间,筑南、北二城以居之。数年,人物完盛,民甚赖之”。又受命“缮理宫阙、府廨、仓库”④,以待昭宗东迁洛阳。修葺后的洛阳城,早已不复昔日繁华。因此,天祐四年(907)朱温灭唐后,舍洛阳而都汴京开封。

同光元年(923)李存勖灭梁,以绍继李唐正统自居,仍都洛阳。但都城旧墙,多已摧塌,城内昔日房屋毁坏,或变为农田,一派荒残景象。同光二年(924)八月己巳:“诏洛京应有隙地,任人请射修造,有主者限半年,令本主自修盖,如过限不见屋宇,许他人占射。”⑤至长兴二年(931),城市建设仍无多少起色,“应京城六街及诸间坊,先许人修建屋室。近闻侵地太多,乃至不通车驾,今后盖造,外须通车马,或有越众牵盖,并须画时毁拆,并果园池亭外,余种莳菜园空间田地,如本自办,即限三月内盖造须毕,如自不办,并许人收买”⑥。之后的后晋、后汉、后周、北宋、金都曾修治洛阳,至金代,洛阳虽为中京,但已是一座周长只

---

① 〔宋〕薛居正等:《旧五代史》卷十五《李罕之列传》,中华书局 1976 年版,第 207 页。

② 〔宋〕薛居正等:《旧五代史》卷十五《李罕之列传》,中华书局 1976 年版,第 207 页。

③ 〔宋〕司马光编著,〔元〕胡三省音注:《资治通鉴》卷二百五十七《唐纪七十三》,中华书局 1976 年版,第 8359 页。

④ 〔宋〕欧阳修撰,〔宋〕徐无党注:《新五代史》卷四十五《张全义传》,中华书局 1974 年版,第 490 页。

⑤ 〔宋〕薛居正等:《旧五代史》卷三十二《庄宗纪》,中华书局 1976 年版,第 439 页。

⑥ 〔宋〕王钦若等:《册府元龟》卷十四《都邑》,中华书局 1960 年版,第 164 页。

有八里余的小城,坐落在洛水以北中间区域,相当于隋唐东都洛阳城东北角的一部分而已。

第二节 棋盘之城

东都洛阳城南直伊阙之口,北倚邙山之塞,东出瀍水之东,西逾涧水之西,“洛水贯都,有河汉之象”,遗址面积47平方千米,范围在今洛阳西工区、老城区、瀍河区和洛龙区的洛河南北两岸。得益于20世纪50年代以来不断的考古勘查、发掘工作,东都洛阳城的范围、平面布局以及一些具体建筑的形制、位置等日渐清晰。

一、城郭布局

(一)棋盘一样的外郭城

东都洛阳城外郭城即大城,平面近长方形,北窄南宽,文献载其“东西五千六百一十步,南北五千四百七十步,西连苑,北自东城而东二千五百四十步,周二万五千五十步,其崇丈有八尺”①。据考古勘察,外郭城城垣东北角在今唐寺门村西南,东南角在城角村北,西北角在烧沟村西300米左右,西南角在古城村西。东墙长约7312米,南墙长约7290米,西墙南端长约6776米,北墙长约6138米。如今,城垣墙体已大多掩埋于地下或毁坏不存,仅北墙和西墙的局部仍有一部分残存在地面以上,墙体厚10米左右。城墙外侧,还有散水、砖路和壕沟等。紧贴着城墙是上铺河卵石呈里高外低斜面的散水;距墙体2.5米,是宽1.8米、用矩形条砖横列平铺而成的砖路;距墙体15米,很可能还有宽13米、

① 〔宋〕欧阳修、宋祁:《新唐书》卷三十八《地理志二》,中华书局1975年版,第982页。

深 2.5 米的护城壕。[①]

外郭城设城门 8 座,南垣、东垣各三门,北垣二门,西垣未设城门。这些城门的名称隋唐两代虽有变更,但位置没有变化,与各有关文献的记载大体相同。以东都郭城南面正门定鼎门(隋称建国门)为例。定鼎门处于正对伊阙的中轴线上,遗址自 20 世纪 50 年代以来经过考古勘探、发掘,其形制、演变已经基本清晰可循。门址可分为盛唐前期、盛唐后期、唐宋之交和北宋时期等四期,各期遗址中普遍发现淤土,偶尔也有炭灰,说明定鼎门或遭水浸,或遭火焚。这与文献记载也基本吻合。文献记载,定鼎门武德四年(621)毁于火,开元十年(722)被伊河淹,大历十二年(777)被洛、伊两河淹,咸通四年(863)再被伊水毁。每期复建虽均以隋末唐初的旧基而建,但每期的布局并不完全相同。盛唐时期的定鼎门有包砌壁砖的墩台、三个门道、东西飞廊、东西阙台、东西涵道。盛唐后期重修后的定鼎门,墩台外壁包砖改用平头砖,三个门道变窄,马道改为直升式马道,涵道也已废弃。[②]

外郭城被自西向东穿城而过的洛水分为南北两部分,洛水之上建桥 4 座,将南北城区连为一体。洛水北岸的西部即外郭城西北部集中分布着皇城、宫城、东城、含嘉城及曜仪城、圆壁城、陶光园、玄武城、仓城等诸城;洛水北岸的东部即诸城以东,以及整个洛水南岸区域均分布着规整的里坊,由纵横街道划分为棋盘式的格局。

外郭城的街道,文献记载"都内纵横各十街,街分一百三坊、二市。每坊纵横三百步,开东西二门"[③]。南北中轴线上的主干大道是定鼎门大街,又称为天门街、天津街或天街,北起皇城正南门,经洛水上的天津桥往南至郭城正南门定鼎门。《大业杂记》载其"阔一百步。道傍植樱桃、石榴两行,自端门至建国门,南北九里,四望成行,人由其下,中为御道,通泉流渠,映带其间"。考古发掘与文献记载基本相同,定鼎门大街正中为御道,两侧有辅道,辅道两侧有渠,渠道两侧种植有树,其现存长度约 3000 米,路土宽约 90~120 米,最宽处达到 140 余米,是考古发现的最宽的古代都城道路。已经勘探出的外郭城内街道,洛河以

---

① 洛阳市文物工作队:《1981 年河南洛阳隋唐东都夹城发掘简报》,《中原文物》1983 年第 2 期。

② 中国社会科学院考古研究所洛阳唐城队、洛阳市文物工作队:《定鼎门遗址发掘报告》,《考古学报》2004 年第 1 期。

③ 〔后晋〕刘昫等:《旧唐书》卷三十八《地理志一》,中华书局 1975 年版,第 1421 页。

南有南北街12条,东西街6条,洛河以北有南北街4条,东西街3条。

郭城内由纵横街道划分出的规整里坊,《大业杂记》载隋时“洛南有九十六坊,洛北有三十坊”,《旧唐书》载唐代“街分一百三坊、二市”。里坊的形制大小,各文献多言其“东西南北各广三百步”,即坊为正方形,单位换算之后长宽均441米。当然,这只是理想的或者是规划的情况。据《元河南志》与《唐两京城坊考》,里坊不仅大小不同,形状也各异。考古工作现已勘探出洛河以南55坊,洛河以北9坊。里坊大小比记载的要大一点,除定鼎门街西第二列坊东西宽460米外,其余各坊的东西长度均在500~580米,南北长度在530~560米之间,大体形状还算规整。结合文献记载,可大致复原出洛河以南的81坊2市、洛河以北的28坊1市,总计为109坊3市。虽说不上“闾巷皆中绳墨”,但称得上“畦分棋布”了。

(二)皇城和宫城

东都的皇城和宫城位于洛河以北、地势高亢的郭城西北隅,西连禁苑,宫城套居于皇城之北,皇城呈“凹”字形,从东、西、南三面环绕宫城。宫城、皇城、外郭城的正南门在同一条轴线上,北起邙山,南面正对伊阙。

皇城,又名太微城、宝城、南城,呈东西较长、南北较窄的横长方形。文献载“皇城长千八百一十七步,广千三百七十八步,周四千九百三十步,其崇三丈七尺,曲折以象南宫垣,名曰太微城”①。考古勘探表明,皇城北面与宫城共用一道城垣,东西南三面皆有城垣,由于洛河河道北移及冲刷的缘故,南墙、东墙受到破坏。西墙全长1670米,宽约10米;南墙东段被洛河冲毁,西段残存长约540米,宽约11米;东墙南段遭洛水冲坏,北段残长约1115米。② 皇城共有九门,南面三门,东面二门,北面一门,西面三门。南面正中承天门(隋称端门)是皇城正门,东西两侧为左右掖门,承天门及左掖门已损毁,右掖门遗址经过发掘。右掖门宽42米,进深17.5米,有各宽6米的三个门道。门道两侧是柱基石,可知墙体结构为砖壁夹木柱,上承过梁式门架。门道中部是向内开启的门扉。③ 皇城

① 〔宋〕欧阳修、宋祁:《新唐书》卷三十八《地理志二》,中华书局1975年版,第982页。
② 中国科学院考古研究所洛阳发掘队:《隋唐东都城址的勘查和发掘》,《考古》1961年第3期。
③ 中国科学院考古研究所洛阳发掘队:《隋唐东都城址的勘查和发掘》,《考古》1961年第3期。

内不设平民居住区,主要分布着五省、三台以及监、寺、卫、府等中央衙署和驻军,此外还设置有太庙、仓储和接宿外来宾客的四方馆舍。右掖门内西侧曾发现有一排4座仓窖,即是文献所载的储藏盐和粳米的子罗仓。①

宫城位于皇城北面,是东都城的最高处,又名紫微城、太初宫,平面近方形。文献载"宫城在皇城北,长千六百二十步,广八百有五步,周四千九百二十一步,其崇四丈八尺,以象北辰藩卫,曰紫微城,武后号太初宫"②。考古勘探表明,宫城城垣均夯筑,内外两侧均包砖。南垣与皇城北垣共用,长约1710米,呈"凸"字形,中段向南突出;东、西垣长约1270米;北垣长约1400米。宫城共有十门,南面五门,东面一门,北面、西面各二门。南面应天门(隋称则天门)是宫城正门,是皇权的象征和标志,许多重大活动在此举行。应天门是一组规模宏大的建筑群,"则天门两重观,观上曰紫微观,左右连阙,阙高二十尺"③。应天门遗址也经过了考古发掘,整个应天门遗址范围东西达120米、南北达60米以上,由门、朵楼、阙楼,以及连接门与朵楼、朵楼与阙楼之间的廊庑共同组成,平面呈"凹"字形。城门进深25米,有三个门道,门址南侧与宽17.5米城墙相连的是长45米、宽30米、相距83米的巨大双三出阙。④ 由此应天门的雄伟壮观不难想象。宫城东、西各有两重隔城,宫城北有三重隔城,分布着东宫、曜仪城、圆璧城、左右藏等宫城附属设施。⑤

宫城是皇帝听政召见朝臣以及起居生活的场所,宫城内宫殿经过多次修建,蔚为壮观。唐时的宫城"正殿曰明堂。明堂之西有武成殿,即正衙听政之所也。宫内别殿、台、馆三十五所"⑥。正殿之外,按唐永淳年间制名,宫内主要宫殿有贞观殿、徽猷殿、宣政殿、仁寿殿、观文殿、集贤殿、仙居殿等。考古发现、清理的各类夯土基址相继达200余处。有的宫殿曾几经兴废,几易其名。比如正殿,隋时称为乾阳殿,唐初在乾阳殿旧址上建乾元殿,武则天时改造为明堂,明

---

① 洛阳博物馆:《洛阳隋唐东都皇城内的仓窖遗址》,《考古》1981年第4期。

② 〔宋〕欧阳修、宋祁:《新唐书》卷三十八《地理志二》,中华书局1975年版,第982页。

③ 〔明〕陶宗仪:《说郛》卷一百一十上《大业杂记》,文渊阁《四库全书》版。

④ 杨焕新:《洛阳隋唐宫城应天门东阙遗址》,《中国考古学年鉴·1991》,文物出版社1992年版。洛阳市文物工作队:《隋唐东都应天门遗址发掘简报》,《中原文物》1988年第3期。

⑤ 方孝廉:《四十年来洛阳隋唐以降的考古发现与研究》,《洛阳考古四十年》,科学出版社1996年版。

⑥ 〔后晋〕刘昫等:《旧唐书》卷三十八《地理志一》,中华书局1975年版,第1421页。

堂最终失火被毁后建为佛光寺,唐玄宗时又先后改为乾元殿、含元殿。武则天时的明堂极为宏丽堂皇,“明堂成。凡高二百九十四尺,东西南北各三百尺。有三层:下层象四时,各随方色;中层法十二辰,圆盖,盖上盘九龙捧之;上层法二十四气,亦圆盖。亭中有巨木十围,上下通贯,栭、栌、欂、槐,藉以为本,亘之以铁索。盖为鸑鷟,黄金饰之,势若飞翥。刻木为瓦,夹纻漆之。明堂之下施铁渠,以为辟雍之象。号万象神宫”①。明堂北建造有更为奇伟、高达五级的天堂,用于供奉大佛像。天堂至第三级时已可俯视明堂。明堂、天堂遗址均已发掘。明堂基址呈八角形,东西残长 54.7 米,南北残宽 45.7 米,正中是一口径 9.8 米、底径 6.16 米、深 4.06 米的圆形深坑,坑底是四块巨型柱基石,柱基石中心凿有一方形柱榫槽,西北、东南、西南分别凿一圆形柱孔,围绕柱基石有砖砌八角形短墙一周。② 位于明堂西北部的天堂遗址呈圆形,夯土台基周边用青石包砌。中心是有柱榫槽的大型石柱础,以此为中心有两圈柱础石,内圈 12 个,外圈 20 个。发现有木炭和壁画痕迹,出土有“维大唐神龙元年岁次己巳四月庚戌朔八日己奉为皇帝皇后敬造释迦牟尼佛一铺用此功德滋助皇帝皇后圣化无穷永究供养”的造像题记。③

宫城、皇城以东,与郭城里坊之间是东城和含嘉仓城。东城位于洛北郭城里坊区和宫城、皇城之间,呈南北纵长方形。西垣与金元以降的洛阳老城西垣平行,试掘揭露部分墙体,宽约 11 米;北垣即含嘉仓城的南墙,长 620 米;东垣长 1270 米;南垣因遭洛水冲刷毁坏殆尽。④ 东城内分布着大理寺、军器监、少府监等衙署。含嘉仓城是大型粮仓含嘉仓的所在,为屯粮重地,在宫城东、东城北,南垣即东城的北垣,北垣是外郭城北垣的一部分。含嘉仓城平面呈长方形,南北长约 710 米,东西宽约 610 米,总面积约 43 万平方米。含嘉仓城共设城门 4 座,东西南北四面各有一门。含嘉仓城内有宽 12 米的东西向大路和宽 10 米的南北向大路各一条,将含嘉仓城分成四个部分。西北部没有发现仓窖,推测

---

① 〔后晋〕刘昫等:《旧唐书》卷二十二《礼仪志二》,中华书局 1975 年版,第 862 页。

② 中国社会科学院考古研究所洛阳唐城队:《唐东都武则天明堂遗址发掘简报》,《考古》1988 年第 3 期。

③ 方孝廉:《四十年来洛阳隋唐以降的考古发现与研究》,《洛阳考古四十年》,科学出版社 1996 年版。

④ 中国社会科学院考古研究所洛阳唐城队:《1987 年隋唐东都城发掘简报》,《考古》1989 年第 5 期。

分布着管理机关；东北部和整个南半部，都分布着东西成排、南北成行的仓窖。仓窖行距一般为6~8米，行内两窖的间隔为3~5米。考古勘探已探出仓窖287座，整座含嘉仓城内的仓窖数量应该有400余座。①

二、东都里坊

（一）里坊区布局及数目

东都洛阳拥有成熟的里坊制度，里坊形制、面积基本一致，且以里坊为模数规划宫城、皇城。四坊之地为宫城面积，再四倍即十六坊之地为宫城、皇城面积之和。郭城内“纵横各十街”，以沟通城门之间的街道为干道与其他纵贯郭城的街道一起，形成众多的大小十字街，共同将郭城划分为棋盘式格局，里坊位于其中。东都的里坊全都分布在郭城内，在宫城和皇城的南面和东面，包括整个洛南以及洛北的东部。

东都里坊的数目，文献记载并不一致。《隋书·地理志》《旧唐书·地理志》《唐六典》均载东都里坊共103。《大业杂记》载东都“洛南有九十六坊，洛北有三十坊”，总数为126。《唐两京城坊考》有110、111、113自相抵牾的说法。近年学者的研究，又有109②、超过113③、至少128④等说法。隋唐东都洛阳延续建设、使用近300年，随着市场迁徙兴废等城市建设的发展，以及洛河泛滥北移等，里坊数目也会随之变化，“上述诸说便在一定程度上反映了这种变化情况”⑤。

隋始建东都洛阳时，先建宫城、皇城，再建郭城，开辟街道，规划里坊，然后逐步修建。隋初的里坊布置，洛南区以南北向的建国门（定鼎门）街、长夏门街

---

① 余扶危、贺官保：《隋唐东都含嘉仓》，文物出版社1982年版。

② 中国社会科学院考古研究所洛阳工作队：《“隋唐东都城址的勘查和发掘”续记》，《考古》1978年第6期。

③ 赵超：《唐代洛阳城坊补考》，《考古》1987年第9期。

④ 张剑：《洛阳出土墓志与洛阳古代行政区划之关系》，《洛阳出土墓志研究文集》，朝华出版社2002年版。

⑤ 李昌九：《隋唐洛阳里坊制度考述》，《郑州大学学报（哲学社会科学版）》2008年第1期。

和东西向的迎春门(永通门)街、建阳门(建春门)街为干道,与其他大街小陌共同分割出6行11列计66坊。后来又在洛河南岸增筑2行计14个小面积的坊。洛南区大小坊共计80个。洛北区东部以南北向的喜宁门(安喜门)街和东西向的上春门(上东门)街为干道,与其他大街小陌共同分割出5行6列计30坊。其中洛北区最南边的一行坊南临洛河,取其中部2坊之地立为通远市,洛南区丰都市占地4坊、大同市占地1坊。这样,隋东都里坊恰为103坊,与《隋书·地理志》记载相符。唐初承隋制,《旧唐书·地理志》《唐六典》记载的东都里坊反映了初唐时的情况。[①]

唐代贞观年间开始,东都里坊随着市场兴废也开始变动。太宗贞观九年(635)缩减南市用地,增设永泰、临德二坊;唐初废隋洛北通远市设铜驼坊,于北部一坊之隔设北市;高宗显庆年间,废隋大同市设坊;武周天授二年(691)于固本坊设西市;玄宗开元十二年(724),“废西市,取厚载门之西一坊地及西市入苑”[②]。中唐以后,洛河泛滥北移也造成了一些坊的分合。至五代宋初,应为120坊。[③] 此外,已出土的唐代墓志中出现但在文献中没有记载的里坊名称,有乐城坊、安喜里、长夏里、隆化坊、三市里等10余个。这些坊是已知坊的异名,还是独立存在的,它们的位置及设置时间等都有待进一步研究。

隋唐洛阳城的里坊区是现存规模最大、保存最完好的里坊遗址。考古勘探已在洛北区东部探出4条南北向纵街、3条东西向横街,在洛南区探出12条南北向纵街、6条东西向横街。街道整齐有序,通向城门的大街为主干道。最宽的是被称为“天街”的定鼎门大街,其余街道一般宽约40米。街道路面一般中间高、两边低,两侧是排水沟,沟外是坊墙。洛北区东部探出9坊,洛南区探出55坊,其中洛南区的明教坊、履道坊、温柔坊、恭安坊、宁人坊、崇让坊等的田野发掘都取得了重要收获,结合文献记载,可大致复原出洛北区东部的28坊1市、洛南区的81坊2市,总计109坊3市。

里坊内居民分布受地理、人文环境等因素的影响。定鼎门大街是当时最重要的街道,临街建筑要求重檐高堂、饰以丹粉,以示壮丽华贵,两侧坊内便主要

---

① 辛德勇:《隋唐两京丛考》,三秦出版社2006年版。

② 〔唐〕李林甫等撰,陈仲夫点校:《唐六典》卷七《尚书工部》,中华书局1992年版,第220页。

③ 〔清〕徐松辑,高敏点校:《河南志》,中华书局1994年版。

是衙署、寺庙,以及皇亲国戚等权要显贵的住宅。

衙署主要集中在与皇宫隔洛河相望、天津桥两侧的尚善坊和积善坊,定鼎门大街东侧的尚善坊有太史监、崇贤馆、宗正寺、内仆局等衙署,西侧的积善坊有太微宫、玄元皇帝庙、将作监等衙署。此外,尚善坊南边的修文坊有隋国子学,修文坊南边的安业坊有唐太仆寺典厩署,西侧自定鼎门往北第二坊宽政坊有河南县廨等衙署。寺观如东侧的尚善坊有天宫寺,修文坊有弘道观,自定鼎门往北第二坊宜人坊有太常寺、菏泽寺,西侧积善坊南边的观德坊有景福寺,观德坊南边的宣风坊有安国寺,宣风坊南边的淳风坊有圆行寺,自定鼎门往北第一坊宁人坊有龙兴寺等。显贵宅第如东侧的尚善坊有右骁卫大将军阿史那忠宅,太平公主、梁王武三思与岐王李范、薛王李业也先后居于此;章怀太子李贤居修文坊;霍王李元轨、丞相李怀远等居安业坊;祁国公王仁皎居淳化坊。西侧的积善坊内有唐明皇旧宅,宰相高士廉、功臣丘行恭之子丘神勣、中国历史上著名的面首张易之、名臣崔神庆等也居于其中;宰相宗楚客,节愍太子李重俊,宰相、诗人李峤,宰相、文学家苏味道等居于宣风坊;晋国公王守一居淳风坊;舒王李元名居于宽政坊。

洛北区东部由于靠近皇城,隋时一些高官显贵居住于此。如宰相苏威居于时邕坊;辅国将军、谏议大夫杨素居于积德坊;邹王杨庆居于清化坊;临泾公、藏书史研究第一人牛弘居于履顺坊;观王杨雄居于敦厚坊;名将、许国公宇文述,左龙骧骠骑王协居于立行坊;民部尚书长孙炽居于教业坊。至唐代,显贵们似乎不再钟情于洛北区东部,这里多为贫民聚居之地。《广异记》说,唐中宗、睿宗时的宰相张仁亶,小时贫穷,寄居在东都北市。又如一生穷困苦吟的诗人孟郊便居于东城之东第一南北街从南向北第一坊的立德坊。

文人雅士多居住在郭城东边、南边等远离城市中心的里坊。如山水画“北宗”之祖李勃,对后代文学产生重要影响、擅长写传奇小说的文学家皇甫枚,居于定鼎门东第四街从南向北第三坊的敦化坊;《隋书》《齐志》《齐书》等著作的作者王劭居于敦化坊北的道化坊;建筑设计大师宇文恺,诗人白居易居于长夏门东第四街从南向北第二坊的履道坊;与白居易合称“元白”的文学家元稹居于履道坊北的履信坊;《初学记》作者徐坚居于履信坊北的会节坊。

（二）里坊结构及管理制度

东都城内伊水、瀍水、通济渠、通津渠、运渠、漕渠、泄城渠等均通过里坊区，满足交通和物资供应的同时，使周边环境也得到美化，更有不少私家园林如履道坊的白居易宅第等以水取胜。伊水从履道坊的西侧自南向北至履道坊西北转向东流。考古发掘显示，白居易宅第位于坊西北隅，是一座两进的院落，后院北有上房，东西两端通过回廊与两面对称东西厢房相连，前院从西墙下引伊水入园内，从东北流出重入于伊水，园内有池沼。① 白居易《池上篇并序》中有描述：履道里"西闬北垣第一第即白氏叟乐天退老之地。地方十七亩，屋室三之一，水五之一，竹九之一，而岛树桥道间之"②。其他诗文如《池上闲吟二首》《池上作》《北院》《闲坐》等诗文也可相互印证。

里坊四周有厚厚的夯土墙垣围绕，坊墙似乎并不太高，"垣高不可及肩"③，环坊墙内侧有街道。四面坊墙中部与坊内十字街相对开坊门，即所谓"每坊皆开四门，中有十字街，四出趣门"④。坊门基本上都高大壮观，"门并为重楼，饰以丹粉"⑤。坊内的大十字街通四个坊门，将里坊分为四大区域，四区内再设小十字街即巷，将坊内分为十六小区的格局。十六小区仍要被更小的街道"曲"进一步分割。这种被大小街巷规矩分为十六块的坊内格局，深刻影响了日本平安京一坊十六町格局的形成。普通居民的住宅设在诸曲里，占地较少，显贵权要的宅第通常会占地较多，甚至占去半坊乃至一坊之地。比如"宣风坊北街之西，中书令苏味道宅"⑥，而隋名臣杨素的宅第占尽积德坊一坊之地，炀帝子齐王杨暕宅占宜人坊半坊，唐太宗子魏王李泰宅占惠训坊一坊。按照唐制，三品以上

---

① 中国社会科学院考古研究所洛阳唐城队：《洛阳唐东都履道坊白居易故居发掘简报》，《考古》1994年第8期。

② 〔唐〕白居易著，朱金城笺校：《白居易集笺校》卷六十九《池上篇》，上海古籍出版社1988年版，第3705页。

③ 〔清〕董诰等编：《全唐文》卷二百六十七载卢偱《对筑墙判》：有坊墙因雨颓倒，坊人不愿众人共修，卢偱判："奚事薄言，伫遵恒式；既资众力，须顺人心。垣高不可及肩，板筑何妨当面？"中华书局1983年版，第2713~2714页。

④ 〔元〕李好文：《长安志图》卷上，文渊阁《四库全书》版。

⑤ 〔元〕陶宗仪：《说郛》卷一百一十上《大业杂记》，文渊阁《四库全书》版。

⑥ 〔宋〕李昉等：《太平御览》卷一百八十《居处部八·宅》，中华书局1995年版，第879页。

官员的宅第可直接在坊墙上向坊间大街开门。里坊内房屋，无论庶人还是官员，均不能随意而为，“其士庶王公第宅，皆不得造楼阁，临人家”[①]。坊内除了住户，往往还有寺观、苑囿、手工业作坊、商铺等，一坊俨然就是一个相对独立的小镇。

里坊遗址的考古发掘也证实了这样的布局，且诸坊十字街的宽度并不一致。定鼎门街东南面第一坊明教坊，西临定鼎门大街，北隔永通门大街与宜人坊相邻，东隔坊间大街与乐和坊相邻，南临南郭顺城街。四面坊墙中部开有 4 个坊门，坊中部有通向坊门的宽 14 米的十字街。[②] 白居易故居所在的履道坊，发现有大十字街道及小十字路。[③] 定鼎门街东第三街南起第五坊恭安坊，发现有宽 8 米的大十字街和 2 处院落。

里坊设有专人管理。隋时“每坊置坊主一人，佐二人”。炀帝大业三年，“京都诸坊改为里，皆省除里司，官以主其事”[④]。唐时，“里及坊村皆有正”[⑤]。坊正的职责主要是维护督察坊里秩序，兼课植农桑、催驱赋役，负责坊门按时启闭。里坊内居民必须经由坊门出入，不得翻越坊墙，否则重罚。“越官府廨垣及坊市垣篱者，杖七十，侵坏者亦如之。从沟渎内出入者，与越罪同。越而未过，减一等。”[⑥]坊门与城门同步，定时启闭，以鼓声为准，“昏而闭，五更而启”[⑦]。唐律规定：“五更三筹，顺天门击鼓，听人行。昼漏尽，顺天门击鼓四百槌讫，闭门。后更击六百槌，坊门皆闭，禁人行。”[⑧]唐代传奇故事里也有等候鼓声响里坊门开然后通行的情节，如：“（郑子）既行，及里门，门扃未发……坐以候鼓。”[⑨]坊门不得非时启闭，“其坊正、市令非时开闭坊市门者，亦同城主之法……各徒一年”[⑩]。

---

① 〔宋〕王溥：《唐会要》卷三十一《杂录》，文渊阁《四库全书》版。

② 中国社会科学院考古研究所洛阳工作队：《“隋唐东都城址的勘查和发掘”续记》，《考古》1978 年第 6 期。

③ 中国社会科学院考古研究所洛阳唐城队：《洛阳唐东都履道坊白居易故居发掘简报》，《考古》1994 年第 8 期。

④ 〔唐〕魏徵、令狐德棻：《隋书》卷二十八《百官志下》，中华书局 1973 年版，第 803 页。

⑤ 〔后晋〕刘昫等：《旧唐书》卷四十三《职官志二》，中华书局 1975 年版，第 1825 页。

⑥ 〔唐〕长孙无忌：《唐律疏议》卷八《卫禁》下，商务印书馆 1960 年版，第 178 页。

⑦ 〔后晋〕刘昫等：《旧唐书》卷十四《宪宗本纪上》，中华书局 1975 年版，第 421 页。

⑧ 〔唐〕长孙无忌：《唐律疏议》卷二十六《杂律·犯夜》，商务印书馆 1960 年版，第 613 页。

⑨ 〔宋〕李昉等：《太平广记》第四百五十二《任氏传》，中华书局 1961 年版，第 3693 页。

⑩ 〔唐〕长孙无忌：《唐律疏议》卷八《卫禁》下，商务印书馆 1960 年版，第 179 页。

坊门关闭后禁止出入。“闭门鼓后,开门鼓前行者,皆为犯夜。”[①]对犯夜者的处罚相当严厉,“违者笞二十”[②],官员也不例外,“中使郭里旻酒醉犯夜,杖杀之”[③]。唐诗中也有不少作品描写了人们在清明节踏青不愿回返,却又担心犯夜的惶惶不安。当然,紧急公事及私家吉凶疾病之类特殊事务并持有官方特许文牒时,坊门也需要打开。

里坊管理严格,但上元节及其前后两天即正月十四、十五、十六观灯时,往往是弛禁的,唐玄宗甚至还有《令正月夜开坊市门诏》。上元夜,东都上阳宫内“大陈影灯,设庭燎,自禁中至于殿庭皆设蜡炬,连属不绝。……缯彩为灯楼,二十间,高一百五十尺,悬珠玉金银,微风一至,锵然成韵,其灯为龙凤虎豹之状”[④]。天津桥的铁索也会打开任人往来,街道两边树枝上挂满彩灯。正如苏味道的《正月十五夜》诗所描绘的:“火树银花合,星桥铁锁开。暗尘随马去,明月逐人来。游伎皆秾李,行歌尽落梅。金吾不禁夜,玉漏莫相催。”月光灯影下,全城“美人竞出,锦帐如霞;公子交驰,雕鞍似月”。游人乘车骑马,熙熙攘攘,尽兴赏玩,真是“九陌连灯影,千门度月华。倾城出宝骑,匝路转香车。烂漫惟愁晓,周游不问家。更逢清管发,处处落梅花”。文人雅士们往往结伴,作诗唱和。如陈子昂携六位诗友于上元夜观赏洛河夜景,便有不少唱和诗。

三、东都市制和市的发展

(一)东都三市

东都洛阳的里坊内设有三处大型工商业区,隋时称丰都、通远、大同三市,唐时改称南、北、西三市。三市内店铺林立,珍货山积,胡商济济,其中南市规模最大。围绕市场,河渠交织如网,处处通漕。东都洛阳呈现出“天下之舟船所

---

① 〔唐〕长孙无忌:《唐律疏议》卷二十六《杂律·犯夜》,商务印书馆 1960 年版,第 613 页。
② 〔唐〕长孙无忌:《唐律疏议》卷二十六《杂律·犯夜》,商务印书馆 1960 年版,第 613 页。
③ 〔后晋〕刘昫等:《旧唐书》卷十四《宪宗本纪上》,中华书局 1975 年版,第 425 页。
④ 〔明〕陈耀文:《天中记》卷四《四时·上元》,文渊阁《四库全书》版。

集,常万余艘,填满河路,商旅货易,车马填塞"①的繁盛景观。

隋丰都市,也称东市,唐改为南市,在洛河南偏东,占二坊之地。南临隋唐洛阳城唯一的一条东西向通衢建春门街,西临南北向通衢长夏门街之东第一街,北临洛河,且通济渠从南市通过,交通非常便利。三市当中,丰都市规模最大、最繁华。丰都市"周八里,通门十二,其内一百二十行,三千余肆,甍瓦齐平,遥望如一,榆柳交阴,通衢相注。市四壁有四百余店,重楼延阁,互相临映,招致商旅,珍奇山积"②。隋末李密犯东都,丰都市被焚毁。唐代贞观九年(635)改称为"南市",规模缩小半坊。市内仍规划严整,建筑宏伟,店肆遍布,店铺分大中小三种,分别为面阔4、6、10米,进深约3米。南市遗址位于今洛阳市洛龙区安乐镇曙光村与茹凹村之间,考古工作先后发现了建春门街、长夏门街之东第一街、南市内十字街及水渠等遗迹。建春门街的路土堆积非常厚,一层层厚厚的路土面上密匝着深深的车辙印痕,仿佛向世人昭示着昔日车水马龙的辉煌。③

隋通远市,又称北市,南临洛河,占地一坊半,东临安喜门街,南与景行坊、北与敦厚街相邻。通远市周回六里,设有二十个门,分路入市。市场东有漕渠,大船可直接进入市场。"(通远)桥跨漕渠,桥南即入通达(远)市(北市),二十门分路入市,市东合漕渠。市周六里。其内郡国舟船舳舻万计。市南临洛水。"④唐初将漕渠北面的临德坊设为北市,规模缩小半坊。"显庆二年(657)十二月十九日,洛州置北市,隶太府寺。"⑤北市临近漕渠大动脉,贸易炽盛,"天下之舟船所集,常万余艘,填满河路,商旅货易,车马填塞"⑥。来自西域、西亚的商客大多云集于此。北市周边还有许多胡人的庙宇寺院,是胡人在东都的主要聚集地。唐朝中后期的北市,繁华甚至超过南市。北市富裕的商家还出资在都城外龙门的西山上造像积功德。龙门石窟的题记中有北市彩帛行净土堂、北市香行和丝行等。晚唐时北市被废为民坊,南区称北市坊,北区称临德坊。北市遗

---

① 〔清〕徐松辑,高敏点校:《河南志·唐城阙古迹》,中华书局1994年版,第142页。

② 〔元〕陶宗仪:《说郛》卷一百一十上《大业杂记》,文渊阁《四库全书》版。

③ 中国社会科学院考古研究所、洛阳市文物工作队:《隋唐洛阳城南市遗址》,《中国考古学年鉴·2005》,文物出版社2006年版。

④ 〔元〕陶宗仪:《说郛》卷一百一十上《大业杂记》,文渊阁《四库全书》版。

⑤ 〔宋〕王溥:《唐会要》卷八十六《市》,文渊阁《四库全书》版。

⑥ 〔清〕徐松辑,高敏点校:《河南志·唐城阙古迹》,中华书局1994年版,第142页。

址位于今洛阳老城东关外洛阳市林校一带。

隋大同市，在东都城西南，占地一坊，东临厚载门街，南面紧挨隋唐洛阳城外郭城南墙，北与广利街相邻。周回 4 里，开 4 个门。唐改称西市，“天授三年(692)四月十六日，神都置西市，寻废。至长安四年(704)十一月二十二日，又置。开元十一年(723)六月二十三日，又废。其口、马移入北市”①。西市遗址位于今洛阳市洛龙区曹屯和董庄之间。

三市中的商品以各类日常用品为主，贵重商品如金、银、珠宝、瓷器、皮毛、丝绸等也在市场内销售。龙门石窟的题记中有北市彩帛行、北市丝行、北市香行等。文献载(贾昌)“次子至德归，贩缯洛阳市，来往长安间”②，也说明洛阳市中有丝绸行。吕温《上官昭容书楼歌》诗载“君不见洛阳南市卖书肆，有人买得研神记”，说明市中有书行。“磨勒卖药于洛阳市”③，说明市中有药行。《唐六典》卷二十载“其造弓矢、长刀，官为立样，仍题工人姓名，然后听鬻之”④，说明市中有武器行。《酉阳杂俎》中有这样一个故事：“开成初，东市百姓丧父，骑驴市凶具。行百步，驴忽然曰：‘我姓白名元通，负君家力已足，勿复骑我。南市卖麸家，欠我五千四百(钱)，我又负君，钱数亦如之，今可卖我。’其人惊异，即牵行，旋访主卖之。”⑤这个故事说明市的商铺中设有麸行、凶具行、骡马行。骡马行中还出现了靠撮合买卖双方获取佣金的牙人，如《太平广记》载，东都北市“有阎庚者，马牙荀子之子也，好善自喜”⑥。南市遗址的发掘中，清理出的南北向街一处临街店铺遗迹附近，发现有大量的骰子、象棋子、围棋子、筹码等，说明此店可能是出售娱乐用品的。建春门街北侧的一家店铺遗迹，有层层叠压的多层烧灶遗迹，说明此处可能为一处饭铺。

(二)市的管理制度和市的发展

隋唐时期为加强对市的管理，设置有专门的管理机构市署。两京诸市署直

---

① 〔宋〕王溥：《唐会要》卷八十六《市》，文渊阁《四库全书》版。

② 〔宋〕李昉等：《太平广记》卷四百八十五陈鸿《东城老父传》，中华书局 1961 年版，第 3994 页。

③ 〔元〕陶宗仪：《说郛》卷一百一十二下《昆仑奴》，文渊阁《四库全书》版。

④ 〔唐〕李林甫等撰，陈仲夫点校：《唐六典》卷二十《太府寺》，中华书局 1992 年版，第 543 页。

⑤ 〔唐〕段成式等撰，曹中孚等校点：《酉阳杂俎》卷十五《诺皋记下》，上海古籍出版社 2012 年版，第 90 页。

⑥ 〔宋〕李昉等：《太平广记》卷三百二十八《阎庚》，中华书局 1961 年版，第 2604 页。

属太府寺管理。太府寺是中央政府负责京都市场管理的最高机构,“太府卿之职,掌邦国财货之政令,总京都四市、平准、左右藏、常平八署之官属,举其纲目,修其职务”。两京诸市署具体负责市场管理,“各令一人,从六品上;丞各二人,正八品上。京、都诸市令掌百族交易之事。丞为之贰”①。洛阳出土天宝五载(746)《唐朝议郎行太常寺南市令朱公故夫人太原王氏墓志铭》的志文中,也显示当时的洛阳南市设有“南市署”“南市令”及“监事”的职务。此外,尚书省户部的金部司也分管一部分两京市事及相关工作,“掌天下库藏出纳、权衡度量之数,两京市、互市、和市、宫市交易之事”②。

市场管理的职责包括征收商税、维护交易公平、管理市场秩序等。征收商税是市场管理的重要职责。税敛之数是公开的,不能乱征税,对外地客商也不能重加税率,“除舶脚(税名)收市、进奉外,任其来往,自为交易,不得重加率税”③。

维护公平交易,主要是监校斛斗、秤、度尺等度量衡器,监管产品质量,调控物价等。两京诸市署“掌财货交易、度量器物,辨其真伪轻重”④,度量衡器需要定期平校,“凡官私斗、秤、度尺,每年八月诣寺校印署,无或差缪,然后听用之”⑤。“在市用斛斗秤度虽平而不经官司印者,笞四十。”⑥禁止使用不合标准的度量衡器,禁止用度量衡器作弊,“诸私作斛斗秤度不平,而在市执用者,笞五十。因有增减者,计所增减,准盗论”⑦。对产品质量的监管体现在生产、流通各环节。产品要按标准生产,“诸工作有不如法者,笞四十;不任用及应更作者,并计所不任赃庸,坐赃论,减一等。其供奉作者,加二等,工匠各以所由为罪,监当官司各减三等”⑧。禁止出售不合格产品,“其造弓矢、长刀,官为立样,仍题工人姓名,然后听鬻之;诸器物亦如之。以伪滥之物交易者,没官,短狭不中量者,

---

① 〔唐〕李林甫等撰,陈仲夫点校:《唐六典》卷二十《太府寺》,中华书局1992年版,第540、542~543页。
② 〔宋〕欧阳修、宋祁:《新唐书》卷四十六《百官志一》,中华书局1975年版,第1193页。
③ 〔宋〕宋敏求:《唐大诏令集》卷十《太和三年疾愈德音》,中华书局2008年版,第65页。
④ 〔宋〕欧阳修、宋祁:《新唐书》卷四十八《百官志三》,中华书局1975年版,第1264页。
⑤ 〔唐〕李林甫等撰,陈仲夫点校:《唐六典》卷二十《太府寺》,中华书局1992年版,第542页。
⑥ 〔唐〕长孙无忌等:《唐律疏义》卷二十六《杂律》,商务印书馆1960年版,第621页。
⑦ 〔唐〕长孙无忌等:《唐律疏义》卷二十六《杂律》,商务印书馆1960年版,第621页。
⑧ 〔唐〕长孙无忌等:《唐律疏义》卷十六《擅兴》,商务印书馆1960年版,第374页。

还主"①。"诸造器用之物及绢布之属,有行滥、短狭而卖者,各杖六十。"②若市场出售不合格产品,市官与制造者、贩卖者一同受罚,"市及州县官司知行滥情,各与造卖者同罪;不觉者,减二等"③。关于物价,一般认为当时产品的价格是开放的,由市场决定,但经由政府宏观调控,每种产品都被区分为上、中、下三等价,"以三贾均市。精为上贾,次为中贾,粗为下贾"④。价格每旬都需重新核定,"依令,每月旬别(立)三等估"⑤。禁止强迫交易、参市等非法行为,"卖物及买物人两不和同,而较固取者,谓强执其市,不许外人买……及更出开闭,谓贩鬻之徒,共为奸计,自卖物者以贱为贵,买人物者以贵为贱,更出开闭之言,其物共限一价,望使前人迷谬,以将入己。若参市(谓人有所卖买,在傍高下其价,以相惑乱)而规自入者,杖八十"⑥。

管理市场秩序主要是维护市场的秩序和安定。市在固定的时间开放,"其市当以午击鼓二百下,而众大会;日入前七刻,击钲三百下,散"⑦。严禁私搭建筑侵占市场,"诸坊市街曲,有侵街打墙,接檐造舍等,先处分,一切不许,并令毁拆……如有犯者,科违敕罪,兼须重罚"⑧。不能随意排泄污物,"其穿垣出秽污者,杖六十,出水者,勿论,主司不禁,与同罪"⑨。还要不时修缮市场建筑,"京城内诸坊市门,至秋成后,宣令所由勾当修补"⑩。市是众聚之处,严禁惊动市众,扰乱市场。"诸在市及人众中,故相惊动,令扰乱者,杖八十,以故杀伤人者,减故杀伤一等;因失财物者,坐赃论。其误惊杀伤人者,从过失法。"⑪严禁在市中走车马,"诸于城内街巷及人众中,无故走车马者,笞五十,以故杀伤人者,减斗杀伤一等"⑫。不得翻越、毁坏垣篱,"越官府廨垣及坊市垣篱者,杖七十,侵

① 〔唐〕李林甫等撰,陈仲夫点校:《唐六典》卷二十《太府寺》,中华书局1992年版,第543页。
② 〔唐〕长孙无忌等:《唐律疏义》卷二十六《杂律》,商务印书馆1960年版,第620页。
③ 〔唐〕长孙无忌等:《唐律疏义》卷二十六《杂律》,商务印书馆1960年版,第620页。
④ 〔唐〕李林甫等撰,陈仲夫点校:《唐六典》卷二十《太府寺》,中华书局1992年版,第543页。
⑤ 〔唐〕长孙无忌等:《唐律疏义》卷四《名例》,商务印书馆1960年版,第79页。
⑥ 〔唐〕长孙无忌等:《唐律疏义》卷二十六《杂律》,商务印书馆1960年版,第622页。
⑦ 〔宋〕王溥:《唐会要》卷八十六《市》,文渊阁《四库全书》版。
⑧ 〔宋〕王溥:《唐会要》卷八十六《街巷》,文渊阁《四库全书》版。
⑨ 〔唐〕长孙无忌等:《唐律疏义》卷二十六《杂律》,商务印书馆1960年版,第613页。
⑩ 〔宋〕王溥:《唐会要》卷八十六《市》,文渊阁《四库全书》版。
⑪ 〔唐〕长孙无忌等:《唐律疏义》卷二十七《杂律》,商务印书馆1960年版,第625页。
⑫ 〔唐〕长孙无忌等:《唐律疏义》卷二十六《杂律》,商务印书馆1960年版,第606页。

坏者,亦如之”[①]。更不得进行危害皇帝和国家的活动,严禁与外蕃商人勾结的行为。[②] 有学者认为,唐时很可能还利用行头强化对市的管理。[③]

中唐以后,东都市的发展主要是打破了市的限制,交易活动范围扩大,不再局限于市内,若干“要闹坊曲”中出现了众多商肆店铺。洛河南北往来的主要通道天津桥,临近端门,桥南是一处繁华的商业区。李白的《忆旧游寄谯郡元参军》一诗描述了天津桥南的热闹景象:“忆昔洛阳董糟丘,为余天津桥南造酒楼。黄金白璧买歌笑,一醉累月轻王侯。”漕船最大的停泊区新潭一带,是另一处新兴的商业区。此外,如南市的西南邻修善坊多车坊、酒肆,北市东北邻殖业坊、北市附近的清化坊、临伊水的履道坊、漕渠北岸的毓材坊等都有酒肆。

第三节　繁荣之都:国际大都会洛阳

隋唐时期是中国历史上最为积极进取、中外文化交流最为频繁的时期,也是丝绸之路最为繁荣的时代。东都洛阳集中反映了唐代经济文化空前繁荣的局面。隋唐时期的洛阳地区依然是重要的、先进的农业产区、纺织品等手工业产区,同时成为全国财赋租税等物资储藏、南北转输的中心。而以东都洛阳为中心的国内、国际交通网络的形成与畅通,使得洛阳扼陆海丝绸之路的起讫要冲,成为八方来朝、万国交流的国际大都会。伴随着经济的空前繁荣,科学文化更是辉煌灿烂。

---

① 〔唐〕长孙无忌等:《唐律疏义》卷八《卫禁》,商务印书馆1960年版,第178页。

② 刘志坚:《唐代市场管理制度初探》,《兰州学刊》1986年第4期。

③ 芦蕊:《唐代长安两市研究》,陕西师范大学2009年硕士学位论文。

一、繁荣的东都

（一）东都洛阳是南北转输的中心

东都洛阳乃四战之地，每次战争都会被波及。尤其是经过隋末战争破坏，洛阳地区更是残破不堪。直至贞观年间，魏徵在劝谏唐太宗停止封禅时仍说："自今伊洛，洎于海岱，灌莽巨泽，茫茫千里，人烟断绝，鸡犬不闻，道路萧条，进退艰阻。"①之后，东都洛阳能迅速发展繁荣，除了自身经济的恢复发展，更重要的原因在于，以洛阳为中心的国内、国际交通网络的形成与畅通。

隋唐时期，连接域外的交通路线，按《新唐书》记载重要的有7条："其后贞元宰相贾耽考方域道里之数最详，从边州入四夷，通译于鸿胪者，莫不毕纪。其入四夷之路与关戍走集最要者七：一曰营州入安东道，二曰登州海行入高丽渤海道，三曰夏州塞外通大同云中道，四曰中受降城入回鹘道，五曰安西入西域道，六曰安南通天竺道，七曰广州通海夷道。"②这些线路向域内延伸，均通向东、西两京。从洛阳往西至长安去向西域，往西南经两京道或襄汉道至剑南道至蜀地，往南经运河至扬州过大庾岭由岭南道至广州，往东至登州，往东北至营州，往北至塞外。这些交通路线汇集在洛阳，形成以洛阳为中心的国内、国际交通网和商路贸易网，洛阳于是成为"四隩辐凑，万商庞谬"③的国际商业中心。

洛阳至蜀地剑南道的商路主要有两条：一是从洛阳出发，经长安，由斜谷路入蜀，即著名的两京道，安史之乱时唐玄宗入蜀即走此路；另一条路是从洛阳出发，经襄汉，由三峡入蜀。玄奘在隋末与其兄由两京道"经子午谷入汉川"，在成都受具足戒后，于武德五年（622）"乃私与商人结侣，泛舟三峡，沿江而遁，到荆州天皇寺"④。洛阳的僧人圆观在蜀地游历后欲至长安游历，"（圆）观欲游长安，由斜谷路。李（源）欲自荆入峡，争此二途，半年未决。李曰：'吾已不事王

① 〔宋〕王溥：《唐会要》卷七《封禅上》，文渊阁《四库全书》版。

② 〔宋〕欧阳修、宋祁：《新唐书》卷四十三《地理志七下》，中华书局1975年版，第1146页。

③ 〔唐〕张说：《张燕公集》卷十一《龙门西龛苏合宫等身观世音菩萨像颂》，文渊阁《四库全书》版。

④ 〔唐〕慧立等著，孙毓棠等点校：《大慈恩寺三藏法师传》卷一，中华书局2000年版，第8页。

侯,行不愿历两京道矣。’观曰:‘行无固必,请从子命。’遂自荆上峡”[①]。自荆州入洛阳,又有两条路:一是由襄汉入洛阳,一是经扬州由运河入洛阳。僧知玄曾跟从师父由蜀地经荆襄抵洛阳,“(释知玄)复从本师下三峡,历荆襄,抵于神京资圣寺。此寺四海三学之人会要之地”[②]。《太平广记》记载有一个名叫周邯的商人从蜀地经荆州至扬州的传奇经历。

往来频繁的日本、新罗与隋唐王朝的海路主要有两条:一是由登州登陆西行至洛阳,一是由扬州登陆沿运河北上至洛阳。唐高宗总章二年(669)新罗国僧义湘就是搭乘商船在登州登陆,然后往长安的。释义湘“以总章二年附商船达登州岸……湘乃径趋长安终南山智俨三藏所,综习《华严经》”[③]。登州至长安,途经洛阳是最便捷的路线。开元十六年(728)新罗国的三王子来华,也是在登州登陆。“释无相,本新罗国人也,是彼土王第三子……以开元十六年泛东溟至于中国。”[④]开元二十一年(733)日本国僧荣睿在扬州登陆,然后沿运河北上至洛阳大福先寺,又于天宝元年(742)从洛阳南下扬州归国。[⑤] 这两条海上商路汇聚洛阳,与国内其他商路相连接。

以东都洛阳为中心的国内、国际交通网络的形成与畅通,使得洛阳成为一个国际商业中心,同时成为全国财赋租税等物资储藏、南北转输的中心。正如文献所说:“国之中洛,王者上地,均诸侯之赋,当天下之枢,陆行漕引,方舟击轪,费省万计,利逾十倍。”[⑥]又如:“河洛为会同之府……为六气之所交,均万方之来贡,引鱼盐于淮海,通粳纻于吴越,瞻彼洛汭,长无阻饥。”洛阳含嘉仓的发掘,也证实了其储粮来源于河南、河北、河东、江南、淮南等运河沿岸诸州。[⑦] 一次瀍水暴涨,就能造成惊人的损失:“瀍水暴涨,流入洛漕,漂没诸州租船数百

---

① 〔宋〕赞宁撰,范祥雍点校:《宋高僧传》卷二十《唐洛京慧林寺圆观传》,中华书局1987年版,第518页。

② 〔宋〕赞宁撰,范祥雍点校:《宋高僧传》卷六《唐彭州丹景山知玄传》,中华书局1987年版,第129页。

③ 〔宋〕赞宁撰,范祥雍点校:《宋高僧传》卷四《唐新罗国义湘传》,中华书局1987年版,第75页。

④ 〔宋〕赞宁撰,范祥雍点校:《宋高僧传》卷十九《唐成都净众寺无相传》,中华书局1987年版,第486页。

⑤ 程存洁:《唐代城市史研究初篇》,中华书局2002年版。

⑥ 〔清〕董诰等编:《全唐文》卷二百五十三苏颋《幸东都制》,中华书局1983年版,第2565页。

⑦ 余扶危、贺官保:《隋唐东都含嘉仓》,文物出版社1982年版。

艘……漂失杨、寿、光、和、庐、杭、瀛、棣租米一十七万二千八百九十六石，并钱绢杂物等。”[①]这些地方分属河南、河北、江南、淮南道。此外，岭南道、剑南道等一部分租税也经由扬州转运至洛阳：“（益府）有余者，然后使缘江诸州递运，散纳荆衡沔鄂诸州，每岁便以和籴。令漕运委神都太仓。”[②]

全国各道诸州粮食财赋租税等大量聚集东都洛阳，府库“财物山积，不可胜较”，“神都帑藏储粟，积年充实，淮海漕运，日夕流衍，地当六合之中，人悦四方之会……长安府库及仓，庶事空缺，皆借洛京转输”[③]。东都洛阳“有河朔之饶，食江淮之利，九年之储已积，四方之赋攸均”[④]，得以迅速发展繁荣。

（二）洛阳空前繁荣的经济文化

隋唐时期，是洛阳经济文化空前繁荣的时期。以洛阳为中心的河洛地区是中国经济发展最早的地区之一，在经济中心转移至南方之前，洛阳一直是重要的、先进的农业产区、纺织品产区。洛阳一带早在龙山时代就是突出的产粮区，经过千百年的开发耕种，直到中唐之后，“现在的河南中部和东部兼有山东的西南隅和安徽的西北部”[⑤]一带仍是重要的产粮地区。洛阳一带为桑蚕产区，其发展几乎与农业同步，是重要的纺织品生产基地。“南北朝末期及隋世纺织工业……以河北之博陵、魏郡、清河为最发达，河南北其他诸郡及蜀郡次之。”唐前期，“（绢）产地为河南、河北及淮南之小部分与剑南之大部分”[⑥]。“至少在开元时代，绢的主要产地仍然在黄河流域中下游的河南道与河北道。”[⑦]东都有官营的纺织业，织染署“掌供冠冕、组绶及织纴、色染”，分工精细。武则天时，少府下“绫锦坊巧儿三百六十五人，内作使绫匠八十三人，掖庭绫匠百五十人，内作巧

---

① 〔后晋〕刘昫等：《旧唐书》卷三十七《五行志》，中华书局1975年版，第1357~1358页。

② 〔清〕董诰等编：《全唐文》卷二百一十一陈子昂《上益国事》，中华书局1983年版，第2134页。

③ 〔清〕董诰等编：《全唐文》卷二百六十杨齐哲《谏幸西京疏》，中华书局1983年版，第2636页。

④ 〔清〕董诰等编：《全唐文》卷二百四十宋之问《为东都僧等请留驾表》，中华书局1983年版，第2432页。

⑤ 史念海：《开皇天宝之间黄河流域及其附近地区农业的发展》，《河山集》，三联书店1963年版，第214页。

⑥ 严耕望：《唐代纺织工业之地理分布》，《唐史研究丛稿》，新亚研究所1969年版。

⑦ 孔祥星：《唐代江南和四川地区丝织业的发展——兼论新疆吐鲁番出土的丝织品》，《唐史研究会论文集》，陕西人民出版社1983年版。

儿四十二人"①。东都官营纺织技术精湛，产品质量上乘，《太平广记》上的一则故事可见一斑："唐卢氏子不中第，徒步及都城门东，其日风寒甚，且投逆旅。俄有一人续至，附火良久，忽吟诗曰：'学织缭绫功未多，乱投机杼错抛梭，莫教宫锦行家见，把此文章笑杀他。'……因问姓名，曰：'姓李，世织绫锦，离乱前，属东都官锦坊织宫锦巧儿，以薄艺投本行，皆云：如今花样，与前不同，不谓伎俩儿文彩求售者，不重于世，且东归去。'"②

隋唐时期，洛阳地区经济的其他重要方面如冶铸业、酿酒业、陶瓷业等的技术与产品，也均处于领先水平。隋唐时期屡屡禁止民间铸造铜器、武器等。官营冶铸业的代表事件无疑是武则天在洛阳铸造天枢："长寿三年(694)，则天征天下铜五十余万斤，铁一百三十余万斤，钱二万七千贯，于定鼎门内铸八棱铜柱，高九十尺，径一丈二尺，题曰：'大周万国述德天枢。'张革命之功，贬皇家之德。天枢下置铁山，铜龙负戴，狮子麒麟围绕，上有云盖，盖上施盘龙，以托火珠，珠高一丈，围三丈，金彩荧煌，光侔日月。武三思为其文，朝士献诗者不可胜纪。……后至开元中，诏毁天枢，发卒镕烁，弥月不尽。"③后来证圣年间薛怀义又"于明堂下置九州鼎，铸铜为十二属形象，置于本辰位，皆高一丈，怀义率人作号头安置之"。洛阳地区的酿酒业源远流长，唐代的酿酒情况在唐诗中可略窥一二。白居易有诗："每日河南府，依然似到家。杯尝七尹酒，树看十年花。"本注："七官酒味不同。备尝之矣。"④"七尹酒""七官酒味"说明河南府中有专人酿酒，酿酒人不同，酒的味道也不同。白居易自己也在家里酿酒，也尝试从别人那儿得来的酿酒新方法："先是颍川陈孝山与酿法。酒味甚佳。"⑤唐代陶瓷业在隋代青瓷、白瓷成熟的基础上进一步发展，呈现出"南青北白"的局面，同时黑、黄、花瓷也日渐成熟，最引人注目的是创烧出中外闻名的唐三彩。因为唐三彩最早出土于洛阳，洛阳出土数量也最多，因此唐三彩又有"洛阳唐三彩"之称。

---

① 〔宋〕欧阳修、宋祁：《新唐书》卷四十八《百官志三》，中华书局 1975 年版，第 1169 页。

② 〔宋〕李昉等：《太平广记》卷二百五十七《织锦人》引《卢氏杂说》，中华书局 1961 年版，第 2005 页。

③ 〔宋〕李昉等：《太平广记》卷二百四十《李峤》，中华书局 1961 年版，第 1850~1851 页。

④ 〔清〕彭定求等：《全唐诗》卷四百五十七白居易《自罢河南已换七尹，每一入府，怅然旧游，因宿内厅，偶题西壁兼呈韦尹常侍》，中华书局 1979 年版，第 5194 页。

⑤ 〔清〕彭定求等：《全唐诗》卷四百六十一白居易《池上篇》序，中华书局 1979 年版，第 5249 页。

洛阳附近的巩义大、小黄冶村的黄冶河畔发现了烧制唐三彩的窑址，窑址出土器物显示在初唐时即已开始烧制三彩器，盛唐发展成熟，中唐以后衰退。而烧制三彩器的其他窑址如陕西铜川黄堡窑等，却不见初唐产品，有盛唐器物，以中、晚唐器物为多。可以说，唐三彩的故乡是东都洛阳。

隋唐时期的洛阳，伴随着经济的空前繁荣，科学文化更是辉煌灿烂。开元十三年（725），僧一行、梁令瓒将铜铸的水运浑天仪置于洛阳武成殿前，用于天文观测。僧一行还发起实测晷影，在世界上第一次实测子午线。僧一行又博采众家之长，于开元十五年（727）撰成更为周密的新历《大衍历》，后传入日本沿用近百年。医学也有很大发展，东都有“太医署”“尚药局”，巢元方著有《诸病源候论》，张文仲著有《随身备急方》。秦鸣鹤长于针灸，曾为唐高宗针刺百会、脑户穴治疗眼疾。[①] 文人学士荟萃洛阳，文学艺术绚丽多彩。如“初唐四杰”闻名当世；玄宗时代的张说、贺知章、徐坚、韦述等十八学士云集洛阳；大诗人李白、杜甫也是在洛阳相遇亲近；白居易在洛阳为官、生活、终老，并葬于龙门香山。唐代的诗人多半都曾在洛阳吟唱，杜审言、陈子昂、王维、王建、韦应物、刘禹锡、元稹、李贺等，不胜枚举。书法名家也在这里留下珍品，龙门石窟宾阳中洞佛龛碑碑文相传为褚遂良所书，“升仙太子之碑”背面《游仙篇》为钟绍京所书，钟绍京还曾为洛阳宫殿、明堂及九鼎题署，吴道子曾在玄元皇帝庙、天宫寺作壁画。

（三）洛阳是多种宗教融合、传播的中心

隋唐时期，东都洛阳是佛教、道教、景教等各种宗教汇聚、融合以及传播的中心地区，许多高僧大德在这里活动，或在这里讲经说法，或在这里编译经典。

隋唐时期是洛阳地区佛教发展的又一个高峰。两汉之际佛教传入中国，洛阳是佛教在中原腹地进一步传播的落迹地，世传洛阳白马寺为中华佛教祖庭，垂拱元年（685）武则天命薛怀义重修。“禅宗是中国佛教创造的最富中国色彩、也是最重要的佛教宗派，有其源远流长的形成和演变过程。”[②]禅宗在中唐之后

---

① 〔宋〕司马光编著，〔元〕胡三省音注：《资治通鉴》卷二百零三，中华书局 1976 年版。唐高宗“苦头重，不能视，召侍医秦鸣鹤诊之，鸣鹤请刺头出血，可愈。……乃刺百会、脑户二穴。”高宗果然觉得目明，武后“自负彩百匹以赐鸣鹤”。

② 方立天：《禅宗概要》，中华书局 2011 年版，第 3 页。

成为汉传佛教的主流，随着达摩寓止少林的广传，洛阳边上的嵩山少林寺被尊为“禅宗祖庭”。唐永淳二年（683），禅宗五祖弘忍的高足法如大师回到少林寺传法三年，之后，惠超[①]、元珪等相继在少林寺传法。开元后，神秀、普寂一系的北派禅宗掌握着少林寺的法脉，并以此为弘法的中心。安史之乱后，南宗主将、使南宗顿悟禅法取得禅法正统地位的关键人物七祖神会，在东都洛阳承办度僧收税事宜，得到朝廷赏识。此后，南宗以洛阳为中心，不断向北方传布。神会于东都洛阳荷泽寺圆寂，后迁塔于伊阙西山北侧的宝应寺。唐代洛阳的著名大寺还有大福先寺、奉先寺、香山寺、麟趾寺、兴唐寺、安国寺等。大福先寺原是武则天母亲杨氏的宅邸，上元二年（675）改为东都太原寺，武则天称帝后敕为大福先寺，高僧复礼主持。龙门奉先寺于高宗上元二年完成，武则天曾助脂粉钱两万贯用于加速开凿，是龙门石窟中规模最大、最具有代表性、艺术最为精湛的一组摩崖群雕，显示了盛唐雕塑艺术的高度成就。龙门寺院中，香山寺也颇负盛名。大和六年（832）白居易用为他人撰写墓志所得酬金修缮香山寺，据《修香山寺记》载：“始自寺前亭一所，登寺桥一所，连桥廊七间。次至石楼一所，连廊六间。次东佛龛大屋十一间，次南宾院堂一所，大小屋共七间……游者得息肩，观者得寓目，关塞之气色，龙潭之景象，香山之泉石，石楼之风月……一时而新。”“龙门十寺，观游之胜，香山首焉。”

唐代东都洛阳高僧云集。佛学大师玄奘是洛州缑氏（今偃师缑氏镇）陈河村人，幼年即常随兄长在洛阳净土寺听讲经，后西行取经，返回后，于贞观十九年（645）“春正月，达于京邑，谒帝洛阳”[②]。高宗时又一位西行取经的僧人义净，回国后先在东都大福先寺译经，然后才移居长安。被称为“两京法主，三帝国师”[③]的禅宗北宗领袖神秀屡至洛阳。咸亨五年（674），“则天闻其名，追赴都，肩舆上殿，亲加跪礼……时王公已下及京都士庶，闻风争来谒见，望尘拜伏，

---

① 唐开元十六年《皇唐嵩岳少林寺碑》，现位于少林寺鼓楼遗址前，《嵩阳石刻集记》有著录。文曰：“弟子惠超，妙思奇拔，远契玄踪，文翰焕然，宗涂易晓。”惠超是新罗僧，撰有《往五天竺国传》，敦煌莫高窟藏经洞发现有残本。

② 〔唐〕玄奘：《大唐西域记》，上海人民出版社 1977 年版，第 309~310 页。

③ 〔清〕董诰等编：《全唐文》卷二百三十一张说《唐玉泉寺大通禅师碑铭并序》，中华书局 1983 年版，第 2335 页。

日以万数”[①]。神龙二年(706),神秀在东都洛阳天宫寺圆寂,谥号“大通禅师”[②],唐中宗送葬至洛阳午桥,并下诏于嵩阳之辅山顶造十三级浮图。神秀之后,弟子普寂领其法众,在洛阳传法20多年,开元二十七年(739)圆寂于兴唐寺,“士庶倾城哭送,闾里为之空焉”[③]。神秀另一大弟子义福于开元十三年(725)随玄宗到东都,“十三年,皇帝东巡河洛,特令赴都”[④]。二十四年(736)五月卒,“葬于伊阙之北,送葬者数万人”,七月迁神于龙门奉先寺之北岗。洛阳佛教之盛和佛徒之众,由此可见一斑。

隋唐时期是道教发展的高峰,东都洛阳也风靡一时。北朝道教的代表人物寇谦之在嵩山创立北天师道,使中岳庙不仅成为祭祀中岳的场所,而且成为道教活动的重要场所,中岳庙被誉为北天师道的祖庭。唐代中岳道士的影响继续扩大,如道士刘道合、黄元颐(或省称为“黄颐”)二人,常一起为高宗举行斋醮仪式。《大唐圣祖》载:“高宗龙朔二年二月在洛阳宫,忽然有感,问侧近有何古迹。老臣奏曰:‘皇城之北山有老子祠,每祈请,立有灵感。’乃敕洛州长史谯国公许力士特建清庙。……立殿毕,敕内侍监宫闱令权大方监道士郭行真、黄元颐、刘道合等,以其年二月二十七日夜建道场,庆赞设醮。”[⑤]高宗封禅泰山的大典仪式,在《唐会要》等文献中都有记载,毫无疑问是以儒家经典为立论基础的。但具体的活动,仍然有道家的参与。如乾封元年(666)高宗封禅泰山之前,令刘道合先上泰山“以祈福祐”。据《旧唐书》记载:“道士刘道合者,陈州宛丘人。初与潘师正同隐于嵩山。高宗闻其名,令于隐所置太一观以居之。召入宫中,深尊礼之。及将封太山,属久雨,帝令道合于仪鸾殿作止雨之术,俄而霁朗,帝大悦。又令道合驰传先上太山,以祈福祐。”[⑥]大典刚刚结束,高宗就下令在泰山

---

① 〔后晋〕刘昫等:《旧唐书》卷一百九十一《神秀列传》,中华书局1975年版,第5110页。《宋高僧传·唐荆州当阳山度门寺神秀传》也有类似记载。

② 唐代自高祖至武则天均没有对沙门赐谥的做法,但706年神秀死后,中宗开先河,赐谥“大通禅师”。

③ 〔后晋〕刘昫等:《旧唐书》卷一百九十一《神秀列传》,中华书局1975年版,第5111页。

④ 〔清〕董诰等编:《全唐文》卷二百八十严挺之《大智禅师碑铭并序》,中华书局1983年版,第2843页。

⑤ 上海书店出版社编:《犹龙传》卷五《大唐圣祖》,《道藏》第18册,上海书店出版社1988年版,第29页。

⑥ 〔后晋〕刘昫等:《旧唐书》卷一百九十二《隐逸·刘道合列传》,中华书局1975年版,第5127页。

举行了一次道教的投龙仪式,[①]封禅之后又在全国设立寺观,追尊老子为玄元皇帝。[②] 道教从此得到了国家的支持,其地位显著提升。总章二年在关于置立明堂的诏书中,不仅征引儒家经典,也征引《道德经》等道家经典来讨论明堂规制,[③]足以说明皇室崇道的态度。东都洛阳著名的道观,中岳庙之外,又如城内的凌空观[④]、邙山翠云峰的玄元观、嵩山嵩阳宫等。在象征"武周革命"成功最具标志意义的嵩山封禅大典进程中,尽管是以儒家经典为立论基础,但仍表现出诸多道教因素,比如利用"天尊瑞石"等道教谶纬、给中岳神加人爵、投龙作功德、度人入道等。其中都有东都中岳道士的影响及参与。如武则天在天授元年(690)改唐为周之后,证圣元年(695)封禅嵩山之前,"缘大周革命",敕命中岳道士、后为金台观主的马元贞等到五岳四渎行道投龙做功德。这些都足以说明道教尤其是洛阳道教的繁盛。

隋唐时期是佛教、道教与儒家文化进一步融合发展的时期,同时,来自波斯的琐罗亚斯德教(祆教)、摩尼教以及东罗马的景教等其他宗教也获得进一步发展。

隋代在鸿胪寺为祆教教长设置有"萨宝""祆正"等官职。隋翟突娑墓志载,翟突娑"父娑摩诃,大萨宝……(突娑)大业十一年(615)岁次乙亥正月十八日疾寝,卒于河南洛阳县崇业乡嘉善里"[⑤]。洛阳南市会节坊有祆祠,南市西坊有胡祆神庙,北市附近立德坊有胡祆祠。有学者对洛阳龙门东山发现的安菩夫妇墓的葬仪葬制进行研究,辨识出安菩一家的祆教信仰。[⑥] 修缮坊内有景教寺庙波斯胡寺。"其在洛阳者,有景云元年(710)逝世之波斯国酋长阿罗憾及其子俱罗。……原为景教徒。""建中二年(781)复立《大秦景教流行中国碑颂》……

---

① 〔清〕毕沅、阮元:《山左金石志》卷十一《王知慎等题名》,《石刻史料新编》第1辑第19册,第14502页。

② 〔后晋〕刘昫等:《旧唐书》卷五《高宗本纪下》,中华书局1975年版,第90页。

③ 〔后晋〕刘昫等:《旧唐书》卷二十二《礼仪志二》,中华书局1975年版,第858页。

④ 〔后晋〕刘昫等:《旧唐书·叶法善传》,中华书局1975年版,第5107页。叶法善曾被高宗、武后、中宗"数召入禁中,尽礼问道","尝于东都凌空观设坛醮祭,城中士女竞往观之"。

⑤ 转引自荣新江:《隋及唐初并州的萨保府与粟特聚落》,《文物》2001年第4期。

⑥ 洛阳市文物工作队:《洛阳龙门唐安菩夫妇墓》,《中原文物》1982年第3期。姜伯勤:《中国祆教艺术史研究》,三联书店2004年版,第225~236页。沈睿文:《重读安菩墓》,《故宫博物院院刊》2009年第4期。

及烈乃总摄长安、洛阳两地景众之主教。”[1]叙利亚人加伯尔长老总摄长安和洛阳两京景教,参加“大秦景教流行中国碑”的落成典礼,并在碑铭的叙利亚文部分留下名字和教职。[2] 洛阳出土的刻立于唐宪宗元和九年(814)安国安氏太夫人神道之侧的大秦景教石经幢残石,是继《大秦景教流行中国碑颂》和敦煌景教遗书之后景教文物的又一重要发现。[3] 从经幢的形制来看,其明显受到佛教的影响。从洛阳出土的唐代景教徒花献及其妻安氏墓志的内容来看,景教徒和佛教僧侣之间的关系非常密切,体现了当时东都洛阳多元信仰的相互交融影响。[4] 唐宪宗元和二年(807)明确回复准许回纥在河南府洛阳置摩尼寺。会昌五年(845)秋,唐武宗下诏灭佛,“隶僧尼属主客,显明外国之教。勒大秦(景教)穆护(摩尼教)、祆三千余人还俗,不杂中华之风”[5]。祆教、景教、摩尼教等西方宗教也同时被禁。几百年间,各种宗教的先后传入、融合发展,极大地促进了中外的文化交流,对文学等其他艺术形式也有深刻的影响。

二、东都洛阳的对外交往

(一)盛会四夷

隋唐时期结束了南北朝的分裂状况,逐步实现国家统一之后积极向域外拓展,与周边政权的交往更加密切、深入。从隋炀帝大业六年(610)元宵节在东都洛阳大宴百僚以及唐高宗从东都洛阳出发封禅泰山时的状况,能看到隋唐时期与周边政权交往的基本状况。大业十一年正月十五日,隋炀帝在洛阳“大宴百僚。突厥、新罗、靺鞨、毕大辞、诃咄、传越、乌那曷、波腊、吐火罗、俱虑建、忽论、

---

① 向达:《唐代长安与西域文明》,三联书店 1979 年版,第 25~26 页。

② 〔英〕阿·克·穆尔著,郝镇华译,蒋本良校:《一五五〇年前的中国基督教史》,中华书局 1984 年版,第 48 页。

③ 赵晓军、褚卫红:《洛阳新出大秦景教石经幢校勘》,《河南科技大学学报(社会科学版)》2007 年第 3 期。

④ 毛阳光:《洛阳新出土唐代景教徒花献及其妻安氏墓志初探》,《西域研究》2014 年第 2 期。

⑤ 〔后晋〕刘昫等:《旧唐书》卷十八《武宗本纪上》,中华书局 1975 年版,第 606 页。

靺鞨、诃多、沛汗、龟兹、疏勒、于阗、安国、曹国、何国、穆国、毕、衣密、失范延、伽折、契丹等国并遣使朝贡”①。麟德二年(665),诸蕃酋长跟随唐高宗封禅泰山,“十月丁卯,帝发东都,赴东岳。从驾文武兵士及仪仗法物,相继数百里。列营置幕,弥亘郊原。突厥、于阗、波斯、天竺国、罽宾、乌苌、昆仑、倭国及新罗、百济、高丽等诸蕃部长,各率其属扈从,穹庐毡帐,及牛羊驼马,填候道路”②。此外,从礼乐的变化也可见一斑。隋初置《七部乐》:“一曰《国伎》,二曰《清商伎》,三曰《高丽伎》,四曰《天竺伎》,五曰《安国伎》,六曰《龟兹伎》,七曰《文康伎》。又杂有疏勒、扶南、康国、百济、突厥、新罗、倭国等伎。”大业中增为《九部乐》:“炀帝乃定清乐、西凉、龟兹、天竺、康国、疏勒、安国、高丽、礼毕,以为九部乐。”③《九部乐》将《清商乐》列为第一部,将《国伎》《文康伎》分别改名《西凉乐》《礼毕》,增加了《康国乐》和《疏勒乐》。唐初承隋制仍为《九部乐》,太宗贞观年间,废除《礼毕》,创《燕乐》为首部,又因统一高昌国加奏《高昌乐》,完备为《十部乐》。

隋唐时期是陆上丝绸之路最为繁荣兴盛的时期,与中亚、西亚以及欧洲的大秦之间交流更加广泛,使节往来频繁。隋炀帝即位之初,就加强了对西域的开拓。即位不久就“遣侍御史韦节、司隶从事杜行满使于西蕃诸国”④。成功后,鉴于分领羌胡之国的突厥、吐谷浑拥遏道路,是沟通西域的最大障碍,于是又设法分化突厥。大业四年(608)西突厥归顺。同年,派裴矩游说铁勒诸部攻击吐谷浑,吐谷浑大败。第二年,隋炀帝亲征吐谷浑,取得完胜。在吐谷浑故都伏俟城设西海郡,又设河源(治今青海兴海东南)、鄯善、且末三郡,并置州、县、镇、戍,保证了丝绸之路的畅通。“帝复令闻喜公裴矩于武威、张掖间往来以引致之。其有君长者四十四国。矩因其使者入朝,啖以厚利,令其转相讽谕。大业年中,相率而来朝者三十余国,帝因置西域校尉以应接之。”⑤至隋炀帝西巡至燕支山时,“高昌王、伊吾设等,及西蕃胡二十七国,谒于道左。皆令佩金玉,被锦罽,焚香奏乐,歌儛喧噪。复令武威、张掖士女盛饰纵观,骑乘填咽,周亘数十

---

① 〔唐〕魏徵、令狐德棻:《隋书》卷四《炀帝纪下》,中华书局1973年版,第88页。

② 〔宋〕王溥:《唐会要》卷七《封禅上》,文渊阁《四库全书》版。

③ 〔唐〕魏徵、令狐德棻:《隋书》卷十五《音乐志下》,中华书局1973年版,第376~377页。

④ 〔唐〕魏徵、令狐德棻:《隋书》卷八十三《西域列传》,中华书局1973年版,第1841页。

⑤ 〔唐〕魏徵、令狐德棻:《隋书》卷八十三《西域列传》,中华书局1973年版,第1841页。

里,以示中国之盛。帝见而大悦”①。高昌王麴伯雅还亲至东都洛阳,且从炀帝征高丽,大业五年,“伯雅来朝。因从击高丽,(大业八年十一月)还尚宗女华容公主。八年冬归蕃”②。

唐与西域各国的关系在隋的基础上进一步发展。上元元年(674)十二月于阗王伏阇雄、波斯王卑路斯来到东都洛阳朝觐唐高宗。第二年正月,“以于阗为毗沙都督府,以尉迟伏阇雄为毗沙都督,分其境内为十州,以伏阇雄有击吐蕃功故也”③。同年,龟兹王白素稽先后献银颇罗、名马。有不少中亚、西亚的使节、统治者归顺唐朝,并迁居内地,甚至在唐朝做官并参与了一系列政治活动。比如洛阳安菩夫妇墓出土的墓志《唐故陆胡州大首领安君墓志》记载,墓主安菩随其祖系利归附唐朝,其子安金藏为太常工人。皇嗣李旦被诬陷造反,安金藏为了证明皇太子无辜,在武则天面前“引佩刀自剖其胸”,使得李旦也幸免于难。④延载元年(694)八月,“武三思帅四夷酋长请铸铜铁为天枢,立于端门之外,铭纪功德,黜唐颂周;以姚璹为督作使。诸胡聚钱百万亿,买铜铁不能足,赋民间农器以足之”。第二年四月,天枢建成,“工人毛婆罗造模,武三思为文,刻百宫及四夷酋长名,太后自书其榜曰‘大周万国颂德天枢’”⑤。

唐时东都洛阳与南亚地区的交往,主要是印度一带的古国至洛阳朝贡。天授三年(692),“三月,五天竺国并遣使朝贡”⑥。大勃律国位于今天巴尔提斯坦,“大勃律,或曰布露。直吐蕃西,与小勃律接,西邻北天竺、乌苌。地宜郁金。役属吐蕃。万岁通天逮开元时,三遣使者朝,故册其君苏弗舍利支离泥为王。死,又册苏麟陀逸之嗣王,凡再遣大首领贡方物”⑦。并且,当时中国与欧洲波斯及罗马的居间贸易也主要是通过印度得以完成。

---

① 〔唐〕魏徵、令狐德棻:《隋书》卷六十七《裴矩列传》,中华书局 1973 年版,第 1580 页。
② 〔唐〕魏徵、令狐德棻:《隋书》卷八十三《高昌列传》,中华书局 1973 年版,第 1847 页。
③ 〔后晋〕刘昫等:《旧唐书》卷五《高宗本纪下》,中华书局 1975 年版,第 99~100 页。
④ 〔后晋〕刘昫等:《旧唐书》卷一百八十七上《忠义上 · 安金藏列传》,中华书局 1975 年版,第 4885 页。
⑤ 〔宋〕司马光编著,〔元〕胡三省音注:《资治通鉴》卷二百零五《唐纪二十一》,中华书局 1976 年版,第 6496 页。《旧唐书》卷八十九《姚璹列传》云:“时武三思率蕃夷酋长,请造天枢于端门外,刻字纪功,以颂周德,璹为督作使。”
⑥ 〔后晋〕刘昫等:《旧唐书》卷六《则天皇后本纪》,中华书局 1975 年版,第 122 页。
⑦ 〔宋〕欧阳修、宋祁:《新唐书》卷二百二十一《西域列传下 · 大勃律传》,中华书局 1975 年版,第 6251 页。

隋唐时期,日本更加频繁地与中国联系,全面学习中国文化。日本共派出4次遣隋使,后3次均以东都洛阳为目的地。日本女皇在接见隋炀帝派来的使臣裴世清时说:“我闻海西有大隋,礼义之国,故遣朝贡。我夷人,僻在海隅,不闻礼义,是以稽留境内,不即相见。今故清道饰馆,以待大使,冀闻大国惟新之化。”日本女皇希望学习中国文化的愿望跃然纸上。“复令使者随清来贡方物。”①唐代,成功到达中国的日本遣唐使多达15次,其中,显庆四年(659)的第4次、开元五年(717)的第9次、开元二十一年的第10次以洛阳为目的地。中国文化对日本的影响日益深化,从下面记载可知一二:“长安三年(703),其大臣朝臣真人来贡方物。朝臣真人者,犹中国户部尚书,冠进德冠,其顶为花,分而四散,身服紫袍,以帛为腰带。真人好读经史,解属文,容止温雅。则天宴之于麟德殿,授司膳卿,放还本国。”②

与东南亚的交往进一步密切。大业三年(607)隋炀帝派遣屯田主事常骏等出使赤土,“赐骏等帛各百匹,时服一袭而遣。赍物五千段,以赐赤土王”。常骏一行在赤土国大受欢迎,赤土国王又遣使随他回国,“遣那邪迦随骏贡方物,并献金芙蓉冠、龙脑香。以铸金为多罗叶,隐起成文以为表,金函封之,令婆罗门以香花奏蠡鼓而送之”。今柬埔寨地区的真腊于大业十二年(616)派遣使臣至洛阳朝贡,“帝礼之甚厚”③。唐高宗、武则天、唐玄宗时期,东南亚不少国家先后又到洛阳朝贡。④

(二)中外交流中的佛教僧人

佛教自两汉之际传入中原以来,逐渐兴盛。至隋唐时,仍不断有西域僧人进入内地传播佛教,不断有内地僧人不远万里西行求法,不断有日本或朝鲜僧人来中国学习佛法,也不断有国内高僧远涉重洋至日本弘法,僧人在中外文化交流中扮演了重要角色。

文献中有大量西域僧人在东都洛阳活动的记载,仅在龙门石窟开凿洞窟造像或留有题刻的西域僧人就有中天竺僧人地婆诃罗、中天竺僧人善无畏、南天

---

① 〔唐〕魏徵、令狐德棻:《隋书》卷八十一《东夷列传》,中华书局1973年版,第1828页。

② 〔后晋〕刘昫等:《旧唐书》卷一百九十九上《东夷列传》,中华书局1975年版,第5340~5341页。

③ 〔唐〕魏徵、令狐德棻:《隋书》卷八十二《真腊列传》,中华书局1973年版,第1837页。

④ 〔后晋〕刘昫等:《旧唐书》卷一百九十七《真腊列传》,中华书局1975年版。

竺僧人金刚智、北天竺僧人不空、北天竺僧人般刺若、吐火罗僧人宝隆等。[①] 善无畏、金刚智二人皆卒于洛阳，葬在龙门，其墓犹存。中印度僧人达摩笈多与阇那崛多在东都洛阳上林园翻经馆译有《佛说大方等大集菩萨念佛三昧经》《摄大乘论释》等九部四十六卷。北印度罽宾僧人觉救（梵名佛陀多罗）在白马寺翻译了《大方广圆觉修多罗了义经》等。

隋唐时期最著名的西行求法高僧是洛州缑氏人玄奘。玄奘在贞观十九年回国后，奉诏赶往洛阳觐见将要出发征高句丽的唐太宗，“谒文武圣皇帝于洛阳宫”[②]。玄奘故里偃师保留至今的“大唐三藏圣教序”碑碑文盛赞了他的功绩。另一位与玄奘同时代前往印度求法的玄照法师，从陆路“背金府而出流沙，践铁门而登雪岭”，又过香池、葱阜、速利、睹货罗、吐蕃国，“蒙文成公主送往北天，渐向阇阑陀国”，停留四年，“学经律，习梵文”。之后到莫诃菩提，“复经四夏”，“后之那烂陀寺，留住三年”，“住信者等寺，复历三年”。后来玄照法师辗转返回唐朝，麟德二年正月到达洛阳觐见唐高宗，高宗命他再次西行。“于时麟德年中，驾幸东洛。奉谒阙庭，遂蒙敕旨，令往羯湿弥啰国，取长年婆罗门卢迦溢多。”玄照出发前“既与洛阳诸德相见，略论佛法纲纪”，并“所将梵本悉留京下”。遗憾的是，玄照此行没能回来，在中印度遇疾而卒。[③] 著有《大唐西域求法高僧传》的义净法师，于咸亨二年（671）经海路赴印度那烂陀寺游学，垂拱元年东归，证圣元年五月抵洛阳觐见武则天。武则天亲自至上东门外迎接，命将义净法师带来的“梵本经律论近四百部，合五十万颂，金刚座真容一铺，舍利三百粒”，于佛授记寺安置。“所将梵本，并令翻译。十月，住大福先寺，参与编定《大周刊定众经目录》。又与实叉难陀、复礼、法藏等共译《华严经》。”[④]其他如东都高僧昙闰法师经海路达西印度，智弘律师辗转室利佛逝国、羯荼国、狮子

---

① 洛阳市地方史志编纂委员会：《洛阳市志·文物志》，中州古籍出版社 1995 年版，第 191 页。

② 《大唐西域记·记赞》云：十九年“春正月达于京邑，谒帝雒阳”。《旧唐书》卷三《太宗本纪下》记载，贞观十八年，“十一月壬寅，车驾至洛阳宫”。“十九年春二月庚戌，上亲统六军发洛阳。”很明显当时唐太宗在洛阳接见了从西域归来的玄奘法师。

③ ［唐］义净原著，王邦维校注：《大唐西域求法高僧传校注》卷上《洛阳义辉论师》，中华书局 1988 年版，第 9~11 页。

④ ［唐］义净原著，王邦维校注：《大唐西域求法高僧传校注》附录《义净生平编年》，中华书局 1988 年版，第 262 页。

国、诃利鸡罗国等印度多国,至大觉寺、那烂陀寺、信者寺等地学习佛法。[①]

隋唐时期,日本与中国的佛教文化交流最为频繁。学习佛教文化,是日本派遣隋使、遣唐使的重要目的之一,正如大业三年的遣隋使所说:"闻海西菩萨天子重兴佛法,故遣朝拜,兼沙门数十人来学佛法。"[②]使船的往来都有留学生、留学僧("学问僧")、请益僧等随行,日本僧人也搭乘中国、新罗、日本商船往来于两国之间。日本史书能查到的随遣隋使来中国、学成后回国的仅有13人。日本成行的遣唐使,据统计,在630年至894年的260多年间有16次。文献记载,遣唐使每次都在200人以上,分乘2~4艘船。有明确人数记载的共4次,第2次241人,第7次557人,第8次594人,第12次651人。每次"真正属于留学生、学问僧的不过二三十人。在日本史书上能查找到的遣唐学问僧、留学生及随行、翻译等共有149人。……在唐学习后顺利回日本的留学生、学问僧就不足百人"[③]。日本学者的研究显示,功著当时、名留史籍的留学生有27人,留学僧则有92人。[④] 尽管人数有限,但回国后的留学生、学问僧,对日本的社会发展却起到了巨大的推动作用。其中最重大的成就莫过于促成"大化革新"。在革新时期受到重用的学问僧,如大兄皇子的老师、参与诛伐大事的南渊清安,任国博士的新汉人旻,十大师之二的灵云、惠云等。日本历史上辉煌灿烂的奈良盛世(710—794)就是遣隋使、遣唐使在日本传播汉文化的结晶,佛教文化是其中重要的组成部分。被日本佛教界尊为"入唐八大家"的最澄、空海、常晓、圆行、圆仁、惠运、圆珍、宗睿等带回日本的经论、传记、碑铭拓本卷帙浩繁,推动了佛教在日本的传播、发展及兴盛。吉备真备回国后,取汉字偏旁制定了片假名;高僧空海回国后,仿汉文草书制定了平假名。从此日本有了自己的文字。据《圆珍行历抄》载,圆珍为了寻找金刚智的坟塔和祭奠伟大诗人白居易,约在大中十年(856)来到洛阳。著有《入唐求法巡礼行记》的高僧圆仁(793—864),在东都洛阳附近嵩山嵩岳寺也留下了足迹,在2000年嵩岳寺2号塔地宫发掘中,地宫

---

① 〔唐〕义净原著,王邦维校注:《大唐西域求法高僧传校注》卷下《洛阳智弘律师》,中华书局1988年版,第174~175页。

② 〔唐〕魏徵、令狐德棻:《隋书》卷八十一《东夷列传》,中华书局1973年版,第1827页。

③ 范广融:《遣隋唐使中留学生及学问僧对日本历史文化的贡献》,《云南民族学院学报(哲学社会科学版)》2000年第4期。

④ [日]森克己:《遣唐使》,至文堂1990年版,第6页。

附近出土了圆仁书写的《释迦舍利藏志》石碑，记述了会昌法难时圆仁路经此地，并与天如一起将舍利埋入地下之事。

渡海远赴日本传播佛教的中国高僧也有不少，如道明、道荣、道璇等。僧人荣睿、普照随第8次遣唐使于开元二十一年(733)来到东都洛阳，曾在洛阳大福先寺学习5年，并恳请洛阳高僧道璇赴日传布戒律。道璇是第一个赴日本弘法的洛阳僧人，并终老在日本。而为日本佛教发展做出积极贡献的最著名代表人物是鉴真。鉴真大师6次东渡，终于成功到达日本，弘扬佛法，传律授戒，建立正规的戒律制度，被尊为"日本律宗初祖""文化之父"，在促使日本佛教管理更加制度化的同时，在医学、建筑、雕塑、书法等诸多方面也颇多建树，对日本文化的发展产生了极其深远的影响。中日两国人民之间"一衣带水作善邻，千载相交留友情"的历史，在隋唐时代就是以佛教为媒介形成的。

三、东都洛阳是丝绸之路的起点

（一）市场中的国际贸易

隋唐时期是我国历史上最为积极进取、中外文化交流也最为频繁的时期，也是丝绸之路最为繁荣的时代。居天下之中的东都洛阳，通过陆路与西域、中亚、西亚、南亚及欧洲相连，通过海路与东亚、东南亚、南亚、西亚及非洲、欧洲相连，在丝绸之路发展、繁荣的过程中，发挥了重要的作用，是丝绸之路的重要起点，扼陆海丝绸之路的起讫要冲，成为八方来朝、万国交流的国际大都会。林梅村综合丝绸之路上的古代语言、考古发现和东西方史料，详尽论证了汉唐时期丝绸之路的起点实际在洛阳城，洛阳城一度是西方人心目中东方文明的标志。[①] 隋唐洛阳城定鼎门遗址是2014年入选的世界文化遗产"丝绸之路：起始段和天山廊道的路网"中的重要遗址点。

---

① 林梅村：《汉唐丝绸之路上的洛阳》，《洛阳——丝绸之路的起点》，中州古籍出版社1992年版，第464~480页。

隋炀帝在建国门外设“四方馆”,以“待四方使者……掌其方国及互市事”①。大业六年正月,隋炀帝在对外经略取得相当成果之后,听从裴矩建议,在洛阳盛会四夷。诸蕃酋长、商人会聚隋东都洛阳,隋炀帝大宴百僚、大陈百戏长达一个月。“以诸蕃酋长毕集洛阳,丁丑(十五日),于端门街盛陈百戏,戏场周围五千步,执丝竹者万八千人,声闻数十里,自昏至旦,灯火光烛天地;终月而罢,所费巨万。自是岁以为常。诸蕃请入丰都市交易,帝许之。”②隋炀帝“又令三市店肆皆设帷帐,盛列酒食,遣掌蕃率蛮夷与民贸易,所至之处,悉令邀延就坐,醉饱而散。蛮夷嗟叹,谓中国为神仙”③。隋炀帝曾数次微服往观。此后,“西域诸蕃,往来相继”④。隋炀帝极尽铺张地招待各方来者,在彰显大国富庶的同时,反映了东都市场中胡商云集的史实。

至唐代,东都专门在从善坊设立来庭县廨等机构,以领四方蕃客,加强对胡商的管理。胡商往来丝绸之路,以经营香料、丝绸等贵重商品为主,往往资本雄厚。南市以商肆林立、蕃客胡商云集誉满中外;北市也十分繁荣,是蕃客胡商的聚集地。据龙门石窟1410号窟龛的《南市香行社社人等造像记》载,永昌元年(689),南市香行社以安息国人安僧达、史国人史玄策以及康国人康惠澄、康静智等为首的香料客商,花费巨资在龙门修凿石佛洞龛。⑤ 而龙门石窟1504号窟龛的《北市丝行像龛》题记中有康国人康玄智的题名。

市场中活跃的胡商,许多都居住在东都,死后也往往葬于北邙山上,长眠于斯。如今出土的一方方墓志,形象反映出他们在东都生活的印记。以粟特人为例,唐代洛阳的粟特人,主要是北朝以来陆续进入洛阳的粟特人后裔,也有隋唐时期新入华的粟特人,以商人为主。据不完全统计,仅洛阳近年发现的在华粟特人的墓碑、题记等即达50余方。比如《康婆墓志》说墓主“少而英敏,气概不群。……察纵多能,博通才艺,逍遥自得,不干荣位,既而世袭衣缨,生资丰渥,家僮百数,藏镪百万”。显然,墓主康婆的先人已经入华并善于经商,康婆继承

---

① 〔唐〕魏徵、令狐德棻:《隋书》卷二十八《百官志下》,中华书局1973年版,第798页。

② 〔宋〕司马光编著,〔元〕胡三省音注:《资治通鉴》卷一百八十一《隋纪五》,中华书局1976年版,第5649页。

③ 〔唐〕魏徵、令狐德棻:《隋书》卷六十七《裴矩列传》,中华书局1973年版,第1581页。

④ 〔唐〕魏徵、令狐德棻:《隋书》卷二十四《食货志》,中华书局1973年版,第687页。

⑤ 刘景龙、李玉昆主编:《龙门石窟碑刻题记汇录》,中国大百科全书出版社1998年版,第424页。

家业终至富甲一方。《康敦墓志》载墓主康敦及其丈夫安公,都是粟特人,居住在南市旗亭里。胡商居住地也大多在市场附近的章善里、惠和里、嘉善里、思顺里等。荣新江先生依据墓志和龙门石窟的题记铭刻材料统计过东都洛阳城内的粟特人居地。(详见下表)①

表 6.1 东都洛阳城内的粟特人居地一览表②

姓名	年岁	卒年	地点	出处
安修仁			惠和坊	《增订唐两京城坊考》330 页
康 婆	75	647		《辑绳》126 页,《汇编》96 页
康武通	75	649	章善里	《北图》15 册 162 页,《汇编》545 页
安 延	84	653	弘敬里(归义里)	《北图》12 册 87 页,《汇编》180 页
何 盛	80	653		《辑绳》169 页,《汇编》188 页
安 师	57	657	嘉善里	《北图》14 册 80 页,《汇编》385 页
安 静	62	657		《北图》13 册 58 页,《汇编》268 页
安 度	78	659	敦厚里	《北图》13 册 131 页,《汇编》303 页
史 氏	36	661		《北图》13 册 193 页,《汇编》336 页
康 达	62	669	思顺里	《辑绳》309 页
康敬本	48	670	章善里	《洛阳》5 册 109 页,《补遗》第二辑 234 页
唐(康)氏	73	672	利仁坊	《北图》15 册 162 页
康元敬	66	673	陶化里	《辑绳》330 页,《汇编》572 页
史 氏	53	674	嘉善里	《辑绳》338 页,《汇编》584 页
何 氏	50	674	章善里	《汇编》585 页
康 氏	69	677	章善里	《北图》16 册 114 页

① 荣新江:《北朝隋唐粟特人之迁徙及其聚落》,《中古中国与外来文明》,三联书店 2001 年版,第 37~110 页。荣新江:《北朝隋唐粟特人之迁徙及其聚落补考》,《欧亚学刊》2004 年版,第 00 期。

② 本表所用史料出处的缩略语如下:《北图》=北京图书馆金石组:《北京图书馆藏中国历代石刻拓本汇编》100 册,中州古籍出版社 1989—1991 年版;《补遗》=吴钢:《全唐文补遗》,三秦出版社 1994—2007 年版;《汇编》=周绍良:《唐代墓志汇编》,上海古籍出版社 1992 年版;《辑绳》=洛阳市文物工作队:《洛阳出土历代墓志辑绳》,中国社会科学出版社 1991 年版;《洛阳》=陈长安:《隋唐五代墓志汇编》洛阳卷,天津古籍出版社 1991 年版;《陕西》=吴钢:《隋唐五代墓志汇编》陕西卷,天津古籍出版社 1991 年版。

续表

姓名	年岁	卒年	地点	出处
安神俨	58	680	嘉善里	《辑绳》364 页,《汇编》669 页
何摩诃	52	680	嘉善里	《北图》16 册 122 页,《汇编》670 页
安元寿	77	683	河南里	《陕西》3 册 98 页,《补遗》第一辑 68 页
安　怀	53	683	思顺坊	《洛阳》7 册 21 页,《汇编》845 页
史　氏	64	693	履信坊	《洛阳》7 册 21 页,《汇编》845~846 页(录作广信坊)
康　智	71	693	思顺里	《北图》18 册 33 页
何　氏	83	704	惠和坊	《辑绳》444 页
安孝臣	36	734	敦厚里	《北图》23 册 128 页,《汇编》1433 页
康庭兰	65	740	温柔里	《北图》24 册 127 页,《汇编》1511 页
翟　氏	78	749	福善坊	《北图》26 册 7 页,《汇编》1634 页(康公夫人)
康　氏	71	757	嘉善里	《辑绳》572 页

(二)异域风情盛行及丝绸之路相关遗存

胡人聚集带来了异域风情,多元文化的碰撞使得东都洛阳的民俗风情更加斑斓。唐代诗人王建的《赛神曲》描绘了胡人赛神行酒的场景:“男抱琵琶女作舞,主人再拜听神语。新妇上酒勿辞勤,使尔舅姑无所苦。椒浆湛湛桂座新,一双长箭系红巾。但愿牛羊满家宅,十月报赛南山神。青天无风水复碧,龙马上鞍牛服轭。纷纷醉舞踏衣裳,把酒路旁劝行客。”唐代张鷟《朝野佥载》记述了胡商祭祀祆神的场景:“河南府立德坊及南市西坊皆有胡祆神庙。每岁商胡祈福,烹猪羊,琵琶鼓笛,酣歌醉舞。酹神之后,募一胡为祆主,看者施钱并与之。其祆主取一横刀,利同霜雪,吹毛不过,以刀刺腹,刃出于背,仍乱扰肠肚流血。食顷,喷水咒之,平复如故。此盖西域之幻法也。”①

影响最大、最壮观的西域风情表演当数集歌、乐、舞为一体的大型游戏“泼寒胡戏”。神龙元年十一月,唐中宗曾亲临洛城南门楼观看“泼寒胡戏”表演。

---

① 〔唐〕张鷟:《朝野佥载》卷三,中华书局 1979 年版,第 64~65 页。

其时,“比见坊邑相率为浑脱队,骏马胡服,名曰‘苏莫遮’。旗鼓相当,军阵势也;腾逐喧噪,战争象也”。参与者乘肥衣轻,观赏者“阗城溢陌”,规模盛大,场面壮观。玄宗时宰相张说曾作诗盛赞:“摩遮本出海西胡,琉璃宝服紫髯胡。闻道皇恩遍宇宙,来将歌舞助欢娱。绣装帕额宝花冠,夷歌骑舞借人看。自能激水成阴气,不虑今年寒不寒。腊月凝阴积帝台,豪歌急鼓送寒来。油囊取得天河水,将添上寿万年杯。寒气宜人最可怜,故将寒水散庭前。惟愿圣君无限寿,长取新年续旧年。昭成皇后帝家亲,荣乐诸人不比伦。往日霜前花委地,今年雪后树逢春。”①胡戏愈演愈烈,因妨于政要、不合中原礼俗等因素,②于开元元年(713)十月被“禁断”,不论官民蕃汉,不管京城外邑,一律“禁断”。充满异域风情的大型游乐活动逐渐绝迹,但东都洛阳的中外文化交流依然繁盛。有元稹《法曲》等诗歌为证:“自从胡骑起烟尘,毛毳腥膻满咸洛。女为胡妇学胡妆,伎进胡音务胡乐。……胡音胡骑与胡妆,五十年来竞纷泊。”③

洛阳考古发现的定鼎门骆驼脚印、唐代胡商墓葬、壁画等遗迹,祖籍西域的胡人墓志,以及数量众多的罗马金币、波斯银币、高昌铜钱、胡人俑、三彩骆驼俑等丰富遗物,都是丝绸之路沟通东西方往来的有力见证,是东都洛阳国际都市文化特征的体现。隋唐东都洛阳定鼎门遗址道路的晚唐地层中,曾发现在150平方米的地面上,密集分布着200多个清晰的人与动物的脚印、蹄印以及数十条车辙痕迹。其中,大的动物蹄印确认为当时骆驼的蹄印。④ 原产西域及北非、活跃在丝绸之路上的役用驮运动物骆驼蹄印的发现,是隋唐东都洛阳丝路贸易繁盛的重要历史见证。葬于神龙二年(706)的唐代安国相王李旦孺人唐氏壁画墓,是洛阳地区发现的唐代墓葬中年代最早,且有准确纪年,墓主身份又明确的墓葬,墓道西壁有两幅牵驼图,骆驼驮丝绸的形象惟妙惟肖,是东都洛阳丝绸之路繁盛的有力证据。⑤ 洛阳出土的唐代大秦景教经幢残石,刻有祝文、《大秦景教宣元至本经》和《经幢记》。据《经幢记》记载,经幢于唐宪宗元和九年刻立于

---

① 〔清〕彭定求等:《全唐诗》卷八十九张说《苏摩遮五首》,中华书局1979年版,第982页。

② 赵望秦:《泼寒胡戏被禁原因发微》,《学术月刊》1998年第2期。

③ 〔清〕彭定求等:《全唐诗》卷四百一十九元稹《法曲》,中华书局1979年版,第4617页。

④ 崔志坚:《洛阳定鼎门遗址发掘足印一串串》,《光明日报》2007年8月13日。

⑤ 洛阳市第二文物工作队:《唐安国相王孺人壁画墓发掘报告》,河南美术出版社2008年版。杨志强:《洛阳唐代安国相王孺人唐氏墓壁画探析》,《中国国家博物馆馆刊》2016年第12期。

一位来自中亚、移居洛阳、死后葬于洛阳的安国安氏太夫人墓的神道，唐文宗大和三年(829)又举行了重大的迁葬仪式。这是近年景教文物的重要发现，为洛阳作为丝绸之路起点提供了珍贵的实物资料。①

洛阳北邙山、龙门山、城东等地出土了包括墓主为粟特人在内的大量唐代墓葬。粟特墓葬以龙门东山发现的葬于景龙三年(709)的安菩夫妇墓为代表。安菩子安金藏在《新唐书》《旧唐书》中有传，安菩父子两辈都曾任粟特部落首领，墓葬的选址、朝向、石门等装饰，参军俑等随葬品，无不体现了其种族文化及祆教信仰。② 墓中出土的一件三彩双峰骆驼俑(M27:59)，驼背上垫花毯，两峰间搭兽面驮囊，囊前后有绿色丝卷和绢卷，两头系有小口瓶、鸡首壶、干粮袋和肉块。出土有6件牵马或牵驼俑，高鼻深目，双手握拳作牵缰绳状。身穿绿色大翻领大衣，腰系布带，足穿黑色长筒尖头靴。有的年长，络腮胡须；有的年轻，卷发；有的头戴黑色回族式小布帽；有的戴尖顶毡帽。③ 类似的三彩骆驼、胡俑，在洛阳近代以来的考古发掘中，屡有发现，数以百计，如洛阳东郊马坡隋墓中出土的二组绿釉骆驼和牵驼胡俑，④洛阳关林59号唐墓、1305号唐墓出土的三彩骆驼等。⑤

洛阳自近代以来出土的丝路货币达数百枚之多。邙山的一座唐墓出土7枚完整的波斯萨珊王朝银币，正面是王者半身像，背面是两个祭司和一祭台，两面均有波斯文字。⑥ 安菩墓出土一枚东罗马福克斯时期(602—610)的金币，正面是戴王冠、留胡须的王者半身像，两侧有十字架，背面是有翅膀的胜利女神像，两面均有罗马文字。⑦ 其他如马坡村唐墓出土一枚东罗马帝国阿纳斯塔修

---

① 赵晓军、褚卫红：《洛阳新出大秦景教石经幢校勘》，《河南科技大学学报(社会科学版)》2007年第3期。

② 洛阳市文物工作队：《洛阳龙门唐安菩夫妇墓》，《中原文物》1982年第3期。姜伯勤：《中国祆教艺术史研究》，三联书店2004年版，第225~236页。沈睿文：《重读安菩墓》，《故宫博物院院刊》2009年第4期。

③ 洛阳市文物工作队：《洛阳龙门唐安菩夫妇墓》，《中原文物》1982年第3期。

④ 苏健：《洛阳——丝绸之路起点之物证》，《洛阳——丝绸之路的起点》，中州古籍出版社1992年版，第94~113页。

⑤ 洛阳博物馆：《洛阳关林59号唐墓》，《考古》1972年第3期。洛阳市文物工作队：《河南洛阳市关林1305号唐墓的清理》，《考古》2006年第2期。

⑥ 赵国璧：《洛阳发现的波斯萨珊王朝银币》，《文物》1960年第8、9期合刊。

⑦ 洛阳市文物工作队：《洛阳龙门唐安菩夫妇墓》，《中原文物》1982年第3期。

斯一世(491—518)索里都斯金币,还发现一枚查士丁尼一世(527—565)金币,吕庙村发现赫拉克里留斯(610—641)金币一枚。① 无论是陆路还是海路,中国的丝绸都是通过印度及中亚转而运往欧洲地区的。岑仲勉在《隋唐史》中指出:“中国丝绢之输出……当日以波斯及罗马人为主要顾客,而参预居间转贩者,则中亚之粟特人及印度洋之海舶。商胡东来之不断,中、印贸易之促进,皆与此有直接关系。”②数量众多的丝路货币的发现,是东都洛阳与欧洲地区通过丝绸之路频繁贸易往来的实物见证。

第四节 东都城的布局特点及其影响

隋唐东都洛阳是在新址上创建的城市,继承并发展了北魏洛阳城以及隋大兴、唐长安城的布局模式,又明显加入了南朝建康城的因素。东都洛阳的模数从大兴城使用的长度单位发展为面积单位,使得棋盘状的全城布局更加规整。洛阳全城呈南北长、东西窄的纵长方形,里坊为方形等布局特点,对国内外城市建设产生了深远的影响。

一、隋唐东都洛阳城的布局特点

(一)东都洛阳城建设的模数制度

东都洛阳与都城隋大兴、唐长安城一样,是在没有前代遗存限制的新址上,完全按照规划创建的城市,创立于隋完善于唐。建设规划出自杰出的建筑学家宇文恺之手。东都洛阳开始建设时的605年,全国统一已17年。而大兴城建

① 范振安、霍宏伟:《洛阳泉志》,兰州大学出版社1999年版,第153~156页。

② 岑仲勉:《隋唐史》,河北教育出版社2000年版,第16~17页。

设之初的582年,比洛阳城早23年,隋刚刚建立。由于国家统一带来的更充分的南北文化交流,其间宇文恺又经过仁寿行宫、泰陵等一系列重大工程的历练,大兴、东都二城营建时间上的差异,体现在二城的规划上,即大兴城主要以北魏洛阳城为蓝本,东都洛阳城则在北魏洛阳城、隋大兴城的基础上又明显加入了南朝建康城的因素。也就是说"在大手法一致的前提下,也有一些不同处,洛阳的规划手法比大兴又有发展"①。

东都洛阳城、大兴城都是皇城、宫城前后相属,位于全城的北部。不同的是,大兴城呈横长的矩形,皇城、宫城东西同宽、前后相属,位于中轴线的北端,北墙外是面积广大的禁苑;东都城则大体呈纵长方形(西南角略凸出),受地理环境的影响,皇城、宫城并不位于全城中轴线上,而是居于全城西北角。东都洛阳跨洛水而建,显然是效法南朝都城建康城跨秦淮河的建制。城北即是邙山,禁苑不能像大兴城一样建于城北,洛河以北又呈西宽东窄。皇城位于西北部,既占据了全城地势最高的位置,同时使皇城正南门所在的全城主街定鼎门大街遥指南面的伊阙龙门,又有往西直通禁苑之便利。

东都洛阳城的宫城、皇城、郭城的轮廓布局,经过多年的考古勘查、发掘、研究,已经基本清晰。建设洛阳城的模数制度,"是以宫城的中心部分——大内为基准,把它扩大四倍,即为皇城宫城之总和,把它分为四分,则每分为一坊。如换一种说法,则是全城以坊为单位,聚四坊为大内,聚十六坊为皇城、宫城之总和——子城"。以宫城为模数规划全城,先分大区块,内部再分里坊,这一点与大兴城一样。不同的是"大兴或以长、或以广与长之半为模数,其区块大小不一律,在面积上与皇城宫城面积无模数关系,而洛阳区块之大小一律,长宽与大内全同,面积亦相等,使大内成为全城的面积上的模数"②。具体地说,大兴城以宫城的广长比为模数,其他部分是它的相似形。郭城面积是宫城面积的近20倍,里坊的面积却大小不一,最大的兴庆坊面积0.94平方千米,最小的光禄坊面积0.28平方千米。东都洛阳城以宫城的面积为模数,宫城面积的4倍是皇城、宫城面积的总和,宫城面积的四分之一是一坊的面积。也就是说,东都洛阳的模数运用更为成熟,模数从大兴城使用的长度单位发展为面积单位,使得洛阳城

① 傅熹年:《隋唐长安洛阳城规划手法的探讨》,《文物》1995年第3期。

② 傅熹年:《隋唐长安洛阳城规划手法的探讨》,《文物》1995年第3期。

的宫城、皇城和坊的关系变得更为直接,棋盘状的全城布局更加规整。

(二)东都洛阳城的布局特点

隋唐两京都将皇城置于宫城之南,并将宫城和皇城置于全城北部,这显然是北魏洛阳城在宫城之南布置府寺的布局模式的继承和发展。“北魏洛阳城出现的内城,开启了此后宫城、内城、郭城并存的都城制度。”①两京的里坊制度也是北魏洛阳城里坊制度的继承和发展。

隋唐东都洛阳城的布局特点,相比隋大兴、唐长安城有显著的不同之处。学界对此多有论述,以宿白的观点影响最大。宿白认为两城的不同之处主要有四点:一是宫城、皇城位于全城地势最高的西北隅;二是宫城更加远离居民区,西面有苑,北、东两面有城,南面皇城之南以洛河为界与郭城相隔;三是全城面积大致呈竖长方形,里坊面积缩小为方形;四是比大兴多设一个市,且有可行船的河渠通往三市。这样的特点,显然是比大兴城更多地考虑了宫城防御以及工商业繁荣的问题。② 其他诸多论著在论述隋唐洛阳城布局特点时,多是此四个主要特征的演化。

关于东都布局特点形成的原因,学界也有许多探讨和研究。有观点认为是东都城下京城一等的礼制要求,③并有学者从建都的思想、有无礼制建筑、政治活动等方面进行详细阐释。④ 有观点认为若将西侧地域广阔的禁苑一起考虑,依然是择中立宫。⑤ 有观点认为东都城只建设了东半部,尚未建设完成。⑥ 多数学者支持的观点认为,东都城的布局是充分合理利用山川形势的结果。三个主要依据决定了东都城的布局不会在现有基础上继续向西拓展,以形成中轴对称布局:首先,东都营建之初即确定的新址建都营建理念,宫城西墙外百多米处就

---

① 刘庆柱:《中国古代都城考古学研究的几个问题》,《考古》2000 年第 7 期。

② 宿白:《隋唐长安城和洛阳城》,《考古》1978 年第 6 期。

③ 宿白:《隋唐长安城和洛阳城》,《考古》1978 年第 6 期。宿白:《隋唐城址类型初探(提纲)》,《纪念北京大学考古专业三十周年论文集(1952—1982)》,文物出版社 1990 年版。

④ 程义:《试论隋唐东西两京布局差异的成因》,《考古》2008 年第 12 期。

⑤ 贺业钜:《中国古代城市规划史论丛》,中国建筑工业出版社 1986 年版。

⑥ 董鉴泓:《中国城市建设史》,中国建筑工业出版社 2004 年版;李永强、邢建洛:《隋唐东西二京布局分析》,《远望集——陕西省考古研究所建所四十周年纪念文集》,陕西人民美术出版社 1998 年版。李永强:《隋唐洛阳城布局再分析》,《耕耘论丛》(二),科学出版社 2003 年版。

是东周王城和汉河南县城旧址;其次,洛河北岸地势西高东低,越往西越高,郭城往西发展,宫城就会丧失居高的地位;再次,洛河自西南向东北流入都城,郭城往西发展,会有更多的里坊处于洛河行洪区内,有水患之虞。①

二、东都洛阳城布局的影响

隋唐两京形制对国内外城市建设有很大的影响,东都洛阳城的布局特点也体现在这些新建城市的布局中。

隋代陆续新建的很多城市,均为里坊制,县城一般占四坊之地,大州郡则占十六坊。唐代的州城如益州城、幽州城、云州城,以及县城,都是里坊制,且与洛阳城一样,都是方正里坊。位于东北的政权渤海国仿唐置五京,整体布局基本上是模仿长安呈长方形,宫城处于北部正中。但是,考古资料显示,中京显德府即今吉林省和龙市西古城、东京龙原府即今吉林省珲春市八连城的里坊方正,与洛阳城一样,是方正里坊。

隋唐洛阳城布局,对后代都城的影响,如元大都也是以宫城为模数建造。明初都南京,仿隋唐洛阳城,根据地理形势建设,皇城依山傍水,位于全城偏东部。隋唐洛阳城将宫城套入皇城北部,形成"宫城有隔城四重",影响了后世北宋东京城、元明清北京城的宫城、皇城、郭城相套的"回"字形布局。

隋唐两京形制尤其是方正的十字街道随着唐代国势西展,也影响到了中亚的城市建设。如中亚托克马克西的阿克彼兴(AK—Beshim)古城(即唐碎叶城)和其东面的塔拉斯城(即唐怛罗斯城)等。《新唐书·地理志》记载:"调露元年(679),都护王方冀筑(碎叶城),四面十二门,为屈曲隐出伏没之状云。"与文献记载相应,考古研究也说明,碎叶城为方形,每面设三门,且门设有瓮城,方正的里坊,十字街道。

---

① 阎文儒:《隋唐东都城的建筑及其形制》,《北京大学学报(人文科学)》1956年第4期。俞伟超:《中国古代都城规划的发展阶段性——为中国考古学会第五次年会而作》,《文物》1985年第2期。马得志:《唐代长安与洛阳》,《考古》1982年第6期。段鹏琦:《洛阳古代都城城址迁移现象试析》,《考古与文物》1999年第4期。石自社:《隋唐东都形制布局特点分析》,《考古》2009年第10期。

隋唐两京形制对国外城市建设影响最大的是日本藤原、难波、平城、长冈、平安等五京。五京“都已得到了程度不同的复原,复原的成果告诉我们,仿效隋唐时代长安和洛阳的制度,是它们的共同点。还值得注意的是,它们的仿效和渤海情况极为相似,都兼取了长安、洛阳两城的设计”①。五京面积都比隋唐两京小,但与隋唐两京一样,都是里坊制,宫城位于全城北部正中。五京都与洛阳城一样呈南北长、东西窄的纵长方形,里坊全部或大部分为方形里坊。以始建于793年(唐贞元九年)的平安京为例。平安京面积是隋大兴、唐长安城的四分之一,长宽比例与隋唐洛阳城十分接近,模数运用更近于洛阳,也是以宫城的面积为模数规划全城,宫城的四分之一即为一坊之地。中轴线所在的朱雀大街南端两侧,同洛阳一样各置宗教建筑一所。朱雀大街将都城分为东西两部分。东半部称左京,也称为洛阳;西半部称右京,也称为长安。后来人们常以“洛阳”作为平安京的代名词。② 平安京朝堂院南门同洛阳皇城正门一样称为“应天门”。里坊为方形,里坊名称如铜驼、教业、淳风、宣风、丰财、安众、陶化、毓财等采自隋唐洛阳城的里坊名。8世纪以后这种布局也影响到日本的地方城市,如九州岛北部的太宰府城、本州岛西端的周防国府城等。

---

① 宿白:《隋唐长安城和洛阳城》,《考古》1978年第6期。

② 王仲殊:《论洛阳在古代中日关系史上的重要地位》,《考古》2000年第7期。

第七章 五代宋金时期：都城新气象

五代是指从907年朱温篡唐至960年北宋建立这50余年间在中原相继建立的后梁、后唐、后晋、后汉、后周五个王朝。其中后唐定都洛阳，后梁晚期、后晋初期也曾短暂以洛阳为都，但均沿用洛阳旧城旧殿，少有建设。其余均定都今开封，称东都或东京，以洛阳为西都或西京。后周对东京开封进行了大规模的营建。北宋(960—1127)代后周，仍以东京开封为都，以洛阳为西京。北宋初，首都虽在东京开封，但郊祀、太庙在西京洛阳。真宗以后帝王不再巡幸西京，宋徽宗再次大规模重修西京城。金(1115—1234)灭北宋之后，海陵王完颜亮于贞元元年(1153)以开封为南京对其进行修复，并于正隆六年(1161)迁都于此。金世宗仍以燕京为都，至金宣宗贞祐二年(1214)再次将都城由中都燕京迁往南京开封，1217年又以洛阳为中京。明初设两京一都，开封为北京，洪武十一年(1378)罢北京。至此，河南也完成了作为都城的历史使命。

北宋结束了唐朝后期藩镇割据以来的分裂局面，社会经济文化逐渐恢复发展并日渐繁荣，首都东京城不仅是当时中国政治、经济、军事、文化的中心，也成为当时东亚第一大都会。五代宋金时期，洛阳虽然仍是人们心目中的盛世之都，是学术的中心，但繁荣不及开封，北宋东京城无疑是这一时期都城模式的代表。

第一节 开封的水运中心地位与汴京营建

开封地处华北平原腹地、黄河下游南岸，自古便是水陆交通要冲。战国魏迁都于此并修鸿沟，将黄淮水系连接起来。隋炀帝开凿大运河，汴州位于沟通黄淮的通济渠的上游,水陆辐辏。唐代中期的两次漕运改革,使得汴州成为南北诸州物资转运的枢纽,安史之乱后宣武军节度使移治所于汴州,使得开封的位置日渐重要。907年,宣武军节度使朱温代唐建梁,以汴(今河南开封)为都。后晋、后汉、后周相继在此建都,称东京。后周世宗对东京城进行较大规模的兴筑。北宋承周旧制,更加重视城市的建设、河道的修浚。四河交错纵横于东京城内外,而以汴河最为重要,东京汴梁遂成为全国的政治经济中心,以及最繁盛的商业都市和国际贸易场所。

一、东京水运中心地位的确立

(一)成为中原水道枢纽

开封地处地势坦荡的华北平原腹地,自古便是水陆交通要冲。宋人秦观对此有精辟概括:“开封地平四出,诸道辐辏,南与楚境,西与韩境,北与赵境,东与齐境,无名山大川之限。而汴、蔡诸水参贯,巾车错毂,蹄踵交道,轴轳衔尾,千里不绝,四通五达之郊也。故其地利战,自古号为战场。”①

战国时开封曾是魏国的都城大梁。魏于公元前360年开鸿沟,以大梁为中心,将这一带原有的许多自然河流如济水、汝水、淮水、泗水、睢水、涡水等联结为水道交通网。正如《史记》所载:“荥阳下引河东南为鸿沟,以通宋、郑、陈、蔡、曹、卫,与济、汝、淮、泗会。”“此渠皆可行舟,有余则用溉浸,百姓飨其利。”②西汉时黄河屡次决口,以致“汴流东侵,日月益甚,水门故处,皆在河中,漭瀁广溢,莫测圻岸,荡荡极望,不知纲纪”③。至东汉王景治河时,汴河得以重新分离出来,发挥的作用也越来越大。胡渭《禹贡锥指》说:“王景修渠筑堤,自荥阳东至千乘海口千余里,则其所治者,即东汉以后大河之经流也。而史称修汴渠。……景从驾东巡至无盐……陶丘今定陶,无盐今东平,皆济水所经之地也。

① 〔明〕李濂撰,周宝珠、程民生点校:《汴京遗迹志》卷十八《艺文五》引宋秦观《安都》,中华书局1999年版,第339页。

② 〔汉〕司马迁:《史记》卷二十九《河渠书》,中华书局1963年版,第1407页。

③ 〔南朝宋〕范晔:《后汉书》卷二《显宗孝明帝纪》,中华书局1965年版,第116页。

二渠既修，则东南之漕，由汴入河，东北之漕，由济入河，舳舻千里，挽输不绝，京师无匮乏之忧矣。”曹魏也曾修治汴河、睢阳渠，通陈、蔡、汝、颍以至江、淮，可运兵运粮。南北朝时，桓温北伐、刘裕伐秦也都曾斩树穿道、更凿故渠，以开水路。北魏宣武帝时也曾“修汴蔡二渠，以通边运，公私赖焉”[①]。汴州日渐殷盛。

隋炀帝开大运河后，汴州的交通优势更为明显。“大梁襟带河、汴，控引淮、泗，足以禁制山东。”[②]“而其位置又与长安、洛阳同在一条东西轴线上，故西东两都之驿道东延至汴州，称为大路驿，为唐代全国交通网之总枢轴。”[③]安史之乱后，“天下以江淮为国命”[④]，于是联系政治中心与江淮地区的通济渠就越发重要。正所谓“汴水通淮利最多，生人为害亦相和。东南四十三州地，取尽脂膏是此河”[⑤]。

唐代中期的两次漕运改革，使处于运路咽喉的汴州取代洛阳成为水陆交通的枢纽。“大梁当天下之要，总舟车之繁，控河朔之咽喉，通淮湖之运漕。”[⑥]第一次是开元二十一年(733)的裴耀卿改革，实施江船不入河，河船不入洛的分段运输法。在节级取便的原则下，“置河阴县及河阴仓、河西柏崖仓、三门东集津仓、三门西盐仓。开三门山十八里，以避湍险。自江淮而溯鸿沟，悉纳河阴仓。自河阴送纳含嘉仓，又送纳太原仓，谓之北运。自太原仓浮于渭，以实关中”[⑦]。裴耀卿改革使洛阳以西的交通运输得到极大改善，“由江淮经运河北上的物资，便不须像以前那样先集中于洛阳，而可以一直运抵关中了。这在当日的经济地理上是一种很大的变动，因为运往关中的江淮物资既然不再像过去那样以洛阳为转运中心，洛阳的经济地位便不复如过去那样重要而日渐低落”[⑧]。第二次是安史之乱后代宗广德二年(764)开始的刘晏改革。他沿用裴耀卿改革的段运

---

① 〔北齐〕魏收：《魏书》卷六十六《崔亮列传》，中华书局 1974 年版，第 1477 页。

② 〔清〕顾祖禹撰，贺次君、施和金点校：《读史方舆纪要》卷四十七《河南二·开封府》，中华书局 2005 年版，第 2137 页。

③ 严耕望：《唐代交通图考》第六卷《河南淮南区》，上海古籍出版社 2007 年版，第 1793 页。

④ 〔清〕董诰等编：《全唐文》卷七百五十三杜牧《上宰相求杭州启》，中华书局 1983 年版，第 7806 页。

⑤ 〔清〕彭定求等：《全唐诗》卷五百零八李敬方《汴河直进船》，中华书局 1979 年版，第 5776 页。

⑥ 〔清〕董诰等编：《全唐文》卷七百四十刘宽夫《汴州纠曹厅壁记》，中华书局 1983 年版，第 7649 页。

⑦ 〔后晋〕刘昫等：《旧唐书》卷四十九《食货志下》，中华书局 1975 年版，第 2115 页。

⑧ 全汉昇：《唐宋帝国与运河》，商务印书馆 1946 年版，第 37 页。

法，将漕运全程分成四个运输段，并在扬州、汴口、河阴、渭口等河道交界处设仓贮粮以备转运，使“江船不入汴，汴船不入河，河船不入渭；江南之运积扬州，汴河之运积河阴，河船之运积渭口，渭船之运入太仓。岁转粟百一十万石，无升斗溺者。轻货自扬子至汴州，每驮费钱二千二百，减九百，岁省十余万缗”①。刘晏改革成就巨大，影响深远，使河阴、汴州完全取代洛阳成为新的南北诸州物资转运的枢纽，使得水陆所凑的开封继续发展，并逐渐发展为繁荣的经济都市。“河南，汴为雄郡，自江、淮达于河、洛，舟车辐辏，人庶浩繁”②，“实曰膏腴”③。早在玄宗天宝十四载（755），唐政府就在汴州设河南节度使，德宗兴元元年（784）驻军达十万以上的宣武军节度使治所从宋州迁至汴州。“今之天下之镇，陈留为大。屯兵十万，连地四州。”④此后汴州遂成为可以左右全国形势的雄镇。

（二）以东京为中心的水道网

梁王、宣武军节度使朱温于 907 年易唐建梁，史称后梁，升汴州为开封府，以为都。之后，后晋、后汉、后周相继在此建都，称东京。“按汴为京，虽自朱梁始，然朱全忠由此创业。”后周世宗对东京城进行了大规模的兴筑，扩建外城、街道，疏浚汴河、蔡河、五丈河等。整体上看，五代时的开封由于独特的区位优势，扼南北水路漕运中枢，已然是“华夷臻凑，水陆会通，时向隆平，日增繁盛”⑤，“辇毂之下，谓之浩穰，万国骏奔，四方繁会”⑥。于是，开封的地位超过洛阳，并取代洛阳成为名副其实的首都，洛阳实际上只是陪都。

北宋因周之旧，仍以汴州为都，漕运仍是北宋政权的命脉所在。东京城有 4 条河流穿城而过，据《东京梦华录》记载，这 4 条河“南壁曰蔡河，自陈蔡由西南戴楼门入京城辽绕，自东南陈州门出。……中曰汴河，自西京洛口分水入京城，

---

① 〔宋〕欧阳修、宋祁：《新唐书》卷五十三《食货志三》，中华书局 1975 年版，第 1368 页。

② 〔后晋〕刘昫等：《旧唐书》卷一百九十《文苑中》，中华书局 1975 年版，第 5037 页。

③ 〔后晋〕刘昫等：《旧唐书》卷六十四《高祖二十二子》，中华书局 1975 年版，第 2435 页。

④ 〔唐〕韩愈著，严昌校点：《韩愈集·外集》卷三《送汴州监军俱文珍序》，岳麓书社 2000 年版，第 441 页。

⑤ 〔清〕董诰等编：《全唐文》卷一百二十五周世宗《京城别筑罗城诏》，中华书局 1983 年版，第 1254～1255 页。

⑥ 〔清〕董诰等编：《全唐文》卷一百二十五周世宗《许京城街道取便种树掘井诏》，中华书局 1983 年版，第 1257 页。

东去至泗州入淮,运东南之粮,凡东南方物,自此入京城,公私仰给焉。……东北曰五丈河,来自济郓,般挽京东路粮斛入京城,自新曹门北入京。……西北曰金水河,自京城西南分京、索河水筑堤,从汴河上用木槽架过,从西北水门入京城"。这4条河流,在东京城周围构成了庞大的水利网,使东京城形成了"天下之枢"的地位。"国家都陈留,当四通五达之道,非若雍、洛有山川足恃,特倚重兵以立国耳。兵恃食,食恃漕运,以汴为主,汴带引淮、江,利尽南海。"[①]当时四通八达的河道中,以汴河最为重要。汴河横贯京城东西,不仅是当时京城漕运的主要通道,而且城内许多重要的街道与其交错,众多衙署和重要建筑沿河而建,在东京城的布局上也占据着重要地位。

汴河是流经东京城的第一大河流,东通泗州入淮,是北宋最为重要的交通大动脉,仅运输的粮食每年就达五六百万石,堪称北宋王朝的一条生命线。正如文献所载:"唯汴水横亘中国,首承大河,漕引江、湖,利尽南海,半天下之财赋,并山泽之百货,悉由此路而进。"[②]又如《宋史》载,(汴河)"岁漕江、淮、湖、浙米数百万石,及至东南之产,百物众宝,不可胜计。又下西山之薪炭,以输京师之粟,以振河北之急,内外仰给焉。故于诸水,莫此为重"。"汴河之于京城,乃是建国之本,非可与区区沟洫水利同言也。……大众之命,惟汴河是赖。"[③]汴河东西横穿东京城的外城和内城,共有4座水门。"(外城)东城一边,其门有四:东南曰东水门,乃汴河下流水门也……。西城一边,其门有四:从南曰新郑门;次曰西水门,汴河上水门也";"(内城)东壁其门有三:从南汴河南岸角门子……西壁其门有三:从南曰旧郑门,次汴河北岸角门子"[④]。上述4座水门,除穿过内城东墙的东角门子外,其余均已找到。20世纪80年代以来的考古工作也已探明了多段汴河故道,可大致勾勒出东京城内汴河故道的流向:自西北方的西水门即今开封西郊土城村南入东京外城,流向东偏南方向,由汴河西角门子即今小西门北侧入东京内城,向东至中山路的州桥遗址,再向东至汴河东角门子即

---

① 〔元〕脱脱等:《宋史》卷三百一十八《张方平列传》,中华书局1977年版,第10356页。

② 〔元〕脱脱等:《宋史》卷九十三《河渠志三》,中华书局1977年版,第2321页。

③ 〔明〕李濂撰,周宝珠、程民生点校:《汴京遗迹志》卷六《河渠二》引宋代张方平的《论汴河》,中华书局1999年版,第87页。

④ 〔宋〕孟元老原著,姜汉椿译注:《东京梦华录全译》卷一《东都外城》《旧京城》,贵州人民出版社2009年版,第1、4页。

今宋门南部出东京内城，折向东南至东水门即今火葬场大门西侧出东京外城，然后沿今惠济河北岸流向陈留等地。[①] 汴河上的桥梁，共有包括州桥、虹桥在内的 14 座。[②] 州桥又名天汉桥，是东京城内御街上横跨汴河的一座重要桥梁，州桥遗址已经探明。[③] 通过近年的考古调查，可推测出虹桥、横桥、西水门便桥、太师府桥、相国寺桥、上土桥、东水门便桥、顺城仓桥等桥梁的大致位置。[④]

蔡河，也叫闵河、惠民河，[⑤]是东京城仅次于汴河的第二大河流，横贯整个京城南部，能够沟通东南、西南的水路，是当时京城漕运的重要河道。《宋会要辑稿·方域》载：蔡河“贯京师，南历陈、颍，达寿春，以通淮右，舟楫相继、商贾毕至，都下利之”，年运输“六十万石”。[⑥] 蔡河进出东京城外城有 2 座水门。《祥符县志·蔡河》载，蔡河“其自尉氏北流，至汴京戴楼门东，由广利水门入城，名西蔡河，接闵水，缭绕城内。其从陈州门西普济水门出城，流经通许镇”。其中，上水门广利门位置已探明。20 世纪 80 年代以来的考古工作也已探明了东京城内蔡河故道的部分地段，结合文献记载，可大致勾勒出东京城内蔡河故道的流向：自广利水门即今开封南郊蔡屯村东南部入城，先向东北，然后折而向东，沿

---

① 开封市文物工作队：《河南开封市宋东京城内汴河故道的初步勘探与试掘》，《考古》1999 年第 3 期。

② 〔宋〕孟元老原著，姜汉椿译注：《东京梦华录全译》卷一《河道》，贵州人民出版社 2009 年版，第 5 页。汴河“自东水门外七里，至西水门外，河上有桥十三（此处误，应为十四）：从东水门外七里曰虹桥……次曰顺成仓桥，入水门里曰便桥，次曰下土桥，次曰上土桥，投西角子门曰相国寺桥，次曰州桥……西去曰浚仪桥，次曰兴国寺桥，次曰太师府桥，次曰金梁桥，次曰西浮桥，次曰西水门便桥，门外曰横桥”。

③ 李克修、董祥：《开封古州桥勘探试掘简报》，《开封考古发现与研究》，中州古籍出版社 1998 年版。

④ 开封市文物工作队：《河南开封市宋东京城内汴河故道的初步勘探与试掘》，《考古》1999 年第 3 期。

⑤ 〔元〕脱脱等：《宋史·地理志》载：“蔡河贯京师，为都人所仰，兼闵水、洧水、潩水以通舟。闵水自尉氏历祥符、开封合于蔡，是为惠民河。”清人徐松辑《宋会要辑稿·方域》亦载：惠民河“与蔡河一水即闵河也。建隆元年（960）始命右领军卫将陈承昭督丁夫导闵水，自新郑与蔡水合……于是以西南为闵河，东南为蔡河。至开宝六年（973）三月，始改闵河为惠民河”。明人李濂撰，周宝珠、程民生点校的《汴京遗迹志·河渠三》；清人周城的《宋东京考》也有类似记载。从上述记载可知，闵水和惠民河为一条河，蔡河和惠民河在东京附近连通，上段为惠民河，下段为蔡河，也可用一个名字称之。

⑥ 〔明〕李濂撰，周宝珠、程民生点校：《汴京遗迹志》卷六《河渠二》引宋代张方平的《论汴河》，中华书局 1999 年版，第 86 页。

着内城南墙外侧，相距约10～100米，至今西太平街东口处的北侧穿过中山路，再折而东南流，至外城的普济水门出东京城。蔡河上的桥梁，共有包括龙津桥在内的13座。① 龙津桥也是宋东京城内最著名的桥梁之一，位于内城正南门朱雀门外的蔡河与御街相交处，《湛渊静语》卷二说出丹凤门（朱雀门）“百步即龙津桥”。迄今已探明并基本确定了蔡河西水门和桥梁龙津桥的位置。②

五丈河，也叫广济河，是北宋东京城漕运四渠之一。自外城北壁永顺水门入城，向东经安远门前御道，至外城东壁善利水门出城，东北流经济州、郓州，汇入梁山泊，接济水。五代后周显德中始于京城西疏汴水入五丈河，以通京师东北漕运。宋建隆初在城西汴水上架槽引金水河东注为五丈河源，有宋一代屡加浚治，入金后湮废。五丈河通东方齐、鲁漕运，年运输六十二万石。“河上有桥五：东去曰小横桥，次曰广备桥，次曰蔡市桥，次曰青晖桥，染院桥。”③

金水河，也叫天源河。为解决五丈河及京城饮水的水源问题，建隆二年（961）凿渠引京水过中牟，抵东京城西，架设水槽跨过汴河，自外城西壁咸丰水门入外城，由天波门入皇城，东绕太庙，再向东汇入五丈河出城。金水河沿河“间作方井，宫寺民舍，皆得汲用”④。“河上有桥三：曰白虎桥、横桥、五王宫桥之类。”⑤

上述四河交错纵横于北宋东京城内外，形成了以开封为中心的水运网，这是封建王朝赖以生存的经济命脉。同时，地处中原的开封在陆路方面也四通八达：向西经洛阳可入陕西，再通甘肃、四川；向西南经许昌、邓州、襄阳，可通西南地区；向东经菏泽、济宁，可通山东半岛；向北经滑县、濮阳，可达河北。水陆都会的东京开封，成为全国的交通中枢。发达的水陆交通，使得原本就资用富饶

---

① 〔宋〕孟元老原著，姜汉椿译注：《东京梦华录全译》卷一《河道》，贵州人民出版社2009年版，第5页。蔡河上的桥“自陈州门里曰观桥，从北次曰宣泰桥，次曰云骑桥，次曰横桥子，次曰高桥，次曰西保康门桥，次曰龙津桥，次曰新桥，次曰太平桥，次曰粜麦桥，次曰第一座桥，次曰宜男桥，出戴楼门外曰四里桥”。

② 刘春迎：《宋东京城遗址内蔡河故道的初步勘探》，《开封考古发现与研究》，中州古籍出版社1998年版。

③ 〔宋〕孟元老原著，姜汉椿译注：《东京梦华录全译》卷一《河道》，贵州人民出版社2009年版，第5～6页。

④ 〔宋〕李焘：《续资治通鉴长编》卷七十二《真宗大中祥符二年》，中华书局1995年版，第1633页。

⑤ 〔宋〕孟元老原著，姜汉椿译注：《东京梦华录全译》卷一《河道》，贵州人民出版社2009年版，第6页。

的开封更加繁盛。正如宋人周邦彦《汴都赋》所描绘:“于是自淮而南,邦国之所仰,百姓之所输,金谷财帛,岁时常调,舳舻相衔,千里不绝。越舲吴艚,官艘贾舶,闽讴楚语,风帆雨楫。联翩方载,钲鼓镗铬,人安以舒,国赋应节。”北宋东京城成为“人口上百万,富丽甲天下”的国际大都会。

二、五代宋金时期开封的营建

(一)初具规模的五代东京城

东京开封府始自朱梁定都,但作为唐代中后期以来的军事重镇,开封城的营建早在唐德宗时期就受到重视。唐德宗建中二年(781),汴州刺史李勉,增“筑罗城”。这次增筑的外城,不甚规则,略呈正方形,[①]周回二十里一百五十五步,且将汴河围进城内。贞元十四年(798),宣武节度使董晋又增筑了两个水门,汴州城防得以完备。

后梁、后晋、后汉都以开封为都,但由于政局动荡、争战频繁、时间短暂等多种原因,三代在都城的营建方面均无建树。继起的后周,对东京城有较大规模的营建。后周建立的第二年即广顺二年(952)即下令修筑东京外城,春正月“壬戌,修东京罗城,凡役丁夫五万五千,两旬而罢”[②]。后周世宗显德二年(955)四月,为准备大规模兴筑东京城下诏:“东京华夷臻凑,水陆会通,时向隆平,日增繁盛。而都城因旧,制度未恢,诸卫军营,或多窄狭,百司公署,无处兴修,加以坊市之中,邸店有限,工商外至,亿兆无穷。僦赁之资,增添不定,贫阙之户,供办实艰。而又屋宇交连,街衢湫隘,入夏有暑湿之苦,居尝多烟火之忧。将便公私,须广都邑,宜令所司,于京城四面,别筑罗城。先立标帜,候将来冬末春初,农务闲时,即量差近甸人夫,渐次修筑,春作才动,便令放散。如或土功未毕,则迤逦次年修筑,所冀宽容办集,今后凡营葬及兴置宅灶并草市,并须去标帜七里

① 丘刚:《开封宋城考古述略》,《史学月刊》1999 年第 6 期。

② 〔宋〕薛居正等:《旧五代史》卷一百一十二《周书 · 太祖纪三》,中华书局 1976 年版,第 1479 页。

外。其标帜内,候官中擘画,定街巷军营仓场诸司公廨院务,了即任百姓营造。”[①]次年春正式开始修筑外城,正月“戊戌,发丁夫十万城京师罗城”[②]。由黄河淤积而成的开封本地土层不仅松软而且碱性比较大,不宜筑城,便“取郑州虎牢关土筑之”[③]。增修后的外城,“周四十八里二百三十三步”,坚密如铁。同年六月,针对城内街道管理也有具体规定:“辇毂之下,谓之浩穰,万国骏奔,四方繁会,此地比为藩翰。近建京都,人物喧阗,闾巷隘陋,雨雪则有泥泞之患,风旱则多火烛之忧。每遇炎蒸,易生疫疾。近者开广都邑,展引街坊,虽然暂劳,久成大利。朕昨自淮上回及京师,周览康衢,更思通济,千门万户,庶谐安逸之心,盛暑隆冬,倍减寒温之苦。其京城内街道阔五十步者,许两边人户,各于五步内取便种树掘井,修盖凉棚。其三十步以下至二十五步者,各与三步,其次有差。”[④]后周世宗时对东京城修筑是利用农闲季节渐次分类进行的,先在城的四面增筑外城,扩大城内面积。城内的建设,是制定规划,然后设立标帜,街巷道路、仓场、百司公署、诸卫军营等按照规划先建,之后市民可以在道路旁营造房屋。而坟墓、草市等则需在标帜 7 里以外,并进一步规范管理城内街道,改造城内原有街道。同时,疏浚汴河、蔡河、五丈河等,漕运可直达京城内。整修后的东京城,外城周长达 48 里,街道宽阔平坦,千门万户,人物喧阗,繁华日盛,正如文献所载:“华夷辐辏,水陆会通……工商外至,络绎无穷。”[⑤]

(二)北宋东京城的营建

北宋的东京开封是承继后周而来,又经过多次增修。规模最大的有三次,“大中祥符九年(1016)增筑,元丰元年(1078)重修,政和六年(1116),诏有司度国之南展筑京城,移置官司军营”[⑥]。

宫城也称皇城,在后周世宗营建的基础上,宋太祖于建隆三年(962)开始按

---

① 〔宋〕王钦若等:《册府元龟》卷十四《都邑二》,中华书局 1960 年版,第 167 页。
② 〔宋〕薛居正等:《旧五代史》卷一百一十六《周书 · 世宗纪三》,中华书局 1976 年版,第 1539 页。
③ 〔明〕李濂撰,周宝珠、程民生点校:《汴京遗迹志》卷一《宋京城》,中华书局 1999 年版,第 1 页。
④ 〔宋〕王钦若等:《册府元龟》卷十四《都邑二》,中华书局 1960 年版,第 167 页。
⑤ 〔宋〕王溥:《五代会要》卷二十六《城郭》,中华书局 1998 年版,第 320 页。
⑥ 〔元〕脱脱等:《宋史》卷八十五《地理志一》,中华书局 1977 年版,第 2102 页。

照洛阳宫殿的图样扩建宫城，第二年建设完成的宫城诸殿雄伟壮观。“广皇城东北隅，命有司画洛阳宫殿，按图修之，皇居始壮丽矣。”①且诸门与殿相望，“端直如引绳”②，无得辄差。扩建后的宫城城周只有5里，城内仅1条横街，相比唐洛阳宫城周“九里三百步”、城内有两条横街，规模小了不少。真宗大中祥符五年（1012）将原来版筑的皇城土城墙改为砖砌，这也是三道城墙中仅有的一道砖墙。

徽宗政和三年（1113）再次扩建宫城。将原来宫城北拱宸门外的内酒房、裁造院、鞍辔库、军营、寺院等迁走，在拱宸门外至旧城北墙之间，营建园林式宫殿群延福宫，号“延福五位”。延福宫比宫城略小，东西围墙各开一门，分别与皇城的东、西华门相平行。延福宫内有7座大殿，两侧配阁，垒石为山，山上建亭阁，凿池为海，疏泉为湖，湖海之上亦建亭舍，珍禽异兽、嘉木名花布置其中。后来又向北跨旧城修建了“延福第六位”。宫外浚壕曰景龙江，其上建景龙门桥、天波门桥。又继续向东过景龙门至封丘门。景龙江两岸也分布着殿宇，楼观参差，林麓茂畅，十分秀美。

东京的内城即唐李勉筑的旧城，宋代屡有修筑。外城即后周世宗所建的罗城，宋代对外城屡有增筑。宋真宗大中祥符九年开始耗时三年展筑外城。神宗熙宁八年（1075）重修，亦费时三年，役卒万人，费工约四百万。展筑后的外城比北周时又有扩大，周长达五十里一百六十五步，城高四丈、宽五丈九尺。为了加强外城的防御作用，又在四面增筑敌楼、瓮城、马面等城防设施，并浚治城壕。宋敏求《东京记》载：“始四面为敌楼，作瓮城及浚治濠堑。”城墙外距城壕空十五步，内空十步。元丰七年（1084），又买木修置京城四御门及诸瓮城门，封筑团敌马面。徽宗政和六年，为了给诸王建筑馆第，诏有司度国之南，展筑京城，移置官司军营。改建后的城墙，“凡周旋数十里，一撤而方之如矩”③。北宋东京城，有高墙，也有深池。城墙外有护城河（也叫护龙河），屡经疏浚。至哲宗时，城壕深二丈五尺，宽比汴河都要阔得多，达二百五十一步。城壕两岸植杨柳。

---

① 〔元〕脱脱等：《宋史》卷八十五《地理志一》，中华书局1977年版，第2097页。

② 〔宋〕邵伯温：《邵氏闻见录》卷一，中华书局1983年版，第5页。

③ 〔宋〕岳珂：《桯史》卷一《汴京故城》，文渊阁《四库全书》版。

“壕之内外，皆植杨柳，粉墙朱户，禁人往来。”[①]整修后的城内街道宽阔整齐，以御街最为壮观。御街“自宣德楼一直南去，约阔二百余步，两边乃御廊……各安立黑漆杈子，路心又安红漆杈子两行，中心御道，不得人马行往，行人皆在廊下朱漆杈子之外。杈子里有砖石甃砌御沟水两道，宣和间尽植莲荷，近岸植桃李梨杏，杂花相间，春夏之间，望之如绣”[②]。其他道路宽四十步、二十四步、二十步不等，道路两旁，“各植榆柳成阴”[③]。

宋徽宗时听信方士所言，修建了艮岳。据张淏《艮岳记》载“京城东北隅地协堪舆，但形势稍下，倘少增高之，则皇嗣繁衍矣”，于是命人在内城的东北部以人工筑万岁山。筑成后更名为艮岳，最高峰高九十步，山周四十余里。山上筑有亭台楼阁，山下凿有池沼。宋廷曾以“花石纲”的形式从南方搜罗大批奇花异草、怪石珍禽放置园中，“山林岩壑日益高深，亭榭楼观不可胜纪，四方花竹奇石，咸萃于斯，珍禽异兽，无不毕有矣”，“凡天下之美，古今之胜在焉”[④]。

几经增筑，北宋东京开封城形成了宫城、内城、外城三重城垣相套，外围环绕护城河的布局。开封城外，还有金明池、琼林苑等皇家苑囿。城外也分布有店肆、官私手工业作坊，真宗大中祥符年间在城外增设八厢（以后增为九厢），管理十四坊。

北宋东京城毁于金兵入侵。靖康之变时，金军填平城壕，砸毁城楼，攻进城后，大肆劫掠金银、锦帛、马匹、书画等财物，酒匠、木匠、石匠、画匠等技术工匠和各种伎艺等人口，以致城内民众“刎缢相寻”，加之疫死者、忧饿而死者，“日以万计”。遭受重创的东京城日渐衰落。南宋绍兴九年、金天眷二年（1139），郑刚中为枢密行府参谋出谕京陕，路过东京城时，见到的东京城一派萧然。其《西征道里记》载：“京师旧城外，不复有屋。自保康门外西至太学，道无数家，太学止廊庑，败屋中存敦化堂，堂榜犹在，兵卒杂处其上，而牧彘于堂下。国子监令以

① 〔宋〕孟元老原著，姜汉椿译注：《东京梦华录全译》卷一《东都外城》，贵州人民出版社 2009 年版，第 1 页。

② 〔宋〕孟元老原著，姜汉椿译注：《东京梦华录全译》卷二《御街》，贵州人民出版社 2009 年版，第 21 页。

③ 〔宋〕孟元老原著，姜汉椿译注：《东京梦华录全译》卷一《东都外城》，贵州人民出版社 2009 年版，第 1 页。

④ 〔明〕李濂撰，周宝珠、程民生点校：《汴京遗迹志》卷四《山岳》，中华书局 1999 年版，第 56、60 页。

养太学生，具窗壁略如学校。都亭驿东偏厅事栋牌，尚是伪齐年号。糊窗用举人试卷，见当是试题及举人文字，专用本朝庙讳。琼林苑北人尝以为营，至今围以小小城。金明池断栋颓壁，望之萧然。”

（三）金南京城的营建

金设五京之制，贞元元年，完颜亮迁都燕京后，改元贞元，改开封为南京。“改燕京为中都，府曰大兴，汴京为南京，中京（大定府，今内蒙古宁城西大明城）为北京。”[①]并“削上京之名，止称会宁府”，“而东京辽阳府、西京大同府如旧”[②]。金主完颜亮为了加强对中原的控制，积极为灭南宋做准备，开始营建南京开封。完颜亮为修复被焚毁的开封城，大兴土木，耗费了大量人力物力。“至营南京宫殿，运一木之费至二千万，牵一车之力至五百人。宫殿之饰，遍傅黄金而后间以五采，金屑飞空如落雪。一殿之费以亿万计，成而复毁，务极华丽。”[③]“成而复毁”，指的是贞元三年（1155）修复中的宫城失火，“南京大内火”。“正隆三年（1158），诏左丞相张浩、参知政事敬嗣晖营建南京宫室。”南京宫室营建时，有使臣来视察，“海陵时时使宦者梁珫来视工役，凡一殿之成，费累巨万”[④]。正是“殚民力如马牛，费财用如土苴”[⑤]。金世宗在位时，也曾扩修内城、增筑宫室。经过多次营建的金都南京开封城，规模宏大，手工业、商业也逐渐有所恢复。“皇宫范围也比北宋将近大了一倍，周围九里十三步”，人口也增至100多万。[⑥]

金对开封的营建，仅限于宫城内的部分，其他尚未能顾及，外城仍是荒芜残破。南宋楼钥于乾道五年（1169）随舅父贺正旦使汪大猷出使金朝，路经开封时见到的情景可为佐证。（十二月）“九日庚寅……道傍多陂塘，路颇迂回，古冢相望，发掘无遗……上马入东京城，改曰南京。新宋门旧曰朝阳，今曰弘仁，城楼雄伟，楼橹壕堑壮且整。……城外人物极稀疏……城里亦凋残。……望见婆台寺塔，云城破之所，街北望见景德、开宝寺二塔并七宝阁寺、上清储祥宫，颓毁已

---

① 〔元〕脱脱等：《金史》卷五《海陵本纪》，中华书局1975年版，第100页。
② 〔明〕陈邦瞻：《宋史纪事本末》卷七十四，中华书局1977年版，第771页。
③ 〔元〕脱脱等：《金史》卷五《海陵本纪》，中华书局1975年版，第117页。
④ 〔元〕脱脱等：《金史》卷八十三《张浩列传》，中华书局1975年版，第1863页。
⑤ 〔元〕脱脱等：《金史》卷五《海陵本纪》，中华书局1975年版，第117页。
⑥ 单远慕：《金代的开封》，《史学月刊》1981年第6期。

甚,金榜犹在。……入旧宋门……都人列观,间有耆婆服饰甚异,戴白之老,多叹息掩泣。……相国寺如故,每月亦以三、八日开寺……横过大内前,逆亮(即海陵亮)时大内以遗火殆尽,新造一如旧制,而基址并州桥稍移向东。……入都亭驿,五代上元驿基。本朝以待辽使,犹是故屋,但西偏已废为瓦子矣"。次年,范成大使金亦经过开封,(八月)"入都亭驿歇泊。旧京自城破后,疮痍不复。炀王亮徙居燕山,始以为南都。独崇饰宫阙,比旧加壮丽,民间荒残自若。新城(即外郭城)内大抵皆墟,至有犁为田处。旧城(即里城)内粗有市肆,皆苟活而已。四望时见楼阁峥嵘,皆旧宫观、寺宇,无不颓毁。……民亦久习胡俗,态度嗜好与之俱化。……最甚者,衣装之类,其制尽为胡矣。自过淮已北皆然,而京师尤甚"①。再见旧日国都,但见颓垣荒墟,物是人非,陨涕不自胜者,远不止列出的二位。

金宣宗贞祐二年,将国都由中都(燕京)迁往南京开封。天兴二年(1233)四月,开封城被元军攻破,第二年金朝灭亡。汴京"荆棘遗骸,交午道路,止存民居千余家,故宫及相国寺佛阁不动而已"②。元末,红巾军在开封建都一年。明初,开封曾为陪都,后为周王府。之后经过明清时期多次大水冲刷,昔日繁华的开封城湮没于泥沙之下。

三、都城由洛阳向开封的转移

(一)五代的国都抉择

洛阳经过唐代中期安史之乱的摧残日渐衰落,又经过唐末的黄巢起义及藩镇混战,残破不堪。朱温为了使洛阳重具帝都气象,逼唐昭宗"车驾幸洛阳"③,于天祐元年(904)"率诸道丁匠财力,同构洛阳宫,不数月而成"④。洛阳宫殿得以修复,基本保持完整。五代时期,定都洛阳的只有后唐一朝。后梁晚期、后晋

① 〔宋〕范成大:《揽辔录》,《范成大笔记六种》,中华书局 2002 年版,第 12 页。
② 〔宋〕周密撰,张茂鹏点校:《齐东野语》卷五《端平入洛》,中华书局 1983 年版,第 78 页。
③ 〔后晋〕刘昫等:《旧唐书》卷二十《昭宗本纪上》,中华书局 1975 年版,第 778 页。
④ 〔宋〕薛居正等:《旧五代史》卷二《梁书 · 太祖纪二》,中华书局 1976 年版,第 34 页。

初期也一度短暂建都洛阳，后迁往开封。“洛阳，梁、唐、晋、汉、周常以为都。唐故为东都。梁为西都。后唐为洛京。晋为西京，汉、周因之。”[①]五代时期的洛阳，仍占有重要地位。

907年朱温代唐之后，仍常驻洛阳，但因为汴州是“兴王之地”的特殊地位而以开封为都。朱温在即位诏书中说得很清楚：“古者兴王之地，受命之邦，集大勋有异庶方，沾庆泽所宜加等。故丰沛著启祚之美，穰邓有建都之荣，用壮鸿基，且旌故里，爰遵令典，先示殊恩。宜升汴州为开封府，建名东都。”[②]以原宣武军节度使衙署为建昌宫，制定了宫殿、诸门名称。同时以洛阳为西都，降长安为雍州。二年之后，朱温迁都洛阳，仅三年即死于宫廷政变。乾化三年（913），东京留守朱友贞即帝位，拒绝去洛阳即位，因为开封不仅是“兴王之地”，而且“居天下之冲”，政治、军事各方面都更加便利，仍定都东京开封。“夷门（汴州），太祖创业之地，居天下之冲，北拒并、汾，东至淮海，国家藩镇，多在厥东，命将出师，利于便近，若都洛下，非良图也。”[③]

923年李存勖在魏州称帝，改元同光，奉唐朝为正朔，沿用“唐”国号，同年底灭后梁，改都洛阳，取消开封朱梁时代的诸殿宇牌额。庄宗新建了长寿殿、临芳殿、长春殿、清暑楼等殿宇，但此时洛阳的漕运条件已经恶化，很难满足京师的庞大需求，很快就出现了“州郡飞挽，旋给京师……辇运艰难，愁叹之声，盈于道路”的情况，甚至有官员建议“且幸汴州，以便漕挽”[④]。说明在后唐时，洛阳的漕运远不如开封便利。同光四年（926），庄宗派李嗣源率兵攻讨魏州军乱，李嗣源遭遇兵变，想要回京请罪时，旗下骁将、女婿石敬瑭建议攻取汴州谋求自立：“夷门（开封），天下之要害也，得之可以成事。”李嗣源采纳了石敬瑭占领开封的建议，恢复被庄宗取消的诸殿门牌额，并修葺衙署，为其后来打败庄宗自己称帝打下了坚实基础。待石敬瑭建后晋后，最终也定都于“天下之要害”开封。

936年石敬瑭在太原称帝，改元天福，国号晋，史称后晋，同年底灭后唐，以洛阳为都。范延光在魏州聚卒缮兵，想要叛乱。桑维翰于天福二年（937）三月上书石敬瑭：“大梁北控燕、赵，南通江、淮，水陆都会，资用富饶。今延光反形已

① 〔宋〕欧阳修：《新五代史》卷六十《职方考》，中华书局1974年版，第737页。
② 〔宋〕薛居正等：《旧五代史》卷三《梁书·太祖纪三》，中华书局1976年版，第48页。
③ 〔宋〕薛居正等：《旧五代史》卷八《梁书·末帝纪上》，中华书局1976年版，第115页。
④ 〔宋〕薛居正等：《旧五代史》卷三十三《唐书·庄宗纪七》，中华书局1976年版，第463页。

露,大梁距魏不过十驿,彼若有变,大军寻至,所谓疾雷不及掩耳也。"①建议以洛阳漕运有阙为托词,东巡汴州。石敬瑭采纳了这个建议,下诏巡幸汴州:"念京城俶扰之后,属舟船焚爇之余,馈运顿亏,支费殊阙。将别谋于飞挽,虑转困于生灵,以此疚心,未尝安席。今以夷门重地,梁苑雄藩,水陆交通,舟车必集,爰资经度,须议按巡,宁免暂劳,所期克济,取今月二十六日巡幸汴州云。"②诏书中比较了洛阳和开封的漕运条件,突出了开封的交通优势。天福三年(938)升汴州为东京开封府,迁都开封,以洛阳为西京。迁都诏书再次对洛阳和开封做了比较,强调迁都至漕运更为便利的开封的原因:"建都之法,务要利民。历考前经,朗然通论,顾惟凉德,获启丕基。当数朝战伐之余,是兆庶伤残之后,车徒既广,帑廪咸虚。经年之挽粟飞刍,继日而劳民动众,常烦漕运,不给供须。今汴州水陆要冲,山河形胜,乃万庾千箱之地,是四通八达之郊。爰自按巡,益观宜便,俾升都邑,以利兵民。汴州宜升为东京,置开封府……洛京改为西京。"③

947 年,后晋的河东节度使刘知远在太原称帝,次年改元乾祐,国号汉,是为后汉。不久攻克开封后,因为开封处水陆要冲利于转漕,定都于东京开封。"浚都重地,汴水名区,控襟带于八方,便梯航于万国,眷言王气,允称皇居,其汴州宜仍旧为东京。"④隐帝时辽兵入寇,后汉的开国功臣郭威奉命抗辽,至澶州时被将士裂黄旗披身。951 年郭威即皇帝位,改元广顺,国号周,史称后周,亦定都开封。后周对开封进行了大规模的营建。

五代建都或洛阳或开封,多有反复。但终因都洛困难重重,都汴诸多便利,都洛的传统逐渐被放弃,开封的都城地位最终被确定,且历后汉、后周而不再变动。历史上一个政权对首都位置的选择,很大程度上可以反映当时的自然和人文环境。⑤ 尽管后晋末年契丹军曾攻入开封,文物图籍、方技百工被劫掠一空,后汉末年郭威攻入开封,也曾纵兵剽掠二日,"诸军大掠,烟火四发"⑥,但并未

---

① 〔宋〕司马光编著,〔元〕胡三省音注:《资治通鉴》卷二百八十一《后晋纪二》,中华书局 1976 年版,第 9172 页。

② 〔宋〕薛居正等:《旧五代史》卷七十六《晋书·高祖纪二》,中华书局 1976 年版,第 997~998 页。

③ 〔宋〕薛居正等:《旧五代史》卷七十七《晋书·高祖纪三》,中华书局 1976 年版,第 1020 页。

④ 〔清〕董诰等编:《全唐文》卷一百二十刘知远(后汉高祖)《至东京大赦文》,中华书局 1983 年版,第 1214 页。

⑤ 邹逸麟:《中国历史人文地理》,科学出版社 2001 年版,第 100 页。

⑥ 〔宋〕薛居正等:《旧五代史》卷一百一十《周书·太祖纪》,中华书局 1976 年版,第 1455 页。

影响代后晋的后汉、代后汉的后周继续以开封为都城。在全国政治、经济、军事、交通新格局形成的过程中，五代成为中国古代都城史的一个重要变化时期，开封开始作为封建正统王朝的首都而兴起，洛阳继续其陪都地位，而昔日名都长安从此失去都城地位，降为一个地方性城市。

（二）北宋时对择都的争论

960年，后周诸将发动陈桥兵变，拥赵匡胤为帝，改元建隆，国号宋，是为北宋，以开封为都，以洛阳为西京。北宋虽定都开封，但择都的争论自太祖时即已存在。太祖赵匡胤生于洛阳，曾想迁都洛阳，并将皇陵建于河南巩义。开宝九年(976)三月，太祖来到西京洛阳，见宫室壮丽，十分高兴，于是就想迁都，这也引起了朝臣们的争论。"上生于洛阳，乐其土风，尝有迁都之意。始议西幸，起居郎李符上书，陈八难……上不从。既毕祀事，尚欲留居之，群臣莫敢谏。铁骑左右厢都指挥使李怀忠乘间言曰：'东京有汴渠之漕，岁致江淮米数百万斛，都下兵数十万人，咸仰给焉。陛下居此，将安取之？且府库重兵，皆在大梁，根本安固已久，不可动摇。'"上亦不从，其他大臣没再多说。太祖的弟弟晋王光义叩头切谏。太祖说："吾将西迁者无它，欲据山河之胜而去冗兵，循周、汉故事，以安天下也。"晋王又曰："在德不在险。"太祖当时没说什么，待晋王出去后，太祖对左右说："晋王之言固善，今姑从之。不出百年，天下民力殚矣。"[①]晋王所谓的"在德不在险"，强调的是宋政权应以德政立国，而不是以地为险。几个月之后宋太祖驾崩，晋王即皇帝位，迁都之说便被搁置。

宋太祖欲迁都洛阳，固然有生于洛阳，且洛阳形胜有险可依、宫室壮丽等因素，更主要是由于若以开封为都，除交通便利、物资供应较为理想的有利因素之外，同时有许多不利的因素，比如：开封处于河流冲击汇聚之地，易遭洪水俯灌；低洼易涝的开封周边多形成盐碱地，经济发展不足以支撑都城的庞大需求，仍主要靠漕运，由江淮地区财赋支撑；开封平畴沃野、无险可守，必须以兵为险，常以重兵防守，有宋一代，多达四十万人，消耗巨大，负担沉重。

直到真宗、仁宗时期仍有迁都的争论。范仲淹提出："洛阳险固，而汴为四

---

① 〔宋〕李焘：《续资治通鉴长编》卷十七《宋纪八》，中华书局1995年版，第369页。

战之地,太平宜居汴,即有事必居洛阳。当渐广储蓄,缮宫室。"①秦观不同意这种说法:"开封地平四出,诸道辐辏……无名山大川之限。而汴、蔡诸水参贯,巾车错毂,蹄踵交道,轴轳衔尾,千里不绝,四通五达之郊也。故其地利战,自古号为战场。……本朝惩五季之弊,举天下之兵宿于京师,名挂于籍者号百余万。而衣食之给,一毫已上,皆仰县官。又非若府兵之制一寓之于农也,非都四通五达之郊,则不足以养天下之兵。此所谓以兵为险者也。夫以兵为险者,不可以都周雍,犹以地为险者,不可以都梁也。"②章俊卿在《三都论》中说:"德刑兼修,战守两备,宿重兵于京师,强干弱枝以镇服夷夏,而指踪英雄以赴其功,则舍大梁莫便也。朱梁而下以迄于宋,仍都大梁,亦势或然也。"

朝廷虽未迁都,但对西京洛阳的城郭、宫室、漕渠等也修缮多次。徽宗政和元年(1111)营缮西京宫城,至政和六年(1116)才完工。"政和间,议朝谒诸陵(巩义宋太祖陵),敕有司预为西幸之备,以蔡攸妻兄宋昪为京西都漕,修治西京大内,合屋数千间,尽以真漆为饰,工役甚大,为费不赀。"③用人数以万计,"所募多至三万人","以备缮完城垒之役"。北宋对西京的营缮主要是对宫城进行了大规模的修葺,《玉海·宫室》载"宫室合九千九百九十余区"。考古发现的宋代西京晚期宫殿遗址规模十分宏伟,殿址基础东西残长 40 米,南北残宽 31 米,殿址偏南部分为面阔 19 间,偏北部分为面阔 11 间,进深则至少为 7 间。此殿址北约 50 余米处,另有大型殿址,分为东西两区,南北长 75 米,东西宽 83 米,中间带有天井。④ 另一处位于宫城中部偏西的殿址,复原后主殿平面为长方形,东西长 93.42 米,面阔 23 间;南北宽不少于 44.8 米;进深不少于 12 间。⑤

北宋时的洛阳,仍然具有相当宏大的规模,尤其是西京园林名著当时。北宋名臣李格非游洛阳,著有《洛阳名园记》,记有名园 19 座。"唯有牡丹真国色,花开时节动京城",唐代以来的传统延续至北宋依然如此。天王院花园子内有

---

① 〔元〕脱脱等:《宋史》卷三百一十四《范仲淹列传》,中华书局 1977 年版,第 10269 页。

② 〔明〕李濂撰,周宝珠、程民生点校:《汴京遗迹志》卷十八《艺文五》引宋秦观《安都》,中华书局 1999 年版,第 339~340 页。

③ 〔元〕脱脱等:《宋史》卷八十五《地理志一》,中华书局 1977 年版,第 2104 页。

④ 中国社会科学院考古研究所洛阳唐城队:《河南洛阳市唐宫中路宋代大型殿址的发掘》,《考古》1999 年第 3 期。

⑤ 中国社会科学院考古研究所洛阳唐城队:《河南洛阳市中州路北唐宋建筑基址发掘简报》,《考古》2005 年第 2 期。

牡丹数十万株,“至花时,张幕幄,列市肆,管弦其中。城中士女,绝烟火游之”①。

北宋时的西京洛阳,学术氛围十分浓厚,许多逸老名臣、文人学士云集洛阳,《宋史·儒林传》中的名生大儒,十有七八都与洛阳有关。丞相吕蒙正、富弼等都是西京洛阳人,丞相张齐贤罢相后至西京洛阳居住,司马光在王安石变法期间寓居洛阳,文彦博罢相后出任西京留守,欧阳修、苏辙被贬职后任洛阳推官,理学家邵雍、张载、程颐、程颢等荟萃洛阳讲学著书。西京洛阳还设有最高学府国子监。北宋西京洛阳,在文学、史学、理学等方面都取得了重大成就,可以说,西京洛阳是北宋学术文化的中心。

尽管西京洛阳仍有王都风范,但北宋对于择都的争论表明,北宋定都开封最关键的原因就在于其具备便利的水陆运输条件。经北宋 160 多年的不断营缮增修,开封终于取代洛阳的地位,发展成为人口百万、八荒争辏、万国咸通的东亚第一大都会。

第二节 繁华竞逐:里坊的全面崩溃与都城经济的活跃

终北宋一朝,也未能实现真正的统一,但北宋相对统一、安定的局面仍极大地促进了社会经济的发展。北宋统治者进一步加强了专制主义中央集权,采取“守内虚外”的布兵原则,使得都城开封具有浓厚的防御特色。作为北宋王朝国都的东京开封,经过宋太祖、宋太宗等九帝 168 年的大力营建,城市经济有了突破性发展,如都城开封的坊、市被打破,到处都是沿街商铺,市集普遍出现,还打破了宵禁,出现了夜市和早市等。随着社会经济的发展,北宋东京的文化教育获得进一步发展,文学艺术更加繁荣,科学技术有显著进步,对外交往也得到积极加强,东京开封不仅成为当时全国政治、经济中心,而且是一座八荒争辏、万国咸通的国际繁华大都市。

---

① 〔宋〕李格非:《洛阳名园记》之《天王院花园子》,文渊阁《四库全书》版。

一、城郭布局

（一）坚壮雄伟的外城

北宋东京城分为内外三重，由外城、内城和皇城组成，外城城墙之外还辟有护城壕。外城也称新城或罗城，北宋在后周时期增筑的外城的基础上多次重修和扩筑，其高际天，坚壮雄伟，是东京城的第一道防御屏障。宋神宗时外城扩展至五十里一百六十五步。外城城墙高四丈，广五丈九尺。文献记载中的东京外城，城高壕阔，城门除四正门外，皆为瓮城，城墙上密置马面等防御工事，有很强的军事色彩。始于 1981 年的外城考古勘探工作也证明了这一点。外城四面城墙在今开封现存的明清城墙外 1300～2000 米，整体呈南北稍长、东西略短的长方形。四面城墙基本呈直线，东、西墙中段稍内弧，墙宽 10～20 米，西南角处宽达 24 米。东墙长约 7660 米，西墙长约 7590 米，南墙长约 6990 米，北墙长约 6940 米，周长约为 29180 米，约折合宋里 52 里。城墙为夯筑，剖面呈上窄下宽的梯形，顶部残宽 4 米，底部宽 34.2 米，残高 8.7 米。[①] 护城壕仅发现了西墙外侧的部分地段。壕沟截面呈斗状，上口宽约 30 米，底宽约 13 米，深约 6.5 米，两壁为斜坡式夯土。护城壕的护坡位于壕沟东西两侧，为灰色杂土夯筑而成，厚约 7 米。城壕走向与城墙一致，两边岸上，分别是两条道路。城壕与城墙之间的道路宽约 15 米。[②]

外城四面辟有城门 12 座、水门 6 座，大部分门都有俗名。《宋史·地理志·京城》的记载漏了西垣最北端的金耀门，加上之后，即南面 3 门，中曰南熏，东曰宣化（俗称陈州门），西曰安上（俗称戴楼门）；东面 2 门，南曰朝阳（俗称新宋门），北曰含辉（俗称新曹门）；北面 4 门，中曰通天（俗称新酸枣门），次东曰景阳（俗称封邱门），再东曰永秦（俗称陈桥门），西曰安肃（俗称卫州门）；西面 3

---

① 开封宋城考古队：《北宋东京外城的初步勘探与试掘》，《文物》1992 年第 12 期。

② 刘春迎：《北宋东京城研究》，科学出版社 2004 年版，第 109 页。开封市文物工作队：《北宋东京城外城城壕护坡勘探简报》，《华夏考古》2007 年第 3 期。

门,中曰开远(俗称万胜门),南曰顺天(俗称新郑门),北曰金耀(俗称固子门)。城门又有正门和偏门之分,形制也不相同。供皇帝出入的京城四正门,即"南薰门、新郑门、新宋门、封丘门皆直门两重",其余均属偏门,皆"瓮城三层,屈曲开门"①。《汴京遗迹志》也记载:"外门正门即为方城,偏门即为瓮城。"到徽宗时,四正门也加筑瓮城。进入城门,需要"先入瓮城,上设敌楼,次一瓮城有楼三间,次方入大城,下列三门,冠以大楼"。外城的北墙破坏严重,南墙发现 1 个瓮城遗址和 2 个缺口,东墙上发现 2 个瓮城遗址,西墙上发现 2 个瓮城遗址和 3 个缺口,三面城墙先后共找到缺口 10 处,其中 5 处有瓮城遗址。

按《东京梦华录》所记:"新城南壁,其门有三:正南门曰南薰门;城南一边,东南则陈州门,傍有蔡河水门;西南则戴楼门,傍亦有蔡河水门。"南薰门是外城的正南门,是当时外城最重要的城门之一。考古发现的南墙上的瓮城就是南薰门,略作长方形,东西宽 130 米,南北长 80 米,墙厚约 15 米,中部开门,宽达 75 米。发现的 2 个缺口,第一个是蔡河上水门,第二个是戴楼门,宽约 95 米。

"东城一边,其门有四:东南曰东水门,乃汴河下流水门也……;次则曰新宋门;次曰新曹门;又次曰东北水门,乃五丈河之水门也。"考古发现东墙上有 2 处瓮城遗址。一个是汴河下水门附近的拐子城,呈南北长 130 米、东西宽 100 米的长方形,墙宽 20 米,最宽处达 28 米,瓮门在瓮城中部,与城墙缺口相对,二者均宽约 35 米。另一个是新曹门,平面呈半圆形,瓮圈南北长 50 米,东西宽 108 米,墙宽约 15 米,瓮门朝南偏开。

"西城一边,其门有四:从南曰新郑门;次曰西水门,汴河上水门也;次曰万胜门;又次曰固子门;又次曰西北水门,乃金水河水门也。"西墙上发现有 2 个瓮城遗址和 3 个缺口。一个瓮城是文献记载"直门两重"的新郑门,平面呈南北长约 160 米、东西宽约 100 米的长方形,墙宽 10~20 米,门开在中部,被瓮城包围的城门宽约 30 米。新郑门中间的道路是专供皇帝巡行的京城四御路之一。另一个瓮城是与东墙汴河水门相对应的万胜门,平面半圆形,南北长 105 米,东西宽 60 米,门宽 19 米,朝北偏开,被瓮墙包围的城门宽约 40 米。第一个缺口是汴河上水门,平面呈对称的曲尺形,宽约 25 米,上端仅宽 7 米,下端宽 35 米。第二

---

① 〔宋〕孟元老原著,姜汉椿译注:《东京梦华录全译》卷一《东都外城》,贵州人民出版社 2009 年版,第 1 页。

个缺口是金耀门,宽约65米,具体形制不详。第三个缺口是金水河门,宽约85米,很可能也是曲尺形。

"北城一边,其门有四:从东曰陈桥门;次曰封丘门;次曰新酸枣门;次曰卫州门。"北墙损毁严重,考古工作没能找到门址。东京城门的俗称,往往表达了此门与附近州、市、县、镇的某种交通联系,含有地理的意义。比如由陈州门可通陈州(治今河南周口市淮阳区),新宋门可抵宋州(治今河南商丘市南),新曹门可达曹州(治今山东菏泽市),新郑门可通郑州(治今河南郑州市),万胜门可通万胜镇(今河南中牟县北),陈桥门可通陈桥镇(在今河南原阳县西南),封丘门可通封丘(治今河南封丘县),酸枣门可通酸枣县,卫州门可通卫州。

(二)内城和皇城

内城在外城的中央,也称阙城,或称里城、旧城,集中分布着中央衙署、寺院宫观和商业场所,是东京城最繁华的区域,也是东京城防御的第二道屏障。内城是在后周里城的基础上修建起来的,周围二十里一百五十五步。内城的考古勘探工作始于20世纪80年代末,由于内城与今开封城区完全重叠,受地面建筑和地下管网设施的影响,内城的考古工作总是零星进行,但仍然已初步探明了其位置、形制、范围、部分门址和水门位置等,以及内城城墙的年代和结构。[①]内城东西墙与现存明清城墙基本重叠,准确长度无法确定,西墙部分地段残高达8.2米,底部有厚约30厘米的砖瓦层作基础。南墙和北墙受破坏严重,略呈直线,与今开封城墙的南北两墙基本平行。南墙在今大南门北约300米处的东西一线,已探明地段约2100米,墙基残高0.6~1.8米、残宽3~10米。北墙在龙亭大殿北约500米处的东西一线,部分被金皇宫北墙、明周王府萧墙北墙叠压,已探明地段长1400米,墙基残高0.5~1.2米,残宽不足5米。内城整体为东西稍长、南北略短的正方形,方向与外城基本一致,周长约11550米,折合宋里为20.63里,与文献记载大致吻合,较明清开封城略小。

内城有10座城门和2座水门,其中南、北各3座城门,东、西各2座城门和1座水门。《宋会要辑稿·方域》载:"旧城周回二十里一百五十五步……国朝以来号曰阙城,亦曰里城。南三门:中曰朱雀……东曰保康……西曰崇明……

---

① 开封宋城考古队:《北宋东京内城的初步勘探与测试》,《文物》1996年第5期。

东二门:南曰丽景……北曰望春……西二门:南曰宜秋……北曰阊阖……北三门:中曰景龙……东曰安远……西曰天波。"《东京梦华录》中也记有:"旧京城方圆约二十里许。南壁其门有三:正南曰朱雀门,左曰保康门,右曰新门。东壁其门有三:从南汴河南岸角门子,河北岸曰旧宋门,次曰旧曹门。西壁其门有三:从南曰旧郑门,次汴河北岸角门子,次曰梁门。北壁其门有三:从东曰旧封丘门,次曰景龙门,次曰金水门。"这个记述较前者在东、西两壁各多出一座城门,实际上是 2 座水门,并无矛盾。大部分门还有俗名,如崇明门俗称新门,丽景门俗称旧宋门,望春门俗称曹门,宜秋门俗称旧郑门,阊阖门俗称梁门,景龙门俗称旧酸枣门,安远门俗称旧封邱门,天波门俗称金水门。目前大致确定了朱雀门和汴河西角门子的位置。朱雀门是内城的正南门,位于今大南门北约 350 米的封吉府街东侧和南泰山庙街西侧的中山路路面下,宽约 150 米。汴河西角门子位于现存的明清西墙南门北侧,南距明清城墙西南角 920 米。

皇城也称宫城、大内[①],据阙城之西北,是北宋皇帝生活起居和议政的地方。皇城略呈正方形,周围五里。《宋会要辑稿·方域》载:"大内据阙城之西北。宫城周回五里。"《宋史·地理志一》也载:"建隆三年,广皇城东北隅……宫城周回五里。"皇城的四角建有角楼,高数十丈。皇城遗迹是东京城考古最早发现的遗迹现象,迄今已初步探明了其位置、形制、范围和部分门址。[②] 皇城遗址位于今开封市旧城区西北隅的龙亭公园一带,南面正对今中山路,北至龙亭大殿后侧,东西墙分别位于今龙亭东湖、龙亭西湖的东西两岸,平面呈东西略短、南北稍长的长方形。东墙、西墙长约 690 米,墙宽 8~10 米,南墙、北墙长约 570 米,墙宽 10~12 米,周长 2521 米,与文献记载相吻合。[③]

皇城设有 7 座城门,南面 3 座,东面 2 座,西面、北面各 1 座。文献记载南面的 3 座城门,中曰宣德,东曰左掖,西曰右掖。宣德门是皇城正门,是帝王举行重大政治活动的主要场所,建有巍峨壮丽的门楼。主楼两侧有垛楼,垛楼南面

---

① 李合群:《北宋东京皇宫二城考略》(《中原文物》1996 年第 3 期)则认为东京的宫城、皇城为两重城。

② 丘刚、董祥:《北宋东京皇城的初步勘探与试掘》,《开封考古发现与研究》,中州古籍出版社 1998 年版。

③ 此外,20 世纪 90 年代初还出现了九里宫城说,参见田凯:《北宋开封皇宫考辨》,《中原文物》1990 年第 4 期。

有阙楼,楼顶"峻角层榱",显示出帝王的尊贵和威严。如孟元老在《东京梦华录》中所载:"大内正门宣德楼列五门,门皆金钉朱漆,壁皆砖石间甃,镌镂龙凤飞云之状,莫非雕甍画栋,峻角层榱,覆以琉璃瓦,曲尺朵楼,朱栏彩槛,下列两阙亭相对,悉用朱红杈子。"①相传,传世的宋徽宗御制《瑞鹤图》即是以此楼为蓝本。考古发现南墙上有 2 处缺口。一处位于南墙中部西距皇城西南角约 250 米,以今龙亭公园大门前的一对石狮为中心,东西长约 70 米,南北宽约 30 米。另一处位于此门址正南约 350 米的新街口附近,东西长约 80 米,南北宽约 50 米。这南北两处,究竟哪一处是文献记载中东京城皇宫正门宣德门的遗址,史学界争论不一,尚无定论。文献记载东面 2 座城门,南曰东华,北曰謻门。东华门遗址南距皇城东南角约 135 米处,即今龙亭东湖东岸东华门街北端与东明街南端之间的一条东西横道附近,宽约 15 米。文献记载西面 1 座城门,曰西华。西墙大部分地段被龙亭湖水淹没,考古工作者曾尝试用电磁法进行探测,取得了一定效果,②并未发现门址。文献记载北面 1 座城门,曰拱宸。拱宸门遗址位于北墙中部,东距今龙亭公园东墙约 70 米,龙亭大殿台基北约 15 米的树林里,宽约 30 米。

皇城南门宣德门外,经内城南门朱雀门直到外城南面南薰门,是东京开封城的中轴线,也称为御街,宽达二百步。宣德门至朱雀门之间的御街北段,御街两侧对着两侧掖门建有御廊,也叫千步廊,千步廊的两边绿化桃、李、梨、杏等果树。"自宣德楼一直南去,约阔二百余步,两边乃御廊,旧许市人买卖于其间。自政和间官司禁止,各安立黑漆杈子,路心又安红漆杈子两行,中心御道,不得人马行往,行人皆在廊下朱杈子之外。杈子里有砖石甃砌御沟水两道,宣和间尽植莲荷,近岸植桃李梨杏,杂花相间,春夏之间,望之如绣。"③秘书省、尚书省等一些中央官署分列左右,"宣德楼前,左南廊对左掖门,为明堂颁朔布政府、秘书省。右廊南对右掖门,近东则两府八位(每府相对为四位,俗谓之八位),西则尚书省。御街大内前南去,左则景灵东宫,右则西宫。近南大晟府,次曰大常

① 〔宋〕孟元老原著,姜汉椿译注:《东京梦华录全译》卷一《大内》,贵州人民出版社 2009 年版,第 8 页。

② 张寅生:《一种考古勘探的新技术——应用电阻率法勘探地下文物》,《文物》1987 年第 4 期。

③ 〔宋〕孟元老原著,姜汉椿译注:《东京梦华录全译》卷二《御街》,贵州人民出版社 2009 年版,第 21 页。

寺。州桥曲转大街面南曰左藏库……自大内西廊南去，即景灵西宫，南曲对即报慈寺街、都进奏院……街北都亭驿”[①]。

二、里坊制的崩溃及厢坊制的确立

（一）里坊制的崩溃

唐代成熟的里坊制度在宋代全面崩溃。里坊制度下，工商业活动集中在市中进行，里坊内居民必须经由坊门出入，坊门则定时启闭，实行夜禁。里坊制崩溃因此也表现为侵街现象日渐增多，街市形成，夜禁时间缩短直至废除。中外学者对于里坊制崩溃的进程进行了多方面的探讨，有学者认为“里坊制崩溃萌芽于唐中后期的长安城”[②]，有学者认为里坊制“至少其社会风气在五代初期就已经不存在了”[③]，有学者认为北宋东京坊制约在宋仁宗庆历年间就废除了，[④]有学者则认为东京市坊制度彻底崩溃是在仁宗景祐年间，[⑤]还有学者认为里坊制度在神宗熙宁年间才开始衰落，直到北宋末年最后崩溃了。[⑥] 众多的研究表明，里坊制度的崩溃是一个复杂的过程，由唐入宋的中国古代城市经历了坊墙崩坏、夜禁逐步废弛的重要变化。[⑦] 而宋徽宗时期开始收取侵街房廊钱，废除夜禁，“坊墙与夜禁的废除，标志了里坊制的崩溃”[⑧]。

唐代中后期的侵街现象文献中多有记载，如唐文宗时“伏见诸街铺近日多

---

① ［宋］孟元老原著，姜汉椿译注：《东京梦华录全译》卷二《宣德楼前省府宫宇》，贵州人民出版社2009年版，第22页。

② 李合群：《论中国古代里坊制的崩溃——以唐长安与宋东京为例》，《社会科学》2007年第12期。

③ ［日］梅原郁：《宋代的开封与城市制度》，《鹰陵史学》三、四合刊，1977年版。

④ 贺业钜：《唐宋市坊规划制度演变探讨》，《中国古代城市规划史论丛》，中国建筑工业出版社1986年版。魏天安《宋代行会制度史》亦持此说。

⑤ 吴涛：《北宋都城东京》，河南人民出版社1984年版，第13页。

⑥ ［日］加藤繁：《中国经济史考证》（上），中华书局2012年版，第257~258页。

⑦ 万晋：《唐长安的“里”“坊”与“里正”“坊正”》，《东岳论丛》2013年第1期。

⑧ 李合群：《论中国古代里坊制的崩溃——以唐长安与宋东京为例》，《社会科学》2007年第12期。

被杂人及百姓、诸军诸使官健起造舍屋，侵占禁街”；唐宣宗时“（韦让）于怀真坊西南角亭子西，侵街造舍九间”[①]。关于唐代中后期对夜禁的破坏，文献也有记载，如唐宪宗时“长安坊中有夜栏街铺设祠乐者，迟明未已”[②]，文宗时坊门“或鼓未动即先开，或夜已深犹未闭”[③]，至唐末的崇仁坊更是“工贾辐凑，遂倾两市，昼夜喧呼，灯火不绝，京中诸坊，莫之与比”[④]。

隋唐汴州水陆会通、商业发达，市场已经突破了“市”的限制，出现了草市[⑤]、桥市[⑥]，还有通宵的夜市。至后周时，侵街衢为舍更为普遍，统治者也承认了这种行为，“其京城内街道阔五十步者，许两边人户，各于五步内取便种树掘井，修盖凉棚。其三十步以下至二十五步者，各与三步，其次有差”[⑦]。

北宋建立之初，在东京城恢复里坊制。宋太祖时颁布法令，严禁侵街巷阡陌，违者“杖七十”，太宗时置鼓于小楼之上，以警昏晓，并“改撰京城内外坊名八十余。由是分定布列，始有雍、洛之制”[⑧]。宋廷竭力维护里坊制，但侵街的现象并未停歇。太祖有一次“宴从臣于会节园，还经通利坊，以道狭，撤侵街民舍益之”[⑨]。甚至衙署也有侵街行为，如太宗时“八作使段仁诲部修天驷监，筑垣墙，侵景阳门街，上怒，令毁之，仁诲决杖，责授崇仪副使”[⑩]。真宗咸平五年（1002）因京城衢巷狭隘诏谢德权广之。谢德权重建禁鼓昏晓制度，拆毁贵要邸舍，竖立不可逾越道路的标志“表木”。“德权因条上衢巷广袤及禁鼓昏晓，皆复长安旧制。乃诏开封府街司，约远近置籍立表，令民自今无复侵占。”[⑪]侵街现象却势不可当，并未因表木的竖立放缓，诸多拆毁侵街民舍的诏书即是佐证。大中祥

---

① 〔宋〕王溥：《唐会要》卷八十六《街巷》，文渊阁《四库全书》版。

② 〔宋〕王谠：《唐语林》卷二，文渊阁《四库全书》版。

③ 〔宋〕王溥：《唐会要》卷八十六《街巷》，文渊阁《四库全书》版。

④ 〔宋〕宋敏求：《长安志》卷八“崇仁坊”条，文渊阁《四库全书》版。

⑤ 〔清〕彭定求等：《全唐诗》卷二百九十九王建《汴路即事》“草市迎江货，津桥税海商”，中华书局1979年版，第3391页。

⑥ 〔清〕彭定求等：《全唐诗》卷三百王建《寄汴州令狐相公》“水门向晚茶商闹，桥市通宵酒客行”，中华书局1979年版，第3406页。

⑦ 〔宋〕王钦若等：《册府元龟》卷十四《都邑二》，中华书局1960年版，第167页。

⑧ 〔宋〕李焘：《续资治通鉴长编》卷三十八，中华书局1995年版，第823页。

⑨ 〔宋〕李焘：《续资治通鉴长编》卷十七，中华书局1995年版，第370页。

⑩ 〔宋〕李焘：《续资治通鉴长编》卷二十一，中华书局1995年版，第477页。

⑪ 〔宋〕李焘：《续资治通鉴长编》卷五十一，中华书局1995年版，第1114页。

符五年（1012）十二月诏："前诏开封府毁撤京城民舍之侵街者，方属严冬，宜俟春月。"仁宗天圣二年（1024）六月诏："京师民舍侵占街衢者，令开封府榜示，限一岁，依元立表木毁拆。"景祐元年（1034）十一月诏："京旧城内侵街民舍在表柱外者，皆毁撤之。"[①]神宗时沿河居住的人，甚至毁河堤岸以广民舍，"京师并河居民，盗凿阪堤以自广，请尽责培筑复故，又按民庐昌官道者请悉撤之"[②]。直到宋徽宗崇宁年间，宋廷以税代令，开始征收"侵街房廊钱"，终于承认了"侵街"的合法性。

夜禁时间，早在太祖乾德三年（965）即下诏延长至三更："令京城夜漏，未及三鼓，不得禁止行人。"[③]北宋末年，随着侵街现象的合法化，夜禁也被废弛。"夜市""早市"十分普遍，如马行街一带，"夜市直至三更尽，才五更又复开张。如要闹去处，通晓不绝"[④]。里坊制彻底崩溃。

（二）街市的形成及各种集市的涌现

伴随着里坊制度的崩溃，"侵街"现象日趋严重，使得临街房舍越来越多，城市面貌大为改观。店铺随之突破市的限制，遍布大街小巷，"人户沿街贸易，坊、市分离的格局已逐渐结束，变为坊、市合一"[⑤]。其中，宫城附近以及城的东北、东南和西部主要街道的附近，处于水陆交通的要道，人口集中，商业活动最为繁盛。

宫城正南门南去是东京的御街，御街两旁有御廊，御廊上允许商品交易。州桥以南的御街两侧，交错着酒楼、香药铺等各种店铺。自州桥往东，经相国寺前门至新宋门是东大街，两侧有金银、漆器、鱼市、肉市等店铺。自州桥往西，至新郑门是西大街，两边多是珠玉、鲜果等店铺。皇城东华门外，是禁中物品交易的集中地。附近的潘楼一带，大商人云集，店铺"屋宇雄壮，门面广阔，望之森

---

① 〔宋〕李焘：《续资治通鉴长编》卷七十九、卷一百零二、卷一百一十五，中华书局 1995 年版，第 1808、2358、2706 页。

② 〔宋〕杜大珪：《名臣碑传琬琰集》，文海出版社 1967 年版，第 846 页。

③ 〔宋〕李焘：《续资治通鉴长编》卷六，中华书局 1995 年版，第 153 页。

④ 〔宋〕孟元老原著，姜汉椿译注：《东京梦华录全译》卷三《马行街铺席》，贵州人民出版社 2009 年版，第 51 页。

⑤ 周宝珠：《〈清明上河图〉与清明上河学》，河南大学出版社 1997 年版，第 6 页。

然;每一交易,动即千万,骇人闻见”[①]。马行街、相国寺东的街巷,甚至惠民河、汴河上诸桥头,都是百货、摊贩阗拥,人马不可驻足。

伴随着里坊制度的崩溃,夜禁也日渐废弛,夜市、早市日趋普遍。早在太祖时期夜禁时间已延长至三更,庆历年间宵禁制度被取消。街道上商铺林立,尤其是酒楼瓦肆,营业时间可至深夜乃至通宵,“大抵诸酒肆瓦市,不以风雨寒暑,白昼通夜,骈阗如此”[②]。如马行街一带通晓不绝,潘楼街一带也是至晓方散。东京城也有早市,“每日交五更,诸寺院行者打铁牌子或木鱼循门报晓……诸趁朝入市之人,闻此而起。诸门桥市井已开,如瓠羹店门首坐一小儿,叫饶骨头,间有灌肺及炒肺。酒店多点灯烛沽卖,每分不过二十文,并粥饭点心。亦间或有卖洗面水,煎点汤茶药者,直至天明。……更有御街州桥至南内前。趁朝卖药及饮食者,吟叫百端”[③]。同时,东京还有定期的集市和同行业的集市。定期的集市如相国寺的大型庙会,商品种类繁多,杂物、果实、书籍、衣物、香药等应有尽有,还有卜卦、看相、杂技、戏剧等娱乐项目,简直就是大型的百货商场兼游乐场。“东京相国寺,乃瓦市也,僧房散处,而中庭两庑可容万人,凡商旅交易皆萃其中,四方趋京师,以货物求售,转售他物者,必由于此。”[④]再比如端午节时的鼓扇百索市和七夕时的乞巧市。同行业的市如面市、肉市、牛马果子行等诸色行市。这是神宗时新法内容之一,将同行业的集市按照政府规定集中在汴河沿岸,便于征税及对各行商进行科买、差使,但对于正常交易产生了许多不利因素。因此,变法失败后,也就逐渐消失了,留下了卖马市、瓮市子、竹竿市等地名。

对市场的管理,宋代在中央一级仍设有太府寺。宋太府寺“判寺事一人,以两制或带职朝官充。……凡廪藏、贸易、四方贡赋、百官俸给,时皆隶三司,本寺但掌供祠祭香币、帨巾、神席及校造斗升衡尺而已”。原太府寺的市场交易等职

---

① 〔宋〕孟元老原著,姜汉椿译注:《东京梦华录全译》卷二《东角楼街巷》,贵州人民出版社 2009 年版,第 29 页。

② 〔宋〕孟元老原著,姜汉椿译注:《东京梦华录全译》卷二《酒楼》,贵州人民出版社 2009 年版,第 34 页。

③ 〔宋〕孟元老原著,姜汉椿译注:《东京梦华录全译》卷三《天晓诸人入市》,贵州人民出版社 2009 年版,第 58~59 页。

④ 〔宋〕王栐:《燕翼诒谋录》卷二,文渊阁《四库全书》版。

能在宋代归属于三司,“天下之食货,皆领于三司”。商税等市场事务由三司之盐铁司管制,“盐铁分掌七案:一曰兵案,二曰冑案,三曰商税案,四曰都盐案……”元丰改制后,又重归太府寺管,“(太府寺)置卿、少卿各一人,丞、主簿各二人。卿掌邦国财货之政令,及库藏、出纳、商税、平准、贸易之事”①。

北宋东京城设置有都商税院征收商税,都商税院在义和坊,掌京城商贾廊店市收。都商税院收税主要是两种方式,或者是客商到都商税院缴纳,或者是通过京城城门使臣收缴。如真宗大中祥符“三年五月诏:商税院并依榜例收税。仍取脚地引看验,如无引每千收税三倍;若一千已下,竹木席箔篦物,只委监新城门使臣点校验就门收税。一千已上依旧于商税院纳钱。官员出入随行衣物非贩鬻者不须收税。村民入京货鬻百钱已下与免。如以香末出城每斤税二钱”。需要缴税的货物无所不包,货物种类及税率有所差异,“关市之税:凡布帛、什器、香药、宝货、羊彘、民间典卖庄田、店宅、马牛、驴骡、橐驼及商人贩茶、盐皆算。有敢藏匿物货为官司所捕获没其三分之一,以其半畀捕者。贩鬻而不由官路者罪之,有官须者十取其一,谓之‘抽税’。……凡州县皆置务,官镇或有焉。大则专置官监临(注曰:景德二年诏诸路商税年额及三万贯以上审官院选亲民官临莅),小则令佐兼领,诸州仍令都监监押同掌之。行者赍货谓之‘过税’,每千钱算二十;居者市鬻谓之‘住税’,每千钱算三十,大约如此。然无定制,其名物各从地宜而不一焉”②。都商税院通过收税实现了对京城市场商业活动的管理,“以税代管”较之唐代市制无疑更为有效。

(三)厢坊制的确立

里坊制崩溃的过程中,为了加强对坊的管理,中央于坊之上设立了厢,里坊制崩溃后,坊作为行政单位得以保存,厢坊制确立。厢是后唐以来的军事单位,“朱梁以方镇建国,遂以镇兵之制用之京师。京师兵有四厢,而诸军两厢,其厢使掌城郭烟火之事,而军旅渐有厢军之名”③。至北宋,厢的军事色彩已经淡化,主要负责防火防盗及其他民事。“以四厢都指挥使巡辖提举京城里诸巡警”,

---

① 〔元〕脱脱等:《宋史》卷一百六十五《职官志五》,中华书局 1977 年版,第 3906 页。
② 〔元〕马端临:《文献通考》卷十四《征榷考一·征商》,中华书局 1986 年版,第 145 页。
③ 〔宋〕王应麟:《玉海》卷一百三十九《宋朝四厢军》,文渊阁《四库全书》版。

“诸公事自笞以下皆得区分”①。

宋太宗至道元年(995),东京城共设八厢一百二十坊。里城(旧城)设四厢,辖四十六坊:左第一厢包括明德、嘉善、崇济等二十坊;左第二厢包括光德、嘉德、景明等十六坊;右第一厢包括光化、宣化、敦义等八坊;右第二厢包括全顺、寿昌二坊。郭城内亦设四厢,辖七十四坊:城东厢包括溢德、崇善、安仁等九坊;城西厢包括建隆、延禧、归德等二十五坊;城南厢包括建宁、敦化、景耀等二十坊;城北厢包括永宁、嘉庆、昭善等二十坊。由于城外的居民日渐增多,真宗大中祥符元年(1008),置郭城外九厢十四坊。京东设三厢,辖三坊:京东第一厢辖清明一坊;京东第二厢辖含耀一坊;京东第三厢辖务本一坊。京北设二厢,辖三坊:京北第一厢辖建阳、嘉豫二坊;京北第二厢,辖福庆一坊。京西设三厢,辖六坊:京西第一厢辖天苑、天泉二坊;京西第二厢辖金城、开化二坊;京西第三厢辖乾耀、皋门二坊。京南厢仅一厢辖安节、明义二坊。真宗天禧五年(1021),郭城内的城南厢、城北厢各分出一厢,东京城内由八厢调整为十厢。神宗熙宁四年(1071),又恢复为八厢。

厢坊制中,坊仍是最基层单位。厢的机构比较复杂,厢内的官员比较多,每厢的最高行政长官是都所由,又有厢典、书手、所由、街子、行官等,按厢内居民户数多少官员人数也有不同。东京城内诸厢,每厢设厢典、书手各一人,所由二至五人,街子二至六人,行官六到十四人。城外诸厢,500户以上,置厢典一人,所由四人,街子三人,行官四人;500户以下,置厢典一人,所由三人,街子二人,行官四人。厢内的官吏,都所由是开封府左右军巡差虞候担任,其余均为招募而来。城内八厢之上,又设有旧城左、旧城右、新城左、新城右四都厢。四厢都指挥使,通常历任过通判、知县,“巡辖提举京城里诸巡警,时谓之厢主”②,地位较高。厢坊制中,坊级官吏职权范围更窄,厢官的职权范围却不断扩大。“宋代京都两赤县的权力削弱之后,都厢及厢的建立具有重要意义。厢的权力不断扩大,一是将开封府的权力下放给它一部分,一是将坊的一部分权力收归于它。”③

---

① 〔宋〕高承:《事物纪原》卷六《都厢》,中华书局1989年版,第325页。

② 〔宋〕高承:《事物纪原》卷六《都厢》,中华书局1989年版,第325页。

③ 周宝珠:《宋代东京研究》,河南大学出版社1998年版,第78页。

与厢坊制互相配合,东京城的治安管理制度是军巡制。军巡制的基层单位是巡铺。巡铺始建于太宗时期,神宗熙宁元年(1068)曾减罢了八十六处,徽宗政和六年(1116)再次整顿。整修后的巡铺,棋布星列,纵见横出,股引钩联,声通气接。《东京梦华录》有更具体的描述:"每坊巷三百步许,有军巡铺屋一所,铺兵五人,夜间巡警,收领公事。又于高处砖砌望火楼,楼上有人卓望。下有官屋数间,屯驻军兵百余人,及有救火家事,谓如大小桶、洒子、麻搭、斧锯、梯子、火叉、大索、铁猫儿之类。每遇有遗火去处,则有马军奔报军厢主、马步军殿前三衙、开封府,各领军级扑灭,不劳百姓。"①从中可以得知,巡铺的主要任务是防盗、防火、解送公事、申报平安等。城内各厢设有厢巡检,由军中都指挥使兼,下辖若干檄巡卒和望火兵。城内厢巡检之上设有都巡检,旧城都巡检由马军司兼,新城都巡检由步军司兼。东京城四面各设一名都巡检,由步军司兼。军巡制的管理范围十分宽泛,"大体上说,凡是宋政府禁止的东西,都在军巡的干预范围之内,不过有时是直接的,有时是协助开封府或皇城司等"②。军巡制全方位、多层次的网状管理模式,强化了东京城治安、消防等管理的力度,对于确保东京城的安全起了重要的作用。

厢坊制的确立,反映了居住区与商业区混为一体的新型开放性城市的新特点,有力地促进了经济发展。厢坊制"适应了城市经济的发展、人口众多的现实,担负了维持社会治安,管理社区公共事务的重要职能,开城市分区而治的先河,是我国古代城市市政管理的重要突破"③。

---

① 〔宋〕孟元老原著,姜汉椿译注:《东京梦华录全译》卷三《防火》,贵州人民出版社 2009 年版,第 57 页。

② 周宝珠:《宋代东京研究》,河南大学出版社 1998 年版,第 82 页。

③ 韩光辉、林玉军:《10 至 14 世纪中期京兆府城城市行政管理研究》,《陕西师范大学学报(哲学社会科学版)》,2010 年第 6 期。

三、城市经济繁荣

（一）手工业繁荣

北宋东京的手工业中，官营手工业占主要地位。官营手工业机构庞大，领导机构主要有绫锦院、文思院、染院、文绣院、裁造院所属的少府监，修内司、东西八作司、竹木务、丹粉所、事材场、帘箔场等所属的将作监，东西作坊、皮角场、物料库等所属的军器监，其他还有御前军器所、造船务、内酒坊、后苑烧朱所等直隶于内庭。官营手工业分工极为细致，院、司、务、所、场、坊等内部又分为若干作，人数众多。比如东西作坊，主要负责兵器制作，细分为木作、竹作、绦作、漆作、铜作、银作、杖鼓作、锁子作、大弩作、剑作、枪作、锅炮作、油衣作、打绳作、错磨作、灯球作等共计五十二作，最盛时有兵匠共七千九百三十一人。掌管金银犀玉工巧之物，金彩绘素装钿之饰，以供舆辇册宝法物及凡器服之用的文思院，原有三十二作，加上从后苑造作所拨来的十作，共包括打作、钑作、镀金作、装銮作、玉作、玳瑁作、犀作、牙作、琥珀作、真珠作、扇子作、花作、裹剑作、裁缝作、绣作、克丝作等四十二作。后苑造作所共有八十一作。绫锦院在真宗初年拥有织机四百多张，领兵匠一千零三十四人。两大官营染院，仅掌染丝、帛、藤、革等物品的西内染院，就有工匠六百一十三人。

官营手工业的生产工具普遍比较先进，工匠又普遍技艺高超，因此产品质量好、产量高。北宋东京有新兴的手工业部门，火药作就是新出现的官营武器作坊。火药自宋代开始被广泛应用到军事上，仁宗时成书的《武经总要》中，记载了火箭、火枪、火炮、霹雳火球、火鹞等十多种火药武器的名称、配方、使用方法。官营手工业的工匠以兵匠为主，其他还有战俘、罪犯，以及征发服役的工匠和招募的雇佣工匠。官营手工业的产品，主要是为了满足王公贵族及军队的需要，武器之外，多余的产品也会用于销售。北宋东京还出现了产品主要用于出售的官营手工业部门，比如国子监印的经书主要是卖给各路及在京个人，都曲院造的酒曲主要是卖给在京酒户。在北宋东京的城市经济中，官营手工业占据着重要的分量。

北宋东京的私营手工业以居民消费用品和文化用品最为发达。比如,纺织业的工艺水平亦相当高超。相国寺东门外一条绣巷,“皆师姑绣作居住”①。在官营的文绣院建立以前,朝廷需要的刺绣物品,皆委之闾巷市井妇人之手,或付之尼寺,而使取值。至靖康初,“京师织帛及妇人首饰衣服,皆备四时。如节物则春旛、灯球、竞渡、艾虎、云月之类,花则桃、杏、荷花、菊花、梅花皆并为一景,谓之一年景”②。有些产品还有名家,如“李家幞头,天下称善”。私营染坊,与官营染作一样,也使用了雕版印染技术。东京染色在色彩上也有创新,使紫与朱两种颜色有了明确的区分。据《云麓漫钞》载:仁宗时“京师染紫,变其色而加重,先染作青,徐以紫草加染,谓之油紫……自后只以重色为紫,色愈重人愈珍之,与朱大不相类”③。文化用品方面,东京是制笔、制墨和印刷业的中心之一。神宗时的侍其瑛、徽宗时的赵文秀都是以造笔而知名的工匠。哲宗时的潘谷是制墨高手,徽宗时的制墨名手更多,梅鼎、张孜、关珪、关瑱、曹知微、陈昱、郭遇明、梅赡、张雅、高肩,“已上十人,并崇宁以来京师名手,皆有声称,而精于样制”④。东京的私人印刷业,如大相国寺东荣六郎书铺,印刷的文集、佛经、奏议等,甚至流通至辽、西夏等境内。张舜民《画墁集》等著作在政和年间开禁,“京师鬻书者忽印是集,售者至填塞衢巷”⑤。

北宋东京的官私手工业中,普遍存在着雇佣关系。当时的工匠在官府的户籍上均有登记,官府使用工匠,往往带有强制性,是雇与役连在一起,所谓“名籍既定,有役按籍而雇”⑥。比如文绣院曾经一次就在东京城内招百姓绣户三百人。私营手工业多是工商合一的店铺,雇佣制更为普遍。比如制作饼的店铺,“每案用三五人捍剂卓花入炉。……唯武成王庙前海州张家、皇建院前郑家最盛,每家五十余炉”⑦。可以看出,大型的手工业作坊雇佣的工匠,不仅数量多,

---

① 〔宋〕孟元老原著,姜汉椿译注:《东京梦华录全译》卷三《寺东门街巷》,贵州人民出版社 2009 年版,第 48 页。

② 〔宋〕陆游:《老学庵笔记》卷二,中华书局 1979 年版,第 27 页。

③ 〔宋〕赵彦卫:《云麓漫钞》卷一,文渊阁《四库全书》版。

④ 〔元〕陆友:《墨史》卷中,文渊阁《四库全书》版。

⑤ 〔清〕永瑢:《四库全书总目提要》卷一百五十四《画墁集》,文渊阁《四库全书》版。

⑥ 〔宋〕陈襄:《州县提纲》卷二《籍定工匠》,文渊阁《四库全书》版。

⑦ 〔宋〕孟元老原著,姜汉椿译注:《东京梦华录全译》卷四《饼店》,贵州人民出版社 2009 年版,第 77 页。

分工也很细。也有许多流动的可被雇佣的个体劳动者,"若养马,则有两人日供切草;养犬则供饧糟;养猫则供猫食并小鱼。……其供人家打水者,各有地分坊巷。及有使漆、打钗环、荷大斧斫柴、换扇子柄、供香饼子炭团,夏月则有洗毡淘井者"①。雇佣劳动在作坊、家内的各行各业中都普遍存在着,行会的行老、牙人往往起着中间人的作用。"凡雇觅人力,干当人、酒食作匠之类,各有行老供雇。觅女使,即有引至牙人。"②

(二)团行组织及禁榷制度

随着经济的发展,手工业的分工更加细密,行的数量也不断增加。同业行会的组织称为团或者行。团行的建立与官府的科索、差役有密切联系,"市肆谓之团行者,盖因官府回买而立此名,不以物之大小,皆置为团行,虽医卜工役,亦有差使,则与当行同也"③。至熙宁年间免役法普遍实施,各行户纷纷纳钱免役。北宋东京城内同行往往聚居,据文献载:北宋汴京城内,"东西两巷,谓之大小货行,皆工作伎巧所居"④。行的重要职能是协调各种关系,一方面是在雇佣关系中起着中间人的作用,另一方面是要稳定现有的行内秩序。想要入市需要经过行的允许,以至于商旅村户暂时的货卖需要由讲议司特别奏请。新入行的需要缴纳行例,王安石曾对神宗说:"臣曾雇一洗濯妇人,自言有儿能作饼,缘行例重,无钱赔费,开张不得。"⑤行内商品价格由行头统一定价,比如米市,"城内外诸铺户,每户全凭行头于米市做价,径发米到各铺出粜"⑥。每个行都有本行的宗师,都有独特的标志,"其士农工商,诸行百户,衣装各有本色,不敢越外"⑦。

政府一方面通过团行组织间接作用于城市经济,另一方面通过禁榷制度直

① 〔宋〕孟元老原著,姜汉椿译注:《东京梦华录全译》卷三《诸色杂卖》,贵州人民出版社 2009 年版,第 60 页。

② 〔宋〕孟元老原著,姜汉椿译注:《东京梦华录全译》卷三《雇觅人力》,贵州人民出版社 2009 年版,第 56 页。

③ 〔宋〕吴自牧:《梦粱录》卷十三《团行》,浙江人民出版社 1980 年版。

④ 〔宋〕孟元老原著,姜汉椿译注:《东京梦华录全译》卷二《酒楼》,贵州人民出版社 2009 年版,第 34 页。

⑤ 〔宋〕李焘:《续资治通鉴长编》卷二百五十一,中华书局 1995 年版,第 6128 页。

⑥ 〔宋〕吴自牧:《梦粱录》卷十六《米铺》,浙江人民出版社 1980 年版。

⑦ 〔宋〕孟元老原著,姜汉椿译注:《东京梦华录全译》卷五《民俗》,贵州人民出版社 2009 年版,第 79 页。

接参与城市经济。禁榷制度是官府对某种商品实行专卖的制度,各代均有。宋代禁榷商品的范围进一步扩大,除盐、茶仍是最重要的禁榷品外,酒曲、矾、铜、铅、锡、香等商品也都在禁榷范围之内,“国家征榷之法密于前世,无一目之漏、一孔之遗”①。禁榷制度凭借严刑峻法得以维护。以榷酒为例,曲、酒均不许私自酿造,一旦违反榷酤禁条,惩处十分严厉。“凡私造者,城市二十斤以上、乡村至三十斤处死。”“民持私酒入京城五十里、西京及诸州城二十里者,至五斗处死。”②乾德四年(966)将私酒曲数量又作了提高,城市五十斤、乡村一百斤以上处死;私酒入禁地二石三石以上、有官署处四石五石以上处死;死刑以下,根据数量多少断罪。禁榷制度使政府获利丰厚,“宋之经费,茶、盐、矾之外,惟香之为利博,故以官为市焉”③。

禁榷制度下,禁榷品从生产到销售的各个环节都处于国家的控制之下。以东京城的榷酒为例,“国初有都酒务,官既自榷,亦许民般酤,又募民能分其利,即官给要契,许酤于二十里外而岁输其直,今坊场课利钱是也”④。位于敦义坊的都曲院“掌造粗细一等曲,给内酒坊及出鬻收直”,是东京城最大的制造酒曲的机构。每年“用驴六百头,步磨三十盘”,磨麦四万石,“收面三百二十二万七千三百九十二斤,踏曲九十一万六千六百三十五斤半”。都曲院制造的曲,供给城内酒户以获得利润。酒户需要向都曲院申请曲数,现买或者以家业为抵当赊购,酿酒沽卖,获得酒利。“又募民能分其利,即官给要契”,指的是买扑制度,即酒户通过承包酒税实现独占某一区域酒利的权利。某酒户买扑到某一地区的酒务之后,区域内的小酒店必须到此买酒贩卖,从而成为其附庸。甚至官府还出面为其寻觅附庸脚店。买扑时间最初是一年一界,天圣七年(1029)改为三年一界。熙宁年间又实行减额增价的办法加强官榷。酒税则基本维持在四十万贯上下。

禁榷品不同,国家控制的形式也有差异。一种是从生产至销售均由国家进行,比如酒曲。另一种是国家不参与生产,但国家收购全部产品,自己出售或转由商人出售,比如茶、盐、矾等。还有是国家控制流通过程,通过抽解、和买转给

① 〔宋〕黄榦:《勉斋集》卷二十五《代抚州陈守·四逃户》,文渊阁《四库全书》版。

② 〔元〕脱脱等:《宋史》卷一百八十五《食货志下七》,中华书局1977年版,第4515页。

③ 〔元〕脱脱等:《宋史》卷一百八十五《食货志下七》,中华书局1977年版,第4537页。

④ 〔宋〕罗濬等:《宝庆四明志》卷五,文渊阁《四库全书》版。

商人出售,比如香药等舶来品。

仁宗以后,国家财政收入中商税以及酒、盐、茶、矾、香等的征榷之税占有越来越重要的地位。以禁榷品中榷利收入最高的盐税为例,太宗至道三年(997)全国的盐利为二百三十五万八千余贯,仁宗庆历(1041—1048)中增长了近百分之五十,达三百五十余万贯,神宗元丰元年(1078)则高达二千二百三十余万贯。北宋时禁榷制度更加严密完备,逐渐成为国家财政的支柱,并为其后的南宋、元、明、清各代继承。

(三)商业资本雄厚

北宋时商业资本有了极为明显的增长,并大量集中于大商人和高利贷者。东京汴梁是天下富有大贾的聚集地,"资产百万者至多,十万而上比比皆是"①;"兼并之家,居物逐利,多蓄缗钱,至三五十万以上,少者不减三五万"②。富商人贾的经营通常是"坐列贩卖,积贮倍息,乘上之令,操其奇利",集中在交引铺、金银彩帛铺、邸店之家以及其他垄断各行的大商人中。高利贷者主要经营质库。

交引铺以经营专卖有价证券茶、盐钞引为业。商人入中得交引,入京城请钱,都需要交引铺作保,故经营者均是资金雄厚的富商,其出现是商业资本发展的一个重要表现。输边粟的商人至京城所得的交引,"既不知茶利厚薄,且急于售钱,得券则转鬻于茶商或京师坐贾号交引铺者……茶商及交引铺,或以券取茶,或收蓄贸易,以射厚利,由是虚估之利皆入豪商巨贾"③。东京金银彩帛铺的交易量极为惊人,"南通一巷,谓之界身,并是金银彩帛交易之所,屋宇雄壮,门面广阔,望之森然;每一交易,动即千万,骇人闻见"④。邸店是专门供客商贮存货物、居住贸易的场所,如旧宋门附近北周以来的名店十三间楼。邸店之家获利甚厚,官僚、寺院资本也争相进入,如宋初的宰相赵普在东京"广营邸店以规

① 〔宋〕李焘:《续资治通鉴长编》卷八十五,中华书局 1995 年版,第 1956 页。

② 〔宋〕宋祁:《景文集》卷二十八《乞损豪强优力农札子》,文渊阁《四库全书》版。

③ 〔宋〕李焘:《续资治通鉴长编》卷一百,中华书局 1995 年版,第 2313~2314 页。

④ 〔宋〕孟元老原著,姜汉椿译注:《东京梦华录全译》卷二《东角楼街巷》,贵州人民出版社 2009 年版,第 29 页。

利”,沧州节度使米信在“京师龙和曲足大第,外营田园,内造邸舍”①,又如北宋末年的何执中“为首台,广殖资产。邸店之多,甲于京师”②。大相国寺、万寿观、洪福禅院均建有邸店。商业资本的另一个重要活动就是垄断市场。如茶行,“兼并之家,如茶一行,自来有十余户,若客人将茶到京,即先馈献设燕,乞为定价,此十余户所买茶更不敢取利,但得为定高价,即于下户倍取利以偿其费”。不止茶行,其他“行户盖皆如此”③,如东京城的水磨由六十户以三十万缗岁课垄断,矾利由六户以五万贯垄断。

高利贷资本在东京极为活跃,主要经营质库,至北宋末年有万家之多。此外,官员、寺院也均有放高利贷的。如大相国寺就涉足高利贷。太祖孝章皇后的父亲宋偓也曾放高利贷,李允正“女弟适许王,以居第质于宋偓,太宗诘之曰:‘尔父守边二十余年,止有此第耳,何以质之?’允正具以奏,即遣内侍辇钱赎还”④。主人与行钱的关系好比主奴,资金雄厚的大高利贷者气焰炽盛。“大桶张氏者,以财雄长京师。凡富人以钱委人,权其子而取其半,谓之行钱。富人视行钱如部曲也。”有一次,“或过行钱之家,设特位置”。张家少子见孙家女容貌绝世,定要娶回家。孙曰:“我,公家奴也。奴为郎主丈人,邻里笑怪。”⑤高利贷触角所及,京官、新科进士、驻军、广大居民莫能幸免。高利贷兼并之家,“一岁坐收息至数万贯者,此辈除侵牟编户齐民为奢侈外,于国有何功而享以厚奉?”“今福者兼并百姓,乃至过于王公,贫者或不免转死沟壑。”⑥

商业资本获得发展之后,商人与官僚士大夫群体的联系越来越紧密,并想方设法进入官僚士大夫的群体。除了通过科举考试,联姻是另一个重要的途径,如酒家孙赐的女儿是太宗的妃子,茶商陈子城通过杨太后将女儿送入宫中,差点成了仁宗的皇后,大桶张氏“至有三十余县主”⑦,甚至有“榜下捉婿”⑧的情

---

① 〔明〕陶宗仪:《说郛》卷二十九上《聚敛》,文渊阁《四库全书》版。
② 〔明〕陶宗仪:《说郛》卷三十七《闲燕常谈》,文渊阁《四库全书》版。
③ 〔宋〕李焘:《续资治通鉴长编》卷二百三十,中华书局1995年版,第5738页。
④ 〔元〕脱脱等:《宋史》卷二百七十三《李允正列传》,中华书局1977年版,第9339页。
⑤ 〔明〕陶宗仪:《说郛》卷三十四上《清尊录》,文渊阁《四库全书》版。
⑥ 〔宋〕李焘:《续资治通鉴长编》卷二百四十,中华书局1995年版,第5829~5830页。
⑦ 〔宋〕朱彧:《萍洲可谈》卷一,文渊阁《四库全书》版。
⑧ 〔宋〕朱彧:《萍洲可谈》卷一载:“近岁富商庸俗与厚藏者嫁女,亦于榜下捉婿,厚捉钱以饵士人,使之俯就,一婿至千余缗。”

景。成为官僚士大夫更为直接的途径是入赀为官,卖官现象在徽宗时比之往岁不啻数十倍。

商业资本在社会中有广泛影响。首先是促进了土地的流转。由于“富者有资可以买田,贵者有力可以占田”[①],因此形成了“贫富无定势,田宅无定主,有钱则买,无钱则卖”[②]的状况。其次是动摇了贱商的传统观念。上至宗室显贵下至一般官吏都积极投身商业,“诸王邸多殖产市井,日取其资”[③],“今者官大者往往交赂遗、营资产,以负贪污之毁,官小者贩鬻乞丐无所不为”。再次是影响了政府的商业政策。北宋政府实施了便利商业的政策,鼓励转运贸易,甚至有输入石炭、猪羊等进京可以免税的记载。北宋政府还在东京设置便钱务,规定商人持券兑换,必须当日如数给付现钱,违者科罚,一定程度上推动了商业的发展。

四、对外交往

(一)积极的对外政策及管理机构

北宋东京城取代之前的长安、洛阳,成为当时中国与亚非各国经济文化交流的中心。“于是东若高丽、渤海,虽阻隔辽壤,而航海远来,不惮跋涉。西若天竺、于阗、回鹘、大食、高昌、龟兹、拂林等国,虽介辽、夏之间,筐篚亦至,屡勤馆人。党项、吐蕃唃厮啰董毡瞎征诸部,夏国兵力之所必争者也,宋之威德亦暨其地,又间获其助焉。交阯、占城、真腊、蒲耳、大理滨海诸蕃,自刘铱、陈洪进来归,接踵修贡。”[④]可谓八荒争辏,万国咸通。

这些地区和国家与北宋的交往十分密切,频繁有使者来到东京城。以辽为例,据不完全统计,辽遣至东京的各种使节约有300次。[⑤] 宋辽双方共存的百多

---

① 〔元〕马端临:《文献通考》卷二《田赋考二·历代田赋之制》,中华书局1986年版,第43页。

② 〔宋〕袁采:《袁氏世范》卷三,文渊阁《四库全书》版。

③ 〔宋〕李焘:《续资治通鉴长编》卷一百八十七,中华书局1995年版,第4520页。

④ 〔元〕脱脱等:《宋史》卷四百八十五《外国列传一》,中华书局1977年版,第13981页。

⑤ 聂崇岐:《宋辽交聘考》,《宋史丛考》,中华书局1980年版。

年中，景德元年订立澶渊之盟是二者关系的转折点，之前关系紧张，之后往来不断，正旦、皇帝太后生辰等均遣使互贺。和平时期每年约有 2 次，在重要年份，辽太后、皇帝则分别遣使携带双份礼物一同前来东京。辽使带来的礼物，主要是马，丝织品、貂制品、皮制品、金银制品等高级手工艺品，水果、坚果、酒、盐等土产，镔铁刀、海东青等特产，牛、羊、鱼、鹿等珍禽野味。在宋朝皇帝生日的前一天，辽甚至还遣厨师到皇宫内烹调塞北美味，“承天节，遣庖人持本国异味，前一日就禁中造食以进御云”①。其他各族各国来到东京朝贡的使者也高达 230 余次，有时使团的规模还十分庞大。真宗咸平六年（1003），龙蕃派来的使团有 1600 人，携带大量物品，仅马匹就达 460 匹。来自交趾的使团，人数最多时有 180 多人。来自高丽的使团，人数最多时则达 293 人。来自各地区各国的使团，带来的物品主要是当地的特产、手工艺品、珍禽异兽，如马、珠玉、金银器、皮货、药材等。依据《宋会要》《宋史》等文献记载，将使团到达东京超过 10 次的列表如下。管中窥豹可知，“四夷朝贡，曾无虚岁”，绝非虚言。

表 7.1　到达东京超过 10 次的使团

族名或国名	辽	吐蕃	占城	南蕃	交趾	回鹘	高丽	溪峒	大食	于阗	三佛齐	黎州	夏国	龟兹	甘州	女真
次数	300	56	56	48	45	41	41	41	40	39	33	28	22	21	20	16

北宋政府的对外政策十分积极：“宋之待遇亦得其道，厚其委积而不计其贡输，假之荣名而不责以烦缛；来则不拒，去则不追；边圉相接，时有侵轶，命将致讨，服则舍之，不黩以武。先王柔远之制岂复有加于是哉！”②处理涉外事务的中央机构主要是鸿胪寺，“凡四夷君长、使价朝见，辨其等位，以宾礼待之，授以馆舍而颁其见辞、赐予、宴设之式，戒有司先期辨具；有贡物，则具其数报四方馆，引见以进。诸蕃封册，即行其礼命”③。其他如客省、引进司、四方馆、东西上阁门、往来国信所等机构也有相关职责。客省主管礼仪，“掌国信使见辞宴赐，及四方进奉、四夷朝觐贡献之仪，受其币而宾礼之，掌其饔饩饮食，还则颁诏书，授

① 〔宋〕李焘：《续资治通鉴长编》卷六十一，中华书局 1995 年版，第 1376 页。
② 〔元〕脱脱等：《宋史》卷四百八十五《外国列传一》，中华书局 1977 年版，第 13981～13982 页。
③ 〔元〕脱脱等：《宋史》卷一百六十五《职官志五》，中华书局 1977 年版，第 3903 页。

以赐予”[①]。引进司详细负责蕃国进奉礼物的事宜。四方馆负责定朝堂门外藩国使者“陪位之版”。东西上阁门负责自契丹使以下的朝见谢辞,“视其品秩以为引班、叙班之次,赞其拜舞之节而纠其违失”[②]。往来国信所负责与辽的使介交聘事宜。

政府在东京设立有都亭驿等多种接待和管理机构,隶属于鸿胪寺。“大辽使人在都亭驿,夏国在都亭西驿,高丽在梁门外安州巷同文馆,回纥、于阗在礼宾院,诸番国在瞻云馆或怀远驿。”[③]旧城光化坊内的都亭驿是最大的接待机构,神宗时起专门用于接待辽国使者,徽宗崇宁元年(1102)经大规模修整,新城惠宁坊内的都亭西驿,主要接待河西蕃部使者,神宗熙宁年间,又将新城崇化坊的旧马军都虞候官廨增修为来远驿,由都亭西驿监官兼领。新城延秋坊内的同文馆,神宗熙宁年间设置,以待高丽、青唐使者,有屋宇二百七十八间。新城归德坊的礼宾院,掌蕃夷朝贡互市,真宗景德三年(1006)蕃驿院也并入礼宾院。宜秋门外的瞻云馆、封丘门外的班荆馆也接待诸蕃使。汴河北岸兴道坊的怀远驿,真宗景德年间由侍卫都虞候旧公廨增修而成,主要接待南蕃、交州、西蕃、甘州、龟兹、于阗、大食(阿拉伯国家)等使者。

(二)东京的贡赐贸易

北宋特别是北宋中叶以后,与周边各地区各国的关系相较前代有了重大变化,宋廷对各使团带来东京的大量贡品实行“估价酬”的方式进行物品回赐,使得东京与其他各地区各国的贡与赐有了商品交换的性质,东京城“集四海之珍奇,皆归市易”[④]。贡赐贸易一定程度上推动了彼此间的经济文化交流。

宋辽间的联系和交流最为频繁,每年相互赠送的礼品数量均十分庞大,《续资治通鉴长编》中载有详细的物品清单,价值在七十万贯上下,几乎是景德以后宋辽沿边榷场全年贸易额一百五十万贯的一半。辽使团往往还携带大批私物,在都亭驿与宋代官员私相贸易。政府曾禁止这种私下贸易。但禁令没什么效

---

① 〔元〕脱脱等:《宋史》卷一百六十六《职官志六》,中华书局 1977 年版,第 3935 页。

② 〔元〕脱脱等:《宋史》卷一百六十六《职官志六》,中华书局 1977 年版,第 3936 页。

③ 〔宋〕孟元老原著,姜汉椿译注:《东京梦华录全译》卷六《元旦朝会》,贵州人民出版社 2009 年版,第 97 页。

④ 〔宋〕孟元老原著,姜汉椿译注:《东京梦华录全译》序,贵州人民出版社 2009 年版,第 1 页。

果,之后的每个辽使团几乎依然是一个庞大的商队,景德三年宋廷开始对辽使团的规模进行限制,规定使团的随从人员不得超过一百人。

宋夏间的联系和交流也十分频繁,贡赐贸易额数量也十分庞大。西夏每年都派使团来东京,宋廷允许西夏使团沿途或就驿贸易。“(西夏)称藩日久,岁遣人至京师货易,出入民间如家。”[①]尤其是真宗、仁宗时期,西夏每年遣使多次,“每岁旦、圣节、冬至皆遣牙校来献不绝”[②]。每次的贡赐贸易额都十分惊人,“每一使赐予贸易,无虑得绢五万余匹,归鬻之其民,匹五六千,民大悦。一使所获,率不下二十万缗”[③]。再加上私下贸易,西夏使团获利甚丰,宋廷又默许,于是宋夏贡赐贸易额不断增加。仁宗嘉祐七年(1062),西夏贺正旦的使团,贸易收入八万贯,卖货所得尽买了罗、帛、绫、幞头、薰衣香、龙脑、朱砂等带回。宋夏间的贡赐贸易“通约所得,不减三数百万”[④]。

北宋尤其是真宗时河西走廊畅通,“道路清谧,行旅如流”[⑤],西北地区各政权与北宋之间的贡赐贸易也有相当规模。于阗自“熙宁以来,远不逾一二岁,近则岁再至。所贡珠玉、珊瑚、翡翠、象牙、乳香、木香、琥珀、花蕊布、硇砂、龙盐、胡锦、玉鞦辔马、腽肭脐、金星石、水银、安息鸡舌香,有所持无表章者,每赐以晕锦旋襕衣、金带、器币,宰相则盘球云锦夹襕。地产乳香,来辄群负,私与商贾牟利;不售,则归诸外府,得善价,故其来益多”[⑥]。熙宁十年(1077)于阗的使团,带来的货物仅乳香就有三万一千余斤,值钱四万四千余贯;元丰八年(1085)进马,宋廷回赐的钱达一百二十万贯。再如咸平四年(1001)龟兹派遣的曹万通使团,真宗“赐晕锦衣一袭、金带一、金花银酒器二百两、锦绮绫罗二百匹,以贡奉物价三十万优给之”。

远在印度海岸的注辇国、苏门答腊岛的三佛齐等远隔万里的国家与北宋之间的贡赐贸易额也相当可观。大中祥符八年,注辇国派遣五十二人的使团到达东京,贡献珍珠衫帽各一,珍珠二万一千一百两,象牙六十株,乳香六十斤,使臣

---

① 沈文倬点校:《苏舜钦集》卷十六《韩公行状》,上海古籍出版社 1981 年版,第 207 页。

② 〔元〕脱脱等:《宋史》卷四百八十五《外国列传一》,中华书局 1977 年版,第 13992 页。

③ 〔宋〕苏轼:《东坡全集》卷五十四《因擒鬼章论西羌夏人事宜札子》,文渊阁《四库全书》版。

④ 〔宋〕李焘:《续资治通鉴长编》卷三百七十二,中华书局 1995 年版,第 9007 页。

⑤ 〔宋〕李焘:《续资治通鉴长编》卷七十一,中华书局 1995 年版,第 1598 页。

⑥ 〔元〕马端临:《文献通考》卷三百三十七《四裔考十四 · 于阗》,中华书局 1986 年版,第 2644 页。

又献珠六千六百两、香药三千三百斤，宋廷回赐甚厚。熙宁十年，注辇国派遣二十七人的使团到达东京，宋廷对使者“各赐衣服器币有差；答赐其王钱八万一千八百缗、银五万二千两”①。元丰二年，宋廷赐三佛齐的使臣钱六万四千缗，银一万五百两。

宋廷优待外使，且回赐品价值往往高于贡献品的价值，尽管贡赐贸易的繁荣使得北宋都城东京成为东亚的贸易中心，但同时也增加了北宋政府的财政压力。因此，大中祥符九年(1016)，北宋政府曾下令限制各国使团的规模，规定各国使团准许进东京的人数包括使、副使、判官各一人，随从或十人或二十人不等；贡献品“自今犀、象、珠、贝、檀香、异宝，听赍持赴阙”，而车载的重物在边境估价上闻奏即可，“非贡奉物，悉收税算”。元祐年间，苏轼著有《论高丽买书利害札子三首》《乞禁商旅过外国状》等文，认为与高丽间的贡赐贸易有五害而无丝毫之利。苏轼的说法主要针对高丽，也许还有些夸张，但也反映了北宋政府的限制措施并未奏效。

（三）文化交流

北宋与周边各地区各国的政治经济往来，同时也伴随着文化的交流。辽使来到东京的重要任务之一就是搜集购买书籍、雕版印刷的文集、奏章等。买不到的，就向宋廷须索，基本都能如愿以偿。比如诗人魏野的《草堂集》，辽国只有半部，辽使希望得到全书，真宗就满足了他们的请求。辽“使者至都，上恩顾恤，靡所不至。或贸易货财，或须索供馈，或丐求珍异，许予多矣！”②

搜集购买书籍也是其他地区和国家使者来到东京的重要任务之一。嘉祐七年(1062)，夏使乞太宗御制真草，国子监九经，《册府元龟》，《唐书》并本朝贺正旦、冬至二节仪，宋廷赐予了国子监九经。英宗即位后，夏使乞书，赐予“九经及正义、孟子、医书”等。据研究，西夏使从宋廷得到佛经共达 6 次。③ 神宗时，宋赐给回鹘墨字《大般若经》一部。宋也多次送给交趾《大藏经》《道藏》及九经等书籍，准许交趾贡使购买“禁书、卜筮、阴阳、历算、术数、兵书、敕令、时务、边

---

① 〔元〕脱脱等：《宋史》卷四百八十九《外国列传五》，中华书局 1977 年版，第 14099 页。

② 〔宋〕苏颂：《苏魏公文集》卷六六《华夷鲁卫信录总序》，文渊阁《四库全书》版。

③ 吴天墀：《西夏史稿》，商务印书馆 2010 年版，第 221 页。

机、地理”①之外的其他书籍。宋丽之间最重要的文化活动也是书籍的交流。淳化四年(993),宋赐高丽使印本九经;大中祥符九年,赐诏书七函及经史、历日、《圣惠方》等;天禧五年,赐《圣惠方》、《阴阳二宅》、《乾兴历》、释典一藏等;熙宁七年(1074),高丽使从多种渠道得到《文苑英华》、《太平御览》、九经、子、史诸书,《大藏经》一部、《华严经》一部、《册府元龟》一部;元丰八年,赐《文苑英华》;元祐七年(1092),赐《册府元龟》,高丽使又购买了“时政论议及言边机等”之外的书籍甚众;建中靖国元年(1101),赐《神医补救方》《太平御览》1000册。同时,高丽保存的一些中国当时已经散佚的书籍,又再次传回中国。高丽使臣先后赠送的中国佚书有《黄帝针经》《京氏周易占》,以及足本《说苑》等,神宗时受诏赴高丽为其国王治病的医官马世长回国时带回了《东观汉记》。

书籍之外,北宋与周边各地区各国的文化交往是多方面的。宋的各项手工业技术传入辽,辽向宋的学习是全方位的,包括官制等部分政治制度,二者的交流融合日渐深入,以至于神宗熙宁七年三月辽使上书曰:“爰自累朝而下,讲好以来,互守成规,务敦夙契。虽境分二国,克保于欢和;而义若一家,共思于悠永。”②西夏使曾因变革衣冠制度等多次向宋乞请工匠。高丽多次派遣留学生到国子监学习,学有所成的如开宝年间的康戬、太平兴国年间的金行成、雍熙年间的崔罕、崇宁年间的金瑞等。高丽也曾多次向宋请求派遣医学、乐舞方面的能人前往高丽传习技艺。如宋神宗熙宁五年,高丽文宗因自己中风,向宋廷请求支援,宋应邀遣医官赴高丽。熙宁七年又遣医官马世长前往高丽。元丰三年(1080),宋朝派遣医官邢慥等并带去百余种药材。直至宋徽宗时期,医学的交流仍在继续。崇宁二年(1103),宋派遣牟介等4位医官至高丽兴盛宫开设学馆传授医术。重和元年(1118),又遣医官杨宗立等随行出使高丽。频繁的医学和医官交流,对高丽医学的发展有着巨大的影响。此外,高丽也向宋寻请乐工、乐器,宋教坊乐传入高丽,在八关会、烟灯会等重大活动中演出,促进了高丽乐的发展。③

僧人在北宋与周边各地区各国的文化交往中扮演着重要的角色,以与印

① 〔元〕脱脱等:《宋史》卷四百八十八《外国列传四》,中华书局1977年版,第14070页。

② 〔宋〕李焘:《续资治通鉴长编》卷二百五十一,中华书局1995年版,第6121~6122页。

③ 姜吉仲:《北宋与高丽间的贸易及文化交流关系》,《宋史研究论丛》第9辑。

度、日本的交流活动中最为突出，尤其是在并无正式国交关系的宋日之间，入宋巡礼的日僧促进了中日文化的交流。乾德四年，宋太祖派遣僧人行勤等157人带着国书西行求法，至开宝以后，“天竺僧持梵夹来献者不绝”①。如开宝八年(975)，东印度王子穰结说啰、曼殊室利王子先后来到东京，得到太祖亲自接见。太平兴国五年(980)，太宗在太平兴国寺设译经院，供北天竺僧天息灾、中天竺僧法天等共同译经。之后，太宗、真宗、仁宗、神宗时亦不断有印度僧人来到东京城。日本入宋僧人不多，有名可考仅20余人，以奝然、寂照、成寻影响最大。雍熙元年(984)，奝然在东京受到太宗召见。奝然详细介绍了日本国的情况，献上《王年代纪》《职员令》各一卷，以及中国佚本《孝经》《孝经新义》第十五各一卷。雍熙四年(987)，带着印本《大藏经》、宋新译经等大量经卷及佛像回到日本的奝然轰动朝野。景德元年(1004)，真宗召见寂照等8人。熙宁五年，神宗在延和殿召见成寻，成寻献五香、水晶等宝物，以及《皇太后法华经》《奝然日记》等。三年后成寻回国，带走了乞赐的新译经等大小乘经论五百余卷及佛像等珍宝。人数不多的入宋僧在中日文化交流上起的作用却可圈可点，加强了双方的相互了解，礼物的传递促进了双方皇族间非正式的交流，尤其是佛经等书籍方面的交流贡献巨大，对日本平安时代开版事业之发展和佛典研究产生了重大影响。②

各地区各国的人们来到东京，深刻影响着东京的社会文化生活。宋太宗时，西南溪峒贡使们在宫廷里表演水曲；真宗时，三佛齐贡使带来二位昆仑奴“踏曲为乐”；神宗时，高丽使崔思顺带着“伶官十余辈”在东京表演；女真人在东京城奏《臻蓬蓬歌》，“每扣鼓和《臻蓬蓬》之音……人无不喜，闻其声而效之”。至北宋末年，东京“街巷鄙人多歌蕃曲，名曰《异国朝》《四国朝》《六国朝》《蛮牌序》《蓬蓬花》等，其言至俚，一时士大夫亦皆歌之。又相国寺货杂物处，凡物稍异者皆以‘番’名之。有两刀相并而鞘，曰‘番刀’，有笛……曰‘番笛’，及市井间多以绢画番国士马以博塞……”③。

---

① 〔元〕脱脱等：《宋史》卷四百九十《外国列传六》，中华书局1977年版，第14104页。

② 李守爱：《北宋时期日本僧侣入宋及其对中日文化交流的作用——以奝然、寂照、成寻为中心》，《南开日本研究》2011年版，第00期。

③ 〔宋〕曾敏行：《独醒杂志》卷五，上海古籍出版社1986年版，第45页。

第三节　文化的繁荣与新都市文明

北宋以文治国,文化科技高度繁荣,古今中外的学者对此有相当高的认同。明人宋濂在《苏平仲文集原序》中说:“自秦以下,文莫盛于宋。”陈寅恪认为宋朝是中国文化的顶峰时期:“华夏民族之文化,历数千载之演进,造极于赵宋之世。”[①]英国学者李约瑟也认为宋代的文化和科学都“达到了前所未有的高峰”,“宋代确实是中国本土上科学最为繁荣昌盛的时期”,“每当人们研究中国文献中科学史或技术史的任何特定问题时,总会发现宋代是主要关键所在”[②]。文化科技上的巨大成就离不开发达的教育。东京设有全国最高学府及各类学校,学校内分科细致,学员来源也更为广泛。东京设有崇文院,重视书籍的收集、整理和编纂。与新兴的庞大的市民阶层相适应,文化生活方面最突出的是瓦子勾栏的出现。瓦子勾栏的内容丰富多彩,有说书、小唱、杂剧、傀儡、讲史、小说、散乐、舞蹈、影戏、杂技等。这些都对后世文学艺术的诸多方面产生了深远影响。

一、文化教育发达

(一)发达的教育

宋初承唐制十分重视科举,诸科取士名额成倍增加。仁宗时期开始大力推动学校教育,有三次兴官学运动。第一次是仁宗时期庆历新政在教育上的兴学措施,庆历兴学主要是改进太学、国子学,在州县立学,同时改革科举,可惜随着新政的失败兴学也以失败告终。第二次是神宗时期王安石变法在教育上的改

① 陈寅恪:《邓广铭宋史职官志考证序》,《金明馆丛稿二编》,三联书店 2001 年版,第 277 页。

② [英]李约瑟:《中国科学技术史》第一卷导论,科学出版社 1990 年版,第 138~139 页。

革措施,熙宁、元丰兴学在改革太学、整顿学校教育、改革科举制的同时,创立和恢复武学、律学、医学等专科学校,并编写统一的教科书《三经新义》。此次兴学措施系统、全面且维持了相当长一段时间,尽管随着新法的失败而被废弃,但影响十分深远。第三次是徽宗时期蔡京在教育上的改革措施,崇宁兴学恢复了一些熙宁、元丰兴学时的措施,增加学校学生,同时取士皆由学校升贡,取消科举。此后,官学继续发展扩充。三次兴学运动推动了学校教育的发展及其制度的完善,使得学校教育日渐受到重视,并在一定程度上减弱了学校教育对科举制的依附。

教育发达的具体表现是学校类型繁多,不仅有官立学校、私立学校,还有书院。重视官学的同时,宋朝对私学和新兴的书院也积极提倡,学校教育是主体,同时也十分重视社会教育和家庭教育。另一方面,各类专门学校的建立和内部分科的细化,各类学校放宽入学资格的等级限制,不同程度地对庶人子弟开放,某些科目如武学、医学更重视实践等,都促进了教育的发展。

东京是北宋中央官学的所在地,有国子学、太学,以及武学、律学、医学、算学、书学、画学等专科学校,其他还有为王室子弟设置的宗学、辟雍、广文馆、四门学、道学等临时设置的教学机构。国子学是最高学府,京朝七品以上子弟入学,最初无定员,后以 200 人为额,但制度并不完备,生徒多系籍而不至,或不系籍而听读,“就试试已,则生徒散归,讲官倚席,但为游寓之所,殊无肄习之法。居常听讲者,一二十人尔”。甚至“许文武升朝官嫡亲附国学取解,而远乡久寓京师,其文艺可称,有本乡命官保任,监官验之,亦听附学充贡”①,成为科举的附庸。太学是北宋官学的重点,且制度完备。仁宗庆历四年(1044)创设,以八品以下子弟及庶人之俊异者为学生,规模不断扩大,皇祐五年(1053)达三四百人。神宗熙宁、元丰兴学时整顿太学,创“三舍法”,元丰二年(1079)舍生共计 2400 人。徽宗崇宁时是太学规模的顶峰,上舍 200 人,内舍 600 人,外舍 3000 人。武学专门培养军事人才,仁宗庆历三年(1043)创设,凡未参班的使臣和门荫子弟弓马应试合格即可入学,定额 100 人。律学专门培养法律人才,宋初国子学中置律学博士,神宗熙宁六年(1073)创设,凡命官、举人皆可入学。医学初隶太常寺,神宗时改隶提举判局,徽宗崇宁时隶国子监,大观四年(1110)又改隶太医

① 〔元〕脱脱等:《宋史》卷一百五十七《选举志三》,中华书局 1977 年版,第 3658~3659 页。

局，设方脉、针、疡三科，定额 300 人。算学主要学习算数、历算、三式、天文，徽宗崇宁三年（1104）创设，命官、庶人皆可入学，定额 210 人。书学主要学习篆、隶、草三体，徽宗崇宁三年创设。画学是北宋独有，徽宗崇宁三年创设，分为佛道、人物、鸟兽、山水、花竹、屋木六个专业，生员按出身分为士流、杂流，别其斋而居。

教育发达的另一个表现是对书籍收集、保管、整理和印行的重视。宋承唐制，以三馆即昭文馆、集贤院和史馆为藏书之所。宋太宗别建三馆，赐名"崇文院"，后又于崇文院内创建秘阁，合称"馆阁"或"四馆"。北宋自太祖、太宗起，就注意收集、保管书籍。宋于建隆三年（962）平荆南，乾德三年（965）平后蜀，开宝八年（975）平江南，所得图书以万卷计，均收运京师。还多次下诏，广开献书之路，派官员到民间寻访书籍，当时"献图籍于阙下者，不可胜计"[①]。至太平兴国三年（978），三馆藏书已由宋初的 1.2 万余卷增加到 8 万余卷，到神宗初年更是高达 16 万余卷。馆阁藏书校勘完毕之后，一般都会镂版颁行。馆阁利用藏书编撰了多部大型官书，"太宗诏诸儒编故事一千卷曰《太平总类》，文章一千卷曰《文苑英华》，小说五百卷曰《太平广记》，医方一千卷曰《神医普救》。《总类》成，帝日览三卷，一年而读周，赐名《太平御览》"。真宗又"诏诸儒编君臣事迹一千卷，曰《册府元龟》"[②]。《神医普救》无传，其他与《册府元龟》合称为"宋汇部四大书"，书成之后均曾刊刻，保留了大量珍贵资料。《太平广记》是我国第一部小说总集，共引书 475 种，使我国古代的小说、笔记得以保存和流传。《太平御览》被誉为"类书之冠"，引用书籍千余种，许多如今已失传。《文苑英华》是一部诗文总集，上起南朝，下至唐代，共选录 2200 多位作家的约 2 万篇作品。[③]《册府元龟》卷帙浩繁，部有总序，门有小序，开后世书目提要之滥觞。该书囊括宋以前十七史及有关史料，兼收经、子。馆阁也曾多次编制馆藏目录，太祖乾德六年（968）有《史馆新定书目》，仁宗景祐元年（1034）有《崇文总目》，嘉祐六年（1061）有《嘉祐搜访阙书目》，徽宗政和七年（1117）有《秘书总目》。馆阁还是育才之地，许多宰执大臣都曾任职于馆阁，"自祖宗以来，所用两府大臣多矣。

---

① 〔宋〕李焘：《续资治通鉴长编》卷三十一，中华书局 1995 年版，第 704 页。

② 〔宋〕宋敏求：《春明退朝录》（卷下），文渊阁《四库全书》版。

③ 王云海：《宋太宗的"右文"政策》，《河南大学学报（哲学社会科学版）》1986 年第 1 期。

其间名臣贤相出于馆阁者,十常八九也”[①]。

(二)科学技术的突出成就

随着东京社会经济的发展、教育的发达,科学技术也取得了巨大进步和显赫成就。最突出的表现就是火药、印刷术和指南针等三大发明的完善和发展。火药是炼丹家的发明,唐朝时已掌握基本配方,应用在军事上却是在宋代。北宋初,冯继昇进火箭法,唐福献火球、火蒺藜等火器,火药武器在军事上开始得到大量研制和使用,仁宗时成书的兵书《武经总要》中就记载了三种配制火药的方子,宋夏、宋金战争中也有使用霹雳炮、震天雷等杀伤力很强的火器的记载。这些都推动了火药的研究和改进,为后代以火药爆炸为推动力的武器的出现奠定了基础。宋代印刷术的创举,是在唐五代雕版印刷基础上,平民毕昇于北宋庆历年间(1041—1048)发明了活字印刷术,使印刷变得更加省时省工、经济便捷。北宋时,利用磁体的指向装置也获得重大进步。在战国天然磁石琢磨而成的司南的基础上,对于人工磁化的方法和使用磁针的方法都有了重大进展。《武经总要》记载有利用地磁场使铁片磁化的方法。《梦溪笔谈》记载有更加简便的利用磁石使钢针磁化的方法,为指南针的出现创造了重要的条件。关于磁针的装置方法,沈括也记载有多重方法。指南针用于航海的记载可追溯至宣和元年(1119)朱彧的《萍洲可谈》:“舟师识地理,夜则观星,昼则观日,阴晦观指南针。”[②]指南针的应用对航海业的迅速发展功不可没。这三大发明是科学技术的重大成果,是古代中国为世界文明做出的卓越贡献。

除具有世界意义的三大发明外,天文学、数学、医学、建筑学等众多领域都取得了举世瞩目的杰出成就。天文学方面,绍圣年间苏颂著的《新仪象法要》图文并茂地反映了11世纪中国天文学方面的重要成就。苏颂、韩公廉等人研制的水运仪象台,是利用齿轮系统在漏壶流水推动下使仪器连续保持一个恒定的速度,使之与天体运动一致,既能演示天象,又能计时,被认为“很可能是后来欧洲中世纪天文钟的直接祖先”[③]。数学方面,秦九韶的任意高次方程数值解法和

---

① 〔宋〕欧阳修:《文忠集》卷一百一十四《又论馆阁取士札子》,文渊阁《四库全书》版。

② 〔宋〕朱彧:《萍洲可谈》卷二,文渊阁《四库全书》版。

③ 王振铎:《揭开了我国“天文钟”的秘密——宋代水运仪象台复原工作介绍》,《文物参考资料》1958年第9期。

“大衍求一术”,杨辉的“开方作法本源”,贾宪的随乘随加“增乘开方法”,沈括的“隙积术”和“会圆术”,都达到了当时世界数学研究的领先水平。北宋时的中国医药学获得了全面发展。首先是《开宝本草》《嘉祐本草》等各类医药书籍的修订。其次是医学的分科更加完备,发展为大方脉科、小方脉科、针灸科、风科、眼科、口齿咽喉科、产科、疮肿兼折疡科、金镞兼书禁科等九科。再次是针灸术的进一步发展,太医王惟一在前代针灸腧穴基础上,经过反复实践,编纂《铜人腧穴针灸图经》并范铸铜人模型,极大促进了针灸术的进步。铜人模型一置医官院,一置相国寺,图经也被刻石置于相国寺针灸图石壁堂内。图经残石也已发现。① 建筑学方面,至今仍能看到的开宝寺塔(铁塔)、天清寺塔(繁塔)是古代寺塔建筑的杰作。开宝寺塔的前身开宝寺木塔,最初的设计监造者喻浩著有《木经》,为后世木工建造的准则。宋代建筑科学最重要的著作是李诫的《营造法式》。李诫有丰富的建筑经验,曾在汴京城主持营造朱雀门、太庙等十余项大型土木工程,又研究群书,耗时三十余年完成巨著《营造法式》,是中国古代、也是世界上最早最全面系统的建筑学著作。

北宋科技成果的集大成之作是杰出科学家沈括的巨著《梦溪笔谈》,被誉为“中国科学史上的里程碑”②。沈括曾在昭文馆、司天监等任职,“博学善文,于天文、方志、律历、音乐、医药、卜算,无所不通,皆有所论著”③。《梦溪笔谈》内容涉及十分广博,其中数学、天文、历法、物理、地理、水利、工程、机械制造等科技部分占去大半,既有本人的科学实践,也有其他科学家的研究成果,充分反映了当时最新的科技水平,堪称中国古代的一部百科全书。

(三)繁荣的文学艺术

宋王朝偃武修文优遇文士,大办学校大开科举,使得文学艺术空前繁荣,造就了许多大文学家。伴随着政治革新的北宋诗文革新运动取得了空前成就。革新运动强调文章的社会功能,倡导文章要讲究经世致用,针砭时弊,一改六朝以来的绮靡文风。出现了欧阳修、“三苏”、曾巩、王安石等大家,他们占据“唐宋

---

① 于柯:《宋〈新铸铜人腧穴针灸图经〉残石的发现》,《考古》1972 年第 6 期。

② [英]李约瑟:《中国科学技术史》第一卷导论,科学出版社 1990 年版,第 140 页。

③ 〔元〕脱脱等:《宋史》卷三百三十一《沈括列传》,中华书局 1977 年版,第 10657 页。

八大家”中的六席，创作了大量明畅朴素的散文，奠定了自然流畅的宋代文风。宋词是中国古代文学发展的一个高峰，宋代中期以苏轼为代表开始突破传统词作的格局，在题材、形式、语言、风格等诸方面都扩大了词作的表现力，确立了词的社会地位。宋诗继承了唐诗的优良传统，王安石、欧阳修、梅尧臣、苏舜钦等诗坛巨擘的诗作均取得非凡的造诣，推动了宋诗的发展。

东京城市经济繁荣，市民阶层逐渐壮大，市民文学应运而生，主要表现就是话本繁荣。宋代，诸如“讲经文”“变文”“说话”等口头演讲故事的“说话”发展迅速，“话本”就是说话人讲故事所使用的底本。话本在传抄的过程中，可读性逐渐增强，发展为可供阅读的书面文学作品。话本的体制也逐渐固定下来，如有题目，有篇首诗，有入话；有得胜头回，有正话，有结尾。模拟话本体制、主要供案头阅读的完全由文人创作的话本小说也已经出现，如刘斧的《青琐高议》和《青琐摭遗》。话本在人物塑造上活现了众多市井人民的形象，栩栩如生，个性鲜明，语言大量运用来自群众的俗语、谚语，充满生活气息。长篇讲史说经的话本，对后世长篇小说的创作影响甚大，为后来长篇小说如《三国演义》《水浒传》《封神演义》《西游记》等的创作打下了坚实的基础。

北宋是中国书法艺术的又一个高峰，神宗时起逐渐在“晋人尚韵”“唐人崇法”的基础上形成“以意为法”的风貌。促进五代以来书风转变进程的是苏轼。苏轼对长期占据正统地位的晋帖持批判态度，强调不蹈袭前人，要在遍通各体的基础上形成独特的风格。在《宋蔡襄飞白书》里说：“世之书，篆不兼隶，行不及草，殆未能通其意者也。如君谟，真、行、草、隶，无不如意，其遗力余意，变为飞白，可爱而不可学，非通其意能如是乎？”苏轼身体力行，书法作品不着眼于法度和间架结构，重在追求字外的意趣，与其同时期的文风相近。黄庭坚评他的《黄州寒食诗帖》：“书兼颜鲁公、杨少师、李西台笔意，试使东坡复为之，未必及此。”[①]代表北宋书法成就的是苏轼、黄庭坚、米芾、蔡襄四大家。此外，北宋还重视书法名迹的收集流传，宋初即遣使四处购摹，淳化三年（992）《淳化阁帖》装裱成册，共收历代书法家100名419帖，被后世奉为“法帖之祖”。书学论著方面，朱长文的《墨池编》自成体系。《宣和书谱》则是书法作品研究的集大成者，保留下了极重要的资料。同时，金石学兴起，“对后代文字源流的研究，书法史

① 〔清〕梁诗正等：《佩文斋书画谱》卷七十七，文渊阁《四库全书》版。

的探讨、书法创作的继承革新、碑学的兴起,书法艺术的鉴赏、篆刻学的发展等,都有一定的促进作用”①。

北宋是中国绘画艺术在唐代之后的又一个高峰。绘画的形式、题材全面发展,作品极其丰富。北宋末的《宣和画谱》,共收录当时内府所藏历代名画6396轴,其中宋人作品达3300多件。北宋画谱、画论、画录等绘画理论著作不断问世,据虞复《历代中国画学著述录目》,留存至今的仍达77种、100余卷。艺术造诣高超、成名的画家也很多,现在所知被画传收录者达千人以上。人物、花鸟、山水、城乡市肆等现实生活题材的绘画大量出现,北宋绘画讲究笔墨,崇尚意境,强调绘画的整体性,在已有的唐代文人画基础上,开创了中国绘画文学化的新时期,并使其成为之后中国绘画的正统和主流。北宋绘画所取得的成就,得益于完整的画院体制。进入画院以及院内画家等级的升迁都需要进行严格的考试。画院内等级最高的是待诏,以下还有祗候、艺学、画学正、学生、供奉等。画院画家的待遇很高,类似于同级文官。精工艳丽的画风是北宋画院的主要风格,在花鸟画、界画等门类取得了很高的成就。宋代画院的兴盛不能否认帝王个人的倡导和支持。宋太宗酷爱书画,诏令编纂有《名画断》,宋广罗画家进入画院。宋仁宗、宋神宗也均喜爱书画。宋徽宗嗜玩书画,造诣不凡,相传《芙蓉锦鸡图》《听琴图》《雪江归棹图》《池塘晚秋图》《五色鹦鹉图》等均是宋徽宗手笔。宋徽宗还组织编撰《宣和睿览集》《宣和画谱》,改革画院,能依才任用,倡导深研画理,注重写生,促进了绘画艺术的繁荣。

二、瓦舍勾栏

(一)瓦舍勾栏

北宋东京出现了许多群众性的文化娱乐活动场所,是酒肆、茶楼、妓院、杂货买卖和娱乐场所集中的地方,称为“瓦舍”,又称“瓦肆”“瓦市”“瓦子”。《梦粱录》说:“瓦舍者,谓其‘来时瓦合,去时瓦解’之义,易聚易散也。不知起于何

① 石训、朱保书:《中国宋代文化》,河南人民出版社2000年版,第279~280页。

时。顷者京师其为士庶放荡不羁之所,亦为子弟流连破坏之门。”①瓦舍中设置有许多说书、演戏、演杂技等固定的演出场所,或用栏杆,或用绳索,或用布幛,或用围墙分割,称为“勾栏”,也称作“勾肆”“邀棚”“游棚”。勾栏也就成为表演百戏技艺的戏棚、剧场的代称。有的勾栏有顶盖,演出时不受天气影响。许多勾栏都有自己的名字,如莲花棚、牡丹棚、夜叉棚、象棚等。

勾栏的具体形制尚无定说,张连②、廖奔③、李纯④、高琦华⑤等均曾提出猜想。他们都认为勾栏内有戏台、后台和观众席,戏台为伸出式的,三面向观众,围绕着戏台有从里向外逐层加高的观众席。宋旸结合《营造法式》和金元时期戏台建筑,全方位复原了宋代的勾栏,认为“勾栏从整体形制上说应为方形露天密闭院落”,“勾栏院落最大的阔度可达30米×20米”⑥。勾栏戏台的台基,多为压檐石砖砌,应该是继承了前代露台的雕刻有图案的须弥座。面宽与进深为7~10米,呈面宽与进深在1∶1.2至1∶1.3之间的长方形。⑦ 后台是在演出舞台山面的后三分之一处用幕幔做遮挡即成,与舞台仍处于一个整体的建筑内。戏台正对着的盛纳观众的看棚称为“神楼”,两侧的看棚称为“腰棚”,进深均为6.08~6.76米,广为9~18米。神楼和腰棚均为二层结构,神楼台基高起,腰棚台基则相对低矮、简单,其内的观众席位均逐层向上。戏台、神楼、腰棚独立存在,并未连接为整体。⑧

勾栏入口一般面向街市方向,入场口通常贴着纸榜广告,称为“花招儿”“招子”,招子上写着“×××在此作场”,预告演出剧目。有的悬挂旗牌、帐幔、靠背等演出行头做宣传。勾栏是中国演出场所商业化的开始,观看演出是要收钱的。有的在入口处收费,元代散曲作家杜仁杰的《庄家不识勾栏》里有“要了二百钱放过咱”。有的在演出过程中收费,“宋人凡勾栏未出,一老者先出,夸说大意,

① 〔宋〕吴自牧:《梦粱录》卷十九《瓦舍》,浙江人民出版社1980年版,第179页。
② 张连:《中国戏曲舞台美术史论》,文化艺术出版社2000年版,第60页。
③ 廖奔:《中国古代剧场史》,中州古籍出版社1997年版,第48页。
④ 李纯:《前年遗韵话“勾栏”》,《中国剧场史论》,北京广播学院出版社2003年版,第274~281页。
⑤ 高琦华:《中国戏台》,浙江人民出版社1996年版,第41~42页。
⑥ 宋旸:《宋代勾栏形制复原》,上海书店出版社2011年版,第144、150页。
⑦ 宋旸:《宋代勾栏形制复原》,上海书店出版社2011年版,第88~92页。
⑧ 宋旸:《宋代勾栏形制复原》,上海书店出版社2011年版,第154~157页。

以求赏，谓之‘开呵’”[①]。《水浒传》“插翅虎枷打白秀英”中有一段说，雷横到勾栏听曲，白秀英唱了一段，老头儿白玉乔道：“我儿且走一遭，看官都待赏你。”白秀英便托着盘子到观众席中敛钱。这种“一段一收钱”的形式，后来的书场、茶馆一直保留着。

瓦舍勾栏里演出的内容多种多样，囊括了戏剧、曲艺的所有项目，有杂剧、影戏、杂扮、傀儡戏、小唱、诸宫调、各种杂技、说话等。“汴京的瓦舍勾栏兴起于北宋仁宗（1023—1063），中期到神宗（1068—1085）前期的几十年间。”[②]东京城的瓦舍勾栏，数量多，有各种伎艺队伍达150多家，规模也大。据《东京梦华录》记载，皇城东南角的潘楼街“街南桑家瓦子，近北则中瓦，次里瓦。其中大小勾栏五十余座。内中瓦子莲花棚、牡丹棚，里瓦子夜叉棚、象棚最大，可容数千人”[③]。《东京梦华录》《都城纪胜》中记载了东京城有九座瓦子，其他如旧曹门外朱家桥瓦子、保康门瓦子、旧封丘门外的州北瓦子、梁门西去的州西瓦子等均十分有名。瓦舍是集文艺娱乐与商业餐饮于一体的大型综合娱乐场。瓦舍内把伎艺当商品出卖，集合了当时各种伎艺在一处，又分别在各自勾栏中表演，“不以风雨寒暑，诸棚看人，日日如是”。瓦舍也是购物广场，“瓦中多有货药、卖卦、喝故衣、探搏饮食、剃剪纸画、令曲之类”，有卖药的、算卦的、吆喝着卖旧衣的、赌档、小食档、剪纸画的、唱小曲儿的……热闹非凡，“终日居此，不觉抵暮”[④]。宋代的话本《宋四公大闹禁魂张》中，曾说到赵正“再入城里，去桑家瓦子里闲走一回，买酒买点心吃了，走出瓦子外面来”。《水浒传》中有描写燕青与李逵逛桑家瓦子的情景：“两个手厮挽着，正投桑家瓦来。来到瓦子前，听的勾栏内锣响，李逵定要入去，燕青只得和他挨在人丛里，听的上面说平话，正说《三国志》，说到关云长刮骨疗毒……李逵在人丛中高叫道：‘这个正是好男子！’众人失惊，都看李逵。燕青慌忙拦道：‘李大哥，你怎地好村！勾栏瓦舍，如何使得大惊小怪这等叫！’李逵道：‘说到这里，不由人喝采！’燕青拖了李逵便走。两个离了桑

---

① 中国戏曲研究院：《中国古典戏曲论著集成》第三册，中国戏剧出版社1959年版，第246页。

② 廖奔：《中国古代剧场史》，中州古籍出版社1997年版，第43页。

③ 〔宋〕孟元老原著，姜汉椿译注：《东京梦华录全译》卷二《东角楼街巷》，贵州人民出版社2009年版，第30页。

④ 〔宋〕孟元老原著，姜汉椿译注：《东京梦华录全译》卷二《东角楼街巷》，贵州人民出版社2009年版，第30页。

家瓦。”

（二）瓦子伎艺的主要内容

勾栏中演出的艺术形式，说、演、弹、唱样样俱全，有说书、杂剧、诸宫调、杂技、影戏、傀儡等。《东京梦华录》中记有许多伎艺种类与伎艺人，列简表如下。

表7.2 《东京梦华录》所记伎艺种类及伎艺人表

伎艺种类	伎艺人	出处
瓦中多有货药、卖卦、喝故衣、探抟、饮食、剃剪、纸画、令曲之类	丁先现、王团子、张七圣等	卷二
小唱	李师师、徐婆惜、封宜奴、孙三四	卷五
嘌唱	张七七、王京奴、左小四、安娘、毛团	卷五
般杂剧	张翠盖、张成、薛了大、薛子小、俏枝儿、杨总惜、周寿奴、称心	卷五
杖头傀儡	任小三	卷五
悬丝傀儡	张金线	卷五
药发傀儡	李外宁	卷五
筋骨上索杂手伎	张臻妙、温奴哥、真个强、没勃脐、小掉刀	卷五
球杖踢弄	浑身眼、李宗正、张哥	卷五
讲史	孙宽、孙十五、曾无党、高恕、李孝详	卷五
小说	李慥、杨中立、张十一、徐明、赵世亨、贾九	卷五
散乐	王颜喜、盖中宝、刘名广	卷五
舞旋	张真奴	卷五
小儿相扑、杂剧、掉刀、蛮牌	杨望京	卷五
影戏	董十五、赵七、曹保义、朱婆儿、没困驼、风僧哥、俎六弄	卷五

续表

伎艺种类	伎艺人	出处
弄乔影戏	丁仪、瘦吉	卷五
弄虫蚁	刘百禽	卷五
诸宫调	孔三传、要秀才	卷五
商谜	毛详、霍伯丑	卷五
合生	吴八儿	卷五
说诨话	张山人	卷五
杂班	刘乔、河北子、帛遂、胡牛儿、达眼五、重明乔、骆驼儿、李敦等	卷五
神鬼	孙三	卷五
说三分	霍四究	卷五
五代史	尹常卖	卷五
叫果子	文八娘	卷五
倒吃冷淘	赵野人	卷六
吞铁剑	张九哥	卷六
吐五色水、旋烧泥丸子	小健儿	卷六
灰药	大特落	卷六
杂剧	榾柮儿	卷六
嵇琴	温大头、小曹	卷六
萧管	党千	卷六
烧炼药方	孙四	卷六
作剧术	王十二	卷六
杂扮	邹遇、田地广	卷六
筑球	苏十、孟宣	卷六
鼓笛	杨文秀	卷六

“说”是北宋东京瓦舍最常见和最受欢迎的艺术形式之一，以“讲史”“说经”“小说”等为主。“讲史”即演说历史故事，以演说三国故事的“说三分”和讲梁唐晋汉周兴替更迭的“五代史”最为有名，对《三国演义》等历史小说的形成产生了重要影响。比如说三分，故事情节生动，说话人表演逼真，感染力极强，许多观众“闻刘玄德败，颦蹙有出涕者；闻曹操败，即喜唱快”①。“说经”即演说佛经故事，玄奘西天取经是主要内容之一，流传至今的话本有《大唐三藏取经诗话》，对后来《西游记》的成书有重要影响。“小说”即演说传奇、公案、市井生活、神仙鬼怪等，取材广泛，但内容比较简短，对后来小说、戏剧的发展均有一定影响。

杂剧是北宋东京瓦舍最活跃的艺术形式之一，由唐代的参军戏、歌舞戏等融合发展而来，以曲为主多种伎艺综合演绎完整的故事。北宋杂剧剧本没能保存下来，但从完整保存下来的南宋戏文《张协状元》中能略窥一二。《张协状元》故事情节完整，表演以曲为主，穿插舞蹈、插科打诨、杂技、滑稽等，唱念做打四功的结合更加成熟。脚色主要是净、末，还有副净、副末，负责发乔、打诨。演员的服装丰富多样，从宋画《杂剧人物图》、杂剧砖雕丁都赛、偃师酒流沟水库出土的杂剧砖雕等，均能看出演员服装因性别、民族、年龄、身份等不同而各异。舞台形象、曲白等更趋平民化。杂剧不仅为普通百姓所喜闻乐道，还得到了统治阶级上层的认可和欢迎。宋徽宗赵佶就是个戏迷，不仅观赏，有一次还与大臣蔡攸扮演参军、苍鹘搞笑取乐。宋杂剧是我国戏曲的最初样式。

诸宫调也是北宋东京瓦舍十分受欢迎的艺术形式，主要的伴奏乐器是琵琶，入曲说唱，用多种宫调及曲牌联套来演唱长篇故事。这种形式据说是北宋神宗、哲宗时，由泽州（治今山西晋城）艺人孔三传首创并传入，尤其受到文人的喜爱，“士大夫皆能诵之”。另一种以鼓伴奏的说唱形式鼓子词，也深受士大夫喜爱，常用于宴会饮酒娱乐时。北宋汴京，最有名的“唱”者便是名妓李师师，著名词作家周邦彦“常与往来”，甚至连宋徽宗都是她的追星族。

杂技在瓦子勾栏中也很受欢迎，形式别致多样，动作惊险，有上竿、走索、倒立、弄碗、踢瓶、折腰、吞铁剑、幻术，以及“猴呈百戏，鱼跳刀门，使唤蜂蝶，追呼

---

① 〔宋〕苏轼：《东坡志林》卷一《涂巷小儿听说三国语》，商务印书馆 1919 年版，第 5 页。

蝼蚁”[①]等动物戏。宋祁《都街见缘橦伎感而成咏二阕》就是在东京观看“上竿”之后而作:“迥望场中百尺竿,趫材飞捷过跳丸。垂堂亦有千金子,不敢中衢徙倚看。”[②]司马光的《走索》则描述了杂技“走索”的惊险:“伎儿欲夸众,喜占衢路交。系组不厌长,缚竿不厌高。空中纷往来,巧捷如飞猱。却行欠肤寸,倒绁连秋毫。参差有万一,齑粉安可逃。钱刀不盈掬,身世轻鸿毛。徒资旁观好,曹偶相称褒。岂知从事者,处之危且劳。”[③]

影戏在北宋东京也颇为盛行,内容则多取材于话本。“凡影戏乃京师人初以素纸雕镞,后用彩色装皮为之,其话本与讲史书者颇同,大抵真假相半,公忠者雕以正貌,奸邪者与之丑貌,概亦寓褒贬于市俗之眼戏也。”[④]其他常见的表演形式,还有说诨话,也称作长短句,元祐时张山人便以说诨话而知名。还有一种新兴的艺术形式“吟叫”,取材于各行各业的叫卖声,《事物纪原》载:“京师凡卖一物,必有声韵,其吟哦俱不同,故市人采其声调间以词章,以为戏乐也。今盛行于世,又谓之吟叫也。”北宋末年,文八娘便是东京有名的吟叫艺人。

东京城的瓦舍伎艺,还有“散乐”“按乐”等民间歌舞;杖头傀儡、悬丝傀儡、药发傀儡、肉傀儡、水傀儡等多种形式的傀儡戏;与杂剧相若,但比杂剧简略、滑稽诙谐的杂扮小戏;舞判、扑旗子等舞旋;小唱、相扑、商谜、合笙等。形式繁多,数不胜数。整体上,北宋东京瓦舍伎艺的平民化趋向十分显著,许多内容来源于市民生活的灵感,表演形式均深得广大市民的喜欢,并逐渐发展成熟,推动了后代文艺尤其是戏剧和白话小说的发展。

(三)其他演出场所

瓦舍勾栏的演出是正规的剧场表演,文艺演出的形式除此之外,还有庙宇中的戏台演出、节日的露台及乐棚演出、宫廷演出等。

一些没能进入勾栏演出的伎艺人,会在街巷边撂地为场摆摊卖艺,街市的空隙地段,多有作场之人,称为“打野呵”。“或有路岐,不入勾栏,只在要闹宽阔

---

① 〔宋〕孟元老原著,姜汉椿译注:《东京梦华录全译》卷六《元宵》,贵州人民出版社2009年版,第103页。

② 〔宋〕宋祁:《景文集》卷二十三《都街见缘橦伎感而成咏二阕》,文渊阁《四库全书》版。

③ 〔宋〕司马光:《司马文正公传家集》卷三《走索》,商务印书馆1937年版,第28页。

④ 〔宋〕耐得翁:《都城纪胜》“瓦舍众伎”条,文化艺术出版社1988年版,第86页。

之处做场,谓之打野呵。”又说:“河中在处临河者皆曰河市,如今之艺人于市肆作场谓之打野泊,皆谓不著所,今谓之打野呵。”一般认为路边演出的水平比不上勾栏,收入靠观众施舍也不稳定。路边演出的内容十分丰富,各种杂技、说唱伎艺、驯兽表演等都有。

宋代庙宇中的祭祀活动频繁,祭祀时往往邀请伎艺人来演出,祭神的同时娱人。文献记载,宣和时期汴京万胜门外神保观,是供奉二郎神的庙宇,二十四日神诞日的活动最为繁盛。神诞庆祝的前一天,朝廷献送各种精巧物品,并在大殿前露台上搭建乐棚,用于教坊作乐和各种伎乐演出,至二十四日天黑才罢。“天晓,诸司及诸行百姓献送甚多。其社火呈于露台之上,所献之物,动以万数。自早呈拽百戏,如上竿、趯弄、跳索、相扑、鼓板、小唱、斗鸡、说浑话、杂扮、商谜、合笙、乔筋骨、乔相扑、浪子杂剧、叫果子、学像生、倬刀、装鬼、砑鼓、牌棒、道术之类,色色有之,至暮呈拽不尽。殿前两幡竿,高数十丈……上竿呈艺解。或竿尖立横木,列于其上,装神鬼,吐烟火,甚危险骇人。至夕而罢。”①

教坊是北宋沿袭唐代设立的供宫廷使用的乐舞团体,分工十分细致,以乐工的技艺分为大鼓部、杖鼓部、拍板部、筚篥部、笛色、筝色、琵琶色、笙色、方响色、歌板色、舞旋色、杂剧色、参军色等十三部,乐工最多时达四百余人,“四方执艺之精者皆在籍中”②。教坊之外,官办的乐舞机构还有东西乐班、云韶部(黄门乐)、诸军乐、钧容直、四夷乐等。官办乐舞机构以乐舞为主,也能演出各种杂技、杂剧、曲艺等,但有大规模的演出时,教坊仍会召集民间优秀的勾栏艺人参与演出。

北宋东京城每逢节庆时常有百戏演出。正月初一,“马行、潘楼街,州东宋门外、州西梁门外踊路,州北封丘门外,及州南一带,皆结彩棚……间列舞场歌馆”③。三月一日开金明池、琼林苑,金明池南岸临水殿上下回廊,皆“伎艺人作场、勾肆,罗列左右”④。尤以正月上元节最为热闹,东京城内一般会在宣德楼下

---

① 〔宋〕孟元老原著,姜汉椿译注:《东京梦华录全译》卷八《六月六日崔府君生日二十四日神保观神生日》,贵州人民出版社 2009 年版,第 148 页。

② 〔元〕脱脱等:《宋史》卷一百四十二《乐志十七》,中华书局 1977 年版,第 3348 页。

③ 〔宋〕孟元老原著,姜汉椿译注:《东京梦华录全译》卷六《正月》,贵州人民出版社 2009 年版,第 95 页。

④ 〔宋〕孟元老原著,姜汉椿译注:《东京梦华录全译》卷七《三月一日开金明池琼林苑》,贵州人民出版社 2009 年版,第 122 页。

搭建临时性的露台,供伎乐演出。《宋史》载:“三元观灯,本起于方外之说。自唐以后,常于正月望夜,开坊市门然灯。宋因之,上元前后各一日,城中张灯,大内正门结彩为山楼影灯,起露台,教坊陈百戏。”[①]宣德楼前的露台年前冬至后就开始搭建:“正月十五元宵,大内前自岁前冬至后,开封府绞缚山棚,立木正对宣德楼。游人已集御街,两廊下奇术异能,歌舞百戏,鳞鳞相切,乐声嘈杂十余里。”宣德楼前有露台,横大街上还搭建用于演出杂戏的乐棚,“内设乐棚,差衙前乐人作乐杂戏,并左右军百戏,在其中驾坐一时呈拽。……楼下用枋木垒成露台一所,彩结栏槛,两边皆禁卫排列,锦袍,幞头簪赐花,执骨朵子,面此乐棚。教坊、钧容直、露台弟子,更互杂剧”。元宵节皇帝亲临宣德楼上观看,允许百姓在露台下观看。“宣德楼上皆垂黄缘帘,中一位乃御座。用黄罗设一彩棚,御龙直执黄盖掌扇,列于帘外。……宫嫔嬉笑之声,下闻于外。”[②]内城北门景龙门也有演出,《宣和遗事》记宣和五年(1123)元宵时,“万民矫望,景龙门上,龙灯凤烛相照。听教坊杂剧喧笑,艺人巧”[③]。元宵时,各城门均设有官中乐棚,“每一坊巷口,无乐棚去处,多设小影戏棚子”[④]。相国寺殿前也设有“乐棚”,“诸军作乐”[⑤]。宋人范成大《上元纪吴中节物俳谐体三十二韵》描绘了上元节时万众争睹演出、填塞街巷的盛况,“旱船遥似泛,水傀近如生。钳赭装牢户,嘲嗤绘乐棚。堵观瑶席隘,喝道绮丛争”。

北宋时适逢节庆或皇帝、太后生日等喜庆时,宫廷内也常有演出,尚未见到宫内有戏台的记载,演出地点大概是宫殿前的庭院。宫廷乐舞的演出内容,从节目名称可见一斑,《柘枝》《菩萨蛮》《霓裳》等承自唐代,还有《剑器队》《醉胡腾队》《婆罗门队》《射雕回鹘队》《感化乐队》《菩萨献香花队》《佳人剪牡丹队》《采莲队》等。宫廷杂剧演出一般时间较短,情节比较单纯,以粉饰太平、歌功颂德为主。每场宫廷演出,表演内容和形式、节目的演出顺序等均有严格规定。

---

① 〔元〕脱脱等:《宋史》卷一百一十三《礼志十六》,中华书局 1977 年版,第 2697~2698 页。

② 〔宋〕孟元老原著,姜汉椿译注:《东京梦华录全译》卷六《元宵》,贵州人民出版社 2009 年版,第 102~103 页。

③ 刘世德主编:《中国话本大系·宣和遗事等两种》,江苏古籍出版社 1993 年版,第 58~59 页。

④ 〔宋〕孟元老原著,姜汉椿译注:《东京梦华录全译》卷六《十六日》,贵州人民出版社 2009 年版,第 111 页。

⑤ 〔宋〕孟元老原著,姜汉椿译注:《东京梦华录全译》卷六《十六日》,贵州人民出版社 2009 年版,第 111 页。

对此,《东京梦华录》曾记载:“十二日,宰执、亲王、宗室、百官入内上寿大起居。……教坊乐部,列于山楼下彩棚中……前列拍板,十串一行;次一色画面琵琶五十面;次列箜篌两座……自殿陛对立,直至乐棚。每遇舞者入场,则排立者叉手,举左右肩,动足应拍,一齐群舞,谓之‘挼曲子’。……第四盏,如上仪,舞毕,发谭子,参军色执竹竿拂子,念致语口号,诸杂剧色打和,再作语,勾合大曲舞。……第五盏御酒,独弹琵琶。宰臣酒,独打方响。凡独奏乐,并乐人谢恩讫,上殿奏之。百官酒,乐部起三台舞,如前毕。参军色执竹竿子作语,勾小儿队舞。……参军色作语问,小儿班首近前进口号,杂剧人皆打和毕,乐作,群舞合唱,且舞且唱,又唱破子毕,小儿班首入进致语,勾杂剧入场,一场两段。……杂戏毕,参军色作语,放小儿队。又群舞《应天长》曲子出场。”①

北宋东京金明池的水上演出也十分引人注目,张择端的名画《金明池争标图》对此有形象描绘,《东京梦华录》则有具体描述。“驾先幸池之临水殿,锡燕群臣。殿前出水棚,排立仪卫。近殿水中,横列四彩舟,上有诸军百戏,如大旗、狮豹、棹刀、蛮牌、神鬼、杂剧之类。又列两船,皆乐部。又有一小船,上结小彩楼,下有三小门,如傀儡棚,正对水中乐船。”②

三、酒楼茶坊

(一)酒店业繁盛

北宋东京的酒店业繁盛,与勾栏瓦舍共同构成了都市的重要公共空间,是市民阶层兴起的重要文化表征。至宋代,“酒楼作为一个城市繁荣的象征,才雨后春笋般发展起来了”③。酒店面对市民开放,“经由市场的个人消费是当时城

---

① 〔宋〕孟元老原著,姜汉椿译注:《东京梦华录全译》卷九《宰执亲王宗室百官入内上寿》,贵州人民出版社 2009 年版,第 164~165 页。

② 〔宋〕孟元老原著,姜汉椿译注:《东京梦华录全译》卷七《驾幸临水殿观争标锡宴》,贵州人民出版社 2009 年版,第 125 页。

③ 伊水文:《行走在宋代的城市・酒楼茶肆》,中华书局 2005 年版,第 180 页。

市消费的主流”[1]。酒楼的生意大都十分兴隆，“大抵诸酒肆瓦市，不以风雨寒暑，白昼通夜，骈阗如此”[2]。

北宋东京的酒店数量众多。拥有酿酒权的大型酒店正店即有72家之多，“在京正店七十二户，此外不能遍数，其余皆谓之脚店”[3]。脚店的数目数不胜数，仅从矾楼正店批发酒的脚店就有3000家。大小酒店均服务周到，朝臣、文士以至百姓均是酒楼的顾客。“时天下无事，许臣僚择胜燕饮。当时侍从文馆士人大夫为燕集，以至市楼酒馆，往往皆为游息之地。”《宋史》载：“延年喜剧饮，尝与刘潜造王氏酒楼对饮。”[4]《东京梦华录》载：“中秋夜，贵家结饰台榭，民间争占酒楼玩月。”[5]

正店往往建筑壮观、规模庞大、装饰华丽，北宋东京有名的酒楼如矾楼（后改为丰乐楼）、班楼、刘楼、任店（后改为欣乐楼）、八仙楼、会仙楼、长庆楼等。矾楼号称京城正店之首，“乃京师酒肆之甲，饮徒常千余人”。宣和间，矾楼整修得更加辉煌，共有五座楼参差错落，楼间用飞桥相连，西楼最高层甚至可以俯瞰皇宫：“更修三层相高，五楼相向，各有飞桥栏槛，明暗相通；珠帘绣额，灯烛晃耀。……内西楼后来禁人登眺，以第一层下视禁中。”[6]《事林广记》中的矾楼图、宋人王安中的《登丰乐楼》诗均可佐证。另一家正店任店主长廊百余米，陪酒女数百人，“入其门，一直主廊约百余步，南北天井两廊皆小阁子，向晚，灯烛荧煌，上下相照。浓妆妓女数百，聚于主廊□面上，以待酒客呼唤，望之宛若神仙”。张择端名画《清明上河图》中，城门不远处，坐北朝南有一家规模宏大的“孙家正店”，楼高三层，门前搭建有高大的彩楼欢门。门口人群熙熙攘攘，还停有许多驴马，“贵客”们正在这家大酒楼门口拱手相让。酒楼是一座方正的砖瓦

---

① 吴晓亮：《略论宋代城市消费》，《思想战线》1999年第5期。

② 〔宋〕孟元老原著，姜汉椿译注：《东京梦华录全译》卷二《酒楼》，贵州人民出版社2009年版，第34页。

③ 〔宋〕孟元老原著，姜汉椿译注：《东京梦华录全译》卷二《酒楼》，贵州人民出版社2009年版，第34页。

④ 〔元〕脱脱等：《宋史》卷四百四十二《文苑列传四》，中华书局1977年版，第13071页。

⑤ 〔宋〕孟元老原著，姜汉椿译注：《东京梦华录全译》卷八《中秋》，贵州人民出版社2009年版，第159页。

⑥ 〔宋〕孟元老原著，姜汉椿译注：《东京梦华录全译》卷二《酒楼》，贵州人民出版社2009年版，第34页。

大院落，院子中心二层酒楼上，窗门开启，显得宽敞明亮，可见到不少长衫客人宽坐饮宴。

北宋东京的酒楼还有园林化的，修竹夹牖，芳林匝阶。许多酒楼以园子冠名，如张八家园宅正店、中山园子正店、梁宅园子正店、杨皇后园子正店等。“诸酒店必有厅院，廊庑掩映，排列小阁子，吊窗花竹，各垂帘幕，命妓歌笑，各得稳便。”①宋代话本《金明池吴清逢爱爱》中的几位少年就是要寻个“花竹扶疏”的酒楼饮酒去处。酒楼一般都雇有高级厨师烹调各种时鲜名菜应市。如据《东京梦华录》卷二“饮食果子”条不完全统计，有乳炊羊肫、金丝肚羹、煎鹌子、生炒肺之类不下五六十种。还有的酒店相对专门化，以某些食物为主，如王楼就以梅花包子出名，肥羊酒店主要供应羊肉、羊杂。美器配美食，酒楼使用的器皿一般都比较精良，甚至使用银器，“虽一人独饮，碗遂亦用银盂之类”②。宴饮之时，常有吹拉弹唱散耍等助兴，有酒伎劝酒。上文中的任店正店，酒伎有数百人。《水浒传》中则有不少章节刻画酒楼卖唱营生。

酒店环境优美，物品丰富，服务殷勤，便于宴客应酬。真宗时，鲁肃简公宗道因至酒楼饮酒而迟应召，真宗问公何故私入酒家，答曰：“臣家贫，无器皿，酒肆百物备具，宾至如归。适有乡里亲客自远来，遂与之饮。”③施德操《北窗炙輠录》记载了苏轼依据客人不同有差别的待客之道：“东坡待过客，非其人则盛列妓女，奏丝竹之声，聒两耳，至有终晏不交一谈者。其人往返，更谓待己之厚也。至有佳客至，则屏去妓乐，杯酒之间，惟终日笑谈耳。”④

72 家正店生产的酒各有特色，矾楼的酒名“眉寿”“和旨”，张八家园宅正店的酒名“仙醁”，中山园子正店的酒名“千日春”，梁宅园子正店的酒名“美禄”，杨皇后园子正店的酒名“法清”，会仙楼的酒名“玉胥”，班楼的酒名“琼波”等。脚店要从正店批发酒来零售，不准自酿酒水，见于《东京梦华录》的脚店有张家酒店、张秀酒店、李庆家、黄胖家、唐家等。《清明上河图》中虹桥南端有“十千脚

---

① 〔宋〕孟元老原著，姜汉椿译注：《东京梦华录全译》卷二《饮食果子》，贵州人民出版社 2009 年版，第 37 页。

② 〔宋〕孟元老原著，姜汉椿译注：《东京梦华录全译》卷四《会仙酒楼》，贵州人民出版社 2009 年版，第 73 页。

③ 〔元〕张光祖：《言行龟鉴》卷二《德行门》，辽宁教育出版社 2001 年版，第 12 页。

④ 〔宋〕宋敏求等：《春明退朝录（外四种）》，上海古籍出版社 2012 年版，第 111 页。

店”。此外,还有一种为市井平民所喜好的散酒店,为数众多,在当时的汴京最具普遍性,但经营状况简陋了许多:狭巷小街之中,或低矮临街平房,或依墙搭棚,有的连字号也没有,几张方桌,几条长凳就成一店,挂草葫芦、银马勺、银大碗等。《都城纪胜·酒肆》云:“散酒店,谓零卖百单四、七十七、五十二、三十八,并折卖外坊酒,门首亦不设油漆杈子,多是竹栅布幕,谓之‘打碗’。遂言只一杯也,却不甚尊贵,非高人所往。”在《清明上河图》卷首,临汴河的一条深巷里,有一家散酒店。店门的檐前横挑的酒旗上书写有“小酒”二字。店家正在门首招徕顾客,店内一人正在窗户后一杯一盘自斟自饮。

(二)茶等诸色饮食

茶与酒同为宋代饮食的重要支柱,“夫茶之为民用,等于米盐,不可一日以无”[①]。饮茶之风盛行,品茶、斗茶成为风尚,苏轼、蔡襄、范仲淹等都有关于品茶、斗茶的诗作。茶坊成为酒店之外北宋东京最为普遍的饮食店,广受市民欢迎。大街小巷,茶坊林立。如东京旧封丘门外“至门约十余里。其余坊巷院落,纵横万数,莫知纪极。处处拥门,各有茶坊酒店,勾肆饮食”[②]。茶坊往往至深夜才打烊,朱雀门外“以南东西两教坊,余皆居民,或茶坊。街心市井,至夜尤盛”[③]。也有凌晨开店博易买卖的鬼市子茶坊,潘楼东去,“又东十字大街……每五更点灯,博易买卖衣服、图画、花环、领抹之类,至晓即散,谓之鬼市子。……又投东则旧曹门街,北山子茶坊,内有仙洞仙桥,仕女往往夜游吃茶于彼”[④]。茶坊有多种形式,有的茶坊如鬼市子茶坊兼营其他物品,有的与旅店结成一体,兼营澡堂,可以提供沐浴服务。有的茶肆就开在住家中,宋话本《宋四公大闹禁魂张》中的宋四公家就是一个茶肆。还有如《清明上河图》中所描绘的简易临河小茶肆。许多我们耳熟能详的逸闻趣事也以茶坊为背景,比如宋徽宗在周秀茶坊喝茶,使钱让周秀来往穿梭与李师师沟通,还比如宋人王明清《摭青

---

① 〔宋〕王安石:《临川文集》卷七十《议茶法》,文渊阁《四库全书》版。

② 〔宋〕孟元老原著,姜汉椿译注:《东京梦华录全译》卷三《马行街铺席》,贵州人民出版社 2009 年版,第 51 页。

③ 〔宋〕孟元老原著,姜汉椿译注:《东京梦华录全译》卷二《朱雀门外街巷》,贵州人民出版社 2009 年版,第 25 页。

④ 〔宋〕孟元老原著,姜汉椿译注:《东京梦华录全译》卷二《潘楼东街巷》,贵州人民出版社 2009 年版,第 32 页。

杂说》中茶肆还金的故事。茶坊一般也有文艺助兴,“按管调弦于茶坊酒肆”[1]。北宋茶事,以斗茶为主要标志,宋徽宗也曾与群臣斗茶。茶具一般使用瓷器,“止用瓷盏漆托供卖”[2]。大小茶肆都注意器皿的精致干净。

北宋东京用于“饮”的诸般水多种多样,一般都有健身防病的功效,如清热、防暑、去湿等,夏季上市的清凉饮料,据《武林旧事》载有近20种,“茶水、沉香水、荔枝膏水、苦水、金橘团、雪泡缩脾饮、梅花酒、五苓大顺散、香薷饮、紫苏饮”等。东京的饮子沿街摆摊设点出售。《东京梦华录》云:“是月(即农历六月)时物,巷陌路口,桥门市井,皆卖大小米水饭……冰雪凉水荔枝膏,皆用青布伞,当街列床凳堆垛。……都人最重三伏,盖六月中别无时节,往往风亭水榭,峻宇高楼,雪槛冰盘,浮瓜沉李……”《清明上河图》中虹桥南端十千脚店对面的临街房前,有两把大型遮阳伞,在一柄伞的伞沿下悬挂的长方形招牌上写着楷体“饮子”二字。伞下坐着一位卖饮子者,手拿一个圆杯形器物,作递给买饮子者状;而买者身穿短衣,一手扶着挑担,另一手臂伸出,作接物状。城内“久住王员外家”那块竖立招牌的旁边也有两柄张着的遮阳伞,一伞下悬挂着写着“香饮子”的长方形小牌子,一位顾客正端着一盏香饮子作饮用状。

东京的饮食业相当繁盛,“集四海之珍奇,皆归市易;会寰区之异味,悉在庖厨”[3]。《东京梦华录》提到的100多家店铺中,酒楼和各种饮食店就占有半数以上,列出的珍馐有数百种,烹调技法有煮、炖、爆、炒、熘等30多种。《清明上河图》中也能看到多处饮食店,城门不远处宏大的“孙家正店”,虹桥南端的“十千脚店”,北岸临水的酒店、食肆,散布于街头巷尾的大批茶坊、食店,如“曹家从食”“丁家素茶店”“万家馒头店”“郑家油饼店”等,还有提瓶卖茶、卖蒸梨枣糕、卖宿蒸饼等店。北宋东京居民的主食以面食为主,面食的制作形式多样,仅饼就有烧饼、汤饼、蒸饼、笼饼等多种。肉食消费中羊肉所占比重较大,“饮食不贵异味,御厨止用羊肉,此皆祖宗家法,所以致太平者”[4]。仁宗时每天宫廷宰羊280只。其他地区的多种饮食也都出现在东京,不少饮食店挂出“胡食”“北食”“南食”“川味”的招牌。北宋著名文学家欧阳修的《京师初食车螯》诗中,对比

---

① 〔宋〕孟元老原著,姜汉椿译注:《东京梦华录全译》序,贵州人民出版社2009年版,第1页。
② 〔宋〕吴自牧:《梦粱录》卷十六,浙江人民出版社1980年版。
③ 〔宋〕孟元老原著,姜汉椿译注:《东京梦华录全译》序,贵州人民出版社2009年版,第1页。
④ 〔宋〕李焘:《续资治通鉴长编》卷四百八十,中华书局1995年版,第11417页。

了五代至北宋东京城饮食的变化，形象描述了外地饮食涌入京城的情形。北宋东京的饮食业对南宋临安的饮食发展有重要影响，初“都城（杭州）食店多是旧京师（开封）人开张”，“南渡以来，几二百余年，则水土既惯，饮食混淆，无南北之分矣”①。东京城的饮食场所遍地开花，酒楼茶坊都兼营饮食，还有各种小吃店、素食店，以及沿街串巷零售熟食的摊贩。饮食店肆乃至流动摊贩都注重器皿的精致干净。“凡百所卖饮食之人，装鲜净盘合器皿，车檐动使，奇巧可爱。”②

包括干果、香药果子、水果在内的果子在东京居民的饮食中也占有一席之地，《东京梦华录》中的“饮食果子”条也是佐证。哲宗时宰相苏颂有一婢女，其家人十口靠为果子行锤取石莲肉度日，像她家这样的专为果子行工作的有数十家，每年夏天要锤莲百十车，可知果子的销量之巨。

（三）绣旆相招，招牌遍布

北宋东京城的店家，为增强竞争力，十分注意店铺的门面装潢。大型酒店在门口设置高大的“彩楼欢门”，装杈子、帘幕、悬挑栀子灯装点店面。彩楼是店家在门前搭建的标志性建筑，多依附门面搭建，成为店铺门前的附属部分或延伸部分，起到引人注目和帮助识别的作用。彩楼广告一旦成形，相对固定，店家往往在遇到重要活动或节日时才加以重新装饰。欢门是店铺经营者和商家在节日或重要活动时临时搭建的标志性建筑，用细木扎起门洞或棚户，上面常用彩色的纸、帛等加以装饰，也有用松枝、鲜花等临时搭建，既喜庆又吸引顾客。彩楼欢门的构造和造型特点是平地立柱，纵横用粗细长短不同的圆木相绑扎，顶部两侧或四角斜出三角形片状构架，正面或四面中部高高耸出三角框架，这些木框架有主有次，高低错落，极富装饰性。较大型的彩楼欢门下部还围以栅栏，形成一区栅栏小院。孟元老在《东京梦华录》中记述酒店的装饰时说：“凡京师酒店门首，皆缚彩楼欢门……彩楼相对，绣旆相招，掩翳天日。”“中秋节前，诸店皆卖新酒，重新结络门面，彩楼花头，画竿醉仙锦旆。”《清明上河图》中虹桥南

---

① 〔宋〕吴自牧：《梦粱录》卷十六《面食店》，浙江人民出版社 1980 年版，第 145~146 页。

② 〔宋〕孟元老原著，姜汉椿译注：《东京梦华录全译》卷五《民俗》，贵州人民出版社 2009 年版，第 79 页。

端十千脚店的彩楼欢门高耸巍峨，远处孙羊正店的彩楼欢门高两层，气势更为非凡，前面正中突出一个平面作梯形的檐子，每层的顶部都结扎出山形的花架，其上装点有花结、灯笼彩带等各类饰物，檐下垂挂流苏。图中还绘有彩楼欢门5处，除“刘家上色沉檀拣香”一家医药铺外，余皆为酒店。两家店大门两旁还有“杈子”装饰，避免人马接近，传说这种习俗始于五代郭高祖，《都城纪胜·酒肆》记载：“酒家事物，门设红杈子、绯缘帘，贴金红纱栀子灯之类。旧传因五代郭高祖游幸汴京潘楼，至今成俗。”

北宋东京夜市繁荣，店铺普遍利用花形灯笼做广告吸引顾客，造型与结构不比现代霓虹灯差。《东京梦华录·十六日》记载：“诸坊巷、马行，诸香药铺席、茶坊、酒肆灯烛，各出新奇。”《清明上河图》中孙羊正店正门下设花瓶形状的“正店”等广告灯箱3个。十千脚店的彩门下挂两块灯箱招牌“天之”“美禄”及“十千”“脚店”的立式长条形灯箱广告。灯笼的形制因经营行业特色不同而略有差别，酒楼悬挂的灯笼形如酒瓮，药铺悬挂的灯笼状如葫芦，此外还有椭圆形、方形、宫灯形。

北宋东京的店家也十分重视店铺的招牌，随着大店铺的出现还出现了横额，即门匾。店家为了显示豪华和气派，往往选用上好木材，制成和店铺门面齐宽显示店铺字号或名称的门匾，悬挂在门口上方或店堂的正上方。门匾往往由能工巧匠制作，被漆成庄重的朱红色，由名家用金字题写店铺的字号和名称。宽大的门匾之外，招牌还包括竖牌和挂板等形式，或悬挂于门上，或立于铺门前，多书写店名或字号，往往还题写与店铺经营特色有关的词句，强化行业特色，被香料店、药店、旅店、酒舍、纸马铺、卦肆、绸缎店、装裱店等店铺广泛使用。《清明上河图》中城门附近的十字街口，就有各家商店设置的横额、竖牌、挂板等招牌30余块。如楷书体“刘家上色沉檀拣香”竖牌位于一家香药铺前；医药铺“赵太丞家”四个大字写在高悬的四个方形木板上，门前还有三个招牌，左边两处分别写“治酒所伤真方集香丸”“赵太丞家□□□方□”，右边写“太医出丸医肠胃病”，左门柱上还有一块招牌“五劳七伤□□□”。

幌子是最具民族特色的店铺装饰形式之一，以图形、色彩、文字等视觉符号传达商品信息，用以引人注目、招揽顾客，多出现在酒楼、饭店、当铺、药店等。酒幌也称酒望、望子、望竿等，多为长方形，简单的一块青帘用竹竿挑出即可，稍讲究一些的以青白两色布料裁成，大一些的为五幅，小的为三幅，五幅酒幌上的字写在青色布幅上，三幅的写在白色布幅上。《东京梦华录·中秋》中称："至午未间，家家无酒，拽下望子。"《清明上河图》中虹桥南端十千脚店彩楼上横出一旗杆，悬挂写有"新酒"二字的5条幅旗文字幌，随风飘扬，引人注目。王家纸马的右侧有一家小酒店，凉棚前斜插一竹竿悬彩旗2串，门前棚柱上酒招用青白三幅布，上面有两个字"小酒"。

此外，北宋东京还存在最原始、最简单的口头广告，即商贩通过大声吆喝，吸引买主，这是汴京街头、桥头、走街串巷的小贩们招徕生意的主要途径。沿街叫卖的行当有锢露钉铰、修补锅铫、接梳儿、修洗鹿胎冠子、修磨刀剪，以及卖花、卖糖果、卖油、卖鱼、卖肉等。商贩的叫卖声调或高亢，或浑厚，或低缓，悦耳动听。《东京梦华录·天晓诸人入市》中记载："更有御街州桥至南内前。趁朝卖药及饮食者，吟叫百端。"高承《事物纪原》也记载："京师凡卖一物，必有声韵，其吟哦俱不同。"民间艺人甚至据此编成戏剧："因市井诸色歌吟卖物之声，采合宫调而成"，"叫果子之戏"。还有用各种不同的器具摇、打、划、吹，发出不同的音响表示不同的行业。《东京梦华录·十六日》记载："市人卖玉梅、夜蛾、蜂儿、雪柳、菩提叶、科头圆子、拍头焦䭔。唯焦䭔以竹架子出青伞上，装缀梅红缕金小灯笼子，架子前后，亦设灯笼，敲鼓应拍，团团转走，谓之'打旋罗'，街巷处处有之。"宋代李嵩的《货郎图》生动地描绘了小商贩手摇拨浪鼓沿街叫卖的情景。

第四节　都城布局的特点及影响

北宋东京城在唐代州城的基础上，经过后周的扩建和北宋的大力营建，呈现出外城、内城、皇城三城三重相套的回字形布局，开启了一种新的都城体制，更加突出宫城，强化了皇权。北宋东京城突破了隋唐时期封闭式里坊的约束，形成了细密的开放式街巷，街市逐渐取代了封闭式"市"，取消了宵禁，促进了商品经济的极大发展。市民阶层随之兴起和壮大，出现了专门的娱乐场所瓦舍勾栏。北宋东京城展现出前所未有的都市布局和生活方式，在我国古代都城发展史上具有承前启后的重要作用,对后代都市建设产生了深远的影响。

一、北宋东京城的布局特点

(一)三城三重相套的回字形布局

北宋东京城和西京城均为外城、内城、皇城三城三重相套的回字形布局,改变了隋唐时期都城置宫城于内城北部居中的布局。这种形制在礼制上更加突出了宫城的地位,反映了对皇权的强化,成为唐以后都城的典型代表。同时,这种三城相套的形制也增强了都城的防御能力。中国历代都城均恃山河之险,北宋东京地处四平,无险可守,只能以城池之固、甲胄之众来拱卫,因此东京城本身的军事防御色彩非常浓厚。京城内外屯兵数十万,城墙内,每二百步置一贮存武器的防城库。东京城高城深池,元丰五年(1082)"在京新城外四壁城壕,开阔五十步,下收四十步,深一丈五尺"[①],禁人往来。楼橹、女墙、战棚、马面等均出现在外城城垣,正门为方城直门两重,其余诸门皆为瓮城,在水门处设拐子城。皇城四面开门,四角均建有高数十丈的角楼,宫城建角楼始于此。

皇城南门宣德门经州桥、内城南门朱雀门、外城南门南薰门的御街,纵贯南北,在四面御街中最为中正,是全城规划的中轴线。庙社官署列于宫前,城内各主要街道经纬其间。内诸司如皇城司、内侍省、学士院等在皇城内,枢密院、中书省、门下省等中央官署在皇城右掖门内东去街北廊。御街两侧也主要是中央官署,左侧有明堂、秘书省等,右侧有尚书省、御史台等。郊社在右侧尚书省以南横街的西端,太庙在景灵宫东门大街的东端,与郊社对称。宋真宗在宣德门前御街两侧建景灵宫,神宗又广其制,每年四次朝拜,皇帝亲自献祭,仪式隆重于太庙。东京城中轴对称、左祖右社、前朝后寝等布局都与《考工记》比较吻合。直到此时,三城相套、皇城居于都城之中的布局,才实现了《吕氏春秋》提出的"择国之中而立宫"的思想。这种布局对其后辽中京,元大都、上都,金中都乃至明清两代都城都有深远影响。

---

① 〔宋〕李焘:《续资治通鉴长编》卷三百三十一,中华书局 1995 年版,第 7988 页。

(二)工字形宫殿布局

北宋东京城皇城内的主要殿堂有些呈工字形布局。工字形布局指“前后两殿相重,中间贯以通廊,构成工字形平面的殿或厅,是我国古建筑中常见的组合形式”①。据《宋会要辑稿》和《元河南志》等记载,北宋东西两京的宫殿中均已有工字殿。宋人《云麓漫钞》载:“本朝殿后皆有主廊,廊后有小室三楹,室之左右,各有廊通东西正廊。”②遗憾的是东京城的大型宫殿建筑尚未有考古资料的佐证。《河南志·宋城阙古迹》记载:西京太极殿“殿后有柱廊。次天兴殿”。这就是说太极殿与其后的天兴殿(也称太极后殿)以及柱廊共同形成了工字殿。北宋西京洛阳城的考古发现也不乏大型复合宫殿建筑群的影子。宫殿群的重要考古发现,如 1982—1986 年发现的宫城中轴线上应天门北的建筑基址③,1995 年年底至 1996 年年初发现的大型殿址④,此殿址北约 50 余米处发现的大型殿址⑤,1997 年年底至 1998 年 5 月发现的宫城中部偏西处的大型宫殿基址⑥,以及太极殿建筑群⑦。“大型复合宫殿建筑群是北宋西京宫城建筑的重要特征。每组宫殿建筑群由主殿、配殿、千步廊、回廊和天井组成。建筑群规模不同,组合稍有变化。……为研究北宋至明清盛行的工字形宫殿的发展演变提供了实例。”⑧工字形宫殿布局是北宋出现且对后代宫殿建筑有极大影响的一种建筑形式。

---

① 傅熹年:《山西省繁峙县岩山寺南殿金代壁画中所绘建筑的初步分析》,《傅熹年建筑史论文集》,文物出版社 1998 年版。

② 〔宋〕赵彦卫撰,傅根清点校:《云麓漫钞》卷三,中华书局 1996 年版,第 48 页。

③ 中国社会科学院考古研究所洛阳唐城队:《洛阳隋唐东都城 1982—1986 年考古工作纪要》,《考古》1989 年第 3 期。

④ 中国社会科学院考古研究所洛阳唐城队:《河南洛阳市唐宫中路宋代大型殿址的发掘》,《考古》1999 年第 3 期。

⑤ 中国社会科学院考古研究所洛阳唐城工作队:《河南洛阳唐宫路北唐宋遗迹发掘简报》,《考古》1999 年第 12 期。

⑥ 中国社会科学院考古研究所洛阳唐城队:《河南洛阳市中州路北唐宋建筑基址发掘简报》,《考古》2005 年第 2 期。

⑦ 石自社等:《河南洛阳隋唐城明堂和天堂遗址的发掘》,《中国文物报》2011 年 4 月 15 日第 4 版。

⑧ 韩建华:《试论北宋西京洛阳宫城、皇城的布局及其演变》,《考古》2016 年第 11 期。

（三）开放式的街巷布局

由于商品经济的极大发展，东京城逐渐突破了隋唐时期封闭式里坊的约束，形成了细密的街巷。文献记载，北宋初年里坊制依然存在，政府还严惩了沿街开铺的"侵街"现象，真宗时期最后一次恢复里坊制，但在景祐年间（1034—1038），临街建屋最终还是被合法化，传统的里坊制彻底崩溃。临街贸易不仅突破了里坊制的束缚，也突破了"市"的禁锢，出现了多处贸易中心和多种形式的交易场所。北周以来奖励邸店建设的政策促进了沿汴河两岸面行、菜行、肉行、马行、药行、金银行等众多行市的兴起，进而发展为街市。比如四条御街中最为繁华的马行街，最初有马行市，往北穿过马行街的东西两巷有大小货行，再往北有药行、医行，又有庄楼、杨楼、任店等酒店，整条街酒楼、茶坊、饮食店等极多，人烟繁盛。人员汇聚娱乐的酒楼、茶坊的大发展也促进了街市的形成，大酒楼往往设置在街市上，甚至成为街市上的主要店铺，"九桥门街市酒店，彩楼相对，绣旆相招，掩翳天日"①，有些街如潘楼街以酒楼名为街名。小的饼店、酒店、茶坊、食店等供应城市居民需要的店铺，更是到处开设，形成街坊桥市。商业区和居民区已是彼此交融。

北宋东京城取消了宵禁，新出现了夜市和早市。夜市从入夜开始，至三更鼓罢结束，五更天早市就开始了。城门口、桥头往往是早市的地点，比如宣德门前御街趁官员们上朝时卖药及饮食的早市以及皇城东华门外的早市。夜市如马行街、潘楼街一带，都是通晓不绝。酒楼瓦肆附近有时昼夜不息、分批定时举行不同商品的集市，比如潘楼街的集市五更、天明、饭后、入晚以后等不同时段开始，集市货品也不同。还有定期的庙会，比如佛诞日相国寺的庙会。北宋东京开放式的街巷布局对以后的都城特别是南宋临安城影响极大。

（四）出现了娱乐场所瓦舍勾栏

北宋东京出现以勾栏为中心的瓦子，是固定的演出场所，集各种伎艺于一处，同时集卖药、卖旧衣、卖卦、赌档、剃剪、饮食等为一体，是酒肆、茶楼、妓院、

---

① 〔宋〕孟元老原著，姜汉椿译注：《东京梦华录全译》卷二《酒楼》，贵州人民出版社 2009 年版，第 34 页。

杂货买卖和娱乐场所集中的地方。北宋东京城内的瓦子很多,娱乐活动也很丰富,有杂剧、诸宫调、影戏、傀儡戏、小唱、说话、各种杂技等,囊括了当时戏剧、曲艺的所有项目。许多内容来源于市民生活,表演形式深受各阶层尤其是广大市民的喜欢,平民化趋向十分显著,体现了北宋东京城浓厚的市民生活气息,反映了都城中市民阶层的兴起和壮大。同时,勾栏的活跃也进一步促进了伎艺的发展成熟和民间创作的繁荣,进而影响了后代文艺尤其是戏剧和白话小说的发展。

二、北宋东京城布局的影响

北宋东京城的诸多特点,对辽、金、夏及后代都城建设产生了重大影响。北宋名臣王安石说:“是以京师者风俗之枢机也,四方之所面内而依仿也。加之士民富庶,财物毕会,难以俭率,易以奢变。至于发一端,作一事,衣冠车马之奇,器物服玩之具,旦更奇制,夕染诸夏。”[①]而“北宋东京城作为一代中华名都,它对当时的全国以及以后的中国的影响之大、之快,是此前的任何一代都城都无法相比的”[②]。有学者在研究后得出结论:“北宋灭亡,东京文明朝着两个方向移动,一是随宋室南迁,向东南扩展,典型的是行在杭州,受东京影响最大,这可以通过《都城纪胜》《梦粱录》等著作反映出来;二是伴随金兵的大肆掳掠,向东北施展影响,在燕京完全可以看到它的影子。”[③]

北宋东京城对南宋临安(今杭州)的影响,宋代文献如《都城纪胜》《梦粱录》《武林旧事》《西湖老人繁胜录》等有众多记载,前人也已有多文论述。临安从城市规划的角度看,仅仅是一个地方城市,不具备都城的种种形制。但是,南宋的中央机构一如北宋,临安的人口上自王公大臣、店铺老板,下至手工业者、伎艺人等普通市民有相当一部分来自东京,因此,临安的街巷布局、酒楼店铺、

---

① 〔宋〕王安石:《王文公文集》卷三十二《风俗》,上海人民出版社 1974 年版,第 380 页。

② 刘春迎:《论北宋东京城对金上京、燕京、汴京城的影响》,《河南大学学报(社会科学版)》2005 年第 5 期。

③ 周宝珠:《试论北宋东京在我国城市发展史中的地位》,《中国古都研究》(第五、六合辑),北京古籍出版社 1993 年版。

瓦舍勾栏，无不“如汴京气象”，呈现出浓厚的东京风貌，店铺经营的内容、招牌幌子，以及饮食习惯、节日风俗、神祠信仰乃至叫卖口音等，无不“效学京师”①，竭力模仿汴京。在这个角度上说，临安堪称东京的翻版。

辽的五京之中，受北宋东京影响最大的是中京大定府（今内蒙古宁城西大明城）。辽中京皇城、内城、外城三城三重相套，形制基本模仿北宋东京而规模较小。外城东西长 4200 米，南北宽 3500 米。内城基本在外城中央，东西长 2000 米，南北宽约 1500 米。皇城基本在内城正中，呈正方形，边长约 1000 米。②贯穿皇城、内城、外城正南门的御道也是全城的中轴线，两侧各有纵街三条，横街五条。辽常在中京城接待北宋使臣，宋使的记载中有皇城南门“阊阖门楼有五凤，状如京师”，内城阳德门外的大同驿“盖仿京师上元驿也”③等。西夏都城兴庆府（治今银川）也受到了北宋东京城的影响，兴庆府也称为东京，管理机构也称为开封府，外城城垣也设有瓮城、马面等防御工事，城市建设随处可见北宋东京的影子。④

金上京、金中都、金汴京都不同程度受到北宋东京城的影响。金上京会宁府城（今黑龙江哈尔滨阿城区南白城）是金代前期都城，金太宗初创时，制度并不完备。熙宗时增建了许多宫殿，至皇统六年（1146）“役五路工匠撤而新之”时，才模仿北宋东京城，在皇城之外加筑外城。金上京城外城周长 10873 米，约相当于 21 里。外城分为南北二城：北城东西宽 1553 米，南北长 1828 米；南城东西宽 2148 米，南北长 1523 米。皇城位于南城内，南北长 645 米，东西宽 500 米。外城共有 8 座城门，其中 5 座仿北宋东京外城城门设瓮城。外城墙垣也仿北宋东京外城设有密集的马面。南门是皇城正门，也分三条通道。皇城内主要宫殿也均位于南北中轴线上，前三座宫殿遗址的两侧也发现有廊址。⑤ 尽管金此次营建新城是仿北宋东京城制度，但规模却小得多，正如《大金国志》中所言：“规模虽仿汴京，然仅得十之二三而已。”

---

① 〔宋〕吴自牧：《梦粱录》卷十三《夜市》，浙江人民出版社 1980 年版。

② 中国社会科学院考古研究所：《新中国的考古发现和研究》，文物出版社 1984 年版，第 601 页。

③ 〔宋〕江少虞：《宋朝事实类苑》卷七七《安边御寇·契丹》，上海古籍出版社 1981 年版，第 1013 页。

④ 汪一鸣、钟侃：《西夏都城兴庆府初探》，《西北史地》1984 年第 2 期。

⑤ 李洁萍：《中国古代都城概况》，黑龙江人民出版社 1981 年版，第 185～192 页。

金中都城的修建，完全仿照北宋东京城的制度。海陵王完颜亮于天德二年(1150)开始历时三年在辽南京幽都府(后改析津府)的基础上仿北宋东京城修建中都城，于贞元元年(1153)正式迁都中都。中都改建之前先画东京宫室图，然后按图修建，“遣画工写京师(汴京)宫室制度，至于阔狭修短，曲尽其数，授之左相张浩辈，按图以修之”①。建设中更是极力模仿，“遥望前后殿屋，崛起处甚多。制度不经，工巧无遗力，所谓穷奢极侈者。……虏既蹂躏中原，国之制度，强慕华风，往往不遗余力”。建筑材料甚至也有一部分拆自东京城，“其屏扆窗牖，皆破汴都辇致于此”②。金中都也呈外城、皇城和宫城三城三重相套的回字形布局。外城略呈正方形，东垣长约4510米，西垣长约4530米，南垣长约4750米，北垣长约4900米，周长约18690米。与北宋东京外城一样，外城每边辟三门，共12个城门。外城中部偏西南是皇城，周长约5000米，每边辟一门，南门宣阳门正对外城南门丰宜门，是皇城正门，门分三，“中门绘龙，两偏绘凤，用金钉钉之。中门惟车驾出入乃开；两偏分双单日开一门”③。宣阳门内正中是御道，两侧与北宋东京城一样建有左右对称的千步廊，千步廊呈曲尺形，南北有二百多间，东西有一百多间。皇城内是宫城，宫殿建筑分布在南北中轴线上，正殿大安殿，其后的常朝之所仁政殿是辽南京旧殿。宫城正门应天门建有楼，“内殿凡九重，殿凡三十有六，楼阁倍之。正中位曰‘皇帝正位’，后曰‘皇后正位’。位之东曰内省，西曰十六位，乃妃嫔居之”④。城东北建有离宫琼华岛(今北海)，岛上叠石为假山，据说很多太湖石是从东京城“艮岳”拆运来的，即所谓“折粮石”。因此，可以说金中都是北宋首都东京城的翻版。

金汴京城袭自北宋东京城，平面布局稍有变化。海陵王完颜亮于贞元元年以开封为南京，令左丞相张浩等在北宋皇宫基础上营建汴京宫室，并于正隆六年(1161)迁都汴京。金世宗仍以燕京为都，至金宣宗贞祐二年(1214)再次将都城由中都燕京迁往汴京。金汴京城外城是对北宋东京城外城城墙的加固维修，仅改变了部分城门的名称，如将新宋门改称弘仁门，新封丘门改称玄武门等。

---

① 〔宋〕徐梦莘：《三朝北盟会编》卷二百四十四张棣《金虏图经》，上海古籍出版社2008年版，第1751页。

② 〔宋〕范成大：《揽辔录》，《范成大笔记六种》，中华书局2002年版，第16页。

③ 〔元〕宇文懋昭：《大金国志》卷三十三《燕京制度》，中华书局1986年版，第470页。

④ 〔元〕宇文懋昭：《大金国志》卷三十三《燕京制度》，中华书局1986年版，第470页。

金汴京城内城在北宋东京内城的基础上，东西宽度不变，南北各向外扩展约半里，也改变了部分城门名称，如朱雀门改为丹凤门，丽景门改为宾曜门等。金汴京城皇城是在北宋东京皇城的基础之上加以改建、修葺，主要宫殿并无大的变动，正南门也称“五门”，《使燕日录》载：“过左掖门百余步，即五门，门榜‘承天’。东登闻鼓院，门两旁置两观，东西各有朵楼，引出五门楼数丈，碧瓦朱甍，无一损动……故宫（指北宋皇宫）自南渡，迨今百余年中，虽经金人营葺，犹有存者。”①

元大都的营建充分利用了金中都旧城，并吸取了北宋东京城的布局形态，“北宋汴梁开始的开放式街巷制的都城规划，只有到元大都才充分体现了出来”②。元大都的整体规模以及街巷制的居民区布局均与北宋东京城相同。此外，元大都无论是三城三重相套的回字形布局，还是工字形宫殿建筑群，都有北宋东京城宫阙制度的明显迹象，城门建筑、金水河以及州桥均与北宋东京城相同。北宋在太庙之外另建景灵宫，每年四次朝拜，祭祀祖先，且仪式隆重于太庙，由皇帝亲自献祭。“这种礼制不仅为南宋临安所沿用，成为宋代特有的朝拜祖宗的隆重礼制，而且后来为金、元等朝代所效法，影响十分深远。”③明初营建北京城悉如南京、中都之制，但也在一定程度上继承了元大都的布局。北宋东京城开辟了新时代，展现了前所未有的都市布局和生活方式，对后世影响深远。

---

① ［元］白珽：《湛渊静语》卷二《使燕日录》，文渊阁《四库全书》版。

② 徐苹芳：《元大都在中国古代都城史上的地位——纪念元大都建城720年》，《北京社会科学》1988年第1期。

③ 杨宽：《中国古代都城制度史研究》，上海古籍出版社1993年版，第334页。

结语

宋金之后,河南古都的历史戛然而止。中原的地位衰落,中原古都的历史就此结束。从夏代开始,也就是说当都城出现之时,这个代表政治中心与文化中心,号称“天下之中”受万人仰望的地方就是以河南为核心的“大中原”,这个“大”一方面是中心地位的象征,另外也可以将河洛与关中合称为之。因为对周边地区而言,中原就是和王都画等号的地方。

一、一部河南古都史几乎就是半部中国古都史

(一)中国大古都在河南建都时间最长

中国古都的历史,从夏初到清末,将近 4000 年。河南的古都历史,则从夏初到金末,将近 3300 年,在此期间河南的四大古都从郑州的夏都(登封王城岗遗址)、商都(郑州早商都城),到洛阳的夏商周汉晋魏隋唐五代之都,可以说在很长的时间里,洛阳要么是主都,要么是辅都,洛阳几乎可以说是连续为都,洛阳实际上就是中国古都“黄河时代”的代表。安阳为晚商的都城,以甲骨文与青铜器为代表,将早期文明推向鼎盛。开封除在中古动荡时成为北方中心外,也是中国古都“黄河时代”的绝唱,并将城市的商业繁华达到了新的境界。没有河南四大古都所构成的半壁江山,我们真不知道中国古都还能讲些什么。

我们在进行中国古都的比较时,当然不能低估了其他古都,除河南外,西安、北京、南京、杭州都曾作为中国古都,但它们在特定的区域内只是一个点,没有像河南这样可以成为一个群,一个大古都群,这就是河南古都史和其他区域古都史的最大区别之一。西安作为中国古代最重要的古都,无论什么时候我们都不能忽略它的存在,它就是古都的一面旗帜,书写出的“长安”两个字代表了

一个时代。但遗憾的是,如果我们检视中国古都的“黄河时代”的话,就会发现在这样一个时代里,“长安”只是一个掐头去尾的存在,因为夏商之都和关中无缘,五代的时候都城又多在洛阳与开封间来回选择。应该说周秦汉唐是关中的辉煌时代,确切地说是长安与洛阳的辉煌时代,只不过具体到长安,又去掉了周秦时期,长安是汉唐时的“神话”存在,但这个“神话”里必须有洛阳故事,因为只有长安—洛阳合在一块才是中国古都“黄河时代”的真正神话。北京则属于另一个时代,可以称之为中国古都的“长城时代”,长城虽然是农耕与游牧的分界线,但却又是两者的连接线。由大运河联结而成的北与南,遥远与富庶,成为又一时代的“神话”。在江南的古都南京与杭州,代表的是优雅与富庶,从精神文化层面看两大都城还是留下了明显的印记,但这样的城市生活可以称之为温馨的享受,但却永远不能成为开疆拓土的符号。

(二)中国大古都东西南北轴线的交会轴心在河南

中国古都的“黄河时代”,实际上构成了一个东西的古都轴线。这个轴线以长安、洛阳、开封呈由西向东走向。很长时间里中国古都是以长安—洛阳为一体的“两京制”,也即主辅都制。在关中为主都时,辅都都少不了洛阳。但在洛阳为主都时,关中的中心要么作用不明显,要么就不是辅都,这种现象非常地有趣。洛阳始终是处在一个十分耀眼的陪衬地位,如果它不做主都的话。这说明了洛阳所据“天下之中”的优势,这种居中的优势,使得无论长安为都,还是开封为都,洛阳都是陪都:东都与西京,洛阳就是这个轴线的轴心。

中国大古都还有个南北轴线,这个轴线的两端不在河南,但轴心在河南。最早的南北轴线实践于商代,早商亳都在郑州,但晚商殷都在安阳,尽管这个轴线不长,但毕竟属于“黄河时代”南北轴线的尝试,中古的邺都也是这种尝试,邺都对应的是洛阳,尽管它们不是一条南北直线,但是一条南北向的线则是无疑的。不过与北京与南京这条南北轴线比,它们还是缺少大时代的帝都气势,也就无法造就中国古都另一个时代的“神话”了。

二、中国古都史中的“河南印记”

（一）都城围护结构的主要源起地

中国古代都城围护结构的主要标志就是夯土城垣。夯土的自然结构就是黄土，黄土又分原生黄土与次生黄土，有着结构细密的特点。河南西部就是黄土塬或其余脉，总体处于黄土高原向黄淮平原的过渡地带。这种材料取之不尽，用之不竭，而黄土经过夯实后可形成高大的城垣，成为中国都城最具特色的标志，也成为中国文化中最本质的要素，即“黄土—黄河—黄种人—黄色文明”中的文化底色。

河南最早的史前城址是郑州西山遗址，这是一种用方块版筑法建造的夯土城垣，尽管地面城垣已无存，但这种城垣+壕沟的围护结构开创了都城高大城垣的先例。其^{14}C年代为距今5450~4970年。尽管从全国范围看，其并不是中国最早的城垣，但从主流技术而言，西山古城更具有代表性。龙山晚期出现了中原筑城的高潮，形成了最早的“中原城市群”。其筑造技术有版筑、分段堆筑，其中淮阳平粮台城址夯土墙残高3米，但新密古城寨则保留有高达13~16米的城垣。而从目前学界研究看，登封王城岗遗址为“禹都阳城”的可能性最大，由此中国王都第一都所形成的夯土城垣，也将具有标志意义。

早期都城的围护结构主要有两种形式：一种就是城垣或加护城壕，这种结构构成了中国古代都城围护结构的常态，就夏商而言，这是一种新的围护构造形式；另一种则是环壕，这种形式在仰韶时代已较为常见，巩义双槐树有所谓“三重环壕”。不过在属于裴李岗文化的唐户遗址，已经出现了用于防御的壕沟。二里头遗址是目前发现的功能最齐全的王都所在，但在巨大的宫殿区之外，并没有发现城垣。在安阳殷墟，也是仅仅见到有壕沟残段，考古工作者寻找城垣的努力持续了数十年，也没有任何结果。这种情况延续到西周时的都城宗周，在周原有很多发现，就是没有发现城垣，有学者称之为“大都无城”，实际上这只是早期都邑围护结构的延续而已。

东周秦汉时代高大的夯土城垣成为都城的标志，第二次“中原城市群”出现。新郑郑韩故城、淇县卫国故城、许昌许国故城、洛阳东周王城、上蔡蔡国故城、固始番国故城、郑州荥阳故城、新郑华阳故城、新密郐国故城、淮阳陈楚故城、偃师刘国故城等,这一时段河南的都城遗址甚多,这些大小封国之都,后来就成为秦汉时的郡县治所,其标志便是高大的城垣。

砖在城垣上的使用,最早可以追溯到三国时安阳附近的邺都,主要券筑在城门的拱券之外。隋唐时期洛阳与长安为当时的国际大都会,依然使用黄色夯土所筑的高大城垣,都城西北角有高大的土台,以及高大结实夯土台上的华丽木结构宫殿建筑,但在城垣转角处用砖,以加强坚固性。宋金开封依然保留了这种风格,直到明代开始,无论是都城,还是府县治所,开始在夯土城垣外全部包砖,中国都城围护结构开始进入砖土阶段。

(二)都城平面特征与类型的主要发祥地

郑州西山仰韶古城平面布局依然是近似圆形,这种近似圆形或不规则形,或与地形有关,或是从早期聚落中平面圆形的房基得到启示,而圆形居址则有可能来自游牧部族的类似于蒙古包式的住宅形式。就河南而言,进入农耕时代后若干年住宅形式呈长方形或正方形,而城址有的就是都城,无论是登封王城岗,还是淮阳平粮台、新密古城寨等早期城址,均为方形或正方形。从第一次的"中原城市群",到第二次的"中原城市群",都在中原地区保留有大量的夯土城址,正方形与长方形的平面布局基本上成为一种趋势。无论是秦汉的都城,还是隋唐包括宋代的都城,由中原的案例来看,这种平面构造基本上是都城的唯一模式。

古代都城涉及城与郭、内城与外城,甚至宫城、皇城与郭城,形成了城套城的结构。一是小方城或长方城。早期城多为小城,一般在 1 万平方米以上。登封王城岗尽管有小城有大城,但是两者时代不一致,小城要早于大城。平粮台、郝家台、蒲城店等都具有类似性质。王城岗大城、古城寨也属于相同类型。新密的新砦遗址,尽管有龙山城与新砦城,但均为单独的长方小城,这应该是早期城的特点。类似的情况,可见于郑州东赵,亦为龙山小城,二里头二期的中城,还有保留北垣的战国大城,以平面看大套中、中套小,但以时代看,三城是没有关系的。这种情况发展到二里头时期,二里头遗址有宫城,城内有大面积的宫殿基址,其面积约 10.8 万平方米,与龙山晚期稍大点的城较为一致,可见这种单一城垣主要是"卫君",为统治者服务。二里头遗址至今未发现大城,但已发现有居址、作坊、墓葬等布局。辉县孟庄也有类似的相互关联的城址,二里头时期城址叠压在龙山城之上，其上还有晚商城址，形成“三叠城”。二是城套城，即宫城在郭城的中间。以郑州商城为代表，通常所说的郑州商城为内城，城垣总长近7千米，面积达3.17平方千米。其外发现有南郭城的部分残段，反映了这是一个典型的城套城的范例。安阳的洹北商城也是类似结构。偃师商城则是由大城、小城与宫城三部分组成，宫城位于小城中偏南，大城则是在小城北及东部偏北扩大，也就是说小城偏于大城的西南，即使如此也可以称之为典型的城套城。荥阳娘娘寨西周城址，也属该类型。北魏洛阳城大城中为宫城。北宋东京内城居中，是典型的城套城。金中都、明清北京城也属于这种类型。三是城连城。有可能属于“周公营雒”的韩旗古城就是三城并连，虽然筑造时间不一，但一直使用。郑州祭国故城也属于东西并列的同期都邑，荥阳官庄西周城为南北并列的大小城，呈“凸”字形。新郑郑韩故城，虽然是不规则形，仍是东南、西北两城并列。燕下都也是东西城连城。邺城为中古时重要都城，其邺北城与邺南城南北并连，但南城中偏右套宫城。隋唐洛阳城则是典型大都的结构，皇城位于大城的西北部，宫城则位于皇城的中北部，似乎与城套城和城连城都有关系。

（三）都城构造与重要技术的主要贡献地

都城街道与中轴线建设。郑州西山仰韶城址内发现200多座的房基，西门内有大型夯土建筑基址，以及广场。濮阳戚城龙山城址城内有“工”字形街道布局，发现有大面积夯土基址。登封王城岗小城也分布有较为密集的夯土基址，这样的情况在龙山城址中极为常见。淮阳平粮台龙山城址内有在夯土台上由土坯砌筑的分间式排房，虽然排房在郝家台、蒲城店等均有发现，但平粮台的排房更为讲究，新密古城寨的则是建筑在夯筑高台上的回廊建筑，以及相关建筑组合而成的我国现知最早的具有四合院特征的大型建筑。新密新砦遗址则发现了用于祭祀的“神龛”。祭祀坑之类的遗迹在龙山城址中也有所见，反映了早期都城的祭祀功能。偃师二里头遗址则是目前所知最早的经过明确规划的都城，其宫城方正规矩，大城内道路纵横，也发现了中国最早的中轴线布局的大型“四合院”宫室建筑群，以及以“巨型坑”为代表的中国最早的国家级祭祀场。郑州商城内城有宫殿区，以及制陶、制骨、铸铜等手工业作坊，这类作坊在大师姑遗址中在城内也有分布，反映了宫殿区、作坊区都是都城内的主要布局。偃师商城已有网状街道，街道类别有大道、马道、小道，还发现有车辙印，印证了车子的存在。自大城北门向南经宫城北门与南门,直抵大城南门,构成了明显的都城轴线。新郑望京楼商代城址也发现有双轮车辙痕迹。西周时期荥阳娘娘寨城址的内城有十字形主干道,反映了类似的布局在小的诸侯国都城已十分普及。东周时,郑韩故城并不规整,而是依地势而建,但太庙、宫殿、社稷、仓廪、邦墓成为南北轴线的典型案例。洛阳东周王城,则依《考工记》建设,有方格网状纹的街道布局,宫、朝、市、祖、社功能齐全。应该说在早期都城发展时期所积累的技术资源在汉唐大古都时期得到了全面发展。秦都咸阳阿房宫大量夯土的运用,在中原早期都城遗址中,可以找到更多的案例。汉长安城主要分布宫署建筑,反映了都城政治性的特点,从古代都城早期实例看,这种政治性特点,一直是中国古代都城的主线。西汉长安城是西汉建立后才开始营建的,东汉雒阳城则是一个更为古老的都城,从西周开始依托规模不断扩展而形成了汉魏时的城市规模,其布局更具有传承性,但将礼制建筑放在城南外边,则是王莽时长安风格的延续。从东汉到魏晋洛阳城,中国古都由多宫城转为单宫城,都城轴线进一步强化了“中”的理念。北魏洛阳城则由宫城与外城的“双城制”,走向宫城、内城、外城的“三城制”,由宫廷正殿与宫城正门形成的中轴线正式定型。隋唐洛阳城强化了中轴线的作用,隋唐长安城则更精准体现了中轴线居中的地位。北宋东京则更加居中,宫城在东西南北均居于中心,金、元、明、清都城,基本以东京为模本。

都城排水系统与城门技术。淮阳平粮台龙山城址南门门道路土下发现有陶制排水管道,这是在早期都城内发现的最早的排水设施。郑州商城内城宫殿区内有石筑水槽与石筑水管道、涵洞等排水设施。东周的登封阳城遗址也发现有陶制排水管道等排水系统,郑韩故城将双洎河引入城市布局,以解决排水问题。汉长安城有更为复杂的城市排水系统,在大的技术程序方面只是中原早期实践的发展。关于城门技术,郑州西山仰韶城址北门正中外侧有一道护门墙,类似于后世住宅的影壁墙,有阻挡敌军作用,应为后世瓮城的雏形。而在战国时郑韩故城中的韩城,有典型的马面与瓮城,反映了都城防御功能趋于完备。尽管元明清时期河南失去了政治中心的地位,但在元大都与北京城,均可找到都城建构上的“河南印记”。

总体而言,河南古都史所涉及的问题,几乎涵盖了中国古都史的主流问题。中国古都史的“黄河时代”,居于核心地位的河南古都占据了特殊的地位,其作用与影响是不言而喻的。我们希望有更精深的研究持续推动这类研究,以便书写真正的具有更高学术价值的中国古都史。

附 录

一、河南古都一览表

朝代(国名)	都 城	备 注
夏	阳城(王城岗遗址)、夏邑(新砦遗址)、斟鄩(二里头遗址)、商丘(今濮阳)、斟灌(今豫鲁交界处)、原(今济源)、老丘(今开封)、西河(今豫陕交界处)	
商	亳(郑州商城)、西亳(偃师商城)、隞(今郑州西北)、相(今内黄)、邢(或在今温县)、殷(洹北商城和殷墟)	西亳(偃师商城)是亳(郑州商城)的陪都
西周	雒邑	为东都
东周	雒邑(前770—前476)	
西汉	洛阳(前202年二至五月)	

续表

朝代(国名)	都 城	备 注
新	洛阳	为东都
东汉	雒阳(25—190)、许(196—220)	另有南都宛
曹魏	洛阳(220—265)	
西晋	洛阳(265—311)	
北魏	洛阳(494—534)	
隋	洛阳	为东都
唐	洛阳	为东都,其中684—705年为武周神都
后梁	开封(907—923)	另有西都洛阳
后唐	洛阳(923—936)	
后晋	开封(938—947)	另有西京洛阳
后汉	开封(947—950)	另有西京洛阳
后周	开封(951—960)	另有西京洛阳
北宋	开封(960—1127)	另有西京洛阳、南京商丘
金	开封(1153—1234)	其间或为陪都南京
明	开封(1368—1378)	为北京

二、河南古都平面图

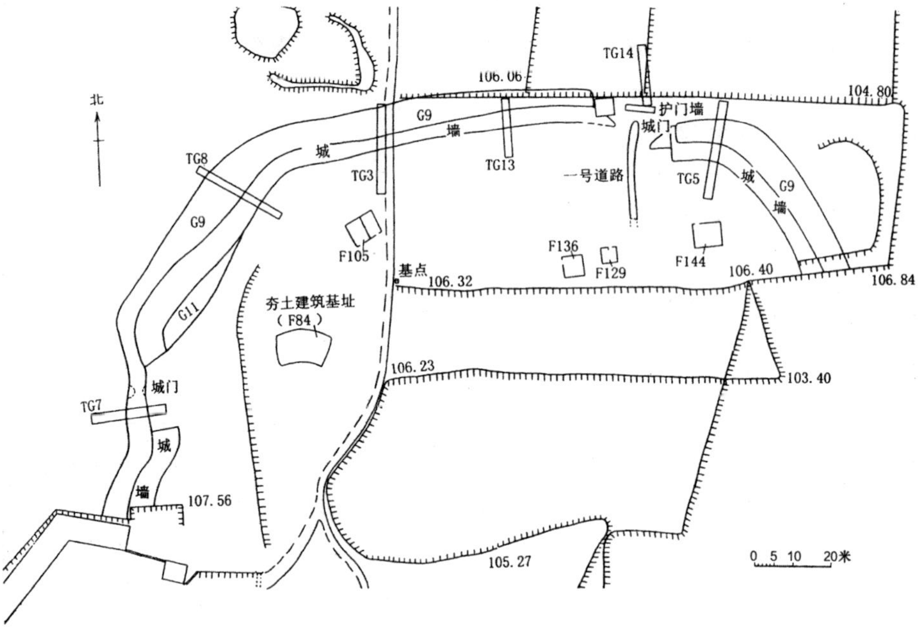

西山遗址平面示意图

（转引自《中原文化大典·文物典·城址》，中州古籍出版社 2008 年版，第 16 页）

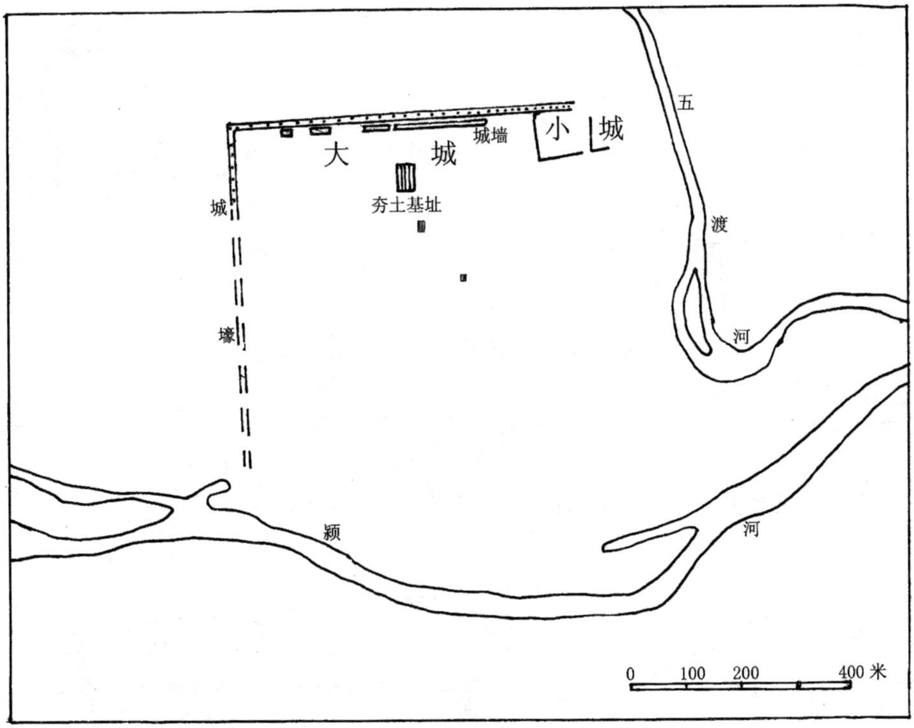

王城岗城址平面图

（转引自《中原文化大典·文物典·城址》，中州古籍出版社 2008 年版，第 32 页）

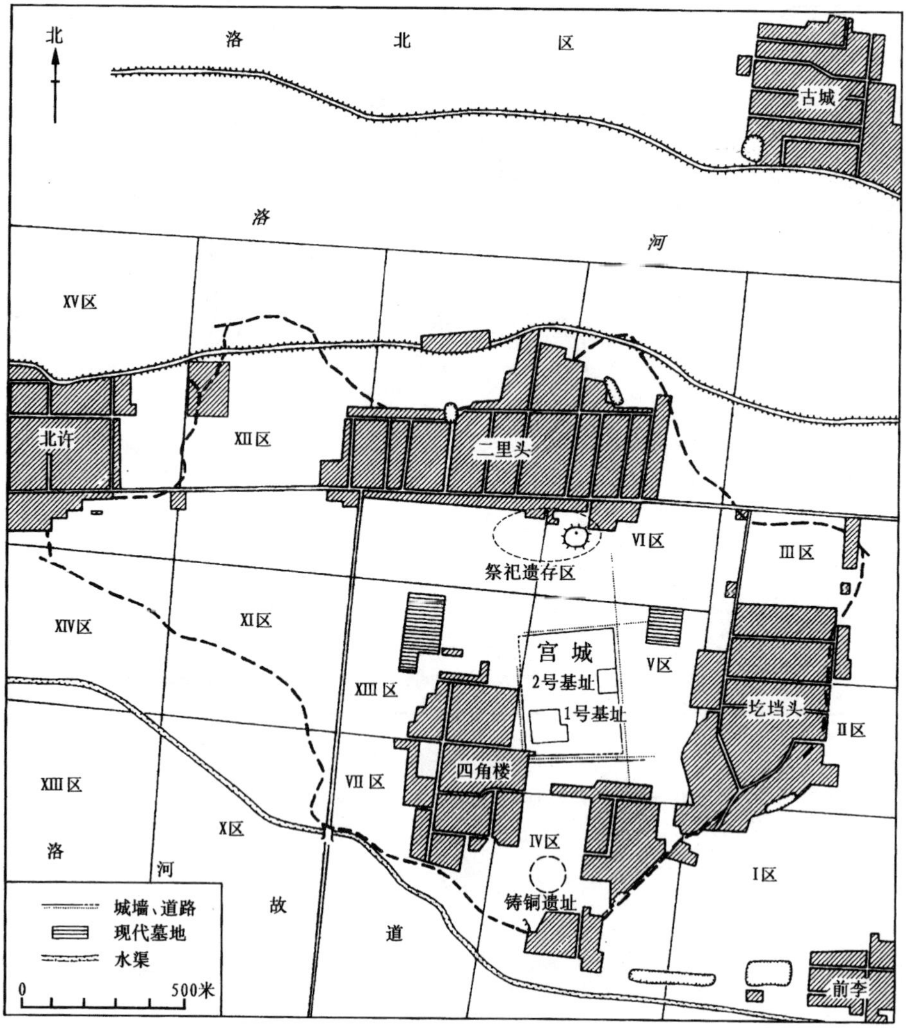

二里头遗址平面图

（转引自《中原文化大典·文物典·城址》，中州古籍出版社 2008 年版，第 63 页）

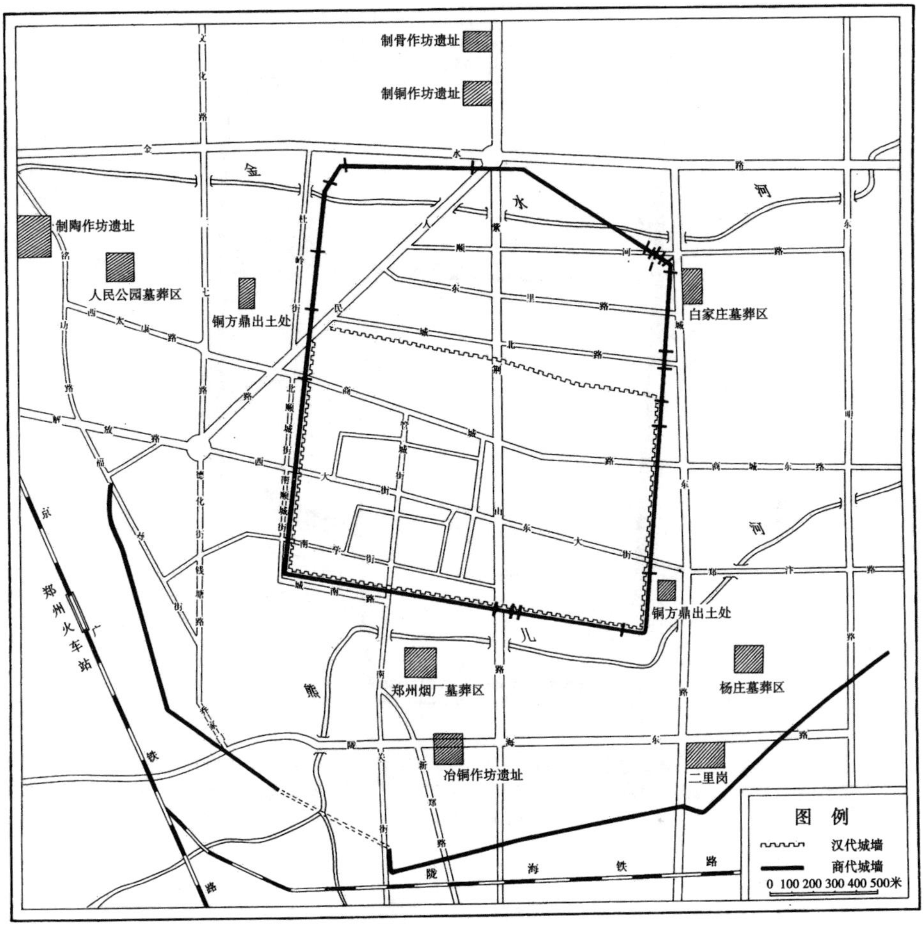

郑州商城平面图

（转引自《中原文化大典·文物典·城址》，中州古籍出版社2008年版，第104页）

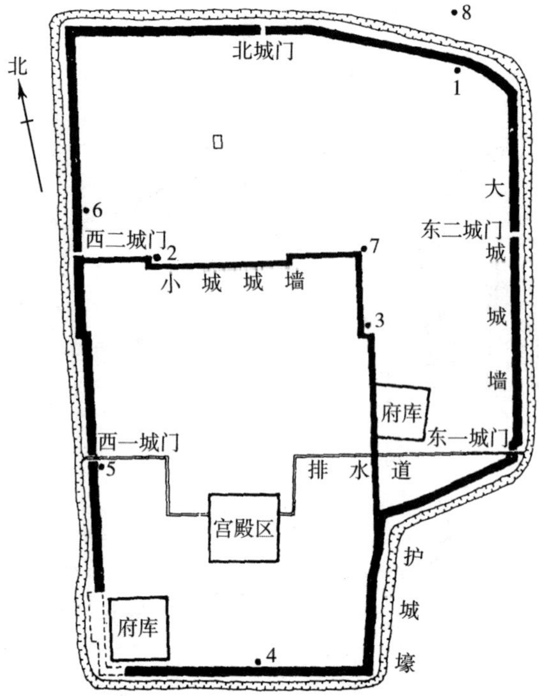

1. 铸铜遗址 2.83YS Ⅲ M1、M2 位置 3.1992 年发掘的城墙及城外墓葬位置 4.1991 年南城墙解剖沟位置 5.1995 年西一城门南侧解剖沟位置 6.1983 年西城墙解剖沟位置 7. 财政局征地位置 8. 城郊派出所

偃师商城平面图

(转引自《中原文化大典·文物典·城址》,中州古籍出版社 2008 年版,第 85 页)

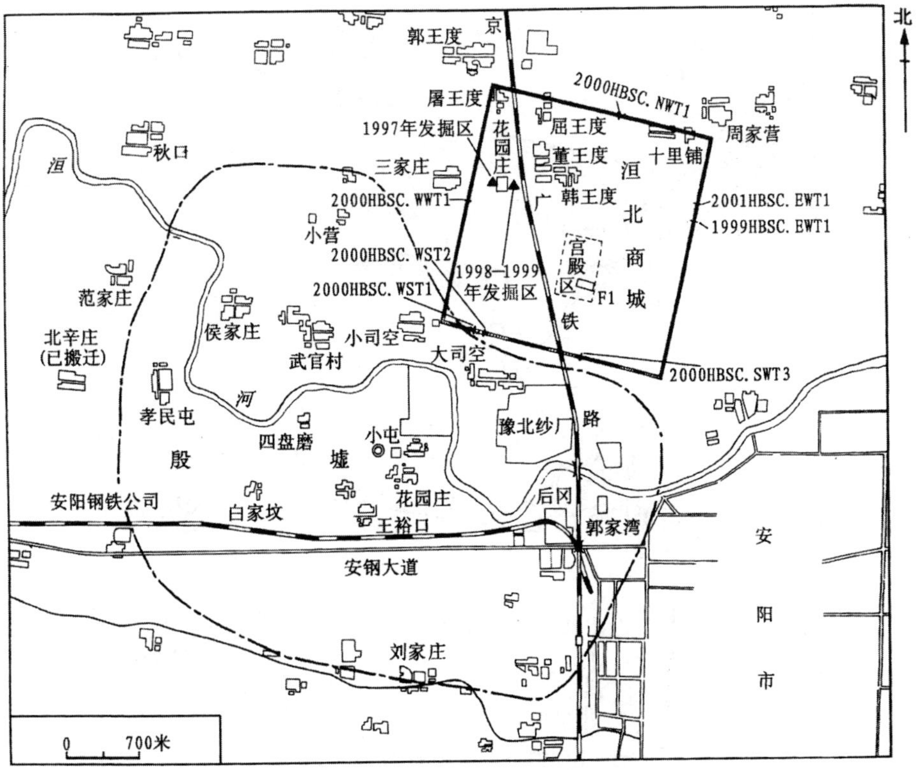

洹北商城与殷墟平面图

（转引自《中原文化大典·文物典·城址》，中州古籍出版社 2008 年版，第 129 页）

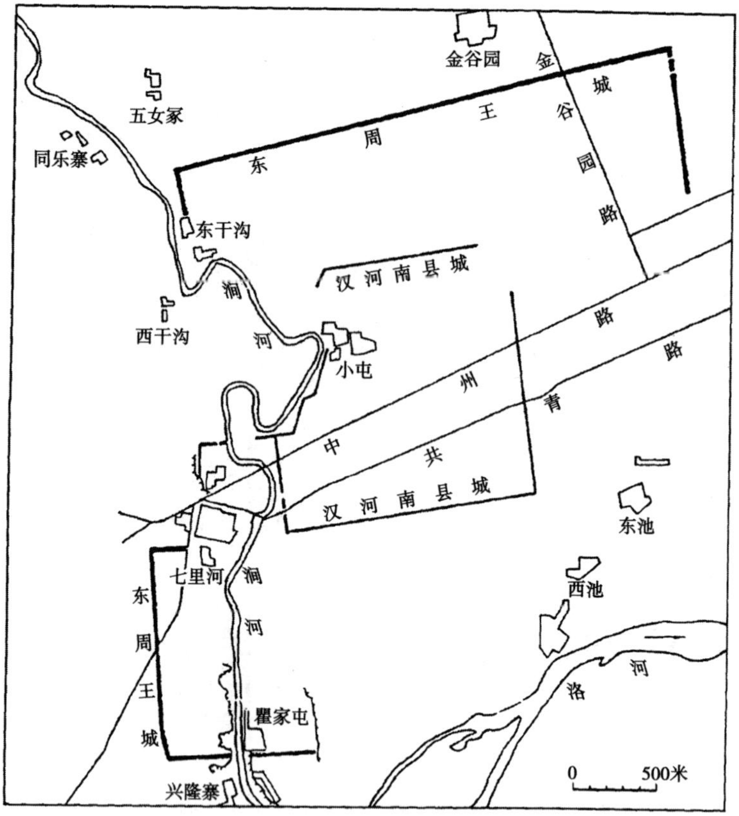

东周王城平面图

（转引自《中原文化大典·文物典·城址》，中州古籍出版社2008年版，第185页）

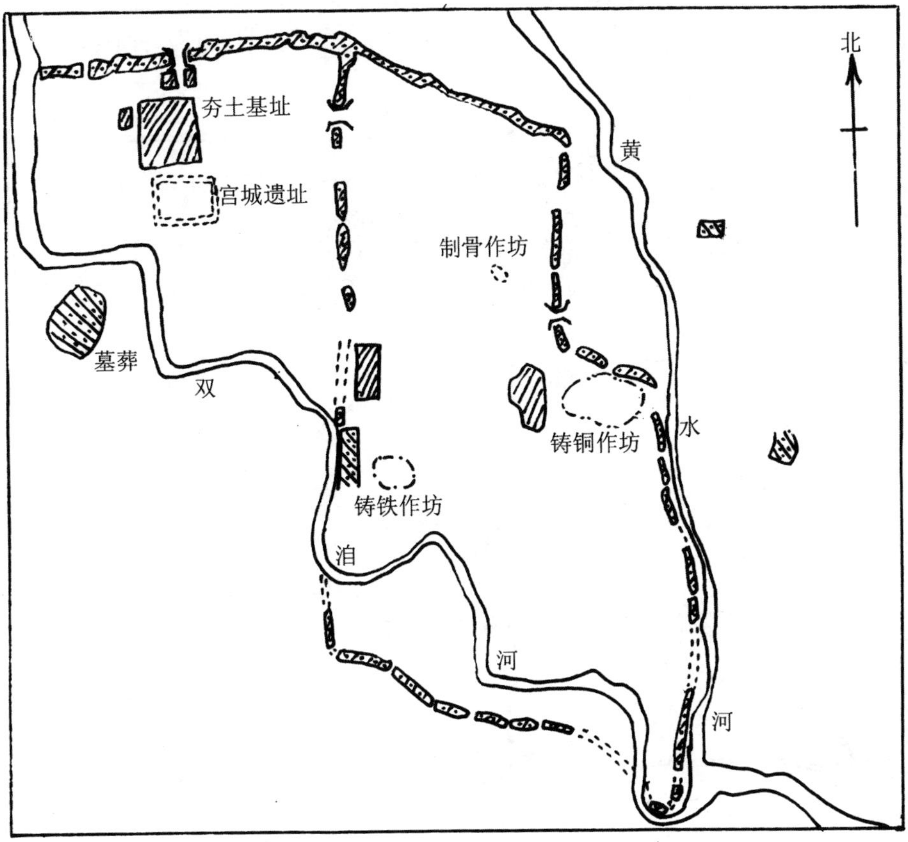

郑韩故城平面图

（转引自《中原文化大典·文物典·城址》，中州古籍出版社 2008 年版，第 192 页）

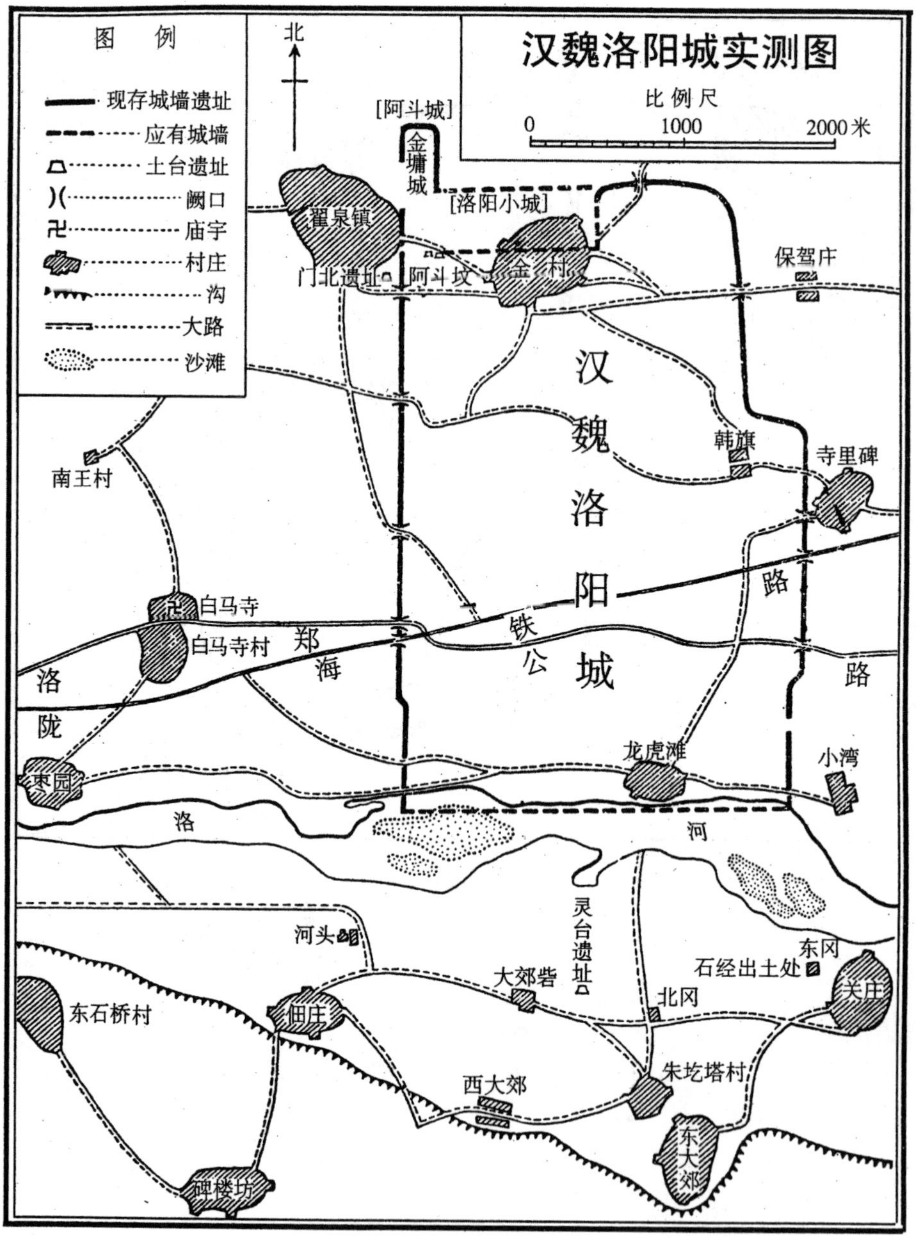

汉魏洛阳城平面图

(转引自阎文儒:《洛阳汉魏隋唐城勘查记》,《考古学报》1955年第1期)

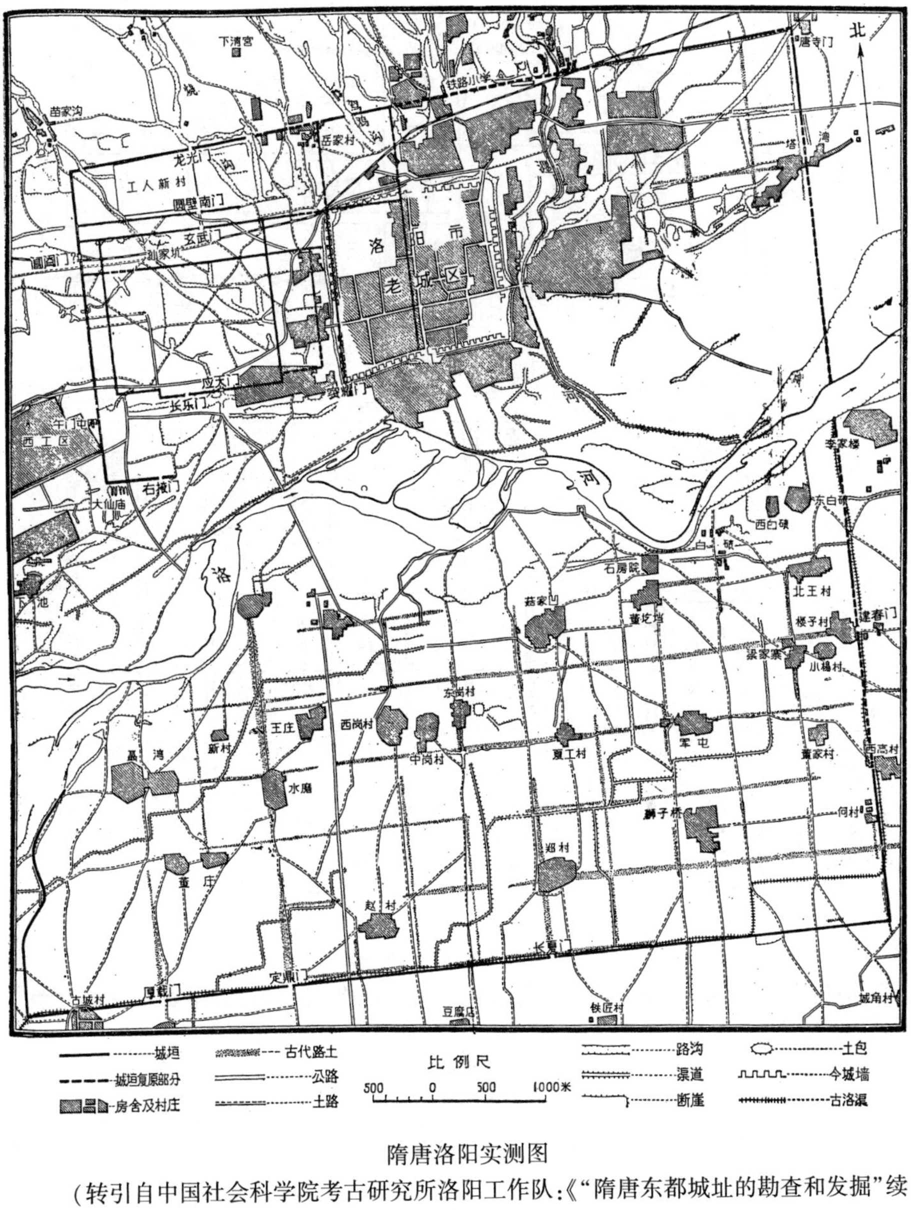

隋唐洛阳实测图

（转引自中国社会科学院考古研究所洛阳工作队:《“隋唐东都城址的勘查和发掘”续记》,《考古》1978 年第 6 期）

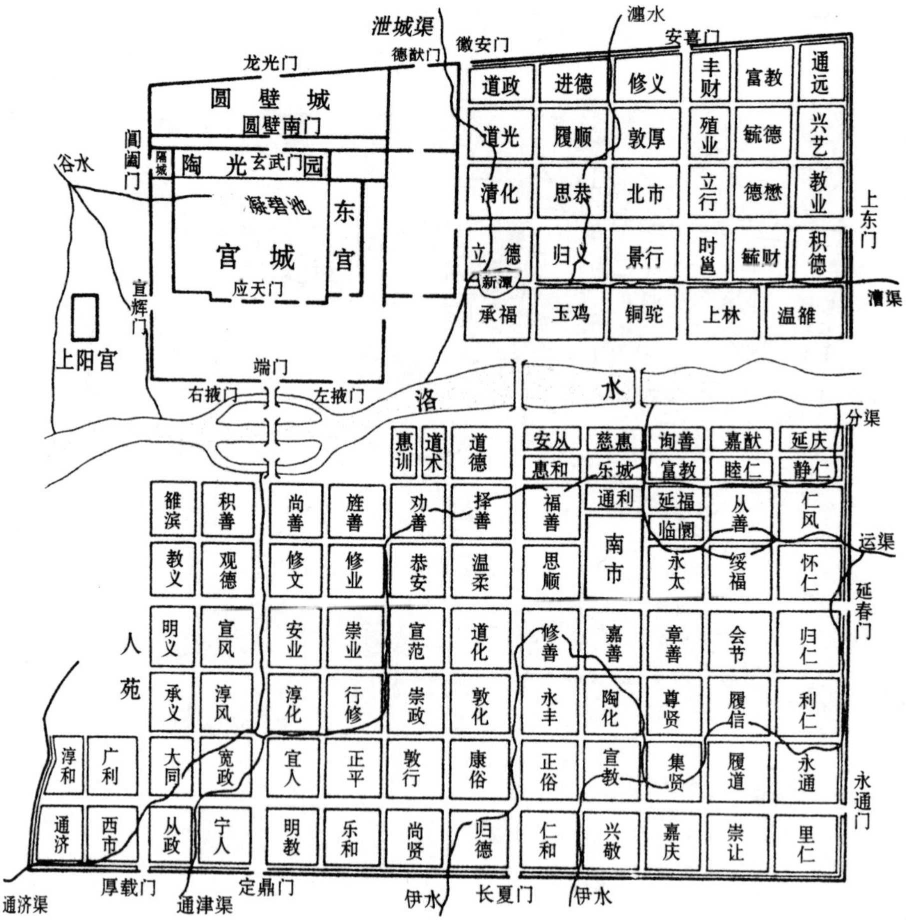

隋唐洛阳复原图

［转引自(清)徐松撰,李健超增订:《增订唐两京城坊考(修订版)》,三秦出版社 2006 年版］

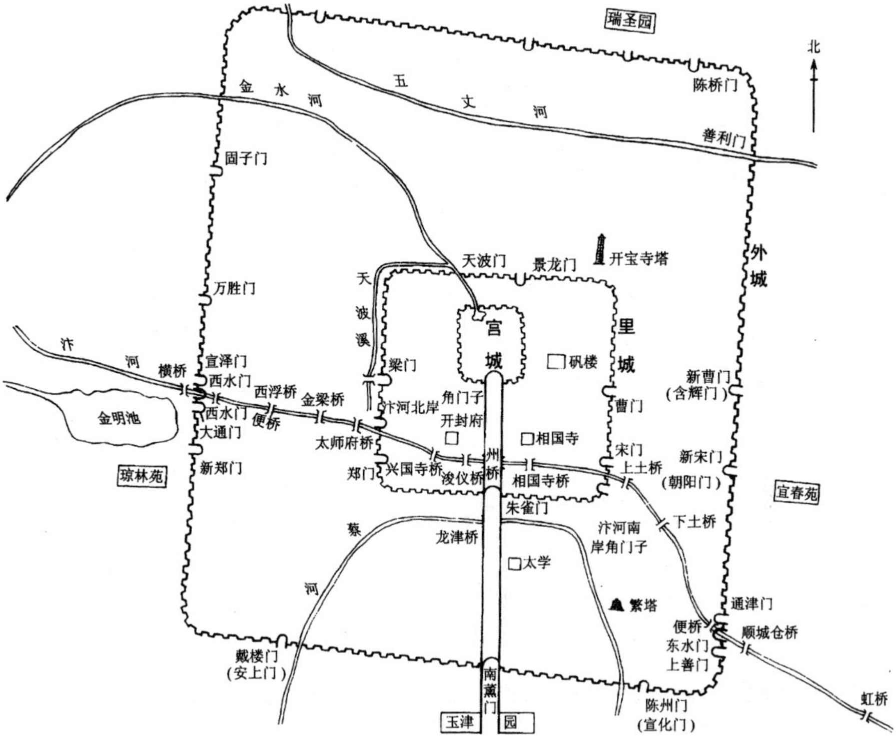

北宋东京城图

（转引自刘春迎:《北宋东京城研究》,科学出版社 2004 年版,第 22 页）

参考资料

一、典籍

1.〔汉〕司马迁:《史记》,中华书局 1963 年版。

2.〔汉〕班固:《汉书》,中华书局 1964 年版。

3.〔晋〕陈寿撰,〔刘宋〕裴松之注:《三国志》,中华书局 1964 年版。

4.〔晋〕皇甫谧:《逸周书》,辽宁教育出版社 1997 年版。

5.〔南朝宋〕范晔:《后汉书》,中华书局 1965 年版。

6.〔南朝梁〕萧统撰,〔唐〕李善等注:《昭明文选》,京华出版社 2000 年版。

7.〔北魏〕郦道元撰,杨守敬、熊会贞疏:《水经注疏》,江苏古籍出版社 1989 年版。

8.〔魏〕杨衒之撰,周祖谟校释:《洛阳伽蓝记校释》,中华书局 2010 年版。

9.〔北齐〕魏收:《魏书》,中华书局 1974 年版。

10.〔唐〕房玄龄等:《晋书》,中华书局 1974 年版。

11.〔唐〕令狐德棻等:《周书》,中华书局 1971 年版。

12.〔唐〕李延寿:《北史》,中华书局 1974 年版。

13.〔唐〕魏徵、令狐德棻:《隋书》,中华书局 1973 年版。

14.〔唐〕孔颖达等编纂,〔清〕阮元校刻:《十三经注疏》,中华书局影印本 1980 年版。

15.〔唐〕长孙无忌等撰,刘俊文点校:《唐律疏议》,中华书局 1983 年版。

16.〔唐〕李林甫等撰,陈仲夫点校:《唐六典》,中华书局 1992 年版。

17.〔唐〕杜佑:《通典》,中华书局 1988 年版。
18.〔唐〕李吉甫撰,贺次君点校:《元和郡县图志》,中华书局 1983 年版。
19.〔唐〕李泰等撰,贺次君辑校:《括地志辑校》,中华书局 1980 年版。
20.〔唐〕欧阳询撰,汪绍楹校:《艺文类聚》,上海古籍出版社 1985 年版。
21.〔唐〕徐坚等:《初学记》,中华书局 1962 年版。
22.〔唐〕韦述撰,辛德勇辑校:《两京新记辑校》,三秦出版社 2006 年版。
23.〔唐〕杜宝撰,辛德勇辑校:《大业杂记辑校》,三秦出版社 2006 年版。
24.〔后晋〕刘昫等:《旧唐书》,中华书局 1975 年版。
25.〔宋〕欧阳修、宋祁:《新唐书》,中华书局 1975 年版。
26.〔宋〕薛居正等:《旧五代史》,中华书局 1976 年版。
27.〔宋〕欧阳修:《新五代史》,中华书局 1974 年版。
28.〔宋〕司马光编著,〔元〕胡三省音注:《资治通鉴》,中华书局 1957 年版。
29.〔宋〕李焘:《续资治通鉴长编》,上海古籍出版社 1986 年版。
30.〔宋〕王溥:《唐会要》,文渊阁《四库全书》版。
31.〔宋〕王溥:《五代会要》,中华书局 1998 年版。
32.〔宋〕郑樵:《通志二十略》,中华书局 1995 年版。
33.〔宋〕乐史撰,王文楚等点校:《太平寰宇记》,中华书局 2007 年版。
34.〔宋〕王存:《元丰九域志》,中华书局 1984 年版。
35.〔宋〕李昉等:《太平广记》,中华书局 1961 年版。
36.〔宋〕李昉等:《太平御览》,中华书局 1995 年版。
37.〔宋〕李昉等:《文苑英华》,中华书局 1966 年版。
38.〔宋〕王钦若等:《册府元龟》,中华书局 1960 年版。
39.〔宋〕孟元老撰,姜汉椿译注:《东京梦华录全译》,贵州人民出版社 2009 年版。
40.〔宋〕李格非撰,王苏佳、王升注译:《洛阳名园记 洛阳名胜记》,白山出版社 2012 年版。
41.〔宋〕吴自牧:《梦粱录》,浙江人民出版社 1980 年版。
42.〔元〕脱脱等:《宋史》,中华书局 1977 年版。
43.〔元〕脱脱等:《金史》,中华书局 1975 年版。
44.〔明〕李濂撰,周宝珠、程民生点校:《汴京遗迹志》,中华书局 1999 年版。

45.〔清〕徐松:《宋会要辑稿》,中华书局2014年版。
46.〔清〕顾祖禹:《读史方舆纪要》,上海书店出版社1998年版。
47.〔清〕严可钧校辑:《全上古三代秦汉三国六朝文》,中华书局1958年版。
48.〔清〕董诰等编:《全唐文》,中华书局1983年版。
49.〔清〕徐松撰,张穆校补,方严点校:《唐两京城坊考》,中华书局1985年版。
50.〔清〕徐松撰,李建超增订:《增订唐两京城坊考》,三秦出版社2006年版。
51.〔清〕顾炎武:《历代宅京记》,中华书局1984年版。
52.〔清〕周城撰,单远慕点校:《宋东京考》,中华书局1988年版。
53.〔清〕徐松辑,高敏点校:《河南志》,中华书局1994年。
54.〔清〕龚松林修,汪坚纂:《重修洛阳县志》,清乾隆十年刊本。
55. 杨伯峻:《春秋左传注》,中华书局1990年版。

二、研究论著

1. 全汉昇:《唐宋帝国与运河》,商务印书馆1946年版。
2. 河南省文化局文物工作队:《郑州二里冈》,科学出版社1959年版。
3. [日]加藤繁著,吴杰译:《中国经济史考证》,商务印书馆1959年版。
4. 王国维:《观堂集林》,中华书局1961年版。
5. 史念海:《河山集》,三联书店1963年版。
6. 向达:《唐代长安与西域文明》,三联书店1979年版。
7. 陈寅恪:《隋唐制度渊源略论稿》,上海古籍出版社1982年版。
8. 韩国磐:《魏晋南北朝史纲》,人民出版社1983年版。
9. 刘敦桢:《中国古代建筑史》,中国建筑工业出版社1984年版。
10. 吴涛:《北宋都城东京》,河南人民出版社1984年版。
11. 贺业钜:《考工记营国制度研究》,中国建筑工业出版社1985年版。
12. 周宝珠、陈振:《简明宋史》,人民出版社1985年版。
13. 贺业钜:《中国古代城市规划史论丛》,中国建筑工业出版社1986年版。
14. 孙淼:《夏商史稿》,文物出版社1987年版。
15. 中国社会科学院考古研究所:《殷墟发掘报告(1958—1961)》,文物出版社1987年版。
16. 童书业:《春秋史》,山东大学出版社1987年版。

17. 漆侠:《宋代经济史》(上册),上海人民出版社 1987 年版。
18. 叶骁军:《中国都城发展史》,陕西人民出版社 1988 年版。
19. 陈梦家:《殷虚卜辞综述》,中华书局 1988 年版。
20. 丁山:《商周史料考证》,中华书局 1988 年版。
21. 郑杰祥:《夏史初探》,中州古籍出版社 1988 年版。
22. 彭邦炯:《商史探微》,重庆出版社 1988 年版。
23. 漆侠:《宋代经济史》(下册),上海人民出版社 1988 年版。
24. 苏健:《洛阳古都史》,博文书社 1989 年版。
25. [日]平冈武夫:《唐代的长安和洛阳(资料)》,上海古籍出版社 1989 年版。
26. 张光直:《中国青铜时代》,三联书店 1990 年版。
27. [日]森克己:《遣唐使》,[日]至文堂 1990 年版。
28. 陈桥驿:《中国七大古都》,中国青年出版社 1991 年版。
29. 国家文物局:《中国文物地图集(河南分册)》,中国地图出版社 1991 年版。
30. 曲英杰:《先秦都城复原研究》,黑龙江人民出版社 1991 年版。
31. 段振美:《殷墟考古史》,中州古籍出版社 1991 年版。
32. 河南省文物研究所、中国历史博物馆考古部:《登封王城岗与阳城》,文物出版社 1992 年版。
33. 刘淑芬:《魏晋北朝的筑城运动》,台湾学生书局 1992 年版。
34. 杨鸿年:《隋唐宫廷建筑考》,陕西人民出版社 1992 年版。
35. 杨宽:《中国古代都城制度史研究》,上海古籍出版社 1993 年版。
36. 河南省文物研究所:《郑州商城考古新发现与研究(1985—1992)》,中州古籍出版社 1993 年版。
37. 叶骁军:《都城论》,甘肃文化出版社 1994 年版。
38. 王国维:《古史新证——王国维最后的讲义》,清华大学出版社 1994 年版。
39. 中国社会科学院考古研究所:《殷墟的发现与研究》,科学出版社 1994 年版。
40. 许倬云:《西周史》,三联书店 1994 年版。
41. 张之恒、周裕兴:《夏商周考古》,南京大学出版社 1995 年版。
42. 史念海:《中国古都和文化》,中华书局 1996 年版。
43. 郭湖生:《中华古都》,空间出版社 1997 年版。
44. 杨育彬、袁广阔:《20 世纪河南考古发现与研究》,中州古籍出版社 1997 年版。

45. 周宝珠:《〈清明上河图〉与清明上河学》,河南大学出版社 1997 年版。
46. 魏天安:《宋代行会制度史》,东方出版社 1997 年版。
47. 廖奔:《中国古代剧场史》,中州古籍出版社 1997 年版。
48. 康万武:《中国七大古都研究论著索引》,陕西师范大学出版社 1998 年版。
49. 吴松弟:《中国古代都城》,商务印书馆 1998 年版。
50. 开封市文物工作队:《开封考古发现与研究》,中州古籍出版社 1998 年版。
51. 周宝珠:《宋代东京研究》,河南大学出版社 1998 年版。
52. 中国社会科学院考古研究所:《偃师二里头:1959 年~1978 年考古发掘报告》,中国大百科全书出版社 1999 年版。
53. 华觉明:《中国古代金属技术——铜和铁造就的文明》,大象出版社 1999 年版。
54. 河南省文物考古研究所、郑州市文物考古研究所:《郑州商代铜器窖藏》,科学出版社 1999 年版。
55. 朱彦民:《殷墟都城探论》,南开大学出版社 1999 年版。
56. 王宇信、杨升南:《甲骨学一百年》,社会科学文献出版社 1999 年版。
57. 杨宽:《西周史》,上海人民出版社 1999 年版。
58. 杨鸿年:《隋唐两京坊里谱》,上海古籍出版社 1999 年版。
59. 刘庆柱:《古代都城与帝陵考古学研究》,科学出版社 2000 年版。
60. 夏商周断代工程专家组:《夏商周断代工程 1996—2000 年阶段成果报告:简本》,世界图书出版公司 2000 年版。
61. 许宏:《先秦城市考古学研究》,北京燕山出版社 2000 年版。
62. 王晖:《商周文化比较研究》,人民出版社 2000 年版。
63. 洛阳市文物局、洛阳白马寺汉魏故城文物保管所编:《汉魏洛阳故城研究》,科学出版社 2000 年版。
64. 唐长孺:《魏晋南北朝史论丛》,河北教育出版社 2000 年版。
65. 傅熹年:《中国古代城市规划、建筑群布局及建筑设计方法研究》,中国建筑工业出版社 2001 年版。
66. 杨鸿勋:《宫殿考古通论》,紫禁城出版社 2001 年版。
67. 潘谷西:《中国建筑史》,中国建筑工业出版社 2001 年版。
68. 傅熹年:《中国古代建筑史》,中国建筑工业出版社 2001 年版。

69. 李振刚、郑贞富:《洛阳通史》,中州古籍出版社 2001 年版。
70. 薛瑞泽:《汉唐间河洛地区经济研究》,陕西人民出版社 2001 年版。
71. 张国硕:《夏商时代都城制度研究》,河南人民出版社 2001 年版。
72. 河南省文物考古研究所:《郑州商城——1953~1985 年考古发掘报告》,文物出版社 2001 年版。
73. 顾德融、朱顺龙:《春秋史》,上海人民出版社 2001 年版。
74. 周长山:《汉代城市研究》,人民出版社 2001 年版。
75. 邹逸麟:《中国历史人文地理》,科学出版社 2001 年版。
76. 张驭寰:《中国城池史》,百花文艺出版社 2002 年版。
77. 许兆昌:《夏商周简史》,福建人民出版社 2002 年版。
78. 程存洁:《唐代城市史研究初篇》,中华书局 2002 年版。
79. 冷鹏飞:《中国古代社会商品经济形态研究》,中华书局 2002 年版。
80. [日]伊藤道治著,江蓝生译:《中国古代王朝的形成——以出土资料为主的殷周史研究》,中华书局 2002 年版。
81. 中国社会科学院考古研究所:《中国考古学》,中国社会科学出版社 2003 年版。
82. 河南省文物考古研究所:《辉县孟庄》,中州古籍出版社 2003 年版。
83. 杜金鹏:《偃师商城初探》,中国社会科学出版社 2003 年版。
84. 杨宽:《战国史》,上海人民出版社 2003 年版。
85. 张弘:《战国秦汉时期商人和商业资本研究》,齐鲁书社 2003 年版。
86. 林剑鸣:《秦汉史》,上海人民出版社 2003 年版。
87. 董鉴泓:《中国城市建设史》,中国建筑工业出版社 2004 年版。
88. 黄建军:《中国古都选址与规划布局的本土思想研究》,厦门大学出版社 2004 年版。
89. 窦思忠、张维华:《古都郑州》,中州古籍出版社 2004 年版。
90. 河南省文物考古研究所:《禹州瓦店》,世界图书出版公司 2004 年版。
91. 郑州市文物考古研究所:《郑州大师姑(2002—2003)》,科学出版社 2004 年版。
92. 刘源:《商周祭祖礼研究》,商务印书馆 2004 年版。
93. 朱凤瀚:《商周家族形态研究》,天津古籍出版社 2004 年版。

94. 赵丛苍、郭妍利:《两周考古》,文物出版社 2004 年版。
95. 田余庆:《秦汉魏晋史探微》,中华书局 2004 年版。
96. 刘春迎:《北宋东京城研究》,科学出版社 2004 年版。
97. [日]谷川道雄著,李济沧译:《隋唐帝国形成史论》,上海古籍出版社 2004 年版。
98. 程平山:《夏商周历史与考古》,人民出版社 2005 年版。
99. 洛阳市文物管理局、洛阳白马寺汉魏故城文物保管所:《千年阅一城——汉魏洛阳故城与汉魏王朝》,中州古籍出版社 2005 年版。
100. 辛德勇:《隋唐两京丛考》,三秦出版社 2006 年版。
101. 李久昌:《国家、空间与社会:古代洛阳都城空间演变研究》,三秦出版社 2007 年版。
102. 曲英杰:《史记都城考》,商务印书馆 2007 年版。
103. 北京大学考古文博学院、河南省文物考古研究所:《登封王城岗考古发现与研究(2002~2005)》,大象出版社 2007 年版。
104. 李峰:《商代前期都城研究》,中州古籍出版社 2007 年版。
105. 朱士光:《中国古都学的研究历程》,中国社会科学出版社 2008 年版。
106. 北京大学震旦古代文明研究中心、郑州市文物考古研究院:《新密新砦——1999~2000 年田野考古发掘报告》,文物出版社 2008 年版。
107. 中华人民共和国科学技术部、国家文物局:《早期中国——中华文明起源》,文物出版社 2009 年版。
108. 梁满仓:《魏晋南北朝五礼制度考论》,社会科学文献出版社 2009 年版。
109. [日]久保田和男著,郭万平译,董科校译:《宋代开封研究》,上海古籍出版社 2010 年版。
110. 刘瑞:《汉长安城的朝向、轴线与南郊礼制建筑》,中国社会科学出版社 2011 年版。
111. 周宝珠、徐伯勇:《古都开封》,河南大学出版社 2011 年版。
112. 宋旸:《宋代勾栏形制复原》,上海书店出版社 2011 年版。
113. 王贵祥:《古都洛阳》,清华大学出版社 2012 年版。
114. 中国社会科学院考古研究所:《偃师商城》(上、下),科学出版社 2013 年版。
115. 中国社会科学院考古研究所:《二里头(1999—2006)》,文物出版社 2014 年版。

116. 阎铁成:《重读郑州:一座由考古发现的中国创世王都》,科学出版社 2015 年版。
117. 孙庆伟:《追迹三代》,上海古籍出版社 2015 年版。
118. 詹子庆:《走近夏代文明》,东北师范大学出版社 2015 年版。
119. 郭绍林、毛阳光:《洛阳都城史话》,河南人民出版社 2016 年版。
120. 顾万发:《文明之光:古都郑州探索与研究》,科学出版社 2016 年版。
121. 许宏:《大都无城:中国古都的动态解读》,三联书店 2016 年版。
122. 郑州市文物考古研究院:《新郑望京楼:2010~2012 年田野考古发掘报告》,科学出版社 2016 年版。
123. 王仲荦:《隋唐五代史》,上海人民出版社 2016 年版。
124. 林沄:《商史三题》,"中央研究院"历史语言研究所 2018 年版。
125. [日]森安孝夫著,张雅婷译:《丝路、游牧民与唐帝国:从中央欧亚出发,游牧民眼中的拓跋国家》,八旗文化 2018 年版。

三、主要考古杂志

1.《考古学报》,中国社会科学院考古研究所主办,科学出版社出版。
2.《考古》,中国社会科学院考古研究所主办,考古杂志社出版。
3.《文物》,文物出版社主办。
4.《中原文物》,河南博物院主办。
5.《华夏考古》,河南省文物考古研究院和河南省文物考古学会主办。
6.《考古与文物》,陕西省考古研究院主办。
7.《文博》,陕西省文物局主办。

四、研究论文

1. 阎文儒:《隋唐东都城的建筑及其形制》,《北京大学学报(人文科学)》1956 年第 4 期。
2. 徐旭生:《1959 年夏豫西调查"夏墟"的初步报告》,《考古》1959 年第 11 期。
3. 安金槐:《试论郑州商代城址——隞都》,《文物》1961 年第 Z1 期。
4. 张政烺:《卜辞裒田及其相关诸问题》,《考古学报》1973 年第 1 期。
5. 夏鼐:《谈谈探讨夏文化的几个问题——在〈登封告成遗址发掘现场会〉闭幕

式上的讲话》,《中原文物》1978 年第 1 期。
6. 邹衡:《郑州商城即汤都亳说》,《文物》1978 年第 2 期。
7. 宿白:《隋唐长安城和洛阳城》,《考古》1978 年第 6 期。
8. 宿白:《北魏洛阳城和北邙陵墓——鲜卑遗迹辑录之三》,《文物》1978 年第 7 期。
9. 邹衡:《关于探讨夏文化的几个问题》,《文物》1979 年第 3 期。
10. 田昌五:《夏文化探索》,《文物》1981 年第 5 期。
11. 徐苹芳:《中国秦汉魏晋南北朝时代的陵园和茔域》,《考古》1981 年第 6 期。
12. 孟凡人:《北魏洛阳外郭城形制初探》,《中国历史博物馆馆刊》1982 年第 00 期。
13. 李民:《说洛邑、成周与王城》,《郑州大学学报(哲学社会科学版)》1982 年第 1 期。
14. 王仲殊:《中国古代都城概说》,《考古》1982 年第 5 期。
15. 徐苹芳:《唐代两京的政治、经济和文化生活》,《考古》1982 年第 6 期。
16. 马得志:《唐代长安与洛阳》,《考古》1982 年第 6 期。
17. 杜瑜:《中国古代城市的起源与发展》,《中国史研究》1983 年第 1 期。
18. 杨锡璋:《商代的墓地制度》,《考古》1983 年第 10 期。
19. 史为乐:《西周营建成周考辨》,《中国史研究》1984 年第 1 期。
20. 殷玮璋:《有关夏文化探索的几个问题》,《文物》1984 年第 2 期。
21. 俞伟超:《中国古代都城规划的发展阶段性——为中国考古学会第五次年会而作》,《文物》1985 年第 2 期。
22. 张光直:《关于中国初期"城市"这个概念》,《文物》1985 年第 2 期。
23. 杨升南:《从殷墟卜辞中的"示""宗"说到商代的宗法制度》,《中国史研究》1985 年第 3 期。
24. 夏鼐:《中国文明的起源》,《文物》1985 年第 8 期。
25. 林沄:《关于中国早期国家形式的几个问题》,《吉林大学学报(社会科学版)》1986 年第 6 期。
26. 马世之:《关于西周都城遗址的探索》,《中州学刊》1987 年第 5 期。
27. 赵超:《唐代洛阳城坊补考》,《考古》1987 年第 9 期。
28. 骆子昕:《汉魏洛阳城址考辨》,《中原文物》1988 年第 2 期。

29. 李绍连:《试论中国古代都城性质的演变》,《史学月刊》1989年第3期。
30. 田凯:《北宋开封皇宫考辨》,《中原文物》1990年第4期。
31. 朱凤瀚:《殷墟卜辞所见商王室宗庙制度》,《历史研究》1990年第6期。
32. 史念海:《唐代长安外郭城街道及里坊的变迁》,《中国历史地理论丛》1994年第1期。
33. 郑若葵:《殷墟“大邑商”族邑布局初探》,《中原文物》1995年第3期。
34. 傅熹年:《隋唐长安洛阳城规划手法的探讨》,《文物》1995年第3期。
35. 李合群:《北宋东京皇宫二城考略》,《中原文物》1996年第3期。
36. 韩建业、杨新改:《王湾三期文化研究》,《考古学报》1997年第1期。
37. 曲英杰:《周代都城比较研究》,《中国史研究》1997年第2期。
38. 雍际春:《隋唐都城建设与六朝都城之关系》,《中国历史地理论丛》1997年第2期。
39. 王晖:《周武王东都选址考辨》,《中国史研究》1998年第1期。
40. 李自智:《略论中国古代都城的城郭制》,《考古与文物》1998年第2期。
41. 高炜、杨锡璋、王巍、杜金鹏:《偃师商城与夏商文化分界》,《考古》1998年第10期。
42. 中美洹河流域考古队:《洹河流域区域考古研究初步报告》,《考古》1998年第10期。
43. 王维坤:《试论中国古代都城的构造与里坊制的起源》,《中国历史地理论丛》1999年第1期。
44. 王学荣:《偃师商城布局的探索和思考》,《考古》1999年第2期。
45. 郑振香:《甲骨文的发现与殷墟发掘世纪回眸》,《殷都学刊》1999年第2期。
46. 段鹏琦:《洛阳古代都城城址迁移现象试析》,《考古与文物》1999年第4期。
47. 钱耀鹏:《史前城址在文明起源与形成过程中的作用——兼论文明要素与文明形成的标准问题》,《文博》1999年第6期。
48. 张金龙:《北魏洛阳里坊制度探微》,《历史研究》1999年第6期。
49. 李伯谦:《关于早期夏文化——从夏商周王朝更迭与考古学文化变迁的关系谈起》,《中原文物》2000年第1期。
50. 杨锡璋、徐广德、高炜:《盘庚迁殷地点蠡测》,《中原文物》2000年第1期。
51. 刘莉等:《城:夏商时期对自然资源的控制问题》,《东南文化》2000年第3期。

52. 刘庆柱:《中国古代都城考古学研究的几个问题》,《考古》2000 年第 7 期。
53. 王仲殊:《论洛阳在古代中日关系史上的重要地位》,《考古》2000 年第 7 期。
54. 张玉石:《史前城址与中原地区中国古代文明中心地位的形成》,《华夏考古》2001 年第 1 期。
55. 程义:《试论邺北城的设计思想、布局与影响》,《西北大学学报(哲学社会科学版)》2001 年第 1 期。
56. 沈睿文:《西汉帝陵陵地秩序》,《文博》2001 年第 3 期。
57. [日]久保和田男著,赵望秦、黄新华译:《五代宋初的洛阳和国都问题》,《中国历史地理论丛》2001 年第 3 期。
58. 周宝珠:《北宋时期的西京洛阳》,《史学月刊》2001 年第 4 期。
59. 杜金鹏:《华夏文明之根——嵩山地区在华夏文明起源及早期发展中的地位》,《中原文物》2002 年第 2 期。
60. 马继云:《论中国古代城市规划的形态特征》,《学术研究》2002 年第 3 期。
61. 陈星灿、刘莉等:《中国文明腹地的社会复杂化进程——伊洛河地区的聚落形态研究》,《考古学报》2003 年第 2 期。
62. 陈勇勤:《中国古代经济中心移动引发的思考——两宋定都作为总变化轨迹上一个关键点》,《南都学坛》2003 年第 4 期。
63. 中国社会科学院考古研究所安阳工作队:《河南安阳市洹北商城的勘察与试掘》,《考古》2003 年第 5 期。
64. 钱国祥:《由阊阖门谈汉魏洛阳城宫城形制》,《考古》2003 年第 7 期。
65. 李永强:《隋唐洛阳城布局再分析》,《耕耘论丛》(二),科学出版社 2003 年版。
66. 朱士光:《中国古都与中华文化关系研究》,《陕西师范大学学报(哲学社会科学版)》2004 年第 1 期。
67. 张鸣华:《东汉南宫考》,《中国史研究》2004 年第 2 期。
68. 朱志先、张霞:《析东汉定都洛阳的原因》,《洛阳师范学院学报》2004 年第 3 期。
69. 李自智:《中国古代都城布局的中轴线问题》,《考古与文物》2004 年第 4 期。
70. 王震中:《甲骨文亳邑新探》,《历史研究》2004 年第 5 期。
71. 朱士光:《中国古都学理论建设刍议》,《中国历史地理论丛》2005 年第 1 期。

72. 刘春迎:《论北宋东京城对金上京、燕京、汴京城的影响》,《河南大学学报(社会科学版)》2005 年第 5 期。
73. 刘庆柱:《中国古代都城遗址布局形制的考古发现所反映的社会形态变化研究》,《考古学报》2006 年第 3 期。
74. 杨瑞军:《略论宋代厢坊制度》,《山西师大学报(社会科学版)》2006 年第 6 期。
75. 李合群:《论中国古代里坊制的崩溃——以唐长安与宋东京为例》,《社会科学》2007 年第 12 期。
76. 李昌九:《隋唐洛阳里坊制度考述》,《郑州大学学报(哲学社会科学版)》2008 年第 1 期。
77. 程义:《试论隋唐东西两京布局差异的成因》,《考古》2008 年第 12 期。
78. 石自社:《隋唐东都形制布局特点分析》,《考古》2009 年第 10 期。
79. 袁靖:《中原地区的生业状况与中华文明早期发展的关系》,《西部考古》2016 年第 2 期。
80. 韩建华:《试论北宋西京洛阳宫城、皇城的布局及其演变》,《考古》2016 年第 11 期。
81. 孙卓:《郑州商城与偃师商城城市发展进程的比较》,《考古》2018 年第 6 期。
82. 陈显泗:《关于夏王朝在河南统治和治所的地域》,《夏史论丛》,齐鲁书社 1985 年版。
83. 段鹏琦:《汉魏洛阳城的几个问题》,《夏鼐先生考古五十年纪念论文集》,文物出版社 1986 年版。
84. 宿白:《隋唐城址类型初探(提纲)》,《纪念北京大学考古专业三十周年论文集(1952—1982)》,文物出版社 1990 年版。
85. 王铎:《北魏洛阳规划及其城史地位》,《河洛文化论丛》(第一辑),河南大学出版社 1990 年版。
86. 王煦华:《顾颉刚关于夏史的论述》,《夏文化研究论集》,中华书局 1996 年版。
87. 姜波:《汉唐都城礼制建筑研究》,中国社会科学院 2001 年博士学位论文。
88. 丁毅华:《周秦汉唐文明中心的周期性摆动现象初探》,《周秦汉唐文明国际学术研讨会论文集》,三秦出版社 2001 年。

89. 段天璟:《二里头文化时期的文化格局》,吉林大学2005年博士学位论文。
90. 袁广阔:《二里头文化研究》,郑州大学2005年博士学位论文。
91. 李久昌:《古代洛阳都城空间演变研究》,陕西师范大学2005年博士学位论文。
92. 张海:《公元前4000至前1500年中原腹地的文化演进与社会复杂化》,北京大学2007年博士学位论文。
93. 韩金秋:《夏商西周时期中原文化中的北方文化因素研究》,吉林大学2009年博士学位论文。
94. 王子孟:《洛阳盆地二里头文化期聚落形态考察》,山东大学2010年硕士学位论文。
95. 郭旭东:《卜辞与殷礼研究》,陕西师范大学2010年博士学位论文。
96. 付永敢:《嵩山东南地区龙山时代的聚落与社会》,山东大学2016年博士学位论文。

后 记

古都史研究是个综合学问,不但涉及历史文献,还需要大量使用考古材料,既涉及环境、生态、地理等自然科学,也涉及历史、文学、艺术、社会生活、经济、政治等社会人文科学。古都是城市中的精华,所以研究古都也自然与城市史有着天然的联系。

我在1990年便发表了有关古代城市史的文章,从黄土的角度研究城市,这在目前也还是比较前卫的跨学科研究。以后又深入对古代城市的基本特征进行研究,提出了至今仍具有代表性的观点。研究古都则需要考证研究,河南遍地都是古都,早期的城邑很可能就是都。1988年,我发表了对温的研究,温就是西周苏国之都,当然也是夏商温国之都。20世纪90年代,我还研究了西周的“三监”邶、鄘、卫,它们也是都。21世纪初,我研究了赵都中牟,还有郑州大古都的积年,这些在学术界均有一定的影响力。此外还研究了商之邢都、蔡都“三蔡”等。从2000年开始,我便与古都方面的专家有了较多的接触,尤其是与朱士光先生、李令福先生联系最多,他们二人多次来河南指导工作,也对我的工作给予了大量支持。李会长多次邀我参加中国古都学会的年会,我有时都写了论文,但始终没有到会,这不能不说是令人遗憾的。

但是我对河南古都史的兴趣始终没有降低。直到“河南专门史大型学术文化工程丛书”启动,在框架设计时,我仍然将河南古都史列为首批课题,并且邀请了两位年轻的研究者加入到这项课题的研究中。张玉霞副研究员在吉林大学学习历史和考古7年,更多侧重于唐宋考古;李晓燕助理研究员在东北师范大学学习历史7年,侧重于秦汉史。这样,我们三个人的专业正好将整个的河南古都史的积年填满。但在整个的写作过程中,张玉霞副研究员承担了从夏商开始至秦汉之前,以及唐宋部分的内容,并且承担了大量组织、协调、联系工作,她还主持了同样题目的河南省社科规划项目,并以较好的成绩结项。李晓燕则主要承担秦汉魏晋时期古都史的写作。整体撰研的分工是:张新斌写作绪论、结语、后记,张玉霞写作第一、二、三、六、七章,李晓燕写作第四、五章。

《河南古都史》已呈现在大家面前,但因学术侧重点不同,目前这本书主要侧重于古都材料的梳理、学术观点的展示、研究历史的呈现,还没有更多触及古都生活本身,古都风貌的全景展示则又是另一部的古都史,我们期望这部另一个视角的河南古都史在不久的将来问世。

由于时间仓促,书中有不少错讹之处,敬请指正。

张新斌

2021年3月